Erwin Möde

Offenbarung als Alternative zur Dialektik der Postmoderne

Erwin Möde

Offenbarung als Alternative zur Dialektik der Postmoderne

3. durchgesehene und korrigierte Neuauflage

Theorie und Forschung, Bd. 988

Theologie, Bd.59

S. Roderer Verlag, Regensburg 2026

Bibliografische Information Der Deutschen Nationalbibliothek
Die Deutsche Nationalbibliothek verzeichnet diese Publikation in der Deutschen Nationalbibliografie; detaillierte bibliografische Daten sind im Internet über http://dnb.d-nb.de abrufbar.

ISBN 978-3-68910-071-1

2026 Roderer Verlag; Regensburg

OFFENBARUNG ALS ALTERNATIVE ZUR DIALEKTIK DER POSTMODERNE

-Eine fundamentaltheologische Untersuchung -

OFFENBARUNG ALS ALTERNATIVE ZUR DIALEKTIK DER POSTMODERNE

Eine fundamentaltheologische Untersuchung

Vorwort

Dieses Vorwort soll erster Auftakt sein zu einem vielschichtigen Reflexionsweg, der sukzessiv in den Themenhorizont von Postmoderne und Offenbarungstheologie einführen möchte.
Der Begriff "Postmoderne" verweist auf eine womöglich neu aufbrechende Geschichtsepoche, die konkret zu benennen derzeit noch nicht möglich ist. Die Gegenwart, die von manchen Philosophen und Literaten als spät- bzw. "postmodern" thematisiert wird, ist wohl tatsächlich verschieden von der Epoche der neuzeitlichen Moderne. "Verschieden" meint nicht "völlig neu", verweist aber auf bedeutsame Verschiebungen in (Wissenschafts-)Theorie und (Lebens- bzw. Glaubens-)Praxis. Der postmoderne Diskurs sucht nach einer radikal neu fundierten Antwortmöglichkeit auf die unleugbar gewordene Sinnkrise der Gegenwart. Die Postmoderne-Bewegungen erklären die Sinnstiftungspotentiale des neuzeitlichen Rationalismus für erschöpft und die rationalistische Verstandeslogik zur "Beherrschungsrationalität". Gesucht sind alternative "Wege aus der Moderne", welche der Sinnsuche des heutigen Menschen gerecht werden, die "Substanz des Humanen" (J. Habermas) retten und den Wendekreis der "Dialektik der Aufklärung" (M. Horkheimer/Th. W. Adorno) verlassen.

Jede neu anbrechende Epoche fragt erneut und auf ihre besondere Weise die Frage nach der Identität des Menschen und der Wahrheit der Metaphysik. An der Grenze der post-modernen Existenzerfahrung angelangt und nach der offenkundigen Erschöpfung der "utopischen Heilsenergien", erlangt "Offenbarung" einen wiederkehrenden hermeneutischen Schlüsselwert. Am Wendepunkt "Moderne-Postmoderne", wo die Brüchigkeit bisheriger Grundoptionen von Wirklichkeit und Menschsein aufkommt, läßt sich die soteriologische Notwendigkeit von Transzendenz und Offenbarung in neuem Horizont wiederentdecken. Die Grundthemen postmodernen Denkens (wie Sinnverfinsterung, Werte- und Legitimationsverlust,

Subjektidentität, Transzendenz- und Erlösungssuche) sind transponierbar und ergänzbar in eine fundamentaltheologische Reflexionsebene hinein. Eine solche Transposition in das Offenbarungstheologische mag sich schließlich sogar als notwendig erweisen, um ein tautologisches Verbleiben der dekonstruktivistischen Postmoderne-Bewegungen innerhalb der Aufklärungsdialektik zu beheben.

Unter dem Schlüsselbegriff der "Dekonstruktion" stellen nämlich die verschiedenen (philosophischen, literarischen) Postmodernesströmungen die Positionen des Aufklärungsidealismus der Moderne in Radikalkritik. Die neuzeitlichen Optionen für Objektivität, Generalisierbarkeit und Wissenschaftlichkeit, für Geschichtskonstruktion und Futurismus, für Macht, Gesellschaft, Subjektivität und Freiheit wurden bereits von der Generation der älteren Frankfurter Schule wie auch von M. Heidegger einer kulturkritischen Prüfung unterzogen. Der (postmoderne) Dekonstruktivismus greift diese Vorgaben auf und führt sie weiter. Dabei wird offensichtlich, wie leicht die dekonstruktivistische Kritik der modernen (Aufklärungs-)Positionen in das Anarchisch-Imaginäre der "Polymythie" und des "romantischen Subjektivismus" umschlagen kann, was andererseits neorationalistische Konzeptionen von Postmoderne provoziert. Wie dialektisch polarisiert sich die Postmoderne-Bewegungen auch immer formieren mögen, subsistent und drängend ist diesen vielfältigen Strömungen die Suche nach einer geistigen Neuorientierung jenseits der gewohnten Antworten, welche die technifizierte Wissenschafts- und Verstandeskultur der Moderne zu bieten vermag.

Eine dieser Suche entgegenkommende, fundamentaltheologische Antwort wird grundsätzlich mehrere Bedingungen zu erfüllen suchen: Sie wird - im propädeutischen Sinn - die (Vor-)Geschichte und Eigenart der Postmoderne-Bewegungen erforschen, deren Dialektik analysieren und Konvergenzen zur Offenbarungstheologie filtrieren. Sie wird die aktuellen Ansätze "postmoderner Theologien" untersuchen und bei alledem auf eine anthropotheologische "Lösung" der postmodernen Sinn- und Erlösungssuche bedacht sein, die dem "heutigen" Menschen gerecht wird.

In einer stürmisch bewegten Zeit, gekennzeichnet von Zusammenbruch, Beharrung und Wandel im Macht- und Gesellschaftspolitischen wie im

Kulturellen und Kirchlichen soll diese Reflexionsschrift nicht Selbstzweck sein, sondern ein Beitrag zu Verständigung und Versöhnung.

Allen, die die Herausgabe dieser Habilitationsschrift hilfreich begleitet und gefördert haben, gilt mein aufrichtiger Dank.

Regensburg, den 1. August 1994

Der Autor

1. Die Entstehung einer postmodernen Orientierung

1.1. Der Glaubensverlust an die *eine* Vernunft-Wirklichkeit

1.1.1. Die Kontroverse um das "Projekt der Moderne"

Unsere Hypothese zur Untersuchung des weitläufigen Begriffs "Postmoderne" ist folgende: Die Jetzt-Zeit ist charakterisierbar als Wendezeit und Epochenende. Die anbrechende Zeit der "Postmoderne" ist tatsächlich anders als die untergehende Epoche der Moderne. Anders heißt nicht völlig neu, verweist aber auf eine signifikante Verschiebung in Theorie und Praxis, in Lebensgefühl, Religiosität und Daseinsbewältigung.

Ob das "unvollendete Projekt der Moderne", wie J. Habermas die Aufklärungskultur gerne tituliert, seine Hyperbolik in einem etwaigen "Projekt der Postmoderne" finden wird, ist zweifelhaft. Die Postmoderne ist nämlich nicht nur die radikale Selbstkritik der Moderne, sondern in ihr veräusdrücklicht sich als entscheidend neues Element, daß eine gravierende Verschiebung in der Themenbestimmung der philosophischen Diskussion und in der praktischen (politisch-sozialen) Perspektive stattgefunden hat. Diese Verschiebung hat sich inzwischen unter dem Slogan "Moderne contra Postmoderne"[1] (so die These von Habermas' Adorno-Preis-Rede 1981) einen gewissen Namen erworben. In die - sicherlich weitgespannte - Bedeutung dieser Begrifflichkeiten sei hier exemplarisch im Hinblick auf Habermas, den "Retter des Rationalismus"[2], ein erster, noch sehr globaler Hinführungsversuch gewagt.

Als überzeugter Anhänger der Aufklärung hat Habermas die Bedeutung des Begriffs "Moderne" in zahlreichen Essays und Büchern festgelegt. "Modern" bedeutet für ihn das Festhalten an den (emanzipatorischen) Errungenschaften der Aufklärung. Mit der Aufklärungsphilosophie wurden, so Habermas, Prozesse theoretischer und gesellschaftsreformierender Emanzipation initiiert, die zu einer ständig wachsenden *Verfügungsmacht* des Menschen über seine natürliche Umgebung und über sein soziopolitisches Milieu beitragen. Mit solcher Behauptung knüpft Habermas an I. Kant und Max Weber an, indem er beispielsweise auf die Demokratisierung der politischen Willensbildung, den Zuwachs an allgemeinen Bildungschancen und allgemeinem Wohlstand hinweist. Zur gesteigerten Verfügungsmacht des Menschen der Moderne trägt die Entwicklung der parlamentarischen Demokratie und der Wissenschaft entscheidend bei. Selbstverständlich räumt Habermas ein, daß es noch zu bewältigende Probleme, sogar eine "neue Unübersichtlichkeit"[3] und Regressionsanfälligkeiten bei der Vollendung des "Projekts der Moderne" gibt. Doch eine praktikable Alternative zu besagtem Projekt ist ihm nicht ernsthaft erwägenswert.

Für Horkheimer und Adorno[4] hingegen sind insbesonders die kommerzialisierte Kulturindustrie und die Ausbeutung des Menschen im ökonomischen Prozeß unübersehbare Konsequenzen einer hybriden Vernunftentwicklung. Anders als Horkheimer und Adorno hält Habermas kompromißlos daran fest, daß sich Vernunft als Instrument der (Selbst-)Kontrolle hinsichtlich der Entwicklung von Wissenschaft, Philosophie (Wahrheit) und Moralität (Richtigkeit) weder ersetzen noch relativieren lasse. Das Irrationale, diffus Affektive würde primitive, archaisch-mythische Tendenzen ("Blut und Boden") in Kultur, Politik und Philosophie sehr bald durchsetzen, wolle man vom Primat der vernunftmäßigen Selbstkontrolle abweichen. "Vernünftig" bedeutet Habermas nicht nur kontrollierbar, wissenschaftlich und effizient, sondern auch moralisch vertretbar. Die "okzidentale Rationalität" erlaube durch Konsensbildung unerwünschte (technologische, bürokratische usw.) Entwicklungen zu regulieren, ohne daß sie deshalb zur bloßen "instrumentellen Rationalität" (Max Weber) verkommen müsse. "Vernunft" als umfassender Begriff für Logik, Rationalität und moralische Autorisationsinstanz beinhaltet für J. Habermas potentielles Krisenbewußtsein.

J. Habermas sieht gerade darin das Merkmal der Moderne, daß sich ihre Entwicklung geradezu ausschließlich über Krisen vollziehen kann. Zur besagten wachsenden Verfügungsmacht des neuzeitlichen Menschen gehöre die zunehmende Lernfähigkeit und konstruktive Flexibilität bei Krisenmomenten. Das Rettungspotential der Moderne scheint dem Protagonisten der Frankfurter Schule hinzureichen, auch die Krise der Krisen zu überwinden: die Krise des Sinnlosen, der Dekodierung und Depersonalisierung. Das Vertrauen in die (selbstreflexive) Autonomie des Individuums und in das Kreativitätspotential der parlamentarischen Demokratie ist in dieser zukunftsoptimistischen Version der Moderne ungebrochen. Typisch daran ist die Orientierung an praktischen, effizienten Lösungsmöglichkeiten und eine darauf genormte Wissenschaft, die auf der Basis feststehender Prämissen logisch deduktiv vorgeht. Weiterhin charakteristisch für diese "moderne" Orientierung ist, daß sie an der Grundannahme festhält, es gäbe verfügbare Kriterien und kontrollierbare Methoden, um die Wahrheit von Behauptungen und die Legitimität moralischer Urteile zu bestimmen. An sich betrachtet ist diese Orientierung ihrerseits nur in einer Gesellschaft möglich, in der ein Denken gilt, das einen Unterschied - eine Art "Ontologischer Differenz" - zwischen Schein und Wirklichkeit voraussetzt und praktiziert. Dabei ist von wesentlicher Legitimations-Bedeutung, daß man begründen kann, warum manche Vorkommnisse anders erscheinen als sie in Wirklichkeit sind. Die hier in Frage gestellte "moderne" Orientierung ist also nur in einem symbolisch geordneten Minimalsystem von begründeter Unterscheidung möglich, wobei letztere in der vorreflexiven Grundannahme der *einen* Vernunft-Wirklichkeit gründet.

Die Entstehung einer "postmodernen" Orientierung neben einer modernen zeigt hinsichtlich der Annahme eines derartigen unum eine entscheidende Verschiebung an. Zur ersichtlichen Markierung der Verschiebungsrichtung bietet es sich an, nochmals auf die Frankfurter Schule zu reflektieren.

Während J. Habermas an der Hegemonie der traditionellen Vorstellung von substantieller Vernunft als umfassendem (Handlungs-)Begriff für Logik, Rationalität und moralische Rechtfertigung festhält, wies schon Max Weber auf die Gefahr eines generellen Sinnverlustes durch die neuzeitliche Weiterentwicklung der instrumentellen Rationalität hin. M. Weber sah die humane Gesellschaft bedroht durch die wachsende Ausdifferenzierung verschiedener Sektoren menschlichen Handelns. Er charakterisiert die kulturelle Moderne dadurch, daß die in religiösen und metaphysischen Weltbildern ausgedrückte, substantielle Vernunft in drei Momente auseinandertrete, die nur noch formal, d.h. argumentativ begründet, zusammengehalten werden. Indem die metaphysischen, religiös-mythischen Weltbilder zerfallen und die überlieferten Probleme unter den spezifischen Aspekten der Wahrheit, der normativen Richtigkeit, der Authentizität oder Schönheit aufgespalten werden, können sie erst jeweils *als* Erkenntnis -, als Gerechtigkeits-, als Geschmacksfragen behandelt werden. Dadurch ermöglicht sich in der Neuzeit eine Ausdifferenzierung der Wertsphären Wissenschaft, Moral und Kunst. In den entsprechenden kulturellen Handlungssystemen werden wissenschaftliche, moralische und rechtstheoretische Diskurse, "Ästhetische Theorie" und Kunstkritik zur Fachangelegenheit institutionalisiert. Eine interne Geschichte professionalisierter Bearbeitung der kulturellen Überlieferungen und Geschehnisse setzt an. Ihr Charakteristikum und das Prägende ihrer Lernprozesse ist, daß sie die Eigengesetzlichkeiten des kognitiv-instrumentellen, des moralisch-praktischen und des ästhetisch-expressiven Wissenskomplexes unter jeweils *einem* spezifischen, abstrakten Geltungsaspekt hervortreten läßt. Auch Kants eminenter Entwurf eines "Zusammenhang[es] von Kunst und Kunstkritik" mit der theoretischen und der praktischen Vernunft kann bei aller Genialität der philosophischen Argumentation das historisch gewordene Faktum der Diversifikation nicht mehr wandeln. Je weiter die Moderne sich fortentwickelt desto diversifizierter werden die Expertenkulturen mit ihren spezifischen Problemreflexionen und Handlungssektoren.

Jeder der zunehmend partialisierten Handlungssektoren unterliegt seinen jeweils eigenen Regeln und Rationalitäten und legitimiert sich hauptsächlich durch seine Funktionstüchtigkeit. Je stärker aber das reine Funktionieren dominiert, desto leidvoll spürbarer wird der "Sinnverlust". M. Webers Prophezeiung war, daß zur Massenkompensation dieses Mangelerlebens das Bedürfnis nach einem charismatischen Führer erstarken würde. Bekanntlich hat sich diese Prognose in grausamster Weise bewahrheitet. Sie war die Differentialprognose vom Verfall der "okzidentalen Rationalität" zur "instrumentellen" mit dem Triplexeffekt der Isolierung (Vereinsamung) - Vermassung und Selbstvernichtungsgefahr. Anders als J. Habermas stellten Horkheimer und Adorno fest, daß nach Auschwitz keine Dichtkunst mehr möglich sei und die Moderne sich selbst vernichtet habe, so daß die Vernichtung der Welt nur ein allfälliges, konsequentes Nachspiel wäre.

Horkheimer und Adorno greifen M. Webers Kulturkritik auf und radikalisieren sie auf folgenden Schwerpunkt: Das entgrenzte Vertrauen in die Entwicklung der Wissenschaft löst ebensowenig das Problem der Singgebung wie es auch durch die Demokratisierung der politischen Verhältnisse ungelöst bleibt. Horkheimer und Adorno wagen sich an die Analyse eines ultraparadoxalen Effektes heran, der den Drehpunkt unserer Überlegungen zur Dialektik der (Post-)Moderne abgibt. Dieser Effekt ereignet sich im *Umschlagen* der Vernunft ins Irrationale, des Logos in den Mythos, der Wirklichkeit in den Schein, so daß Schein und Wirklichkeit schließlich untrennbar ineinander verwunden werden. Der ultraparadoxale Effekt finalisiert sich also in einem ambig-diffusen Fließzustand von Derealisierung. Seine Entstehung erklären Adorno/Horkheimer über die instrumentalisierte Rationalität: Die wachsende Verfügungs- und Kontrollmacht des technokratisch orientierten Menschen über die ihn umgebende Natur erzwinge die grenzenlose Beherrschung der eigenen menschlichen Natur. In der "Dialektik der Aufklärung" bezweifeln Horkheimer/Adorno das "Projekt der Moderne", indem sie das Problem seiner Spaltung und der negativen Folgen dieser diskrepanten Entwicklung analysieren. Die "Dialektik der Aufklärung" ist ein Basiswerk der postmodernen Diskussion zur "Dialektik der Totalisierung"[5].

Der spekulative "Held" in der "Dialektik der Aufklärung" ist Odysseus als der "erste" moderne Mensch. Auf seinen abenteuerlichen Argonautenfahrten bildet er seine persönliche Identität aus. Manche der ihm zustoßenden Todesgefahren überlebt er nur durch Selbstverleugnung (so nennt er sich "nemo", um dem Zyklopen Polyphem zu entrinnen) oder indem er wesentliche Elemente seines Menschseins unterdrückt. Um nicht - von Sirenengesang verlockt - über Bord zu springen, läßt er sich an den Mast seines Schiffes binden. Um der bloßen Selbsterhaltung willen negiert er autoaggressiv die grenzüberschreitende Einswerdung mit der Natur. Der Geist der Selbsterhaltung des Subjekts kämpft äußerlich erfolgreich gegen die Verlockung der Natur. Dem Helden Odysseus gelingt es - Horkheimer/Adorno zufolge -, den Kampf um die Selbsterhaltung zu seinem Vorteil zu entscheiden. Doch der Gewinn dieses Vorteils schafft den Verlust des Selbst.

Dieser Selbst-Verlust im technifizierten Kampf um die Daseins-Bewältigung wurde selbstverständlich nicht nur von Horkheimer/Adorno als das "Sakrifizium" der Moderne diagnostiziert. Wenn die derzeitige Soziologie bzw. Sozialpsychologie den Begriff der "Borderline-Gesellschaft" entwirft, so ist dieser aus der klinischen Psychologie bereits vorgeprägt. In der klinischen Diagnostik bezeichnet das "Borderline-Syndrom" einen irreparablen Grad gestörten Selbst-Seins, eine Identitätsschwäche, die einem Selbst-

und Sinnverlust gleichkommt. Die "erweckende Prognostik" von Philosophen und Kulturkritikern wie Horkheimer/Adorno, R. Guardini, H. Sedlmayr, M. Picard, P. Schütz attestierte der Moderne einen essentiellen "Verlust der Mitte"[6] und des "proprium humanum". Solche Prognostik gehört noch zum Vorfeld der Entwicklung einer "postmodernen Orientierung", die den allfälligen "Untergang der Moderne" und den "Tod des Subjekts" proklamiert.

Nachfolgend sei versucht, die Eigenart dieser "postmodernen Orientierung" näher zu bestimmen. Ihre Opposition zur Position der Frankfurter Schule (J. Habermas) kann dazu den Ausgangspunkt liefern.

1.1.2. Die postmoderne Wirklichkeitsoption

Für die postmoderne Wirklichkeitsoption gibt es grundlagenkritisch keinen archimedischen Punkt mehr, kein rerum fundamentum, von dem aus die Phänomene des Lebens geordnet, gedacht oder durch meßbare Effekte aufgehoben werden könnten. Die Dekonstruktivisten gehen nicht mehr von der Annahme aus, daß die Trennung von Schein und Vernunft-Wirklichkeit die einzige oder "wahre" sei. Sie wird in ihrer erkenntnis- und wissenschaftsphilosophischen sowie ihrer gesellschaftskonstitutiven Wirkung relativiert. Sie existiert also relativiert weiter als eine Prämisse unter anderen. Neben die *eine* Vernunft-Wirklichkeit der Moderne, neben die supponierte Kontinuität (Raum, Zeit, transzendentales und empirisches Ich) treten die Diskontinuität und "différence". Es gibt keine feststehenden oder über vernünftige Konsensbildung einholbaren Garantie-Kriterien mehr für die Wahrheit von Urteilen, die Rechtfertigung des Handelns oder die Aufrichtigkeit von Intentionen. Postmoderne Philosophen versuchen das Wirkliche in der Fiktion und das Fiktive in der Wirklichkeit zu verstehen. Die postmoderne Kritik orientiert sich nicht an Annahmen der gängigen Ideologiekritik. Allein von der Theorie aus kann nicht mehr zwischen wahr und unwahr, zwischen Wirklichkeit und Schein getrennt werden. Solche Unterscheidung würde nur wiederum zu jenem überholten, monopolistischen Denkmodell der Moderne zurückführen, dessen Dezentrierung die postmoderne Haltung versucht. Die Theorie relativiert somit auf dem postmodernen Terrain ihre Wegbereiter- und Fundierungsfunktion.

Die postmoderne Orientierung ist durch Verweigerung gekennzeichnet gegenüber dem Unifizierenden von Begriff und Theorie (auch in der Form der Ideologiekritik). Sie ist (hyper-)sensibilisiert auf den "Terror der Vernunft", welcher unter Maßgabe eines monopolistischen Wahrheitsanspruches versuche, alles in ihren Griff zu bekommen. Gerade dieser Monopolismus negiere das Besondere, Einmalige und Individuelle ebenso wie er die "différence" in ein Realitätskontinuum hinein nivelliere. Wie seit jeher die Philosophie, so fundiert sich auch die moderne Wissenschaft über Gültigkeitsprinzipien des Allgemeinen. Gerade die auf Präzision, Praktikabilität und Effektivität fixierten modernen (Natur-)Wissenschaften sind um eine möglichst rasche und definitive Einholung des individuellen Phänomens in das Verfügbare und Allgemeine besorgt. Indem die moderne Wissenschaft in ihren (instrumentalisierten) Aussagen zum Allgemeingültigen hin abstrahiert, "vergewaltigt" sie gleichsam das Besondere. Es wird - aus postmoderner Perspektive - mit Marginalisierung und Nichtung bestraft für das Einmalige seiner unvergleichlichen Existenz. Das Besondere wie das Individuelle werde als das "Andere" aus dem Arkanum der Vernunft ausgeschlossen. Daran ändere auch die versöhnliche Rede vom "Sinn" nichts. Solange "Sinn" lediglich Postulat oder Begriffsdestillat vernünftigen Denkens sei, bleibe er Theorie, die leicht der Unterdrückung diene. Den Postmodernen zufolge hat das Diktat der Vernunft eine fatale Hegemonie über den modernen Menschen aufgebaut. Der "Terror der Vernunft" waltet demnach sowohl in der Philosophie der Aufklärung als insbesonders in der Philosophie des (deutschen) Idealismus und bewirke gerade in den Emanzipationsbewegungen nach K. Marx eine immer raffiniertere Unterdrückung.

Schlüsselbegriffe der Postmoderne wie Dekonstruktion, Dezentrierung, Dekodierung und Deterritorialisierung verweisen auf eine postmoderne Grundannahme, daß weder Menschen noch Wissenschaft oder Philosophie befähigt sind, eine stabile, gültige Beziehung zwischen unserem Denken und der Wirklichkeit zu fixieren. Die Einheit der Vernunft und die Ordnung der Repräsentation wird hinterfragbar. Folglich fällt die Trennung zwischen Wirklichkeit und Fiktion. Die Einführung linguistischer

Denkmodelle und neuer Delokalisierungskategorien der Kommunikationstechnologien soll dem Rechnung tragen. Die Postmoderne stellt das "principe de rupture asignifiante"[7] wie das "principe de multiplicité" neu dar. Ihre Reformulierung ist aus dem Interesse an der Rettung der Einzelphänomene, des Besonderen, der Individuen wie der von ihnen erzeugten Sprachhandlungen motiviert.

Für das postmoderne Denken ist von sinnstiftender Bedeutung die Begegnung mit dem Undefinierten, dem Ungreifbaren des Zwischenraumes: der "différence"[8]. Deleuze äußert sich in "Différence et répétition" folgendermaßen über die Seinsweise des Nichtwiederholbaren: Aller Sinn beruhe darauf, daß ein selbst nicht signifikantes (der Vernunft nicht dekodierbares) Element ihm zugrunde liege.[9] Das Individuelle sei nicht das Punktuelle, sondern in sich selbst different. Es sei nicht nur unterschieden von Anderem. Die Unabsehbarkeit der Kontexte, in die es eintreten kann, verschiebe unentwegt die Marge seiner vorläufigen Einheit mit sich und bewirke eine intensive "différence en soi". Jede Typisierung des Individuellen läuft Gefahr statisch-fixierend und somit fiktiv zu sein. Jede Kategorisierung sei theoretisch, um den Preis des Verkennens der Differenz und ihrer Intensität. Die gemeinsame Eigenschaft der Intensität stelle hingegen ein inneres Band zwischen Individualität und Differentialität her: "Toute individualité est intensive" und: "La différence est intensive"[10], so formuliert Deleuze. Damit will er weniger ein philosophisches Prinzip als vielmehr ein Lebensgefühl pointieren. Das Offene der "différence" ist der Ort des intensiven Geschehens, dessen Subjekt der Mensch sei. Es ist der Ort - wie J. Lacan es gerne formuliert - "wo es geschah"; wo soeben eine Anwesenheit wirkte, die im Verschwinden ihre zeichenhaften Spuren hinterläßt und sich der Objektivierbarkeit entzieht. Aufgabe der Dekonstruktion sei es, zu diesem Ort des intensiven Geschehens hinzufinden und zwar vermittels der Preisgabe des "Glaubens" an die *eine* Vernunft-Wirklichkeit und *die* Homogenität des Selbst- und Welterlebens.

1.2. Der Tod der Metaphysik als "condition postmoderne"

1.2.1. Postmoderne und Neostrukturalismus

1.2.1.1. Wahlverwandtschaft von Postmoderne und Neostrukturalismus

Die Entstehung der postmodernen Orientierung ist Thema der Erörterung. Unsere vorläufige Einführung in die Bewegung der "Postmoderne" ergab sich auf dem Hintergrund eines kontrastreichen Vergleiches: Das "Projekt der Moderne" (J. Habermas) als Gegensatz zur Ideologiekritik der Frankfurter Schule (Horkheimer, Marcuse, Adorno) gab die strittige Orientierungsgröße vor für eine generelle, erste Annäherung an die philosophische Postmoderne. Das Ergebnis läßt sich überleitend zusammenfassen.

Der kontrastreiche Unterschied zwischen "modern" und "postmodern" ist aus der Perspektive von Kontinuität versus Diskontinuität/Différence darstellbar. Aus der Optik der Moderne hat die Kontinuität der philosophischen und wissenschaftlichen, der historischen und persönlichen Entwicklung den Primat vor Diskontinuität und Differenz. Die Entwicklung von Wissen und dessen Anwendung, wissenschaftliche und philosophische Analysen, verantwortliche (Selbst-)Kontrolle in der Applikation von Kriterien und die Schaffung expandierender Grundlagen setzen ein kontinuierliches Universum der Komplexsteigerung ebenso voraus wie eine notwendige (wesentliche) Beziehung zwischen Theorie und Vernunft-Praxis (bzw. natürlicher Wirklichkeit). Konkurrierende Interpretationen und Paradigmen stellen dabei die dynamisierbaren Elementarbausteine für die Weiter-Entwicklung. Kontinuität meint Progredienz der komplexen Entwicklung, die auch aus radikaler (System-)Kritik nicht vernichtet, sondern phönixhaft gestärkt hervorgehen soll (vgl.2.3.).

Aus moderner Perspektive präsentiert sich die "Postmoderne" als radikalkritisches Moment der Aufarbeitung defizitärer Entwicklungsmodalitäten der Aufklärungskultur. Die "Postmodernen" qualifizieren die Nachmoderne allerdings *nicht* als pittoreske Form von Kritik, die der Moderne wesentlich angehören würde. Die dekonstruktivistische Option der Postmoderne ist hingegen der Bruch mit der rationalistischen Vergangenheit, weil nur durch solche "rupture" die bisherige (Selbst-)Vergewaltigung des Menschen dimensionalisierbar würde. Auf Differenz und Diskontinuität fokussiert das postmoderne Interesse, um eine Neuorientierung weg von modern-emanzipierter Geschichts-, Gesellschafts- und Subjekttheorie zu erwirken. Alle klassischen Unterscheidungen von Niveau und Metaniveau, von Schein und Wesen, von Seins- und Erkenntnisgrund, von Praxis und praxisorientierter Theorie werden der dekonstruktiven Investigation in dem Maße suspekt als ihr Unterscheidungsmedium, die theoretisierende ratio, zur Disposition gelangt.

Diese Zusammenfassung soll zu zwei weiteren Begriffen überleiten, denen entscheidende Funktion zukommt für eine themenrelevante Darstellung der vielschichtigen Postmoderne-Bewegung. Es sind die Zentralbegriffe *"condition postmoderne"* und *"Neostrukturalismus"*.

Der Neostrukturalismus versteht sich als ein Denken unter Bedingungen der Beendigung und Abgeschlossenheit ("clôture") der Moderne. Seine Ermöglichungsbedingung ist die "condition postmoderne", nämlich der "Tod" der (abendländischen) Metaphysik. Mit "Moderne" ist - in Frankreich anders als in Deutschland - nicht nur das Aktuelle und Avantgardistische gemeint, sondern der historische und philosophiegeschichtliche Zeitraum der Neuzeit insgesamt. "Neuzeitlich" bzw. "modern" meint also: zur neuzeitlichen Epoche seit der kopernikanischen Wende gehörig. Das post-moderne Denken artikuliert sich auf der Grundannahme eines epochalen Legitimationsverlustes, der mit der Metapher "Tod der Metaphysik" anzeigbar ist: Aufklärungsphilosophie und bürgerliche Gesellschaft seien durch das Dahinschwinden der Metaphysik dem Problem des Legitimitätsverlustes ausgesetzt. Die "Postmoderne" basiere auf dem Fehlen fraglos gewisser Werte, auf die sich kein Rechtfertigungsanspruch (Legitimationsanspruch) gründen ließe, wie er vormals im religiösen Glauben oder im quasireligiösen Vertrauen in die Leistung der (theoretischen und praktischen) Vernunft verfügbar war.

Thesenartig kann daher weiterhin gefolgert werden:

1. *Daß* der Neostrukturalismus sich als ein Denken nach dem Abschluß der Moderne begreift und zwar im (kritischen) Nachklang an philosophische Vorfahren wie Nietzsche, Heidegger, Freud, George Bataille u.a.

2. *Daß* das nachmetaphysische Denken der Postmoderne zugleich ein Denken nach dem Strukturalismus ist. Der Neostrukturalismus ist insofern Poststrukturalismus.

Der Neostrukturalismus postmoderner Orientierung ist die derzeit oberste, allerdings gebrochene Spitze einer etwa zweihunderjährigen Denk-Tradition der Aufklärung. Er ist mehr als ein bloßes Phänomen kritischen Krisenbewußtseins, nämlich eine literarisch-philosophische (streckenweise auch psychoanalytische) Strömung der Jetzt-Zeit. Diese dekonstruktivistisch-postmoderne Strömung bringt eine epochebrechende Krise zur Sprache, die die Symptome der Sinnverfinsterung und des Orientierungsverlustes aufweist. Da der Neostrukturalismus die postmetaphysische Orientierungssuche symbolisieren will, hat das Präfix "Neo" etwas mehrfach Irreführendes. Der Titel "Neo-Strukturalismus" suggeriert ein inexistentes Kontinuum der erneuerten Weiterführung des klassischen Strukturalismus, so wie er aus der Philosophie, Sprach-, Literatur- und Sozialwissenschaft allgemein bekannt wurde. Auch entspricht dieser Titel nicht korrekt der üblichen Bedeutung von Parallel-Prägungen (wie Neo-Thomismus, Neo-Marxismus, Neo-Faschismus), denn diese nehmen in revisionistischer Manier Theorieansätze wieder auf, deren Fortentwicklung zeitweilig unterbrochen war.

1.2.1.2. Die Kritik des Neostrukturalismus an der klassischen episteme abendländischer Seinsauslegung

Der Neostrukturalismus radikalisiert den (ihm vorausgegangenen) ethnologisch-linguistischen Strukturalismus und löst ihn dabei gleichsam auf. Der Neostrukturalismus schließt als Poststrukturalismus unmittelbar an den klassischen Strukturalismus - markiert durch Namen wie F. de Saussure, E. Benveniste, J.A. Greimas, Cl. Lévi-Strauss, G. Genette, T. Todorov,

R. Barthes - an und bewahrt insofern einen inneren Kritikzusammenhang. Dabei aber verwirft er den Strukturalismus als eine Methode der Humanwissenschaften, die der klassischen abendländischen episteme (Wissensform) angehöre. Sowohl in der "Anstrengung des Allgemeinbegriffs" als auch im Verlangen nach einer "strukturalen Gesamtschau" meint der Neostrukturalismus ein usurpatorisches Grund-Begehren zu erkennen. Dieses Desir möchte be-greifen und auf-klären, um eine Welt der "Zahlen und Figuren" zu beherrschen. Bereits M. Heidegger konnte die latente Intention, welche die alte idealistische Metaphysik des "göttlichen Platon" mit dem Naturbeherrschungs-Willen der modernen Technik (der angewandten Naturwissenschaft) teilt, sprachlich vollendet herausarbeiten. Ihm zufolge ist die Geschichte der Metaphysik eine Geschichte sukzessiv wachsender Selbst-Ermächtigung von Subjektivität, die im Weltbeherrschungs-Willen der heutigen Technik ihr Extrem produziere. Um den subjektivistisch-voluntaristischen Zug im "Projekt der Moderne" (Theorie, Technik, Wissenschaft) nicht in das Bewußtsein aufkommen zu lassen, bewährte sich die Strategie, die Wirklichkeit selbst für ein Produkt bzw. für einen materiellen Reflex der Gedanken-Welt auszugeben. Die "Wirklichkeit" wäre somit die sinnliche Repräsentation des nicht Sinnlichen. Letzteres läßt sich mit Hegel als "übersinnliche Welt" behandeln; als Welt der Ideen, der Axiome, der Formeln, Begriffe und Gesetze[11] *beherrschen*.

Die nachmoderne episteme - so argumentieren ihre Vertreter - könne weder der platonische (Aufklärungs-)Idealismus noch der christliche Glaube noch das Hegelsche Selbstbewußtsein abgeben. Auch die Wissensform des klassischen Strukturalismus hält schließlich postmoderner Kritik nicht Stand. Man denke hierbei nur an Deleuzes und Guattaris Subjekttheorie, d.h. an die Idee der einheitslosen Mannigfaltigkeit, so wie sie im "Anti-Oedipe" und in "Mille Plateaux"[12] dargestellt wird. Basierend auf dem linguistischen System-Modell negiert der Strukturalismus jene Grundvoraussetzung der Metaphysik, die besagt, daß die sinnliche Welt ein Spiegelbild, eine Äußerungsweise bzw. ein Anwendungsfeld der "übersinnlichen Welt" sei. Insofern lokalisiert sich der Strukturalismus außerhalb der Metaphysik. Er verbleibt indessen metaphysisch aufgrund anderer Intentionen: Das strukturalistische Erkenntnisinteresse ist insofern dem Grundbegehren der abendländischen Theorie verhaftet als es Natur theoretisch verfügbar machen möchte. Dazu postuliert R. Barthes beispielsweise die Grundsätze strukturalistischer "Tätigkeit", die im simulacrum das "zum Vorschein bringt, was im natürlichen Objekt unsichtbar oder, wenn man lieber will, unverständlich blieb."[13] Das Erkenntnisstreben nach allgemeinen Ordnungsprinzipien, universellen und (pragmatisch-)konstruktiven Regularitäten, deren Kenntnis die gesellschaftliche Welt technisch-wissenschaftlich beherrschbar macht, bleibt Kennzeichen der strukturalistischen Wissensform. Auch ohne ein (autonomes) Subjekt, das die Gesetze bildet und transformiert, bleibt der Strukturalismus eine traditionell metaphysische Unternehmung. Besonders verdeutlichen mag dies Levi-Strauss' Rede vom "unbewußten Geist", der ebenso an den grammatikalischen als an den ethnologischen Strukturen webe. Diesen "Kantianismus ohne transzendentales Subjekt" (so Paul Ricoeur zu Lévi-Strauss' Strukturalismus) kritisiert die postmodern-neostrukturalistische Bewegung. Für J.-F. Lyotard z.B. muß mit dem Subjekt des Allgemeinen brechen, wer dem zeitgeschichtlichen Erfordernis der "condition postmoderne" Rechnung tragen will.

Der Bruch zwischen dem klassischen Sturkturalismus und dem sich kritisch daran anschließenden Neostrukturalismus ist markierbar mit den Begriffen "Beherrschbarkeit" und "System". Etwa um das Revolutionsjahr 1968 zerbrach zuerst im Bewußtsein der Pariser Intelligenz die fragile Einheit beider Strömungen. Der Neostrukturalismus entsteht also, auch historisch gesehen, aus einem revolutionär - anarchischen Moment heraus. An die Stelle der Taxonomie einer abgeschlossenen Struktur (bzw. eines geschlossenen Systems) tritt die Entropie der Symstemauflösung. Aber nicht derart, daß etwa Saussures Konzept einer differentiellen Zeichenartikulation verworfen würde, sondern der Neostrukturalismus verzichtet auf die formale Beherrschbarkeit der einzelnen, transformativen "Ereignisse (événements)" dessen, was seit Derrida "le texte general"[14] heißt. Die "Struktur" der postmodernen Strukturalisten ist von "offenem Horizont", wobei sie unendlich vielen, prognostisch unbeherrschbaren Transformationen zugänglich ist. Die neostrukturalistische Verschiebung der Bedeutung des Terminus "texte" in der französischen Literaturwissenschaft wurde von R. Brütting[15] sehr genau untersucht. Er betont begründetermaßen, daß der Neostrukturalismus an gewisse Arbeitshypothesen des "Cours de linguistique general"[16] anknüpfe. Zur strukturalen Hermeneutik der "Linguistique Saussurienne"[17] gehört - wie auch R. Amacker und L. Jäger hervorheben - die Ablehnung des Repräsentationsmodells der Sprache. Dieses

Modell ist unvereinbar mit F. de Saussures grundlegender Einsicht in die systematische Verfaßtheit von Sprache. Die syntaktischen Verknüpfungen sind demzufolge keine Abbilder der logischen Synthesen, die jene Gedanken mit Urteilen zu Prädikaten vereinigten. Ebensowenig sind die Wörter der Sprache repräsentative Abbildungen "zuvor" bestehender "παθηματα της ψνχης" (seelischer Impressionen).

Die Diskrepanz des Poststrukturalimus zur fundamentalen Arbeitshypothese des Saussureschen Strukturalismus beginnt bei der Frage nach der Beherrschbarkeit und Präsenz des Text-"Gegenstandes". Die Idee eines geordneten und geschlossenen sprachlichen, sozialen oder psychischen Systems veranschlagen die Neostrukturalisten als eine auf Bemächtigung angelegte konstruktivistische Fiktion. Sie gelte es zu dekonstruieren. Die quasi-metaphysische Option der ganzheitlichen Erfaßbarkeit des Anderen als Struktur liefere die Legitimation für ein (strukturales) Begriffsdenken, das kaptativ sei. Hiermit ist ex negativo auch der kleinste gemeinsame Nenner formuliert für so unterschiedliche Theoretiker wie Lyotard, Derrida, Lacan, Deleuze, Kristeva, Baudrillard u.a.. Ihre Kulturkritik zentriert sich auf Lebens- und Forschungsbereiche wie Linguistik, Ethno-Soziologie, Psychologie, Psychiatrie, Religion und Politik. Bei aller Vielfalt und Verschiedenheit ihrer Forschung ist ihre Grundintention dieselbe: neue Horizonte zu erschliessen im Dekonstruieren geschlossener Ordnungen.

So wie die Idee der Bemächtigung an die Idee der Anwesenheit/Gegenwart (présence) gebunden ist, ebenso ist ein auf Entmächtigung angelegter Dekonstruktivismus der Dimension von Abwesenheit (absénce) verpflichtet. Nur das anwesend Gegenwärtige, das sich in seinem Wesen zeigt, ist begrifflich-systematisch beherrschbar. Diese Bemächtigung aber ist illusiv, bewirkt Spaltung und Verkennen. Sie führt den "Tod des Subjekts" mit sich, das sich dem Zugriff entzieht und seine ichhafte Maske zurückläßt. J. Lacans neologismenreiche Sprache ist nicht zuletzt deshalb schwer verstehbar, weil sie aus der "Ditmension" des Unverfügbaren heraus das "sujet veritable" anspricht. Lacan weiß sich zumindest in seiner Kritik des Aristotelismus Heidegger verwandt, der an der abendländischen Ontologie den Grundzug moniert, daß sie "das Sein" als "Anwesenheit" (ουσια ,παρουσια) denke. Diesem Movens abendländischer Seins-Auslegung setzt der Neostrukturalismus den Begriff einer nie ganz in Gegenwart aufhebbaren "Nicht-Gegenwärtigkeit" entgegen. So denkt J. Lacan von der Grundannahme einer "primären Synchronizität" her, die auf der "primordialen Dialektik" von Anwesenheit/Abwesenheit basiere.[18] In seinen "Marges de la philosophie" (1972) veranschlagt Derrida anläßlich seiner Auseinandersetzung mit Searle "la restance non-présente d'une marque differentielle, coupée de sa prétendue 'production' on orgine"[19]. In diesem Diskussionszusammenhang thematisiert er - J. Lacan sehr ähnlich - die "restance non-présente" als "inconscience structurelle"[20] und die prinzipielle "indécidabilité" der Bedeutung von Zeichen.

Die Kritik des Neostrukturalismus an der klassischen episteme abendländischer Seins-Auslegung schließt also sehr wohl eine Strukturalismuskritik ein, die sich um die Grobbegriffe "System" und "Bemächtigung" (bzw. "présence") zentrieren läßt. Der postmoderne Neostrukturalismus verlangt revolutionär nach dem "Tod" der überkommenen abendländischen Geisteswelt, die im "Projekt der Moderne" ihr letztes Scheitern der Vernunft herbeigeführt habe. Die postmoderne Dekonstruktion zielt infolgedessen gegen ein Denken in Begriffen der Geschichte (als Historie) und der Kategorie des Subjekts (als Selbstbewußtsein). Damit fordert sie die Konfrontation mit einer Hermeneutik heraus, die sich auf den Primat des kognitiven Sinns stützt. Weil die Ablehnung der bisherigen philosophischen Metaphysik den Grundtenor der Postmoderne-Bewegungen bestimmt[21], gerade deshalb bedarf diese Haltung einer breitgefächerten philosophischen *und* theologischen Analyse.

Vorgreifend sei vermerkt, daß die Analyse postmodernen Protests sich nicht nur auf dessen Ziele, sondern darüber hinaus auf dessen Eigenart richten wird. Damit kann die Analyse sich einem Grund-Mangel nähern, dessen Verleugnung den Protest womöglich erst schafft. Unsere bisherige Einleitung zur Analyse war eher darstellend als argumentativ. Die argumentative Einführung wird der Fortgang dieser Untersuchung zu leisten haben. Dazu ist es methodisch sinnvoll, über eine erste Raumbestimmung von Postmoderne und Neostrukturalismus hinaus die Entstehung der postmodernen Orientierung religionsphilosophisch zu erörtern. Zweckmäßig erscheint es, dem Schlagwort vom "Tod der Metaphysik" gesteigerte Aufmerksamkeit zuzuwenden. Fraglich ist dabei nicht nur, was diese Parole charakterisiert, sondern worauf sie verweist.

1.2.2. Die Frage nach Einheit und Ende der "abendländischen Metaphysik"

1.2.2.1. Hegels enttheologisierende Metaphysik der absoluten Geistesgeschichte

Die philosophischen Denker der Postmoderne behaupten polyphon die "clôture" (den Abschluß) der Neuzeit. Die Epoche der Moderne sei zu Ende gedacht. Es geht die Parole vom "Tod der Metaphysik" um. Der "Tod des Subjekts" sei das Ergebnis der "pragmatischen Dekonstruktion des Menschen[22].

In seinem Werk "Der philosophische Diskurs der Moderne"[23] (1985), gegen Ende seiner Kritik an Derrida, erklärt J. Habermas seine Verwunderung über die seltsame Naivität im Denken Heideggers, Adornos und Derridas. Denn diese dächten noch immer so

> "als lebten sie, wie die erste Generation der Hegel-Schüler im Schatten des 'letzten' Philosophen; sie streiten noch gegen jene 'starken' Begriffe von Theorie, Wahrheit und System, die doch seit mehr als hundertfünfzig Jahren der Vergangenheit angehören. Das fallibilistische Bewußtsein der Wissenschaften hat längst auch die Philosophie ereilt."[24]

In seiner Belehrung der Zurückgebliebenen geht J. Habermas offensichtlich von einer Philosophie aus, die dermaßen stark an den Wissenschaften ausgerichtet ist, daß sie sich von ihnen bestimmte Evidenzen als selbstverständlich vorgeben läßt. Die Philosophie Heideggers, Adornos und Derridas', um bei Habermas' eigener Aufzählung zu bleiben, ist jedoch anders geartet. Es ist zutreffend, daß die Begriffe "Theorie", "Wahrheit" und "System" heutzutage keine "starken" Begriffe im Sinne der systematischen Philosophie mehr sind. Im finitätsbewußten Zeitalter des Fallibilismus und des Falsifikationismus werden sie zumeist nur hypothetisch verwendet. Die eigentliche, von Habermas' rekonstruktiver Philosophie übergangene, Schwierigkeit liegt darin, daß unbeantwortet bleibt, warum die ehemals "starken" Begriffe zum "Wechselgeld pragmatischer Diskurse"[25] geworden sind. Welche geistesgeschichtliche Situation ist daraus entstanden? Wie kann diese Situation aus sich selbst heraus erklärt werden, ohne daß sie lediglich als Abwandlung eines vorangegangenen Philosophiemodells geschichtlich relativiert und nachbestimmt wird?

Die hier von Habermas kritisierten Denker bemühen sich im Rekurs auf Hegel diesen Grundsatzfragen nahezukommen. Wenn sich Heidegger, Adorno und Derrida im wesentlichen mit Hegel auseinandersetzen, so betreiben sie keineswegs eine unnütze Philosophie im Schatten des "letzten" systematischen Philosophen. Mit Hegel steht die Geschichte der abendländischen Philosophie zur Diskussion, deren Grundvoraussetzungen fragwürdig geworden sind und deshalb von der Postmoderne-Bewegung hinterfragt werden. Mit den drei hier genannten Philosophen und mit W. Pannenberg[26] teilen wir Hegels Selbsteinschätzung, daß seine Philosophie, jenes Denken darstellt und vollendet, das durch Parmenides, Plato und Aristoteles begründet wurde. Dabei ist es nebensächlich, ob man Hegels Denken als Metaphysik, als identifizierendes Denken oder allgemein als Philosophie klassifizieren will. Entscheidend ist vielmehr, daß er die Moderne als die letzte Etappe der gesamten griechisch-jüdisch-christlich-germanischen Geistesgeschichte begreifen und verbegrifflichen konnte. Hegel beschreibt diese Etappe gerne als die "Geschichte des Fortschritts im Bewußtsein der Freiheit" und feiert ihren Abschluß in seiner Philosophie des sich selbst transparenten Geistes. Dabei bringt er bekanntlich vermittels seiner Substanz-Lehre die Moderne auf den Begriff. Hegels Philosophie der Teleologie des Geistes ist Kulminationspunkt jenes Einheitsdenkens, gegen das der Postmodernismus sich entschieden absetzt.

Die Dekonstruktion der Hegelschen Metaphysik, wie sie Derrida beispielsweise in "Glas[27] unternimmt, führt nicht einfach von der "Moderne" zur "Postmoderne", sondern fragt nach jenem Denken, das nach der philosophischen Tradition, die von Parmenides bis Hegel reicht, entstehen kann. Es ist deshalb keinesfalls ein "Schatten"-Spiel, sondern notwendig, die Konstitution der abendländischen Metaphysik - zumindest panoramahaft - im Rekurs auf Hegel zu erörtern. Dadurch kann die Weichenstellung des Denkens erkennbar werden, die schließlich zur postmodernen Ausrichtung dieser Geistesgeschichte geführt hat.

Der Neostrukturalismus ist die extreme und - wie gesagt - "gebrochene" Spitze einer etwa zweihundertjährigen Denk-Tradition, die die zahllosen Taten und Geschichten, Schriften und Lehren, die sich seit Parmenides in Europa begaben, in dem Kollektivsingular "das Abendland" versammelt. Wenn wir Heutigen diese 2500 Jahre europäischer Menschheitsgeschichte als "abendländisch" bezeichnen und in gewissem Sinn als Einheit veranschlagen, so ist dies nicht fraglos selbstverständlich. M. Foucault datiert jedenfalls diese Idee der "Einheit" des Abendlandes präzise auf das Jahr 1775. Er weist darauf hin, daß das Verständnis des Abendlandes als Einheit nur aus einem Krisenbewußtsein entspringen könne. Erstes Krisensymptom sei die Unsicherheit, ob wir, indem wir das Abendland als Einheit und Abgeschlossenheit wahrnehmen, diesem überhaupt noch angehören.

In diesen grundsätzlichen Fragezusammenhang nach dem Jetztstand der geistesgeschichtlichen Situation fügt sich Hegels berühmtes Wort aus der "Vorrede" zur "Philosophie des Rechts":

> "Um noch über das Belehren, wie die Welt sein soll, ein Wort zu sagen, so kommt dazu ohnehin die Philosophie immer zu spät. Als der Gedanke der Welt erscheint sie erst in der Zeit, nachdem die Wirklichkeit ihren Bildungsprozeß vollendet und sich fertig gemacht hat. Dies, was der Begriff lehrt, zeigt notwendig ebenso die Geschichte, daß erst in der Reife der Wirklichkeit das Ideale dem Realen gegenüber erscheint und jenes sich dieselbe Welt, in ihrer Substanz erfaßt, in Gestalt eines intellektuellen Reichs erbaut. Wenn die Philosophie ihr Grau in Grau malt, dann ist eine Gestalt des Lebens alt geworden, und mit Grau in Grau läßt sie sich nicht verjüngen, sondern nur erkennen; die Eule der Minerva beginnt erst mit der einbrechenden Dämmerung ihren Flug[28]."

So wie Hegels Rede "über das Belehren, wie die Welt sein soll", eine "Vorrede" ist, ebenso befindet sich der Gedanke der Wirklichkeit gegenüber in einer unaufhebbaren Verspätung. Der Gedanke ist - laut Hegel - seiner Essenz nach die Substanz des Wirklichen selbst. Die Substanz muß, um begriffen zu werden, zuerst und zunächst sein. Sobald sie begriffen ist, ist sie nicht mehr. Sie ist sodann aus ihrem baren Da-sein in ihr Wesen hinübergetreten. "Die Sprache hat im Zeitwort sein das Wesen in der vergangenen Zeit 'gewesen', behalten; denn das Wesen ist das vergangene, aber zeitlos vergangene Sein."[29] Wesen ist also, was gewesen ist.

Hegel erscheint das Wesen-Werden des abendländischen Seins als die entscheidende Etappe einer "Geschichte des Fortschritts im Bewußtsein der Freiheit", die im "sich selbst transparenten Geist" kulminiert. Diese "Geschichte des Fortschritts" des menschlichen Geistes konstruiert Hegel nach dem Modell der Reflexion. "Reflexion" bedeutet Hegel Umwendung im Sinne der Rückwendung zum Ausgangspunkt, so daß dieser nunmehr als Zielpunkt erscheint. Die (Geistes-)Geschichte des Abendlandes, so Hegels Hypothese, ist gekennzeichnet durch ein Sich-Suchen und Zunächst-nicht-Finden. Der Deutsche Idealismus sprach diesbezüglich mit Schelling von der "Odyssee des Geistes[...], der wunderbar getäuscht, sich selber suchend, sich selber flieht."[30] Doch während Schelling das Gleichnis noch auf die Geschichte der Natur anwendet, appliziert es Hegel in seinen "Vorlesungen über Geschichte der Philosophie" auf die Selbstbegründungsarbeit der vollen Subjektivität. Nach Hegel verhält es sich mit der Geschichte des Abendlandes wie mit Sulamith im alttestamentlichen "Hohen Lied". Das Sich-Suchen und Zunächst-nicht-Finden des mit sich entzweiten Geistes endet dramatisch in bewußter Einswerdung. Am Ende eines Entwicklungsweges vielgewundener Bezüglichkeit und nach dem Überschreiten verschiedener Epochen begreift sich der Geist als das, was er die ganze Zeit über an sich schon war. Die einzelnen Epochen sind Stufen vergleichbar, die der Geist auf dem Weg der Einkehr zu sich selbst nehmen muß. Sein bis dahin unbewußtes Sein wird ihm am Ende des Weges - "für ihn selbst" - zu einem bewußten Besitz. Das solchermaßen erneuerte Sein re-flektiert sich in ihm als das, was es im Geist und in der Wahrheit ist. Diese Selbstbegründungsarbeit vergleicht Hegel freilich nicht mit Sulamits Leidenschaft, sondern klassizistisch mit der Mühsal des Aeneas, das römische Volk zu begründen. Im Anklang am Vergils Aeneis (I, 33) formuliert er kühn: "Tantae mollis erat se ipsam cognoscere mentem"[31]. Der geschichtliche Prozeß, einer Odyssee des Geistes vergleichbar, begreift schließlich seine historische Identität von innen heraus. Unter dieser Prämisse gelingt es durch Hegel zum letzten Mal das Abendland als abgeschlossene Einheit zu beurteilen und sich selbst diesem als Figur und Element zu subordinieren.

Indem Hegel das zu sich selbst gekommene Sein des Geistes im sich selbst transparenten Geist kulminieren läßt, feiert er damit nolens volens den Abschluß der Herrschaft Gottes. Der absolute Geist wird von Hegel noch "Gott" geheißen. Freilich verweist dieser Nominalismus auf einen enttheologisierten Gott, den kein mystisches Zeichen und kein Geheimnis mehr deckt. Hegels spekulativer Gottesgedanke hat nichts Transzendentes mehr, sondern ist identifiziert mit den Aufklärungs-Kräften des europäischen Geistes. Andererseits denkt er die Vernunft im Grunde noch theologisch, wie es in seinem Wort vom "spekulativen Karfreitag, der sonst historisch war"[32] plastisch gezeigt wird. Hegel selbst sprach von einer "einbrechenden Dämmerung" und dem sich verbreitenden Gefühl "Gott selbst ist tot". J. G. Fichtes Religionskritik anerkennt dieses "Gefühl". 1798 wagt Fichte die These, daß die Annahme eines persönlichen Gottes der Unendlichkeit Gottes widerstreite.[33] Schon B. Pascal verlieh diesem neuzeitlichen Verlustgefühl Sprache, die bekennt: "La nature est telle qu'elle marque partout un Dieu perdu et dans l'homme et hors de l'homme"[34]. Für Hegel ist die "Dämmerung des Abendlandes" nur insofern eine "Götterdämmerung" als sie die Eliminierung eines unauthentischen "credo, quia absurdum" einleite. Diese Nichtung erst betreibe die Aufhebung eines bloß gläubig vernehmenden Bezugs auf das Absolute (wie er in der Religion vorläge) in das absolute Wissen. Gemäß Hegel ist Gottes Tod nur sein Tod als geschichtlich-religiöses Ereignis. Sein Effekt sei seine Wiederaufstehung im spekulativen Wissen als dem Ort der Wahrheit und Verklärung. Dieses spekulative Wissen verlangt aber nach der Subjektivität des Absoluten und veranlaßt deshalb W. Pannenberg zu folgender, trefflicher Kritik:

> "Hegel war sich darüber im klaren, daß der 'sittliche Atheismus' der modernen Gesellschaft, der Tod Gottes in unserer Welt, die Folge der Erhebung des Subjekts über alle substantiellen Inhalte ist. Aber er glaubte, dieses Gefälle durch seine Revision des Subjektbegriffes auffangen zu können mit der These, daß das Subjekt erst 'im anderen seiner selbst' bei sich selbst ist[...] Darum hat Hegel im Ergebnis den romantischen Subjektivismus nicht überwunden, sondern noch verschärft."[35]

Während Hegel den Gottesgedanken im Begriff der absoluten Geistesgeschichte und das Subjekt im "anderen seiner selbst" aufgehen läßt, wirkt in den Gemütern der Zeitgenossen die "einbrechende Dämmerung".

1.2.2.2. Nietzsches Nihilismus als Resultante der Aufklärung?

Entlassen aus dem traditionellen und bergenden metaphysischen Verständigungsrahmen des Abendlandes, ging die europäische Aufklärungs-Intelligenz einer bejubelten "Befreiung" entgegen, die zugleich mit katastrophischen Visionen und Ereignissen bevölkert wurde. Dem Optimismus einer vollendeten menschlichen Zivilisation trat z.B. Jean-Jacques Rousseau auf eigenwillige Weise entgegen. Befragt, welchen Beitrag Künste und Wissenschaft zur Verbesserung der Sitten geleistet hätten, antwortete er, daß sie diese verdorben hätten. Diese Anekdote ist R. Guardinis "Neuzeitkritik" entliehen.[36] Guardini behauptet, mit Rousseau habe die Kritik vom "Mythos des Fortschritts" formiert begonnen, um sich auf die schwindende Einheit im Ethischen und Sittlichen zu richten. Was das Rousseausche Bonmot von 1749 nur "abschlägig" andeutet, nämlich eine um sich greifende Sinnverfinsterung und einen zunehmenden Orientierungsverlust, das wird 1886 in F. Nietzsches Textstück vom "tollen Menschen" poetisch-sinnlich vorgeführt: Die "Dämmerung des Abendlandes" und des sich zur Herrschaft und zum Selbstbewußtsein entwickelnden Rationalitäts-Konzepts wird als Götterdämmerung symbolisiert. Im 125. Stück des Dritten Buches des "Fröhlichen Wissenschaft" entzündet der "tolle Mensch" am hellen Vormittag eine Laterne. Er läuft mit ihr über den Marktplatz und ruft unaufhörlich "Ich suche Gott". Dabei durchbohrt er - so Nietzsches Regieanweisung - mit seinem Blick die Spötter.

> "Wohin ist Gott?" rief er, "ich will es euch sagen! Wir haben ihn getötet - ihr und ich! Wir alle sind seine Mörder! Aber wie haben wir dies gemacht? Wie vermochten wir das Meer auszutrinken? Wer gab uns den Schwamm, um den ganzen Horizont wegzuwischen? Was taten wir, als wir diese Erde von ihrer Sonne losketteten? Wohin bewegt sie sich nun? Wohin bewegen wir uns? Fort von allen Sonnen? Stürzen wir nicht fortwährend? Und rückwärts, seitwärts, vorwärts, nach allen Seiten? Gibt es noch ein Oben und ein Unten? Irren wir nicht wie durch ein unendliches Nichts? Haucht uns nicht der leere Raum an? Ist es nicht kälter geworden? Kommt nicht immerfort die Nacht und mehr Nacht? Müssen nicht Laternen am Vormittage angezündet werden? Hören wir noch nichts von dem Lärm der Totengräber, welche Gott begraben? Riechen wir noch nichts von der göttlichen Verwesung? - auch Götter verwesen! Gott ist tot! Gottbleibt tot! Und wir haben ihn getötet!"[37]

Sinnfälliger als in der Gottessuche des "tollen Menschen" läßt sich die Negation der Hegelschen Position eines "spekulativen Karfreitags" wohl kaum darstellen. Anders als der Hegelsche Idealimus nimmt Nietzsche den Einbruch der Dunkelheit als Götterdämmerung wahr. Personifiziert im "tollen Menschen" entschlüsselt er die Vollendung und den Abschluß der abendländischen Geistigkeit nicht als Autoillumination, sondern als Sinn- und Orientierungsverlust mortiferen Ausmaßes. Was dem "tollen Menschen" Entsetzen schafft, ist nicht der vulgäre Atheismus derer, die die "Existenz" Gottes bezweifeln. Vielmehr erschrickt er über das Gestorbensein der Metaphysik selbst, für die der Name Gottes als Personifikation insgesamt einsteht. Eine Kurzanalyse der hier zitierten Textpassage mag diese Behauptung stützen.

"Gott" als Inbegriff der Schöpfungs- und Heilskräfte des Übersinnlichen ist laut Nietzsche deshalb "tot", weil er gemordet wurde. "Wir haben ihn getötet - ihr und ich!", so bekennt Nietzsches Antagonist, um weiterzufragen: "Aber wie haben wir das gemacht?" Durch den Gebrauch der eigenen Vernunft, welcher die Kräfte der Naturbeherrschung erzeugt und die Selbstbefreiung aus dem alten "Horizont" ermöglicht. Die Sprache des "tollen Menschen" ist zwar emphatisch aber auch von symbolkräftiger Präzision. Sie verweist auf die kopernikanische "Loskettung" der Sonne von der Erde und auf die frühneuzeitliche Entdeckung der Unendlichkeit des Alls. Indem die Aufklärung den Kosmos der Griechen und den Himmel der Christen in der Unendlichkeit des Alls aufgehen ließ, entschwinden die bisherigen Richt- und Orientierungspunkte für eine transzendierende Sinn-Bewegung. "Wohin bewegen wir uns?" fragt der Laternenträger. Das Dasein im "leeren Raum" des Alls verliert den Ruhepunkt seiner Statik und wird zum fortwährenden Stürzen ("Stürzen wir nicht fortwährend?") "durch ein unendliches Nichts". Das All transmutiert zum Nichts, der unendliche Raum zum leeren Raum, menschliches Dasein zur fortwährenden Katastrophe. In Nietzsches Sünden-Fall-Analogie wird der "Tod Gottes" zur Metapher für den "Tod der Metaphysik" selbst. In diesem vollendet sich das abendländische Ereignis der Sinnverfinsterung. Indem die neuzeitliche episteme alle Glaubensgewißheiten in Wissens-Gewißheiten überführen wollte, bewirkte sie als akkumulierten Begleiteffekt die Aufhebung der Kategorien "Wert" und "Sinn".

Wenn mit dem "Tod Gottes" das ganze Tröstungs-, Deutungs- und Sinnstiftungssystem des abendländischen Geistes kollapiert sein soll, dann wird ahnbar, was seit Parmenides das semantische Fundament für das menschliche Sinn-Bedürfnis war: die Gewißheit einer übersinnlichen Welt. Damit ist eine erste Bestimmung dessen, was "Metaphysik" heißen mag, gegeben. "Metaphysik" ist zunächst genau dies: die Gewißheit des Übersinnlichen. Die Aufklärung über die theologischen Voraussetzungen im abendländischen Denken hat - wie F. Nietzsche moniert - zur Zerstörung der übersinnlichen Welt geführt. Ihre "Legitimationskraft"[38] hielt der pragmatischen Analyse nicht stand. Als geistesgeschichtliche Konsequenz ereignete sich sukzessiv die Destruktion der übersinnlichen Welt nicht nur in ihren theologischen, sondern all ihren Erscheinungsformen: als göttlicher creator mundi, als höchster Wert, als absolute Substanz, als Idee, als absoluter Geist, als Sinn- oder Kommunikationszusammenhang und schließlich als das herstellend - begreifende Subjekt der modernen Technik und Naturwissenschaft.

Der "Tod der Metaphysik" bedeutet für Nietzsche, daß die semantischen Fundamente (Sinn, Bedeutung, Intention) der abendländischen Philosophie zerbröckelt sind. Die Deutungs- und Sinngebungspotentiale von Platonismus und Christentum seien entleert. Nietzsches eigener, kritischer Beitrag zur Entmythologisierung des Abendlandes und zur Überwindung der Metaphysik versteht sich in diesem Sinne gleichsam als Epitaph auf die Entwertung der Werte, welche bereits seit der Frühneuzeit statt hatte. Die rationalistische Prüfung all dessen, was es mit Gott und den transzendenten Werten legitimerweise auf sich habe, ergab den Befund der Nichtigkeit. "Je tiefer man hinsieht, umso mehr verschwindet unsere Wertschätzung - die Bedeutungslosigkeit naht sich."[39] Diese "Bedeutungslosigkeit" bekundet Nietzsche unter dem Titel des (europäischen) Nihilismus als jenen "Schatten", den der "Tod Gottes" über Europa wirft.

> "Das größte neuere Ereignis - daß 'Gott tot ist', daß der Glaube an den christlichen Gott unglaubwürdig geworden ist - beginnt bereits seine ersten Schatten über Europa zu werfen."[40]

Nietzsche verfaßte diese Prognostik 1886. Sie erwartet den Nihilismus als den "unheimlichsten aller Gäste".[41] Auch Hegels höchstes, weil "spekulatives" Wissen als Bastion des Welt-Vertrauens wird dieser Gast heimsuchen.

Das Besondere des Aufklärungsereignisses, dessen Resultante Nietzsche im Nihilismus erblickt, liegt in seiner Radikalität und Irreversibilität. Zur Methodik der klassischen episteme gehörte seit je, vormals Geglaubtes in nunmehr Gewußtes aufzuheben. Das Vorläufige, Unsichere und Ergänzungsbedürftige des (nur) Geglaubten verlangt dieser Wissenschaft zufolge nach der Schaffung seiner neuen Identität in der Wissens-Gewißheit. Mit der Metapher vom "Tode Gottes" ist hingegen nicht die Überwindung eines abergläubischen Denkens gemeint, sondern der "Tod der Metaphysik" als deren Überwindung und Auflösung. Als "Metaphysik" ist hierbei jene Formation von Ausgelegtheit des Seins veranschlagt, in deren Rahmen die in der Geschichte des Abendlandes gegebenen Antworten auf die Frage nach dem Sinn des Seins oszilliert haben. Die Zerstörung dieses Rahmens bzw. dieser "Welt" läßt die besondere Orientierungskrise des Nihilismus aufkommen. Mit Heidegger und Gadamer sei unter "Welt" eine globale Form der Ausgelegtheit von Wirklichkeit verstanden, ein "Bedeutungszusammenhang", in dem sich der abendländische Mensch bewegt. Die Vernichtung des Sinns von Sein, also des globalen Weltverständnisses, bewirkt eine Krise anderer Valenz als jene der Spätantike angesichts des Christentums oder der neuzeitlichen Naturforschung angesichts der Auflösung des Mittelalters. Beide Male wurde ein Parameter von Seinssinn durch einen anderen abgelöst: das Pantheon durch den einen Gott, dann "Gott" durch "Vernunft". Die metaphysische (Rahmen-)Gewißheit einer übersinnlichen Welt, eines obersten legitimierenden Wertes, blieb jedoch erhalten.

Mit dem "Tod der Metaphysik" und infolge des Absterbens eines obersten legitimierenden Wertes ist eine Situation geschaffen, die der Neostrukturalismus mit "nachmodern" bezeichnet. Die unvorhergesehene Nebenwirkung der Aufklärung ist, daß sie mit der Kritik angeblich ungerechtfertigter Positivitäten (z.B. dogmatischer Sätze) zugleich die Basis ihrer eigenen Legitimität erschüttert hat. Fortan sind Philosophie und bürgerliche Gesellschaft dem Drama des Legitimitätsverlustes ausgesetzt: Es mangelt an fraglos gewissen Werten, auf die sich ein Rechtfertigungsanspruch gleich welcher Art stützen ließe. "Zur geistigen Situation der Zeit" der Postmoderne gehört der Verlust eines "Verbindlichkeitsanspruches" (Arnold Gehlen), wie er im religiösen Glauben oder im quasi-religiösen Vertrauen in die Leistung der (theoretischen und praktischen) Vernunft zur Verfügung stand. Jean-Francois Lyotards populäre Schrift "La condition postmoderne"[42] erklärt die Postmoderne zur nachmetaphysischen Denkdimension und proklamiert den "Tod des Subjekts" zur ultima ratio der Delegitimation des Universalitätsanspruches.[43] Die zeitgenössischen Dekonstruktivisten und Postmodernisten können Lyotards "condition postmoderne" wohl zustimmen: Der nihilistisch kondizionierten Selbstbehauptung der Individualität könne erst in einer "pensée future" entkommen werden.

1.3. Der dialektische Umschwung von enttheologisierender Aufklärung zur "Neuen Mythologie"

1.3.1. Funktion und Sinn des Mythos

Die Metapher vom "Tod Gottes", so wurde vermittels unserer Textanalyse aus Nietzsches "Fröhlicher Wissenschaft" erkennbar, steht für das Gestorbensein der Metaphysik selbst ein. Der Name Gottes gibt dafür die Personifikation ab. Hegel und Nietzsche betreiben als Antipoden die radikale Aufhebung bzw. Überwindung der abendländischen Metaphysik: Während Hegel den "Tod Gottes" als geschichtlich-religiöses Ereignis mit Wiederauferstehung zelebriert, interpretiert ihn Nietzsche als irreversible Gegebenheit, als "Tod der Metaphysik". Was Hegel "Aufhebung" ist, das ist Nietzsche der Wille zur Überwindung des als wertlos Demaskierten.

Die Nachmoderne, die Nietzsche noch in die Zukunft verlegt hatte, ist seither vielfach in wirkmächtige Erscheinung getreten. Die Postmoderne aus fundamentaltheologischer Perspektive auf den Begriff zu bringen, wäre letztlich nur vermittels einer Rückschau möglich, "nachdem die Wirklichkeit ihren Bildungsprozeß vollendet und sich fertig gemacht hat."[44] So muß Vieles hypothetisch und vorläufig bleiben. Die Hypothek des Vorläufigen gilt freilich auch für unseren nächsten Reflexionsschritt der neuzeitlichen Sinn- und "Motivationskrise". Unsere bisherige Bezugnahme auf die Symbolfiguren Hegel und Nietzsche mag das Auf-"Dämmern" der Krise der Moderne aus philosophischer Optik verdeutlichen. Beide Denker sind übrigens beständige Gesprächspartner des Neostrukturalismus, auch dort wo sie nicht ausdrücklich genannt werden. Die Entmythologisierung, die das Abendland mit der Aufklärung an sich selbst vollzog, wurde von Nietzsche zuerst diagnostiziert, dann propagiert. Ein Jahrhundert später tritt die philosophische Postmoderne-Bewegung in ein neues Verhältnis zu Religion und Mythos ein. Sie fragt erneut nach deren Funktion und Sinn für die Nachmoderne.

Einleitend wurde behauptet (1.2.1.), daß der Neostrukturalismus den ihm vorausgehenden, ethnologisch-linguistischen Strukturalismus radikalisiert und revolutioniert. Die philosphische Perspektive dazu gewinnt der Neostrukturalismus weithin aus der Rückbesinnung auf Nietzsches Metaphysik-Überwindung. Eine spätere Prüfung dieser Folgebehauptung wird dazu beweiskräftiges Material erbringen können, um Nietzsche wie auch Heidegger und Freud als philosophische Vorfahren der postmodern-neostrukturalistischen Strömung zu verstehen. M. Heidegger versucht die Überwindung der Metaphysik im Namen eines Seins, das keiner denkbaren theoretischen Besinnung sein Wesen restlos preisgibt. Aus strukturell vergleichbarem Grund schließt auch S. Freud insofern an Nietzsches Programmatik und Hegelkritik an, als er das Unbewußte entdeckt, das sich von keiner "Anstrengung des Begriffes" ganz ausleuchten läßt.

Wir verwiesen vorhin auf Derridas Dekonstruktion der Hegelschen Metaphysik und auf Habermas' Kritik an Derridas (Heideggers und Adornos) Naivität sich "im Schatten des 'letzten' Philosophen" um angeblich verkommene Begrifflichkeiten zu "streiten". Derridas Metaphysikanalyse fragt hingegen nach den Weichenstellungen, die das Denken nach der philosophischen Tradition Parmenides-Hegel erfuhr. Das posthegelianische Philosophieren ist noch lange nicht das postmoderne. Doch die präfigurierenden Faktoren der Postmoderne zu untersuchen, ist ohne einen Rekurs auf Hegel und Nietzsche kaum möglich. Auf der Höhe Hegelscher Geschichtsphilosophie kulminiert die abendländische Selbsteinschätzung in einer epochebrechenden Zäsur. Nietzsche wie Kierkegaard empfinden und denken bereits jenseits dieser Zäsurierung. Die "Revolution des Nihilismus"[45] generiert sich aus der Erschöpfung des romantischen Idealismus heraus. Sie zeitigt den dialektischen Umschwung extensiver Aufklärung zu einer "Neuen Mythologie". Das menschliche Macht- und Mündigkeitsbegehren kippt in einer autoregulativen "Dialektik der Aufklärung" (M. Horkheimer/Th. W. Adorno) in eine neue Unmündigkeit. Dieses Geschehen bildet die präfigurierenden Elemente und Faktoren postmoderner Gesinnung aus. Sie näher zu untersuchen und in ihrer anhaltenden, enttheologisierender Wirkkraft zu ermessen, ist Aufgabe dieser Analyse der "Neuen Mythologie" vom "kommenden Gott". Inwiefern die "Mythen-Renaissance" der Spätmoderne eine Existenzbedrohung für die christliche Religion und ihre soteriologische Identität birgt, ist eine Grundfrage zur Verhältnisbestimmung von philosophischer Postmoderne und Fundamentaltheologie.

Die klassische Arbeit Horkheimers und Adornos an der "Dialektik der Aufklärung" gibt für die Rationalitäts- und Mythen-Kritik nach dem Zweiten Weltkrieg einen unübertroffenen "point de capiton" ab. Eine differenzierte Bezugnahme auf dieses Werk humanwissenschaftlicher Interpretation ist auch für unsere Untersuchung bleibend notwendig. Später und erfahrungsträchtiger als Max Weber erarbeiten Horkheimer und Adorno die Dialektik des Umschlagens: die Wendung von Aufklärung in Terror, von Naturbeherrschung im Dienste der Menschlichkeit in "Naturbeherrschung *am* Menschen"[46], die in Funktion der verselbständigten Maschinen und "Dispositive" agiert. Horkheimer/ Adorno übersahen in ihren Studien keineswegs, daß Mythos selbst Aufklärung ist, indem er opaken Natur- und Erlebenszusammenhängen einen (menschlichen) Sinn zuspricht.

Daß die einzelnen Mythen und Mythologeme, Vorhandenes ätiologisch begründen und narrativ legitimieren wollen, darauf weist die vielfältige Mythenforschung übereinstimmend hin: Der Mythos rechtfertigt ein natürliches oder geschichtliches Faktum, indem er es auf eine göttliche Vergangenheit zurückführt. Damit steht der Mythos in einer ätiologisch-legitimierenden Funktion menschlicher Daseinsbewältigung. Die gesellschaftsbildende und normative Kraft bezieht der Mythos durch seine diskursiv vermittelte Teilhabe am "Heiligen", im Sinne eines sozial Unverbrüchlichen. Diese pragmative Funktion des Mythos ist eine kommunikative, weil sie das Verständigtsein der Gesellschaftsteilnehmer untereinander und die Vereinbarkeit ihrer Werteüberzeugung intendiert. Soziologischer- und kulturpsychologischerseits wird der Sinn des Mythos in seiner pragmatisch-kommunikativen Leistung begründet.

Diese mythenkritische Erklärung läßt sich unschwer in folgende Sprechakttheorie übertragen: Der Mythos (das mythische Sprechen) ist kein System von Zeichen, sondern von Symbolen. Dem Symbol fehlt im Gegensatz zum Zeichen die Eindeutigkeit seines Verwendungsbezuges. Das Symbol ist polyvalent, d.h. es ist weder streng kodiert noch eignet ihm ein fester Verweisungszusammenhang. Es ist ein "ungebundenes Zeichen"[47]. Sein Sinn ist ihm nicht auf Grund einer systematisch geregelten Beziehung von materiellem Ausdruck und intelligibler Bedeutung zugewiesen, sondern muß zum Ausdruck in einer ursprünglichen Stiftung hinzugefunden werden. Diese originäre Stiftung ist nach Dan Sperber (in seinem Essay

"Über Symbolik"[48]) als eine axiologische (Wert-)Entscheidung qualifizierbar, die von der Ebene der sozialen Interaktion ihren Ursprung nehme und die M. Frank in seinen "Vorlesungen über die Neuere Mythologie" "als mythisch bezeichnen möchte."[49]

Damit rundet sich vorerst der Zirkelschluß zwischen soziologischer und sprachakttheoretischer Mythos-Interpretation in der wechselweisen Bestätigung der pragmatischen, wertesetzenden und sozial-kommunikativen Funktion des Mythos. Mit M. Frank läßt sich das derzeit favorisierte Interpretationsnieveau des Sinns von Mythos wie folgt zusammenfassen:

> "Damit sind wir wieder [...] bei unserer Ausgangsdefinition des Mythos angelangt. Ihr zufolge begründet und beglaubigt er eine soziale Ordnung durch Diskurse, die - rein auf ihre Zeichenfunktion reduziert - gar nichts Rechtfertigendes an sich haben, sondern es von den gesellschaftlichen Subjekten durch eine wertverleihende Zusprechung zugewiesen bekommen. Alle Mythen erzeugen den Schein einer Ordnung und liefern teleologische Rechtfertigungen des Lebens sowohl der Individuen wie der Gesellschaft, indem sie institutionalistische Gratifikationen für kulturell anerkannte Bedürfnisse bereitstellen. Der Mythos ist [...] wie Hegel sagt, das 'gesicherte Asyl', in dessen symbolischer Gewißheit die allgegenwärtige Tragik intersubjektiver Kollision und die Auflösung aller menschlichen [...] Verhältnisse erst erträglich werden."[50]

Auf die ethisch-pragmatische Leistung der Kohärenzstiftung des Mythos nimmt L. Kolakowski ausführlich Bezug. In seiner kulturphilosophischen Arbeit "Die Gegenwärtigkeit des Mythos"[51] akzentuiert er die Legitimationsleistung des Mythos, welche dieser unter Bezugnahme auf unbedingte Realitäten wie "Sein", "Wert" und "Wahrheit" vollbrächte. Die unbedingten Realitäten sind nach Kolakowski zumindest implizit oder als Postulat in allen Konstruktionen des kognitiven und effektiven Lebens am Werk. Die religiösen Mythen sind für ihn "eine bestimmte Variante oder historische Partikularisierung des Phänomens", das "in allen Formen der zwischenmenschlichen Kommunikation (auch in unserer Zivilisation) entsteht: in den intellektuellen Tätigkeiten, im künstlerischen Schaffen, in der Sprache, im Zusammenleben, das von den ethischen Werten gestaltet wird, in der technologischen Praxis selbst und im Sexualleben."[52] Dieses universelle "Phänomen" interpretiert Kolakowski als Begründungs- bzw. Sinnstiftungsverlangen des Menschen. Der Autor intendiert "den Charakter des Bedürfnisses [zu]

> beschreiben, das die ständig neuauflebenden Interpretationen der empirischen Welt als eines Ortes der Verbannung oder eine Stufe der Rückkehr zum unbedingten Sein gebiert."[53]

Dieses in Kolakowskis Schriften bezeugte "mythische Bedürfnis" verlangt nach einer Rechtfertigung des faktisch-empirisch Vorhandenen einer Tatsachen-Welt. Eine solche Legitimation bzw. Sinnstiftung kann vom analytischen Geist weder angestrebt noch geleistet werden. Aus Tatsachen alleine ist auf analytischem Wege keine Legitimität zu begründen. Der Mensch aber - so Kolakowski - ist ein Wesen, das ohne Legitimation nicht menschlich existieren kann. Mit seinem Sinnstiftungs- und Begründungsverlangen appelliert der Mensch an die Transzendenz. Diesen Appell könnte man durch eine pragmatische Analyse des Anspruchs auf Verbindlichkeit einer Handlung nachweisen. Kolakowski behauptet damit keineswegs, daß die menschliche Vernunft der (Tatsachen-)Welt eine real existierende Welt des Sinns, der Ganzheit und der Rechtfertigung hinzustellen müsse. Er insistiert einzig auf dem "Beweis für das in der Kultur lebendige Bedürfnis, daß das, worauf es bezogen ist, gegenwärtig sei[n möge]."[54] Dieses "lebendige Bedürfnis" verlangt nach Sinn, verstanden als Beglaubigungsgrund nicht nur für das menschliche Dasein, sondern für alles Seiende. Das "mythische Bedürfnis" ist mithin eine Sonderprägung jenes beweisbaren "lebendigen Bedürfnisses" nach Enthüllung einer "unbedingte[n] Realität", "dank dere[n] die bedingte Realität sinnvoll wird".[55]

Gemäß Kolakowski existiert ein beweisbares Bedürfnis des Menschen nach einem sinnhaften Aufbau der Welt: Ein Bedürfnis (nach einem Werte-, Regel- und Kohärenzsystem), aus dem heraus die Welt nicht nur in ihrem funktionalen So-Sein hingenommen werde. Darüber hinaus soll sie als sinnvoll begründet und legitimiert einsichtig werden. Im "mythischen Bedürfnis" wirke mehr als eine romantisch-sentimentale Sehnsucht nach dem Unendlichen: ein Verlangen nach Transzendenz in einen Sinnzusammenhang, der Welt und Leben rechtfertigen würde. Die Mythen durch analytische Kritik ihrer Nichtigkeit überführen, hieße deshalb die Varianzbreite der synthetischen Vernunft verkennen und ein "lebendiges Bedürfnis" negieren, das sich Ersatzziele suchen würde. In der Vielschichtigkeit der menschlichen Bedürfniswelt den mythologischen Stamm des Geistes freizulegen, bedeutet für Kolakowski "die Erfahrung der Gleichgültigkeit der Welt" ausdeuten.

Indem das "mythische Bedürfnis" etwas, woran es der empirischen Welt mangelt, sucht, ist es in gewisser Beziehung zu Blochs Hoffnungs-Prinzip: Auch die Hoffnung ist eine Kraft, die - jenseits des analytisch Bewährten - Sinnerfahrung erstrebt.

In seiner Interpretation der "Gegenwärtigkeit des Mythos" bewegt sich Kolakowski nicht nur in einer gewissen Nähe zu Horkheimer/Adorno und E. Bloch, sondern zugleich in einer Mittlerposition zwischen Hans Blumenberg und Claude Levi-Strauss. Die hier genannten Autoren kommen - bei aller Verschiedenheit - formal darin überein, daß dem Mythos selbst eine gewisse synthetische Aufklärungsqualität zuzuordnen sei: Der Mythos spreche den opaken Naturereignissen wie der Tatsachen-Welt (menschlichen) Sinn zu. Das "mythische Bedürfnis" ist insofern real, als es sich konstruktiv auf die Behebung eines Legitimations- und Begründungsmangels beziehe. Der entscheidende metaphysische Unterschied zwischen Kolakowski und Levi-Strauss liegt darin, daß Levi-Strauss im Strukturgefüge des Mythos (bzw. der einzelnen Mythen) die invarianten Strukturen des menschlichen Geistes wiederzuerkennen sucht. Levi-Strauss' Axiom für seine Strukturanalyse mythologischer Konstrukte ist die Analogie zwischen dem Psychischen/Individuellen und dem Sozialen/Kollektiven:

> "Es ist also wahr, daß jedes psychologische Phänomen in einem bestimmten Sinne ein soziologisches ist und daß das Mentale mit dem Sozialen zusammenfällt. In einem anderen Sinne gilt das Umgekehrte: "der Beweis des Sozialen kann, seinerseits, nur mental sein."[56]

Jene Wirkkraft, die das Analogieverhältnis zwischen Mikrostruktur (Individuum) und Makrostruktur (Gesellschaft) ermöglicht, ist für den linguistisch geprägten Ethnologen "das Unbewußte" bzw. "der Geist auf der Stufe des unbewußten Denkens". Dazu ein längeres Zitat, das die Levi-Strauss'sche Grundannahme zur strukturalen Mytheninterpretation klar umreißt:

"Das Unbewußte wäre so der vermittelnde Begriff zwischen Ich und Anderem. Wenn wir den Gegebenheiten des Unbewußten nachgehen, dehnen wir uns nicht, wenn man so sagen kann, in der Sinnrichtung unseres Selbst aus: wir treffen auf eine Ebene, die uns nicht deswegen fremd erscheint, weil sie uns unser geheimstes Ich verbirgt, sondern (viel normaler) weil sie uns, ohne daß wir uns selbst verlassen müßten, in Koinzidenz mit Formen der Tätigkeit bringt, die zugleich unsere und andere sind, Bedingungen allen geistigen Lebens aller Menschen zu allen Zeiten. Das (in jedem Falle objektive) Erfassen der unbewußten Formen der Tätigkeit des Geistes führt gleichwohl zur Subjektivation, weil es letztlich ein Verfahren desselben Typus ist, wie das, welches uns in der Psychoanalyse erlaubt, unser fremdestes Ich zurückzugewinnen, und uns in der ethnologischen Forschung das Fremdeste der Anderen wie ein anderes Wir zugänglich macht. In beiden Fällen stellt sich dasselbe Problem, daß eine Kommunikation, zum einen zwischen einem subjektiven Ich und einem objektivierenden Ich, sodann zwischen einem objektiven Ich und einem subjektivierten Anderen, gesucht wird."[57]

Das Ergebnis dieser posthegelianischen "Aufhebung" der Subjekt-Objekt-Problematik durch Levi-Strauss ist die Rückführung "sozialer Tatsachen" auf das Zueinander von Unbewußtem und Kommunikation, d.h. auf den unbewußten Charakter der Kommunikation und den kommunikativen Charakter des Unbewußten. Im Hinblick auf die Linguistik und Sprechtheorie ist Levi-Strauss' Grundannahme folgendermaßen formulierbar: Der unbewußte Charakter der Sprache und der sprachliche Charakter des Unbewußten koinzidieren. Levi-Strauss' Position läßt sich diesbezüglich exakt mit J. Lacans Formel umreißen "Das Unbewußte ist gegliederte Sprache"[58] und als solche ist das Unbewußte "der Diskurs des Anderen"[59]. Die "unbewußten Formen der Tätigkeit des Geistes"[60] finden also in den mythologischen Gebilden, angefangen bei den Mythologemen, ebenso ihre Darstellung wie in den infraphonemischen. Von dieser Voraussetzungsbasis ausgehend entwirft Levi-Strauss in "La structure des mythes" seine Methode der Diskurs-Analyse, die er in seinem Hauptwerk "Mythologiques" als "wissenschaftliche Alternative" zu den klassischen Interpretationsverfahren anwendet.

Während also für L. Kolakowski der Mythos als Exponent menschlicher Legitimations- und Sinnsuche interpretierbar ist, hofft Levi-Strauss vermittels seiner Diskurs-Analyse der Mythen "die allgemeinsten Strukturgesetze zu erkennen."[61] Kurzum: Der Mythos verweist nicht nur zurück auf ein interpretierbares "mythisches Bedürfnis" im Menschen, sondern ihm eignet wesentlich die Transparenz und sprachliche Darstellung zeitlos gültiger und struktural faßbarer Beziehungselemente.

Wie vorhin angedeutet kommt L. Kolakowski eine gewisse Position der Mitte zwischen C. Levi-Strauss und H. Blumenberg zu. Kolakowski knüpft nämlich in seiner Hermeneutik der "Gegenwärtigkeit des Mythos" an eine seit der Romantik (z.B. bei Friedrich Schlegel, aber ebenso bei Jean-Paul Sartre), geläufige Unterscheidung zwischen analytischem und synthetischem (oder metaphysischem) Geist an. Eine Verabsolutierung des analytischen Vernunftgebrauches schafft im Gegenzug die "Mythen-Renaissance" der Gegenwart. Das "mythische Bedürfnis" ist ein synthetisches. Es betrifft "die absolut originäre Situation der Erfahrungswelt; [...] die Qualitäten des Seins als einer Ganzheit (im Unterschied zum Objekt), [...] die Notwendigkeit der Ereignisse."[62] Eine gewisse Nähe Kolakowskis zu Levi-Strauss spricht sich hier aus. Die im "mythischen Bedürfnis" gesuchten "Qualitäten des Seins als Ganzheit" versucht Levi-Strauss' Analyse struktural zu bestimmen.

H. Blumenbergs "Arbeit am Mythos"[63] geht hingegen vom "Absolutismus der Wirklichkeit" aus, welcher Daseins- und Überlebensängste im Menschen bewirke, die ihrerseits im mythischen Denken ihre Selbstbefreiung suchten. Bereits in seinen vorausliegenden Werken "Die Legitimität der Neuzeit"[64] und "Die Genesis der kopernikanischen Welt"[65] erklärt sich Blumenberg der großen aufklärerischen Tradition zugehörig. Die Untersuchung der Genealogie und Phänomenologie der Neuzeit führt ihn zum Recht des Menschen, seine angeborene Neugier (curiositas) zu gebrauchen. Das mythische Denken steht - nach Blumenberg - selbst im Dienste der curiositas, der theoretischen Erkenntnis-Neugier. Deshalb sei es ein Irrtum der bisherigen Aufklärung gewesen, die Mythologie im Namen der Theorie und des Erkenntnis-Fortschritts zu verwerfen. Die theoretisierende und sekundärprozeßhafte "Arbeit am Mythos" lasse vergessen, daß der Mythos angesichts des "Absolutismus der Wirklichkeit" ursprünglich im Dienst der Naturbeherrschung und der Befreiung vom Ungewissen und seiner Todesdrohung gestanden habe. Als Geist der wissenschaftlichen Erkenntnis steht er nach Blumenberg immer noch in dieser Emanzipationsfunktion. Dieser "mythische Stamm" der rationalen Formation des menschlichen Geistes ist auch in der modernen Wissenschaftlichkeit als Motiv anwesend. Dazu genauer H. Blumenberg:

> "Daß der Gang der Dinge vom Mythos zum Logos vorangeschritten sei, ist deshalb eine gefährliche Verkennung, weil man sich damit zu versichern meint, irgendwo in der Ferne der Vergangenheit sei der irreversible Fortsprung getan worden, der etwas weit hinter sich gebracht zu haben und fortan nur noch Fortschritte tun zu müssen entschieden hätte. Aber lag der Sprung wirklich zwischen jenem 'Mythos', der gesagt hatte, die Erde ruhe auf dem Ozean oder steige aus ihm empor, und jenem 'Logos', der dies in die so viel blassere Universalformel übersetzt hatte, alles komme aus dem Wasser und besteht folglich aus diesem? Die Vergleichbarkeit der Formeln trägt die Fiktion, es ginge dort wie hier um dasselbe Interesse, nur um grundverschiedene Mittel, es zu bedienen".[66]

Im Hinblick auf den vorhin angeregten Vergleich H. Blumenberg - L. Kolakowski läßt sich nunmehr folgendes Resumée ziehen: Beide Autoren akzentuieren die Legitimationsfunktion des Mythos unter jeweils eigener Perspektive. Eine analytische Ratio, die dem elementaren Deutungs- und Sinngebungsverlangen des Menschen nicht nachkommt, bleibt für "remythisierende" Bedürfnisbesetzungen anfällig. Die "Remythisierung" verweist auf eine existentielle Grundsituation des Menschseins: eine Rechtfertigung (Sinnaffirmierung) zu brauchen gegenüber dem Unbekannten und Anderen. Als leeres Fortschreiten im Erkennen des Empirisch-Tatsächlichen würde das technologische Fortschrittsdenken selbst zu einer mythomorphen Ideologie "fahrlässiger Sicherheit"[67] verkommen. Kolakowski und Blumenberg sind sich auch darin einig, daß es unter Bedingungen philosophischer und wissenschaftlicher Verständigung "den rettungswürdigen Kern des Mythos"[68] gibt. Dieser bestünde in der Kraft des Mythos, den Menschen aus der Angst vor lebensfeindlicher Übermächtigung zu befreien. Die (Angst-)Inhalte können von verschiedener Qualität sein: Sie können sich auf die Natur beziehen oder auf das Unbekannte, auf die sinnlose Fülle des Emipirisch-Faktischen, auf die "Gleichgültigkeit der Welt", auf den "Absolutismus der Wirklichkeit" usw. Über das "mythische Bedürfnis" im Menschen wird die romantische "Mythos-Renaissance" verstehbar: Sie soll die Emanzipation des Subjekts aus Lebensängsten bewirken und angstfreien Lebensgenuß legitimieren. Die derart verzweckte "Neue Mythologie" ist Thema unserer weiteren fundamentaltheologischen Untersuchung, welche die Differenz zwischen Mythos und Offenbarung verdeutlichen wird.

1.3.2. Der Legitimationswert des Mythos für eine atheistische Gesellschaft

Die Frage nach dem "Sinn der Gesellschaft und des Lebens" wird im Mythos auf neue Weise bekräftigt und (dar-)gestellt. Das Phänomen der "Mythos-Renaissance" gehört dem größeren Problemzusammenhang der modernen Sinn-, Werte- und Legitimationskrise an, welche die Entstehung einer post-modernen Orientierung bewirkt. Diese verspürt den Verlust des (mythischen) Glaubens an die analytische Vernunft, und fragt, ob der "Mythos der Aufklärung" an die Grenze seiner "finita potestas"[69] gelangt sei.

Mit dem "Tod" Gottes und der Metaphysik wurden die semantischen Fundamente des abendländischen Denkens zerbrochen. Aber auch die ersatzweise gelegte "Gedankenformation" des "Vernunfttempels" erwies sich als brüchig. Der Eckstein des ruinierten semantischen Fundaments war aber der Monotheismus in seiner klassischen Form als Christentum. In seiner Rede anläßlich der Hegel-Preis-Verleihung 1974 qualifiziert J. Habermas das Christentum als "die letzte Gedankenformation, die eine von allen Gesellschaftsmitgliedern anerkannte einheitsstiftende Interpretation gegeben hatte."[70] Damit verlieh das Christentum der bürgerlichen Gesellschaft eine "vernünftige Identität", die den komplexen Gesellschaften der postmodernen Gegenwart mangle. Durch den Einbruch des analytisch-naturwissenschaftlichen Zeitalters konnte, so interpretiert Habermas, die Religion den synthetischen Interpretationsanspruch nur mehr mangelhaft erfüllen. Zu den aufgelösten, vormals identitätsstiftenden Totalitäten der Neuzeit, gehöre deshalb auch die christliche Religion. Dieser Auflösungs-Prozeß wurde - laut Habermas - namentlich von der Aufklärungsphilosophie akzelleriert, die dem synthetischen Geltungsanspruch der Religion den gleich universellen Geltungsanspruch der Vernunft entgegenführe. Um dies glaubhaft zu vollführen, muß sie

> "den einheitsstiftenden Interpretationsanspruch der Religion sogar überbieten und jene Einheit wiederherstellen, die bisher nur der Mythos auszudrücken in der Lage gewesen ist. [...] Diese im Mythos vollzogene Vereinigung der einzelnen Individuen mit ihrer besonderen politischen Gemeinschaft im Horizont einer allgemeinen kosmischen Drohung soll die Philosophie unter Bedingungen wiederherstellen, die mit den modernen Ideen der Freiheit und der vollständigen Individualität der Einzelnen inzwischen gesetzt sind."[71]

Das philosophische "Projekt der Moderne" konnte die von Habermas skizzierte große säkulare Vereinigungsaufgabe nur ansatzweise leisten. Es blieb "unvollendet". Wenn die Postmoderne-Diskussion nachhaltig auf die Krise der analytischen Konzeption von Intellektualität verweist, so sind damit zugleich die "Wege aus der Moderne"[72] angefragt. Inwiefern "Mythen-Renaissance" und "Neue Mythologie" solche Auswege markieren, bleibt zu untersuchen.

Unleugbar ist ein noch näher zu bestimmendes, stark "mythomanes" Moment der postmodernen Orientierungssuche (vgl. 3.2.-3.4.). Unsere bisherige Einschätzung des Phänomens "Mythos" ergab (mit L. Kolakowski, H. Blumenberg, C. Levi-Strauss, J. Habermas u.a.), daß Mythos eine synthetische Konzeption von Geist zum Ursprung hat, während das "mythische Bedürfnis" psychischer Natur ist. Die Einholung des synthetischen Sinn-Moments in Mythos und Religion scheint unverzichtbar zum Menschsein zu gehören. Das Aufkommen der romantischen Vision einer "Neuen Mythologie" ist dafür ein Indiz, das gerade im Kontext unseres Themas einer genaueren Untersuchung wert ist. Anliegen dieses Traktates ist es ja, die (Sinn-)Krise der nachmodernen Gesellschaft aus fundamentaltheologischer Perspektive darzustellen vermittels einer Zentrierung auf die "Dialektik der Aufklärung", d.h. auf deren selbstaffirmative Spaltung in Rationalismus und Neomythologismus.

In der Krise der Moderne läßt sich zunehmend der vorläufige Endpunkt einer kritischen Entwicklung erkennen, die der Spätaufklärung (bzw. Frühromantik) entsprang und auf welche die romantische Vision einer

Wiederkehr der mythologischen Religion eine erste vernehmbare Reaktion war. Die aufklärerische Enttheologisierung und der "Tod der Metaphysik" bewirkten seit der Romantik eine verstärkte Renaissance des kultischen Dramas (Nietzsche, Wagner, Jobst) und eine "Neue Mythologie", die in der literarisch-philosophischen Postmoderne-Strömung unter neuer Akzentsetzung weiter favorisiert wird.

1.4. Die romantische "Mythos-Renaissance" als Reaktion auf den Aufklärungsrationalismus

1.4.1. Die nihilistische Sinnkrise und der Rückgriff auf das "Religiöse"

Die "Sinnkrise" der Gegenwart, so stellten wir fest, hat sehr wohl etwas zu tun mit dem von F. Nietzsche in seiner "Fröhlichen Wissenschaft" beschworenen "Tod Gottes". Der Untergang der abendländischen Metaphysik, die im romantischen Idealismus euphorisch zu kulminieren schien, gibt den Sprach-Raum frei für den Nihilismus. In der "Dialektik der Aufklärung" fungiert der Nihilismus - so unsere These - als entscheidendes Moment für den Umschwung einer Vernunfthaltung in die "irrationale" Remythisierung der Welt- und (Er-)Lebensbezüge. Der Nihilismus ist Katalysator für das Aufdämmern der "Neuen Mythologie", die sich erstmals in der Romantik artikuliert. Die romantische "Mythen-Renaissance" ist mithin Reaktion auf den enttheologisierenden und entmythologisierenden Rationalismus. Diese Reaktion ereignet sich - so unsere Behauptung - vermittels des Nihilismus, der gleichsam den Tief- und Endpunkt der Aufklärung markiert. Nicht umsonst veranschlagt F. Nietzsche im Nihilismus das innere Ziel des Aufklärungsprozesses. Der Sturz des aufgeklärten Denkens, aus den Höhen idealistisch-spekulativer Ganzheit in das "unendliche Nichts", verlangt nach einer sanierenden Ausmittlung und Synthetisierung, die der "alten", christlichen Religion nicht mehr zugetraut und in einer "Neuen Mythologie" vergeblich, aber lustvoll gesucht wird.

Vorausgesetzt, daß diese katastrophische Entwicklungsdynamik zur "Neuen Mythologie" gültig veranschlagt ist, so wird das Verhältnis der Postmoderne-Strömung zur "Neuen Mythologie" befragenswert: Ist die philosophisch-literarische Postmoderne-Bewegung wesentlich die mythomane Neuauflage eines bereits zur Philosophiegeschichte gehörigen Nihilismus oder nicht? Falls die "Postmoderne" (verstanden als philosophische Avantgarde-Bewegung *und* als Signifikant einer neuen Epoche) anderer Qualität und Intention folgen sollte, wie böte sich ihr die Chance zur "Überwindung" des Nihilismus der Moderne und ihrer "Sinnkrise"? Eine Antwort auf diese Kardinalfragen verlangt zunächst die Untersuchung jener vielschichtigen Bewegung, die hier mit "Neuer Mythologie" etikettiert wird.

Die sogenannte "Sinn-" und "Motivationskrise" der Gegenwart wird zunehmend in Kategorien eingeklagt, die der religiösen Sprache entnommen sind. Beklagt wird vorrangig das Fehlen einer letzten *Verbindlichkeit* für die Handlungsethik des Einzelnen wie für die Vertragsethik zwischen Gemeinwesen und Individuum. Wer J. Habermas' Festrede zu Gershom Scholems 80. Geburtstag liest, muß den Eindruck gewinnen, daß der wertneutral-areligiöse Humanismus der Gegenwart zum Zweck seines Selbsterhaltes unerwartet das Religiöse bemüht. Bei Habermas jedenfalls heißt es:

> "Unter den modernen Gesellschaften wird nur diejenige, die Wesentliches ihrer religiösen, über das bloß Menschliche hinausweisenden, Überlieferung in die Bezirke der Profanität einbringt, auch die Substanz des Humanen retten können."[73]

Die angloamerikanischen Altväter der "Humanistischen Psychologie" wie C. Rogers, R. May, E.H. Erikson argumentieren neuerdings überraschend ähnlich: Die "humanistisch-personale Psychotherapie" könne sich zu einer "transpersonal-holistischen"[74] wandeln. Die nicht-direktive, wertneutrale Psychotherapie wird derzeit in Kalifornien euphorisch durch eine neue, "Direktive Psychotherapie"[75] abgelöst. - Noch ein dritter Beleg für den besagten, notgedrungenen Rückgriff auf das Religiöse (bzw. die religiöse Sprache) sei hier zur Illustrierung beigebracht. In einem "Zeit"(ungs)-Artikel beklagt Weizsäcker, die "hohen Stufen" einer nicht-wertneutralen, sondern humanistisch engagierten Wahrnehmung seien "dem Blick der modernen Rationalität entschwunden."

> "Die neuzeitliche europäische Kultur hat Erkenntnis als theoretische, als zweckrationale, als moralische Einsicht unterschieden. Theoretische Einsicht gipfelt im Turm der Wissenschaft, zweckrationale wächst in die Breite der Technik und der Wirtschaft, moralische umfaßt die Rationalität progressiver Politik, den Rechtsstaat, die Wahrheitssuche der freien öffentlichen Meinung, die soziale Gerechtigkeit. Keine dieser Pointierungen bietet der affektiven Wahrnehmung dessen, worauf es ankommt, eine Heimat.

> Eine solche Heimat war einst die Religion als Träger der Kultur. Sie wäre, glaube ich, noch immer die einzige Heimat, wenn sie mit dem modernen Bewußtsein versöhnt werden könnte. Die Größe dieser Aufgabe aber wird, wo man sie überhaupt will, meist unterschätzt. Das moderne Bewußtsein müßte sich dazu nicht weniger radikal weiterentwickeln als die überlieferte Religion- ein Thema für andere Betrachtung als diesen Aufsatz."[76]

Die hier angeführten (Zitations-)Belege illustrieren ohne Anspruch auf Systematik das Werte- und Legitimationsproblem der gegenwärtigen "Sinnkrise", die zum sprachlichen Rückgriff auf das Religiöse herausfordert. Das Problem des krisenträchtigen Legitimationsverlustes und seiner Kompensationsversuche ist allerdings nicht nur von Aktualitätswert, sondern mit einer längeren Vor-Geschichte behaftet.

1.4.2. Die romantisch-mythische (Ersatz-)Religion im Zeichen des "kommenden Gottes"

1.4.2.1. Die "große Schlüsselattitude" einer mythologisch-christologischen Gesamtauslegung des (Weltgeschichts-)Lebens

In der Neuzeit hat erstmals die Romantik das Problem des Legitimationsverlustes in religiös-mythologischer Sprache herausgestellt. Die wachsende Entfremdung zwischen Staat und Gesellschaft, zwischen dem "System der Mittel" und den Sinnforderungen der Bürger, ließ verstärkt seit der Frühromantik die Suche nach einem neuen Bezugswert aufkommen, der zwischen den Menschen eines Gemeinwesens unumstritten gültig sei. Auf ihn hin sollte sodann eine erneuerte, sinnvolle "Beglaubigung" (so der romantische Terminus) von Lebenszusammenhängen angestrebt werden. Diese normative Rechtfertigungsleistung sollte eben nicht im naturwissenschaftlichen Sinn eines einfachen und uniformierenden Ursache-Bezuges abgestattet werden, sondern vermittels einer wertebezogenen "Beglaubigung" gelingen. Die romantische Grundidee, in der so verschiedenartige Geister wie Herder, Lessing, Novalis, Schlegel, Schelling, Marx und Baader, einander nahe kamen, ist die Suche nach einem "obersten Entwurf", einer "allgemeinen Symbolik" und "allgemeinen Mitteilbarkeit". Seit der Neuzeit, aber verstärkt seit der Romantik, drängt sich dem Subjekt ein bestimmtes Erleben destruktiver Fatalität auf: Die Regierung, die Verwaltung und die ökonomischen Prozesse entgleiten der legitimierenden Kontrolle durch einen "obersten Entwurf", hinsichtlich dessen die Gesellschaftsteilnehmer als in einem "allgemeinen Willen" soeben noch übereingekommen waren. Was Gesellschaftstheoretiker wie Max Weber und Arnold Gehlen die "Legitimationskrise des Gemeinwesens" nennen, wurde bereits zur Zeit der vollendet geglaubten Aufklärung, d.h. der Frühromantik als destruktive Fatalität erlebt und polemisch im Bild der "Staats-Maschine" kritisiert. Die wirtschaftlichen Prozesse und Verwaltungsorganisationen werden vom Individuum als anonym-feindliche Mächte erfahren, deren "Wert" und "Sinn" irgendwann in das Destruktive pervertiert ist. Die romantische Gleichsetzung des bürgerlichen Wettbewerbs-Staates mit der Maschine (statt wie bei Kant noch mit einem "Organismus") ist die Voraussetzung für J. G. Fichtes staatstheoretisches "Systemprogramm" mit seiner Forderung nach einer "Neuen Mythologie".

Die romantische Kritik am État-machine, die beispielsweise von Fichte und Rousseau naturrechtsphilosophisch begründet wird, gipfelt vor etwa zwei Jahrhunderten (im "ältesten Systemprogramm") in der Forderung nach einer neuen "Mythologie der Vernunft."[77] Wenn wir also behaupten, daß es sich bei der Postmoderne-Bewegung um die gebrochene Spitze einer Konstellation handle, die vor ca. 200 Jahren entstand, so beziehen wir uns auf die ideengeschichtliche Phase der (Früh-)Romantik mit ihrem kritischen Mythologie-Systemprogramm. Damit zeichnet sich womöglich eine gewisse Parallelität zwischen Romantik und Postmoderne ab: Die "Kritische Theorie" der Romantik zur Lösung der Legitimationskrise des Gemeinwesens (nach dem "Tode Gottes") artikuliert sich "neoreligiös" in einer "Neuen Mythologie". Die "Sinn-", "Wert-" und "Legitimationskrise" der Moderne soll vermittels ihrer Radikalisierung in einer postmodernen Orientierung ihre "Überwindung" erfahren. Das Problem der "Sinn-" und "Legitimationskrise" ist also die Primärsituation sowohl für die Romantik als auch für die Postmoderne. Mit der ideengeschichtlichen Erörterung der Ausgangssituation ist allerdings noch keine Parallele Romantik-Postmoderne vorgezeichnet. Diese wird sich erst durch einen längeren Beweisgang ausmessen lassen, der sich zunächst der romantischen Idee einer "Neuen Mythologie" zuwenden wird. Aus der Idee der "Neuen Mythologie" entwickelt sich in und mit der Romantik die Utopie des "kommenden Gottes" als Inbegriff und Generaltitel des mythologischen Prozesses selbst. Es handelt sich dabei freilich um den "geistlichen Dionysos", dessen Advent die Romantik vornehmlich mit Hölderlins Elegien[78] in der Wende vom 18. zum 19. Jahrhundert feiert. Die Romantik zelebrierte die Dionysos-Renaissance lange vor Nietzsche und nachdem die Mythenkritik der Aufklärung den "Gott des Rausches"[79] für abgesetzt erklärt hatte.

Die "Neue Mythologie", in deren Konsequenz der "kommende Gott" auftaucht, ist also weithin eine Renaissance des antiken Mythos vom Zukunfts-Gott Dionysos. Diese Mythen-Renaissance stützt sich auf die Hoffnung einer Überwindung der rationalistischen Sinn-Krise. Die aufklärerische Mythen-Kritik verkannte den Wert der mythischen Rede als Begründungsrede (vgl. 1.3.2.). In Form der Mythen-Kritik[80] wendet sich die analytische Vernunft einmal mehr gegen den Versuch transzendenter Begründungen. Herder erwägt noch eine Mythologie unter poetologischen Auspizien. Er konfrontiert sich in seinem einschlägigen Aufsatz "Vom neueren Gebrauch der Mythologie"[81] (1767) noch mit der Frage, ob Mythologie unter Bedingungen der Aufklärung überhaupt in poetologischen Kontexten zulässig sei. Unter dieser Fragestellung sucht Herder noch nach einer erneuerten Mythologie, die den geschichtlichen Gegebenheiten der Moderne nachkomme. In Herders Nachfolge fordern die Romantiker hingegen eine "Neue Mythologie" auf der Grundlage einer Kritik an der analytischen Konzeption von Vernunft. Ihr wird - nunmehr programmatisch - vorgehalten, daß sie mit der erfolgreichen Kritik an den ideologischen Rechtfertigungsversuchen des Feudalismus zugleich die Möglichkeit subversiert habe, Gemeinwesen überhaupt noch zu legitimieren. So habe die Aufklärung die Krise des Legitimationsverlustes bewirkt, der durch eine "Neue Mythologie" auszugleichen sei. In Herder-Nachfolge ist es dem frühromantischen Entwurf der "Neuen Mythologie" vorrangig daran gelegen, den Bestand und die Verfassung des Gemeinwesens als Solidargemeinschaft aus einem obersten Wert(-Entwurf) zu "beglaubigen". Man könnte das mit M. Frank

> "die kommunikative Funktion des Mythos nennen, weil sie auf das Verständigtsein der Gesellschaftsteilnehmer untereinander und auf

die Einträchtigkeit (oder doch: Vereinbarkeit) ihrer Wertüberzeugungen abzielt."[82]

Wenn auch "die kommunikative Funktion des Mythos in nichts anderem als darin [besteht], diese Rechtfertigung zu leisten"[83], so geht die Sinnfunktion des Mythos zugleich über Kommunikations- und Legitimationsstiftung hinaus. Diese Feststellung trifft auch auf das dionysische Kernstück der romantischen "Neuen Mythologie" zu: Dionysos hieß schon bei Euripides der "neue" oder der "kommende Gott". Die Funktion dieses futuristisch-vitalistischen Gottes (bzw. seines Mythos) war es, im euripideischen Griechenland, unter Bedingungen einer rational-sophistischen Daseinsorientierung, die Substanz der religiösen Hoffnung späteren Generationen aufzubewahren. Der Mythos vom Zukunfts-Gott bot eine vitale Chance, die Krise der Sophistik mit ihrer Götterferne zu überdauern.

Die Frühromantik wie das späte Hellenentum waren ähnlich leidenschaftlich sensibilisiert auf das, was Hölderlin die "Götternacht" nannte und wovon F. v. Hardenberg (Novalis) in seinen "Hymnen an die Nacht" erzählt. Novalis' hymnische Aussage kreist um Sinnverdunkelung und Untergang der alten mythisch-religiösen Welt: Die ehemals sinnbegabten Werte zerfallen zu unglaubwürdigen, mitteilungslosen Zeichen. "Die Nacht ward der Offenbarung mächtiger Schoos - in ihn kehrten die Götter zurück [...]" Wenn aber die Götter mit ihrem Gefolge verschwinden, so ist für den alleine gelassenen Menschen Eskapismus angesagt "in des Gemüths höhern Raum". Plötzlich steht dem "Tempel der Vernunft" das "tiefre Heiligthum" des Gemütes gegenüber:

> "Ins tiefre Heiligthum, in des Gemüths höhern Raum zog mit ihren Mächten die Seele der Welt - zu walten dort bis zum Anbruch der tagenden Weltherrlichkeit. Nicht mehr war das Licht der Götter Aufenthalt und himmlisches Zeichen - den Schleyer der Nacht warfen sie über sich. Die Nacht ward der Offenbarungen mächtiger Schoos - in ihn kehrten die Götter zurück - schlummerten ein, um in neuen herrlichern Gestalten auszugehn über die veränderte Welt. Im Volk, das vor allen verachtet zu früh reif und der seligen Unschuld der Jugend trotzig fremd geworden war, erschien mit nie gesehenem Angesicht die neue Welt - in der Armuth dichterischer Hütte - Ein Sohn der ersten Jungfrau und Mutter - Geheimnißvoller Umarmung

unendliche Frucht. Des Morgenlands ahndende, blüt[h]enreiche Weisheit erkannte zuerst der neuen Zeit Beginn."[84]

Der hier zitierte Passus aus Novalis' "Hymnen an die Nacht" darf als ein klassischer Lyrik-Beleg für die eigentümlich romantische "Verwindung"[85] von christlicher Religion und "Neuer Mythologie" gewertet werden. Im letzten Drittel des Zitierten verweist der Hymnus auf Christus, "Geheimnisvoller Umarmung unendliche Frucht." In einer nicht unerotischen contemplatio wird Christus betrachtet als die Internalisierung, Vergeistigung und Einswerdung der vorchristlichen Götterfülle. Deren "herrliche Gestalten", die personifiziert als äußere Gewalten pagan verehrt wurden, sind, nunmehr hymnisch gewandelt, figürliche Sinnbilder der neuen Innerlichkeit, die "der neuen Zeit Beginn" austrägt.

Christus als die inkarnierte und personifizierte Synthese der vielgesichtigen Göttergeschichte(n) ist für Schelling das zentrierende Thema seiner "Philosophie der Mythologie und der Offenbarung". Für Schelling liegt die letzte und eigentliche Sinnerfüllung des gesamten mythologischen Prozesses darin, in sinnlichen Bildern die Geburt des Dionysos als ein "geistliches" Ereignis vorzubereiten. Alle Facetten und Studien der Göttervielfalt und -geschichte sind für Schelling Stufen des Advents Christi. "So ist Alles Dionysos", wie Schelling konstatiert, und letztlich "alles Christus". In Christus nimmt sich die Göttervielfalt zurück als in ihre Wahrheit. In den dionysischen Mysterien bereitet sich - laut Schelling - die spirituelle (Wieder-)Geburt des einen Gottes vor.

Schellings Offenbarungsphilosophie lehrt, daß den Romantikern der "kommende Gott" nicht als irgendein Gott neben anderen galt, sondern als "Christi fleischlicher Halbbruder"[86] und als Inbegriff des mythologischen Prozesses selbst. Die ianusgesichtige Doppelfigur Dionysos-Christus stellt die Grundvision der romantischen "Neuen Mythologie" dar, um deren offenbarungstheologische Einbindung sich Schelling müht. Diese (re-)theologisierenden Bemühungen im deutschen Idealismus, für die uns Schellings Offenbarungsphilosophie exemplarisch als Schlüsseltext einsteht, sind nur bedingt erfolgreich. "An die Gebildeten unter den Verächtern" (Schleiermacher) gerichtet, ist ihre Breitenwirkung gering und ihre sublimierende Kraft begrenzt. Die Anbindung der "Neuen Mythologie" vom "kommenden Gott" an die christliche Soteriologie erweist sich als überspannt und brüchig. Die "große Schlüsselattitude"[87] einer mythologisch-christologischen Gesamtauslegung des (Weltgeschichts-)Lebens zeigt Züge einer weltanschaulichen Ersatzreligion. Die romantische Legitimations- und Religionssuche im Kontext der (dionysischen) Mythologie ist an ihrer lyrischen Basis und in ihrer literarischen Breitenwirkung "gleichsam eine vitalistisch-nächtliche Revision der aufklärerischen Götterferne". Das proprium Christianum wird dabei verschmolzen mit den dionysisch-romantischen Mysterien einer spirituell-vitalen (Wieder-)Geburt zu beglückender, entgrenzender Wiederbelebung[88]. Dazu ein Hölderlintext, der für die "Neue Mythologie" und die romantische "Auflösung des [christologischen] Kanons"[89] typisch ist:

> "Nemlich, als vor einiger zeit, uns dünket sie lange,
> Aufwärts stiegen sie all, welche das Leben beglükt,
> Als der Vater gewandt sein Angesicht von den Menschen,
> Und das Trauern mit Recht über der Erde begann,
> Als zulezt erschien ein stiller Genius, himmlisch
> Tröstend, welcher des Tags Ende verkündet' und schwand,
> Ließ zum Zeichen, daß einst er da gewesen und wieder
> Käme, der himmlische Chor einige Gaaben zurük,
> Derer menschlich, wie sonst, wir uns zu freuen vermöchten,
> Denn zur Freude, mit Geist, wurde das Größre zu groß
> Unter den Menschen und noch, noch fehlen die Starken zu höchsten
> Freuden, aber es lebt stille noch einiger Dank.
> Brod ist der Erde Frucht, doch ists vom Lichte geseegnet,
> Und vom donnernden Gott kommet die Freude des Weins.
> Darum denken wir auch dabei der Himmlischen, die sonst
> Da gewesen und die kehren in richtiger zeit,
> Darum singen sie auch mit Ernst die Sänger den Weingott
> Und nicht eitel erdacht tönet dem Alten das Lob."[90]

In der romantischen Mythologie überstehen allein Dionysos und Christus (z.B. in den Gabengestalten von Brot und Wein) die Nacht der Götterferne, d.h. den Nihilismus der aufgeklärten Moderne. In seiner politischen Rede "Europa" (1799) weist F.v.Hardenberg auf die Gefahr des neuzeitlichen Rationalismus hin, nach der Metaphysik auch die seelischen Dispositionen des Rausches und der Nachtbegeisterung zu vernichten. Damit ist das theoretische Anliegen der "Neuen Mythologie" ausgesagt: die Sorge um den weiteren Erhalt eines vitalen, psychisch - affektiv unverkümmerten Menschseins.

1.4.2.2. Vitalitätsromantik im Rückgriff auf die Dionysos-Mythologie

In seinem 1871 verfaßten Essay über den "Ursprung der Tragödie" interpretiert F. Nietzsche das Phänomen des Dionysischen als einen ultimativen Rettungsversuch des spätneuzeitlichen Menschen zur Wahrung seiner seelischen Erlebnisqualität: Wie am Ende der hellenischen Sophistik soll am Ende der europäischen Aufklärung "das Dionysische" den Vernunft-Menschen vor der traurigen Monotonie des Nihilismus bewahren. Wenn Gott als der übersinnliche Grund und als das Ziel alles Wirklichen "tot" ist und die übersinnliche Welt ihre verbindliche, bergende Kraft vergeben hat, dann verbleibt dem Menschen "nichts" mehr zu Maß, Bewahrung und Orientierung. Dieses ubiquitäre Nichts ist einer "Wüste" vergleichbar. Vor ihr warnt der späte Nietzsche: "Die Wüste wächst, wehe dem, der Wüsten birgt."[91] Schließlich erfährt sich der Mensch selbst als Subjekt einer entifizierenden Profanisierungs-Bewegung (Enttheologisierung, Entsakralisierung, Entmythologisierung, Enthumanisierung) welche die "Substanz des Humanen"[92] zersetzt.

Diese neuartige "Subjektgewißheit" verdichtet sich ideengeschichtlich erstmals im romantischen Menschen zu einer Selbstbesorgnis, die auf ihre Selbstentäußerung in einer "Neuen Mythologie" drängt. Mit den Termini der "Postmodernen" gesprochen, ließe sich dazu sagen: Aus der neuzeitlichen Dekonstruktion von Metaphysik, Religion und Christologie geht der zweigesichtige Dionysos-Christus als der neue, revitalisierende "kommende Gott" hervor. Er ist das personifizierte, neuhumanistische Produkt der romantischen Suche nach einem "obersten Entwurf" und einer "allgemeinen Symbolik" von "allgemeiner Mitteilbarkeit"[93]. Was in Hegels "Berner Fragment"[94] über "Die Positivität der christlichen Religion" steht und mit Herders "Iduna" vergleichbar ist, konzentriert sich in Dionysos-Christus. Schon in seinen "Tübinger Fragmenten" über Volksreligion und Christentum anerkennt Hegel den Menschen als *sinnlich*-geistiges Wesen. Darum könne Religion "unmöglich auf bloße Vernunft gebaut sein". Auch die "Phantasie" alleine, so fügt Hegel hinzu, könne keine "schöne Religion" gebären. Ist der Mensch "ein aus Sinnlichkeit und Vernunft zusammengesetztes Wesen"[95], dann wird nur eine *sinnliche* Idee ihm sein Wesen objektivieren können: eine "schöne Religion", die es jenseits der "Kaltherzigkeit"[96] eines mythenlosen Zeitalters wieder zu stiften gelte. In Konkordanz mit Hegel erwägt Herder (in "Iduna") drei Wege, den "itzigen Deutschen" eine Mythologie zu geben: Die Wiederbelebung der "altdeutschen" Mythen und besonders die Reaktivierung der alttestamentlichen Geschichten erweisen sich Herder als methodisch schwer durchführbar. Dagegen präferiert er den humanistischen Rückgriff auf die griechische Mythologie und trägt damit der damaligen Zeitstimmung Rechnung.

Dieser Rückgriff auf die weitgeflochtene Dionysos-Mythologie versucht also, dem Menschen als *sinnlich*-geistiges Wesen entgegen zu kommen. Unsere kurze Einblendung auf Hegel und Herder mag einmal mehr verdeutlichen, wie vorläufig und tastend die romantischen Versuche zur Stiftung einer neuen, bedürfnisgerechten Mythologie waren. Umso erstaunlicher ist der gefundene Konsens und die auftauchende Zentrierung der gesuchten Neomythologie auf Dionysos-Christus hin. Die "Neue Mythologie" wurde zwar emphatisch gesucht, stellte sich aber schließlich mehr von selbst ein, als daß sie gezielt gemacht worden wäre. Ihr "neues Evangelium"[97] vom "kommenden Gott" kommt offensichtlich nicht nur der damaligen Zeitstimmung, sondern vielmehr noch einem besonderen Grundbedürfnis entgegen. Erst das Aufkommen dieses "mythischen Bedürfnisses" verursacht den Tagtraum vom "kommenden Gott". Unser bisheriger Argumentationsgang versuchte ein gewisses Vorverständnis für die Entstehung und Eigenart dieses romantischen Bedürfnisses zu entwickeln: Die moderne Mythen-Renaissance war bereits Thema unserer Untersuchungen. Wir befragten dabei u.a. F. Nietzsche, M. Horkheimer, Th. W. Adorno, J. Habermas, E.Bloch, L. Kolakowski, H. Blumenberg, M. Frank, C. Levi-Strauss und zuletzt die romantischen Protagonisten der "Neuen Mythologie" selbst.

Als erstes Explorationsergebnis läßt sich folgendes Resultat ausmachen, in dem alle genannten Autoren und Protagonisten aufhebbar sind: Die (gegenwärtige wie die romantische) Mythen-Renaissance (ent)steht in einer Defensivfunktion der Legitimation, Restauration und Bewahrung. Dies macht die pragmatische Leistung der Neomythologie aus, daß sie den Menschen als *sinnlich*-geistiges Wesen anerkannt und vor den Extremen der bloßen Vernunft wie der bloßen Beliebigkeit schützen möchte. Im "mythischen Bedürfnis" artikuliert sich das allgemein menschliche Bedürfnis nach Überwindung der Sinnkrise, so daß die "Substanz des Humanen" gerettet werde. Es fällt dabei auf, daß dem traditionellen Sinnangebot der christlichen Religion diese Defensivleistung nicht mehr oder nur mehr sehr bedingt zugetraut wird. Nur vor diesem Hintergrund ist die Profilierung des romantisch-mythischen Dionysos-Christus verstehbar. In seiner Doppelgestalt verdichtet und symbolisiert sich das Doppelanliegen der "Neuen Mythologie", das im bisherigen Verlauf dieses Traktates nur einseitig untersucht wurde. Die "Neue Mythologie", die sich um den spiritualisierten "Gott des Rausches" zentriert, steht nämlich sowohl in Defensiv - als auch in *Genuß*funktion.

Die Bifunktion der narrativen Sinnstiftung *und* der Legitimation angstfreien Genußes macht das Wesen der Neomythologie aus. Im Ermangeln dieser Doppelfunkion ist die christliche Religion von der "Neuen Mythologie" wesensverschieden, so daß allenfalls eine sehr begrenzte Kompatibilität beider "Systemprogramme" denkbar ist. Das religionsgeschichtliche und das prinzipielle Ermessen dieser Bifunktionalität kann einen propädeutischen und fundamentaltheologischen Zutritt zur Postmoderne-Bewegung ermöglichen. Dieser Zugang wäre somit zwar ein besonderer und erstmals eröffneter, zugleich aber von allgemeiner und theologischer Relevanz. Für die weitere Ausführung des soeben Projektierten bietet sich an, den Dionysos-Mythos genauer zu inspizieren.

1.4.2.3. Dionysos-Mythologie als pseudoreligiöse Legitimation des angstfreien (Lebens-)Genußes

Dionysos, Inbegriff und Zentralfigur der romantischen Mythen-Renaissance nach dem "Tod Gottes", ist der neue, "kommende Gott" der Nach-Aufklärung. M. Frank kommentiert in Anspielgung auf R. Musil und A. Rosenberg den Advent des Gottes als "Ereignis", das nicht nur philosophisch-literaturgeschichtlicher Art sei:

> "Im guten und im schlimmen erwartete die kleine und die große, die deutsche und die europäische Politik den Advent des Gottes; sei's in dem Sinne, daß man eine 'religiöse Renaissance' vor allem von der Wiederkehr dieses Gottes erhoffte - eine Renaissance, von der in korrumpierter Form noch der berüchtigte 'Mythos des 20. Jahrhunderts' Zeugnis ablegt; sei's in dem [...] Sinne, daß man im Advent des... 'Dionysischen' eine Bewältigung der vormals religiös orientierten Sehnsüchte nunmehr von den 'Nachtseiten' des Seelenlebens erwartete."[98]

Der Name des Dionysos hält - oft nur äußerlich - ein weit verzweigtes Mythen-Geflecht zusammen, dem hier nachzugehen nicht der Ort ist.[99] Entscheidend für diesen Gott ist, daß er, der Thrakier und Nicht-Olympier, am Ende seiner exzentrisch-orgiastischen Bahn "allgemeine Anerkennung" unter allen Göttern erfährt. Dionysos kämpft erfolgreich mit dem Todesgott und dem Wahnsinn. Schließlich sitzt er machtvoll zur Rechten seines Vatergottes Zeus. Schon diese knappe Konturierung zeigt, inwiefern Hölderlin ihn zu "Christi fleischlich' Halbbruder" deklarieren kann. In gewisser Weise ist Dionysos ein Anti-Christus, der weder Liebe noch Ethos noch Individuation wertschätzt, sondern alles in den Taumel zieht und die getrennten Seinsbereiche nach Belieben manipuliert. Nichts ist ihm heilig und nichts profan. Mit seinen Mainaden und Satyren durchzieht er die nächsten und abgelegensten Orte. Er reißt die Grenzen nieder und zieht alles "erlösend" in den Strudel der undifferenzierten Identität hinab. Niemals verlangt es ihn dabei nach Rechtfertigung. Er ist der dem Fortschritt und der Metamorphose verschworene Gott, der gerne in transmutierter Gestalt auftritt. Dionysos ist angstfrei, denn er hat den Todesschrecken überwunden. Wie Hegels Geist ist er ein "Maulwurf" und ein "Aufheber". Auf ihn trifft restlos Hegels Metapher zu vom Geiste als vom "bachantischen Taumel, an dem kein Glied nicht trunken ist"[100]. Er beschert die "einfache Ruhe"[101] des Differenzlosen. Dionysos subversiert auch die Opposition der Geschlechter. Schelling (und in gewisser Weise die Romantik insgesamt) identifizieren ihn mit dem göttlichen Kind[102], in dem Wildheit und Totalitätsbesessenheit transformiert erscheint in die subtile Allmachtsphantasie, die man zu Hegels Zeit den "Geist" nennt. Dieser gehört niemandem, weht wo er will und ist - wie Dionysos als Weingott - der Zukunft verpflichtet. Nicht zuletzt deshalb gibt es für ihn keine Trauer und Verlassenheit. Sorglos "sorgt" er für die Seinigen. Die (Götter-)Nacht, d.h.

die nach seinem Tode anbrechende Sinnverfinsterung, hinterläßt die Gaben des Rausches bzw. der Ekstase: "die goldene Flut der Trauben, des Mandelbaumes Wunderöl, den braunen Saft des Mohns"[103].

Der Dionysos-Mythos war den Romantikern durchaus nicht nur Poesie unter der diachronen Perspektive einer nicht "wirklich" belebbaren Vergangenheit. Wie "wirklich" die Romantik das Kommen des "allzeit frohen"[104] Gottes träumte, mag ein weiterer Text aus der "Europa"-Rede des Novalis veranschaulichen. Dionysos wird darin der "Heiland" der "neuen goldenen Zeit" geheißen,

> "der wie ein ächter Genius unter den Menschen vernehmlich [kann] nur geglaubt, nicht gesehen werden und [ist] unter zahlreichen Gestalten der Gläubigen sichtbar, [wird] als Brod und Wein verzehrt, als Geliebte umarmt, als Luft geathmet, als Wort und Gesang vernommen, und mit himmlischer Wollust, als Tod, unter den höchsten Schmerzen der Liebe, in das Innere des verbrausenden Leibes aufgenommen."[105]

Auf solch orgiastisch-imaginäre Weise darf gemäß F.v.Hardenberg auch nach der Götternacht die "neue Welt der goldenen Zukunft unversieglichen Becher" trinken. Die Gabe des Dionysos und die christliche Gabe der Eucharistie gehen differenzlos ineinander auf. Eine ähnliche "Genre-Mutation"[106] und "Entdefinierung"[107] wendet Novalis u.a. auch in seiner sinnlich-erotischen "Abendmahls-Hymne"[108] an. Das Sakramentale wird dabei durch eine Sequenz synästhetischer Verschmelzungen hindurch in das Erotisch-Vitale transformiert.

Novalis' spirtualisierter Dionysos zeigt, daß er den Romantikern nicht unter der Optik der nicht mehr belebbaren Vergangenheit als "kommender Gott" erschienen ist. Als zentrales und figürliches Thema der romantischen "Neuen Mythologie" ist Dionysos-Christus der Garant für Vitalitätssteigerung durch sinnenfälligen Genuß. Der "kommende Christus" der alten Religion offenbart sich apokalyptisch unter Leid und "Wehe". Er fordert die Seinigen dazu auf, sich in Nüchternheit und Fasten auf seinen Advent vorzubereiten. Die christliche Eschatologie göttlicher Wiederkunft beinhaltet die Forderung, auf Genuß zu verzichten, um dem Schatten der Betäubung nicht zu erliegen. Dem "Wachet und Betet" christlicher Askese tritt im neuen "Heiland" antithetisch der "bachantische Taumel" entgegen. "Christi fleischlich Halbbruder" beschert den Seinigen die Stimulation der seelischen Dispositionen des Rausches, der sinnlichen Lebensfreude, der naturalen Vitalität und ihres Genußes. Zugleich leistet die "Neue Mythologie" als Surrogat des religiösen Glaubens die Legitimierung des *Genußes* als verbindlichem Geschehen von Transzendenzstiftung.

Die von J. Habermas derzeit theoretisch angefragte Rettung der "Substanz des Humanen" sollte sich damals durch die Erlaubnis zu vitalitätssteigerndem Genuß konkret vollziehen. Genuß aber verlangt nach seiner grenzenlosen Totalität. Dazu gehört auch die Fiktion der endlosen, uneingeschränkten Dauer. "Alle Lust will Ewigkeit, tiefe, tiefe Ewigkeit", so formuliert F. Nietzsche. Er verkennt dabei keineswegs die latente Gefährdung des Genußes durch die raumzeitliche Wirklichkeit mit ihren konkreten, intermittierenden Geschehnissen. Wer genießt, verbindet und isoliert sich zugleich, denn keiner kann für den Anderen genießen, sondern nur am anderen exklusiv für sich selbst. Somit ist jedweder Genuß wesentlich Selbstgenuß vermittels eines Anderen. Dem Genuß haftet Selbst-Reflexives und Isolationistisches an. In dem Maße, in dem der Genießende dem Genuß verfällt, fällt er aus der Ganzheit heraus. Totaler Genuß wäre somit totale Partikularisierung und folglich Gefährdung des Vereinzelten. Hierin gestaltet sich die Aporie des Genußes, daß dieser, will er vollkommen werden, den Genießenden in die Zone der Gefährdung und erneuten Ängstigung führt. In der "romantischen Lösung"[109] des mythopoetisch legitimierten Begehrens nach Vitalitätssteigerung wird die Aporie des Genußes zu annullieren versucht. Im "bachantischen Taumel", so suggeriert der Mythos seinen "Gläubigen", ist der taumelnde Genießer weder solipsistisch alleine noch partikularisiert und gefährdet. Im Gegenteil: Rasend und außer sich im Rausch ist er mit Dionysos eins. Die Gottheit "heiligt" den Rausch und übernimmt das schützende Patrozinium über den Taumelnden. Die Angst vor Selbstverlust und Wahnsinn, vor Sturz und Schädigung ist ein Vernunft-Hemmnis, das durch die Hingabe an das dionysische Prinzip seine Selbstauflösung erfahren soll. Im Befolgen des dionysischen Prinzips, das mehr ist als Hedonismus, soll der Einzelne in die Dimension des sinnlich-geistlichen Genußes transzendieren und damit sein "wahres", (d.h. sein vitales, psychoaffektives) Menschsein reaktivieren.

Nach dem "Tod Gottes" soll das Dionysische den Vernunft-Menschen weniger vor dem Nihilismus der Aufklärung bewahren, als vielmehr Garant und Katalysator sein für die Umsetzung eines nihilistischen Lebensgefühls in vitale Lebensbewältigung durch Genuß. Die "Neue Mythologie", die das dionysische Genußprinzip aktiviert, ist *keine* Neoreligion nach dem Nihilismus, sondern die "Religion" *des* Nihilismus. Insofern als Genuß im Gegensatz zur Liebe ist, ist der spirituelle Dionysos ein Anti-Christus, dessen Attraktivität sich aus seiner Legimation des angstfreien Genußes herleitet.

Die Attraktivität des Dionysischen ist, wie schon bei Nietzsche klar gesagt, daß diese Gottheit immanent, vitalistisch zugeeignet werden kann: als Lebens- und Lebenssteigerungs-Wille. Dieser bedient sich der Regression in das Archaische des Mythos, arbeitet daher in den unteren Regionen des Geistes und nimmt die Rationalität in seinen Dienst. Dionysos gibt seine "Segnung" anders als der Gott, der vor dem "Tode Gottes" den aufs Übersinnliche gerichteten Sehnsüchten der abendländischen Menschen geantwortet hatte. Das "mythische Bedürfnis" - das H. Blumenberg in seiner "Arbeit am Mythos" exploriert - ist Bedürfnis des Menschen nach dem Tagtraum des "Mythos" vor dem "Absolutismus der Wirklichkeit", die unberechenbar gefahrvoll ist und Angst erzeugt.

Auf diesem Entwicklungs- und Bedürfnisniveau situiert auch Hegel seine Spekulationen über eine neue "schöne Religion" für den sinnlich-geistigen Menschen. Hegel intuiert dabei sehr wohl, daß solch ein neuartiges Religionsangebot im einzelnen Menschen nur dann greifen könne, wenn es zugleich zwei Bedingungen erfüllt: Es darf nicht nur (und allzu offensichtlich) "Phantasie" sein, denn phantasieren kann schließlich jeder - auch ohne Anleitung - für sich alleine. Auf einer bloßen und privatistischen Phantasie läßt sich die neue Religion ebenso wenig erbauen wie auf der bloßen Vernunft. Der Austausch des Vernünftigen durch das phantastisch Beliebige bliebe ein unfruchtbares Unterfangen, ungeeignet, dem Menschen "sein Wesen objektivieren [zu] können." Der Mensch ist aber nach Hegel "ein aus Sinnlichkeit und Vernunft zusammengesetztes Wesen"[110]. Aus dieser Komposition ergibt sich die zweite Bedingung, die es zur Religionsstiftung zu erfüllen gilt: Die neue Religion muß, um im Menschen ein Echo zu finden, der "Sinnlichkeit" des Menschen gerecht werden. Mit "Sinnlichkeit" ist nicht nur das Ästhetische gemeint, sondern jene Trieb- und Bedürfnisdi-

mension im Menschen, von der vor Hegel erstmals M. de Sade und später Nietzsche kritisch-konkret Zeugnis ablegen. Die neue Religion muß also, um anthropoform zu sein, dem Grundbedürfnis der "Sinnlichkeit" gerecht werden. Das aber ist das Genießen mit seiner Lust am Genuß. Die fast einhundertjährige Praxis- und Forschungsgeschichte der Psychologie und Psychoanalyse läßt einerseits diese Behauptung zu, andererseits gestaltet es sich neu aus unserer "Arbeit am Mythos". Das "mythische Bedürfnis" der romantischen "Neuen Mythologie" ist das Grundbedürfnis der "Sinnlichkeit", nämlich der Lust am vitalen Genuß. Die Bifunktion des (dionysoszentrierten) Mythos ist, die Erfüllung dieses Sinnlichkeits- bzw. Genußbedürfnisses quasireligiös zu ermöglichen und *so* zu legitimieren, daß möglichst angstfreier Lebens-Genuß durch das Mythologem selbst garantiert ist.
Nur beiläufig sei religionspsychologisch angemerkt, daß in der Bifunktion der romantisch-mythischen Neoreligion die Bedingungen des Fetischismus hinreichend erfüllt sind. Die "Neue Mythologie" ist wesentlich Fetischismus. Dionysos als "Christi fleischlich Halbbruder" ist ihr Fetisch: Er ermöglicht und garantiert den angstfreien Genuß. Er ist die mythopoetische Konfiguration der von Hegel gesuchten "sinnlichen Idee", an der sich eine neue, bedürfnisadäquate Religiosität entzünden soll.

Weil das "mythische Bedürfnis" zur geistigen wie archaisch-triebhaften Disposition des Menschseins gehört, deshalb ist es kaum stillbar, höchstens regulierbar. Es ist - in romantischer Sprechweise - die Kraft der "Nachtseite" des Seelenlebens. Diese Kraft und Intention sucht in jedem geschichtlichen Moment je neu nach ihrer Artikulation und Rechtfertigung. So greift F. Nietzsche und nach ihm O. Spengler dieses Grundthema einer metaphysiklosen Daseinsbewältigung philosophisch neu auf und zwar unter Akzentuierung der Subjektivitätsproblematik. Später wird Heidegger zu einer dekonstruktiven "Verwindung"[111] von Nihilismus und Ontologie ansetzen. Nach dem Untergang der romantischen Mythologiebewegung des frühen 19. Jahrhunderts kommt es in den ersten Dezenien des 20. Jahrhunderts zu einer neuerlichen Mythos-Renaissance, die bald auch faschistoide Züge annimmt. Gegenwärtig begegnet man einer Abart des dionysischen Irrationalismus als einem (nicht dem) Grundtenor der neostrukturalistischen Postmoderne-Bewegung. Sie propagiert mit performierenden Sprachspielen[112] die Einheit und das Ende des abendländischen Phänomens. Ihre "Neuen Denker" rufen zu einem entschlossenen "Ja" auf für das "wilde, grausame Leben."[113] Zugleich agitieren sie gegen die Herrschaft des cartesianischen cogito in einer Sprache, die bereits um die Jahrhundertwende der "Kosmischen Runde"[114] vorgesprochen wurde.

1.5. Die Mythos-Renaissance im frühen 20. Jahrhundert

1.5.1. Die Neomythologie als "Menschliches, Allzumenschliches"

1.5.1.1. F. Nietzsches dekonstruktivistische "Philosophie des Vormittags" als neomythologischer Tagtraum

Die "Neue Mythologie" des frühen 19. Jahrhunderts ist anderes als ein religions- und literaturgeschichtlich bemerkenswerter Versuch, das abendländisch-religiöse Erbe nach der Enttheologisierung neu aufzugreifen. Die romantische Mythos-Renaissance ist *keine* postnihilistische Neoreligon, sondern die Erprobung einer "Neuen Religion" auf dem Boden des Nihilismus. Deshalb, weil die "Neue Mythologie" und ihre poetisch-ästhetische Religiosität ein Derivat des Nihilismus ist, kann sie diesen auch nicht überwinden, sondern fällt bei aller Anstrengung bildnerischer "Sinnlichkeit" immer wieder auf die nihilistische Grundposition zurück. Es wäre ein Irrtum, die romantische Dionysos-Mythologie auch nur als Versuch einer Überwindung des Nihilismus zu interpretieren. Das proprium der Neomythologie ist die Legitmation des angstfreien Genußes der zuerst gott-losen, dann vernunft-losen Freiheit. Die "sinnliche Idee" des "Dionysos-Christus" steht dafür symbolhaft als Legitimationsfigur ein. Ziel dieser Mythologie ist es gerade nicht, mit dem neuen Instrument der Mythenforschung ungeahnte metaphysische Konnektionen zu finden. Ungewollt aber fand sich die "Neue Mythologie" im dionysischen Irrationalismus zentriert wieder. Die Sinn- und Legitimationskrise der Spätaufklärung nach dem Verlust der metaphysischen Bezüglichkeiten wird zur Quelle der "romantischen Lösung", die sich selbst nicht mehr von der Suche nach Wahrheit her versteht, sondern sich als "vitalistische Lösung" der Lebensbewältigung bestimmt.

Die nihilistische Grundsituation der romantisch-mythischen Religiosität, nämlich ihre Suche nach dem Genuß des Sinnlich-Vitalen unter dem legitimationsträchtigen Vorzeichen des "kommenden Gottes", ist sowohl quellenmäßig eruierbar als auch im Spiegel der Philosophie Nietzsches darstellbar. Wie in einem Paraboloidspiegel konvergieren in Nietzsches "Philosophie des Vormittags" in überdimensionaler Proportion die Mythologisierungs-Bewegungen auf ihr "Menschliches, Allzumenschliches" hin. Ein Blick auf diese Spiegelung mag zweierlei erwirken: Erstens eine "Anstrengung des Begriffs" zur philosophischen Abklärung der Mythos-Renaissance des frühen 19. Jahrhunderts. Dabei gilt es, die subjekttheoretische Komponente derart aufzubereiten, daß sie für eine spätere fundamentaltheologische Weiterführung an Transparenz gewinnt. Zweitens soll eine Begegnung mit der "Philosophie des Vormittags" einen Verbindungspunkt abgeben für den literatur- und ideengeschichtlichen Überschritt in die Mythos-Bewegung des frühen 20. Jahrhunderts. Von dort aus gilt es dann einen gesicherten Zugang zum Phänomen der Postmoderne-Bewegung zu erschliessen.

Mit dem Nietzsche-Heidegger-Interpreten Gianni Vattimo läßt sich behaupten, "daß die philosophische Postmoderne im Werk Nietzsches entsteht"[115], auch wenn der Begriff "Postmoderne" später geprägt wurde und weiterer Formung unterliegt. Mit kurzem Zeitintervall läßt F. Nietzsche seiner Zweiten Unzeitgemäßen Betrachtung "Vom Nutzen und Nachteil der Historie für das Leben" (1874) eine Werkgruppe folgen, die wenige Jahre später durch "Menschliches, Allzumenschliches" eröffnet wird und "Morgenröte" (1881) sowie "Die fröhliche Wissenschaft" (1882) einschließt.

In "Menschliches, Allzumenschliches" setzt eine neue Schaffensperiode Nietzsches ein. Anders als in seinen "Unzeitgemäßen Betrachtungen" greift Nietzsche das Problem der "historischen Krankheit" bzw. das Problem der als Dekadenz beschriebenen Moderne neu auf, diesmal auf dem Weg einer "chemischen" Reduktion. Nietzsche setzt dabei auf seine Erkenntnis, daß man die Moderne als das Zeitalter der Überwindung in je Neues nicht dadurch verlassen könne, indem man es zu überwinden gedenkt. Dieser Wettlauf könne nie gewonnen werden und trüge ungewollt zur Stabilisierung dessen bei, was vergehen sollte. Deshalb sucht Nietzsche bereits in seiner "Zweiten Unzeitgemäßen Betrachtung" den Ausweg aus der Moderne durch einen Rückgriff auf Mythos und Kunst. Später, in "Menschliches, Allzumenschliches", strebt Nietzsche danach, die Auflösung der Moderne durch die Radikalisierung ihrer eigenen Tendenzen zu propagieren.

Die Radikalisierung geschieht durch eine Kritik der obersten Kulturwerte vermittels einer "chemischen" Reduktion (vgl. Aphorismus 1) dieser Werte auf die sie konstituierenden Elemente. Dieses Reduktionsprogramm führt Nietzsche zu der Entdeckung, daß die Wahrheit, in deren Namen die Analyse sich legitimiert, selbst ein zusammengesetzter Wert ist, der sich auflöst: Der Glaube an den Vorrang der Wahrheit vor Unwahrheit und Irrtum rühre aus der insecuritas humana. In den Anfangsphasen der Menschheitsgeschichte, im bellum ommium contra omnes, wäre der schützende Glaube an die Wahrheit erschaffen worden. Diese selbst gründe sich andererseits auf die hilfreiche Überzeugung, der Mensch könne die Dinge "an sich" erkennen. Die "chemische" Analyse des Erkenntnisprozesses deckt hingegen - laut Nietzsche - auf, daß es sich bei Erkenntnis lediglich um assoziative Metaphernbildungen handle.

Gerade in dieser "analytischen" Erkenntniskritik eröffnet sich eine unleugbare Nähe zwischen Nietzsche und der Postmoderne-Bewegung, insbesondere zu französischen Dekonstruktivisten wie M. Foucault ("Les mots et les choses"), J. Lacan, G. Deleuze, F. Guattari ("L'Anti-Oedipe", "Mille Plateaux") u.a. Mit mehr oder weniger Kongenialität führen sie die von F. Nietzsche begonnene Analyse weiter. Daß dabei einige von ihnen ein sprachphilosophisches Terrain betreten, auf dem wiederum Nietzsches Erkenntniskritik "überwindbar" wird, soll später Thema unserer Untersuchung werden. Nietzsches "chemische" Analyse des Erkenntnisprozesses kommt allenfalls zu folgender Einschätzung der versprachlichten Erkenntnisprodukte: Die Perzeption des "Dings" bewirkt ein Vorstellungsbild, welches seinerseits nach einem Wort verlangt, das den Gemütszustand des Individuums ausdrückt. Will dieses Wort unter logischem und kommunikativem Gesichtspunkt als "richtig" gelten, so muß es den Normierungsprozeß der gesellschaftlichen Konventionalität durchlaufen haben. Erst dann gilt es und wirkt Verständigung. Das dem Ding als "richtig" auferlegte, genormte Wort verweist seinerseits auf das "Ding" zurück, von dem wir nur diejenigen Merkmale wahrnehmen, die sich mit unserem ererbten Vokabular am leichtesten in eine Metapher bringen lassen.

Durch diese "Entdeckung" vermittels der "chemischen" Analyse, die sich sowohl auf erkenntniskritischer Ebene als auch auf anthropologisch-phylogenetischem Niveau bewegt, löst sich der Begriff der Wahrheit selbst auf.

Damit "stirbt" auch Gott, der nach dem Willen seiner Gläubigen der absolute Garant absoluter Wahrheit sein sollte. Er "stirbt" paradoxerweise durch den Willen zur Wahrheit, den die Gott-Gläubigen immer gepflegt haben und der sie schließlich dazu führt, ihn als einen Irrtum zu erkennen, dessen man fortan wird entbehren müssen. Nietzsches reduktionistischer Analyse zufolge gibt es kein Fundament des Glaubens an ein Fundament und an eine Begründungsaufgabe des Denkens mehr. Mit genau dieser "nihilistischen" Schlußfolgerung läßt man gemäß Nietzsche die Moderne wirklich hinter sich. "Dies ist der Moment", so konstatiert G. Vattimo, "den man als die Geburt der Postmoderne in der Philosophie bezeichnen könnte; ein Ereignis, dessen Bedeutung und Konsequenzen wir - ebenso wie die des im Aphorismus 125 der 'Fröhlichen Wissenschaft' angekündigten Todes Gottes - noch lange nicht genügend ermessen haben."[116]

Die Aufgabe der Denkanstrengung besteht nach Nietzsche nicht mehr - wie die Moderne stets annahm - darin, zum Grund zurückzugehen und auf diesem Weg den Komplex von novum, Sein und Wert wiederzufinden, der in seiner immer weitergetriebenen Entfaltung der Geschichte Sinn verleihen mag. "Mit der Einsicht in den Ursprung nimmt die Bedeutungslosigkeit des Ursprungs zu"[117]. In diesem Satz (aus der "Morgenröte") faßt F. Nietzsche das zusammen, was sich in der "chemischen" Analyse von "Menschliches, Allzumenschliches" als Schicksal des Fundaments, der Wahrheit und des "Grundes"[118], erwies. Der Gedanke des Fundaments wird sowohl aus "logischer" als auch aus inhaltlicher Sicht unhaltbar: "Logisch" gefordert, also unter dem Aspekt der Begründbarkeit seines Anspruchs, kann er nicht weiter als norma normans für das wahre Denken gelten. Aus inhaltlicher Hinsicht demaskiert er sich als leer. Wo dies erkannt wird, "nimmt die Bedeutungslosigkeit des Ursprungs zu". Eine Konsequenz davon ist gemäß Nietzsche, daß "das Nächste, das Um-uns und In-uns, allmählich Farben und Schönheiten und Rätsel und Reichtümer von Bedeutung aufzuzeigen beginnt, von denen sich die ältere Menschheit nichts träumen ließ."[119]

Die "Begründung" und die "Idee der Wahrheit" werden in dem neuen Bewußtsein des neuen (Über-)Menschen aufgelöst und abgelöst durch den rätselhaft ästhetischen Reichtum der "nächsten" Wirklichkeit. Diese neue Bewußtseinshaltung kennzeichnet F. Nietzsche in seiner "Philosophie des

Vormittags" (im ersten Band von "Menschliches, Allzumenschliches") genauer: Das neue Denken ist nicht mehr auf Ursprung, Fundament und Wahrheit hin ausgespannt, sondern ausgerichtet auf die nächste Nähe. Dieses Denken der nächsten Nähe kann als Denken des Irrens bestimmt werden, das darauf angelegt ist, die "falschen" Konstruktionen der Metaphysik, Moral, Religion und Kunst in ihrem Entstehen und Vergehen zu beobachten. Das abendländisch weit gespannte Gewebe der Irrtümer, die den "Reichtum", d.h. das Sein der Wirklichkeit konstituieren, löst sich dabei auf in "Menschliches, Allzumenschliches". In Nietzsches "Götzen-Dämmerung" ist - ganz im Sinne der anarchischen Postmoderne - die wahre Welt zur Allegorie geworden. Die "scheinbare" Welt löst sich ebenfalls auf. Fiktion und Wirklichkeit koinzidieren und eröffnen die innere Wahrnehmung für das Aufsteigen, Ausformen und Vergehen von Geistesformen, deren einzige Regel in einer gewissen historischen Abfolge besteht, ohne irgendeinen Bezug zu einer fundamentalen Wahrheit. Nietzsches "chemische" Analyse operiert jenseits des Anspruchs "kritische" Analyse zu sein. Es geht ihr

> "nicht darum, Irrtümer zu entlarven und aufzulösen, sondern sie als eigentliche Quelle des Reichtums zu sehen, der uns ausmacht und der Welt Interesse, Farbe und Sein verleiht."[120]

1.5.1.2. Die "romantische Lösung" vitaler Selbstermächtigung des Subjekts im neomythologischen Tagtraum

F. Nietzsches Analyse des Wahrheitsbegriffs bezieht sich auf die Moderne, ihre enttheologisierte Metaphysik und ihre platonisch-christliche Moral. In seiner Analyse versucht er sich nicht in einer überbietenden Kritik, sondern betreibt die radikale Zersetzung seines Analyse-Objekt auf dessen Nicht-Sein hin. Nietzsche selbst faßt seine Einstellung zu solcher Analytik mit den Begriffen der "Genesung" und des "guten Temperamentes". Diese Begrifflichkeit ist hörbar dem psychiatrischen Vokabular der damaligen Zeit entliehen. Genesung ereignet sich dann, wenn an die Stelle der "Melancholie" die "Temperantia" tritt, um heitere Besonnenheit und Konstanz der Persönlichkeit zu gewährleisten. Das "umnachtete" Gemüt erfährt

"Lichtung" und Entängstigung. Die dunklen, nächtlichen Schemen lösen sich auf als fiktive Irrungen. Bei "Morgenröte" betrachtet verliert die Nacht ihren Schrecken. In der "Philosophie des Vormittags" wagt sich der von der "Nachtseite" des Lebens Genesende sogar an eine weiterführende Durcharbeitung der Phantasmen. Analytisch durchschaut er deren Aufbau, (begriffliche) Verdichtung und faszinierende Wirkung auf den Menschen. Er erkennt die Gefährdung des Menschen zum Subjekt der Fiktionen, ihrer (Ver-)Dichtungen und Begriffe zu werden. Im analytischen Erkennen jedoch ermächtigt sich der Mensch über das, was ihn schreckt. Zur "Genesung" gehört die spielerische Heiterkeit im befreiten Umgang mit den bisherigen Irrungen. Wenn sie noch zur Nachtzeit Quelle der Angst waren, so werden sie in der "Philosophie des Vormittags" zum Ort der Beschaulichkeit und des angstlosen Genusses. Sie dienen nunmehr der Kurzweil ihres Betrachters, fördern sein "gutes Temperament" und fordern ihn zu einer "fröhlichen Wissenschaft" auf.

Das analytische Idyll der "Philosophie des Vormittags" entbehrt nicht einer gewissen Romantik. Es demonstriert, daß Rigorosität und Romantik durchaus vereinbar sind unter nihilistischem Vorzeichen: Die rigorose Auflösung des bisher (irrtümlich) für wirklich Gehaltenen, die Entgrenzung von Schein und Wirklichkeit, von Wahrheit versus Fiktion, ermöglicht die "romantische Lösung". Der nachaufklärerische, romantische Lösungsvorschlag für ein emanzipiertes und genußvolles Leben ist der bewußte Tagtraum. Die "Neue Mythologie" ist ihrer Intention und Inhaltlichkeit nach von der Qualität des Tagtraumes. Der Unterschied zwischen (nächtlichem) Alptraum und Tagtraum besteht darin, daß der Tagträumer sich seines Träumens bewußt ist. Er weiß um sein Träumen und kontrolliert es, auch wenn er sich dessen oszillierendem "Reichtum" hingibt. Er steuert seine Träume je nach Geschmack und Angebot. Er bedient sich der Traumfiktion zur Bereicherung seiner Lebensqualität und zur Förderung seines "guten Temperamentes".

Die "romantische Lösung" für ein menschliches Weiterleben nach dem "Tode Gottes" ist der gemeinsame Tagtraum einer "Neuen Mythologie". In der Neomythologie zelebriert die nihilistisch tendierende Aufklärung ihr neues Freiheitsverständnis und Sinnangebot: Statt auf den Verlust des Ganzen mit Trauer, Melancholie oder Heroismus leidvoll zu reagieren, wird der Verlust als Freiheits- und Wahrheitsfortschritt gefeiert, der dem Einzelnen wie ganzen Völkern ein neues Erleben eröffne: den Eintritt in das Reich der mythischen Wunschphantasien. Zur Illustration dazu eine Strophe des Liedes "Neuer Mut" aus Müllers/Schuberts "Winterreise".

"Lustig in die Welt hinein
Gegen Wind und Wetter!
Will kein Gott im Himmel sein,
sind wir selber Götter."

Wie kurz dieser Liedvers auch ist, er präzisiert die katastrophische Dynamik einer Enttheologisierung, die in eine mythozentrische Selbstvergottung verfällt. Hinter den mythischen Wunschphantasien steht der sie schaffende Mensch. Er ist die gleichsam allmächtige Meta- und Schöpferinstanz seiner neuen Mythologie. Der entgrenzte Phantasiereichtum des Träumenden hat die Lust am "Spiel der Götter" entdeckt. Die antike Mythologie dient dabei lediglich als vage Rahmen- und Themenvorgabe. Die romantische Mythos-Renaissance ist kein vom Objektivationswillen geführtes Deuteronomion zur Erziehung ganzer Nationen. Solche Volksbildung war zwar in der sogenannten nicht-regressiven Romantik Herders, Hegels, Schellings u.a. geplant, wurde aber nicht einmal ansatzweise vollführt. Die Wirkungsgeschichte der romantischen Mythologie beweist deren Ursprung und Funktion: Sie nimmt ihren Ursprung in einem nihilistischen Lebensgefühl, das suchend sich der vorabendländischen und vorchristlichen "Urzeit" erinnert, ohne sich aber auf diese verpflichten zu wollen. Sie liefert nur den unverbindlichen Stoff zum gemeinsamen Träumen. Ihre Funktion liegt in der Operationalisierung und Legitimierung einer Ersatzreligion des gemeinsamen, angstfreien Genusses mythologisierter Tagträume. F. Nietzsches "Philosophie des Vormittags" charakterisiert trefflich das "Menschliche, Allzumenschliche" Wesen der romantischen Ersatzreligion.

Aus religionsgeschichtlicher Perspektive läßt sich mit Norbert Elias die Entstehung der neomythologischen Ersatzreligion folgendermaßen rekonstruieren: Der Niedergang der Hochreligionen geht nachweisbar einher mit dem Verfall der religiösen Einhelligkeit des Fühlens, Erlebens und Glaubens. Zugleich - so N. Elias - bilde sich ein Egozentrismus und Individualismus als Zerfallsphänomen aus. Dieser egozentrierte Individualismus bewirke, daß die göttliche Macht nicht in die Gesellschaft hinein aufgelöst werde, sondern dem Einzelsubjekt übertragen werde. Schließlich repräsentiere das Menschensubjekt in sich die Macht des Ganzen. Diese religionswissenschaftliche Verfallsanalyse nach N. Elias bringt H.E. Richter in seiner Einschätzung des spätneuzeitlichen "Gotteskomplexes" zu folgender Konklusion: "So wurde jeder gewissermaßen sein eigener Gott. Die monotheistische Glaubenstradition setzte sich in der Selbstvergottung des einzelnen Ich fort."[121]

Schon Friedrich Schlegel prophezeite der Aufklärung ihr Auslaufen in einen dialektischen Umschwung hinein, so daß sie endlich mit der Idee der Unhaltbarkeit aller synthetischen Positivitäten (Glaubensgewißheiten, Gottesgnadentum, Privilegien, Moral usw.) auch die Positivität ihrer eigenen Legitimität "untergraben" haben werde. Die Subversion der monotheistischen Glaubenstradition durch den Rationalismus mündet in die "Neue Mythologie". Über sie "setzt sich die Selbstvergottung des einzelnen Ich fort." Im ungetrübten Spiegel seines Selbstbewußtseins ergötzt sich der Philosoph "des Vormittags" an den nächtlichen Irrungen des Menschenlebens. Mehr noch: Er erkennt, das Leben ist substantiell Irrung. Sie ereignet sich spielerisch, metaphern- und metamorphosenreich, so wie Dionysos es vorlebt. Weil die "Neue Mythologie" ihrer Substanz nach Tagtraum ist, deshalb bedarf sie zu ihrem Unterhalt der Gemeinsamkeit. In der fraternité des Träumens[122] liegt eine Garantie für dessen Verstärkung, Verschönerung und Prolongierung, so daß die Grenze zwischen Fiktion und Wirklichkeit nachhaltig verdeckt bleibt. So ist es - wie F. Nietzsches "Philosophie des Vormittags" trefflich analysiert - "Menschliches, Allzumenschliches", das die Neomythologie ersehnt und erschafft und im gemeinsamen Begängnis wie in einer patriotischen Feier erhält.

1.5.2. Der dionysische Irrationalismus der Neomythologie

1.5.2.1. Die "Umwertung der Romantik" in der faschistischen und sozialistischen Neomythologie

Unsere bisherige Darstellung der "Neuen Mythologie" zentrierte sich auf Spätaufklärung und Romantik. Die "Dialektik der Aufklärung" ver-"sinnbildlicht" sich erstmals in der regressiv-sinnlichen Romantik, die ihr Genre aus der griechischen Mythologie ableitet. Eine genauere Untersuchung des romantischen Motiv- und Metaphernrepertoirs ließ eine Zentrierung der romantischen Strebung auf das Dionysisch-Irrationale hin erkennen. Diese geistesgeschichtliche Gegebenheit wird in den neueren literaturwissenschaftlichen Werken M. Franks[123] besonders eindeutig abgesichert. Eine Vielzahl namhafter Zeitkritiker, Philosophen und Theologen gingen der Wirkungsgeschichte des Dionysischen unter dem Aspekt seiner "Wiederkehr" nach, so zuvorderst F. Nietzsche selbst, dessen Werk das Dionysische entschlüsseln möchte und vice versa über das Eigenverständnis des Dionysisch-Vitalistischen entschlüsselbar wird. In unserem Themenkontext sei hier insbesonders und exemplarisch auf J.H.W. Rosteutscher, K. Jaspers und E. Bloch verwiesen. Diese Autoren reflektieren sowohl (literatur-)geschichtlich als auch (religions-)philosophisch auf den dionysischen Irrationalismus als Ersatzreligion. Hierbei beziehen sie sich hauptsächlich auf die Neomythologie des 20. Jahrhunderts. Inwiefern die Postmoderne-Bewegung der Jetzt-Zeit als Umstilisierung der Remythisierungsbewegung(en) des 19. und 20. Jahrhunderts zu interpretieren ist, bleibt die Leitfrage dieser Untersuchung.

Die "Wiederkehr" des "kommenden Gottes" Dionysos im späten 19. und im (vor-)faschistischen 20. Jahrhundert ist nicht so eindeutig bestimmbar, wie es die Hölderlinsche Friedensromantik noch träumte. Vielmehr zeigt sich, daß ein Überblick über die in der Frühromantik versuchte Remythisierung sich mit der Entfernung vom (frühen) 19. Jahrhundert immer weniger eindeutig unter dem Leitmotiv des "Kommenden Gottes" versammeln läßt. "Je mehr wir uns von Hölderlin und der Frühromantik lösen, desto weniger erscheint freilich Dionysos - der Gott der Tragödie und seines modernsten Surrogats: des 'Weihefestspiels' - als Fest-Gott, desto mehr wird er als 'trouble-fête' auftreten."[124]

In "Dionysos und die Renaissance des kultischen Dramas"[125] ist es M. Franks quellenmäßig sehr gut belegte These, daß die "Wirkungsgeschichte der frühromantischen Idee einer 'Neuen Mythologie' zunehmend düstere und unfestliche Farben"[126] annahm. Sie läuft katastrophisch aus im nationalsozialistischen Größenwahn vom kommenden "Tausendjährigen Reich" des neuen Menschen. Die regressive Mythologie des Faschismus (insbesonders mit A. Rosenbergs "Mythos des 20. Jahrhunderts") ist vorgeprägt durch einen facettenreichen neomythischen Irrationalismus, dessen bewußtlose Naturmystik J.H.W. Rosteutscher und K. Jaspers nicht erst aus der gesicherten Retrospektive aufdeckten. "Die Wiederkehr des Dionysos", mit dem Untertitel "Der naturmystische Irrationalismus in Deutschland"[127] veranlaßt Jaspers zu folgendem Schlußplädoyer über "Die geistige Situation der Zeit" (1931):

> "Daher ist begreiflich der verführende Ruf, der seit langem gehört wird: zurück aus der Bewußtheit zur Unbewußtheit des Blutes, des Glaubens, der Erde, der Seele, des Geschichtlichen und des Fraglosen[...] Dieser Ruf täuscht. Der Mensch muß, um Mensch zu bleiben, durch die Bewußtheit hindurch".[128]

"Die geistige Situation der Zeit", d.h. der ersten Dezennien des 20. Jahrhunderts, war bekanntlich geprägt vom Verfall monarchischer Ordnungen, vom Ersten Weltkrieg, von schwersten politischen und wirtschaftlichen Erschütterungen.

Wenn die Legitimationskrise der Romantik hauptsächlich eine Angelegenheit der Philosophen, der Künstler, des Adels und Bildungsbürgertums war, so hat sich ein Jahrhundert später die "geistige Situation" entschieden gewandelt: Die Werte- und Orientierungskrise hat alle Stände und ganze Völker vehement ergriffen. Sie wird nicht mehr nur in den "Teezirkeln"[129] reflektiert, sondern auf der Straße ausgetragen. Wirtschaftlicher Niedergang, politische Unruhen, Apathie und Militanz kennzeichnen die "geistige Situation" des Umbruchs. In ihr ereignet sich eine "Umwertung der Romantik"[130]. Eine Art Dekonstruktion der Romantik und ihrer "Neuen Mythologie" wurde in dieser (vor)faschistoiden Zeit volksnah unternommen[131]. Diese umwertende und umschichtende Dekonstruktion erprobte sich primär in einer Genre-Mutation zur Enkulturation einer völkisch-naturmystischen Neoreligion. Die Genre-Transformation bestand im

Austausch der griechischen Mythologie gegen eine nordisch-germanische, welche "der germanischen Seele durch engrammatische Einschreibung viel vertrauter und wesenseigentümlicher sei als das jüdische Christentum."[132] An die Stelle einer versonnenen Bildungsmythologie sollte eine praktikable, körper- und volksnahe Rassenmythologie treten. Sie sollte genügend kraftvolle Eigendynamik entwickeln, um das angeblich verfremdende, jüdisch-romanische Christentum abzulösen. Diese militante Grundintention der faschistischen Rassenmythologie ist mit zahllosen Schrift- und Zeitzeugnissen belegbar und gilt als gesichert. Ihr weiter nachzugehen wäre für unsere Untersuchung ebenso nebensächlich wie eine vertiefte Studie der vielen einzelnen Literatur- und Schwärmerzirkel damaliger Zeit. Diese esoterisch-faschistoiden bzw. (esoterisch-sozialistischen) Gruppen und "Bünde" kolorieren auf ihre Weise die "geistige Situation" des krisenhaften Umbruchs. Ihre kritische Darstellung finden sie in einem breitgefächerten (Nachkriegs-)Literaturspektrum, daß sich von L. Curtius "Deutsche und antike Welt. Lebenserinnerungen"[133] bis zu Musils "Mann ohne Eigenschaften" kontrastreich spannt.[134]

Besonders auf dem Hintergrund von K. Jaspers Analyse der "geistige(n) Situation der Zeit" und M. Franks literaturwissenschaftlichen "Vorlesungen"[135] läßt sich der Stellenwert der besagten esoterischen Zirkel etwa folgendermaßen radialisieren: Die politisch-gedankliche Kritik an der naturwissenschaftlich-technisch orientierten und mythenlos gewordenen Gesellschaft bringt zugleich einen stark ästhetischen und literarischen Kult hervor. Der einstweilige Untergang der Romantik mitsamt ihrer "Neuen Mythologie" zeitigt einen Fortgang der ästhetischen Kultivierung, welche in Stephan Georges und Rainer Maria Rilkes Dichtung ihre wohl höchste Sublimierung erreicht. Von Schlegel über Schelling, Nietzsche und Wagner bis zum Expressionismus ist - in einer enttheologisierten Welt - der Künstler dazu ausersehen, die numinose Lebensqualität "Mythos" aufs neue zu erschaffen. Damit "läßt sich einerseits eine hohe Politisierung der Kunst-Tätigkeit absehen, ihr Abzwecken auf die Wiederherstellung eines kollektiven Mythos andererseits."[136] Diese, von M. Frank betonte, bipolare Funktion der "Kunst-Tätigkeit" koinzidiert im Faschismus wie im damaligen Sozialismus in *einen* Auftrag: Am kollektiven Mythos der "Herrenrasse" bzw. der sozialistischen "Neuen Gemeinschaft" künstlerisch-ästhetisch zu weben, das war politisches Wirken in "höherem" Sinn. Dieser politisch subversierte Ästhetizismus ist unschwer abzweckbar und agglutinierbar mit politischen Phantasien von der Art des "Künstler-Politikers" (in dem A. Hitler sich wiederzuerkennen glaubte) und des "Mythos des 20. Jahrhunderts."

Die "Umwertung der Romantik" wurde sowohl von den faschistischen "Bünden" als auch von den anarchistisch-sozialistischen Zirkeln unter pädagogischen Leitmotiven betrieben. Eine bloße Rückführung der "schlecht Entzauberten"[137] Zeitgenossen in das "Urvergangene" war kein Legitimationswert mehr, der eine poetisch-politische Handlungsnorm abgegeben hätte. Stephan George hatte beispielsweise diese Lektion erst zu erlernen.[138] Akzentuiert wird das Kraftmoment der "Verheißung", so daß Teleologie und pädagogische Orientierung einander wechselweise beglaubigen. Damit bleibt das dionysisch Irrationale durchaus erhalten, indem es durch verheißungsvolle Appelle dem Zeitbedürfnis entsprechend reorganisiert und "vererbt" wird. In "Erbschaft dieser Zeit" erinnert diesbezüglich E. Bloch: "Ja selbst die romantische Ferne sprach noch von Künftigem, von einem erreichbaren Glück[...]."[139] So unterschied bereits Schelling Dionysos als den "kommenden Gott", dessen Glücksverheißung für die Zukunft greifen soll, von einem Dionysos als Statthalter des Archaischen und urzeitlich Gewesenen. E. Blochs Mythos-Analyse ist darin beizupflichten, daß der romantische Mythos je neu rettbar und tradierbar wird "durch utopisches Licht begriffener Zukünftigkeit"[140]. Sofern die (literarisch-ästhetisch-politische) Rückkehr zum Mythischen als Widerspruch gegen die krisenhafte Gegenwart indirekt auf Zukunft orientiert, hat das Dionysische in den Lehren der alten wie der neuen Vitalisten des 20. Jahrhunderts sein prinzipielles Recht auf Wirkung.

> "So ist das dionysische Wunschbild mit Raubtier und buntgefleckter Regressio nicht beschlossen, es kennt Wollust des Zukünftigen, steht bei einem Rätselgott des Werdens. Es hat unfertige Verschlossenheit in sich."[141]

E. Blochs Verhältnis zu einer dionysisch zentrierten Neomythologie und seine gewisse Nähe zu F. Nietzsches "Philosophie des Vormittags" artikuliert er in "Erbschaft dieser Zeit":

> "Gerade die echten metaphysischen Umtriebe, die dem Großbürgertum noch geblieben und dialektisch brauchbar sind (so bei Bergson, dem eigentlichen Vitalisten), verbinden sich heute mit Wachheit, ja, mit "Zivilisation", nicht mit verärgerter Provinzseele, nicht mit Lenbachtum, das statt Tizian Diluvium kopiert. Die schlecht Entzauberten, die sich deshalb als Bewußtseinsfeinde erscheinen [also Klages z.B.], haben im dionysischen Bewußtseinsrest noch nie Anderes gefunden als Archäologie, und wollten sie hier Substanz, so stießen sie erst recht auf heilloses Vorbei. Gerade die Wurzel zu allen "Mythen": das erstaunte Geheimnis des Menschen und der der Welt - wandert immer wieder neu durch den Bewußtseinsraum und ist heute näher ausgegraben, unverdeckter durch falsche Räume als je; so wie sich die wirkliche Substanz von Mensch und Welt nur im Geschichtslicht, nicht am "Anfang" faßt, verwirklicht und berichtigt. Klages hat nur das Verdienst, statt "Angst" und "Sorge" auch "Leben" gezeigt zu haben; im Dasein eines "Subjekts", das bürgerlich und großbürgerlich kein "Leben" mehr hat, und deshalb schöne Leichen gräbt. Aber erst die Klasse mit Zukunft wird auch dionysische Vergangenheit gebrauchen und besitzen können. Erst diese Zukunft schlägt aus dem Rausch heraus, was nicht Bestie oder Phrase ist, sondern noch mögliche Gärung."[142]

Die Vision Blochs vom "gärenden Menschen-Subjekt"[143] ist weniger naturmythisch als sozialmythisch orientiert. Dem geradezu hymnischen Ausklang des soeben länger Zitierten ist "die Klasse mit Zukunft" als sozialutopischer Bezugspunkt vorgegeben. Ein weiteres Zitat aus "Erbschaft dieser Zeit" kann abklären, unter welcher Hinsicht E. Bloch Nietzsches Version einer Dionysos-Renaissance für zwie-spältig hält, denn wünschenswert ist sie ihm allemal.

> Im Menschen erneuert sich [nach Nietzsche] das allemal wilde X unter dem Haustier, nämlich der "Trieb", welcher entbehrt. Auf dem Nullpunkt des mechanischen Daseins sind nicht nur die verschiedenen übermenschlichen Bestien, es erinnert sich auch Dionysos. Das Raubtier tropisch, nicht kalt, der thrakische Wald gegen den kalten verdinglichten Bürger. Dionysos als Zeichen für abstrakt-phantastische Flucht in Anarchie: damit erst begreift man Nietzsches ernste Gewalt auf die Zeit. Damit erst hat Nietzsche seine Zeit in Parolen gefaßt, in Parolen undeutlicher Gegenbewegung des "Subjekts" gegen die Objektivität, welche es vorfindet. Sokrates, Apollo und Zivilisation, selbst Jesus rückten negiert zusammen; Dionysos nahm einen

> Amoklauf gegen alle noch so weit entfernten "Domestizierungen". In seinem Namen blühen seitdem Sport, Tanz, Kriegsfurie, Jugendbünde, "Urdämonen" (rezent oder zitiert), Naturgefühle; das war "der Abbau des moralischen und intellektuellen Phänomens". So auch ist Dionysus nicht bloß der hemmungslose Reflex des Kapitals, das Zucht, Maß, Recht, Bürgertugend beizeiten abbauen läßt, sondern er ist formale Ausschweifung in ein unbestimmtes Außersichsein, Außer-der-Zeit-Sein schlechthin. Selbst Anfänge der bürgerlichen Revolution, nämlich Rousseau, zeigten sich wieder, jedoch gänzlich umgekehrt orientiert, wie zu den Antipoden verlegt: statt des schäferlichen Morgens kam ein panischer, statt des arkadischen Gärtchens ein sausender Palmenhain, statt des kühl anfangenden Lichts das uranfängliche, nächtig-heiße. So wurde Romantik auf Brand gesetzt, Archaismus auf die Bestie, Philologie auf ein trunken ausfahrendes Schiff. Das Schiff ist angekommen; nun gilt es, nicht in Ansehung des "Übermenschen" (der ist bereits sonnenklar Fascismus), wohl aber der Dionysiaka, die Beute zu teilen.[144]

Das Zwiespältige an der neomythologischen Dionysos-Renaissance des 20. Jahrhunderts bildet Bloch wohl am schärfsten heraus in der Metapher vom Teilen der "Beute". Die "Beute" sei deshalb teil- und spaltbar, weil sie sich nur mit ihrer einen Seite zum "Fascismus" hinneige. In ihrer anderen Seite hingegen bliebe das utopische "Erbe" verwahrt, das nicht den Faschisten allein als "Erbschaft" überlassen werden sollte: das "Urdämonische", das Anarchische, das gegen Verobjektivierung und Ausverkauf der Werte mythisch Aufbegeherende im dionysischen Einstand des Zeitgeistes.

Wie sehr sich - bei mancher Parallelität - Blochs (futuristische) Anthropologie von Nietzsches Übermenschentum unterscheidet, wird an der idealtypischen Dionysos-Figur personifiziert. Blochs "echter" Dionysos ist weder im Untergrund "korybantisch trüber"[145] Gegenaufklärung agil noch ist er in Spannung mit den Kräften des Lichtes. Dagegen ist er im Kampf mit den Kräften der Beharrung, des Seins und des Bannes, verhängt von etablierten Gottheiten gegen die "revolutionäre Dialektik der Geschichte"[146]. In seiner späten "Umwertung der Romantik" definiert Bloch Dionysos "als den Grundwiderspruch des Menschen zur Entfremdung und Entäußerung. [...] Auf der richtigen Seite der Beute kommt daher [...] ein Dionysos als Zeichen des Ungekommenen, Ungewordenen im Menschen [...]"[147].

Blochs "Dionysos" ist mit dem "Apollinischen" versöhnt. Diese aufs Neue "umgewertete" Symbolfigur Dionysos ist Blochs Hegemon der "Klasse mit Zukunft". Das Sinnlich-Korybantische, zu dessen Inkarnation ihn die Romantik berief, wird im klassenpolitischen Dionysos zu rebellischer Rechtschaffenheit sublimiert. Solch Destillat eines vergeistigten Dionysos ist aber ein Kunstprodukt mit besonderer Hypothek: Es steht nur mehr sehr bedingt für die triebhaften Bedürfnisse nach Sinnlichkeit und Genuß ein. Es symbolisiert nicht mehr das Archaische und Destruktive im Menschen, sondern bereits dessen Sublimierung in eine vitale Klassenethik. Daher ist es für den homo natura (im Menschen) weniger anziehend und animierend als der destruktiv-sinnliche Dionysos bei Nietzsche, Klages und bei den ästhetizistisch-faschistoiden Natur- und Rassenmythologen. Deren Hybridisierung der romantischen Sinnlichkeitsmythologie zur uroborisch-dionysischen Neomythologie wird die Geschichte von 1920-1945 blutig mitbestimmen.

Blochs Erbschafts-Begriff wurde hier mit methodischer Absicht vorgeführt. Seine knappe Darstellung sollte auf das Zwiespältige und Alternative der literarisch-politischen Dionysos-Reinterpretation im frühen 20. Jahrhundert hinweisen. Obwohl das dionysisch Irrationale zur Beute der faschistoiden Bünde und schließlich des Massenfaschismus wurde, darf aus Strukturgründen die sozialistische Kehrseite nicht unerwähnt bleiben.

1.5.2.2. Die sozialistische Neomythologie des "Neuen Bundes"

In der politisch kolorierten Neomythologie des frühen 20. Jahrhunderts wird, wie vormals im romantischen Streben, eine Ersatzreligion propagiert. Dionysos, der "kommende Gott", ist die zentralisierende Symbolfigur der romantischen Mythologie. Die Neoromantik des 20. Jahrhunderts ist zwar unvermindert vom stilisierten Genuß des dionysisch Irrationalen geprägt, doch wird Dionysos namentlich weniger beschworen. Diese Abänderung gehört zur - soeben mit E. Bloch skizzierten - "Umwertung der Romantik". Wie die Romantik auferbaut sich die Neomythologie aus dem uroborisch-dionysischen Natur- und Lebenselement. Die romantische "Erbschaft dieser Zeit" des frühen 20. Jahrhunderts verteilt sich zu sehr ungleichen Teilen auf die faschistoiden (Literaten- und Kampf-)Bünde und die anarchistisch-sozialistischen Zirkel. Beiden gemeinsam ist, daß sie Mythos-Renaissance betreiben und dabei eine "Umwertung der Romantik" versuchen. Hinlänglich bekannt ist die nordisch-vitalistische Renaissancemethode der faschistoiden bzw. faschistischen Seite: Das Dionysische kehrt, wie K. Jaspers analysiert, in einem natur- und rassenmystischen Irrationalismus wieder[148], dessen "utopische Aufladung"(E. Bloch) sich aus sadistisch-perversen Triebreservoiren speist. Den neomythologisch-propagandistischen Aktionsbewegungen der anarchistisch-sozialistischen Seite war - zumindest in Mitteleuropa - weit weniger Erfolg beschieden als ihren rechtsextremen Antipoden. Die "Beute", wie E. Bloch bemerkt, verteilte sich höchst ungleich. Die links - wie die rechtsextreme Version von Mythos-Renaissance war (ihrer Essenz nach) dem "dionysischen Wunschbild" gewalttätig verpflichtet. Unter dem Vorzeichen von "Rasse" oder "Klasse" wird das Dionysische ausagiert, das Individualitätsprinzip schreiend negiert und - gerade so wie der alte Zukunftsgott es wollte - alles in den anarchischen Taumel gezogen.

In diesem gewalttätig karnevalesken Szenario geht die "Erbschaft" in Leidenschaft unter. Sie verkommt in entfesselter, dionysischer Gewalttätigkeit. Ästhetizismus und Attentat können einander beistehen im Erledigen der "Beute". Der von E. Bloch gewiesene Sonderweg, die "dionysische Vergangenheit [zu] gebrauchen und zu besitzen"[149], d.h. sublimativ anzueignen, blieb allerdings nicht nur bloße Utopie. Die "Neue Gemeinschaft" um Gustav Landauer und die Gebrüder Hart verkörpert beispiels- und ansatzweise jene Alternative, die Bloch beschwört, wenn er von "Dionysos als Zeichen des Ungekommenen und Ungewordenen im Menschen"[150] schreibt. Schon deshalb ist hier G. Landauers Neomythologie des "Neuen Bundes" erwähnenswert, weil sie als historisch belegbarer Spiritualisierungsversuch der Blochschen Dionysosversion sehr nahe kommt. Der weitere und allgemeinere Grund G. Landauers mythospirituelle, sozialistische Emanzipationsbewegung hervorzuheben, liegt in der Argumentationslinie unseres Traktates, die das Verhältnis der (literarisch-philosophischen) Postmoderne-Bewegung zu den Remythisierungsbewegungen des 19. und 20. Jahrhunderts abklären möchte. Die Hyptothese zu unserer strukturellen Untersuchung der Mythos-Renaissance ist, daß eine wesentliche Ähnlichkeit erhebbar sein könnte zwischen jenen Grundkonstellationen und -intentionen, die zur (Neo-)Mytholgiebewegung führten, und denjenigen, die sich in der Postmoderne-Bewegung ausprägen.

G. Landauers verfrühte New-Age-Bewegung kann in geschichtlicher und prinzipieller Hinsicht als eine Prävariante der vielschichtigen Postmodernebewegung gelten. So wie die Grundintention der Mythos-Renaissance (in Romantik und Neomythologie) zumeist einer dionysischen Zentrierung folgt, aber auch spirituelle Ansätze zeigt, ebenso bildet die Postmoderne verschiedene Zentrierungsansätze aus. Diese wie jene zu analysieren, ohne zu "uniformieren", ist vorrangig für eine fundamentaltheologische Weiterführung der Diskussion um die Postmoderne(-Bewegung). Einer knappen Darstellung von G. Landauers Emanzipationsbewegung kommt daher folgende Funktion zu: Sie soll exemplifizieren, daß die Mythos-Renaissance des frühen 20. Jahrhunderts nicht in einer politisch rechts- oder linksextremen Ideologie (Mythologie) und Utopie münden mußte. Es wäre nicht sachadäquat, von einem wirkungsgeschichtlichen Automatismus der "mythologischen Renaissance" in Richtung auf die politische Rechte zu sprechen, wenngleich sie sich dort zum Unheil Europas am fatalsten entfaltet hat. Die Traditionslinie romantischer Utopie- und Mythologiepotentiale vom 19. bis ins frühe 20. Jahrhundert weist vielmehr eine gewisse innere Divergenz auf, die womöglich auch die Postmodernebewegung charakterisiert. Diese Divergenz innerhalb der (Neo-)Mythologiebewegung selbst verläuft zwischen einer Zentrierung auf das Dionysisch-Anarchische und einer Dezentrierung gewisser Bewegungsausläufer, die einer eigenen spirituellen Intention folgen. Diese andere Intention mit der ihr eigentümlichen "Spiritualisierung" wird beispielsweise in E. Blochs "Erbschaft" - und seinem "Dionysos"-Verständnis vernehmbar. In dem Maße, in dem sie sich aus der Identifikation mit dem triebhaft Dionysischen abhebt, wird ihre Radikalität mit Dekonstruktivität bezeichenbar. Die Dekonstruktivität und "Spiritualität" dieser - wirkungsgeschichtlich schwachen - Bewegungsausläufer mag wohl am ehesten eine sinnvolle theologische Anbindung erlauben. Diese Hypothese wird sich in unserer fundamentaltheologischen Rezeption der Postmoderne weiter zu bewähren haben.

Nach diesen systematisierenden Rahmenbemerkungen nun direkt zu G. Landauers Mythologie einer "Neuen Gemeinschaft" im Zeichen eines

"Neuen Bundes". Landauers humanistischer Versuch einer "New-Age"-Bewegung um die letzte Jahrhundertwende ist paradigmatisch für eine neomythologisch-spiritualistische Haltung, die vom Uroborisch-Dionysischen wegstrebt, ohne es je ganz zu verlassen. In neuromantisch-enthusiastischer Hoffnung sucht Landauer nach der "Heimat des Geistes und der Freiheit."[151] Sie soll Heimstätte werden für "Individualismus und Emanzipationsbestrebungen".[152] Er reflektiert dabei hauptsächlich auf die deutsche Romantik als geschichtlichen Erscheinungsort einer subversiven Potenz ("Leben und Aufruhr"[153]) "neuen Geistes"[154], der ein brüderlich verbindender sei und die zerrissenen gesellschaftlichen Beziehungen alleine wieder einigen könne. Dieser pazifistische, einheitsstiftende Geist hat offenbar mehr mit Eros und Sophia gemeinsam als mit Dionysos und Kybele. Zur Eigenart der Landauerschen Romantik-Rezeption gehört ihr pansophistischer Mystizismus, der sich leicht in ein expressionistisches Tumultuoso hinein brechen kann. Sie ist weder national-chauvinistisch noch anarchistisch, noch malt sie ästhetizistisch am bürgerlich-biederen Romantik-Bild weiter, wie es Stephan George meisterlich tat. Landauers alternative Romantik-Rezeption ist mythologisch-pantheistisch orientiert und von einer "All-Einheits- und Menschheitsanschauung"[155] inspiriert. Zur emanzipatorischen Verwirklichung der "All-Einheitsanschauung" sei es notwendig, "[...] da wieder anzuknüpfen, wo Geist und Leben und Aufruhr ist", nämlich in der Romantik, ihrer Rationalitätskritik und Poetologie. Dazu ein signifikanter Quellenbeleg aus Landauers Zeitschrift "Blaubuch" (1905):

> "Was man mit einem überaus schiefen und papierenen Namen Romantik nennt, ist eine tief aufwühlende und gestaltende Revolution des Gefühls und der Gesellschaft. Was die Franzosen in der Form der Revolution hatten, hatten die deutschen in Form der Romantik. Aller Individualismus und alle Emanzipationsbestrebungen unserer Zeit gehen auf jene Jahre zurück. Nur daß, was heute massenhaft und mittelmäßig auftritt, damals die Gestalt der Genialität angenommen hatte. [...] Wie fremd mutet uns unsere Zeit noch immer an, wenn wir von Schleiermachers Briefen her wie aus der Heimat des Geistes und der Freiheit kommen! - Aber es wird da jetzt wieder besser; und es ist kein Zufall und nicht bloß literarisches Ausgraben, daß die Menschen der Romantik uns jetzt wieder von allen Seiten her nahgebracht werden. Es ist einfach, daß wir da wieder anknüpfen, wo Geist und Leben und Aufruhr ist."[156]

Die revolutionäre "Genialität" der Romantik gibt G. Landauer den geistigen Anknüpfungsort für einen emanzipierten Individualismus. Dessen sozialistische Prägung folgt dem romantischen Geselligkeitsideal nach, ohne dabei auf "sinnliche" Abwege zu geraten. Dazu wiederum ein Quellenbeleg aus der Hauspostille der "Neuen Gemeinschaft", dem "Blaubuch" (1911), mit seinem Beitrag zum anscheinend beiläufigen Thema "Brot":

> "Nicht nur unappetitlich ist oft die Herstellung des Brots und ekelhaft das Hausen der Bäcker, nicht nur teuer das Brot, ebenso schlimm ist, daß die Mannigfaltigkeit des Brots verloren gegangen ist. O du köstliches Brot, in dem die Sonne, mit den geheimen Kräften der Erde und des Wassers verbunden, zu was für einer grauen, faden Fabrikware bist du erniedrigt worden, und was für chemische Giftmischereien (wissenschaftliche Methoden genannt) haben sich schon an dich gewagt! Das ist ein schlimmes Kapitel aus der Geschichte niedergehender Völker: die Geschichte verloren gegangener Künste und Techniken. Viele Geheimnisse der Hausfrauen im Weben, Kochen, Backen, viele Geheimnisse der Handwerker wie der Künstler, die sich in Jahrtausenden von Geschlecht zu Geschlecht fortgeerbt hatten, sind unwiederbringlich dahin. Das Beste, was Menschen haben, stirbt, wenn die lebendige Tradition vergeht.
>
> Was das hier zu tun hat? Nun, das Brot, von dem hier gesprochen wird, ist ein Beispiel, ein wichtiges, für das Brot des Lebens, für den Sinn der Gesellschaft. Nur wo Gemeinschaft und Gemeinschaftseinrichtungen sind, kann Individualismus und Mannigfaltigkeit gedeihen."[157]

Diese länger gehaltene Textprobe ist auch hinsichtlich ihrer Stilistik und Expressivität eine Mitteilung besonderer Art: Sie ist hymnisch und programmatisch zugleich; provokativ und jugendstilhaft unter romantischem Horizont. Insofern also spiegelt sich in ihr das geistige Selbstverständnis des Expressionismus wieder. G. Landauers "Umwertung der Romantik" folgt expressionistischen und frühsozialistischen Mustern.[158] Der Leitsatz seiner sozial engagierten Neoromantik ist selbst der Romantik entlehnt. Er lautet: "Die Kunst soll zum Leben und das Leben zum Kunstwerk werden"[159]. Landauer verurteilt eine l'art pour l'art und postuliert den schöpferischen Künstler, der über "Mythoskraft" verfüge, um glaubhaft den neuen "werdenden Menschen"[160] revolutionär zu verkünden. In Dichterpersönlichkeiten wie A. Mombert, R. M. Rilke, Demel und Liliencron, vor allem aber bei Walt Whitman sah er die mythenschaffende Kraft zum Volkswohl am Werk. Der Künstler-Mensch als der "herrlich Isolierte" ist für Landauer kein Wert an sich. Auch die Kunst sollte nicht nur apollinischer Schein bleiben, wenngleich sie in Krisenzeiten hieraus ihre antizipatorische Kraft gewönne, sondern dionysisch "im Lebendigen schaffen"[161]. Das folgende, ebenfalls längere Zitat atmet das Landauersche Fluidum vom emanzipierten Künstler-Dichter, der "Der Werdende Mensch" sein soll.

> "Der Dichter ist der Führer im Chor, er ist aber auch - wie der Solotenor, der in der Neunten über die einheitlich rufenden Chormassen hinweg unerbittlichen Schwunges seine eigene Weise singt - der herrlich Isolierte, der sich gegen die Menge behauptet. Er ist der ewige Empörer. In der Revolutionszeit kann er der Vorderste sein, so sehr der Vorderste, daß er der erste ist, der wieder auf die Erhaltung, des neu Errungenen wie des ewig Bleibenden, drängt. Wo aber Stockung und Starrheit gekommen ist, wo die Gelenkigkeit eingerostet ist, da ist er, der immer die Sache des Lebens führt, sowie sein echter Ursprung sich der Sache der Allgemeinheit hingibt, der Befreier. Philister und strohtrockene Systematiker träumen den unsäglich öden Traum von der Einführung des Patentsozialismus, der in festgesetzten Einrichtungen und Methoden alle Ungerechtigkeiten und Widrigkeiten ein für allemal abschaffen und - man erlaube hier das demokratische Bureaukratenwort - verunmöglichen soll. Wir aber brauchen in Wahrheit die immer wiederkehrende Erneuerung, wir brauchen die Bereitschaft zur Erschütterung, wir brauchen den großen Ruf der Seisachtheia über die Lande weg, wir brauchen die Posaune des Gottesmannes Mose, die von Zeiten zu Zeiten das große Jubeljahr ausruft, wir brauchen den Frühling, den Wahn und den Rausch und die Tollheit, wir brauchen - wieder und wieder und wieder - die Revolution, wir brauchen den Dichter."[162].

Dieses Textbeispiel expressionistischer Sprachgewalt beschert schließlich dem Hörer die Wiederkehr des Dionysischen. Nicht der mißbräuchlich genannte "Gottesmann Mose", sondern der ungenannte Dionysos ruft mit "Wahn[...] und Rausch[...] und Tollheit" das "große Jubeljahr" aus. Dieser Text belegt, wie instabil Landauer den dionysischen Ekstatiker in sich integrieren konnte. Bisweilen, wie in seiner "Ansprache an die Dichter"[163], verfällt sein Expressionismus in das Dionysisch-Rauschhafte und Demagogische. Eine solchermaßen propagandistische Sprache wird dann ungeeignet, Landauers Grundanliegen der Begegnung mit dem "Neuen" zu verwirklichen. Denn der (Sprach-)Kunst obliegt nach Landauer die Aufgabe der Wirklichkeitserschließung: Eine "neue Sprache" soll "neue Dimensionen" erschließen "zum Unsagbaren, das in uns einschwingt und uns mitschwingen läßt"[164]. Der "innere Weg", den er für sich selbst wie für die Mitglieder der "Neuen Gemeinschaft" erkennt, ist markiert durch "Skepsis und Mystik"[165]. So betitelt er auch eines seiner Hauptwerke der Wegweisung zur Erlebnismystik.

Dionysisches, Spiritualistisches ("neuer Geist"; "Neuer Bund"), Sensitivistisches, Vitalistisches, Sozialistisches und Expressionistisches verschmilzt in Landauers Erlebnismystik des schöpferisch-empfindsamen Subjekts. Wie (vor-)ausgeprägt die Wahlverwandschaft dieses Freigeistes zur Postmoderne ist, mag sich hier bereits andeuten. An späterer Stelle (vgl. 3.) wird auf Landauers (u. auch L. Klages) Mystik der Begegnung mit der "neuen Dimension" noch eingehend Bezug zu nehmen sein. Zusammenfassend läßt sich anmerken: Landauers Erlebnismystik ist typisch für den vitalistischen Zeitgeist um die Jahrhundertwende. Ähnlich (seinem Freund) Martin Buber stellt Landauer dem Erkennenden den Erlebenden gegenüber. Die "Neue Gemeinschaft" skeptischer Mystiker formt über ihren eigenen Erfahrungsbegriff ihre eigene, neue "Bundesidee". Seiner Persönlichkeit nach ist Landauer sowohl anarchisch als auch neoreligiös ausgerichtet. Insofern ist dieser unruhige Freigeist eine Symbolfigur des damaligen Zeitgeistes, der "postmodern" Auferstehung erfährt. Landauers geistige Nähe zu F. Nietzsche ist unverkennbar, während seine Beziehung zu M. Buber und seine Bezugnahme auf Meister Eckehards Mystik eher im Hintergrund bleibt. Auch in dieser Konstellation spiegelt sich die Geisteshaltung seiner Zeit wieder.

Auch Landauer interpretiert - allerdings noch vor Nietzsche - den "Tod Gottes" als die notwendige Folge einer dekadierenden Neuzeit, die mit der Ablösung der Metaphysik zugleich auch die Auflösung kollektiver Identitäten betrieb. Vermittels Skepsis, Mystik und Neomythologie sollte der Verfall von Gemeinwesen und Individuum zur positiven Wende gebracht werden. Dazu sollte das vitalistisch Dionysische ganz im Sinne Hegelscher Romantik "Aufheber" und "Maulwurf" sein, aber nicht expressionistischer Selbstzweck. Nach dem "Tode Gottes" sollte eine neue Mythozentrizität die geistige Rahmenbedingung für die neue Identität einer befriedeten Gesellschaft abgeben. Die Mythen für die Gemeinschaft, die Mystik für die Individuation des Subjekts und die Künstler und Dichter als Protagonisten von beidem: So etwa lautet die Kurzfassung des Landauerschen Manifests der "All-Einheits- und Menschheitsanschauung". Die funktionale Verbindung von "Skepsis und Mystik" verweist auf Landauers (ontologischen) Vorbehalt zur nihilistischen Philosophie F. Nietzsches. Landauer propagiert keine zweite, sozialistische "Philosophie des Vormittags". Skepsis und dionysisch-ekstatischer Nihilismus dienen bei Landauer (anders als bei Nietzsche und Max Stirner) der Emanzipation zur Wahrheit. Letztere löst sich nicht analytisch auf, sondern kehrt im mystischen Erleben einer "neuen Dimension" der "Unsagbarkeit" wieder. Die Befreiung aus der verbegrifflichten Realität soll die Begegnung mit der unverstellten Wirklichkeit ermöglichen. Man könnte meinen, ein postmoderner Autor spräche statt Landauer aus folgenden Zeilen:

> "Dieses Ineinanderschwingen der Unsagbarkeiten, [...] dieses Auflösen alles Realen im Elemente des Traumes: das finde ich in den Dichtungen derer, die ich genannt habe und das eben scheint mir die Stimmung zu sein, in der man einzig und allein von der Sprachkritik zur Wortkunst zurückkehren kann."[166]

Die "neue Dimension" und der "neue Sinn", von denen - laut Landauer - Sprache künden soll, ist vorerst mit "neoreligiös" klassifizierbar. Der "Tod Gottes" ist Landauer ebensowenig wie M. Buber Chiffre für das Ende und Abgestorbensein der Metaphysik. Vielmehr birgt er die Chance einer Auferstehung im mystischen Erleben. Mystik fern jedes Logozentrismus ist das Eigentümliche der sozialpolitisch-spirituellen "Neuer Bund"-Bewegung Landauers. Ihre vorzeitige Nähe zu dem, was P. Koslowski den "essentialistischen" Ansatz der Postmoderne nennt, wird im zweiten Teil dieser Arbeit aufzuweisen sein (vgl. 3.2.).

1.5.2.3. L. Klages Rebellion gegen den "Logozentrismus" in Vorläuferschaft zur Postmoderne

Die Ablehnung von Rationalismus, Aufklärung und Bürgerlichkeit findet zur Jahrhundertwende in Ludwig Klages eine besonders kämpferische

Symbolfigur. Als geistiges Zentrum der illustren "Kosmischen Runde"[167] propagiert er leidenschaftlich die Subversion des "rationalistischen Monismus" und seiner schädigenden "Logozentrizität". Er verstand sich als Agitator der "siegenden Gewalt des Lebens"[168], als Mystiker und Narkotiker[169] in einer Person. L. Klages ekstatisch-extremistische Rebellion gegen das 'geistvergewaltigte Leben"[170] unter dem "Joch der Begriffe"[171] agiert - kurzlebig und um Jahrzehnte verfrüht - die charakteristischen Forderungen der dionysisch-anarchischen Postmoderne-Bewegung aus (vgl. 3.3.). In diesem geistesgeschichtlichen Kontext also findet Klages "Geistfeindlichkeit" unser Interesse. Seine Vorträge und Schriften weisen ihn aus als einen kompromißlosen Vorläufer für ein bestimmtes, populäres Verständnis von (anarcholiberaler) Postmoderne. Dazu folgender Kommentar von M. Frank:

> "Wir begegnen einer Abart des dionysischen Irrationalismus in Teilen der jüngsten französischen Philosophie, die auf den Strukturalismus folgte, die Einheit und Ende des abendländischen Phänomens (wie schon Nietzsche und Spengler) wiederentdeckt, dem wilden, grausamen Leben ein fröhliches 'Ja' entgegenruft und ihren Haß auf die Errungenschaften der Rationalität und des cartestischen cogito in ähnlich haßerfüllten Tiraden einbekennt, wie man sie bereits im Werk von Klages gefunden hat."[172]

M. Frank führt den Vergleich zwischen "Kosmischer Runde" und "Postmoderne" sogar bis zur Behauptung:

> "Ohne den Zwischenfall des Dritten Reiches würde sich die zwischen beiden Äußerungstypen waltende Kontinuität zweifellos als eine ununterbrochene Tradition erkennen lassen."173

Der "Äußerungstypus" von Klages Werk ist durch ein Moment geprägt, das Klages selbst den "Zustand des dionysischen Rausches" und die "ekstatische Seelenverfassung" nennt. Sein Stil ist dem entsprechend extraordinär, hysterisch verstiegen und provokant. Er ist gekennzeichnet von Ambiguitäten, Brüchen und Verschiebungen, die dem Text eben jene "Unschärferelation" erhalten, die eine positive Bestimmung der Aussage verunmöglicht. Klages Rebellion gilt jeglicher "Totalisierung" und jeglicher Vernunftsynthese. Seine Stilistik ist geprägt vom Paradoxen und Paralogischen, womit er alle konventionellen Autoritäten und philosophisch-religiösen Geist-Größen (Logos, Pneuma, Nus, Vernunft, Denken, Wille) anficht. Er proklamiert eine umfassende Entlegitimierung der zentralen gesellschaftlichen Normen, die Abschaffung der "monistischen Totalmythologie" der Rationalität und die vitalitätsspendende Hinwendung zu "Seele" und "Leib", die in der Entmystifizierung des "Geistes" ihre Befreiung erleben werden.

Die konventionelle Identifizierung des Subjekts mit dem denkenden und wollenden, autonomen Ich verursacht laut Klages die Knechtschaft "geistvergewaltigten Lebens" und drohe in nachgeschichtlicher Zeit den Menschen zur "scheinlebendigen Larve" zu desubstanzialisieren. Dazu eine Textprobe aus L. Klages "Kosmogonischem Eros".

> "Wir stellen die Antwort auf die beiden ersten Fragen der weiteren Betrachtung voran: es ist nicht, wie man wähnte, der Geist des Menschen, der sich befreit, sondern die Seele; sie befreit sich nicht, wie man wähnte, vom Leibe, sondern grade vom Geiste!
> Der Kosmos lebt, und alles Leben ist polarisiert nach Seele (Psychae) und Leib (Soma). Wo immer lebendiger Leib, da ist auch Seele; wo immer Seele, da ist auch lebendiger Leib. [...] Das sind, ohne Gleichnis gesprochen, die Pole der Wirklichkeit. - [...]
> Die Geschichte der Menschheit nun zeigt uns im Menschen und nur im Menschen den Kampf "bis aufs Messer" zwischen dem allverbreitenden Leben und einer außerraumzeitlichen Macht, welche die Pole entzweien und dadurch vernichten, den Leib entseelen, die Seele entleiben will: man nennt sie den Geist (Logos, Pneuma, Nus). Gemäß der Zweiseitennatur auch unseres Wesens gibt er sich kund durch unterscheidende Besinnung (Noäsis) und durch bezweckenden Willen (Buläsis). Der gemeinsame Haltepunkt ihrer beider, der in uns zur exzentrischen Mitte des Lebens wurde, heißt: Ich oder Selbst. Als Träger des Lebens sind wir gleich allen Lebensträgern Individuen (d.i. unteilbare Eigenwesen), als Träger des Geistes sind wir überdies noch Iche oder Selbste. "Person", von personare = hindurchtönen kommend und ursprünglich die Maske des Mimen bezeichnend, durch welche ein Dämon redet, ist längst zum geistesvergewaltigten Leben geworden, zum Leben im Dienste der Rolle, die ihm befohlen wird von der Maske des Geistes! Nur im Denkenmüssen und Wollenmüssen leben wir noch; nur durch das Ichgefühl hindurch vernehmen wir noch die Stimmen des Alls, von dem wir abgetrennt wurden, und diese Maske ist uns ins Fleisch gewachsen und wächst uns mit jedem Jahrhundert fester hinein."[174]

Dieser Text belegt die Grundposition Klages: "Der Geist als Widersacher der Seele"[175] - wie der Titel seines Hauptwerkes lautet - ist in der dionysischen Ekstase bezwingbar. Durch sie befreit sich das Subjekt aus der Fehlidentifikation mit dem "Ich" zum "Leben". Der fatalen Herrschaft der Vernunft korrespondiere im Individuum die Herrschaft des "Ich" als internalisierte Form der Unterdrückung. Insofern ist für Klages jeder wahre Mystiker auch rebellischer Nonkonformist als er sich ekstatisch aus dem akosmischen Herrschaftsanspruch der Vernunft, ihrer Moralität und Autorität herausnimmt.

Wie überspannt sich L. Klages Plädoyer für "Seele und Leib" auch ausnehmen mag, so greift es doch ein Grundanliegen auf, daß sowohl humanistischer, religiöser als auch postmoderner Art ist: Wenn die Vernunft absolut gesetzt wird, dann wird sie zur absoluten Vernunftherrschaft. Die absolute Vernunftherrschaft war bekanntlich die Forderung mancher Zweige der historischen Aufklärung. Wo allerdings das Absolute verendlicht wird, erfährt es seine "utopische Aufladung" und kippt leicht in einen Totalitarismus, der seinerseits lebensverneinende Zugzwänge ausbilden kann. Deutlich ist (im obigen Zitat) Klages Anspielung auf Hegels Geschichtsphilosophie mit ihrem Dreischritte-System von Antike, Mittelalter und Neuzeit. In seinem triadischen Geschichtssystem unternimmt Hegel die Transformation der göttlichen Trinität auf ein innerweltliches Entwicklungsschema: Das Reich des Vaters entspricht der Antike, das Reich des Sohnes dem Mittelalter und der Neuzeit kommt es zu, das endgültige Reich des (zu sich gekommenen) Geistes zu werden. Gegen dieses enttheologisierte, geschichtsphilosophische System der Naherwartung entwickelt Klages sein Dreischritte-Antisystem: Auf das Reich der Seele läßt er das verhängnisvolle Reich des Geistes folgen und schließlich die "nachgeschichtliche Menschheit der nur mehr scheinlebendigen Larve"[176]. Was Hegel als Klimax veranschlagt, prognostiziert Klages als Katastrophe.

Klages ist mit der späteren Postmoderne-Bewegung gemeinsam, die angeblich absolute Vernunftherrschaft als ein verfehltes Projekt der Moderne abzulehnen: Weil Vernunft nicht absolut sei, könne sie sich mit dem ihr anderen, dem Gefühl, der Natur und dem Leib nicht versöhnen, sondern sie immer nur in ihren absoluten Ansprüchen beherrschen. Die neueren französischen Denker der Postmoderne, wie J.-F. Lyotard und André

Glucksmann, haben diesen totalitären Charakter der Vernunftherrschaft an bestimmten Ansätzen des Deutschen Idealismus aufgewiesen.[177] Freilich tat dies schon lange vor ihnen Friedrich Schlegel. Er sagte der analytischen Vernunftphilosophie voraus, daß sie mit der Idee der Unhaltbarkeiten aller bloßen Positivitäten auch die Positivität ihrer eigenen Legitimität "untergraben" werde, so daß Rationalität unter den Verdacht der Illegitimität geraten werde. Klages Anti-Logozentrismus steht hier paradigmatisch für all jene "geist"-losen Vitalitätsbewegungen, die sich im Kontraproduktiven erschöpfen. Die Ablehnung totalitärer Vernunftherrschaft sowie die Emanzipation von Seele und Leib ist sicherlich eine allzeit vertretbare Forderung. In diesem Sinn läßt sich die gesamte Mythos-Renaissance auch als vitalistische Emanzipationsbewegung für Leib und Seele verstehen. Die anarchisch-dekonstruktive Kritik Klages am abendländischen Geisteslebens insgesamt zerbricht zwar die Grenzen gesicherter Erfahrung und Begrifflichkeit, eröffnet aber keinen anderen Lebenshorizont als den Dionysisch-Vitalistischen. Die Lebens- und Sinn-Vorgabe der abendländischen Geistesgeschichte wird von Klages mit der globalen Mystifizierung der "siegreichen Gewalt des Lebens" letztlich alternativlos abgetan.

> "Passiv, erleidend, anheimfallend ist unser Ich, und es fällt anheim der siegenden Gewalt des Lebens. Wann immer wir wollen oder denken, so sagen wir: ich denke, ich will, ich tue; und wir heben das Ich um so entschiedener hervor, je nachdrücklicher wir eben denken oder wollen. Wann aber wir Großes fühlend erlebten, so scheint es uns blaß und marklos zu sagen: ich fühlte das folgende; und es heißt statt dessen: es hat mich ergriffen, erschüttert, gepackt, überwältigt, hingerissen! Was reißt uns hin? Das Leben! Und was wird hingerissen? Das Ich![178] "

Die Abdankung der Autonomie des Subjekts zu Gunsten der Es-Gewalt des Lebens ist L. Klages vitalistische Subjekttheorie. Ihre dionysische Zentrierung ist absolut und schlägt jedes Versöhnungsangebot mit dem Apollinischen aus: Der "Zustand des dionysischen Rausches"[179], d.h. die totale Ergriffenheit vom Leben, ist *nicht ein* Pol in einem etwaigen dialektischen Grundverhältnis des Geistes (bzw. Bewußtseins); er ist hingegen geistlose Urgewalt zur Nihilierung des Personzentrums. Das individuelle Leben in bewußter Verantwortung soll in den "Rhythmus des kosmischen Lebens"[180] konvertieren. Selbst-Vergessenheit als neue Lebensqualität durch Transzendenz in das Numinose des Lebens, das ist L. Klages einfaches "Systemprogramm" für den neuen Menschen.

Dieser zum Neuen emanzipierte Mensch steht in keiner anderen Ethik mehr als seiner Verpflichtung dem totalen Leben gegenüber. Indem er sich in den Rhythmus der numinosen Allmacht des Lebens einfindet, soll er neue Sicherheit und zwanglosen Genuß erfahren. Sodann wird die neue Vitalität das neue Leben angeblich von selbst legitimieren und zwar "Jenseits von Gut und Böse" (F. Nietzsche). L. Klages mythomorphe Philosophie ist paradigmatisch für eine gewalttätige Neomythologie auf dem Boden des Nihilismus. Sie vollstreckt auf ihre Weise die atheistische "Erbschaft dieser Zeit".[181]

1.5.3. Mythos-Renaissance und Neomythologie als Antithese zur Vernunftherrschaft

1.5.3.1. Zusammenfassende Verhältnisbestimmung von Aufklärung, Nihilismus und Remythisierung

Die folgenden Überlegungen dienen einer zusammenfassenden Darstellung und Gesamtzuordnung des geschichtlichen Phänomens der Mythos-Renaissance und Neomythologie. Unser Bestreben ist es, das Phänomen der Remythisierung (im 19. und 20. Jahrhundert) einer hermeneutischen und strukturalen Bestimmbarkeit zuzuführen. Auf diese Weise soll über das Historisch-Faktische hinaus eine geistesgeschichtliche Zuordnung von Aufklärung, Neomythologie und Postmoderne unternommen werden. Die Frage nach der Entstehung der postmodernen Orientierung verlangt nach einem Einstieg in diese Vorgeschichte, deren zwiespältiges Wesen von Horkheimer/Adorno trefflich mit "Dialektik der Aufklärung" bezeichnet wird. Schließlich wird es für eine fundamentaltheologische Befragung der Postmoderne entscheidend sein, die Vorfrage abzuklären, inwiefern die polymorphe Postmoderne-Bewegung im Rahmen einer "Dialektik der Aufklärung" erklärbar ist. Dazu ist das Verhältnis der Postmoderne sowohl zu Aufklärung und Rationalismus als auch zur Neomythologie abzuklären. Unsere Annahme ist es, daß die Postmoderne sich in eine besondere Konstellation zu Aufklärung und Neomythologie hineinentwikkelt. Der Bildungs- und Prägeprozeß der "Postmoderne" ist kein abgeschlossener, sondern ein aktueller und weitläufiger, so daß derzeit keine nachholende, aposteriorische Wertung möglich ist. Eingedenk dieser Hypothek des Vorläufigen läßt sich dennoch ansatzweise eine gewisse Konfiguration erkennen: Die Postmoderne-Bewegung ist der Neomythologie-Bewegung in mancher Hinsicht verwandt; sie ist aber keine bloße Weiterführung oder Neuausgabe derselben. Folglich symbolisiert der Begriff der Postmoderne keinen "Neoirrationalismus" und fügt sich nur bedingt in das Konzept einer "Dialektik der Aufklärung". Die "Postmoderne" ist nicht die irrationale Antithese zur (analytischen) Vernunft. Das Fazit unserer Annahme ist also, daß die Postmoderne das alternative Dritte und somit den synthetisierenden Ausweg aus der tragischen Dialektik entwickeln könnte.

Unter der Annahme der Postmoderne-Bewegung(en) als möglicher Alternative zur "Dialektik der Aufklärung" wird es dringlich, eine geistesgeschichtliche Verhältnisbestimmung von Aufklärung-Neomythologie-Postmoderne zu versuchen. In einem ersten Schritt galt es dazu, die Aufklärung auf ihre Effekte hin zu untersuchen, die sie im geistigen, religiösen und gesellschaftlichen Lebensgefühl abendländischer Kultur verbreitete. Als Ergebnis unserer Untersuchung läßt sich folgende Einsicht zusammenfassend vortragen: Die 2500-jährige Geistesgeschichte des Abendlandes ist über weite Strecken ihrer Entwicklung christlich geprägt. Diese christliche Prägung war sogar so bestimmend, daß sie eine Grobgliederung der abendländischen Geistes- und Kulturgeschichte in Antike und Moderne erlaubt. Die Christen der Spätantike nannten sich "moderni", um sich von den Heiden, den "antiqui", auch begrifflich zu differenzieren. Das Wort "modern" ist zuerst im späten 5. Jahrhundert verwendet worden, um die (offiziell gewordene) christliche Gegenwart von der heidnisch-römischen Vorgeschichte abzugrenzen[182]. Der frühgeschichtliche Sinn des Begriffs "Die Moderne" läßt sich daher mit P. Koslowski so definieren:

> "Modern ist jene Geisteshaltung, die in der Zeit eine lineare Entwicklung im Gegensatz zur zyklischen Wiederkehr des Gleichen erkennt. Modern ist von modo (=lateinisch neuerdings) abgeleitet. Die Moderne ist das Zeitalter des Neuen, die Epoche, in der es Neues und nicht nur Wiederkehr des Gleichen gibt."[183]

Die Moderne ist also aus spätantiker Sicht das Saeculum des Christentums mit seiner Taxierung der Geschichte als Heilsgeschichte. In ihrer Fortentwicklung erfährt die abendländische Moderne jeweils neue Qualifizierungen ihres Bewußtseins durch "wechselnde Inhalte". Dazu betont J. Habermas:

> "Mit wechselnden Inhalten drückt 'Modernität' immer wieder das Bewußtsein einer Epoche aus, die sich zur Vergangenheit der Antike in Beziehung setzt, um sich selbst als Resultat eines Überganges vom Alten zum Neuen, zu begreifen. Als 'modern' verstand man sich [...] immer dann, wenn sich in Europa das Bewußtsein einer neuen Epoche durch ein erneuertes Verhältnis zur Antike gebildet hat."[184]

Wenn wir auch J. Habermas' definitorischer Zusage zur Moderne so nicht zustimmen können, ist sie dennoch aufschlußreich für unsere weitere Argumentation, das Verhältnis der Aufklärung zur Neomythologie und Postmoderne, betreffend.

Als Effekt der Aufklärung stellte sich eine unerwartete Legitimationskrise für die abendländische Moderne ein. Mit seiner "Geschichte des Fortschritts im Bewußtsein der Freiheit" gelingt es Hegel das Abendland letztmalig als geschlossene Einheit zu beurteilen, die im "sich selbst transparenten Geist" kulminieren soll. Während Hegel den Gottesgedanken im Begriff der absoluten Geistesgeschichte aufgehen läßt, wirkt in den Gemütern der Zeitgenossen bereits die "einbrechende Dämmerung"[185]. Die Hegelsche Geschichtsphilosophie mag in ihrer vollkommenen Weise die Enttheologisierungsbestrebungen der Aufklärung bündeln: Die Hegelsche Ideologie der Moderne ist die systematisierte Verweltlichung des Göttlichen und Supernaturalen. Das Absolute ist in der Logik der Hegelschen Aufklärung perfekt immanentisiert und dem Fortschreiten der Dialektik unterworfen. Die Dialektik und die Futurisierung der dialektischen Versöhnung wird zum Grundprinzip der aufgeklärten Moderne. Der erste und unmittelbare Effekt der Aufklärung ergibt sich in der Enttheologisierung und Entmystifizierung der Heilsgeschichte mit ihrem concursus divinus. Der Rationalismus subversiert zuerst die Legitimationskraft der theologischen Metaphysik mit ihrer übersinnlichen Welt. In weiterreichender Konsequenz erfolgt durch den rationalistischen Anstoß die Destruktion des Metaphysischen in all seinen Erscheinungsformen: als höchster Wert, als absolute

Substanz, als Idee, als absoluter Geist, als Sinn- und Kommunikationszusammenhang. Friedrich Schlegels frühe Voraussage zur Selbstkritik und Selbstvernichtung der Aufklärung wurde weithin zur geistesgeschichtlichen Wirklichkeit. Der Idealismus der Aufklärung wurde sukzessiv Objekt seines eigenen Entifizierungsprozesses. Nachdem mit dem "Tod der Metaphysik" die semantischen Fundamente der abendländischen Moderne zerbröckelt sind, zeigt sich tragisch die Schwäche der Aufklärung, nämlich das Unvermögen der "substantiellen Vernunft" zu einer konstruktiven Sinnvorgabe, die dem realen (nicht dem utopischen, "werdenden") Menschen lebbar ist. Zutreffend veranschlagt F. Nietzsche das interne Ziel des Aufklärungsprozesses im Nihilismus.

Die nachaufklärerische Orientierungskrise des Nihilismus ist von anderer Valenz als jene der Spätantike angesichts des Christentums. Damals lag der Epochenbruch darin, daß ein Parameter von Seinssinn (Wiederkehr des Gleichen) durch einen anderen (heilsgeschichtlichen) ersetzt wurde. Die metaphysische Rahmen-Gewißheit eines obersten legitimierenden Wertes und einer übersinnlichen Welt blieb jedoch erhalten. In der nihilistischen Sinnkrise verhält es sich radiaklisiert anders: Der "Bedeutungszusammenhang" (H.-G.Gadamer), in dem sich der abendländische Mensch in Antike und Moderne bewegte, hört auf zu sein. "Welt" im Sinne einer globalen Ausgelegtheit von Wirklichkeit ist nicht mehr. Die Vernichtung des Sinns von Sein ist die Novität des Nihilismus. Der Aufklärungs-"Tod der Metaphysik" mit seiner nihilistischen Gefolgschaft ist das absolut Neue der Moderne, ihre Selbstüberbietung in die Postmoderne hinein.

Die Sinn- und Legitimationskrise entfaltet sich kompromislos in der Nachaufklärung des Nihilismus, zu dem F. Nietzsche ein ambivalentes Verhältnis einnimmt. Gerade darin spiegelt er die inhomogene Stimmung seiner Zeit wieder, daß er das Dionysische mit dem Apollinischen unversöhnt läßt und zwischen einem trauervollen Epitaph auf den "Tod Gottes" und einer "allzumenschlichen" "Philosophie des Vormittags" schwankt. Damit symbolisiert F. Nietzsches Philosophie das paradoxale Spannungsgefühl zwischen Aufklärung, Nihilismus und Neomythologie. Diese aber erweist sich in ihrer Zentrierung auf das Dionysisch-Irrationale als die Erprobung einer atheistischen Ersatzreligion auf dem Boden des *romantischen Nihilismus* (vgl. 1.5.1.)

1.5.3.2. Der Prolapsus der Aufklärung in einen "naturalen Supernaturalismus"

F. Nietzsche gilt unbestritten als einer der Urväter der postmodernen Haltung. In seinen Untersuchungen zu "Nihilismus und Postmoderne in der Philosophie" resümiert G. Vattimo, "daß die philosophische Postmoderne im Werk Nietzsches entsteht."[186] Mit all seiner psychischen und mentalen Kraft konfrontiert Nietzsche sich und seine Zeit mit gewissen Konsequenzen der Aufklärung, nämlich der Zersetzung der bisherigen semantischen Fundamente des Abendlandes: Mit Gott "stirbt" auch der Wahrheitsbegriff. Die philosophische Rede von Fundament, "Grund" und "Ursprung" wird ebenso bedeutungslos wie das theologische Sinnen auf Ethik, Moral und Lebenssinn. Der analytischen Vernunft hält keine Positiviät und Position mehr Stand. Die Aufgabe des nachaufklärerischen Denkens besteht für Nietzsche nicht mehr - wie die Moderne stets angenommen hat - darin, 'zum Grund zurückzugehen und auf diesem Weg den Komplex von novum, Sein und Wert wiederzufinden (der in seiner immer weitergetriebenen Entfaltung der Geschichte Sinn verleiht...)"[187]. Für Nietzsche hat nach dem "Tod der Metaphysik" und der analytischen Selbstzerstörung der Aufklärung die Moderne ihr Ende gefunden. Damit ist dem Menschen ein Leben in der Nachmoderne aufgegeben, das nach einem neuen Menschen verlangt. Nietzsche läßt die Nachmoderne als "Götzen-Dämmerung"[188] heraufziehen und stellt sie mit der (Stil-)Figur der Allegorie vor: Die wahre Welt sei zur Fabel geworden, womit sich auch die "scheinbare" Welt aufgelöst habe. Was früher verdächtig war "Irrtum" oder "Lüge" zu *sein,* soll vom nachmodernen Menschen zur "Quelle des Reichtums" legitimiert werden. In "Menschliches, Allzumenschliches"[189] geht Nietzsches Bemühung nicht dahin, Irrtümer zu entlarven und aufzulösen, sondern sie als "Quelle des Reichtums" zu verstehen, der die psychisch-mentale Produktivität bestimme und der Welt Interesse, Lebendigkeit und "Sein" schenke. Mit seiner "Philosophie des Vormittags"[190] weist Nietzsche den Weg der nachmodernen Alternative zu Metaphysik und Rationalismus: Die "Genesung" für all jene, welche (noch) um den "Tod Gottes" trauern, verspricht Nietzsche in einem *romantischen Nihilismus.* Im Vorfeld der absoluten Beliebigkeit angekommen, steht es Jedermann frei, aus der "Quelle des Reichtums" angstfrei und genußvoll zu schöpfen, nämlich aus der Beschaulichkeit von Imagination und Tagtraum.[191]

Während Hegels Geistmonismus die Aufklärung darin vollzieht und überbietet, daß er die christliche Offenbarung als ganze zur Vernunftreligion transformiert, handelt Nietzsche ähnlich rigoros, aber sinnverkehrt: Hegel wie Nietzsche übersteigern auf je eigene Weise die Aufklärung. Jener, indem er über die Religionskritik der Aufklärung hinaus beansprucht, das Christentum besser zu verstehen, als es sich selbst je verstanden habe; dieser indem er die Aufklärung über die Nichtigkeit ihrer Positionssetzungen aufklärt. Folgt man der Philosophiegeschichte von der enttheologisierenden Aufklärung über Positivismus, Empirismus und Darwinschen Evolutionismus bis zu Nietzsches Ruf nach dem "Übermenschen", so kristallisiert sich folgendes Ergebnis: Der Nihilismus ist die "(Nach-)Aufklärung" der Aufklärung, ihr Verfall und ihre Entlegitimierung. Der dialektische Prolapsus der Aufklärung in das Nihilistische läßt sich allerdings nicht nur in der Philosophiegeschichte, sondern überhaupt in der Geistesgeschichte des frühen 19. und 20. Jahrhunderts aufweisen.

Die "Dialektik der Aufklärung" vergeschichtlicht sich im Nihilismus/ Agnostizismus und in der Neomythologie. Die Mythos-Renaissance der Romantik wie die Neomythologie des 20. Jahrhunderts fungieren als Ersatzreligion und sind ein Folgephänomen der Aufklärung. Ihre poetomythologischen Gebilde sind mißglückte Kompromißbildungen zwischen Aufklärung, Nihilismus und quasireligiös-mythischem Bedürfnis. Die Remythisierung der Erlebnisbezüge bereitet keine Wiederkehr des Religiösen vor, zumal sie primär keinem religiösen, sondern einem nihilistischen Lebensgefühl entspringt. Die "Neue Mythologie" ist lediglich in dem Sinne postnihilistische Neoreligion als sie die Erprobung einer Neuen Religion auf dem Terrain des Nihilismus ist. Eben jener Nihilismus, den der Genius Nietzsche so meisterhaft komprimiert in seiner "Philosophie des Vormittags" zur Lebenserfordernis erhebt, transvestiert sich im populären Gewande des Mythischen. Daß der dialektische Umsturz vom Rationalismus zum Irrationalismus nicht nur ideengeschichtlich, sondern auch religionsgeschichtlich und wirklich erfolgt ist, läßt sich über das Studium der Mythologiebewegungen nachweisen. Insbesonders war uns hierbei mit M. Frank, K. Jaspers u.a. an dem Nachweis gelegen, daß der Rückgriff auf das Mythische und Mystizistische zwar unendlich variantenreich, aber nicht beliebig ist. Er zentriert sich im Gegenteil in der Frühromantik wie in der Neomythologie des 20. Jahrhunderts je neu um das Dionysisch-Vitalistische mit seiner "Feier des Dynamismus". Die Vitalitätsromantik des dionysischen Irrationalismus ist die Trieb-Kraft der Mythos-Renaissance. Das von H. Blumenberg artikulierte "mythische Bedürfnis" ist im Falle des antiken Menschen anders qualifiziert als beim nihilistisch gestimmten Zeitgenossen des Postrationalismus. Letzterer greift bewußt am Christentum vorbei zur Alternative der romantisch-mythologischen Erfüllung seines Grundbedürfnisses nach angstfreiem Genuß seiner zuerst gott-los, dann vernunftlos veranschlagten Freiheit. Die "Neue Mythologie" ist insofern irrationaler und zielgerichteter Nihilismus als sie in der Bifunktion steht, dem Subjekt einerseits zur (lebens-)genußvollen Vitalitätssteigerung zu verhelfen und diese andererseits über eine mythologische Einbindung zu legitimieren. Auf diese Weise wird der neureligiöse Legitimationsrahmen für das vitalistische Prinzip des angstfreien (Lebens-)Genußes erstellt. Der Subjektivitäts-, Macht- und Genußanspruch des spätneuzeitlichen Menschen bedient sich des Mythopoetischen alternativ und abgewand vom Religiösen.

Die mythopoetische Alternative zum Christentum konturiert sich also auf dem Hintergrund von Aufklärung und Nihilismus. Wie sehr sie utopische Naherwartung ist, das verdeutlicht sich besonders in ihrer sinnlichen Poetik vom "kommenden Gott" (Dionysos-Christus). Die utopische Naherwartung kennzeichnet ebenfalls die Neomythologie (des frühen 20. Jahrhunderts) und ihre "Umwertung der deutschen Romantik"[192] zur völkisch-naturmystischen Neoreligion und Rassenmythologie bzw. zur anarchisch-sozialistischen (Klassen-)Mythologie vom zukünftigen Menschen. So optiert E. Bloch in seiner Analyse des Mythischen dafür, daß der romantische Mythos je neu tradierbar bleibt "durch utopisches Licht begriffener Zukünftigkeit."[193] Die remythisierende, mystizistisch getönte Neoreligion im ersten Drittel unseres Jahrhunderts läßt sich ebenso wie die Mythen-Renaissance der Romantik mit Thomas Carlyle als "naturaler Supernaturalismus"[194] symbolisieren. Dessen vitalistisches Prinzip der Lebenssteigerung bleibt - aus theologischer Sicht - im Immanentismus verhaftet. Die Grundkategorie des "natürlichen Supernaturalismus" ist das "Ereignis". Im ästhetizistisch bzw. mythopoetisch stilisierten "Ereignis" ereignet sich die "nicht-transzendente Transzendenz" des Gegebenen und Alltäglichen. Die Erlebnis-Mystik des schöpferischen Subjekts mit ihrer uroborisch-dionysischen Ekstatik kennzeichnet die gesamte Neomythologie-Bewegung. Im geistigen und politischen Schöpfertum solch extrem unterschiedlicher Parteigänger wie E. Bloch, G. Landauer und L. Klages wurde sie uns exemplarisch und plastisch darstellbar (vgl. 1.5.2.).

Mit P. Koslowskis Feststellungen zur "Signatur der Moderne" gelangen unsere Überlegungen zu einer komprimierten Bestätigung:

> "Die Signatur der Moderne ist ebenso die Vernunftvergottung wie die Verzweiflung an der Vernunft. Der Irrationalismus und die Flucht in gewalttätige Mythen folgen der Vernunftdiktatur als ihr Schatten und feindlicher Bruder. Nietzsches Kritik der abendländischen Vernunftgeschichte und seine Beschwörung des Dionysischen gehören ebenso zur Moderne wie der Mythos des 20. Jahrhunderts und das Neuheidentum der germanischen Emanzipation vom Judaeo-Christianismus der deutschen jüngeren Vergangenheit."[195]

Am Ende unserer zusammenfassenden Verhältnisbestimmung von Aufklärung, Nihilismus und Neomythologie wird eine Antwort auf die Frage umso drängender, in welchem Verhältnis die Postmoderne-Bewegung zur genannten Trias steht. Wäre die Postmoderne als aktuelles Sonderphänomen dem Mechanismus einer "Dialektik der Aufklärung" gänzlich unterstellbar, so trüge sie ihren Namen nur vorgetäuschtermaßen. Wolfgang Welsch als modernem Vertreter der Frankfurter Schule wäre sodann darin beizupflichten, daß es sich bei der "Postmoderne" um eine Attribuierung handle, um eine "postmoderne Moderne" der Nachneuzeit.

2. Das Verhältnis der Postmoderne zu Aufklärung, Nihilismus und Neomythologie

2.1. Die Kontroverse um den Beginn der Postmoderne

2.1.1. Der Anfang der Postmoderne als Ende der Totalitätsaspirationen neuzeitlicher Moderne

Der bisherige Gesamtaufbau unserer Untersuchung läßt sich folgendermaßen gliedern: Als Einstieg wandten wir uns zuerst und allgemein dem Phänomen der Postmodernebewegung zu. Die postmoderne Orientierung ist zunächst einmal dadurch unbestritten gekennzeichnet, daß sie das "Projekt der Moderne" radikal in Frage stellt. Diese radikalisierte Aufklärungs-, Kultur- und Wissenschaftskritik klingt bereits bei Max Weber ähnlich an wie bei Adorno/Horkheimer. In ihrem Entwurf einer "Dialektik der Aufklärung" (1944) entmythologisieren sie den (technischen) Fortschrittsglauben auf die Entfremdungsgefahr hin, die er für Kultur und Mensch birgt. Die Kritik der Postmodernen am "Projekt der Moderne" zielt dekonstruktiv auf die perennierende Aufklärung mit ihren totalistischen Optionen. Die Kontroverse "Moderne contra Postmoderne" ist ein Streit

> "um die Engführung des Projekts der Menschheit zu einem historischen Programm der Moderne, zu einem Projekt totalisierender Vernunft"[1],

die schließlich den Irrationalismus als gefahrvolle Gegenseite provoziert. Die Habermassche Diskurstheorie bleibt den Postmodernen zu sehr in der Logik des Allgemeinen. Die Theorie des "kommunikativen Handelns" könne nicht die gültige Schranke gegen eine totalisierende und totalitäre Vernunftherrschaft abgeben, so argumentieren sie. Mit namhaften französischen Vertretern wie J.-F. Lyotard, J. Derrida, M. Foucault, J. Lacan, G. Deleuze u.a. fordert die Postmodernebewegung schon bald eine Entmachtung des "Terrors der Vernunft" zu Gunsten des Schöpferischen, des Besonderen, Individuellen und "Anderen". Die Postmoderne-Bewegung verweigert sich einer womöglich totalen Prägung der Welt durch die diskursive bzw. technische Vernunft. Unsere einführende, phänomenologisch ausgerichtete Darstellung des Anliegens der "Postmodernen" zentrierte sich bald auf deren Rationalismus- und Herrschaftskritik (vgl. 1.1.).

Obwohl die postmoderne Orientierung durch ihre Verweigerung gegenüber dem Unifizierenden/Monopolisierenden von Begriff und Theorie charakterisierbar ist, zielt ihre eigentliche Intention (über die Akzentuierung des Pluralen) auf die sinnerweckende Begegnung mit dem Einzelphänomen, dem Undefinierten und dem Ungreifbaren des Zwischenraumes, der "différence". Die Schlüsselbegriffe der "Postmodernen", wie Dekonstruktion, Dezentrierung, Dekodierung, "différance" und "Ereignis", verweisen auf die Suche nach einer neuen, nicht "abblendenden" Begegnung mit der "Fülle"[2] der Wirklichkeit.

In einem nächsten Schritt zur Ortung der Postmoderne veranschlagten wir, Lyotard folgend, den "Tod der Metaphysik" als die "condition postmoderne". (vgl. 1.2.) Diesen ideen- und zeitgeschichtlichen Bedingungshintergrund für die Entstehung der postmodernen Orientierung galt es weiter zu erforschen. Als Ergebnis zeigte sich die triadische Struktur: Aufklärung-Nihilismus-Neue Mythologie. Fraglich wird infolge dieses Resultates, in wieweit es der Postmoderne gelingt, sich identitätsgewinnend von Nihilismus und Neomythologie abzuheben, so daß sie eine mit Eigenidentität durchwirkte Bewegung formieren kann. Diese sollte sich weder in einer anarchischen Protesthaltung gegen die Aufklärung erschöpfen noch durch den nihilistischen Bedingungshintergrund usurpieren lassen. In der Verhältnisbestimmung der Postmoderne zur Trias von Aufklärung, Nihilismus und Neomythologie geschieht die wesentliche Vorentscheidung für eine fundamentaltheologische Qualifizierung der philosophischen Postmoderne. Unter dieser Rücksichtnahme ist die Frage nach dem Anfang der Postmoderne durchaus problematisch.

Der Beginn der Postmoderne wird in der derzeitigen Literatur ähnlich kontrovers verhandelt wie die "Postmoderne" selbst. Dieses plurale Feld strittiger Meinungen zu betreten ist nur bedingt der Sache des Themas förderlich. Deshalb sei hier ein Querschnitt gewagt, der das Wesentliche der Kontroverse darstellen soll: In unserer einleitenden Sichtung des Postmodernephänomens stellten wir eine gewisse Nähe zwischen Postmoderne und Neostrukturalismus fest (vgl. 1.2.1). Wir behaupteten, daß der Bruch zwischen Strukturalismus und Neostrukturalismus signifikant und mikroskopiert den Bruch zwischen Rationalismus und Postmoderne widerspiegle. Die Kluft zwischen dem klassischen Strukturalismus und dem kritisch daran anschließenden Neostrukturalismus erwies sich als markierbar durch die Begriffe "Beherrschbarkeit" und "System" (vgl. 1.2.1.). Mit diesen beiden Begrifflichkeiten läßt sich vorläufig auch das Mißverhältnis zwischen Moderne und Postmoderne umreißen. Somit ließ sich die These einführen, daß das nachmetaphysische Denken der Postmoderne zugleich ein poststrukturalistisches Bestreben ist. Diese Behauptung gestattet es allerdings nicht, den Beginn der Postmoderne mit dem Aufkommen des (französischen) Neostrukturalismus koinzidieren zu lassen. Der Neostrukturalismus gehört zwar als signifikantes und aktuelles Moment der philosophischen Postmoderne-Bewegung an, diese ist aber durch den Neostrukturalismus nicht eindeutig bestimmbar. Diese Ausdifferenzierungen beinhalten eine Distanznahme zu M. Franks Position, die er in seinen Vorlesungen zur Frage "Was ist Neostrukturalismus?"[3] entfaltet. Die Postmoderne-Bewegung ist ihrer vielschichtigen Qualität nach mehr als bloßer Ausdruck einer revolutionär-anarchistischen Protesthaltung. Es haftet ihr zwar durchaus Anarchisches an; die Postmoderne-Bewegung operiert auch vielfach über den radikalisierten Protest, sie erschöpft sich allerdings nicht darin (vgl. 3.3.). Die Frage nach Beginn und Urheberschaft des Neostrukturalismus ist sicherlich weit genauer beantwortbar als die nach postmoderner Auktorenschaft. "Neostrukturalismus...", so M. Frank, "Ich fasse unter diesem Titel Theorie-Ansätze zusammen, die - einigermaßen gut datierbar im Vorfeld des Mai' 68 - das intellektuelle Frankreich so geprägt haben, daß man [...] als von den 'neueren Franzosen' hat sprechen können."[4] Dem Neostrukturalismus mag symbolisch mit M. Frank das "Geburtsjahr 1968"[5] eingetragen werden, nicht aber der Postmoderne. In der Erörterung des Anfangs der Postmoderne schwingt immer schon die Option für das Ganze, die Gesamteinschätzung des zuerst nur phänomenologisch Veranschlagten mit. Wer wie M. Frank vorzüglich auf die Illogismen und Irrationalitäten der philosophischen Postmoderne fokussiert, rückt ihren Beginn leichter in das revolutionär-anarchistische Denkmilieu als manche neuere Vertreter des Rationalismus (wie W. Welsch, A. Wellmer, W. Röd u.a.) dies beabsichtigen.

Wolfgang Welsch äußert sich ausführlich "Zur Geschichte des Terminus 'Postmoderne'" in seinen Standartwerken "Wege aus der Moderne"[6] und "Unsere postmoderne Moderne"[7]. Seine Theorie der Postmoderne als Theorie radikaler Pluralität zielt auf "transversale Vernunft" als adäquater Neorationalität für die "postmoderne Lebensform". Seinem Theorieansatz entsprechend befragt er die Postmoderne auf ihre Entstehung hin, indem er ihr Verhältnis zur Moderne folgendermaßen bestimmt: Nach W. Welsch wäre schon die Annahme verfehlt, "Postmodernes müßte von Modernem schlechthin unterschieden sein."[8] In der Bestimmung von Anfang und Eigenart der Postmoderne folgt er Lyotards Formulierung: "Die Postmoderne situiert sich weder nach der Moderne noch gegen sie. Sie war in ihr schon eingeschlossen, nur verborgen."[9]

Somit besage Postmoderne "nicht Novismus, sondern Pluralismus"[10], dessen Vorformen und Motive längst schon gegeben wären. Was in gedämpften Formen verborgen und in (esoterischen) Nebensträngen zerstreut war, erlangt Radikalität und Bestimmungskraft für den Alltag. "Was Einschluß war, wird Matrix."[11] So präzisiert Welsch die Entstehung und Prägekraft der Postmoderne. Neu an ihr sei, daß der in neuzeitlicher Moderne nur sektoriell verbindliche Pluralismus nunmehr dominant, obligat und kulturbestimmend werde. Die Radikalität postmoderner Pluralität kann - laut Welsch - "nicht mehr durch Gegenmotive aufgefangen oder überboten werden", so daß sie "konsequenterweise zur Grundverfassung werden muß."[12] Die Postmoderne steht somit in einer besonderen Affinität zur Moderne des 20. Jahrhunderts: Welsch folgend realisiert die Postmoderne in der Breite der Wirklichkeit, was in der Moderne zunächst nur gedämpft und spezialistisch erprobt wurde. Der einschneidende Pluralismus, den die Postmoderne in einer epochalen Absetzbewegung vertrete, wäre als Möglichkeit schon in der neuzeitlichen Moderne entdeckt gewesen, ohne allerdings kulturtragend geworden zu sein. Die Moderne des 20. Jahrunderts habe zwar Finitismus, Heterogenität und Pluralität zunehmend (an)erkannt, aber nur sporadisch und inkonsequent zu realisieren vermocht. Erst die Postmoderne, so argumentiert Welsch unter Verweis auf J. F. Lyotard und Ch. Jencks, verwirkliche exoterisch ein neues Sinnkonzept, welches "Die Entstehung einer alternativen Tradition"[13] erlaube. Das postmoderne Denken ist daher die "denkerische Entfaltung und Einlösung der harten und radikalen Moderne dieses Jahrhunderts"[14]. Die postmoderne Philosophie radikaler Pluralität stimme deshalb mit den "prägenden Innovationen dieses Jahrhunderts"[15] überein, worauf die besondere Affinität von Moderne und Postmoderne beruhe. Die Postmoderne negiere zwar unversöhnlich die veraltete szientifische Rationalität der Neuzeit mit der Mathesis unversalis und ihren Nachfolgeformen, sie verwirkliche aber konstruktiv radikale Pluralität, die in der Moderne nur in Sondersphären errungen wurde, bis in den Alltag hinein.

W. Welschs Differenzierung spätabendländischer Geistes- und Kulturgeschichte in Neuzeit (neuzeitliche Moderne) - Moderne des 20. Jahrhunderts - Postmoderne ist ein Brückenschlag zu A. Wellmers "Dialektik von Moderne und Postmoderne"[16]. Die Postmoderne ist beiden ebenso radikale Zusage und Einlösung der Moderne als auch Verneinung eines Modernismus szientifistischer Formation, die unschwer auf neuzeitliche Totalitätsaspirationen des Wissens hin demaskierbar sei.

> "Die moderne Philosophie hat sich [...] von Obsessionsresten ihres Neuzeit-Projekts befreit und ist dadurch postmodern geworden. Und diese postmoderne Philosophie ist eine konsequente Philosophie der Pluralität."[17]

Die formale Frage nach dem Anfang der Postmoderne beantworten Welsch und Wellmer unter Verweis auf den dialektisch geprägten Stellen-Wert der Postmoderne im Rahmen von Neuzeit/Modernismus und Moderne. Aus solcher Definition der Postmoderne als "Radikal-Moderne dieses Jahrhunderts"[18] in Absetzung von der klassischen Neuzeit mit ihrem "Geist der Ausschließlichkeit"[19] ergibt sich Welschs zeitliche Peilung des Beginns der Postmoderne. Das folgende, längere Zitat aus "Unsere Postmoderne Moderne" ist auch deshalb ausgewählt, weil es ziemlich kompakt die Position der jüngeren "Frankfurter Schule" umreißt. Hierbei ist daran zu erinnern, daß bereits Habermas die Postmoderne gerade nicht der Moderne des 20. Jahrhunderts kontrastiert, sondern dem "Projekt der Aufklärung"[20] opponiert.

> "Diese Moderne des 20. Jahrhunderts, auf die die Postmoderne sich zurückbezieht, bedeutete ihrerseits einen Bruch mit der Moderne im Sinne der Neuzeit. Und dieser Bruch erfolgte [...] im Bereich der szientifischen Rationalität. Durch ihn trennt sich [...] die Moderne

des 20. Jahrhunderts - die in der Postmoderne radikal und extensiv eingelöst wird - von der Neuzeit mitsamt ihrer neuzeitlichen Moderne. Und daher bedeutet meine Grundthese, daß die Postmoderne eigentlich die Radikalmoderne dieses Jahrhunderts sei, nicht, daß sie gar nicht nachmodern sei, sondern [...] daß sie nach jener Moderne ist, die wir [...] als 'Neuzeit' bezeichnen. Genau durch die Absetzung von ihr und ihren Folgeformen definiert sich die 'Postmoderne'.
Sie setzt sich von der Neuzeit [...] was ihren Leitinhalt angeht, eindeutig ab [...] vom Einheitszwang und Ausschließlichkeitspathos [...] von der ausschließlich technischen Grundorientierung."[21]

Daß die Postmoderne ihrer Eigenart und Entstehung nach eine Absage an die Totalitätsideologie der modernistischen Moderne sei, darin (noch) finden so kontroverse Denker wie die Repräsentanten der Frankfurter Schule (J. Habermas, W. Welsch, A. Wellmer) und der Spaemann-Schule (R. Spaemann, P. Koslowski) einen Minimalkonsens. Dasselbe gilt auf französischer Seite für so eigensinnige Charaktere wie J.-F. Lyotard, M. Foucault, G. Deleuze und J. Baudrillard. Sie alle affirmieren - wie auch J. Derrida, G. Vattimo u.v.a. - daß der Zusammenbruch der szientifischen bzw. systemphilosophischen Totalitätsintentionen des Wissens den Aufbruch und Beginn der Postmoderne markiere.

2.1.2. Die Postmoderne als Parameterwechsel vom (Selbst-)Erhaltungs- zum Entropieprinzip

In seinen "Prüfungen der Neuzeit"[22] gibt sich für P. Koslowski ein überraschend deutliches Datum für den Beginn der Postmoderne: das Jahr 1875. Im selben Kalenderjahr wird der zweite Hauptsatz der Thermodynamik aufgestellt. Er inskribiert in die Moderne die gesicherte Kenntnis, daß Wärme von selbst immer nur vom wärmeren zum kälteren Körper fließt und niemals umgekehrt; daß dynamische Strukturen dem weniger komplexen Zustand als dem wahrscheinlicheren zustreben. Das thermodynamisch formulierte Entropieprinzip löst das Erhaltungsprinzip der Neuzeit ab. Die direktive Bedeutung der Galileischen Erhaltungssätze für das mechanische Weltbild der Moderne ist unbestritten. Es begründet die Annahme von der Selbst- und Strukturerhaltung des Seienden ohne concursus divinus und liegt auch allen evolutionistischen Ansätzen der Kosmologie und Biologie zugrunde. Der erste Hauptsatz der Thermodynamik, der Energieerhaltungs-Satz, ist - laut Koslowski - als das zentrale Axiom der Neuzeit bewertbar.

A. Koyrés "Beitrag zur Diagnose der Moderne"[23] erbringt den Aufweis des mittelalterlich-neuzeitlichen Paradigmenwechsels "Von der geschlossenen Welt zum unendlichen Universum"[24]. Die Neuzeit beginnt aus naturwissenschaftlicher Perspektive mit dem Gedanken der Erhaltung der Bewegung und der Energie, des offenen und unendlichen Weltalls. Aus philosophisch-anthropologischer Sicht wird das neuzeitliche Lebensgefühl von der Idee der Selbsterhaltung des Subjekts bewegt. "Subjektivität und Selbsterhaltung"[25] koinzidieren in der modernen Gesamtansicht des Menschenmöglichen. Auf diesen Voraussetzungen der (Selbst-)Erhaltung basiert der Fortschrittsoptimismus der neuzeitlichen Moderne. Zu ihrer Bewußtseinslage gehört der säkularisierte, immanentistische Glaube, daß die Strukturen und Entfaltungsmöglichkeiten der "Welt" immer komplexer werden, weil sich die Energie und die Vorstufen der Komplexsteigerung erhalten würden. "Komplexsteigerung, nicht Komplexminderung oder Regression ist für die Neuzeit das Normale, weil eine bereits erreichte Stufe nach dem Erhaltungssatz in der Zeit dauert."[26]

Henri Bergson nennt den zweiten Hauptsatz der Thermodynamik das "metaphysischste" aller Naturgesetze. Nicolas Georgescu-Roegen bringt es in "Energy and Economic Myths"[27] (1972) in den aktuellen Kontext wirtschaftswissenschaftlicher Problemstellung ein. So wird das zweite Axiom der Thermodynamik zur Anfrage an "Die Grenzen des Wachstums"[28] (1972), zum Bezugspunkt für ein revolutionierendes, "natürliches" und ökonomisch-technisches Weltbild. Für P. Koslowski beginnt die Postmoderne mit dem krisenträchtigen Verlust der epochalen Fiktion von Selbsterhalt. Dieses Verlustereignis findet seinen chronologischen Fixierpunkt in der Jahreszahl 1875 und seinen symbolisch-axiomatischen Referenzpunkt im besagten zweiten Hauptsatz der Thermodynamik. Die (Selbst-)Erhaltungsmetapher mit ihrem extensiven Wachstums- und Fortschrittsdenken ist Symbol für die neuzeitliche Fiktion der Simulation von Gesamtwirklichkeit. Jener epochale Paradigmenwechsel "Von der geschlossenen Welt zum unendlichen Universum", den A. Koyré sachgemäß diagnostiziert und F.

Nietzsche dionysisch bald betrauert bald bejubelt hatte, erwies sich ebenfalls als vorläufig und ersetzbar.

Nietzsche bestritt das Progressions- und Novitätsdenken der aufgeklärten Moderne vermittels seiner "chemischen Analyse" der metaphysischen Fundamentalia. Sein Analyseergebnis des nihil certum favorisiert den perennierenden Irrtum als ontologisches Prinzip. Es appelliert an einen Allmachts-Subjektivismus, der sich zwanglos der dionysisch-vitalistischen Ressourcen bedienen kann - und er übersieht dabei deren Begrenztheit, Endlichkeit und Erschöpfbarkeit. Vom gesicherten Standort des zweiten Hauptsatzes der Thermodynamik aus verbleiben Nietzsche, Nihilismus und Vitalismus innerhalb der neuzeitlichen Grundannahmen der (Selbst-)-Erhaltung und des Subjektivismus. Zwar subversiert Nietzsche erfolgreich jedwede metaphysische Legitimationskraft der Erhaltungsmetapher, er geht dabei allerdings von einer phönixgleichen Selbsterhaltung des dionysisch-vitalistischen Lebensprinzips aus. Nietzsche und Neomythologie simulieren eine vitalanarchische Gesamtwirklichkeit, die vor dem Entropieprinzip in ekstatische Komplexsteigerung und subjektive Entfaltungsmöglichkeiten flieht. Im Sinne der "Dialektik der Aufklärung" verbleiben sie damit protestierend unter dem Prinzipat der neuzeitlichen Moderne. Der "Tod der Metaphysik", den Nietzsche sprachlich so exzellent zellebriert, ist zwar die notwendige, aber nicht die hinreichende "condition postmoderne".

2.1.3. Die Verabschiedung des Novismus als Einstand der Postmoderne

Anders als die Vertreter der Frankfurter und der Spaemann-Schule, dafür aber in gewisser Nähe zu M. Frank, datiert G. Vattimo den Beginn der (philosophischen) Postmoderne folgendermaßen:

> "Man kann mit Recht behaupten, daß die philosophische Postmoderne im Werk Nietzsches entsteht und zwar genau in dem Zwischenraum, der die Zweite Unzeitgemäße Betrachtung, 'Vom Nutzen und Nachteil der Historie für das Leben' (1874), von der Werkgruppe trennt, die wenige Jahre später durch 'Menschliches,

Allzumenschliches' (1878) eröffnet wird und 'Morgenröte' (1881) und 'Die fröhliche Wissenschaft' (1881) einschließt."[29]

G. Vattimos Votum für die Frühentstehung der philosophischen Postmoderne in Nietzsches zweiter Kritik der Moderne geht von der Grundannahme aus, daß Ursprung und Eigenart der Postmoderne-Bewegung im Rekurs auf Nietzsche und Heidegger über den Begriff der "Verwindung" erhebbar seien. Er definiert dem entsprechend:

> "Es ist nun genau der Unterschied zwischen 'Verwindung' und Überwindung, der uns helfen kann, das 'post' der Postmoderne philosophisch zu bestimmen."[30]

Vattimo erkennt in Nietzsche den Genius, der den novistischen Charakter der Moderne genügend erfaßt und analysiert habe. Nietzsche nämlich habe hinreichend scharf auf die Moderne als jene Epoche eingeblendet, in der die permanente Selbstüberbietung und das Novum zum Inbegriff des Seins avanciert seien. Die Verabschiedung dieses Novismus sei aber die Minimalbedingung des Übergangs zur Postmoderne. Vattimos Schlüsselfigur des Eintritts der Postmoderne ist deshalb Nietzsche, weil dieser den Austritt aus dem progressistisch-novistischen Modernedenken radikal vollzogen hätte. Laut Vattimo führte Nietzsches "chemische Analyse", indem sie den Wahrheitsbegriff auflöste, zugleich zur Auflösung der Moderne und ihres Novismus. Die Demaskerade der Wahrheitsidee auf die Wiederkehr des Gleichen hin lasse Figur und Projekt-Pathos des Novismus zusammenbrechen. An die Stelle der modernen Eskalation trete somit eine postmoderne Haltung. Diese wolle das Vergangene, d.h. den Irrtum der Moderne, nicht einfach überwinden, sondern ihn sich verwandelt aneignen.

Unter dem Aspekt der integrativen Verwandlung rekurriert Vattimo auf Heideggers Gedanken der "Verwindung". Die Entstehung der Postmoderne, durch welche die "Krankheit der Vergangenheit"[31] sich zugleich ablösen soll, folgt also einem zweistufigen Modell: Auf Demaskierung und Zerstörung soll "Verwindung" heilsam folgen. Für die inhaltliche Durchsetzung dieses Heideggerschen Begriffs rezipiert Vattimo Nietzsche (unter Abblendung der Lehre vom Übermenschen) als "Verwinder" der Metaphysik, wobei ihm der Nihilismus gerade nicht als Umkehr-, sondern als

Verwindungsform der Metaphysik gilt. Ebenso übergeht Vattimo denjenigen Heidegger, der stets und ausdrücklich auf ein ganz anderes Denken gesetzt hat, was aber laut Vattimo nur zu "Mystizismen" geführt habe. Zum Zweck einer Nietzsche-Heidegger-Konkordanz begünstigt er einen diversitätsoffenen, "nihilistischen" Heidegger, der erst in seiner hermeneutischen Nachfolge zu sich selbst kommt. Als Ergebnis einer eklektischen Rezeption konturiert Vattimo eine Postmoderne der "Verwindung". Deren "Chance eines neuen - eines schwachen neuen - Anfangs" veranschlagt Vattimo darin, daß sie verschiedene Ansätze aufnehmen soll. Die postmoderne Haltung "wendet sich den Geistformen der Vergangenheit zu, aber weder um sie zu restaurieren noch um mittels ihrer etwas anderes vorzubereiten, sondern um sich durch ihre (auch ästhetische) Wiederaufnahme zugleich von ihnen zu befreien."[32] Diese avantgardistische Postmoderne[33] "ist des weiteren der gegenwärtigen, technologisch-wissenschaftlichen Welt zugewandt und will Möglichkeiten [...] entdecken [...], die nicht mehr den Auflagen der Metaphysik folgen und deren Problemen unterliegen."[34]

Für die Entstehung der Postmoderne unterstreicht Vattimo (beispielsweise in "Le future passé"[35]) die von der Avantgarde beförderte Heterogenität. Damit bestätigt er die Grundaussage seines Werkes "La fine della modernità", wonach die Postmoderne die Moderne nicht "überwindend" abstößt, sondern "verwindend" aufnimmt. Schließlich reduziert sich "Verwindung" auf ein tolerantes Zulassen einer Multiplizität von Perspektiven und Heterogenität kultureller Universen, die nicht (wieder) dem idealen Diktat der Versöhnung unterstellt werden sollen. Spätestens hier wird es zur Gewißheit, wie sehr Vattimos Philosophie der (anarchischen) Postmoderne auf der "Philosophie des Vormittags" (F. Nietzsche) basiert ohne sie "avantgardistisch" zu verlassen.

Bei seiner Spekulation über den exakten Beginn der (philosophischen) Postmoderne unterstellt Vattimo, Nietzsche hätte mit seiner Demaskierung der metaphysischen Moderne radikal ernst gemacht; er hätte den Komplexitätssteigerungs- und Novitätscharakter der Moderne wirklich hintergangen und annulliert. Nietzsches Homelien zum "Übermenschen" und die dionysisch-nihilistisch zentrierten Neomythologie-Bewegungen beweisen das Gegenteil: Die Meisterrede von der Wiederkehr des Gleichen gekoppelt mit vitalistischen Präpotenzregungen dionysischer Tagtraumart schafft weder eine "Überwindung" noch eine "Verwindung" der novistischen Moderne. Sie sind vielmehr und im Sinne einer "Dialektik der Aufklärung" deren erneute, nihilistisch transmutierte Festschreibung durch das vitalistische Lebenssteigerungsprinzip. Sie sind exzessiv gelebte Moderne, unter der Maxime genußreicher Selbsterhaltung durch ekstatische Subjektivität.

Von Vattimo apriorisch vorausgesetzt ist die positive, lebenspendende Kraftpotentialität der pluralistischen Heterogenität. Wenn allerdings alles gleichermaßen erlaubt ist, dann kann auf solcher Vorgabe von Vattimo nur eine sehr eigenwillige Deutung der "ontologischen Differenz" (nach Heidegger) gewonnen werden. "Daß das Sein nicht das Seiende ist" interpretiert Vattimo ganz im Sinn der "Philosophie des Vormittags" dann so: "[...] es ist im Gegenteil gerade das, was wird, entsteht und vergeht."[36] "Ein so gedachtes Sein befreit uns [...] von allen 'Ganzheiten', die die traditionelle Metaphysik sich erträumte und die allen autoritären Herrschaftssystemen stehts als Maske und Legitimation gedient haben."[37] Seine eigene Gegenkonzeption bezeichnet Vattimo als eine "Ontologie des Verfalls", was freilich nicht im Sinne von Pessimismus oder Dekadenz zu verstehen sei.[38]

2.1.4. Die Erschöpfung der "utopischen Energien" als Entstehung einer hypertelen Postmoderne

Die oben von Vattimo selbst ausgesprochene Warnung vor philosophischem Pessimismus ist schon insofern angebracht, als eine weniger optimistische Lesart postmoderner "Ontologie" durchaus naheliegt. Sie wird vorzüglich von den Vertretern des "Posthistoire" angewandt. Ihr pessimistisches Verhältnis zur neuzeitlichen Moderne läßt sie den Beginn der Postmoderne apokalyptisch als "Nach-Geschichte" veranschlagen. Die Hauptcharakteristika und die "Endzeitprophetie" dieser extrem selbstkritischen Postmoderne-Bewegung werden in einem der nächsten Paragraphen ihre Darstellung finden (vgl. 2.4.). Hier sei vorläufig darauf verwiesen, wie sehr der Posthistorismus im Beginn der Postmoderne den Anfang des definitiven Endes einer lebenswerten Kulturstufe erblickt. In "Der Tod der Moderne"[39] überzeichnet Jean Baudrillard die Ankunft der Postmoderne als Aufkommen eines trostlosen Bewußtseins der "Hypertelie" nach der Implosion allen Sinns:

> "Ich weiß nicht, wie möglicherweise das System umgestürzt werden könnte. Ich meine, daß alles schon passiert ist. Die Zukunft ist schon angekommen, alles ist schon angekommen, alles ist schon da. Es lohnt sich nicht zu träumen oder irgendeine Utopie der Umwälzung oder der Revolution zu nähren. Es ist schon alles umgewälzt. Ich meine, alles hat schon seinen Ort verloren. Alles hat Sinn und Ordnung verloren. Es ist keine Übertreibung, wenn wir sagen, alles sei schon eingetreten."[40]

Die "Postfestum"-Stimmungslage[41] der Posthistoristen (wie J. Baudrillard, P. Sloterdijk, Bergfleth u.v.a.) läßt den Beginn der Postmoderne mit dem "Tod der Moderne" und der "Agonie des Realen" koinzidieren. "Postmoderne" wird hierbei zu einem entsubstantialisierten Begriff, zu einem Shifter, der auf eine Zeit "nach" der bereits eingetretenen Katastrophe verweist. "Die fatalen Strategien" ("Les stratégies fatales"[42]) der modernen Lebensbewältigungspraxis zwingen implosiv und katastrophisch die Post-Moderne herbei. Diese bezeichnet einen maßlosen Zeitraum trostloser Tautologie und einen entmenschlichten Lebensraum universeller Simulation.[43] Für J. Baudrillard wie für viele Posthistoristen bewirkt die fatale "Dialektik der Moderne" ihren agoniehaften Dauerendzustand in der "hypertelen Postmoderne". Was der Moderne noch Wagnis und Wachstum, sei in der Post-Moderne zur "Wucherung"[44] pervertiert. Aus posthistoristischer Sicht ist die moderne Weltkultur aus den Zeiten der Bestimmtheit, da es noch Projekte und Strategien, revolutionäre Anfänge und tragische Enden gab, in die postmoderne Phase der Hypertelie umgeschlagen:

> "Wenn alle Gegensätze scheinbar sind und alle Handlungen infolgedessen den Gesamtzustand nicht verändern, sondern nur bestätigen und potenzieren können, so ist dies gleichbedeutend damit, daß alles schon geschehen ist (ohne daß etwas Besonderes geschehen wäre): wir befinden uns in der Hypertelie."[45]

Sobald die Trivialität der realisierten Utopien allgemein bewußt geworden sei, habe das "Jenseits" der Moderne, nämlich eine dantesk anmutende Postmoderne, ihre Erweckung erfahren:

"Wir befinden uns wahrhaftig in einem Jenseits [...], alles ist erreicht, der Himmel der Utopie ist auf die Erde herabgekommen, und was sich einst als strahlende Perspektive abzeichnete, stellt sich nunmehr als Katastrophe im Zeitlupentempo dar. Wir spüren bereits den fatalen Beigeschmack der materiellen Paradiese. Und die Transparenz, die im Zeitalter der Entfremdung ein Ausdruck der idealen Ordnung war, erfüllt sich heute in Form eines homogenen und terroristischen Raumes."[46]

Daß das einstmals zukunftsweisende, mit "utopischer Energie" geladene "Projekt der Moderne" in einer hypertelen Post-Moderne verenden sollte, ist das kontradiktorische Gegenteil dessen, was J. Habermas der Spätneuzeit prognostiziert. 1984 hat er in seiner denkwürdigen Rede über "Die Krise des Wohlfahrtsstaates und die Erschöpfung utopischer Energien"[47] den zum Postmoderne-Spektrum gehörenden Topos vom Ende der Utopien einerseits traditionalisiert, andererseits entschärft. Traditionalisiert hat er ihn, indem er ihn als Rückkehr (Regression) zum prämodernen, religiös-eschatologischen Heilsverständnis abqualifizierte. Entschärft hat Habermas den Topos, indem er argumentierte, daß sich nicht die utopischen Energien schlechthin zurückzögen, sondern nur die arbeitsgesellschaftliche Utopie (insbesondere in ihrer "sozialstaatsprogrammatischen" Ausprägung) an ihr Ende gekommen sei. Hingegen gäbe es auch heute noch sehr wohl eine zukunftsweisende Utopie, eine "auf die formalen Aspekte einer unversehrten Intersubjektivität" bezogene bzw. - wie Habermas selbst sagt - darauf "zusammengeschrumpfte Utopie"[48].

In dieser (schrumpfutopischen) Perspektive hält Habermas die "These vom Anbruch der Postmoderne für unbegründet"[49]. Als Ersatzausdruck für "Post-moderne" lanciert er die Formel von der "Neuen Unübersichtlichkeit". Sie soll die diffuse Situation nach dem Niedergang der Sozialstaatsprogrammatik charakterisieren, doch ebenso an den Grundsatz erinnern, daß Unübersichtlichkeit "auch eine Funktion der Handlungsbereitschaft" sei, "die sich eine Gesellschaft zutraut"[50]. Der Positionsvergleich Habermas-Posthistoire ergibt hinsichtlich des angefragten Beginns der Postmoderne einen Chiasmus der Gegensätze: Die Posthistoristen verneinen über das Postulat der nachgeschichtlichen Postmoderne den Sinn- und Fortbestand der Moderne, während Habermas spiegelverkehrt über den gesicherten Weiterbestand der Moderne die Inexistenz der Postmoderne behauptet.

2.1.5. Zusammenfassender Positionsvergleich

Die Frage nach dem Beginn der Postmoderne verweist auf ein entgrenztes, plurales Feld von Thesen und Titeln, von Meinungen und Temperatmenten. Hier strikte Aus- und Eingrenzungen zu versuchen, bliebe der Sache immer unangemessen und wäre nicht frei von Formalismus. Eine geduldige Untersuchung des oszillierenden Postmoderne-Spektrums eröffnet allerdings die Möglichkeit, Grundpositionen in der Einstellung zur Postmoderne zu erheben.

Bestimmte Autoren und philosophische Schulen erweisen sich als argumentative Platzhalter bestimmter Grundoptionen im geistigen Ringen um die Signatur der Postmoderne. Ein vergleichender Überblick hinsichtlich solch signifikanter Standorte vermittelt eine gewisse, erste Wahrnehmung der literarischen und argumentativen Bewegungsrichtungen im Zeit-Raum der Postmoderne. Die Leitfrage nach dem Beginn der Postmoderne schließt deshalb nicht nur an unsere Untersuchung der Entstehung einer postmodernen Orientierung an, sondern sie eröffnet einen Positionsvergleich. Dieser ist für die weitere Bearbeitung unseres Generalthemas unverzichtbar. Wenn es eine "postmoderne Verfassung"[51] wirklich - nicht nur herbeigeredetermaßen - geben sollte, dann ist sie sicherlich keine abgeschlossene und beschlossene, sondern in einem offenen Werdeprozess begriffen. Gerade darin liegt für die Theologie ein Kairos, die Chance zu Mitsprache und Mitbestimmung der Identitätskonturen postmodernen Zeitgeistes. Der Positionsvergleich kann die geistigen Grundströmungen der Postmoderne-Bewegung auf ihre Kompatibilität mit theologischen Ansätzen hin befragen (vgl. 5.2.) und ein neues Gestaltungsmoment in unsere Postmoderne-Diskussion einbringen.

Unsere Frage nach der Entstehung einer postmodernen Orientierung stieß auf die Trias von Aufklärung-Nihilismus und Neomythologie. Eine Abklärung der Haupt- und Nebenargumentationsstränge zur derzeitigen Post-

moderne-Diskussion der Gegenwart wird erweisen, welche innovativen Momente für die Postmoderne notwendig sind, um den Bannkreis der "Dialektik der Aufklärung" zu transzendieren. Mit der Frage nach dem Beginn der Postmoderne setzten wir einen weiteren Schritt zur vergleichenden Positionsabklärung. Ihr strukturiert zusammengefaßtes Ergebnis lautet: Beginn, Existenz und Eigenart der Postmoderne sind heftig umstritten. J. Habermas mag im deutschen Sprachraum als prominenteste Symbolfigur für eine (soziologisch-)philosophische Position gelten, die der Postmoderne eine radikale, kompromißlose Absage erteilt. Wo Habermas sich mit der Postmoderne auf philosophischem Terrain auseinandersetzt, bemüht er sich um den Nachweis, daß die Vernunftkritik des Postmodernismus widersprüchlich bzw. aporiegeladen sei. Entweder werde sie jenseits argumentativer Rede betrieben, dann entgeht man zwar dem Selbstwiderspruch, sei aber "aus der Kommunikationsgemeinschaft der Vernünftigen" ausgeschieden, (wie beispielsweise die Posthistoristen). Oder man versuche eine argumentative "Liquidierung der Vernunft", gerate dann aber in das Dilemma, die Instanzen, kraft derer man argumentiert, selbst dementieren zu müssen und andere nicht glaubhaft aufweisen zu können.
M. Franks Kritikstrategie an den postmodernen Denkern ist der von Habermas ähnlich. Ihr Effekt ist es, daß die Postmoderne-Bewegung dadurch stark in Richtung Irrationalismus, (neostrukturaler) Anarchismus und Mythen-Renaissance gewichtet wird. Ihr Beginn wird dementsprechend zum illusionären Wunschdenken deklariert (Habermas) bzw. in den anarchisch-revolutionären Hochsommer des 68-er Jahres gelegt (M. Frank). Antipodisch zu dieser hermeneutischen Position diskursiver Vernunft stellen sich die Posthistoristen mit ihrem industriegesellschaftlichen Indifferenz-Konzept einer hypertelen Moderne. In einem radikalisierten, postmodernen "Gnostizismus" interpretieren sie die Agonie der Moderne als den Anfang und Dauerzustand der Postmoderne.

Der philosophische Diskurs der (und zur) Postmoderne verläuft zwischen den Extrempolarisierungen der neueren Frankfurter Schule und den Posthistoristen, deren jeweilige Extremhaltung J. Habermas und J. Baudrillard symbolkräftig verkörpern. Das Zwischenfeld ist gekennzeichnet von unterschiedlichsten Interpretations- und Erwartungshaltungen zur Postmoderne. Über die Anfrage nach dem Beginn der Postmoderne zeichneten sich folgende Grundpositionen ab: Wer - wie G. Vattimo - die Postmoderne mit Nietzsches (zweiter) Modernekritik (1874) beginnen läßt, hat sich mit solch genauer Datierung auf eine subjektivistisch-nihilistische Postmoderne-Position toleranter Kontingenzbewältigung festgelegt. Solch "postmodern" deklariertes Denken mag sich schwerlich der Vorhaltung entziehen, daß es im nihilistisch-anarchischen Sinne "dekonstruktivistisch" sei. Die hierzu gegensätzlichen Positionen sind ausweisbar durch die Repräsentanten der Spaemann-Schule (P. Koslowski) und der jüngeren Generation der Frankfurter Schule (W. Welsch, A.Wellmer). Sie alle stimmen darin überein, daß die Postmoderne ihrer Entstehung und Eigenart nach eine Absage an die modernistische Totalitätsideologie sei. Ihre Positionen spalten sich allerdings spätestens bei dem Versuch die Essentialität der Postmoderne nicht nur ex negativo, sondern affirmativ zu bestimmen.

Welsch und Wellmer definieren (unter Bezugnahme auf J. Lyotard) den Beginn der Postmoderne als einen gleitenden Freisetzungsprozess einer toleranten, "transversalen Vernunft" der Pluralitätsakzeptanz, die sich von der klassischen Neuzeit mit ihrem "Geist der Ausschließlichkeit" wohltuend absetze. Die "postmoderne Moderne" sei die emanzipierte Moderne (Nachneuzeit), die aus dem klassizistischen Joch der Neuzeit zu sich selbst finden werde. So etwa lautet also im Stenogramm die Position der jüngeren Frankfurter Schule. Im erklärten Gegensatz dazu datiert P. Koslowskis Plädoyer für einen "Essentialistischen Postmodernismus" den Beginn der Postmoderne exakt auf das Kalenderjahr 1875. Dies ist der Zeitpunkt der Abfassung des Entropieprinzips in Form des zweiten Hauptsatzes der Thermodynamik.
Die auffällige formale Übereinstimmung zwischen Vattimo und Koslowski in der Veranschlagung desselben "Geburtsjahres" der Postmoderne ist allerdings der formalisierte Ausgangspunkt einer oppositionellen und kontroversen Darstellung der Postmoderne. Der Beginn und die Chance der Postmoderne zum Neuaufbruch eröffnen sich laut Koslowski im Erkennen der Begrenztheit (Zerstörungsanfälligkeit) und Endlichkeit all dessen, was im modernen Denken noch als entgrenzt und unendlich vorgestellt wurde. Der mittelalterlich-neuzeitliche Paradigmenwechsel "Von der geschlossenen Welt zum unendlichen Universum"[52] sei durch das Entropieprinzip überholt und annulliert. Die Postmoderne wird - so Koslowskis Grundannahme - durch einen neuerlichen, epocheschaffenden Paradig-

menwechsel eingeleitet und bedingt. Eine mit Nietzsches Modernekritik (teil-)identifizierte Postmoderne ist für Koslowski in ihrer Grundlegung bereits veraltert, nostalgisch und ideologieverdächtig: Nietzsches Generalkritik an der Moderne transzendiere diese nicht, sondern bleibe in der modernen Spielart des Unendlichkeitsdenkens und des absoluten Subjektivismus verhaftet. Der Postmoderne käme daher ihre Gestaltungskraft weder aus einem "dogmatischen Pluralismus"[53] (Welsch, Wellmer) noch aus einer (neuerlichen) "Beschwörung des Dionysischen"[54] (Vattimo) oder Utopischen (Habermas) zu.

> "Die Erschöpfbarkeit der physikalischen Energien ist verantwortlich für die 'Erschöpfung der utopischen Energien', von der Jürgen Habermas spricht. Sie zeigt den Beginn einer postmodernen Epoche an."[55]

Ob die Postmoderne lediglich die Zeit einer kritischen Nachlese (Posthistoire) oder eines Neuaufbruchs sein wird, ist eine offene Frage. Die Signatur der Postmoderne ist noch in Prägung. Wir wissen, daß etwas Neues und womöglich ein neues Zeitalter beginnt, können aber nicht voraussagen, von welchem Rang, welcher Dauer und Bedeutung es sein wird. Eine weltgeschichtliche Epochenschwelle kann bei ihrem ersten Eintreten nur vorsichtig interpretativ wahrgenommen werden, weil der Reflexionsabstand noch fehlt. Nach unserem Dafürhalten kann die Postmoderne weder in ihrer Existenz geleugnet (J. Habermas) noch mit der Nachneuzeit (gemäß dem Schema: Neuzeit-Moderne) schlechthin gleichgesetzt werden (W. Welsch, A. Wellmer). Die Nachneuzeit hat bereits seit geraumer Zeit begonnen. Hierin darf P. Koslowski[56], Toynbee[57] und dem franz. Poststrukturalismus beigepflichtet werden. Letzterer definiert seinen Beginn und seine Identität ausdrücklich unter der Bedingung der "clôture" (Abschluß) der Neuzeit.[58] Die Nachneuzeit ist aber nicht unbedingt mit der Postmoderne identisch.

Es ist unser Bemühen aufzuweisen, daß die Entstehung der postmodernen Orientierung einer bestimmten spät- bzw. nachneuzeitlichen Bedingung unterliegt: der "Dialektik der Aufklärung". Somit sind die Intentionen und Programme der Postmoderne nicht die Beschreibung einer bereits verwirklichten Nachneuzeit, sondern der Disput um die geistige Gestaltung der

Gegenwart. In wieweit die Postmoderne "dogmatisch pluralistisch", mythopoetisch oder christlich signiert sein wird, ist derzeit nicht entscheidbar. Vorsichtig abklärbar sind hingegen die Hauptbewegungen der gegenwärtigen "Postmoderne"-Strömungen.

2.2. Das nachneuzeitliche Finitätsbewußtsein als "condition postmoderne"

2.2.1. Die neuzeitlichen Metanarrativa der Autopoiese und der Mathesis universalis

Wie divergent und kontrovers die verschiedenen Postmoderne-Bewegungen sich auch zueinander formieren, sie alle stellen eine Absage an neuzeitliche bzw. modernistische Totalitätsideologie dar. Insbesonders deklarieren sie ihre Gegnerschaft zum "Identitätszwang" totalisierender Vernunftherrschaft. Der "Diskurs der Macht" und das "Diktat des Systems" sind die populären und bisweilen fiktiven Feindlager für eine postmoderne Transavantgard. Die Grundthese des "Postmodernen Wissens" (Lyotard) ist die These der Verabschiedung der Metanarrativa, insbesonders *der* Meta-Erzählung der Neuzeit: der Leibniz'schen Mathesis universalis und ihrer Nachfolgeformen (Hegel, Marx, Szientismus). Der philosophische Postmodernismus tritt allen neuzeitlichen Totalitätsaspirationen des Wissens vehement entgegen und fordert ein grundsätzliches Finitätsbewußtsein. Ob der Übergang von der Mathesis universalis zum Wissen um Finität auch zugleich ein Transgreß zur bedingungslosen "Wahrung und Praxis der Pluralität"[59] sein muß, genau darin pointiert sich die entscheidende Frage nach der Essenz der anbrechenden Postmoderne.

Bei Lyotard wird die Verbindung eines finitätsbewußten Postmodernismus mit der "Grundlagenkrise" des 20. Jahrhunderts ähnlich vollführt wie bei dem Fundamentaltheologen Paul Schütz. Dessen parusiale Theo-Logik[60] schließt an die Verabschiedung einer ungültig gewordenen Wissenschaftsparametrik der Neuzeit an. Beide Denker gehen von derselben "Grundlagenkrise" aus, die hier inhaltlich skizziert werden soll: Gemeint ist jene Krise der Naturwissenschaften, welche die Nachneuzeit einleitet. Auf diesem Krisenbewußtsein basieren beispielsweise P. Koslowskis "Prüfungen der Neuzeit", A. Koyrés "Beitrag zur Diagnose der Moderne" und A.M. Müllers wissenschaftskritische Anfrage an den "Menschen in der Krise seiner eigenen Zielsetzungen."[61] Diese angedeutete Literaturliste ließe sich nicht zuletzt wegen der Weitläufigkeit ihres "Gegenstandes" ad infinitum ergänzen. Eine knappe Übersicht über die zentralen Inaugurationsthemen besagter "Grundlagenkrise" ist dennoch möglich und zwar vermittels einer Zentrierung auf die operative Begriffstrias: "Ganzheit", "Transparenz" und "Unendlichkeit".

Der epochale Paradigmenwechsel vom Spätmittelalter zur Neuzeit ist typisierbar als Erkenntnissprung und "disclosure"[62] "Von der geschlossenen Welt zum unendlichen Universum".[63] Aus naturwissenschaftlicher Perspektive beginnt die Neuzeit mit dem Gedanken der *Erhaltung* der Bewegung und Energie, des offenen und unendlichen Weltalls. Die theologisch bis dahin inspirierten Ganzheitsmaximen fallen: Nominalismus, Empirismus und Subjektivismus bestimmen spätestens ab der Renaissance zunehmend das moderne Autonomiegefühl des "huomo singolare". Die galileische und kopernikanische Wende bringt zugleich eine Umkehr von mittelalterlicher Theozentrik zu neuzeitlicher Anthropozentrik. Auf der Voraussetzung der Galileischen Erhaltungssätze kann das mechanistische Welt- und Menschenbild der Neuzeit aufbauen. "Der Satz von der Erhaltung der Energie, der erste Hauptsatz der Thermodynamik, ist das zentrale Axiom der Neuzeit".[64] Die ehemals theologisch abgeltbare Bezugsfrage nach Identität und Ganzheit wird reduziert zur Anfrage nach Autonomie und Komplexsteigerung (Unendlichkeit) auf dem Hintergrund von mechanischer und rationaler (universeller) Transparenz.

Die neue Wissenschaft, die auf dem ersten Thermodynamischen Hauptsatz als dem zentralen Axiom der Neuzeit aufbaut, wird von ihrer Methodik her als Mathesis universalis verstanden. Der Anspruch auf Universalität kennzeichnet gleichermaßen neuzeitliche Philosphie wie (Natur-)Wissenschaft. Die Idee der Mathesis universalis ist das methodisch Neue an der Neuzeitwissenschaft, welches ihre Kohärenz und Selbstaffirmation ausmacht, nachdem sie sich von der Theologie abgelöst hatte. Nach Bacons und Galileis Vorarbeit ist die neuzeitliche Leitidee der Mathesis universalis bei Descartes schließlich zu ihrem radikalen Selbstbewußtsein gekommen und hat seither allen Wissensgebieten das entscheidende Theorem geliefert. Descartes Wissenschaftsidee erstrebt ihre Allgemeingültigkeit eben darin, daß sie von regionalen und fachspezifischen Besonderheiten unabhängig ist und für *alle* Wissensgebiete die Methode abgibt. Es wird auch nicht bei einer Anwendung der Mathesis universalis auf die Physik (Mechanik) bleiben, sondern zu ihrer Applikation auf die Politik (durch

Hobbes), auf die Ethik (durch Spinoza), auf die Ökonomie (durch Petty), auf das Recht (durch Pufendorf), auf die Botanik (durch Linné) usw. kommen. Daß "Zur Semantik geschichtlicher Zeiten"[65] die erfolgreiche Durchsetzung des Kollektivsingulars "Geschichte" zwischen 1760 und 1780 gehört, verdankt sich ebenfalls der Leitidee der Mathesis universalis. Mit dem "Pathos des radikalen Neuanfangs"[66], gestützt auf das (galileische) Erhaltungsprinzip und methodisch geleitet durch die universelle Mathesis, wirkt die Neuzeit vereinheitlichend, kolonisierend und totalisierend. Schon lange vor der spätneuzeitlichen Aufklärung tritt die Erkenntnismethodik wissenschaftlicher Verobjektivierung an die Stelle einer offenbarungsgläubigen Vernunft, welche die Transparenz der Gesamtwirklichkeit über das "Licht der göttlichen Vernunft" erkunden wollte.

Radikalität und Universalitätsfixation der Neuzeit sind von einem Pathos und Drang zur progressiven Strukturierung/Objektivierung und Transparenzsetzung getragen, die insofern "unendlich" sind, als sie weder innere noch äußere Grenzen kennen wollen. Diese entsubstantialisierende Geisteshaltung bricht sich - man denke nur an Macchiavellis Machtideologie - vornehmlich seit der Renaissance ihre Bahn. Sie übersteigert sich erstmals im 17. Jahrhundert zu dem radikalreformerischen Entschluß der Neuzeit-Denker ganz neu anzufangen. Der gravierende Unterschied zwischen Renaissance und kartesianisch-absolutistischer Neuzeit liegt wohl darin, daß es letzterer nicht mehr um "aggiornamento" und (mythopoetische) Wiederbelebung geht, sondern programmatisch radikal um Neuanfang.[67] So verfaßt Bacon sein "Novum organum", weil das aristotelische nicht mehr verbesserungswürdig sei, sondern nur noch ersetzbar.[68] In seinen "Meditationes de prima philosophia" erklärt Descartes, daß er von den ersten Grundlagen an *neu* beginnen müsse.[69] E. Husserl nennt Descartes deshalb den "urstiftenden Genius der gesamten neuzeitlichen Philosophie"[70] und verleiht ihm den Ehrentitel eines "Erzvater[s] der Neuzeit."[71] Die neuzeitliche Radikalität, die über die Matesis universalis nach universeller Daseinsbemächtigung und (zweiter) Schöpfung einer "neuen Welt" strebt, ist aber offensichtlich "technischen" Geistes.

Für Hegel fängt die "Philosophie der neuen Welt [...] mit Cartesius an"[72]. Diese "neue Welt", deren Ahnherr Descartes sein soll, beginnt aus Hegelscher Weltsicht noch mit dem Prinzip der Selbstgewißheit (des von sich ausgehenden Denkens) und führt zu Idealismus und Aufklärung. Aus der Gegenwartsperspektive läßt sich feststellen, daß mit der kartesianisch "neuen Welt" die exakte Wissenschaft begann: die Mathesis universalis, die systematische Naturbeherrschung, die wissenschaftlich-technische Zivilisation. Wie sich rückblickend aus Gründen geschichtlicher Erfahrung beweist, ist die Neuzeit diejenige Epoche, in der aus dem Geist der Mathesis universalis die *instrumentelle Vernunft* zur Herrschaft gelangte. Die Geschichte der Neuzeit ist der Zusammenhang dieser Herrschaft. Die Dynamik der Neuzeit wird durch das Prinzip der Unendlichkeit des Rationalisierungskonzepts iniziert und beschleunigt. Dies ermöglicht Fortschritt sowohl im quantitativen Sinn von Ausbreitung als auch im qualitativen Sinn von Modifikation und Komplexsteigerung.

Daß die Maxime der Mathesis universalis den "Zusammenhang der Neuzeit ausmacht"[73] und die Dynamik ihrer Progressionskonzepte stimuliert, hat die "Phänomenologische Schule" wie die "Kritische Theorie" schon vor Jahrzehnten aufgedeckt. E. Husserl vermag aufzuweisen, wie "Die Krisis der europäischen Wissenschaften"[74] mit der kartesianischen Idee religiert ist,

> "daß die unendliche Allheit des überhaupt Seienden in sich eine rationale Alleinheit sei, die korrelativ durch eine universale Wissenschaft, und zwar restlos, zu beherrschen sei."[75]

Die "Grundlagenkrise" der Gegenwarts-Wissenschaften ist gemäß Husserl die Folge dieses neuzeitlichen Wissenschaftskonzepts, das um den Preis der radikalen Deontologisierung gehalten wird. Mit dem im 17. Jahrhundert vollzogenen "Bruch des Wissens" um "Die Ordnung der Dinge"[76], also mit dem "shifting" von der traditionellen zur neuzeitlich-klassischen episteme, wandelt sich (nach M. Foucault, Th. S. Kuhn, Heidegger und Horkheimer) die ganze Typik des Wissens. Heidegger hat diesbezüglich zu verstehen gelehrt, wie die neuzeitliche Technik nicht eine bloße Nebenfolge dieses Wissensaufbruches ist, sondern innerlich derart mit ihm kontexturiert, daß Technik schon "das Wesen dieses Wissens" ist. Der Satz "Technik ist das Wesen dieses [neuzeitlichen] Wissens" faßt "Heideggers Analyse der neuzeitlichen Technik"[77] kompakt zusammen, findet sich aber in Horkheimers und Adornos "Dialektik der Aufklärung"[78].

Wer unter dem Faktendruck geschichtlicher Erfahrung und mit Hilfe kritischer Erkenntnisvorgabe die Texte der Frühneuzeit studiert, wird sie anders werten und wichtigen müssen als Hegel es noch durfte. Er wird nicht mehr - wie einstmals Hegel - auf das fundamentatum inconcussum des Cartesischen Ego cogito fokussieren, sondern hellhörig sein für das Aggressionspotential in Bacons "dissecare naturam", einem Ausdruck, den W. Dilthey als Bacons "tiefsten Begriff"[79] qualifiziert. Bacons "Novum organum" ist in vielfacher Hinsicht eine frühe Prognostik technifizierter Rationalität, die davon ausgeht, daß die Arbeit des Geistes "wie durch Maschinen zu bewerkstelligen sei"[80]. Solch depersonalisierende Leistungsmaxime konvergiert mit Descartes' aufgeklärter Neubewertung der Menschen als "maîtres et possesseurs de la nature"[81]. Diese Zitationsbeispiele, die die Aufbruchstimmung frühneuzeitlicher Wissenschaftstheorie charakterisieren, lassen sich unter dem "Begriff der Aufklärung" mit Horkheimer/ Adorno auf den dialektischen Nenner bringen:

> "Je mehr die Denkmaschinerie das Seiende sich unterwirft, um so blinder bescheidet sie sich bei dessen Reproduktion. Damit schlägt Aufklärung in die Mythologie zurück, der sie nie zu entrinnen wußte."[82]

2.2.2. Die nachneuzeitliche Grundlagenrevision der (Natur-)-Wissenschaften

2.2.2.1. Vom Kartesianischen Szientismus zur finitätsbewußten Postmoderne: ein Drei-Stufen-Modell

Die neuzeitliche Geisteshaltung des 16. und insbesondere des 17. Jahrhunderts[83] ist geprägt vom Bruch mit der traditionellen, ontologisch-theologisch inspirierten episteme. Der neue Grundtypus von Wissen(sform) basiert inhaltlich und methodisch auf zwei Hauptaxiomen: dem (Energie-)-Erhaltungsprinzip und der Mathesis universalis. Diese macht den "Zusammenhang der Neuzeit"[84] aus und liegt der Dynamik ihrer Transparenz- und Fortschrittskonzepte zugrunde. J.-F. Lyotard erkennt in der

Grundannahme der universellen Mathesis das große Meta-Narrativum der Neuzeit. Nach der nominalistisch-empiristischen Deontologisierung des Wissens findet die alte Option für Ganzheit ihr neues Grundgesetz im Wissenschaftsdogma der Mathesis universalis, dem System des integralen Wissens: Die "Technik ist das Wesen dieses Wissens"[85], das als instrumentelle, analytische Vernunft seine Herrschaft programmatisch antritt.

Dazu läßt sich mit G. Bachelard feststellen[86], daß auch die neuzeitliche Wissensentwicklung nach der Verabschiedung der traditionellen episteme nicht kontinuierlich verlief. Vielmehr ist sie durch oppositionelle Nebenströme und gewisse Einschnitte (coupures épistémologiques) gekennzeichnet. Doch diese unterschiedlich inspirierten Oppositionen und Gegen-Neuzeit-Bewegungen vermögen das Grundmuster der Neuzeit nicht zu sprengen. Sie dynamisieren, konkretisieren und verstärken es vielmehr. Vielfach reproduzieren sie ungewollt in neuer Variante die Charakteristika der Neuzeit. Zudem ist von einem Fermentcharakter dieser Oppositionsbewegungen insofern zu sprechen, als es durch ihre Rezeption zu Teilrevisionen oder Erweiterungen und so insgesamt zu einer Dynamisierung der ursprünglichen Neuzeitprogrammatik kommt. Das soeben Behauptete gilt beispielsweise für G. Vicos antikartesianische "Neue Wissenschaft" (1725) ebenso wie für J. Rousseaus "Discours sur les Sciences et les Arts"[87] (1775), für den leistungsdeterminierten Puritanismus wie für die geheime Fraternität der Freimaurer usw. Trotz gewisser Korrekturen und Windungen läuft die galileisch-kartesianisch begründete Neuzeit[88] als szientifische Epoche auf ihren idealistisch-atheistischen Aufklärungshöhepunkt im 18./19. Jahrhundert zu. Nach ihm zeigt sich eine baldige erste Brechung in das Romantisch-Neomythologische hinein, womit die "Dialektik der Aufklärung" zögerlich, aber bleibend ihren dionysischen Einstand gibt (vgl. 1.3. - 1.4.).

Geistesgeschichtlich entscheidend ist, daß die Gegenprogramme zu Cartesischer Neuzeit und Aufklärungsidealismus keine wirklich greifende Alternative jenseits von Protest und dialektischer Wiederkehr zu installieren vermochten. Das gilt für Baumgartens Ästhetikprogramm ("Aesthetica" 1750) ebenso wie für Rousseaus Kulturkritik[89] und erst recht für das romantische Remythologiesierungsprogramm, das bald in das Vitalistisch-Dionysische hinein dekadierte. Zum "Begriff der Aufklärung" präzisieren

Horkheimer/Adorno folgende zwei fundamentale Einsichten, die den kulturellen Entwicklungsgang von der Renaissance über die Cartesische Neuzeit zu Aufklärung und Neomythologie trefflich symbolisieren:

-"Das Erwachen des Subjekts wird erkauft durch die Anerkennung der Macht als des Prinzips aller Beziehungen. Gegenüber der Einheit solcher Vernunft sinkt die Scheidung von Gott und Mensch zu [...] Irrelevanz herab, [...] Die Gottesebenbildlichkeit des Menschen besteht in der Souveränität übers Dasein [...] im Kommando."[90]
-"Der Mythos geht in die Aufklärung über und die Natur in bloße Objektivität. Die Menschen bezahlen die Vermehrung ihrer Macht mit der Entfremdung von dem, worüber sie die Macht ausüben."[91]

Der Entwicklungsgang abendländischer Geistigkeit, Religiosität und Kultur von der Renaissance zu Aufklärung und Mythos-Renaissance bezeugt, wie das Aufklärungswerk in Remythisierung umzukippen droht. Es lassen sich mithin drei Stufen der neuzeitlichen Aufklärung erkennen:

1. Die kartesische Neuzeit (17. Jahrh.) betreibt, unter den Voraussetzungen des galileischen (Energie-)Erhaltungsprinzips und der Leibniz'schen Mathesis universalis, die Überführung der Natur (auch des Menschen und seiner "Geistnatur") in totale Transparenz und Objektivität.
2. Auf eine primär naturwissenschaftlich veranschlagte, kartesische Aufklärung folgt (im 18. Jahrh.) die idealistische Aufklärung mit ihrer "Geschichte des Fortschritts im Bewußtsein der Freiheit"[92]. Sie vollführt die faktisch bereits vorgegebene Enttheologisierung und feiert geschichtsphilosophisch den Abschluß der Herrschaft Gottes im "sich selbst transparenten Geist."[93]
3. Die romantische Remythisierung (im frühen 19. Jahrh.) ist die dritte und *katastrophische Entzweiungsstufe* der neuzeitlich-aufklärerischen Emanzipationsbewegung: Die (bisher latente) "Dialektik der Aufklärung" wird manifest in einer *Spaltung* zwischen Nachaufklärung (Posthegelianer, szientistischer Nihilismus usw.) und antirationalistischer Neomythologiebewegung.
   Diese Spaltung bestimmt seit dem 19. Jahrhundert bis in die Gegenwart nachhaltig das geistig-kulturelle Milieu.

Das hiermit angebotene Drei-Stufen-Modell neuzeitlicher Aufklärungsbewegung endet mit dem noch ungenauen Verweis auf eine anhaltende

Spaltung zwischen (Nach-)Aufklärung und antirationalistischen Bewegungen. Fraglich wird damit zweierlei:

1. Beinhaltet das Dilemma der Aufklärung auch eine Krise der sogenannten "objektiven" (Natur-)Wissenschaften, welche ja seit Galilei und Descartes als "Grundlage" der Aufklärung funktionierten und ihrerseits die philosophische Aufklärung zur Propagierung ihrer Wertvorstellungen einsetzten? Schärfer gefragt: Ist das Dilemma der Aufklärung auch eine "Grundlagenkrise" der (Natur-)Wissenschaft oder könnte es sein, daß (erst) die besagte "Grundlagenkrise" die irreversible Krise der (Spät-)Aufklärung bewirkt? - Wir plädieren für Letzteres und programmieren damit unsere Antwort auf die Folgefrage vor.

Diese zweite Frage stellt sich im Gesamtkontext unserer Themenbearbeitung folgendermaßen:

2. Worauf kann eine Postmoderne aufsetzen, die jenseits der "Dialektik der Aufklärung" mehr sein will als Rationalismuskritik bzw. Neomythologie und anderes zu werden erstrebt als transavantgardistischer Neorationalismus "transversaler Vernünftigkeit"?

   Ist es für ein derart ambitioniertes Postmoderne-Projekt angemessen, sich kompromißlos dekonstruktivistisch mit einer Radikaldemontage von "System" und "Herrschaft" zu befriedigen, statt mit den Mitteln der Vernunft auf die Objektivität der wissenschaftlichen "Grundlagenkrise" zu reflektieren?

Die Rhetorik dieser Nachfragen zeigt schon unsere Antwort an: Einer alternativen Postmoderne legt sich die Methode nahe, dekonstruktiv auf die "Grundlagenkrise" der (Natur-)Wissenschaft zu reflektieren, um über eben diese Radikalkritik an der Aufklärung die Offenheit für eine fundamentaltheologische Perspektuierung zu erfahren. Das Finitätsbewußtsein einer alternativen Postmoderne klärt sich zuerst "grundlagenkritisch", dann philosophisch-theologisch. Dazu bedarf es der Vernunft wie der Offenbarung. Die finitätsbewußte Postmoderne kann sich gerade darin zur neuzeitlichen Moderne alternativ verhalten, daß sie den Ausschließlichkeitsanspruch neuzeitlicher Universalitätsbildungen nicht nur negiert, sondern konstruktiv ersetzt durch eine neue Versöhnlichkeit. Diese müßte nicht mehr hegelianisch operieren, sondern dürfte gleichermaßen vernünftig und gläubig sein.

> "Der versöhnte Zustand annektierte nicht mit philosophischem Imperialismus das Fremde, sondern hätte sein Glück daran, daß es in der gewährten Nähe das Ferne und Verschiedene bleibt, jenseits des Heterogenen wie des Eigenen."[94]

Mit dieser Prospektive aus der "Negativen Dialektik" Adornos, die an K. Jaspers "philosophischen Glauben angesichts der Offenbarung" erinnert, läßt sich der Einstieg in eine Darstellung der wissenschaftlichen "Grundlagenkrise" des 20. Jahrhunderts überschrieben. Unsere Darstellung wird sich mit einem verdichteten Aufweis jener wissenschaftlichen Ergebnisse bescheiden, die revolutionierend die Nachneuzeit einleiteten und bestimmen. Sie setzt diese Ergebnisse als gesichert voraus, ohne in eine weitere naturwissenschaftliche Problemerörterung einzutreten. Fernziel der Darstellung ist es, wissenschaftskritisch das Terrain zu erkunden, auf dem das Versöhnungsprojekt einer alternativen christlichen Postmoderne aufbauen könnte. Zunächst aber soll diese zusammenfassende Darstellung einen möglichst objektiven Bezugshintergrund liefern für die Untersuchung der Hauptströmungen der Postmoderne: ihrer Eigenarten und Tendenzen.

Wie bereits die Literatur der Romantik und die Gegen-Neuzeit-Bewegungen insgesamt zeigen, hat philosophisches Denken teilweise schon seit längerem (und bisweilen im Verein mit der Theologie) gegen jene Totalitätsansprüche opponiert, die im Projekt der Mathesis universalis kodifiziert sind und der klassischen Wissenschaft zugehören. Diese Totalitätsaspirationen sind bis in die Gegenwart die bestimmenden Metapositionen für eine wissenschaftliche Naturbeherrschung, obwohl sie ursprünglich philosophischer Herkunft sind. Daher kann ihre vernünftige Verabschiedung für die gesamte Geisteswissenschaft nicht folgenlos bleiben. Wenn die Postmoderne-Bewegung dem Rechnung trägt, so beugt sie sich darin weder einem Fremddiktat noch propagiert sie damit einen anarchischen Nihilismus. Vielmehr kann sie die wissenschaftliche Grundsatzrevision um so bereitwilliger aufgreifen, als damit ihre eigenen Intentionen mit der Legitimation der "hard science" ausgestattet werden. Die Postmoderne kann sich über die Selbstkritik der (Natur-)Wissenschaft von den Obsessionen des kartesianischen Neuzeit-Projekts und den Meistererzählungen idealistischer Aufklärungsideologie entpflichten. W. Welsch unterscheidet einen "präzisen Postmodernismus" von einem "anonymen" und einem "diffusen Postmodernismus"[95]. Dieser Grobklassifizierung ist darin beizustimmen, daß die Postmoderne-Bewegung der Präzision eigener, nachneuzeitlicher Vernunft bedarf, um sich als Alternative jenseits der "Dialektik der Aufklärung" zu situieren und womöglich theologisch zu profilieren. Diese Präzision gibt sich ihre Beweiskraft nicht ohne Verständnis der wissenschaftlichen "Grundlagenkrise" vor. J. Lyotards Schriften sind dafür von besonderer Zugkraft. Damit zum Ergebnis-Inhalt der "Grundlagenkrise" selbst.

2.2.2.2. Die Annullierung der galileisch-kartesianischen Basismaximen von Wissenschaftlichkeit

Für die szientifischen Basisinnovationen des 20. Jahrhunderts ist insgesamt charakteristisch, daß Totalitätsansprüche gebrochen werden. Folglich verstärkt sich die explosionsartige Divergenz innerhalb der naturwissenschaftlichen Fragerichtungen, was wiederum neue Appelle an die Geisteswissenschaften bewirkt. Neuerlich fällt somit auch der Theologie verstärkt die Aufgabe zu, den "Verlust der Mitte"[96] durch Transzendenz- und Analogiemodelle auszutarieren. "Die Reinheit der modernen Naturwissenschaft"[97] mit ihrem Anspruch auf zwingende Allgemeingültigkeit ist ebenso an die Grenzen ihrer Gültigkeit gestoßen wie das Postulat ihrer "Einheit durch Mathematisierbarkeit" unhaltbar geworden ist. Für Leibniz mochte es noch wissenschaftshermeneutisch sein, zu behaupten "Dum Deus calculat, creat mundum", für die Gegenwarts-Wissenschaft aber sicherlich nicht mehr.

Zunehmend reklamiert die mathematische Statistik ihre Verfahrensberechtigung aus der vorausliegenden Erkenntnis, daß mathematische Gebilde vom menschlichen Geist als ideale Konfigurationen erfaßt werden, losgelöst von Erfahrung. Eine unendliche "Welt" von Ordnungsverhältnissen wird fingierbar und über je neue matrices standardisierbar. K. Jaspers Wissenschaftskritik ist hierin J. Baudrillards These von der "Agonie des Realen"[98] vergleichbar, wenn er erklärt:

> "In der realen Naturerkenntnis aber ist stets die Frage, welche Mathematik für welche Bereiche gültig ist [...] Und es gibt Mathematik, die noch keine reale Verwertung gefunden hat."[99]

K. Jaspers visierte damit schon vor ca. 30 Jahren eine Fiktionalisierung der Wissenschaften an, die derzeit vom "Posthistoire" besonders kritisiert wird. Das Reale - so J. Baudrillards These - existiere nicht mehr, weil es von seinen klassischen Kontrasten wie Beschreibung, Deutung und Abbildung nicht mehr unterscheidbar sei. In einer durch Informatik und Statistik verwalteten Wissenschafts-Wirklichkeit gäbe es kaum noch eine Unterscheidung zwischen Realität und Simulacrum. Beide würden einander affizieren und durchdringen und eine Situation "universeller Simulation"[100] konstellieren. Nun ist "*die* Voraussetzung der exakten Naturwissenschaften die Mathematisierbarkeit der Realität"[101], obwohl sie einerseits in ihrer Differenzbildung auf sinnentleerende Fiktionalisierung anfällig ist und andererseits eine durch Mathematisierbarkeit erkennbare Natur höchstens "ein begrenzter Ausschnitt des realen Naturseins"[102] ist. Diese Bedinglichkeit und Aporie der Mathesis universalis affiziert Naturwissenschaft und Aufklärung gleichermaßen. Sehr fraglich wird, ob "die Gesamtheit des zeitlich-räumlich-materiellen Geschehens grundsätzlich bis ins Letzte mathematisierbar [ist]? Oder ist eine Grenze?"[103] Dazu haben Horkheimer/Adorno Folgendes zu sagen:

> "Denn Aufklärung ist totalitär [...] Nicht analytische Methode, Rückgang auf Elemente, Zersetzung durch Reflexion ist ihre Unwahrheit, sondern daß für sie der Prozeß von vornherein entschieden ist. Wenn im mathematischen Verfahren das Unbekannte zum Unbekannten einer Gleichung wird, ist es damit zum Altbekannten gestempelt, noch ehe ein Wert eingesetzt ist. [...]
> In der vorwegnehmenden Identifikation der zu Ende gedachten mathematisierten Welt mit der Wahrheit meint Aufklärung vor der Rückkehr des Mythischen sicher zu sein."[104]

Die grundsätzliche Relativität der Naturwissenschaft, infolge von Fiktionalisierung und Simulation und durch vorauseilende Identifikation mit 'Wahrheit", wird von E. Husserl unter dem Aspekt der "Idealisierung" infiniter Endlichkeit kritisiert: Indem Denken und Mathematik in eins gesetzt werden, wird die Mathematik als absolute Instanz idealisiert.

> "Eine unendliche Welt, hier eine Welt von Idealitäten istkonzipiert als eine solche, deren Objekte nicht [...] wie zufällig unserer Erkenntnis zugänglich werden, sondern eine rationale, systematisch einheitliche Methode erreicht - im unendlichen Fortschreiten - schließlich jedes Objekt nach seinem vollen An-sich-sein [...] In der Galileischen Mathematisierung der Natur wird nun diese selbst unter der Leitung der neuen Mathematik idealisiert, sie wird [...] selbst zu einer mathematischen Mannigfaltigkeit."[105]

L. Wittgenstein deckt in seinen "Philosophische[n] Untersuchungen" mit erfahrungsgebundener Evidenz die Idealität der Mathesis universalis auf. Wovon er im Prolog zu seinen "Untersuchungen" Rechenschaft gibt, ist die Erfahrung mit Ganzheitsversuchen, die in signifikanter Weise allesamt scheitern. Was Wittgenstein plante war: ein Ganzes zu schaffen, indem "die Gedanken von einem Gegenstand zum anderen in einer natürlichen und lückenlosen Folge fortschreiten sollten".[106] Er machte dabei allerdings die Erfahrung, daß dies gegen die "natürliche Neigung" seiner Gedanken war, daß sie "erlahmten", sobald er versuchte, sie in *einer* Richtung weiterzuzwingen. Alsbald erkannte er, daß dieser subjektive Befund ein objektiver war, daß er "mit der Natur der Untersuchung selbst" zusammenhing, mit dem "Gedankengebiet" der Logik.

Wittgensteins Erfahrung mit der klassischen Forderung, das Denken zu denken, endet dort, wo jede Phänomenologie des Selbstbewußtseins schließlich kulminiert: in der gültigen Selbstbeschränkung, im Erlebnis der "schlechthinigen Abhängigkeit" von Bedinglichkeiten, die sich der nochmaligen Selbstkontrolle des Subjekts entziehen. Seine "Untersuchungen" konvergieren in gewisser Hinsicht mit denen von E. Husserl und bestätigen die Wissenschaftskritik der "Kritischen Theorie" darin, daß die "mathematische Verfahrungsweise [...] gleichsam zum Ritual des Gedankens" wurde[107]. Dieses "Ritual" soll eine "Erlahmung" des Gedankens verhindern bzw. überkompensieren, um den objektivierenden Fortschritt der Naturbeherrschung bruchlos und einheitlich zu vollführen. Dieser Imperativ ist Wissenschaftsidealismus. Die "Einheit" der exakten Wissenschaften durch Mathematisierbarkeit trifft nur eine ritualisierte Einheit in der Natur, nicht aber die Einheit *der* Natur selbst. In diese Formel läßt sich der Ergebnisstand moderner Wissenschaftskritik verdichten. Dieser unterscheidet sich insofern nicht wesentlich von I. Kants Vernunftkritik als er die Lehre vom Fortschritt des Denkens in das Unendliche mit dem Beharren auf seiner (praktischen) Unzulänglichkeit und bleibenden Begrenztheit vereint. Gemäß Kant ist kein Sein in der Welt,

> "das Wissenschaft nicht durchdringen könnte, aber was von Wissenschaft durchdrungen werden kann, ist nicht das Sein. Auf das Neue zielt nach Kant das philosphische Urteil ab, und doch erkennt es nichts Neues, da es stets bloß wiederholt, was Vernunft schon immer in den Gegenstand gelegt."[108]

Unsere Frage nach den allgemeinen Ergebnissen der wissenschaftlichen "Grundlagenkrise" (vgl. 2.2.2.1.) erhielt damit eine erste Antwort seitens kritischer Kultur- und Wissenschaftstheorie. Als wissenschaftsgeschichtliche Gegebenheit[109] bleibt allerdings bemerkenswert, wie wenig die externen Infragestellungen der szientifischen Rationalität zur Grundsatzrevision der wissenschaftlich-technischen Entwicklung beitragen konnten. W. Welsch meint sogar, die "externen Infragestellungen dieser Rationalität hatten entweder zu ihrer Potenzierung geführt oder nur die kurzfristige [...] Bildung von Trabantenkulturen bewirkt."[110] Selbst so unterschiedliche Denker wie K. Hübner, P. Feyerabend, Th. S. Kuhn, K. Jaspers und W. Heisenberg, kommen sinngemäß darin überein, daß erst eine interne und faktenbezogene Infragestellung der szientifischen Rationalität durch den Fortgang der Naturwissenschaft selbst zum Eingeständnis einer "Grundlagenkrise" und zur Grundsatzrevision führt.

Vornehmlich die "Entdeckungen über die diskrete Struktur der Materie", welche "untrennbar [sind] von den Entdeckungen anderer sogenannter Quantenphänomene", führte laut B. Russell dazu, daß "die Physik neue Tatsachen verdauen und sich neuen Problemen stellen [mußte]."[111] Russell spielt damit auf den gescheiterten Versuch an, die Einheit aller Naturgesetze durch eine Zusammenführung von Quantentheorie und Relativitätstheorie zu sichern. Diese beiden Theorien brachten die mathematische Naturwissenschaft, wie sie gegen Ende des 19. Jahrhunderts als gesichert galt, in eine erste "Grundlagenkrise". Zu deren Behebung wurde in der Atomphysik an einem neuen, integralen Gesamtbild durch Quanten- und Relativitätstheorie gearbeitet. K. Jaspers umreißt dieses Großprojekt folgendermaßen:

> "Was die Materie sei, schien nun endlich klar: nicht die mechanische Bewegung kleinster Teilchen, nicht ein an sich körperliches Material, sondern ein in mathematischen Formeln begreifbares und in komplementären Vorstellungen faßbares Geschehen. Man wußte sich auf dem Wege zur endgültigen Erkenntnis der Ordnung des materiellen Geschehens in der Einheit einer Weltformel, der alle Naturgesetze entspringen."[112]

Das Ideal einer "mathematischen Mannigfaltigkeit"[113], der kalkulierbaren Einheit der Natur also, schien kurzzeitig durch die moderne Physik der 30-er Jahre rettbar. Der Preis dafür mußte der Verzicht sein auf die alte atomistische Idee, daß es unhintergehbar "kleinste Teilchen" gäbe. Zur Bereinigung der ersten "Grundlagenkrise" bot sich ein szientifischer Strukturalismus an, der auf die Mathematisierbarkeit der "Struktur der Materie" bzw. der "Ordnung des materiellen Geschehens" setzte. Wenn sich auch die Atome nicht als die letzten Teilchen erwiesen, so sollte das Prädikat des Unhintergehbaren immerhin für deren "innere Struktur"[114] gelten, die sich durch das Zu- und Voneinander der Elementar"teilchen" aufbaut.

Dieser Paradigmenwechsel von der "mechanischen Bewegung kleinster Teilchen" zur dynamischen Ordnung "innerer Struktur" setzt die Unterscheidbarkeit zwischen "Teilchen" (Corpusculum), "Bewegung" und "Struktur" als gegeben voraus. Zu den revolutionären "neuen Tatsachen", welche die Physik (und die gesamte Naturwissenschaft) noch - wie B. Russell sagt - zu "verdauen" hat, gehört fraglos Heisenbergs Entdeckung der "Unschärferelation" (1927). Bereits die Begrifflichkeit der Quantentheorie zwingt dazu, neben dem abgegrenzten Objekt, mit dem es bisher die klassische Physik zu tun hatte, das Subjekt zu sehen und als Gestaltungsfaktor jedes wissenschaftlichen Experimentes mitzuveranschlagen. Die neue Differenz, welche die Quantentheorie zwischen die Natur und den sich zur Natur ins Verhältnis setzenden Menschen legt, ist bereits die Bezeichnung eines erneuerten naturwissenschaftlichen Wirklichkeitsbegriffes, der sich dem klassischen Griff nach Objektivation entzieht. Daß Objektivierung prinzipiell nur bedingt möglich ist und Mathematisierbarkeit notwendig vorläufig bleibt, das sind Grundeinsichten wissenschaftlicher Grundlagenrevision, die durch die "Unschärferelation" an Unumstößlichkeit gewinnen: Heisenbergs quantenphysikalische Forschung gelangte an ein confinium, in dem die Qualitätsdifferenz zwischen Corpusculum und Welle (also "Teilchen" und "Bewegung") zu sein aufhört. Elementarmaterieteilchen gehen in Wellen-Bewegung über und umgekehrt. Eine coincidentia oppositorum, die der szientifische Strukturalismus nicht vorgesehen hatte. A. Einstein verleitete sie bekanntlich zu seinem humorvollen Ausruf: "Und der Alte würfelt doch!" Er wollte damit andeuten, daß die Lehre des strukturalen Determinismus durch Heisenbergs Entdeckung aufgebrochen sei und die theologische Rede von der Unableitbarkeit des göttlichen Schöpfungswillens neu qualifizieren könne.

A. Einsteins "Spezielle Relativitätstheorie" (1905) hatte schon zu der Einsicht geführt, daß es keinen praktikablen Begriff des Ganzen gibt, weil kein Bezugssystem auszeichenbar ist, sondern nur Relationen eigenständiger und eigenzeitiger Systeme. Heisenbergs Unschärferelation beweist darüber hinaus, daß sogar im gleichen Bezugssystem definierte Größen nicht restlos genau bestimmbar sind. Vielmehr koinzidieren die definierten Bezugsgrößen ab einem bestimmten Meß- und Beobachtungspunkt zu einer neuen Qualität, was das Kollabieren des gesamten Bezugssystems zur Folge hat. An dieser Stelle ist unbedingt Gödels "Unvollständigkeitssatz" (1931) zu erwähnen, der auf seine Beweisart - mit der Widerlegung des Hilbert-Programms - zur Zerschlagung der Mathesis universalis beitrug. "Objektiv" feststellbar wird, daß es keinen verobjektivierenden, mathematisierenden Zugriff auf das Ganze der Natur gibt. Alle naturwissenschaftliche Erkenntnis ist limitativ und nur bedingt generalisierbar. Die prominenten wissenschaftlichen Theorien der jüngeren Vergangenheit haben diese Einsicht vertieft. Das gilt für B. Mandelbrots "Theorie der Fraktale" und R. Thoms "Katastrophentheorie", für J. Prigogines Theorie der "Bifurkationen" und der "dissipativen Strukturen"[115] sowie für H. Hakens "synergetische Chaosforschung."

Die Wissenschaftslehre komplexer Systeme kann nicht mehr - wie beispielsweise L. Ciompi es immer noch versucht[116] - auf dem Begriff der Autopoiese unkritisch aufbauen. Die autarke Selbstorganisation biologischer und sozialer Systeme, der Materie und des Universums, gehört ebenso in das Mythenreich eines holistischen Gnostizismus wie C.G. Jungs Spekulationen zur retaxierenden Selbstorganisation der menschlichen Psyche.[117] Zur Grundlagenrevision der Naturwissenschaft gehört irreversibel die Räumung zweier Positionen:

1. der kartesianischen Option für die Mathesis universalis als Grundvision von verobjektivierbarer Natureinheit.
2. der Galileischen Erhaltungssätze, d.h. der Axiome von der (Selbst-)Erhaltung der Energie und Bewegung, auf welcher sich die Annahme der Selbstorganisation und Strukturerhaltung des Seienden begründet.

Die Räumung der zweiten Position, also der Galileischen Erhaltungssätze, ist Folge eines epochalen Paradigmenwechsels "Vom Erhaltungs- zum Entropieprinzip"[118]. Er wird eingeleitet durch die Abfassung des zweiten Thermodynamischen Hauptsatzes (1875), der besagt, "daß die Strukturen dem wahrscheinlicheren, weniger komplexen Zustand zustreben und daß Wärme von selbst immer nur vom wärmeren zum kälteren Körper und niemals umgekehrt fließt."[119]

Der zweite Hauptsatz der Thermodynamik beinhaltet, daß komplexe Systeme endlich sind; daß ihre Dekadenz wahrscheinlicher ist als ihre Autopoiese und daß ihre Transformationen nicht apriori mit Komplexsteigerung identifizierbar sind. Dieser Satz verweist auf "die Endlichkeit der Energien und die Fragilität der natürlichen Strukturen"[120]. Er ist eine allzeit verifizierbare Vorgabe für die ökologische Frage: Die Energie- und Rohstoffvorräte der Erde und des Sonnensystems sind ebenso endlich wie die Expansion des Sonnensystems endlich ist.[121] Zur Bedingung ihres Endlichseins gehört, daß Energieformen und Stoffe nicht einfach konvertierbar sind.

Abschließend läßt sich feststellen, daß die utopische Hoffnung auf vollständige, weil mathematisierbare Naturbeherrschung ebensowenig vor einer internen naturwissenschaftlichen Grundlagenrevision bestehen konnte wie die holistische Vision der Autopoiese (mitsamt ihrer evolutionistischen Programmatik der systemrekurrierenden Komplexsteigerung). Die neuzeitliche Macht- und Wissenschaftsintention zur Totaltransparenz der Natur, ihrer Materie, ihrer dynamischen Ordnung und Struktur zu gelangen, trifft auf die Grenze neuer "Unschärfe" und Unbestimmbarkeit. Der Ausgriff nach dem Ganzen ist nicht nur gescheitert, sondern erbot sich als Lehrstück mit unerwartetem Ergebnis: Er brachte den wissenschaftlichen Beweis der Unmöglichkeit seiner Erfüllung. Er bewies sich selbst als unerfüllbare Utopie. Dank dieser überraschenden Selbsttransparenz ergibt sich vermittels der Grundlagenkrise eine späte Konvergenz zwischen kritischer Wissenschaftstheorie und Wissenschaftsgeschichte. Die Grundlagenkrise erbrachte den Verlust der galileisch-kartesianischen Basismaximen von Wissenschaftlichkeit; sie bewirkt einen nachhaltigen Glaubensschwund bezüglich der Aufklärungsideologien, denen sie die Grundlagen für ihre Meistererzählungen entzieht. Fraglich bleibt, welcher Gewinn sich faktisch wie wissenschaftstheoretisch aus Krise und Verlust ableiten läßt.

Die Grundsatzrevision ist noch in actu und unentschieden. Derzeit ist sie von einem vorsichtigen Wissenschaftsbewußtsein geprägt, das auf die Vielheit von Modellen, die Konkurrenz von Paradigmen und die Unmöglichkeit einheitlicher und endgültiger Lösungen setzt. Das Finitätsbewußtsein der Gegenwarts-Wissenschaft ist ähnlich dem Selbstbewußtsein der Postmoderne in Abklärung begriffen. Die "Postmoderne" kann nicht umhin, sich unter Rekurs auf die Grundlagenkrise der (Natur-)Wissenschaft als kritische und zukunftsweisende Revisionsbewegung der Gegenwart zu verstehen. Die Leistung dieser Funktion setzt Finitätsbewußtsein als notwendige "condition postmoderne" voraus. Doch was notwendig ist, muß noch nicht hinreichend sein.

2.2.3. Das Finitätsbewußtsein einer "postmodernen Moderne"

2.2.3.1. Finitätsbewußtsein als Grundgewißheit der Postmoderne

Das nachneuzeitliche Finitätsbewußtsein ist geistiges Derivat einer Wissenschafts- und Ideologiekritik, welche die neuzeitlichen Totalitätsaspirationen als Wunschdenken "entzauberte". Das neuzeitliche Grundprogramm der Mathesis universalis fällt zusammen mit der Grundannahme der Autopoiese der Grundlagenrevision anheim. Monopolismus, Universalität, Totalität und Ausschließlichkeit verfallen der Grundlagenkritik. Weit wirkungsvoller als die externe, philosophische Infragestellung ist die (natur-)wissenschaftsinterne Kritik szientifischer Rationalität. Zusammen führen sie "zu einer Mutation im Kern der Neuzeit"[122]. Das "Postmoderne Wissen" (Lyotard) bringt diese mutierte Grundverfassung der Nach-Neuzeit zur Sprache. Die (philosophische) Postmoderne ist finitätsbewußt. Allerdings sind die Inhalte des postmodernen Finitätsbewußtseins plural mit unterschiedlichen Optionen besetzt. Die "neue Bescheidenheit" der Postmoderne sucht noch nach ihren theoretischen Maßen und deren praktischer Erprobung. Die Hauptströmungen der Postmoderne setzen das wissenschaftskritisch gewonnene Finitätsbewußtsein nicht nur inhaltlich sehr verschiedenartig um, sondern sie veranschlagen dessen "Sinn" auch unterschiedlich. Das formell und rahmenhaft Gemeinsame wird zum inhaltlich und intentional Verschiedenen. Daraus erwächst der Pluralismus als Stil- und Ausdrucksprinzip der Postmoderne. Auf Grundlagenkrise und Grundlagenrevision folgt die Grundsatzdiskussion des "Postmodernen Wissens".

Der Zutritt zum komplexen Kern dieser Diskussion wurde von uns grundsätzlich und methodisch vorbereitet: Unsere Anfrage an die Postmoderne zielt vom Anfang des Traktates an auf eine Abklärung des Verhältnisses und der Positionierung der Postmoderne-Bewegungen zur "Dialektik der Aufklärung". Nur eine zur Aufklärungsdialektik alternative Postmoderne verdient ihr Präfix "post" in essentieller Hinsicht. Erst eine alternativ qualifizierte Postmoderne(-Bewegung) kann einen autentischen Dialog mit der Fundamentaltheologie eröffnen. Unsere Methode der Abklärung des postmodernen Positionsnetzes forscht nach der Entstehung der postmodernen Orientierung bzw. dem Beginn der Postmoderne und den Bestandsmerkmalen der "condition postmoderne". Zwei Hauptmerkmale wurden filtrierbar: der "Tod der Metaphysik" mit dem sich folgenschwer daraus ableitenden Agnostizismus/Nihilismus. Die Parole vom "Tod der Metaphysik" wurde dechiffrierbar auf den Legitimationsverlust hin, den neuzeitliche Aufklärung und Wissenschaft erfuhr. Die (natur-)wissenschaftliche "Grundlagenkrise" des 20. Jahrhunderts leitet schließlich das radikalisierte Finitätsbewußtsein ein, das seinerseits formelle Rahmenbedingung postmodernen Denkens ist.

Finitätsbewußtsein als Resultat eines Glaubensverlustes an die Meta-Narrativa der Neuzeit inspiriert die postmoderne Suchbewegung zu neuen Erfahrungs- und Sinnhorizonten. "Horizont" meint mutierbare Begrenzung des optischen Feldes. Je nach Bewegung(srichtung) verschiebt sich der Blickhorizont unaufhörlich und wird vom Auge des Betrachters neu austariert. Finitätsbewußtsein fungiert als Horizont des "Postmodernen Wissens". Der Frage-Horizont nach einer "postmodernen Moderne" überspannt die Grundsatzdiskussion zur Postmoderne. In ihn gilt es nunmehr einzutreten.

2.2.3.2. Finitätsbewußtsein als "Bewußtsein der Unaufhebbarkeit und Positivität der Pluralität"

Durch die "Grundlagenkrise" wird jedes wissenschaftliche Wissen(wollen) auf seinen limitativen Charakter verwiesen. Die Verbindlichkeit gegenwärtigen Wissens zielt seitdem nicht auf die Wiedergewinnung ihres Globalcharakters, sondern auf das Hervorbringen spezifischer und differenter Wissensarten. J.-F. Lyotards Bestimmung der postmodernen Verfassung des Wissens orientiert sich besonders konsequent an der "Grundlagenkrise" und gelangt dabei zu einem Ergebnis, das auch die Vertreter einer "postmodernen Moderne" (W. Welsch, A. Wellmer, U. Eco etc.) bereitwillig aufgreifen:

> "Die Kontroversen über die Grundlagen der Geometrie (Riemann, Hilbert, Brouwer), über die der Arithmetik und der Mathematik [...] (Russell, Husserl, Bourbaki) und über die der Mechanik und physikalischen Theorie (Einstein, Bergson, Heisenberg) behandeln ausdrücklich den Status und die Geltung, die es der wissenschaftlichen Theorie zu geben gilt. Die Aufmerksamkeit hat sich dann auf die Aporie gerichtet, an die formale und semantisch-syntaktische Systeme stoßen, wenn sie versuchen ihre Unbezweifelbarkeit abzuschließen, [...]. Diese Aporie beruht auf dem Gegensatz des Gegebenen und des Konstruierten und auf dem Vorrecht, das dem Konstruierten zugestanden wird (wie es Schlick, Carnap und der Wiener Kreis ausdrücken). Wenn alles Gegebene fragwürdig ist - dies ist die Hypothese sogar der Wissenschaft - und rekonstruiert werden muß,

> dann stößt man auf die Schwierigkeit, ohne Stützung auf Gegebenes, ohne Fundament, konstruieren zu müssen."[123]

Nach dem Bruch des Fundaments sollen nunmehr die "Theorien der Vielfältigkeit"[124] eine adäquate Chance der sinnvollen Konstruktion ermöglichen. Die neuzeitlichen Ausschließlichkeits- und Universalansprüche sollen ihre Verlagerung von der Real- in die private Idealsphäre erfahren. An die Stelle der Mathesis universalis tritt damit die Finitätsgewißheit, ohne letztes Fundament unter der perennierenden Vorgabe von Ungewißheit konstruieren und operieren zu müssen. Aus dieser krisengezeichneten Veränderung der szientifischen Rationalität zieht W. Welsch (als Repräsentant einer "postmodernen Moderne") folgende weitreichende Konsequenz:

> "Die 'Grundlagenkrise' [...] macht genau diejenige Verfassung obligat, die in der Postmoderne dann allgemein wird."[125] Man rechnet noch mit Descartes Zahlen, gewiß - aber nicht mehr mit seinem Projekt der Mathesis universalis. Und genau weil die Krise eine Grundlagen-Krise ist, kann sie für einen Gesamtwandel wie denjenigen, der von der Neuzeit zur Moderne des 20. Jahrhunderts und schließlich zur Postmoderne führt, relevant und kann Postmodernes konsequent durch sie bestimmt sein."[126]

Die von W. Welsch, J. Lyotard u.a. veranschlagte konsequente Bestimmbarkeit der Postmoderne durch die wissenschaftliche "Grundlagenkrise" ist eine diskussionswürdige Grundsatzerklärung mit Doppelfunktion: Sie rettet einerseits das "unvollendete Projekt der Moderne" (J. Habermas) und gibt andererseits "Zur Dialektik von Moderne und Postmoderne"[127] (A. Wellmer) ihre passable Grundlagenrevision vor. Die Begriffsgaranten der Frankfurter Schule, wie "diskursive Vernunft", "kommunikative Rationalität" und "transversale Vernunft" sind sowohl für das "Projekt der Moderne" als auch - im Sinne ihrer Erfinder - für die "postmoderne Moderne" anwendbar. Für die Denker der Frankfurter Schule wie für die meisten Bewußtseins-Philosophen ist die Postmoderne entweder ein leerer Begriff (J. Habermas, M. Frank) oder die radikale Zusage und Einlösung der Moderne. Schon bei der Frage nach dem Beginn der Postmoderne (vgl. 2.1.) zeichnete sich dieser argumentative Standort ab, den es hier weiter zu erschließen gilt.

Wie bereits voruntersucht, wird der Beginn der Postmoderne von Welsch/Wellmer als gleitend und als sukzessiver Übergang beschrieben. Diese Darstellung fügt sich zur zentralen These, wie sie von der Frankfurter Schule hinsichtlich der Postmoderne vertreten wird:

> "daß in der Postmoderne spezifische Errungenschaften der Moderne zur Einlösung gelangen. Und zwar im besonderen Errungenschaften der Moderne des 20. Jahrhunderts. Dessen ausschlaggebende Innovationen - die wissenschaftlichen ebenso wie die gesellschaftlichen und die künstlerischen - erfahren in der Postmoderne ihre breite Realisation. Sie sind in Selbstverständlichkeiten des Alltags übersetzt."[128]

Postmoderne ist somit als Einlösungsform der Moderne zu verstehen bzw. (im Sinne der Habermasschen Kommunikationstheorie) als deren allgemeine - nicht nur "Experten" zugängliche - Übersetzung. Die "breite Realisation" des Modernen in der Postmoderne, ihre Form der Einlösung, ist der Pluralismus. Nach dem Zusammenbruch neuzeitlicher Totalitätsaspirationen und moderner Utopien soll die postmoderne Philosophie eine "konsequente Philosophie der Pluralität" sein. A. Wellmers "Dialektik der Moderne" liefert W. Welsch eine probate Vorgabe für seine These vom "präzisen Postmodernismus".

> "Die moderne Philosophie hat sich über die Selbstkritik [...] der Wissenschaft [...] von Obsessionsresten ihres Neuzeit-Projekts befreit und ist dadurch postmodern geworden. Und diese postmoderne Philosophie ist eine konsequente Philosophie der Pluralität."[129]

Die Postmoderne soll die konsequente und extensive Fortsetzung der Moderne abgeben. Die typologische Entsprechung von grundsatzrevisionistischer und postmoderner Axiomatik, die Konvergenz der Postmoderne mit den Basistheoremen der wissenschaftlichen Moderne, verlange konsequenterweise eine radikale "Philosophie der Pluralität". So wie Pluralität, Partikularität, Diskontinuität und Antagonismus Kernaspekte einer finitätsbewußten Wissenschaft geworden seien, geradeso sollen sie auch die Grundkategorien sein für eine postmoderne Weltsicht. Die postmoderne Pluralisierung infolge der Absurdsetzung neuzeitlicher Monopolansprüche dürfe keineswegs resignativ als "Vereinzelung" oder "Vermengung" bewertet werden, sondern als Positivität.

In diesem Sinn schreibt Ch. Jencks[130] vom neuartigen, authentischeren Eklektizismus in der Architektur der Postmoderne. A. Wellmer verweist in seiner Rede vor dem "Deutschen Werkbund" (1982) an die "produktive Nutzung der neuen Freiheitsgrade."[131] Van Eyck prägt den Begriff der angeblich "labyrinthischen Klarheit"[132], welche sich zu technokratischem Funktionalismusdenken dysfunktional verhalte. In seiner Rede über "Moderne und postmoderne Architektur"[133] (1988) verwies neuerdings sogar J. Habermas emphatisch auf die pluralitätsgebundene, sprachlich-ästhetische Dimension postmoderner Architektur. Pluralismus als neues "Signifikationssystem"[134] soll eine veraltete Semantik ersetzen, so kann man von sprachwissenschaftlicher Seite hören. Der Stimmen und Standpunkte sind unnennbar viele, die für die Positivität des postmodernen Pluralismus eintreten, was aber noch nicht heißt, daß sie der These einer "postmodernen Moderne" zustimmen würden.

Die neorationalistische Parole von der "postmodernen Moderne" ist eine Kongruenz-These mit besonderer Intention: Sie propagiert die Konvergenz der Postmoderne mit Basistheoremen der grundlagenrevisionistischen, wissenschaftlichen Moderne. Vom status quo wissenschaftlichen Bemühens ausgehend, deklariert sie jedwedes auf Einheit bzw. Ganzheit gerichtete Denken apriori für gescheitert. Die grundlagenrevidierte Wissenschaftlichkeit gibt jedem Erkenntnistrachten die nachkartesische, neue Gewißheit seiner Limitation verbindlich vor. Finitismus, Heterogenität und Pluralität sollen die Grundkategorien der neuen, wissenschaftlich-postmodernen Weltsicht sein. Auf diesen Kategorien ruht die oben angesprochene, typologische Entsprechung von szientifischer und postmoderner Axiomatik. Indem die neuere Wissenschaftstheorie Monopolismus, Totalität und Ausschließlichkeit aus ihrem Denken ausgeschieden hat, konnte sie eine purifizierte Verfassung des Wissens erwirken, die legitimerweise als Grundverfassung des "Postmodernen Wissens" übernehmbar ist. Die postmoderne Pluralisierung ist somit eher Effekt (natur-)wissenschaftlicher Basisinnovation als philosophischer Konzeption:

"Man könnte ja auch umgekehrt sagen, daß die Wissenschaft hier - reichlich verspätet - ältere Einsichten der Philosophie endlich realisiert hat, die der eine dann mehr auf Kant, der andere mehr auf Nietzsche zurückführen mag. Hinsichtlich der Konzeption ist der Vorsprung der Philosophie schwerlich zu bestreiten, ebenso aber umgekehrt hinsichtlich der Effizienz der der Wissenschaft."[135]

Die Kongruenz-These der "postmodernen Moderne" geht davon aus, daß in der wissenschaftsbestimmten Gegenwart Finitätsbewußtsein, Heterogenität und Pluralität grundsätzliche Vorgaben seien, deren Erfüllung die Postmoderne konsequent unternehmen würde. Unter dieser Leitperspektive zeichnete bereits M. Weber eine gesellschaftliche Moderne, die nicht mehr durch alte Transzendentalien, sondern durch einen grundsätzlichen "Polytheismus der Werte"[136] formiert sein werde. In diesem Sinne plädiert der Wissenschaftstheoretiker P. Feyerabend "Wider den Methodenzwang", indem er betont, "daß die im Buch vorgetragenen Auffassungen nicht neu sind - für Physiker wie Mach, Boltzmann, Einstein, Bohr waren sie eine Selbstverständlichkeit."[137] Das "Postmoderne Wissen" muß sich - der Kongruenz-These zufolge - aber nicht nur als Prolongation wissenschaftlicher Selbstverständlichkeit einschätzen, sondern darf sich durch wissenschaftsnahe Kritik "illegitimer Übergriffe der Wissenschaft"[138] erwehren. Philosophische Postmoderne und wissenschaftliche Moderne sind somit in ein diskursives Verhältnis (annähernd) wechselweiser Korrektur und Stützung gebracht. Die Methode dazu bietet schon J. Habermas mit seinem Konzept der "kommunikativen Rationalität" an, das Welsch mit seiner "Prozeßform" der "transversalen Vernunft" zu überbieten versucht.

Somit basiert der "präzise Modernismus" auf der Kongruenz-These, deren postmoderne Implikationen er über die "Prozeßform" der "kommunikativen Rationalität" bzw. der "transversalen Vernunft" vernünftig wahrzunehmen versucht. Die "Wahrnehmung und Praxis der Pluralität" obliegt dem finitätsbewußten Logos der "postmodernen Moderne". Ihr Finitätsbewußtsein ist inhaltlich das "Bewußtsein der Unaufhebbarkeit und Positivität der Pluralität"[139]. Postmodernismus soll gemäß dieser Definition nicht Novismus bzw. Transmodernismus, sondern Pluralismus sein, der sich vermittels diskursiver Vernunft vor allen Anfechtungen durch Neofunktionalismus, Anarchismus und irrationalen Neomythologismus kraft seiner selbst bewahrt weiß. Diesen finitäts- wie pluralitätsbewußten Postmodernismus gilt es genauer nach den Eigentümlichkeiten seiner Vernunft zu befragen. Hintergrund solcher Befragung bleibt die "Dialektik der Aufklärung" und mit ihr die Kardinalfrage, ob die neue Vernünftigkeit, die der Postmoderne als Identität offeriert wird, "wirklich" alternativ (zum Aufklärungsrationalismus) ist oder nicht. Nur dann ist ihre Alternative wirklich, wenn sie den dialektischen Kippmechanismus (zu Neomythologie und Irrationalismus) nachweislich außer Kraft setzt, um neue Wirklichkeitsbegegnung und andere Sinnhorizonte zu erschließen.

2.3. Das (neo)rationalistische (Vernunft-)Projekt einer "postmodernen Moderne"

2.3.1. Die alte Frage nach der "Einheit der Vernunft"

2.3.1.1. Von der idealistischen Vernunfteinheit zur digitalisierbaren Einheitsvernunft

Der gegenwärtige Disput um die "neue Vernunft" (der postmodernen Epoche) diskutiert deren *Einheitsform*, die jenseits von Pluralität und Heterogenität zu veranschlagen sei. Zumindest die unabweisbaren Probleme prozeduraler Rationalität (Koordination und Kooperation) sollen durch diese Einheitsform abgegolten werden. In dieser Vernunftdebatte um einen praktikablen Logos der Postmoderne gilt als unumstritten vorausgesetzt, daß von Vernunft nur angesichts einer Vielheit von Rationalitätsformen gesprochen werden könne. Die strittige Synthetisierbarkeit von Rationalität und Pluralität ist zur Grenzfrage zwischen Moderne und Postmoderne geworden. Entlang dieser Grenzfrage lassen sich die Hauptströmungen postmoderner Bewegung orten und gegebenenfalls deren Affinität zu Neorationalismus oder Neomythologie feststellen.

Der Erörterung dieser Grenzfrage seien hier zwei Prälimina vorgeschoben: Erstens ein Resummé jener Prinzipien und Axiome, die zum common sense postmodernen Denkens geworden sind, die also gleichsam die Postulate der Postmoderne stellen, und zweitens eine sehr knappe Rückblende zur "Einheit der Vernunft" als alter These der Philosophie.

Die Postulate der Postmoderne sind mehr als gesellschaftspolitisch motivierte Forderungen. Was sich - bisweilen agitatorisch und abrupt - als Emanzipationsforderung verbalisiert, legitimiert sich in gewissem Grad durch seinen Rückverweis auf jene Bedingungen, von denen her sich die Postmoderne definiert: auf die Nähe der Postmoderne zur Grundlagenkrise und - revision der (sogenannten exakten) Wissenschaften. Die Wissenschaftskrise als Spätfolge der Aufklärung liefert *die* "condition postmoderne". Ihr entsprechend fokussiert der postmoderne Dekonstruktivismus auf die Theoreme der Inkommensurabilität, Pluralität und Heterogenität; der Differenz, Diversität und Diskontinuität; der Polyvalenz, Paradigmenkonkurrenz und Prozessualität; der Unkontrollierbarkeit der perennierenden "Unschärferelation" und Ungewißheit. Solche wissenschaftskritischen Theoreme sind die Quellen postmoderner Strömungen, aus denen sich die Forderungen nach Toleranz und herrschaftsfreien Räumen, nach Emanzipation des Subjekts und Ende des Systemdrucks wie populäre Derivate bzw. anarchistische Abspaltungen erheben. Die wissenschaftskritischen Theoreme konstruieren auch insofern die "condition postmoderne" als sie ihr die Instrumente vorgeben, um die Metanarrationen aufklärerischer Vernunft insgesamt zu befragen und ihre Ideologien zu verneinen. Wenn die Hauptforderung postmoderner Emanzipationsbewegung mit dem Pluralitätstheorem konvergiert, so ergibt sich daraus umso eindeutiger die Frage nach der Einheitsform postmoderner Vernunft.

Das plurale Rationalitätsverständnis der (Post-)Moderne läßt die alte Frage nach der "Einheit der Vernunft" unter neuen Voraussetzungen erneut diskutabel werden. Die gegenwärtige Vernunftdebatte zirkuliert um die "Unschärfe"-Relation zwischen radikalisiertem Vielheitstheorem und möglichen Einheitsformen für dessen vernünftig-praktikable Einlösung. Hier ist mit J. Habermas, A. Gehlen und D. Bell[140] auch die Verbindungs- und "Kristallisationsstelle" zwischen Rationalitäts- und Sozialproblematik ausmachbar. H. Lenk betont diesbezüglich, daß "die Probleme der Vernunft und der Architektonik unterschiedlicher Rationalitätstypen [...] eine zentrale philosophische Herausforderung der gegenwärtigen Zeit"[141] darstellen würden. W. Welsch erklärt sie sogar zur hauptsächlichen Problematik der Gegenwartsphilosophie:

> "Denn die Vernunftproblematik [...] macht [...] das Gravitationszentrum der Debatten aus, und dabei bildet, auf der Basis der Vielheitsakzeptanz, die Einheitsfrage den Fokus der Probleme, und alles wird darauf ankommen, die rechte Form der Einheit zu finden."[142]

Die Vernunftproblematik mit der ihr inhärenten Frage nach der "rechten Form der Einheit" bezieht im 20. Jahrhundert ihre Brisanz gutteils aus der Gegenwartserfahrung, "daß das Paradigma der (Natur-)Wissenschaften nicht das einzige für Vernunft und Rationalität sein kann"[143], zumal es seiner Einheit verlustig ging. Daß die Vernunft *eine* sei, ist hingegen eine alte These der Philosophie. Die Denker der galileisch-kartesianischen Neuzeit versuchten diesem Einheitsprinzip auf ihre Weise Gefolgschaft zu leisten. Mit dem Erfolg, daß aus dem Geist der Mathesis universalis die instrumentelle Vernunft zur Herrschaft gelangte. Universale Wissenschaft universeller Vernunft, das war und wirkte als monistische Leitidee des neuzeitlichen Rationalismus. Aber bereits Hegels Idealismus spielte mit der "Entzweiung" der Vernunft als dem "Quell des Bedürfnisses der Philosophie"[144]. Er traute ihr freilich noch jene synthetisierende Hubarbeit zu, die Vernunft zumal als Rationalität nicht mehr zu leisten vermochte. Der schleichende und erstmals in der Frühromantik mythologisierte Legitimationsverlust der Rationalität mag mit Heidegger als Konsequenz der "Entzweiung" von Vernunft und Verstand (Rationalität) gewertet werden. Jedenfalls ist er ein frühes Wetterleuchten in der "Dämmerung des Abendlandes", das die nachneuzeitliche Krise des Rationalismus (als Carthesischer Rationalität) anzeigt. Nietzsches Nihilismus verwirft den Gedanken von der "Einheit der Vernunft" als ein überanstrengtes Dekret: Der apollinische Einheitsgedanke geht in der dionysischen Rauschvision wie auch im Tagtraum seiner "Philosophie des Vormittags" unter. Das Bonmot: 'Vernunft ist ein weiter Titel" könnte von I. Kant sein. Aber es überschreibt E. Husserls "Einleitung in die phänomenologische Philosophie"[145], die schließlich in die Scheidung von Vernunft und "philosophischer Vernunft" ausläuft. Exemplarisch für die Moderne hat schon Kant die Vielheit von Rationalität zunächst wissenschaftsintern entdeckt und entwickelt. Kants vorbildlich gebliebene Unterscheidung zwischen kognitiver, ethischer und ästhetischer Rationalität geht davon aus, daß diese drei Rationalitätsformen einerseits als Verstand, Vernunft und Urteilskraft bestimmbar sind, andererseits allesamt als Formen von Vernunft verstanden werden dürfen.

Was Kant bereits Gewißheit war, ist in der Gegenwart unumstritten geworden, daß von "Einheit der Vernunft" nur angesichts einer Pluralität von Rationalitätsformen gesprochen werden kann. Die Ausmittlung von Rationalität und Pluralität ist schon deshalb akut geworden, weil Pluralität keineswegs nur eine wissenschaftsinterne Vermittlungsaufgabe setzt, sondern im gesellschaftlichen und praktischen Alltagsleben unsere Erfahrungen stark (mit)bestimmt. Wenn wissenschaftsintern um die Legitimation immer neuer Paradigmen und Rationalitätstypen gerungen wird, dann stehen wissenschaftsextern gesellschaftliche Orientierungen zur Debatte.

Die "Risikogesellschaft. Auf dem Weg in eine andere Moderne"[146] ist ein Hauptthema des Kritischen Rationalismus und seiner Suche nach neuen, pluralistisch orientierten Erkenntnis- und Handlungsmodellen. Diese gehören im konstruktivistischen Sinn zu den "Weisen der Welterzeugung"[147]. Der Posthistorismus verdächtigt sie, daß sie zur heillosen Fiktionalisierung der Wirklichkeit und zur Derealisierung des Menschen führen würden. Für die pluralistisch expandierte Rationalität läßt sich mit N. Goodman bilanzieren: "Die Bewegung verläuft von der einen und einzigen Wahrheit und einer fertig vorgefundenen Welt zum Erzeugungsprozeß einer Vielfalt von [...] konfligierenden Versionen oder Welten"[148].

Den fortschreitenden Differenzierungsprozessen haften ihre eigenen Aporien an. Wie ein Schatten folgt ihnen jene "neue Unübersichtlichkeit"[149], für deren Beseitigung J. Habermas wie H. Lenk effiziente "Koordinierungsstrategien" als neue Einheitsform einfordern. Luhmann postuliert eine "Kontingenzbewältigungspraxis", deren Sinn sich an ihrem Gelingen bemißt. "Mit dem Industriekapitalismus entstehen neue Lebenssphären"[150], konstatiert Habermas im Rückblick auf das 19. Jahrhundert. Die seither mit zunehmender Zentrifugalkraft divergierenden Vernunftsphären, das Spezialistentum der "Expertenkulturen", die Furcht vor einer neuen Sprachverwirrung und Chaotik, läßt den Kritischen Rationalismus mit eigenartiger Bescheidenheit nach einer vernünftigen Einheitsform anfragen, die kaum mehr als Garant technifizierter Selbsterhaltung durch transparente Selbstverwaltung sein soll.

Wer der alten Frage nach der "Einheit der Vernunft" philosophie- und kulturgeschichtlich nachspürt, wird für das Zeitgeschehen seit Rousseau, Hegel und Herder ein massives Spannungsgefälle ausmachen: Die idealistischen, enttheologisierenden Metaerzählungen von der "Einheit der Vernunft" in Subjekt, Geschichte und Wissenschaft wurden nicht nur der Analyse ihrer (Un-)Glaubwürdigkeit unterzogen, sondern ihr obsoletes Vermächtnis trägt seinerseits zur "neuen Unübersichtlichkeit" bei. Die dramatische Diskrepanz zwischen idealistischer Vernunfteinheit und digitalisierbarer Einheitsvernunft markiert den vergangenen Höhepunkt und das vorläufige Thema eines kataraktischen Spannungsbogens von "Epoche".

2.3.1.2. Die Ausmittlung von Rationalität und Pluralität als "Projekt der Moderne"

Chronologisch wie ideengeschichtlich am fin de siècle angekommen, erwächst allenthalben ein neues Finitätsbewußtsein "auf dem Weg in eine andere Moderne"[151]. Wie diese zweifelsfrei schon angebrochene "andere Moderne" sich zum "unvollendeten Projekt der Moderne" verhalten wird, ist noch offen und kontrovers. Gerade diese Offenständigkeit aber motiviert unser Forschen und Fragen nach Entstehung und Profilierung der Post-Moderne. Das "Projekt der Moderne", war als Meisterstück eines gelingenden, humanen Rationalismus gedacht. Damit steht es bereits auf dem Boden eines pluralen Rationalitätsverständnisses. Es verfügt über sein eigenes Desiderat von "Einheitsform", das zunehmend der kritischen Anfrage verfällt, ob es weiterhin und für die finitätsbewußte "andere Moderne" gültig sein kann. Dieses Desiderat vernünftiger "Einheitsform", an welchem der Kritische Rationalismus der Frankfurter Schule exemplarisch seit Jahrzehnten laboriert, sei abschließend im Rahmen unserer Rückblende zur "Einheit der Vernunft" kurz umrissen. Dazu soll vorrangig J. Habermas das Wort erteilt werden.

J. Habermas versteht sich dezidiert als "Hüter der Rationalität"[152], wenn er danach fragt, "wie es sich mit der Bewußtseinsstellung der Moderne heute verhält"[153], ob sie das "Projekt der Moderne" verloren gebe und aufhöre an der Intention der Aufklärung festzuhalten.

> "Das Projekt der Moderne, das im 18. Jahrhundert von den Philosophen der Aufklärung formuliert worden ist, besteht nun darin, die objektivierenden Wissenschaften, die universalistischen Grundlagen von Moral und Recht und die autonome Kunst unbeirrt in ihrem jeweiligen Eigensinn zu entwickeln, aber gleichzeitig auch die kognitiven Potentiale, die sich so ansammeln, aus ihren esoterischen Hochformen zu entbinden und für die Praxis d.h. für eine vernünftige Gestaltung der Lebensverhältnisse zunützen."[154]

Habermas räumt in einer Vielzahl (selbst)kritischer Reden und Referate ein, daß das 20. Jahrhundert vom Aufklärungs-Optimismus einer ausdifferenzierungsfähigen, substantiellen Vernunft wenig übriggelassen habe.

> "Die Ausdifferenzierung von Wissenschaft, Moral und Kunst,durch die Max Weber den Rationalismus der westlichen Kultur kennzeichnet, bedeuten gleichzeitig das Autonomwerden von spezialistisch bearbeiteten Sektoren und deren Abspaltung von einem Traditionsstrom[...]"[155]

Um eine Verarmung der in ihrer Traditionssubstanz zunehmend entwerteten Lebenswelt zu verhindern, schlägt Habermas vor, "das stillgestellte Zusammenspiel des Kognitiv-Instrumentellen mit dem Moralisch-Praktischen und dem Ästhetisch-Expressiven wie ein Mobile, das sich hartnäckig verhakt hat, wieder in Bewegung zu setzen."[156]

Insofern lobt Habermas K. Popper als "den Theoretiker der offenen Gesellschaft"[157], weil er an der aufklärenden, politisierenden Bewegungskraft der Wissenschaft festhält, während "sich bei Adorno der emphatische Vernunftanspruch in die anklagende Geste des esoterischen Kunstwerkes zurückgezogen"[158] habe. Dabei wäre es doch - so Habermas - von lebensreformerischer Wirksamkeit den lähmenden Abstand zwischen den "Expertenkulturen" und der breiten Öffentlichkeit zu beheben. Habermas argumentiert darin soziologisch, daß er die Verfallserscheinungen des "Projekts der Moderne" als Verteilungs- und Kommunikationsproblem interpretiert: Die modernen Differenzierungsprozesse der "kulturellen Rationalisierung" führen laut Habermas nicht nur zu wünschenswerten Verbesserungen der Lebensverhältnisse, sondern eingestandenermaßen auch zu gewissen Stau- und Splitterwirkungen.

> "Was der Kultur durch spezialistische Bearbeitung und Reflexion zuwächst, gelangt nicht ohne weiteres in den Besitz der Alltagspraxis."[159].

Kognitive Potentiale stauen sich, strukturelle Einseitigkeiten wachsen zu autonomistischen Splittersektoren an, die nur noch von "Experten" weiterbearbeitet werden. Die Lebenswelt verarmt und Aufklärung droht in Aufhebung umzuschlagen:

> "Und doch haben sich die institutionalisierte Wissenschaft und die im Rechtssystem abgespaltene moralisch-praktische Erörterung so

> weit von der Lebenspraxis entfernt, daß auch hier das Programm der Aufklärung in das der Aufhebung umschlagen konnte."[160]

Die Gefährdung der differenzierten, humanen "Lebenspraxis" soll durch intensivierte Vermittlungsprozesse eingedämmt werden. Wie distingiert und kritisch Habermas auch die Problemfelder der Moderne analysiert (z.B. die "systematische Eigendynamik" des Traditionalismus, des wirtschaftlichen und des administrativen Handlungssystems etc.), das Ergebnis seiner Feldforschung mündet in einen einfachen Therapievorschlag: Den Negativfolgen der Differenzierungsprozesse, der "Verwirrung der Vernunft" (Lyotard), soll durch eine "Kommunikation" der spezialistisch abgegrenzten Vernunftmomente untereinander und durch eine "Rückkoppelung" der "Expertenkulturen" mit der Alltagspraxis begegnet werden. Das handlungsorientierende Wissen zu solcher Redynamisierung und Zirkulierung sollen vorrangig die Geistes-, Sozial- und Verhaltenswissenschaften liefern. Ein solchermaßen gelingender Einsatz prozeduraler Rationalität könne sowohl den drohenden "Zerfall der substantiellen Vernunft"[161] aufhalten als auch einem Rückfall in "materiale Rationalität" (d.h. in eine Position vor der Moderne) verhindern. Die lebensreformerische Wirksamkeit der Verständigungsprozesse soll den "rationalisierten Alltag aus der Starre kultureller Verarmung"[162] nicht nur sektoriell, sondern insgesamt erlösen. Zielvorstellung des vernünftigen Revitalisierungsprojekts ist der totale (Aus-)Tausch, die komplexe Wechselseitigkeit wissenschaftlich-kultureller Bereicherung.

Habermas' "Theorie des kommunikativen Handelns" zur Rettung eines schwankend gewordenen Moderne-Projekts sollte hier noch nicht kritisch hinterfragt, sondern lediglich global dargestellt werden. Immerhin ist es eines der prominentesten Theorie-Projekte des Kritischen Rationalismus. J. Mittelstraß würdigt es als "ein Plädoyer für die Einheit der Rationalität"[163]. Seiner Darstellung wie Kritik kommt daher exemplarischer Wert zu. Schließlich gilt es zu erinnern, daß das Habermas'sche Modell einer Ausmittlung von Rationalität und Pluralität auf der Annahme basiert, daß die verschiedenen Rationalitätsformen Differenzierungsprodukte einer einheitlichen, substantiellen Vernunft seien. Sich dieser differenziert, erfolgreich und human zu bedienen, sei dem Individuum, wie der Gesellschaft und Wissenschaft prinzipiell jederzeit möglich. Hindernisse seien analysierbar und gemeinsam, demokratisch-diskursiv behebbar.

2.3.2. Die neorationalistische Revision des "Projekts der Moderne"

2.3.2.1. Das Habermas'sche Moderne-Projekt unter Utopieverdacht

J. Habermas' Position zur Frage nach der "anderen Moderne" ist insofern eindeutig, als er am "Projekt der Moderne" optimistisch festhält, auch wenn er neuerdings bisweilen von "Postmoderne" spricht. Das zerfallsbedrohte Aufklärungsprojekt will Habermas durch die diskursive Vernunft kommunikativen Handelns gerettet wissen. Der "Bewußtseinsstellung der Moderne heute" attestierte er anläßlich der Adorno-Preisverleihung (1980) einen bedenklichen Hang zu schädlichen Konservativismen, die eine "falsche Aufhebung der Kultur" intendieren würden und sich unter dem Schlagwort der "Postmoderne" vortragen ließen. Mit Habermas läßt sich nach wie vor fragen:

> "Ist 'postmodern' ein Schlagwort, unter dem sich unauffällig jene Stimmungen beerben lassen, die die kulturelle Moderne seit der Mitte des 19. Jahrhunderts gegen sich aufgebracht hat?"[164]

Habermas hat diese provokante Frage vor zehn Jahren einem ausgewählten Publikum gestellt. Seither erfuhr der Begriff "Postmoderne" eine schnelle Breitenwirkung und Vermarktung, aber auch eine umfangreiche Weiterbearbeitung und Reflexion. Nicht zuletzt durch die europapolitischen Ereignisse und gesellschaftlichen Umwälzungen erhält das "Schlagwort" von der "Postmoderne" brisantes, anschauliches Diskussionsmaterial. Die derzeitige kulturelle Moderne, zu deren Verteidigung Habermas vielfach ansetzt, ist zerfalls- und krisenanfällig geblieben. Ihre Inhalte unterliegen einem beschleunigten Wechsel.

> "Die Geschichte der Moderne mündet in die Revision der Moderne, konfrontiert sich mit einer Postmoderne, die Fortsetzung und vor

allem Neubeginn ist."[165] Zu dieser Verhältnisbestimmung von "Moderne und Postmoderne"[166] kommt H. Klotz.

Die jüngeren Vertreter des Rationalismus können dieser Lageeinschätzung wohl zustimmen, was freilich Kritik an Habermas und eine Revision des traditionellen Rationalismusprogramms beinhaltet. Das von W. Welsch angebotene Kompromiß-Modell der "postmodernen Moderne" steht exemplarisch für den Versuch einer philosophischen Konzeption von Postmoderne, die auf dem novellierten Terrain des Rationalismus konstruierbar sein soll. Auf die neorationalistische Position einer "postmodernen Moderne" wurde im Verlauf dieses Traktates wiederholt angespielt und kritisch Bezug genommen. Eine gewisse, erste Darstellung dieser Les- und Interpretationsart von Postmoderne ist bereits erfolgt (vgl.2.2.3.). Nunmehr soll ihre Gesamtdarstellung auf dem erarbeiteten Differenzierungshintergrund und eingedenk der "Dialektik der Aufklärung" gewagt werden. Dafür gilt es, zunächst Einheit und Differenz zwischen dem "Projekt der Moderne" und der projektierten "postmodernen Moderne" zu erarbeiten. Welsch's Kritik an Habermas kann dazu orientierend sein. In einem zweiten Schritt (vgl. 2.2.4.) wird das neorationalistische Interpretationsmodell der "postmodernen Moderne" einer weitergefaßten, kritischen Würdigung zu unterziehen sein.

Das "Projekt der Moderne" gerät auch bei (zumeist jüngeren) Vertretern des Rationalismus zunehmend unter Utopie-Verdacht. Der kritischen Stimmen sind übergenug und viele ihrer Argumente sind plausibel, ohne deshalb gleich mit "postmodern" oder gar "postszientistisch" etikettierbar zu sein. Manche im "philosophischen Diskurs der Moderne" sprechen direkt gegen das Habermas'sche Rationalismus- und Modernekonzept. So wies B. Waldenfels im Hinblick auf Habermas' "kommunikative Vernunft" darauf hin, daß "eine Diktatur des Logos [...] auch mit der sanften Gewalt von Gitterkästchen auftreten kann."[167] P. Fisch und D. Weiss ironisierten als Künstler "Die Neue Unübersichtlichkeit"[168], die Habermas 1984 vor den spanischen Cortes proklamierte. Obwohl A. Wellmer Sprachlichkeit lange in Habermas-Konkordanz als kommunikative Rationalität deutete, zeigt sich auch bei seiner "Vernunftkritik nach Adorno"[169] eine wohl irreversible Neuorientierung (1985) in Richtung einer "postmodernen Moderne": Er rezipiert von Lyotard die Betonung der irreduziblen Pluralität von Sprachspielen und sagt sich ausdrücklich los von der "Wünschbarkeit eines allgemeinen Konsenses"[170]. "Ein 'Projekt der Moderne' im Sinne einer 'identitätslogischen' Vernunft" qualifiziert Wellmer als "schlechten Marxismus."[171] Selbst K.-O. Apel hofft auf eine neue "Theorie der Rationalitätstypen", welche "die gegenwärtige Rationalitätskritik gewissermaßen auffangen könnte."[172]

Dieser exemplarische Verweis auf aktuelle Stimmen des philosophischen (Neo-)Rationalismus, welche die Rationalitätsform "kommunikativer Vernunft" kritisieren, ließe sich beliebig erweitern. Der Kritikschwerpunkt läßt sich mit W. Welsch folgendermaßen setzen:

> "Die kommunikative Vernunft zeigt deutlich restriktive Züge; ihre Einheitsform verfällt der berechtigten Kritik derer, die der Inkommensurabilität und Pluralität heutiger Rationalitätsformen gewahr geworden sind."[173]

Die Philosophen moderner Vernünftigkeit gehen nicht mehr von der "Einheit der Vernunft" aus, sondern von einer faktisch gegebenen Vielheit diverser, inkommensurabler Vernunftformen und Rationalitätstypen. Dieses plurale Rationalitätsverständnis scheint ihnen kongruent zur wissenschaftlichen Grundlagenrevision, heterogenitätsbezogen und finitätsbewußt. Von diesem Finitätsbewußtsein herkommend fragt der moderne Rationalismus, ob jenseits von Pluralität und Diversität eine Einheitsform der Vernunfttypen veranschlagbar sei, welche etwa folgende Minimalbedingungen zu erfüllen hätte: Diese Einheitsform dürfte nicht latent totalitär sein und sich nicht monopolistisch exklusiv gebärden. Vielmehr sollte sie vom Pluralitätstheorem ausgehen, aber zugleich das dekonstruktivistische Heterogenitätsdogma (d.h. die These reiner Vielheit) entschärfen. Diese Vernunftform sollte sich der pluralen Gegenwartssituation mit ihren hochdifferenzierten Konzeptionen ganz stellen, indem sie nicht nur "Bruch" und "Differenz" betone, sondern "Übergänge" entdecken würde. Ihr fiele die Aufgabe zu,

> "nicht bloß formale Gemeinsamkeiten zwischen Vernunftformen verständlich, sondern eine materiale Kooperation [...] möglich [zu machen], ohne andererseits der konventionellen Dialektik der Einheit [...] zu verfallen."[174]

Kurzum, die gesuchte Einheitsform sollte kompromißvoll und integrativ auf das kritische Potential des Dekonstruktivismus und der neostrukturalen Postmoderne eingehen können. So spielt W. Welsch's Begriff der "postmodernen Moderne" auf eine Kommensurabilität und Kongenialität von reformiertem Rationalismus und Postmodernismus an.

2.3.2.2. "Transversale Vernunft" als Einheitsform postmoderner Vernunft

In seiner Konzeption "transversaler Vernunft" sucht W. Welsch angesichts der Vielheit von Rationalitäten und im Hinblick auf die Postmoderne-Bewegung nach einer möglichen Einheitsform von Vernunft. Wie viele andere renomierte Rationalitätsdenker (und vergleichbar A. Wellmer) versucht Welsch sich von Habermas' kommunikationstheoretischem Paradigma abzusetzen. Das folgende Zitat, das sich auf Lyotards streitbare Differenz-Schrift[175] gegen Habermas bezieht, stellt seinen Standort eindeutig fest: "Die Heterogenität der Diskursgattungen verpflichtet zum 'Widerstand' gegen eine 'kommunikative' Verflachung und Vereinheitlichung."[176] W. Welsch's Konzept von Vernunft ist gerade darin als "transversal" gedacht, daß es im "Widerstreit" zwischen Modernisten und Postmodernisten eine Vermittlungsfunktion einnehmen soll. Nicht nur ihrer Vermittlungsintention nach bedient sich die "transversale Vernunft" auch der "lateralen Formen des Austausches"[177], von denen B. Waldenfels spricht. Beide, Waldenfels und Welsch beziehen sich in poststrukturaler Manier auf M. Merleau-Pontys Theorem des "universel latéral"[178]. Doch während Merleau-Ponty noch in der strukturalistischen Perspektive eines offenen Totums denkt und daher von einem "Universalen" sprechen kann, kennt die "transversale Vernunft" keine derartig integrative Vorgabe. Universalität und Totalität werden von Welsch nicht einmal als "Idealbestände" akzeptiert:

> "Nicht nur ist die Struktur von Wirklichkeit und Vernunft (negativ) so, daß sie dies nicht gestattet, sondern sie ist (positiv) so, daß dies kein eigentliches Letztziel, sondern nur ein Aspekt unter anderen sein kann."[179]

Diese neostrukturale Negation der philosophischen "Idealbestände" (Universalität, Totalität, Finalität) erlaubt Welsch's Vernunftkonzeption ihre transversale Offenheit zum Postmodernismus hin, wie Lyotard ihn propagiert. In diesem Wissenschaftstheoretiker und Kulturphilosophen sucht W. Welsch nicht nur seinen zentralen postmodernen Gesprächspartner, sondern er versucht darüber hinaus Lyotards heterogenitätsbewußten Postmodernismus mit neuer Vernünftigkeit zu überdachen. Dieser Vermittlungs- und Bewältigungsversuch spiegelt den aktuellen Diskurs zwischen Neorationalismus und Postmodernismus fokussiert auf das Vernunftproblem wieder. Er ist ein Syntheseversuch und symbolisiert den "Wandel des Vernunftbegriffes"[180] infolge der "Dialektik von Moderne und Postmoderne"[181]. Darüber hinaus signiert er eine "Vernunftkritik nach Habermas", die das Ihrige zur Formung der Postmoderne beiträgt, die nicht zuletzt ein neues Verständnis von Religion entwickelt. Welsch's "transversaler" Syntheseversuch läßt sich als direkte Antwort zu A. Wellmers Forderung verstehen, daß Vernunft heute neu gedacht werden müsse und zwar durch eine Ermäßigung der Einheitsansprüche und eine Verstärkung der Pluralitätsmomente.

In diesem von A. Wellmer, W. Röd, O.M. Ungers, J. Stirling, H. Hollein u.v.a. formulierten Sinn von Umschichtung und Neuakzentuierung konzipiert Welsch einen gewandelten Vernunftbegriff. Dieser soll als Mittel zur Explikation von Heterogenität und Übergang, Differenz und Identität wirksam sein. Das Oppositionsmuster im dialektischen "Widerstreit" zwischen Modernisten und Postmodernisten bestimmt Welsch historisch folgendermaßen:

> "Die alte Opposition von Totalvernunft und gebrochener Vernunft, von Einheit des Logos und Vielheit der Stimmen tritt hier (freilich gegenüber der Tradition ersichtlich in Richtung Pluralität verschoben) in der Konfrontation von Einheitsappellen auf der Basis der Vielheit und Beschwörungen reiner Differenz erneut zutage."[182]

Das Verhältnis "transversaler Vernunft" zu den (bzw. Lyotards) antitotalitären Intentionen postmodernen Denkens veranschlagt Welsch programmatisch wie folgt:

"Was er [der reine Heterogenist] will, ist in Wahrheit nur von einem Vermögen [...] vertretbar, dessen Dominium beides: Differenz und Identität, Heterogenität und Übergang einschließt. Die Wahrung der Pluralität und die Sicherung vor Übergriffen - Grundmotive postmodernen Denkens -werden erst in einer solchen Perspektive transversaler Vernunftmöglich und ausweisbar. Das reine Heterogenitätstheorem greift zu kurz. Es bedarf der Ergänzung und Korrektur durch eine sol che Perspektive. In diesem Sinn läßt sich sagen, daß diese Konzeption transversaler Vernunft Lyotards Ansatz um einen gewichtigen Zug erweitert und doch dabei dessen Intentionen nicht preisgibt, sondern allererst einlösbar macht."[183]

Nach dieser programmatischen Vorstellung des Projekts "transversaler Vernunft", kann Welsch's kompromißbereite Vernunftkonzeption nun in ihren Hauptzügen Darstellung finden: Im Rückblick auf Aristoteles, Pascal und Kant und hinsichtlich exemplarischer Pluralitätsanalysen (der kritischen Rationalisten und der Postmodernisten) definiert Welsch Vernunft(-funktion) im Unterschied zu Rationalität (Verstand). Vernunft ist nach Welsch mehr als prozedurale, formalisierte Rationalität. Angesichts der Diversität ihrer Formen habe Vernunft ihre Einheit darin, daß sie formale und materiale Übergänge zwischen den verschiedenen Rationalitätsformen ermögliche. Vernunft gehe über das Formulieren bloß formaler Gleichheiten hinaus; sie müßte mehr sein als ein formaler Allgemeinbegriff. Seit dem 18. Jahrhundert wird Rationalität bereichsspezifisch definiert (vgl. kognitive, ethische, ästhetische, analytische, technische Rationalität usw.). So nennt man "Verstand das Vermögen der Begriffe, das jeweils zur exakten Erfassung und Praxis eines Gebiets befähigt."[184] Gegenüber den bereichsspezifischen Rationalitäten ist Vernunft das transzendierende Vermögen der Verbindung und des Übergangs zwischen den Verstandesbereichen und -formen. Vernunft ist für W. Welsch "von grundsätzlich anderer Struktur als Verstand"[185] und kann deshalb "nicht vom Besitz eines Ganzen ausgehen"[186]. Die Verwaltung dieses "Idealbestandes" (des Ganzen) versieht der Verstand und ist Sache des Rationalismus. Die Weise, wie Vernunft anders operiere als Verstand es je könnte, unterliegt nach Welsch sowohl einem prinzipiellen Gebot als auch einer geschichtlichen Verschiebung:

"Gerade durch die Vervielfältigung und Spezialisierung von Rationalitätstypen hat sich die Aufgabe der Vernunft verschoben und deren

> Begriff verändert: Als Vernunft gilt uns heute - pluralitätsbezogen - gerade ein Vermögen der Verbindung und des Übergangs zwischen den Rationalitätsformen. Nicht mehr kosmische, sondern [...] verknüpfende Funktionen prägen ihr Bild."[187]

Vernunft sei - so Welsch - zwar auf Totalität bezogen, aber allein im Modus von Verbindungen und Übergängen, nicht jedoch als begreifendes Vermögen, das nachträglich Totalsynthesen und -systeme zur Herrschaft bringe. Die transversale Verfassung von Vernunft ist laut Welsch unterschieden von allen prinzipalistischen, hierarchischen und formalen Vernunftkonzeptionen, die ein Ganzes zu begreifen suchten und darin Vernunft zu Verstand werden ließen. Auftrag "transversaler Vernunft" sei nicht die Überwindung der Pluralität, sondern sie soll Pluralität als Vernunftform zur Geltung bringen.

W. Welsch prognostiziert die "transversale Vernunft" als die "spezifische Vernunftform einer postmodernen Moderne."[188] Vernunft sei zwar im Verlauf ihrer Geschichte immer schon auf die transversale Verfaßtheit ihrer selbst gestoßen, doch "in der 'postmodernen' Situation eines gesteigerten Pluralismus von Rationalitätsformen wird diese transversale Typik von Vernunft [...] obligat."[189] Gegenüber den traditionellen Reflexionen, die zumeist formale Gemeinsamkeiten bedachten, soll die neue Vernunftform "in einer Situation vermeintlich letzter Heterogenität und manchmal unheilbar scheinender Zersplitterung"[190] materiale Übergänge bereiten. Freilich soll sie dabei nicht zur materialen Rationalität der Prämoderne regredieren, die schon Max Weber heftig kritisierte. "Die Dimension der Übergänge ist die Dimension der Vernunft", konstatiert Welsch und definiert: "Vernunft ist ein metarationales Vermögen, aber sie ist dies wesentlich als interrationales. Ihr Dominium sind Übergänge."[191]

Die Möglichkeit solcher "Übergänge" will Welsch weniger durch die Analyse des subjektiven Vernunftvermögens sondieren, als vielmehr objektiv demonstriert wissen durch die immanente Korrelation und Verflechtung der Rationalitätstypen. Wissenschaftskritisch stellt er (wie vor ihm bereits meisterhaft A.M.K. Müller[192]) das Schema der Eigengesetzlichkeit der Rationalitätstypen und ihrer sektoriell-schiedlichen Differenzierung in Abrede. Welsch dürfte darin wohl unwidersprochen bleiben, wenn er auf die

Folgen der autonomisierten Rationalitätssphären hinweist: auf die Pluralität konkurrierender Paradigmen und auf die konfligierenden Sektorendefinitionen. Der Paradigmenkonkurrenz stehen auch die Rationalitäts- und Sektorendefinitionen zur Disposition[193]. Die verschiedenen Konzepte bleiben nicht monadisch bei sich, sondern geraten, indem sie sich entwickeln, binnen- und transsektoriell miteinander in Konflikt. Die "Ausblendung" (A.M.K. Müller) solcher Rahmenbedingungen und Verflechtungen gehört zu den folgenschweren, systematischen Illusionen hochgradig spezialisierter Rationalitätstypen. Ein Schlüsselaspekt, um die konstitutiven und konfliktiven Verflechtungen von Rationalitätssphären zu erkennen, ist die Entstehung der einzelnen Rationalitätstypen: Paradigmata bilden sich immer gegen andere. Hierin nimmt die Agonistik der Rationalitäten bereits ihren Ursprung. Indem die Rationalitätstypen über die Paradigmen ihren Geltungsrahmen je mitdefinieren, bestimmen sie auch die Aufteilung der Kompetenzfelder unterschiedlich, überschneidend und potentiell konflikthaft. Die einzelnen Konzepte sind von ihrer Genese her zwar binnensektoriell definiert, zugleich aber interrational-transsektoriell miteinander verbunden. Diese Gegebenheit ermöglicht erst Kompossiblitätsfragen, intersektorielle Bezüge, transmediale Anklänge und transsektorielle Analogien. Sie alle sind Welsch "gleichbedeutend mit der Einschreibung solcher Übergänge in die Konstitution der Rationalitätstypen."[194] Die Übergänge gehören ebenso zur ratio essendi der Rationalitätsformen, wie umgekehrt gilt: 'Vernunft ist essentiell das Vermögen und der Vollzug solcher Übergänge."[195] Sie "ist Medium und Prozeßform aller interrationalen Klärungen."[196]

Die praktizierbare Vollzugsmöglichkeit materialer Übergänge veranschlagt W. Welsch optimistisch:

> "Vernunft ist [...] genau das Vermögen, das solche Übergänge kontrolliert zu vollziehen, und das heißt unter [...] Beachtung des jeweiligen Verhältnisses von Identität und Differenz vorzunehmen vermag. Die Übergänge werden nicht alltäglich verwischend und zerstörend vorgenommen, sondern erfolgen vernünftig geklärt und kontrolliert. Eine vernünftige Praxis ist eine, die nicht bloß die Konsequenz eines einzelnen Rationalitätstyps verfolgt, sondern auch das Umfeld im Blick hat und regulativ zur Geltung bringt. Genau eine solche Praxis wird durch die Vollzugsform transversaler Vernunft möglich. Wo immer eine Praxis solchen Zuschnitts vorliegt

[...], entdeckt die Analyse, daß nicht bloß eine einzelne Rationalität verfolgt wird, sondern auch deren Anschlußpunkte, Implikationen und Übergänge Beachtung finden. In diesem Sinn handelt es sich jedesmal um eine Praxis transversaler Vernunft."[197]

Zur "Übergangs-Praxis" der "transversalen Vernunft" gehört wesentlich, daß sie die bisherige Agonistik der Rationalitätstypen beendet, indem sie diese als differente Bezugsformen, welche Rationalität realisieren, wertungsfrei (an)erkennt. Bei Rationalitätskonflikten prüft sie das situative (Um-)Feld auf Konkordanzbedingungen; sie arbeitet Lösbarkeit wie Nicht-Lösbarkeit programmatisch sinnvoll heraus. Als "Urteilskraft" im Sinne Kants unternimmt "transversale Vernunft" bei Konflikten zwischen heterogenen Ansprüchen eine Analyse "dialektischer" Art. Dabei prüft sie die Ansprüche auch hinsichtlich ihrer Inkommensurabilität. Während Hegels Übergänge teleologisch konzipiert sind und die "Aufhebung" des Widersprüchlichen betreiben, soll die Leistungsintention "transversaler Vernunft" eine andere sein:

> "Sie [...] leistet [...] die volle Klarheit des Situationsverständnisses - manchmal in der Form, daß die Relativität der Argumentationen auf unterschiedliche Basiskonzepte evident wird, zwischen denen dann nicht mehr weiter argumentativ entschieden werden kann, sondern wo es auf einen Entschluß zur einen oder anderen Möglichkeit ankommt."[198]

Die von W. Welsch inaugurierte "Übergangs"-Praxis "transversaler Vernunft" erstrebt nicht mehr das Ganze eines Gesamtsystems, sondern bescheidet sich mit einer prozessualen Erhellung (von Komplexionen), deren Maximalleistung immerhin die "volle Klarheit des Situationsverständnisses" sein soll. Die "Übergangs"-Praxis soll sich zwischen der Doppelgefahr neuzeitlicher Einheitsimperative und absoluter Differenztheoreme hindurchmanöverieren.

Subjekttheoretisch formuliert heißt dies, daß (im neoaristotelisch-kantianischen Sinn) die "phronesis" und "Urteilskraft" des Praktizierenden gefordert ist. Die postmoderne Pluralisierung verlangt vom Subjekt die Anwendung einer adäquaten Vernunftform und von der Philosophie die "Depotenzierung der herrscherlichen Subjektimagination"[199], d.h. die Verabschiedung einer bewußtseinsphilosophischen Subjekt-Ideologie. Nach Welsch ist die (post)moderne Pluralisierung und Diversifizierung der Rationalitätstypen

> "dafür verantwortlich, daß die absolute Einheit eines Subjekts nur noch um den Preis massivster Ausschlüsse, nur paranoisch gelingen könnte. Demgegenüber ist das 'schwache' Subjekt schon lange das wahrhaftigere und leistungsfähigere."[200]

Die Postmoderne, so affirmiert Welsch, bringe daher nicht den "Tod des Subjekts", sondern die Absetzung einer unhaltbar gewordenen, absolutistischen Subjektvorstellung zu Gunsten eines neuen Subjektverständisses, das der Praxiswirklichkeit postmoderner Subjektivität eingedenk sei. In der Diskussion mit der Postmoderne-Bewegung gäbe die Frage nach dem Subjekt nicht den originären Problempunkt ab, sondern vielmehr gelte es, nach dem "Grundvermögen einer postmodernen Lebensform"[201] als solchem zu fragen.

Dieses "Grundvermögen" sei nicht identisch mit den Leistungen der "transversalen Vernunft", sondern gehe weit über sie hinaus: In deutlicher und begrifflicher Nähe zu Lyotards Ästhetik der Postmoderne verweist Welsch auf die Dimension der Polyregularität und auf den "postmodernen Erfahrungsraum der Mehrfachkodierung", der sich auf die "Wahrnehmung eines Unfaßlichen"[202] zubewege. Über die Wahrnehmung des neuen "Horizontes von Unfaßlichkeit"[203] vermag sich der Postmoderne ein neues Erleben von Offenständigkeit und Sinn entdecken. "Die postmoderne Doppelstruktur von Polyregularität und Unfaßlichkeit ist auch die einer Wissenschaftlichkeit und Weisheit verbindenden Philosophie."[204] Welsch möchte die "postmoderne Moderne" in ein Fortsetzungsverhältnis zur konstruktivistischen (Bauhaus-)Moderne gerückt wissen. Ästhetik und Auftrag der Postmoderne solle sich nicht darin erschöpfen, die Paradoxa von Konstruktion zu erforschen, sondern das "Unfaßliche" zu thematisieren. Die Vorgegebenheit des bleibend "Unfaßlichen" erlaube es postmoderner Vernunft nicht mehr, an jenem Vorrecht des Konstruierten vor dem Gegebenen festzuhalten, auf das sich Schlick, Carnap und der "Wiener Kreis" noch explizit beriefen (vgl. 2.2.3.1.).

Nicht zuletzt deshalb, weil Welsch im "Unfaßlichen" kein bloßes Gegenphänomen zur Rationalität thematisiert, sondern "deren Medium und Textur"[205], ist er ein beachtenswerter Diskussionspartner für eine Fundamentaltheologie, die nicht mehr vom Standort der "objektiven" Apologie aus argumentiert (vgl. 5.2.2.).

2.3.3. Kritische Revision des neorationalistischen Postmoderne-Projekts

2.3.3.1. Von der (natur-)wissenschaftlichen Grundlagenkrise zum Projekt der "postmodernen Modernen"

Bisweilen kann es methodisch angebracht sein, auf thematische Ausführungen eine Art von zusammenfassender Rück-Führung folgen zu lassen, um aus erweiterter Perspektive erneut auf das wesentliche Diskursanliegen zu stoßen. So können bekanntlich manche, bereits gestellte Leitfragen, aus einer vorangetriebenen Position neu formuliert und weiter abgeklärt werden.

In diesem zweiten Kapitel ist das Verhältnis der Postmoderne zur Aufklärung (insbesonders zu Rationalismus, Nihilismus) und zur Neomythologie angefragt. Der Arbeitsauftrag besteht darin, über die Doppelfrage nach der Entstehung der postmodernen Orientierung und nach dem Beginn der Postmoderne die Hauptströmungen der Postmoderne-Bewegung zu erforschen, um zu einer Positions- und Relationsbestimmung des Postmoderne-Feldes zu gelangen. Die Leitfrage dazu wurde am Kapitelbeginn (vgl. 2.2.2.) so formuliert, daß sie nunmehr einen Rückbezug erlaubt. Sie lautet:

> Worauf kann eine Postmoderne aufsetzen, die jenseits der "Dialektik der Aufklärung" mehr sein will als Rationalismuskritik bzw. Neomythologie und anderes zu werden erstrebt als Neorationalismus "transversaler Vernunft"?[206]

In wiederholten Wendungen wurde betont, daß eine "essentialistische Postmoderne" nur insofern als gültig und alternativ veranschlagbar wird, als sie nicht mehr in die "Dialektik der Aufklärung" zurückfällt. Solch eine "alternative Postmoderne" wäre dahingehend prüfbar, ob sie Kompatibilitätsangebote für eine fundamentaltheologische Weiterbestimmung birgt. Denkbar ist, daß erst die weiterführende Bezugnahme auf Offenbarung und Theologie der postmodernen Suche einen essentiellen "Weg aus der Moderne" aufzeigen kann. Diese Suche nach neuen Horizonten ist zuinnerst motiviert durch den Verfall und die schwindende Legitimationskraft des neuzeitlichen Aufklärungsprojekts, das als kartesianisches anhebt, als hegelianisches seine idealistische Zuspitzung erfährt und in der romantischen Remythisierung, in Nihilismus und (natur-)wissenschaftlicher Grundlagenkrise seine weitgehende Selbstauflösung hinnehmen muß (vgl. 2.2.2.). Insbesonders die Grundlagenkrise der sogenannten exakten Wissenschaften bewirkt die Dauerkrise der Spätaufklärung, worunter auch die anhaltende Spaltung zwischen Nachaufklärung und antirationalistischen Bewegungen subsummierbar ist. Der Verfall der Aufklärung, die Diskreditierung ihrer Meistererzählungen und Metanarrativa, hinterließ eine ambige Spaltungs- und Vakuumsituation, die P. Feyerabend angeblich mit dem erschreckenden Motto des "anything goes" charakterisierte. Die mit der Grundlagenkrise einhergehende Grundlagenrevision trug das ihrige zur Rationalismuskritik bei. Zugleich entließ sie ein vorsichtig gewordenes Wissenschaftsbewußtsein, dessen plurales Rationalitätsverständnis auf die Vielheit von Modellen, auf Paradigmenkonkurrenz und die Unmöglichkeit einheitlicher und endgültiger Lösungen setzt.

Das Finitätsbewußtsein der Gegenwarts-Wissenschaft ist zwar ähnlich dem Selbstbewußtsein der Postmoderne in Abklärung begriffen, dennoch zeichnet sich für beider Identität deutlich ab, wie sehr sie inhaltlich vom Pluralitätstheorem und Differenzdenken bestimmt wird. Als Folgephänomene der Grundlagenkrise sind Finitäts- und Pluralitätsbewußtsein die derzeitigen Rahmengewißheiten sowohl für postkartesianische Wissenschaft als auch für die Postmoderne. Es ist geradezu ein Erkennungsmerkmal für die breitgefächerte, zentrifugierende Postmoderne-Bewegung, daß sie sich grundlagenrevisionistisch gibt. Das Finitäts- und Pluralitätsbewußtsein als Grundgewißheiten der Postmoderne verlangen nach ihrer inhaltlichen Bestimmung und weiteren Finalisierung. Gerade dadurch werden die Unterschiede zwischen den Hauptströmungen der Postmoderne benennbar und die einzelnen Strömungen profilierbar. Angefragt ist die neue Vernunft der finitätsbewußten Moderne, der (praktikable) Logos der Postmoderne. Strittig ist die Synthetisierbarkeit von Rationalität und Pluralität angesichts dessen, daß von Vernunft nur mehr hinsichtlich einer Vielheit von Rationalitätsformen gesprochen werden kann. Ist also - wie W. Welsch als Protagonist einer "postmodernen Moderne" es möchte - das postmoderne Finitätsbewußtsein (nur) das "Bewußtsein der Unaufhebbarkeit und Positivität der Pluralität"? Die Frage nach der Vernunft(form) der Postmoderne ist jene Grenzfrage, entlang derer sich die Hauptströmungen postmoderner Bewegung orten lassen, so daß deren Affinität zu Neorationalismus oder Neomythologismus gegebenenfalls feststellbar wird.

Weil also das plurale Rationalitätsverständnis der finitätsbewußten (Post-) Moderne die alte Frage nach der "Einheit der Vernunft" erneut abruft, gilt es mit dieser Frage nach der "rechten Form der Einheit" ausdifferenzierend zu operieren: Aus philosophiegeschichtlicher Perspektive zeigte sich, daß die "Entzweiung" der Vernunft, mit der Hegel noch idealistisch kalkulierte, zunehmend einer Auflösung und Fragmentierung verfiel, die durch kein (Aufklärungs-)"Projekt der Moderne" mehr homogenisierbar war. Schon I. Kant sprach von der "Einheit der Vernunft" nur mehr angesichts einer Pluralität von Rationalitätsformen. Doch die Ausmittlung von Rationalität und explodierender Pluralität ist aporiebeladener denn je. Den Differenzierungsprozessen spätneuzeitlicher Rationalitäten und mikrospezialisierter Wissenschaftlichkeit folgt wie ein langer Schatten die "neue Unübersichtlichkeit". Zu deren Transparenzsetzung entwirft der Kritische Rationalismus seine "Koordinierungsstrategien". Das von J. Habermas verteidigte "Projekt der Moderne" sollte unter kommunikationstheoretischem Vorzeichen die Ausmittlung von Rationalität und Pluralität besorgen. Habermas' Glaube an eine ausdifferenzierungsfähige, substantielle Vernunft und sein Zutrauen zum unvollendeten Moderne-Projekt gerät allerdings zunehmend unter Utopieverdacht. Namentlich die jüngeren Vertreter des (Neo)Rationalismus kritisieren es heftig. Die neorationalistische Revision des "Projekts der Moderne" sucht an Habermas vorbei weiter nach der nötigen und praktikablen Einheitsform von Vernunft. Hierbei ist sie bestrebt sich von dessen "kommunikationstheoretischem Paradigma" abzusetzen. Die "Vernunftkritik nach Habermas" verwendet explizit den Begriff der "Postmoderne" und möchte das Ihrige zu deren Formung beitragen. Die diesbezüglichen (Konzeptualisierungs-)Anstrengungen sind beeindruckend. Sie symbolisieren nicht nur einen "Wandel des Vernunftbegriffes"[207], sondern insgesamt den ausgreifenden Versuch, auf die neue Zeit der "anderen Moderne" bestimmenden Einfluß zu nehmen. Dabei zentriert sich der aktuelle Diskurs zwischen Neorationalismus und Postmodernismus/Dekonstruktivismus mehr auf das Vernunftproblem als auf die Subjektfrage.

Entsprechend diesen Gegebenheiten legte unlängst W. Welsch sein Projekt der "postmodernen Moderne" (1988) vor. In seiner Projektierung der Postmoderne und ihrer "transversalen Vernunft" geht Welsch über die Kritik an Habermas (bzw. Lyotard) hinaus und wagt ein Alternativprojekt, dem programmatischer und exemplarischer Wert zukommt. Diesem Manifest einer "postmodernen Moderne" gilt nicht nur deshalb unsere besondere Beachtung, weil es eine neue Einheitsform postmoderner Rationalität proklamiert, sondern weil es mit dem grandiosen Syntheseanspruch (einer Vernunftkonzeption) auftritt, die pluralistisch gewordene, finitätsbewußte Moderne in die Postmoderne zu überführen.

Unsere zusammenfassende Rückblende zu den thematischen Schritten der letzten Paragraphen hat zu ihrem Ende gefunden. Der Spannungsbogen unserer Überlegungen reichte von der (natur-)wissenschaftlichen Grundlagenvision über die "Vernunftkritik nach Habermas" bis zum Projekt der "postmodernen Moderne". Dessen kritische Revision wird Aufgabe des nächsten Passus sein.

2.3.3.2. Die Inversion der Hegelschen Geschichtsspekulation im Weltentwurf einer entteleologisierten Postmoderne

Die (Vernunft-)Konzeption einer "postmodernen Moderne" ist das (neo)rationalistische Unterfangen, der "diffusen Postmoderne" doch noch zu ihrer "rechten Form der Einheit" zu verhelfen. Der Kunstbegriff "postmoderne Moderne", der von W. Welsch kreiert wurde, symbolisiert eine verbreitete These und einen Syntheseversuch. Diese These besagt, daß die Postmoderne die "andere Moderne" sei und zwar als Wandlung, Explizierung und Übersteigerung der Moderne. Der Syntheseversuch erstrebt demgemäß, die Postmoderne nicht als bizarren Gegensatz zur Moderne zu belassen, sondern diese Opposition differenziert zu Kontinuum und Einheitsform hin zu überbieten. Ein vernünftiges und geschichtsbewußtes Überdenken der Postmoderne-Bewegungen soll zu deren Abklärung und Einbindung führen. Auf diese Weise behandelt könnte eine nominelle Postmoderne schließlich sogar Innovationsmoment für die fortdauernde Rationalismuskrise werden. Das diffus sich artikulierende Anliegen der Postmoderne wäre dann dem aduleszenten Protest vergleichbar, der vernünftig reflektiert, zur positiven Kraft wird. Diese hermeneutische Rezeption postmodern-dekonstruktivistischer Stimmen ist ein aktuelles Geschehen geistiger Auseinandersetzung, das auch theologische Sprache und fundamentaltheologische Interpretation herausfordert (vgl. 5.2.).

Zur Propädeutik einer dezidiert theologischen Argumentation gehört Zweierlei: das postmoderne Bewegungsfeld selbst zu kennen und zu prüfen, was *über* die Postmoderne-Bewegung verlautbart wird. Die Divergenzen zwischen dem einen und dem anderen sind bisweilen so erheblich, daß sie Eigendynamik annehmen und die werdende Signatur der Postmoderne mitbestimmen, wenn nicht überstimmen. Es ist dabei möglich, daß das impulsive Grundanliegen der ursprünglich dekonstruktivistischen Postmoderne-Bewegung einer fremden Intention zugeführt wird, so daß Impulse eine Brechung erfahren. Eine solchermaßen entfremdende Rezeption würde der "Postmoderne" ein neues Wesen zudiktieren, weil sie deren Grundanliegen verkennte.

Das (Vernunft-)Konzept einer "postmodernen Moderne" ist eine Theoriebildung zur Postmoderne. Sie behauptet von sich, auf postmodernem Terrain zu stehen und selbst "präzis postmodern" verfaßt zu sein. Diese Selbstdarstellung ist jedoch als "philosophischer Imperialismus"[208] kritisierbar. Das neorationalistische Projekt einer "postmodernen Moderne" kann *als solches* hinterfragt werden. Hauptsächlich ist zu untersuchen, ob dieses Theorieprojekt der postmodernen Grundintention gerecht wird oder ob sie diese verdrängt, um sodann ohne sie denkerisch eine Welt von morgen zu konstruieren.

Als Einstieg zur weiteren Diskussion sei zuerst vermerkt, welch überaus klärender Effekt der vernunftkritischen Zuwendung zur Postmoderne zukommt: In einem der vorausliegenden Paragraphen (vgl. 2.2.2.1.) wurde fragbar, ob es für eine alternative Postmoderne angemessen sei, sich mit einer Radikaldemontage von "System" und "Herrschaft" zu befriedigen, statt mit den Mitteln der Vernunft auf die wissenschaftliche "Grundlagenkrise" zu reflektieren. Ein positiver Bescheid zu dieser rhetorisch gefärbten Anfrage begründet sich im Rahmen unserer Forschungsarbeit gerade unter Einschluß des Kritischen Rationalismus und seiner grundlagenrevisionistischen Wissenschaftstheorie. Ihr kann die Postmoderne die kritische Bestätigung verdanken, daß die Novität des postmodernen Anliegens kein subjektives und vorübergehendes zu sein braucht, sondern über die Rekursmöglichkeit auf ein fundamentum (in)concussum verfügt: auf die "Grundlagenkrise" neuzeitlicher Wissenschaft. Diese Krise ist als tatsächlich gegeben zu betrachten. Sie beinhaltet, worauf J. Habermas zu Recht hinweist, nicht nur eine "neue Unübersichtlichkeit", sondern ebenso eine neue Orientierungssuche. Das essentiell Neue an dieser Suche, mitsamt ihren Rettungsversuchen an der "Substanz des Humanen", ist ihre doppelte Sensibilität: Diese grundlagenrevisionistische Orientierungssuche lehnt die Totalitarismen alter und neuer Metaerzählungen ab. Sie gelten ihr als Suggestionen falscher, monopolisierender Einheitsformen. Zugleich ist diese nachneuzeitliche Suche neu sensibilisiert auf lange Zeit verworfen gehaltene Grundthemen von Existenz und (natürlicher) Religiosität. So verweist W. Welsch auf die "postmoderne Doppelstruktur von Polyregularität und Unfaßlichkeit" und fragt - ähnlich Adorno in der "Negativen Dialektik" - nach einer neuen Versöhnung zwischen Wissenschaft und Weisheit.

Diese neue Sensibilität und Mehrdimensionalität nachneuzeitlicher Orientierungssuche gilt es zunächst einmal in ihrer Weitläufigkeit und Unentschiedenheit sein zu lassen, um neue Sinnfindung zu ermöglichen. Jede Suche ist vorläufig. Die Vorläufigkeit ist ihr Wesen, so wie Begegnung, Entdeckung und Auffinden ihr inhärente Ziele abgeben. Deshalb wäre es eine fatalistische Entscheidung von der Art einer "Philosophie des Vormittags" (F. Nietzsche), wollte man der postmodernen Orientierungssuche unterstellen, ihr Ziel sei die Suche und ihr Fund die Vielheit der Pluralität. Dieser vorentscheidende Reduktionismus ist aber wesentliches Optionsmoment des Projekts der "postmodernen Moderne". Der Grundlagenrevisionismus des Kritischen Rationalismus überschreitet eben darin seine Kompetenz, daß er der Postmoderne das Pluralitätstheorem als Universaldogma postmoderner Suche, Artikulation und Vernunft zudiktiert. Anders gesagt: Inkommensurabilität und (gesteigerte) Pluralität sind vorfindbare Faktizitäten. Es ist hingegen reduktionistische Philosophenspekulation, diesen status quo zum geistigen Angel-, Betriebs- und Zielpunkt der Postmoderne zu erheben, um ihn sodann durch eine diskursive, "transversale Vernunft" für einen angeblich postmodernen Lebensstil zu funktionalisieren. P. Koslowski bewertet dieses Spekulationsangebot als "supermoderne Apologie der Moderne"[209]. Dabei argumentiert er in nuce folgendermaßen:

> "Die Postmoderne ist nicht Ausdruck des allgemeinen Pluralismus der Gegenwart, sondern muß gerade als Kritik an der Verwechslung des real existierenden Pluralismus mit einer inhaltlichen philosophischen Position verstanden werden.
> Der faktische Pluralismus kann nicht als dogmatischer Pluralismus des 'Prinzips Vielfalt' zur Weltanschauung hochstilisiert werden."[210]

Das (neo)rationalistische Projekt der "postmodernen Moderne" ist gerade darin nicht vorurteilsfrei, daß es - unter dem Alibi der Grundlagenkrise - der Postmoderne einen Immanentismus verordnet, der sich aus dem faktischen Pluralismus legitimieren und über "transversale Vernunft" funktionieren soll. Damit wird eine Weltbejahung ohne Teleologie, aber auch ohne die Vision schon anwesender Vollendung versucht. Beide werden zu "Idealbeständen" deklariert. Ihre Verwerfung sei im Sinne einer entideologisierten Postmoderne zu betreiben, deren grundlagenrevisionistische Orientierung keine monopolisierenden Utopien mehr gestatte.

Die von Welsch, Wellmer u.a. vorgestellte postmoderne Lebenswelt versucht in uneindeutiger Weise ohne Transzendenz und Erlösung (vgl. 5.1.2.2.) auszukommen. Diese Uneindeutigkeit begründet sich wohl aus einem gewissen Schwanken zwischen innerweltlicher Utopie und dekonstruktiver Mystik: An die Stelle bisheriger (metaphysischer bzw. utopischer) Transzendenzangebote soll der sinnerweiternde Transgreß treten. Sein Gelingen im Entdecken und Vollzug von "Übergängen" bedarf hingegen einer eindeutig transzendentalen Qualität: der "transversalen Vernunft". Sie soll die Agonistik der rivalisierenden Rationalitätstypen aufheben und einen "versöhnten" Zustand transgressiver Pluralität erwirken. Diese "postmodern" larvierte, immanentistische Utopie versöhnter Vielheit entpuppt sich spätestens bei der Frage nach der rechten Einheitsform als Restauration des altbekannten Aufklärungsprojekts der erlösenden Vernunft. I. Kant definiert bekanntlich Aufklärung als den "Ausgang des Menschen aus seiner selbstverschuldeten Unmündigkeit. Unmündigkeit ist das Unvermögen sich seines Verstandes ohne Leitung eines anderen zu bedienen"[211]. Die einzige Leitung des Verstandes, welche kantische Aufklärung als emanzipativ bejaht, ist die Vernunft. "Verstand ohne die Leitung eines anderen" ist von Vernunft geleiteter Verstand. Die "transversale Vernunft", die der Postmoderne zugedacht wird, ist wesentlich (neo)kantianisch. Sie hat "den Verstand und dessen zweckmäßige Anstellung zum Gegenstand".[212] Zugleich setzt sie "eine gewisse kollektive Einheit zum Ziel der Verstandeshandlungen"[213]. Diese "kollektive Einheit" wird von Welsch mit "postmodern" unter pluralistischem Gesichtspunkt bestimmt.

Der an Habermas' kommunikationstheoretischem Paradigma vorgebrachte Utopieverdacht fällt auf das Projekt der "postmodernen Moderne" zurück: Die geheime Utopie im alten Aufklärungsprojekt universalistischer Vernunft kehrt mit gewissen Korrekturen in der "transversal" gewordenen Vernunft wieder. Als vorrangig praktisch geforderte Vernunft, soll sie die Innovation und Synthese der "Übergänge" zwischen Rationalitätssphären leisten, ohne explizit auf einen anderen Handlungsschematismus rückgreifen zu können als den finitätsbewußter "postmoderner Pluralität." Die implizite, "wahre Natur des Schematismus"[214] konvergiert freilich mit dem grundlagenrevidierten, aktuellen Verständnis von Wissenschaft, die ihrerseits die elementaren Interessen der Industriegesellschaft austrägt. Auch hinsichtlich ihrer transzendentalen Qualität entbehrt die "transversale Vernunft" weiterer, direkter Bestimmungen oder gar metaphysischer Einbindungen. Wie praktisch diese angeblich "postmoderne" Vernunft auch sein soll, sie bleibt intangibel einsamer Fluchtpunkt pluralistischer Weltsicht. Als transzendental und überindividuell verwaltet sie die Idee eines freien Zusammenlebens der Subjekte (Rationalitäten) postmoderner Gesellschaft, indem sie die Agonistik der Mentalitäts- und Rationalitätstypen in die (finitäts-)bewußte Solidarität des pluralen Ganzen aufhebt. Damit stellt die "transversale Vernunft" im Verbund mit dem Pluralitätstheorem die Idee der wahren Allgemeinheit dar, die Utopie der "postmodernen Moderne". Zugleich jedoch bildet sie die Meta-Instanz des kalkulierenden Denkens, das die postmoderne Welt für die Zwecke der progressiven und industrialisierten Selbsterhaltung zurichtet. Der Pragmatismus vernunftgeleiteter Rationalität, der in der "anderen Moderne" (ver-)walten soll, wird im Projekt der "postmodernen Moderne" als neue Strategie des Humanismus vorgestellt. Wie bereits vorhin angemerkt, begründet sich solch Uneindeutigkeit wohl im Oszillieren des Projekts zwischen immanentistischer Utopie und dekonstruktivistischer Mystik. Die "transversale Vernunft" als rechte Einheitsform der Postmoderne soll - nach Welsch - nicht pragmatisch, sondern versöhnlich und entdeckerisch operieren; sie soll ebenso "übergangs"- wie finitätsbewußt sein und zum Unfasslichen/Ungewissen in ein neues Grundverhältnis eintreten.

Der Versuch, im neorationalistischen Postmodernekonzept hinter die krudele Geschichte des Vernunftpragmatismus zurückzugehen, hat selbst etwas Prämodernistisches und Naives an sich. Allenthalben ist dabei spürbar, wie sehr seine Befürworter an das Vernunftpotential glauben. Eben hierin erweist sich, trotz all ihrer Kritik an Habermas, deren tiefer Konsens mit ihm. Die innerweltliche Utopie einer transversal vernünftigen Postmoderne geht an der Geschichtserfahrung der Neuzeit vorbei, wie sehr die Einzelvernunft der einzelnen Subjekte zu Egoismus und blutigem Pragmatismus tendiert. Die Utopie der "postmodernen Moderne" entwirft mit ihrem Doppelreflex auf Vernunft und Pluralität eine irrige Naherwartung von Versöhnbarkeit und Harmonisierbarkeit, ohne Sinn für das perennierendes Geschichtsmoment des "Terrors der Vernunft". Nur um den Preis dieser Exklusion und der Verwerfung der Abgründigkeit des Subjekts (vgl. 2.3.3.3.) gelingt der Entwurf des Postmoderne-Projekts als neuaufgelegtes Vernunftprojekt mit linkgshegelianischer Randprägung.

Der Weltentwurf einer "postmodernen Moderne" ist, wie die Moderne überhaupt, "tief mit den Allmachtsphantasien des Menschen verbunden."[215] Die Nähe dieses Entwurfes zu Hegels Meistererzählung totalisierender Vernunft ist so unverkennbar, daß selbst Welsch sich wiederholt gedrängt erlebt, sie zu dementieren. Die Dementi betreffen aber nicht den cardo der Konstruktion: die Inversion der Hegelschen Geist- und Geschichtsspekulation in eine Neuformation diskursiv-transversaler Vernunft. Sie soll humanpragmatisch die "schlechte Unendlichkeit" des transgressus in infinitum vollführen. Im "Diskursiv"-Projekt der "postmodernen Moderne" wird der infinite Regreß als "weisheitlich" gepriesen und die plurale Unendlichkeit als nach-modern idealisiert. Ein derart "geköpfter", entteleologisierter Hegel soll den herrschaftsfreien Diskurs postmoderner Rationalität garantieren. Die "transversale Vernunft" soll das real vollführen, was in der "Theorie des kommunikativen Handelns" erfolglos vorexerziert wurde: die haltbare Schranke zu totalisierender Macht und totalitärer Herrschaft abgeben.

Mit der Inversion und Teilamputation der Hegelschen Systemspekulation geht eine schleichende Trivialisierung der utopischen Hoffnung einher (vgl. 2.4.2.1.). Dieser negative Begleiteffekt, der schattenhaft über der "anderen Moderne" liegt, wird in Welsch's Konzept durch Einbezug von Elementen dekonstruktivistischer Mystik überblendet. Während bei einer Vielzahl neuerer Arbeiten[216] zur "Vernunftkritik" der Tod (des Individuums) als die Grenze diskursiver Versöhnungsmöglichkeit aufscheint, "verklärt"[217] Welsch diese Grenzthematik, indem er sie erstens unerwähnt läßt und zweitens mit Elementen der Erlebnismystik überlagert: Das Unfaßliche (der Differenz), das Inkommensurable (der Polyregularität), das Ungewisse als weisheitlicher Lebenshorizont bieten sich als Potentialien für eine erlebnisorientierte Postmoderne an. Diese Basiselemente dekonstruktivistischen Widerspruchs gegen "System" und "Herrschaft" (vgl.1.2.1) sind als Ingredienzen einer "postmodernen Moderne" freilich nur entschärft und entsubstantialisiert integrierbar. P. Koslowski kritisiert in diesem Zusammenhang an der "supermodernen Position", daß sie die Position "[...] des Widerspruchs von der französischen Postmoderne übernimmt, ohne sich die Negativität und das kritische Potential dieses Prinzips anzueignen."[218]

Der Optimismus des rationalistischen Postmoderne-Projekts gerät alsdann in Krise, wenn seine Weltbejahung mit der Negativität in Subjekt und Geschichte konfrontiert wird. Zur geheimen Utopie im Begriff der (transversalen) Vernunft wie der Diskurstheorie gehört die Unterstellung, daß das Wirkliche das Vernünftige sei und das Böse in der Vernunftabwesenheit läge. Diese Grundannahme läßt keine wirksame "Differenz" zwischen Sein und Sollen, Realität und Idee mehr zu. Sie stellt den Menschen vom Standort der Vernunftautonomie aus in einen pluralen Ermöglichungshorizont, der - entgegen formalisierender Rede von "Finitätsbewußtsein" - utopisch ist. Das utopische Konfliktpotential des neorationalisitischen Postmoderne-Projekt zentriert sich um die Frage nach dem Subjekt.

2.3.3.3. Die Exklusion des "gespaltenen Subjekts"

Im Weltentwurf einer entteleologiesierten "postmodernen Moderne" ist

> "das Problem des Subjekts nicht ein erstrangiges, sondern ein sekundäres. Ihm geht die Differenzierung von Rationalitätstypen voraus."[219]

So wie die postmoderne Lebensform - laut Welsch - eine bestimmte Vernunftform faktisch begünstigt und notwendig werden läßt, ebenso evoziere sie ein neues Subjektverständnis. "In der Tat ist der Typus Subjekt, der postmodern wiederkehrt, anders konturiert als der moderne."[220] Diese neukonturierte Subjekttypologie soll zur "Depotenzierung der herrscherlichen Subjektimagination"[221] dadurch beitragen, daß sie die absolute Einheit des Subjekts als illusiv demaskiert. Solch kritischer Handlungsauftrag zur Dekonstruktion des Ich-Subjekts gehört seit Jahrzehnten zum revolutionären Aktionspotential der Postmoderne. Schon F. Nietzsche hat das Subjekt bewußtseinsphilosophischer Hermeneutik zur "Fiktion" erklärt: "Es gibt das ego gar nicht, von dem geredet wird, wenn man den Egoismus tadelt"[222]. Das Ende des romantischen Ichs als "totalisierendem Prinzip" gehört zum nihilistischen Erbgut von Poststrukturalismus und Postmoderne. Fraglich wird hier, in wieweit der Neorationalismus zu einer adäquaten Rezeption der postmodern-dekonstruktivistischen Subjekttheorie befähigt ist; ob er nur nominalistisch verfährt, d.h. Begrifflichkeiten übernimmt, ohne deren kritisches Potential zu kolportieren.

Im Verlauf unserer bisherigen Untersuchung wurde noch kaum auf die postmoderne Subjekttheorie eingegangen. Ihrer Diskussion ist aber im Weiteren ein entscheidender Stellenwert zugedacht (vgl. 3.3.). Im Vorgriff darf hier klargestellt werden, daß der postmoderne "Sturm und Drang" keineswegs den "Tod *des* Subjekts" begehrt, wohl aber das romantische Ich-Subjekt kritisch mit Auflösung bedrängt. Die postmoderne "Recherche" demaskiert das autonome, selbstbewußte Ego auf seine Fiktionalität hin, um vermittels dekonstruktiver Methode das "sujet véritable" aus dem Bann seiner Verwerfung zu befreien, d.h. zur Sprache zu bringen. In der Wiederbelebung und Versprachlichung der Beziehung zum "verworfenen Subjekt"[223] erkennt die postmoderne Subjekttheorie die realistische Möglichkeit zur "Rettung der Substanz des Humanen." Das von Nietzsche mißachtete Ego wird der postmodernen Subjektanalyse zum shifter und Zeichen für die présence-absénce des wahren Subjekts, das sich der (begrifflichen) Darstellbarkeit entzieht. Entsprechend dem "Erhabenen" bei Kant, das sich aus der Formlosigkeit, der Leere des Absoluten, entwickelt, geht die dekonstruktivistische Subjekttheorie von dem Verdikt aus: "Du sollst dir kein Bildnis machen!". Nicht in der ablicht- und projektierbaren (Selbst-)Bezüglichkeit zum "anderen seiner selbst" (Hegel), sondern im nicht verifizierbaren Bezug zum "grand autre" (der Sprache, der Differenz, der Wahrheit Gottes) erlebt das Subjekt seine momenthafte Autentizität. Die radikale Subversion des Ich-Subjekts ist die "condition postmoderne" für die Identitätsfindung des Subjekts. Sie ist nur möglich jenseits der Objekt-Beziehungssphäre und jenseits der Sprechaktkondition des selbstreflexiv-narzisstischen Ichs.

In der schwach akzentuierten Subjekttheorie zur "postmodernen Moderne" kommt die dekonstruktivistische Anthropologie mit ihrem eigentlichen Anliegen nicht zum Tragen: Die Subversion des Ich-Subjekts findet nicht statt. Dafür wird es im sprachphilosophischen Sinn zur "proposition"[224] performiert, um in Abhängigkeit von einer übergeordneten Intentionalitäts-Form pragmatisch interpretierbar zu werden. In der Konvergenz von transindividueller Verständigung (Sprechakttheorie) und "transversaler Vernunft" bleibt die eigentliche, konfliktive Positionstiefe des Subjekts ausgeklammert. Es wird im und über das Netzwerk neuer Konditionierungen (Kommunikation, Konsens, Finitätsbewußtsein, Pluralitätsbindung, Transversabilität) weiterhin als essentiell vernünftig bzw. der Vernunft zugänglich "proponiert". Der Mensch der "postmodernen Moderne" hört nicht auf, autonomiebewußter homo sapiens zu sein. Lediglich sein Subjektverhältnis zum "gesellschaftlichen Objekt"[225] wird redigiert; seine faktische Autonomie, seine Selbstreflexivität und Selbständigkeit wird in vernünftige, transversal-diskursive Prozessualitäten eingebunden. Das Utopische an dieser Vernunft-, Gesellschaft- und Subjekttheorie ist die selbstsichere Unterstellung, ihr Gelingen funktioniere nach den (diskursiven) Regularitäten vernunftgeleiteter Rationalität(en). Mit Habermas hing die sogenannte "68-er Generation" dem Ideal eines kommunikativen Vernunfthandelns an, welches die Demokratie in der Gesellschaft und die Emanzipation des Subjekts harmonisch verwirklichen sollte. Dieses Projekt europäisierter "civil religion"[226] scheiterte. Sein selbstkritischer Effekt transzendiert - auch wenn er die Postmoderne beschwört - den linkshegelianisch markierten Bannkreis prozessualer Vernunft *nicht*: Die Akzentverschiebung vom "kommunikationstheoretischen Paradigma" zu neorationalistischen Paradigmen, wie dem "transversaler Vernunft", saniert das Spaltungsverhältnis vom transzendentalen zum empirischen Ich *nicht*.

Das erneuerte "allgemeine Subjekt" der "postmodernen Moderne" soll die konfliktvolle Diskrepanz zwischen der reinen und empirischen Vernunft in der (finitäts-)bewußten Solidarität der "anderen Moderne" aufgehen lassen. Diese futurisierte Allversöhnungsperspektive soll die krudele Wahrheit der Aufklärungsgeschichte entsühnen; eine blutige Wahrheit, welche daraus hervorgeht, daß die Einzelsubjekte, die als Träger ein- und derselben Vernunft veranschlagt werden, einerseits in realen Gegensätzen zueinander stehen und andererseits selbst "gespaltene Subjekte" sind. Die sich daraus ableitende Dauerkonfliktivität, Spaltungs- und Fragmentierungsanfälligkeit, gehören entscheidend zum Tausch- und Wechselspiel zwischen Individuum und Gesellschaft. D. Humes "Leviathan" ist diesbezüglich die große, frühneuzeitliche Meistererzählung mit besonderem Aufklärungswert über die Allmacht der Begierde und die Schrankenlosigkeit ihrer Willkür. Selbst die Wurzel des Kantschen Optimismus, gemäß dessen moralisches Handeln auch dort vernünftig sei, wo das machiavellisch Niederträchtige gute Erfolgschancen hätte, ist das Entsetzen vor dem Rückfall in den verschlingenden Wahnsinn der Barbarei. In seiner Tugendlehre, behauptet Kant, falls eine dieser großen sittlichen Kräfte, Wechselliebe und Achtung sinken sollte,

> "so würde dann das Nichts (der Immoralität) mit aufgesperrtem Schlund der (moralischen) Wesen ganzes Reich wie einen Tropfen Wasser trinken."[227]

Kants Metapher vom gierig "aufgesperrten Schlund" der Immoralität verweist auf eine Trieb- und Handlungswirklichkeit des "gesellschaftlichen Subjekts", die Aufklärung und Rationalismus bisher vergeblich als "irrational" auszugrenzen versuchten. Diese mißglückte Ausgrenzung gehört als Effekt zur Enttheologisierung der abendländischen Anthropologie. Die Theologie nämlich konnte die Wahrheit über das "gespaltene Subjekt" in ihrer Hamartologie und ihrer Lehre vom "mysterium iniquitatis" (2 Thess 2,7) noch bewahren. Sekundäreffekt der Ausgrenzung ist die "Dialektik der Aufklärung". Zur rationalistischen Utopie der "postmodernen Moderne" gehört wesentlich ihr Festhalten an der Allmacht der Vernunft und der vernünftigen Einheit des empirischen Ich-Subjekts. Weder die machtpolitisch-gesellschaftlichen noch die subjekthaften Realbegrenzungen für das Vollzugsvermögen von Vernunft werden hierbei für die Postmoderne grenzbewußt veranschlagt. Zwar werden von H. Rombach[228], J. Mittelstraß[229], H. Lank[230], W. Welsch, A. Wellmer u.a. alle thetischen Formen von Vernunft "als Verabsolutierung bestimmter Rationalitätsformen" verworfen, doch die transzendentale Vernunftherrschaft darf weiterhin für Subjekt, Gesellschaft und Wissenschaft das "totalisierende Prinzip" bleiben.

> "Vernunft ist dabei auf drei Ebenen wirksam: in Reflexion über die Verfaßtheit der Rationalitätsformen und die Möglichkeit von Übergängen; in der Praxis solcher Übergänge; als Medium der Konfliktaustragung zwischen heterogenen Ansprüchen".[231]

In dieser exemplarischen Definition wird der Geltungs- und "Macht"-Bereich der Vernunft an der Subjektwirklichkeit vorbei idealistisch entgrenzt und verallgemeinert. Das Subjekt bleibt hinter solch zudiktierter Vernunft unerwähnt zurück. Vernunft als "Medium und Prozeßform aller interrationalen Klärungen"[232], ist ein Idealtypus von "Kontingenzbewältigung". Er unterstellt dem Subjekt eine Paßform, die es nicht spaltungsfrei ausfüllen kann. Entscheidendes wird ausgeklammert: der konkrete *Bezug* des einzelnen Subjekts zur Vernunft. "Solange man davon absieht, *wer* Vernunft anwendet, hat sie nicht mehr Affinität zur Gewalt als zur Vermittlung, je nach der Lage von Individuum und Gruppen läßt sie Frieden oder Krieg, Toleranz oder Repression als das Gegebene erscheinen."[233] Vernunft "steht" - wie Horkheimer schließlich punktualisiert - "formal wie sie ist, jedem natürlichen Interesse zur Verfügung."[234] Weil Vernunft in dieser Indifferenz steht, deshalb kann sie kein neues fundamentum inconcussum für die Postmoderne abgeben. Der Rekurs auf den "Verstand ohne Leitung eines anderen" garantiert dem Subjekt ebensowenig seine Identität als es der postmodernen (Industrie-)Gesellschaft[235] den Genuß komplexsteigernder Progressivität verbürgen könnte.

Ein Seitenblick auf die Kulturgeschichte des letzten Jahrhunderts liefert überdies den Evidenzbeweis für unsere Kritik am Einheitssubjekt transzendentaler Vernünftigkeit. Was in Kants "Tugendlehre" wie in Hegels Reflexion über "Herr und Knecht" anklingt, wird in Nietzsches "Genealogie der Moral" kompromißlos aufgedeckt: Daß die Vernunft eher im Dienst der "natürlichen Interessen" des Subjekts handelt als umgekehrt. Die mittlerweile breitgefächerte psychoanalytische Forschung und Therapie (Freud, Jung, Adler, Hartmann, Lacan) negiert nicht die transzendentale Vernunftwirklichkeit des Subjekts. Sie weist ihr aber für das Motivations- und Beziehungsleben des natürlich-sinnlichen Menschen einen radikal veränderten Stellenwert zu. Ein Charakteristikum aller tiefenpsychologischen Schulen ist das Paradigma vom "gespaltenen Subjekt", dem der totalisierende Erkenntnis- und Bewältigungszugriff auf sich selbst nicht möglich ist. Die Beweggründe und Abgründe, aus denen heraus das Subjekt existiert, denkt, fühlt und (un)vernünftig handelt, sind schon deshalb nur sehr bedingt aufklärbar, weil sie sich jenseits der Vernunftdimension eröffnen. Die Wahrheit über das "gespaltene Subjekt" ist zwar prämodern, aber nichts destoweniger gültig. Daß sie schon zur Zeit alttestamentlicher Prophetie galt und deren Sprache vom status creaturae bestimmte, daß ihr außerdem mythenbildende Kraft und die bleibende, vernünftige Selbstanfrage des Menschen entspringt, entwertet sie keineswegs. Was unbeantwortbar bleibt, das darf dennoch weiterhin angefragt werden, denn fragen heißt: in vernünftiger Beziehung bleiben.

Das Selbstverständnis der Postmoderne (im Unterschied zur aufgeklärten Moderne) kann nicht umhin, sich mittels eines radikal neuen Finitätsbewußtseins zu artikulieren. Der Grundlagenrevisionismus des postmodernen Finitätsbewußtseins darf aber nicht nur ein naturwissenschaftlicher, sondern sollte auch ein humanwissenschaftlicher sein. Er sollte die Revision der Philosophie, der Gesellschaftslehre und Anthropologie inkludieren, ohne "das Problem des Subjekts" als bloß "sekundär"[236] auszusparen. Gerade die grundlagenkritische Frage nach dem Subjekt konturiert die anthropologischen Inhalte des nachmodernen Finitätsbewußtseins. Dieses ist nicht verkürzbar auf ein pluralitätsbezogenes Bewußtsein "transversaler Vernünftigkeit". Die kritische und zeitgemäße Frage nach dem Menschen, seiner (Ohn-)Macht und Möglichkeit, kann die Wahrheit vom "gespaltenen Subjekt" nicht übergehen, ohne dadurch unglaubwürdig zu werden. Eine (post)moderne, philosophische Anthropologie wird die gesicherten Ergebnisse der Psychoanalyse und Klinischen Psychologie integrieren, um an Aktualitätswert zu gewinnen. Daß sich dadurch neue, transversale Gesprächsansätze zur Theologie ergeben, ist ein günstiger Begleiteffekt.

Ein entscheidender Mangel am (neo)rationalistischen Postmoderneprojekt ist seine verkürzte Anthropologie im Dienst einer formalisierenden Subjekttheorie. Die Fehleinschätzung, welche die Diskrepanz zwischen Vernunft-Ich und natürlich-leiblichem Menschen nur formal zur Kenntnis nimmt, entläßt als geistes- und kulturgeschichtliche Konsequenz die "Dialektik der Aufklärung". Die Fehlbestimmung des Menschen als einfache, in sich ungebrochene "proposition" erweitert sich zu einer grundsätzlichen Fehlinterpretation von (menschlicher) Wirklichkeit. Das Konstrukt der "postmodernen Moderne" evoziert durch seine einseitige Pluralitäts- und Vernunftzentriertheit den "Irrationalismus" der Remythisierungsbewegungen. Der anarchische Dekonstruktivismus einer "diffusen Postmoderne" spiegelt sodann die dionysische Wiederkehr verdrängter Wirklichkeit. Die Spaltung zwischen (Nach-)Aufklärung und antirationalistischen Bewegungen würde somit für die Zukunft der Nach-Moderne festgeschrieben werden. Die "Wiederkehr des Gleichen" wäre als "futur passé" vorprogrammiert. Es hätte sich nichts geändert. Posthistorismus wäre angesagt.

2.4. Der Posthistorismus als Generalkritik der "postmodernen Moderne"

2.4.1. Das Inferno des "état final"

Die "Postmoderne" ist kein historisches Faktum, sondern zunächst einmal ein spekulationsgeladener Begriff, der allerdings aus der geisteswissenschaftlichen Diskussion der Gegenwart nicht mehr wegzudenken ist. Dieser Begriff, so offen wie er durch das Präfix "post" komponiert ist, ist eine Anfrage nach der Signatur der Moderne: ihren kulturellen Verschiebungen, Ausläufen und Innovationen, die das, was gestern noch als gültig und gegeben erschien, unversehens subversieren und verwandeln, aber auch aufheben und zerbrechen.

Schon seit mehreren Philosophengenerationen steht die Frage nach Einheit und Ende abendländischer Geisteswelt zur Debatte. Die Moderne als letzte Etappe der griechisch-jüdisch-christlich-germanischen Geistesgeschichte fand in den idealistischen Metanarrationen von Hegel und Marx ihre unifizierende Anwaltschaft und in der enttheologisierenden Aufklärung ihre verfallsbedrohte, kurzlebige Legitimation. Die Meistererzählungen der großen Spekulierer sind unterdessen in Utopieverdacht geraten und eher unattraktiv geworden. Mit ihrem Verblassen steht die Geschichte der abendländischen Philosophie und die Standortbestimmung ihrer Gegenwart zur Disposition. "Der philosophische Diskurs der Moderne" (1985) geht kritisch mit den einstmals "starken" Begriffen von "Theorie, Wahrheit und System" um. Die Grundlagenrevision der Neuzeit, die durch die sogenannte Grundlagenkrise der exakten Wissenschaften unvermeidbar wurde, gibt die weitrahmige Vorbedingung für eine neue, andere Moderne ab. Die "Krise der Moderne" ist die "condition postmoderne".

Wenn aber die neuzeitliche Moderne an das krisenhafte Ende ihrer Verfassung geraten sein sollte und falls sie ihren theoretischen "Untersatz"[237] verloren haben sollte, so wird dadurch die Essenz und das Profil der Post-Moderne zur offenen Frage. Diese stellt sich zuerst und formal hinsichtlich des *Beginns* der Nachmoderne. Repräsentative Antworten dazu wurden von uns bereits eingeholt (vgl. 2.1.) und miteinander verglichen. Dabei zeichnet sich ab, daß das (neo-)rationalistische Projekt einer "postmodernen Moderne" im Posthistorismus sein besonderes Widerlager und seine kontradiktorische Gegenposition findet. Der Begriff der "Posthistoire" wurde 1905 vom Cournot-Schuler Bouglé als Analogiebildung zu "Prähistoire" eingeführt. K. Marx verfaßte bekanntlich seine Sonderprägung des Begriffs "Vorgeschichte" (préhistoire): Die gesamte Menschheitsgeschichte, welche der von ihm erwarteten, sozialistischen Revolution vorausgegangen sein würde, wäre Präludium der Geschichte. "Posthistoire" stellte zuerst ein soziologisches, später auch ein geschichtsphilosophisches Konzept dar. Es bespricht jenen gesellschaftlichen Entropie-Zustand des betäubten Vergessens bzw. des spannungslosen Nicht-mehr-Wartens, den die Apokalyptiker und Heilige wie Ignatius von Loyola ("ne sim surdus Domine") am meisten von allen Seelenhaltungen fürchteten. Dabei geht es der Posthistoire-Literatur um den "état final" der hypertelen Gesellschaft, deren Kreativitätspotentiale verkommen seien, so daß Kreativität und Humanität bestenfalls noch simuliert würden. Im Posthistoire kommt hiermit eine alte Soziologen-"Vision" zu Wort, die von Comte bis A. Gehlen und R. Musil reicht. Es ist die Schreckensvision der Retotalisierung[238]: Jegliches Potential kreativ-humaner Weiterentwicklung sei entweder kanalisiert, organisiert, bürokratisiert oder erschöpft. Die Gesellschaft funktioniere präzis wie eine "État-Machine" (vgl. 1.4.2.1.) Das utopische "Systemprogramm" der Perfektibilität der Verhältnisse sei zur Perfektion der Planung und Simulation geronnen, die Anderes und Neues nicht mehr zuläßt. Die "zivilistische Ordnung" sei alsdann zur "geometrischen Epidemie"[239] pervertiert; das "stählerne Gehäuse der Welt"[240] werde durch das Utopische nicht mehr flexibilisiert. Entfremdungsgefühle bleiben.

Die in jeder Hinsicht extreme Position der Posthistoire ist die kompromißlose Negation und Generalkritik am Postmoderne-Optimismus all jener Kulturphilosophen, die noch darauf spekulieren, daß in der Postmoderne die Versprechungen der Moderne zum Wohle des Menschen Einlösung fänden. Der Posthistorismus geht apodiktisch davon aus, daß "Der Tod der Moderne"[241] instant und dann definitiv sein werde. Eine verklärende Auferstehung der sterbenden Moderne in einer besseren Postmoderne wäre nur schlechter Hegelianismus. Die Posthistoire-Bewegung proklamiert ihren Unglauben gegenüber den Progressions- und Komplexsteigerungsoptionen der alternden Moderne. Ihr Geschichtsverständnis klagt das ein, was im Fortschrittsdenken übergangen, ausgespart und verworfen wurde: das Menetekel der Neuzeit, die technokratische Eigenmächtigkeit des Subjekts. Dessen Werk-Konstruktionen würden sich endlich evident gegen ihren Erfinder wenden, um ihn der Agonie der Nach-Moderne zu überlassen. W. Benjamin vermutete bereits vor einem halben Jahrhundert, daß es sich mit dem Fortschritt, jenem dynamischen Abgott der Moderne, ganz anders verhalten könne, als das Wort es suggeriert. Seine "Thesen zum Begriff der Geschichte"[242] sind das kontradiktorische Gegen-Teil zu Hegels "Geschichte des Fortschritts im Bewußtsein der Freiheit."

W. Benjamin mystifiziert den "Begriff der Geschichte" im "Engel der Geschichte", einer visionären Figur, die für den Fortschritt steht. Dieser "Angelus Novus"[243] geht zwar in die Zukunft, aber sein Gesicht ist der Vergangenheit zugewandt. In ihr jedoch "sieht er eine einzige Katastrophe, die unablässig Trümmer auf Trümmer häuft und sie ihm vor die Füße schleudert".[244] Dabei weht ihm vom Paradies her ein Sturmwind entgegen. Es ist der Wind der Vertreibung, des Unerlösten und gesteigert Katastrophischen. Er schlägt ihm die Flügel auseinander und treibt ihn in ohnmächtigem Schrecken zurück in die Zukunft. W. Benjamins negative Utopie des katastrophischen Fortschritts läßt sich als frühe Inspiration und Avantgardeschrift des Posthistorismus bezeichnen. Ihr Stil ist noch stark expressionistisch-emphatisch geprägt; ihre Aussage ist beschwörende Neuentdeckung des dunklen Geheimnisses vom (Ver-)"Fall" der Schöpfung. Benjamins Nähe zu biblischer Schöpfungslehre und Apokalyptik durchtränkt seine Geschichtsthesen so sehr, daß sie die Theologen E. Benz und P. Schütz in der Abfassung des "Mysteriums der Geschichte"[245] nachhaltig inspirierte.

Doch die neue Generation der Posthistoire erlebt, leidet und schreibt anders, d.h. sie setzt andere Akzente als die (Groß-)Vätergeneration um W. Benjamin. Freilich, das Leitmotiv bleibt bei aller Akzentverschiebung gewahrt: das menetekelhafte Umschlagen ursprünglicher Menschheitshoffnungen und "utopischer Energien" in eine unerwartete, bleibende Trivialität und Miserabilität des Lebens. Die Akzentverschiebung läßt sich wohl am ehesten mit den Parolen vom "Inferno" und vom "état final" markieren. W. Benjamins mystischer Posthistorismus ist auf die Enthüllung des progressiv Infernalischen angelegt: auf "die Vernichtung der Welt und der

Menschheit in einer selbstverfertigten kosmischen Katastrophe".[246] Indem sie dem Menschen zustößt, zerstört und vernichtet sie ihn. Die Subjekt- und Gesellschaftstheorie der neueren Posthistoristen fokussiert hingegen auf die unauffällige und schleichende Devaluierung, Derealisierung und Depersonalisierung des Menschen: seiner Erlebnis-, Leidens- und Urteilsfähigkeit. Die Einbuße an menschlicher Autentizität, der weitreichende Verlust des proprium humanum[247], spiegele sich in der soziokulturellen Dekadenz wieder: in dem Erschlaffen der geschichtlichen Bewegung in einem 'état final', der "eine fundamentale Veränderung der Gesellschaft nicht mehr erlaubt".[248] D. Kamper paraphrasiert in einem beachtenswerten Artikel zu "Eschatologie und Posthistoire" den hypertelen "état final" als "Stagnation des Lebens, [...]todesähnliche Erstarrung,[...] Kristallisation, [...] endlose Langweile einer substanzlosen Zeit".[249]

Während das "Inferno" sich dramatisch über das Apokalyptische und Katastrophische zu inszenieren vermag, also noch über ein Faszinosum verfügt, fällt der "état final" "langweilig und spannungslos"[250] aus. Er symbolisiert den entdramatisierten Restzustand des schalen Nachher: nach dem feierlichen Fest von Aufklärung und Égalité, nach der Demaskierung der Meistererzählungen (Hegel, Marx, Szientismus), zeitgleich mit dem trivialen Niedergang der humanistischen Gesellschaftsutopien und eingedenk der "neuen Unübersichtlichkeit"[251] ist der "état final" Chiffre für eine indifferente Hoffnungs- und Vitalitätslosigkeit. Sie betrifft Individuum und Gesellschaft gleichermaßen. So wie nach einem manisch-psychotischen Schub oder einem psychodelischen Trip eine Verfassung des "burned out" und der "empty depression" zurückbleibt, ebenso wollen die Posthistoristen den "état final" verstanden wissen: als einen Zustand des Noch-Seins "nach" der Katastrophe. Letztere versteht sich als ein schleichendes Ereignis des zerstörerischen Wandels der einstigen Hoffnungsträger, Sinn- und Handlungspotentiale in trügerische Schablonen. Ihre standardisierten Sinn-Aussagen treffen auf das aktuelle Geschehen nicht mehr erhellend und helfend zu. Sie erwecken kaum mehr Betroffenheit, spenden keine Kraft mehr zur persönlichen oder gar gesellschaftlichen Erneuerung. Dafür bewahren sie Subjekt und "Solidar"-Gemeinschaft vor dem Verfall in Ataxie und chaotische Agonie. Als "paroles vides" garantieren sie den status quo und gehören schon lange in das Verwaltungsregister des Nach-Zustandes. Nach der Implosion des Sinns und seiner Mutation zum Sinnlosen verbleiben die Sinnschablonen also weiter als formative Deck-Kräfte, da es an kreativen, realen Ersatzangeboten fehle. Nach J. Baudrillard sind beispielsweise die optimistischen Leitideen von "Wagnis" und "Wachstum" schon längst so nicht mehr gültig. Sie wären durch neue, situationsadäquate Motive zu ersetzen, um nicht schädliche Vorstellungen, "fatale Strategien" und "Wucherungen" zu evozieren. Doch zu einer gelingenden Substitution komme es nicht (mehr). Eine Neusymbolisierung der Gegenwart bleibe unerledigt im abgeschlafften Wartezustand des "état final". Dafür werde - wie J. Baudrillard feststellt - umso mehr zu "fatalen Strategien"[252] der Lebensbewältigung gegriffen. Deren Funktion sei es, die heimlich stattgehabte Katastrophe des Verfalls vergessen zu machen. An die Stelle einer essentiellen Lebensdramaturgie und autentischen Lebensorientierung trete die "universelle Simulation"[253] als Defensivstrategie. So wie in der griechischen Tragödie das "unschuldig Schuldigwerden" als Schlüsselparadox je neu dem Hörer bewußtgemacht wird, ebenso ist die derealisierende Simulation ein Grundtenor der Literatur des Posthistorismus[254]: Aus dem Sein ist der gelungene Anschein geworden, das Als-Ob des trivialen Gleichnisses, die meisterlich präsentierte Gleichgültigkeit. Dazu ein illustratives Prosazitat aus A. Altmanns Begegnung mit der derzeitigen Freizeitkultur Floridas.

> "Das hat was. Das Leben als heitere Lügengeschichte. Das schwächt sogar die Renitentesten, zuletzt gibt man auf, läßt sich widerspruchslos vollmachen vom Babytalk der Radiostationen, hört nervenzerfetzende Liveinterviews, erfährt gerade, daß Mike aus Billings im kalten Montana angereist ist und jetzt - im Augenblick - am Strand von Islamorada liegt und "great fun" hat. Aber der Reporter bohrt:
> "Und das Wetter?"
> Great, just great."
> Und der Strand?"
> "Gorgeous, a great, great beach."
> "Und die Mädchen."
> - "O man, the girls are terrific, great, great stuff."
> Später ruft Betsie aus Orlando an, heute wäre ihr 13. Geburtstag. Und das Studio will es nicht fassen: "Is that true? O how wonderful, how wonderful, Baby." Dann ein paar Takte Kenny Rodgers, endlich hören wir den 27. Wetterbericht plus Action News, um 4.07 p.m. fängt Bingo an."[255]

Realbeziehung wird durch Simulation ersetzt. Perfekt-pünktliche Simulation als Substitut ist zur universellen Selbsterhaltungs- und Komplexsteigerungsstrategie des "état final" geworden. A. Gehlens "kulturelles Vergleichgültigungstheorem"[256] war als warnende Prognose gedacht. Für die Posthistoire-Bewegung hat sie diagnostischen Aussagewert angenommen: Die "egalitäre" Zukunft hat sich schon ereignet, aus Futur ist ein futurum exactum geworden.

Die Einlösung eben jener utopischen Gehalte (im Kommunikativen, Sozialen, Technischen usw.), die für Generationen stark hoffnungsbesetzt blieben, die Wunscherfüllung im freigebig toleranten Stil der Aufklärung, brachte keineswegs die erwartete Lebensfülle. Der Belegbeispiele dafür wären unendlich viele und verschiedene, von der Digitaluhr bis zur "befreiten" Sexualität. Erstere macht trotz ihrer absoluten Präzision den Menschen nicht pünktlicher, letztere die Gesellschaft nicht gesünder. Mehr noch als die Retotalisierung und Perfektibilisierung des Routine-Lebens der Industrie-Gesellschaften beklagt die Posthistoire-Literatur die Trivialisierung der Utopien als deren Einlösungsform: Trivilität und Tautologie charakterisieren den "état final". Er sei menschengemachte Schöpfung aus "zweiter Hand", materialisierte Utopie, verwirklichte Finalität der Moderne.

2.4.2. Die immanentisierte Eschatologie des Posthistoire

2.4.2.1. Die Demaskierung der utopischen (Heils-)Dimension als "triviales Paradies"

Die Grundlagenrevision der Neuzeit findet in der Posthistoire-Bewegung zu einer radikalen Epochenkritik. Die neuzeitliche Moderne wird durch diese Kritik zur Einheit einer Epoche gebündelt, die bestimmbar und womöglich beendet ist. Der fatale Charme ihres Progressions- und Komplexsteigerungsdenkens, durch den "die" Neuzeit/Moderne ihre Selbstbestimmung vorantrieb, ist in der Posthistoire gebrochen. Gerade durch die Einlösung der säkularisierten, utopischen Heilsdimension(en) wurde paradoxerweise der Bruch, d.h. die εποχη wahrnehmbar. Die Transposition der

Aufklärungsideale in das Alltagsleben und die Materialisierung der "utopischen Energien" zeitigten - jedenfalls aus der Perspektive der Posthistoire - ein wenig beglückendes Ergebnis: den "état final".

In euphorischer Analogie zur Religion, die dem Gläubigen "Segen" verspricht, versprach die aufgeklärte Moderne ihren Angehörigen "Glück" ("welfare") und "Schönheit". Diese Generalversprechen an Generationen bildeten gleichsam die humanistische crux zur "Beglaubigung" je neuer Projekte der Moderne. Ob es sich um technische, medizinische, sozialstaatliche, sozialistische oder kapitalistische Einzelprojektierungen handelte, sie alle hatten sich dieser Leitidee formal unterzuordnen.

Der Posthistorismus behauptet hierzu zweierlei: Daß die Transpositionsarbeit der Moderne zur glücklosen Trivialisierung der Utopien geführt habe und daß die neuzeitliche Moderne derart totaliter mit diesem Transpositionsvorhaben identifiziert sei, daß sie daraus ihr Geschichtsbild und ihre Identität beziehe. Dem entsprechend folgert P. Sloterdijk:

> "Die Karriere der Vorsilbe 'nach' deutet an, daß uns [...] kein Geschichtsbild mehr zur Verfügung steht, daß es der Gegenwart erlaubt, sich zu datieren. Seit allgemein sich der Eindruck verbreitet, daß die Geschichte keinen Fahrplan hat, tasten wir uns durch ein prozessuales Niemandsland voran. Es steht um die Erzählbarkeit der entfesselten Realitäten [...] schlecht."[257]

Mit einer besonderen, der "pati divina" vergleichbaren, "spiritualisierten" Ratlosigkeit versucht die Posthistoire-Literatur von diesen "entfesselten Realitäten" zu erzählen. Sie tut dies mit dem geradezu mystischen "Erleuchtungsbewußtsein" (William James), daß etwas Grunderschütterndes mit Geschichte und Gegenwart geschehen sei. In das standardisierte Geschichtsbewußtsein wie in die Alltagswirklichkeit bricht die "posthistoristische" Erfahrung einer bisher ungeahnten Miserabilität: einer fatalen Dauerperspektive von Hoffnungsverlust. Dabei sprechen die Posthistoire-Stimmen weniger von äußeren oder heraufziehenden Katastrophen, sondern versuchen eine Standortbestimmung und Neudatierung der Gegenwart, welche "durch das Ende der innerweltlichen Utopie bestimmt"[258] sei. Der Posthistorismus ist ein Versuch zur Deutung der gegenwärtigen Kulturgegebenheit "nach" der glücklosen Materialisierung der Utopien. Dieser "état final" des Danach ist das Stadium der gleichgültigen "Hypertelie". Damit ist eine Befindlichkeit gemeint, die jenseits der modern-triumphalen Endvorstellungen liegt: Die (utopischen) Gehalte, deren Einlösung die Aufklärung versprach, sind zwar eingewechselt - aber ganz anders als man sie erhofft und geträumt hatte.

> "Wir befinden uns wahrhaftig in einem Jenseits. Die Phantasie ist an der Macht, ebenso die Aufklärung und die Intelligenz, und wir erleben [...] die Perfektion [...] alles ist erreicht, der Himmel der Utopie ist auf die Erde herabgekommen, und was sich einst als strahlende Perspektive abzeichnete, stellt sich nunmehr als Katastrophe im Zeitlupentempo dar. Wir spüren bereits den fatalen Vorgeschmack der materiellen Paradiese."[259]

Mit solcher Deutung und Diagnostik durchbricht J. Baudrillards aktuelle "epilogische Apokalyptik"[260] die Zeitmauer, um auf das Terrain des Futur exakt vorzustoßen. Diagnostiziert wird die Gegenwart als die Zeit der stattgehabten Einlösung aller Utopien der Moderne. Diese mutieren aber bei ihrer Einlösung in ihr glückloses Gegenteil: die Trivialität. Sie werden wie durch einen heimlichen, mefistophelischen Streich[261] zur wertlosen Valuta, zum depotenzialisierten Allgemeingut, zu Garanten der Langweile.

Mit kompromißloser Schärfe erkennen manche Denker der Posthistoire[262] die Hypothek des Utopischen: Daß die Erfüllung von Utopien fatal gerät; daß Utopien so gut gemeint sind wie sie banal enden. Sie sind "fatale Strategien", weil sie letztlich der Selbsttäuschung des Menschen dienen und schließlich in Selbstschädigung umschlagen. In der Demaskierung der - Neuzeit und Aufklärung substantiell bestimmenden - "Heilsdimension des Utopischen" nähert sich die Posthistoire-Bewegung halbwegs dem christlichen Geschichtsinterpretament parusialer Eschatologie. Diese angebahnte Konvergenz differenziert zu entfalten, wird an späterer Stelle Aufgabe sein (vgl. 5.1.2.3.). Hier gilt es zusammenfassend hervorzuheben, wie sehr sich der Posthistorismus als Bewegung der Desillusionierung versteht. Der Dekonstruktivismus der Posthistoire trägt das Seine zur Wiederentdeckung der "entfesselten Realität" des Menschen als "gespaltenem Subjekt" bei. Und zwar leistet er seinen Beitrag darin, daß er den Menschen und sein

Kulturschaffen einem bestimmten mysterium sub contrario unterstellt: Die Heilsvorstellungen des Menschen, seine Vorstellungen (Utopien) von "Glück" und wahrmachbarem "Weltentwurf", erweisen sich in Wahrheit als Unheilsvorstellungen. Diese philosophische und (gesellschafts-)wissenschaftliche Bezeugung des Posthistorismus reicht von Cournot über Hendrik de Man, Roderick Seidenberg, Arnold Gehlen bis zur neuesten Rezeption des französischen Strukturalismus bei J.-F. Lyotard, M. Serres und J. Baudrillard. Die Desillusionierung über das Kulturschaffen des Menschen wird im Posthistorismus als Eskalation der Ernüchterung vorangeführt bis hin zur letzten Frage nach dem Menschen selbst.

2.4.2.2. Das Ver-enden der parusial-eschatologischen Zeiterfahrung

Das Posthistoire-Denken (vgl. D. Kamper, K. Vondung, Ch. Wolf, A. Gehlen, J. Baudrillard) optiert für eine tiefe, "prästabilierte" Korrespondenz zwischen der Erlebniswelt des einzelnen Menschen und dem "Schicksal" der Menschheit. Das betrifft insbesonders die Konvergenz von "gespaltenem Subjekt", Tod und "Weltuntergang". Hinsichtlich dieser Triologie nimmt der Symbolbegriff des "état final" eine bestimmte Verweiserfunktion ein. Er bezeichnet den "Verlust der Ewigkeit" und das "Ausbrennen einer fundamentalen Zeiterfahrung der Menschheit"[263]: Herausgefallen aus einem (zumindest tendenziell) theozentrierten, kosmischen Welt- und Selbsterleben, beginnt mit der Renaissance die Wiedergeburt des Menschen in der anbrechenden Neuzeit. Ein neues Zeit- und Raumerleben (Galileische und später Kopernikanische Wende, Perspektivmalerei, Entdeckung der "Neuen Welt" etc.) hebt an, das sukzessiv die Generationen und Stände, das Gemeinwesen und den Einzelnen erfaßt.

Mit dem subjektiven Verlust der (göttlich-kosmisch) prästabilisierten Weltenbewegung werden Selbst- und Fremdbewegung neu zueinander vermessen. Aus Kosmologie wird Mechanik, welche die Bewegungsgesetze neu aufstellt. Bewegung verliert ebenso wie Zeit ihre metaphysische Konnotation. Sie wird ausschließlich in neuen, kalkulierbaren Größen (z.B. Masse, Weg) gemessen und in einem neuen, d.h. akosmischen und atheologischen Bezugsgrößensystem installiert. Kurz gesagt: Bewegung und

Zeit büßen ihre eschatologische und parusiale Dimension ein. Was die Scholastik noch so beharrlich "aevum" nennt, verflüchtigt sich zu "tempus"; zur Zeit, die durch Bewegung(sleistung) bemessen wird. Noch im ausgehenden Mittelalter war es nicht unüblich, Weg- und Bewegungs-"strecken" am Wort des Gebets zu bemessen. Fragte man beispielsweise vormittags auf dem Marktplatz von Eboli, wie weit es zu Fuß zur Andreaskapelle in Lavalle sei, so war die geläufige Antwort: drei "Angeli" weit. Zur abendlichen Dämmerstunde aber, bekam der Fragende zu hören: einen "Rosenkranz" lang.

So war nicht nur das monastische Leben oder das Wallfahrertum, sondern das Zeit- und Lebensgefühl des abendländischen Menschen bis in die Neuzeit hinein metaphysisch gestützt: Die vergehende Zeit galt dem christlich-religiösen Daseinserleben zugleich als sich erfüllende Zeit "aus Gottes Händen". Der auferstandene und erhöhte Christ-König wurde verstanden als Alpha und Omega der Geschichtsbewegung und als Herr der Zeiten. Die Apokalyptik seiner Wiederkunft bedeutete das Ende der Zeit(rechnung) und den Anfang einer neuen Schöpfung, in der Sünde und Tod nicht mehr sein werden. Christliche Geschichtsprophetie und neutestamentliche Apokalyptik sahen weder "Weltuntergang" noch "Tod" als etwas Substantielles und für sich selbst Gültiges. Vielmehr sprechen sie von der geheimnisvoll-gnadenhaften Aufhebung dieser brachialen Widerfährnisse in dem "état final" einer neuen, postmortalen Schöpfung und Geschöpflichkeit. Dabei betonen sie die Parallelität und Analogie zwischen allgemeinem und individuellem Geschick: Alles, was geschieht, ereignet sich nicht nur in der Zeit, sondern es geschieht in Gott, dem dreifaltigen Pankreator. Auf ihn hin ist alles ursächlich ausgerichtet, so daß er der eschatologische Richter des Universums ist und sein wird. Das parusial-eschatalogische Zeit- bzw. Geschichtsverständnis gehört zum proprium christianum. Die Moderne nahm mit ihm ihren Anfang in einer epochalen Abkehr vom kyklischen Phasendenken der Antike. An die Stelle dieser paganen, naturhaft-mythologischen Zeitreflexion trat als neue, christlich-abendländische Zeiterfahrung die Erlebnisfigur der "Zwischenzeit" bzw. der "Frist" als "gewährter" Zeit. Sie wird über viele Jahrhunderte zur Grundfigur des abendländischen Geschichtsdenkens. "Denn was Geschichte im eminenten okzidentalen Sinn des Wortes bedeutet, läßt sich allein aus ihrem Frist- und Zwischencharakter verstehen."[264] Das christlich-eschatologisch bestimmte Abendland interpretierte den Zeit-Raum seiner Geschichts-Bewegung(en) als das Interim und Interregnum zwischen der Inkarnation und der Wiederkunft des erhöhten Herrn. Zukunft meinte Wiederkunft als Eschaton.

Am Anfang des abendländischen Geschichtsdenkens steht also die christliche Vision der Verwandlung der Weltzeit mit ihrem kosmisch-mythischen Kalendarium in eine gewährte Zwischenzeit. Wie das paulinische Schrifttum sind die ersten Christengenerationen noch in der Spannung der Naherwartung gehalten. Auch für Paulus ist die kommende Zeit eine knapp bemessene Zwischenzeit. Sie bedeutet aber keineswegs einen belanglosen Durchgang, sondern eine Zeit mit eigener Würde, sofern sie durch das Evangelium doch bereits unter dem Licht der Erlösung steht. Mit der "paulinischen Postantike"[265] hebt die Periodisierung der christlich-abendländischen Geschichte an. Ihre post-moderne Auflösung ist zur offenen Frage geworden. Durch die "Parusieverzögerung" profiliert sich die gewährte Zwischenzeit sehr bald als substantiell apostolische Zeit.

> "Im Licht des Missionsgedankens läßt sich die Parusieverzögerung nicht nur als Enttäuschung, sondern auch als heilbringender Aufschub des Endes begreifen. Wenn wirklich die Geschichte von einer apostolischen Substanz zehrt, dann darf das Ende aller Tage nicht vor der Universalisierung der Botschaft eintreten."[266]

In der Folgezeit christlicher saecula ergänzen eschatologisches, parusiales und apostolisches Motiv einander wechselseitig. Sie sind die Grundkoordinaten einer fundamental christlichen, theozentrischen Zeiterfahrung. Ihren Horizont markiert die Apokalyptik mit der Heilsvision der Apokatastasis als versöhntem "étal final".

Es gehört zu unserer fundamentaltheologischen Reflexion auf Postmoderne und Posthistoire sich mit nötigem Nachdruck darüber Rechenschaft abzulegen,

> "daß nicht nur die frühe abendländische Geschichte, sondern auch die Neuzeit einschließlich der jüngsten Gegenwart durch die Über-

lieferung und Abwandlung messianischer und eschatologischer Motive modelliert worden ist."[267]

Als ungewollter Effekt von Aufklärung und Nihilismus greifen die Remythisierungsbewegungen seit der Frühromantik zu ihrer Legitimation dezidiert auf messianisch-eschatologische Motive (Muster) zurück. Die neuzeitlichen Utopien - gleichgültig ob sie von der Mathematisierbarkeit der Welt oder der klassenlosen Gesellschaft träum(t)en - verkünden die Erreichbarkeit eines beglückenden "état final" als Heilsvision. Für die neuzeitliche Phase des Christentums (bzw. des christlichen Abendlandes) ist es charakteristisch, daß das eschatologisch-parusiale Element zunehmend in den Hintergrund abgedrängt wurde. Die Interpretation von Geschichte als gewährter Zwischenzeit zwischen Schöpfung und Erlösung, zwischen Tod und Parusie des Messias, verlor im entgrenzten Aufklärungs-Horizont der Profangeschichte ihre frühere Zugkraft. Die "christliche Welt", die sich kaum mehr ihre contradictio in adiecto bewußt hält, beginnt, sich im scheinbar unendlichen Kontinuum neuzeitlicher Moderne einzurichten. Der lästig gewordene Gedanke an das letzte Ende eines "jüngsten Tages" wird von der Philosophie (Utopie) des unendlich perfektibilen Fortschritts überdeckt.

So werden vom 18. Jahrhundert an christliche Ideen und Motive gegen das überlieferte Christentum auf paradoxe Weise wirksam, indem sie antichristliche Geschichtsphilosophien bzw. vorchristliche Erlösungs-Mythologien ins Leben rufen. Gerade in den entschieden weltlichen und atheistischen Flügeln der Aufklärung erwacht der enttheologisierte messianische Impuls zu radikalutopischer Offensität. Er wird vor allem im Marxismus zur weltpolitischen Gewalt. Als Marxismus gibt er dem modernen Fortschrittsdenken die messianische Perspektive auf einen Anfang vom guten Ende zurück: auf das Ende des Wegs durch die Wüste entfremdeter Zwischenzeit und auf den Beginn eines Aions nachgeschichtlicher Erfüllung. Es hat den Anschein, daß der christlich-messianische Impuls in der Moderne unter atheistischem, neomythologischem, sozialistischem und humanistischem Inkognito zu einem säkularisierten, utopisierten Wirkungsmaximum gelangen konnte. In dieser utopischen Übersteigerung vollzog sich bislang zugleich seine irreligiöse Liquidierung.

2.4.2.3 Das "gespaltene Subjekt" im Spiegel des "état final"

Was als Zeitgefühl der (Post-)Moderne nach dem "Verlust der Ewigkeit" und nach der mißglückten Utopisierung christlichen Zwischenzeiterlebens übrig bleibt, symbolisiert die Posthistoire-Bewegung mit "état final". Er bezeichnet das vielleicht letzte novum der Moderne, die unerkannt gebliebene ultima ratio ihrer Geschichtsbewegung und Selbstübersteigerung. Der hypertele "état final" ist das menschengemachte Eschaton. Es spiegelt dem Menschen wider, was er sein möchte und nicht ist: Er möchte der Herr "seiner" Geschichte sein, um sich in ihr glückbringend zu entfalten - und er kann es nicht. Die angestrengte Materialisierung seiner Utopien endet unversehens in Trivialität und vagen Entfremdungsgefühlen. Er möchte - wie Hegel es verspricht - zum "anderen seiner selbst" werden, doch das causa-sui-Projekt[268] des "werdenden Menschen" scheitert verlustreich. Er möchte den Prometheus-Mythos selbstemanzipativ widerlegen und vermag es nicht, diesen neuen Menschen ausdauernd zu spielen.

Was Prometheus Fackel und Feuer, das war der neuzeitlichen Moderne der tragende messianische Impuls und die klärende Vernunft. Auf dieses fetischhafte Instrumentarium der Selbst-, Natur- und Weltbeherrschung hin wurden die Generationen sukzessiv vereidigt. Zuerst nur die Gebildeten, dann mit forschreitender Technifizierung und Demokratisierung die Stände und Bourgois, schließlich - unter feuerroter Fahne zorniger Männer - die Arbeiter und Bauern. Ihr aller Schwur galt einer neuen Zeit selbstemanzipativer Vernunft. Und ebenso wie wahre Religiosität keinen bloßen Extrinsezismus dulden kann, sondern Enthusiasmus der Innerlichkeit ersehnt, definierte der aufgeklärte Zeitgeist den Menschen bald schon nicht mehr über dessen (immerhin hinterfragbaren) Bezug zur Vernunft, sondern *als* Vernunftswesen schlechthin. In diesem Großprojekt europäisierter "civil religion" siegt das egalitäre (Vernunft-)Ideal über die Wirklichkeit des Menschen. Eine fatal oppressive Spaltung wird festgeschrieben. Sie bewirkt die "Dialektik der Aufklärung" und läßt die Frage nach der Wahrheit des Subjekts erneut akut werden.

Wenn aber der abendländische Geschichtsverlauf im definitiv gewordenen Scheitern der Utopieprojekte anzeigt, daß der vernunftgerechte Mensch mit seiner "Werkgerechtigkeit" scheitert, dann ist es gerechtfertigt, vom Menschen als "gespaltenem Subjekt" zu sprechen. Diese zweideutige Begrifflichkeit ist einer als falsch verifizierten Eindeutigkeit ("Vernunftwesen") vorzuziehen. Die Postmoderne- bzw. Posthistoire-Literatur wagt zu erkennen, was es mit dem "gespaltenen Subjekt" auf sich hat: worin seine Spaltung perpetuiert und wie sie sich selbst affirmiert. Es wäre ein formalistischer Vorgriff, wollte man von *der* "Subjekttheorie" des Posthistorismus reden. Eher darf von einem Experiment der Wahrnehmung gesprochen werden, das Verworfenes und Exkludiertes in den Erlebnishorizont reintegriert. Dieses Wahrnehmungsexperiment benützt, um eine neue Optik zu sichern, das Modell des "état final". Es perzipiert den (kulturschaffenden) Menschen hinter der Maske vernünftiger Einheit und körperlicher Ganzheit als "gespalten" und fragmentierungsanfällig. So ist der Mensch bereits insofern "gespaltenes Subjekt" als er in Wunsch, Vorstellung und Utopie das sein möchte, was er sinnvoller Weise nicht werden kann. Die Utopie wie die Ideologie und das Ideal erstreben primär einen neuen Seinsstand. Ihm steht es sodann zu, eine neue Bilanz von Soll und Haben zu eröffnen. Die Spaltung zwischen Ideal und Menschenmöglichem, zwischen vernünftigerweise Denk- und Projektierbarem und real, d.h. raum-zeitlich mit Menschen Vollführbarem, ist das alte Dilema menschlicher (Sozial-)Existenz.

In der Neuzeit aber wurde dieses Dilema zweifach in das Krisenhafte verschärft: durch den beschleunigten Zugewinn an technischen Instrumentalmöglichkeiten und durch den Rücktritt der Religion hinter die instrumentalisierte Vernunft. Der Religion nämlich ist die Offenbarungswahrheit um die gespaltene Positionstiefe des Subjekts seit jeher anvertraut. Besonders das Christentum weiß um die Erlösungsbedürftigkeit des Menschen, der zugleich himmlischen und irdischen Ursprungs ist; dessen Kreatursein einerseits durch Erbsünde und Konkupiszenz dem mysterium iniquitatis (2 Thes 2,7) unterliegt, während es andererseits personal bestimmt bleibt und in Christus geheiligt wird. Für die christliche Religion steht nicht die Rationalität und Autonomie des Subjekts im Zentrum ihrer Anthropologie, sondern der erlösungsbedürftige, gespaltene "homo vulneratus". Das paulinische Christentum weiß bereits um die Gefährdung des Menschen, welche nicht nur im äußeren "Absolutismus der Wirklichkeit" (H. Blumenberg) gründet, sondern mehr noch in einer inneren Ataxie, einem Widerstreit der Strebungen im Menschen selbst. Zur christlichen Weisheit gehörte seit jeher sowohl das Wissen um die Todesnähe und -getriebenheit des Menschen als auch die Gewißheit um die befreiende Heilswirklichkeit in Christus. Die christliche Religion achtet den Menschen und begründet seine einmalige Würde, indem sie ihn einem geoffenbarten mysterium sub contrario unterstellt.

In dem Maße jedoch, in dem das Christentum durch Neuzeithumanismus und Aufklärung marginalisiert bzw. umgewertet wurde, verflüchtigte sich die Kunde vom Menschen als "gespaltenem Subjekt". An ihre Stelle rückten - auch theologischerseits - die Apologien über die Vernunftwürde des Menschen, dem jeder nur denkbare Fortschritt, jede noch ausstehende Versöhnung mit sich selbst, seiner Geschichte und Umwelt zutraubar wurde. Die verabsolutierende "Selbstermächtigung des Subjekts" (Heidegger), entstanden aus dem Verlangen, den Menschen als die einzige essentielle Wirklichkeit anzuerkennen, erscheint J. Poulain in seiner "pragmatischen Dekonstruktion des Menschen"[269] als "eine vergebliche Leidenschaft. Um den Menschen daran zu erinnern, daß er kein Gott ist, würde es genügen, die Inkohärenz des modernen Ideals zu denunzieren"[270]. Genau dies hat sich die Posthistoire-Bewegung zur Spezialaufgabe ihrer Ästhetik gemacht.[271]

Über das Perzeptionsmodell des "état final" schafft der Posthistoire die Dekonstruktion der totalitären Subjekttheorie des "Vernunftwesens". Dabei ereignet sich die Wiederentdeckung des Menschen als "gespaltenes Subjekt", das durch seine Rationalität nicht vor jenem Leiden bewahrt wird, das S. Kierkegaard die "Krankheit zum Tode" nennt. Im Gegenteil: Die Diskrepanz zwischen dem transzendentalen Ich und der generalisierten Vernunft des "allgemeinen Subjekts" einerseits sowie dem konkreten Einzelsubjekt wird durch die individualisierte Ratio nicht saniert. Sie wird bestenfalls "bewußt". Wie brüchig der "Macht"-Bereich der Vernunftherrschaft tatsächlich ist, zeigt sich am jeweiligen Bezug des einzelnen Subjekts zur Vernunft. Denn Vernunft "steht" - wie M. Horkheimer/Adorno es punktualisieren - "formal wie sie ist, jedem natürlichen Interesse zur Verfügung."[272] Der Rationalismus marxistischer Prägung suchte beispielsweise vergeblich nach einer Gesellschaftspädagogik zur sozialistischen Unifizierung der "elementaren Interessen" der Vernunftsubjekte. Das klägliche Scheitern der marxistischen Meistererzählung in der Lebens- und Gesellschaftspraxis ist zwar in wirtschaftlichen Defiziten bilanzierbar, empirisch nicht erhebbar bleibt die radikale Fehleinschätzung dessen, was die "natürlichen Interessen" des "gespaltenen Subjekts" wirklich sind. Um deren Abgründigkeit besser auszuloten, bietet es sich an, die Hl. Schrift und das Werk S. Freuds gleichzeitig zu studieren. Solch praktizierter Dekonstruktivismus am "Vernunftwesen" Mensch könnte den Horizont eines neuen, desillusionierten Finitätsbewußtseins austarieren, der in der Posthistoire-Literatur aus der Optik des "état final" einseitig angegangen wird.

Wir behaupteten zuvor (vgl. 2.4.2.1.), das Posthistoire-Denken optiere für eine "prästabilisierte" Korrespondenz zwischen der Erlebniswelt des einzelnen Menschen und dem "Schicksal" der Menschheit. Dies betreffe besonders die Entsprechung von "gespaltenem Subjekt", Tod und "Weltuntergang". - Rekurrierend auf die "Dialektik der Aufklärung" läßt sich schließlich unter der Leitidee des "état final" folgende Synthese finden: Die Posthistoire-Bewegung nimmt auf ihre Weise den "Tod der Metaphysik" und den "Tod des Subjekts" wahr als "condition(s) postmoderne(s)". Der "Tod des Subjekts" wie die Entlegitimierung der Religion spiegelt und manifestiert sich im gemeinsamen Gesellschafts-"Schicksal" des "état final". Dieser entstehe am Ende der neuzeitlich-modernen Epoche als späte Konsequenz technifizierter Vernunftherrschaft über Mensch und Natur. Der "état final" sei Spätfolge des "Terrors der Vernunft", welcher Religion, Metaphysik und Mensch um ihren Stellenwert und ihre Wertigkeit gebracht habe und sie damit gleichsam "umbrachte". Die Derealisierung des "gespaltenen Subjekts", dessen paradoxale metaphysische Wahrheit im Christentum gewahrt wurde, erbrachte ein "Vernunftwesen" besonderer Tragik: Es erwies sich im Verlauf der modernen Geschichte als amputiertes, idealisiertes "Teilwesen" mit todbringenden Attributen. Es veranschlagte sich prometheisch als pars pro toto und verstand seine Emanzipation in der endgültigen Verwerfung dessen, was die französische Postmoderne mit "sujet veritable" erneut beim Namen ruft. Der "état final" ist daher in der Sicht der Posthistoire weder fatum noch Schicksal aus der Hand eines "bösen Gottes", sondern geschaffener Endzustand einer Kultur der Spätaufklärung, der die endgültige Verwerfung des Subjekts gelungen sei: Die "Todeslandschaften der Seele"[273] kehren im kulturellen Außenfeld als "Thanatokratie"[274] wieder, spiegeln und ergänzen einander zur "Verdammnis Spätgeborener zu sein". Der "Religionskrieg der Vernunft"[275] hinterläßt das "blühende Brachland" universeller Simulation. In der Geschichtsvision der Posthistoire-Literatur steht der menschengemachte "Weltuntergang" im Futur exakt. Er vollzog sich mit der Zerstörung der "Substanz des Humanen".

Diese extreme Geschichtsschau im Maßstab einer "kupierten Apokalypse"[276] ist weder theologisch noch atheistisch. Sie ist, obwohl extrem, dennoch bescheiden: Sie sieht jene "Todeslandschaft" immanentisierter Eschatologie, zu der negative Transzendenz Zutritt und Bleiberecht hat. Die "Todeslandschaft" des "état final" ist wie ein Alptraum: immaginär und zugleich die einzige Wirklichkeit für den Träumenden. Die Posthistoire-Bewegung ermißt auf ihre Weise die Grenzen (post-)moderner Freiheit nach dem "Religionskrieg" und dem "Verlust der Ewigkeit".

> "Die Moderne hat sich übernommen, weil sie Gnostizismus ohne Pleroma, [...] ohne Vision schon anwesender Vollendung ist. Das einzige ganz Andere, das sie außer dem stählernen Gehäuse der Welt kennt, ist die Utopie. Aber die Utopien der Moderne sind enttäuscht worden. Sie haben nicht das ganz Andere gebracht."[277]

Der Posthistorismus verweist auf einen Endzustand noch nie da gewesenen, *neuen Elends,* das nach dem Zusammenbruch der großen Menschheitsutopien unleugbar wird. Das Neue an dieser Misere ist - darin sind sich alle namhaften Posthistoire-Literaten einig -, daß die Macht menschlicher Rationalität sie herbeigeführt habe, aber nicht mehr beheben könne. Die immanentisierte Eschatologie der Posthistoire ist mehr als Pessimismus. Sie ist Anfrage nach dem ganz Anderen, vielleicht Erlösenden. Sie ist das "miserere nobis" der Postmoderne.

3. Der Dekonstruktivismus als zwiespältige Postmoderne-Bewegung

3.1. Die Machttheorie des Dekonstruktivismus

3.1.1. Der Dekonstruktivismus als Methode postmoderner Emanzipationsforderung

Die postmoderne Orientierung, die im Posthistorismus eine fatalistische Eschatologie der Moderne favorisiert (vgl. 2.4.2.), läßt sich mit "dekonstruktivistisch" kennzeichnen. Der Dekonstruktivismus ist *die* kritische Methode der ansonsten so unterschiedlichen Postmoderne-Denker. Mit ihr erstreben sie die ideologiebeladene "Obsessivität der Moderne" zu dekodieren. Bei dem Begriff "déconstruction" handelt es sich um eine Derridasche Neuprägung für ein Verfahren der Metaphysik-Kritik. Für den Begriff "Dekonstruktion" gab Heideggers Rede von einer "Destruktion der Geschichte der Ontologie"[1] das Vorbild ab. Heidegger versteht darunter programmatisch, die in der abendländischen Ontologie wirksam gewordene "Metaphysik" "auf die ursprünglichen Erfahrungen, in denen die ersten und fortan leitenden Bestimmungen des Seins gewonnen wurden"[2], zu befragen. Seine "Destruktions"-Methode erläutert Heidegger folgendermaßen:

> "Dieser Nachweis der Herkunft der ontologischen Grundbegriffe [...] hat nichts zu tun mit einer schlechten Relativierung ontologischer Standpunkte. Die Destruktion hat ebensowenig den negativen Sinn einer Abschüttelung der ontologischen Tradition. Sie soll umgekehrt diese in ihren positiven Möglichkeiten, und das besagt immer, in ihren Grenzen abstecken. [...] Negierend verhält sich die Destruktion nicht zur Vergangenheit, ihre Kritik trifft das "Heute" und die herrschende Behandlungsart der Geschichte der Ontologie, mag sie doxographisch, geistesgeschichtlich oder problemgeschichtlich angelegt sein. Die Destruktion [...] hat positive Absicht; ihre negative Funktion bleibt unausdrücklich und indirekt."[3]

Auch Derridas "déconstruction" möchte den "konstruktiven Zug" der Destruktion abendländischer Seins-Auslegung herausarbeiten. "Dekonstruktion" intendiert ein Niederreißen des Gerüsts abendländischer Metaphysik, um Fundamentales zu rekonstruieren ("re-construire"). Präziser gesagt: Die Methode der Dekonstruktion ist darauf angelegt, in dem Diskurs, als welchen das Abendland sich darbietet, den Dialog mit dem aufzuspüren, was Heidegger das Sein, Lévinas und Lacan "das Andere (l'Autre)" nennen.

Zur dekonstruktiven Programmatik gehört, daß sie die neuzeitliche Moderne auf das hin dechiffriert, wodurch sie sich angeblich selbst erschuf und erhält: auf das Macht-Prinzip hin. Die Metaphysik des postmodernen Dekonstruktivismus erschöpft sich weitgehend (aber keineswegs gänzlich!) in einer "Machttheorie", die in ihrer Betrachtung die Begriffe Vernunft, Subjekt/Gesellschaft und Geschichte umspannt. Die Herrschafts- bzw. Machttheorie des Dekonstruktivismus zu erörtern, d.h. den Generalnenner der pluralen Postmoderne-Bewegung auszumachen und ihre Kritik am "Projekt der Moderne" gebündelt darzustellen. Gleich zu Beginn unseres Traktates (vgl. 1.1) konnte - noch stark phänomenologisch ausgerichtet - die postmoderne Wirklichkeitsoption des Dekonstruktivismus vorgestellt werden. Dabei wurde die "Wahlverwandtschaft" von Postmoderne und Neostrukturalismus (vgl. 1.2.1) in beider Kritik an der klassischen episteme abendländischer Seinsauslegung begründet. Nunmehr gilt es, die Funktionsdynamik zu analysieren, die dem Dekonstruktivismus als Methode postmoderner Emanzipationsforderung zukommt. Die zwiespältige und remythisierungsanfällige Grundintention der "dekonstruktivistischen Postmoderne" mag dadurch erhebbar werden.

Seiner expressiven Erscheinung und anarchischen Dynamik nach fungiert der Dekonstruktivismus als Sachwalter einer Philosophie/Ästhetik der Befreiung aus dem "Emanzipationsjoch" neuzeitlicher Aufklärung: In gewisser Nähe zur Stil-Theorie der Individual-Hermeneutik (z.B. Schleiermachers) wird die "einzigartige Individualität" ("individualité singulière") und Singularität alles Seienden auf dem Hintergrund der unaufhebbaren Differenz situiert. Letztere subsistiert laut M. Foucault den "formations discursives" ("diskursiven Formationen")[4]. Die Metapher vom "vertikalen System"[5] der verschiedenen, in sich abgeschlossenen und voneinander unterschiedenen Diskursformationen ist geradezu zum Leitmotiv dekonstruktivistischen Ordnungs- bzw. Freiheitsdenkens geworden. W. Welsch nimmt beispielsweise darauf Bezug, indem er die "transversale Vernunft" eines postmodernen Pluralismus proklamiert (vgl. 2.3.2.2.). Die Emanzipation der Diskontinuität/Heterogenität, des epistemologischen Bruchs, der Individualität und Singularität, sind die Hauptthemen des Dekonstruktivismus, die ihn als Poststrukturalismus (Neostrukturalismus) identifizieren.

Der Dekonstruktivismus (Poststrukturalismus) ist philosophiegeschichtlich definierbar als diejenige Strömung, die sich durch den Gedanken unaufhebbarer (unkontrollierbarer) Differenz vom klassischen Strukturalismus[6] abrupt absetzt. Zu den Grundmaximen strukturalistischen Denkens gehört noch die Absicht, jede Differenz auf Einheit hin zu überschreiten, so daß eine "strukturale Gesamtschau", eine "Einheit des Diskurses" gesucht bleibt. Der Strukturalismus sei - so argumentiert der Neostrukturalismus - seiner Idee nach nicht frei von einem universalen Integralismus, der die utopistischen Herrschaftsmodelle der Neuzeit kennzeichne. Neostrukturaler Lesart zufolge dominiere im Strukturalismus die einheitseffiziente Mathesis-universalis-Tradition der Neuzeit, während im (poststrukturalen) Dekonstruktivismus die differenzbewußte Gegentradition anbreche.

Neostrukturalismus wie Dekonstruktivismus sind interessiert an einer Transformation von Ordnungen, die nicht mehr (wie im Strukturalismus) den Erhalt der Bedeutungs-Einheit intendiert, sondern deren revolutionär-deformative Hintergehbarkeit und Vervielfältigung. "Die Ordnung des Diskurses" ("L'ordre du discours")[7] unterliegt dem Emanzipationsprinzip der "Multiplizität", wie G. Deleuze es (in "Difference et répétition")[8] nennt. Damit distanziert sich der Neostrukturalismus wie der Dekonstruktivismus (man denke an J. Derridas "Marges de la philosophie") von der Suche nach einem universalen und invarianten Kode zur Erklärung sämtlicher Kulturphänomene. Als Kontrastfigur sei in diesem Kontext an Cl. Lévi-Strauss erinnert: In seiner "Strukturalen Anthropologie"[9] intendiert er - und mit ihm eine Soziologengeneration - "sämtliche Erscheinungen der Kultur [struktural] zu erklären und zusammen mit denen der Natur bis in ihre physiko-chemischen Bedingungen hinein einheitlich zu erfassen."[10]

Solch universales Unterfangen gilt den Neostrukturalisten als unifizierende Konstruktion, die keinesfalls die kulturelle Wirklichkeit abbilde, sondern allenfalls den Bemächtigungswillen der Konstrukteure widerspiegle.

3.1.2 Das dekonstruktivistische Verständnis von Beherrschungs-Rationalität und anonymer Verfügungsmacht

Die (neostrukturalistisch-)dekonstruktivistische Machttheorie liefert das Kritikinstrument nicht nur hinsichtlich des ethnologisch-linguistischen Strukturalismus, sondern bezüglich der Taxonomierung (Unterwerfung) jeglichen Diskurses unter die (simulierte) Einheit und Ordnung der Vernunft. Die Herrschafts- bzw. Rationalismuskritik des Dekonstruktivismus entbehrt nicht einer gewissen Nietzscheanischen (und Schopenhauerschen) Grundlage. Sie läßt sich aber nicht - wie M. Frank es tut[11] - auf die "Genealogie der Moral" (F. Nietzsche) reduzieren.

Der dekonstruktivistische Postmodernismus hat den oppressiven, die Transformation der Ereignisse verzerrenden "Willen zur Macht" auf technokulturellem (Lebens-)Terrain wiederentdeckt. Und zwar als Beherrschungsstreben, das inversiv im internalisierten "Willen" zur Ordnung alle Diskurse (vor-)bestimme. Die prokrusteshafte, rekursive Taxonomierung von Ereignis und Diskurs, aber auch der Konformismus des Subjekts gelängen nur um den Preis der Verstümmelung, Exklusion und Verwerfung des Individuellen wie des Singulären. Derealisierung sei der negative Begleiteffekt vollführter Adaption und gesteigerter Systematisation zur funktionalistischen Abgeltung des Einzelnen im Dispositiv des Allgemeinen. In dekonstruktivistischer Sicht besteht eine innige Allianz zwischen Beherrschungsstreben und Rationalität. Beide seien die principia quibus für den Totalitarismus und "Vollendungszwang der Moderne"[12], für ihren Fortschrittsdogmatismus. Weder die private noch die "diskursive Vernünftigkeit" (J. Habermas) können den herrschaftsfreien Diskurs bzw. den rechten Gebrauch der Macht garantieren. Denken ist an sich schon Daseinsbewältigung, gestalterische Schematisierung von Welt und Beziehung. Denken ist notwendige Machtausübung der "Frühgeburt Mensch" (A. Portmann) gegenüber dem erschreckenden "Absolutismus der Wirklichkeit" (H. Blumenberg). In S. Freuds phylogenetischer Anthropologie tritt das (kontrollierende) Denken an die Stelle der instinktiven Fluchtbewegung des Primaten. F. Nietzsche erklärt in seiner Genealogie des Selbstbewußtseins das Ich-Subjekt[13] kurzum zum Epiphänomen des Willens zur Macht oder des Lebens. Das verstümmelte Subjekt im Dienste der menschlichen "Herden"-Gesellschaft[14] ist für Nietzsche lediglich Träger der verinnerlichten Form des sozialen Gedächtnisses. Seine Rationalität oder sein vermeintlicher Wille zur Wahrheit sei folglich nichts weiter als dieses soziale Impressum.

Es wäre allerdings verkürzend, wollte man das dekonstruktivistische Verständnis von Beherrschungs-Rationalität und Subjektivität differenzlos in Nietzsches Morallehre aufgehen lassen. Das eigentliche Anliegen der dekonstruktivistischen (Subjekt- und) Machttheorie ein Jahrhundert nach Nietzsche bliebe damit verkannt. Dieses Grundanliegen läßt sich hingegen unschwer thetisieren: Die Emanzipationsphilosophie F. Nietzsches hatte ihren Angelpunkt in der Dialektik zwischen Individuum und Gesellschaft. Auf dem Gefälle dieser ungleichen Wechselbeziehung ("Verkehrs-Interessen"[15]) droht das Individuum zum gesellschaftlichen "Subjekt" zu verkommen, wovor Nietzsche es durch seine Predigt vom "Übermenschen" erretten möchte. Die dekonstruktivistische Machttheorie zentriert sich - weil die Zeit seit Nietzsche nicht stillstand - auf die derzeitige, aktuelle Entfremdungsdialektik zwischen Humangesellschaft und Technokratie. Letztere erkennt sie als universelle, anonyme Macht derealisierender Entfremdung, die Gesellschaft und Subjekt gleichermaßen bedrohe. Die Entfremdungsspirale ist durch die rapide, technifizierende Fortentwicklung der Industriegesellschaft in eine weitere, selbstpotenzierende Windung eingekehrt. In ihr kommt es ungewollt zur totalisierenden Expandierung dessen, was schon Horkheimer/Adorno als "geheime Utopie im Begriff der Vernunft"[16] diagnostizierten. Für F. Nietzsche muß sich der Kampf "Leben gegen Leben" noch zwischen Einzelnem und bürgerlicher Gesellschaft zutragen, um das Individuum zu verlebendigen. Der postmoderne Dekonstruktivismus hat hingegen die Hauptkampflinie des Überlebens graduell zurückverlegt: Die gesellschaftliche Bedrängnis des Subjekts wird transparent auf die ihrerseits durch Fiktionalisierung bedrängte Gesellschaft. Die Machttheorie des Dekonstruktivismus weiß um die gedoppelte Entfremdungs- und Dehumanisierungsgefahr für Subjekt *und* Sozietät.

Das postmoderne Wissen um eine in der Menschheitsgeschichte neuartige Bedrohnis verlangt nach besonders sorgfältiger Analyse und Synthese. Der Dekonstruktivismus läßt sich als dem entsprechende Methode verstehen. Ihre Radikalität bezieht sie aus der gesteigerten Sensibilisierung des zeitgenössischen Menschen gegenüber der Realgefahr fortschreitender Selbstvernichtung. Mit seherischem Blick und sensibler Sprache verwies. R. Guardini bereits vor mehreren Jahrzehnten auf die Gefährdung von Mensch und Gesellschaft im katastrophenanfälligen "Ende der Neuzeit". In seinem Buch "Das Ende der Neuzeit" (1950) stellt er die dekonstruktivistische Frage, warum der Fortschritts-Optimismus in Krise geraten sei. Guardinis Antwort war:

> "Weil man dem Menschenwerk überhaupt nicht in der Weise vertrauen kann, wie die Neuzeit es getan hat - ihm ebensowenig wie der Natur."[17]

Die Verweigerung fahrläßigen Vertrauens, seine Demaskierung und Destruktion ist ein Grundzug der (dekonstruktivistischen) Postmodernebewegung. Der Dekonstruktivismus mißtraut auch dem menschlichen Diskurs-Werk, weil es - wie M. Foucault, G. Deleuze, J. Lacan u.v.a. - gezeigt haben, "keinen Diskurs gibt, der nicht auch Diskurs der Macht ist."[18] Das (neo)rationalistische Diskurs-Projekt einer "postmodernen Moderne" (vgl. 2.3.1.2.) kann deshalb keiner dekonstruktiven Untersuchung standhalten, weil es nicht frei davon ist, ausblendendes Gedankenwerk zu sein.

> "Der Diskurs und sein Konsens können auch unter idealen Bedingungen von Authentizität, Wahrheit, Aufrichtigkeit und ähnlichem als ganze ein Verblendungszusammenhang sein, beziehungsweise das Erfülltsein dieser Bedingungen eben durch einen Verblendungszusammenhang unheilbar verhindert sein."[19]

Der authentische, herrschaftsfreie Diskurs gehört bereits zur "geheime[n] Utopie im Begriff der Vernunft"[20]. Sie haftet dem progressionsbewußten "Menschenwerk" der Neuzeit an und hinterläßt das "Projekt der Moderne" aus der Sicht des Posthistoire als materialisierte Trivialutopie.

R. Guardinis Frage nach dem gültigen Vertrauen in das Menschenwerk ist der Machttheorie des Dekonstruktivismus in zweierlei grundlegend ähnlich: Im Mißtrauen hinsichtlich des Vertrauens, das die Neuzeit dem "Menschenwerk" entgegenbringt. Sodann im Wissen um die neuartige, machtvolle Bedrohnis der Entfremdung und Fiktionalisierung für den spätneuzeitlichen Menschen und seine technifizierten Gesellschaften. Dazu schreibt wiederum Guardini, daß

> "in der Nachneuzeit die Gefahr wächst, die Macht wächst, aber nicht die Macht über die Macht. Was aber garantiert den rechten Gebrauch? Nichts. Es gibt keine Garantie dafür, daß die Freiheit sich richtig entscheide."[21]

R. Guardinis Analyse vom "Ende der Neuzeit" pointiert im Erkennen, daß die Macht des neuzeitlichen Menschen zwar in gewisser (szientifischer) Weise wächst, "aber nicht die Macht über die Macht". Sie wird, wie M. Foucault es in "L'ordre du discours"[22] und A. Huxley in "Brave New World"[23] beschreiben, zur neuartigen, anonymen Verfügungsmacht über Mensch und Gesellschaft. Der "Identitätszwang", der von dieser Metainstanz auf das gesellschaftliche Handeln wie auf die institutionalisierten Religionen als Sinngebungsinstanzen ausgeübt wird, ist ebenso latent wie wirkungsvoll. Er verunmöglicht einen herrschaftsfreien Diskurs der Sinnfindung im ganz Anderen, denn er läßt nicht zu, daß das ganz Andere in der Welt zum erfahr- und mitteilbaren Ereignis werde.

Wesentlich für die spätneuzeitliche, technokratische Meta- und Machtdimension der praktischen Vernunft ist es, depersonalistisch zu fungieren: Sie verselbständigt sich dabei zunehmend, indem sie in ihren "neutrale[n] Verfahrensweisen"[24] den systemimmanenten Code-Gesetzen folgt und dem Gehorsam gegenüber der Stimme des Personalen entsagt. Sie wird zur anscheinend "herrenlosen" Machtpotentialität mit daimonischer Eigengesetzlichkeit. Dazu nochmals R. Guardini:

> "Von der Macht des Menschen, die nicht durch sein Gewissen verantwortet wird, ergreifen die Dämonen Besitz[...] Es gibt kein Seiendes, das herrenlos wäre. Entweder ist Gott, der Mensch oder die Dämonen der Herr[...] Das alles hat die Neuzeit vergessen[...] Sie hat gemeint, der Mensch könne einfach Macht haben und in deren Gebrauch sicher sein durch irgendwelche Logik der Dinge, die sich im Bereich seiner Freiheit ebenso zuverlässig benehmen müßten wie in dem der Natur."[25]

Der Dekonstruktivismus deckt über seine Machttheorie den Systemzwang der diskursiven Vernunft auf. Er sucht vorrangig in seiner Subjekttheorie nach echten Widerlagern gegen den machtvollen "Identitätszwang" der Technokultur. Im Vorgriff auf unsere fundamentaltheologische Weiterführung der dekonstruktivistischen Analyse darf dazu mit P. Koslowski behauptet werden:

> "Ohne die messianische Hoffnung auf das Absolute, ohne das Eingedenken der Natur und ohne die Selbstbehauptung und Unverletztlichkeit eines Personzentrums, das nicht durch die Partizipationsfähigkeit an einem Diskurs definiert wird [...], sind keine echten Widerlager gegen den Systemszwang der diskursiven Vernunft möglich."[26]

Die "extradiskursive Zentrierung" der Widerlager gibt eine Zentralaufgabe ab für eine Fundamentaltheologie der Postmoderne. Ihr käme es zu, die "kontrafaktischen" Werte einer alternativen Vernunft und semiotischen Ordnung zu stellen.

3.1.3. Die Unüberwindbarkeit der Differenz

3.1.3.1. Der Primat der Differenz vor dem Einheitsdenken

Die Machttheorie des Dekonstruktivismus negiert das Credo der Moderne: den enttheologisierten Glauben an die freiheitskonstitutive, lebendigmachende Rationalität. Sie analysiert - wie vordem R. Guardini - die divinisierte Vernunft auf das Element des daimonischen Beherrschungszwanges hin (vgl. 3.1.2.) und erkennt im Wissen ein Instrument potentieller Unterdrückung. Das Singuläre wie das Individuelle diskutiert sie als gefährdet, jederzeit als bloßer "Fall" dem Allgemeinen aufgeopfert zu werden. Nach dem Einmaligen und Singulären greife die Ordnung (des Diskurses), um es ihrem Schematismus der Wiederholbarkeit einzufügen oder aber es auszuschließen und zu verwerfen, hinweg aus der Welt der Namen, Gedanken und praktizierten Ordnungen. In seinem Roman "Der Mann ohne Eigenschaften" (1952) demaskiert R. Musil die idealisierte Vernunft am Beispiel der "Ordnung"[27] :

> "Stell dir Ordnung vor. Oder stell dir lieber zuerst einen großen Gedanken vor, dann einen noch größeren, dann einen, der noch größer ist, und dann immer einen noch größeren; und nach diesem Muster stell dir auch immer mehr Ordnung in deinem Kopf vor. Zuerst ist das so nett wie das Zimmer eines alten Fräuleins und so sauber wie ein ärarischer Pferdestall; dann großartig wie eine Brigade in entwickelter Linie; dann toll, wie wenn man nachts aus dem Kasino kommt und zu den Sternen 'Ganze Welt, habt acht; rechts schaut!' hinaufkommandiert. Oder sagen wir, im Anfang ist Ordnung so, wie wenn ein Rekrut mit den Beinen stottert und du bringst ihm das Gehen bei; dann so, wie wenn du im Traum außer der Tour zum Kriegsminister avancierst; aber jetzt stell dir bloß eine ganze, universale, eine Menschheitsordnung, mit einem Wort eine vollkommene zivilistische Ordnung vor: so behaupte ich, das ist der Kältetod, die Leichenstarre, eine Mondlandschaft, eine geometrische Epidemie!"

Was zuerst Wunsch ist, kippt zum Schrecknis; spielerischer Gestaltungsdrang wird zur Groteske des geometrischen Weltentwurfes. Der Leser wird zum Zeugen eines megalomanen Sinnprozesses, der sich aus dem Streben nach absoluter Herrschaft/Beherrschbarkeit ableitet. Das ordnungs-effiziente Projekt der Totalherrschaft endet im Tod. Fraglich wird, was dem motiferen Expansionsdrang dieser "geometrischen Epidemie" Einhalt und Scheitern gebieten könnte.

Dieser Frage kann durch J. Derridas Überlegungen zur Unüberwindbarkeit der Differenz eine Antwort zukommen. In einer seiner jüngeren Veröffentlichungen hat J. Derrida das Scheitern des "Turmbaus zu Babel" als Gleichnis für das Scheitern der Moderne folgendermaßen interpretiert: Bauen wie Denken, Ordnen und Schreiben sind Modi eine Welt zu bahnen, um in ihr "Wohnung" zu finden. "Man wohnt in der Schrift; Schreiben ist eine Art Wohnen."[28] Umgekehrt gilt ebenso, daß auch Bauen und Wohnen Arten sind zu "schreiben". Die Architektur kann als "Architextur" zum menschlichen Projekt der Herrschaft werden: das Leben zu planen, Kon-texte zu erarbeiten und Vielfalt "sinngemäß" zu meistern. Der Turmbau zu Babel ist Derrida vergleichbar dem Versuch "von der Höhe einer Metasprache herab die anderen Stämme, die anderen Sprachen zu dominieren, zu kolonialisieren"[29]. Aber dieses Machtstreben scheitert unter Trümmern und veranlaßt Derrida (in Konkordanz mit J. F. Lyotard[30]) zu der Schlußfolgerung:

"Wenn sich die Moderne durch das Streben nach der absoluten Herrschaft auszeichnet, so ist die Postmoderne vielleicht die Feststellung oder die Erfahrung ihres Endes, des Endes dieses Plans zur Beherrschung."[31]

In dem doppeldeutig mit "Les fins de l'homme[32] betitelten Vortrag (1968) spricht sich J. Derrida gegen eine Periodisierung von Moderne und Postmoderne aus. Vielmehr stehe der Begriff "Postmoderne" für die epochebrechende Aufgabe ein, eine andere Lebenshaltung, ein anderes Schreiben und eine neue Vernünftigkeit zu entdecken, die gleichsam die Meta-noia der Moderne brächten: ihre "Dekonstruktion".
Der "metanoetisch" neu sich erschließende Erlebnis-, Denk- und Sprachraum werde primär und ursprünglich durch die Differenz (Derrida schreibt von der "différance") erschließbar sein. Indem sie der "difference" den unbedingten Primat vor dem Einheitsdenken einräumen, kehren sich die Dekonstruktivisten (M. Foucault, G. Deleuze, F. Guatteri, F. Lyotard, J. Lacan, J. Derrida) vom bisherigen metaphysischen Argumentationsraum ab.

"Diese Verabschiedungsextension ist für alle von Heidegger herkommenden Postmodernisten charakteristisch. Man kann nicht bloß die Moderne, man muß - da die Moderne die Vollendungsgestalt der Metaphysik ist - schon die ganze Metaphysik hinter sich bringen. Kleiner als Postmetaphysik kann man Postmoderne nicht haben."[33]

Die Aufwertung der Differenz schließt Einheit nicht aus. Doch die Einheit, die mit dem postmetaphysischen Differenzdenken kompatibel sein kann, muß selbst differentiell sein. Sie unterliegt selbst der primordialen Dialektik von présence-absénce und kann nicht die Qualität abschließender (Dauer-)Präsenz einnehmen. Die Unhintergehbarkeit der Differenz ist das dekonstruktivistische Hauptmotiv für eine möglichst illusionslose und herrschaftsfreie Begegnung mit der vielfältigen Lebenswirklichkeit.

Philosophiegeschichtlich betrachtet gehört der Gedanke der radikalen Differenz zum Erlebnis- und Deutungsrepertoire der Menschen verschiedener Epochen: Der vielgestaltige Gnostizismus veranschlagt das Erkennen der absoluten Differenz zwischen Demiurgenwelt und göttlichem Sein als erlösungsträchtig. Aus dieser Grundprämisse entwickelt sich bekanntlich die gnostizistische Trennung von Gott und Welt, Pleroma und Heimarmene und die Annahme einer pneumatischen Autonomie des Menschen. Im scholastischen Hochmittelalter ist es der Katharismus, der mit seiner Zwei-Prinzipien-Lehre[34] (der absoluten Differenz zwischen gefallener Schöpfung und in sich gespaltenem Schöpfer) die analogia entis verneint. Man mag die Katharerbewegung als ein frühes Vorspiel der Reformationstheologie deuten, die in ihrer rupturistischen Gnadenlehre auf die absolute Differenz zwischen (sündigem) Geschöpf und gnädigem Gott rekuriert. Seit B. Pascals Lehre von den Ordnungen, die Pascal zufolge durch eine "unendliche Distanz" getrennt sind, gehörte der Gedanke radikaler Differenz immerhin zum latenten Arsenal französischer Philosophie. Bestimmend wurde allerdings die Konzeption des integralen Wissens, die Cartesische Tradition der Mathesis universalis (vgl. 2.2.1.).

Im Strukturalismus kulminierte die Mathesis-universalis-Tradition der Moderne. Im differenzbewußten Poststrukturalismus tritt sukzessiv die Gegentradition in das Bewußtsein der (Post-)Moderne. Bereits in den dreißiger Jahren lehrt G. Bachelard, daß "Die Bildung des wissenschaftlichen Geistes"[35] nicht kontinuierlich und kontrolliert verläuft. Vielmehr sei sie durch Krisen und "coupures épistémologiques" gekennzeichnet. Die These von der Diskontinuität der Wissenschaftsentwicklung wurde drei Jahrzehnte später von den (französischen) Neostrukturalisten wiederbelebt. Die Lehre von der Diskontinuität und Heterogenität der episteme-Blöcke findet bald schon ihre thematische Transposition in der sprachphilosophisch orientierten Anthropologie der Postmoderne-Bewegung. "Mit Foucaults Arbeit von 1966 beginnt, was man später als 'Poststrukturalismus' bezeichnet hat und was den namhaftesten Nährboden postmodernen Denkens bildet."[36] M. Foucaults "Poststrukturalismus" ist deutlich durch G. Bachelards "Le Nouvel Ésprit scientifique"[37] (1934) beeinflußt. Foucaults wissenschaftstheoretisches Werk "Les mots et les choses"[38] (1966), das zur Wahrnehmung der Differenz sensibilisiert, barg starke politische Einflußkraft. Das beweist seine Rezeption durch die "68-er Generation" und durch Literaten wie Deleuze, Guattari und Lyotard. Die frühen Reden Foucaults von den "Brüchen des Wissens", von Diskontinuität und Heterogenität forderten nicht zuletzt durch ihre apodiktische und änigmatische Sprache zur Weiterbearbeitung heraus. Sie waren Anlaß zu einer rasanten Rezeptionsarbeit, die sich - unter sprach- und subjektphilosophischen sowie gesellschaftspolitischen Prämissen - bald schon auf die Unüberwindbarkeit der Differenz hin zentrierte.

3.1.3.2. Das neostrukturalistische Differenzmodell

G. Deleuze hat in seiner großangelegten Studie "Différence et répétition" (1968) das Thema der Differenz aufgenommen. In "Différence et répétition" entwickelt Deleuze seinen Widerspruch zur szientifischen Option für das Allgemeine und zum grammatischen Code-Modell der Rekursivität der Zeichen (sprachlichen Typen). Deleuzes Argumentation ist sprachphilosophisch und gesellschaftspolitisch zugleich. Daher ist sie ein erstes Anwendungsbeispiel für die Machttheorie des Dekonstruktivismus: Die Argumentationsspitze in "Différence et répétition" zielt gegen die (strukturalistische) Idee eines geschlossenen Systems: Ein solches System wäre in dem Maße allgemein, als seine Elemente besondere Fälle der Regeln des Systems wären. Das Entscheidende und "Beherrschende" daran ist, daß ein als Anwendungsfall des Systems konzipiertes Element (insofern es ein Besonderes ist) dem Allgemeinen des Systems niemals widersprechen kann. Aus dieser präformierten Übereinstimmung folgt die Allgemeinheit des Systems. Die Kongruenz des Allgemeinen mit dem Besonderen bewährt sich also darin, daß das Besondere ohne Verlust seiner Bedeutung beliebig oft wiederholt werden kann. Die gleichförmige und gleichsinnige Wiederholbarkeit, die Iteration ohne semantischen Identitätsverlust, ist dem Gegenstand des Wissens wesentlich. Von vornherein definiert als der besondere "Fall", in dem sich eine universelle Regel adäquat ins Werk setzt, ist das Besondere seiner Merkmale beraubt, durch die es sich in seiner Eigenständigkeit gegenüber dem Allgemeinen behaupten könnte. Darin liegt die Differenz zwischen dem Besonderen und dem Einzelnen/Individuellen. Das Besondere ist das seiner Singularität beraubte und zum "Fall" gewordene Einzelne. Die Entmachtung des Individuellen bewirkt das Besondere als "Fall" des Allgemeinen. Die Rekursivität der sprachlichen Typen funktioniert als Instrument zur Abwehr gedanklicher oder semantischer Innovationen. "New occurences"[39] werden zwecks ihrer Mitteilbarkeit notwendig reduziert auf die schon etablierte Form des Typus. Ein Typus aber ist ein "konventioneller Akt"[40], der der Erfahrungswirklichkeit entfremdet ist, um im Diskurs den Stellenwert seiner Bedeutung zugewiesen zu bekommen.

Bei G. Deleuze werden Grammatik und Semiotik zur Kulturkritik, mit der dekonstruktivistische Differenz-Denker beharrlich auf die "Verwerfung" ("forclusement") von Singularität, Sinn und Subjekt hinweisen. Gewiß gibt es in der Modernerubrik der Philosophiegeschichte eine stattliche Reihe typisierter Namen - wie Schopenhauer, Nietzsche, Heidegger, Sartre - deren Träger ähnlich radikal dachten. Dennoch waren deren phänomenale Welten andere als die jetzige der "nachindustriellen Gesellschaft"[41] (D. Bell) mit ihrer "intellektuellen Technologie"[42]. Aus der entschiedenen Wahrnehmung dieser Differenz heraus wird die Postmoderne-Bewegung erst verstehbar. Die Diskrepanz zwischen vorgestern und heute ist die Vorgabe für das postmoderne Denken und für dessen Hermeneutik der Differenz. Die Unüberwindbarkeit der Differenz ist jene deontologisierte Dimension von Gewißheit, in der die Macht- und Subjekttheorie des Dekonstruktivismus konvergieren. So fragt Deleuze nach dem "veritable sujet de la répétition"[43] auf dem Hintergrund von Differenz und Wiederholung. "Deleuze hat dabei die moderne Welt der Simulakren im Blick"[44], die Dialektik zwischen der Gleichförmigkeit des Allgemeinen und der transgressiven Kraft des Individuellen. Dazu ein Textbeispiel. Dessen Aussagekraft erschöpft sich nicht darin, Deleuzes subjekttheoretische "Nähe zu Sartre und zu Schleichermacher"[45] zu bekunden. Hingegen möchte es dahin wirken, "freie Differenz zu denken - jenseits der klassischen Kategorien von Identität, Ähnlichkeit, Analogie und Gegensatz."[46]

> "Nous sommes en droit de parle de répétition, quand nous nous trouvons devant des éléments identiques ayant absolument le même concept. Mais de ces éléments discrets, de ces objets répétés, nous devons distinguer un sujet secret qui se répète à travers eux, véritable sujet de la répétition. Il faut penser la répétition au pronominal, trouver le Soi de la répétition, la singularité dans ce qui se répète. Car il n'y a pas de répétition sans un répétiteur, rien de répété sans âme répétitrice. Aussi bien, plutôt que le répété et le répétiteur, l'objet et le sujet, nous devons distinguer deux formes de répétition. De toute manière, la répétition est la différence sans concept. Mais dans un cas, la différence est seulement posée comme extérieure au concept, différence entre objets représentés sous le même concept, tom-

bant dans l 'indifférence de l'espace et du temps. Dans l'autre cas, la différence est intérieure à l'Idee; elle se déploie comme pur mouvement créateur d'un espace et d'un temps dynamiques qui correspondent à l'Idée. La première répétition est répétition du Même, qui s'explique par l'identité du concept ou de la représentation; la seconde est celle qui comprend la différence, et se comprend elle-même dans l'altérité de l' Idee dansl' hétérogénéité d'une "apprésentation".[47]

Deleuze und Guattari haben das Denken der Differenz später unter gesellschaftskritischer und machttheoretischer Perspektive extremisiert. "Capitalisme et schizophrénie", "Anti-Oedipe" und "Mille plateaux" gehörten zur anarcholiberalen Grundkursliteratur der stürmischen "68-er"-Bewegung. Die neostrukturalistische Option für die Unhintergehbarkeit der Differenz und die Unkontrollierbarkeit sprachlich vermittelten Sinns wurde zur gesellschaftspolitischen Forderung nach Dezentrierung der Macht. So wie der texturale Sinn-Zusammenhang sich über die differentielle Bezüglichkeit der Zeichen zueinander dezentriert erschlöße, ebenso sollte das Hierarchiedenken (welches einem ungültigen Repräsentationsmodell folge) durch das Bewußtsein differentieller Bezüglichkeiten und "nomadischer Distributionen"[48] ersetzt werden. Daß dem Dekonstruktivismus ein gewisses Gefälle zu Anarchismus und Neomythologismus inhärent ist, bezeugt sich vornehmlich in den hier genannten, späteren Schriften von Deleuze und Guattari. Eine eingehendere Darstellung und themenbezogene Analyse des dekonstruktivistischen Anarcholiberalismus soll einem der nächsten Paragraphen (vgl. 3.2.2.) anvertraut sein.

Hier gilt es vorerst klarzustellen, wie sehr die dekonstruktivistische Machttheorie auf das Denken der Differenz angewiesen ist und von diesem her bestimmt wird. Deleuze und Guattari als anarcholiberale "Differentisten", konnten ihr eigenwilliges Differenzdenken in der Metaphysik des "Rhizom(s)" (1976) symbolisieren. Es ist die Versinnbildlichung des neostrukturalen Differenzparadigmas, das auf der unreglementierten Entfaltung des Multiplen insistiert. Dadurch soll das Prinzip einer dezentralen Verkettung von Elementen, die als Individuen ("singularités") zu denken wären, seine Veranschaulichung finden. Das "Rhizom" symbolisiert sinnfällig ein "Mille Plateaux"[49] einheitsloser Mannigfaltigkeit: Wurzel und Trieb sind nicht zu unterscheiden und in andauerndem Austausch mit der

Umwelt, so daß schwerlich eine Abgrenzung möglich ist. "Gibt es noch ein Oben und ein Unten"[50], so ließ F. Nietzsche einst nach postmetaphysischen Orientierungskategorien anfragen. Die Metaphorik des "Rhizoms" soll die neostrukturalistische Antwort dazu sein. Es wächst als Symbol des Poststrukturalismus anstelle des kartesischen Wurzelbaumes[51], der in seiner Entwicklung hierarchisch alle Differenzen seiner verzweigenden Selbstentfaltung umgreift. Das Wurzelstengelwerk des Rhizoms ist nicht monadisch, sondern "nomadisch". Statt einer unizentrierenden Hauptwurzel verfügt das Rhizom über ein unkontrollierbar wucherndes Bündel von Wurzel-Trieb-Strängen, die in fremde Evolutionsketten eintreten, um dadurch unsystematische Differenzen auf Zeit zu formen.

Das Bild der "plagiotropen"[52] Rhizomwucherung soll laut Deleuze und Guattari befreite, unreglementiert dezentrale Wachstumsbewegung zum Ausdruck bringen. Die multiplen Sproßmetamorphosen sind eher Aggregate als Einheiten. Da ein erkennbarer Zentralorganismus fehlt, sind die Teile einander absolut gleichwertig. Dieses Fehlen einer zentrierenden und "individuierenden" (im Sinne von: Aufhebung der Differenzierung) Einheit möchte Deleuze durch die Formel "n-1" anzeigen:

> "die Einheit kommt immer aufs neue in Abzug vom Wuchern der Vielheit, damit die Kette nie in einem finalen Term sich beschließt und vollendet, wie das mit den Systemen der Metaphysik (z.B. dem Hegelschen) der Fall ist."[53]

Die Macht- und Subjekttheorie der anarcholiberalen "Differentisten" fand in der Metaphorik des "Rhizoms" seine wohl unüberbietbare Symbolisierung. Es gehört - wie das "Labyrinth" - zu den "emblematischen Figuren der Postmoderne"[54]. Dabei versinnbildlicht es die abstrakte Rede von der "freien Differenz", den Traum vom extradiskursiven Zentrum von Ordnungen, vom Verzicht auf die formale Beherrschbarkeit der transformatorischen Ereignisse und vom Nein zur prognostischen Ordnung der Übersicht. Gewiß ist, daß das Differenz-Modell der neostrukturalistischen Avantgarde der "60-er" Jahre (G. Deleuze, F. Guattari, M. Foucault, G. Vattimo, J. Lacan u.a.) bis in die Gegenwart der "90-er" Jahre seine Innovationskraft ausstrahlt und die Phantasien zur "Postmoderne" beflügelt. Das Differenz-Modell birgt eine anarchische Sprengkraft der "illocutionary force" und Impulse zu mythomanem Vitalismus, den es - vor dem Hintergrund der "Dialektik der Aufklärung" - noch zu befragen und theologisch auszuwerten gilt. Die Prämissen einer christlichen Alternative zur Dialektik der (Post-) Moderne mögen damit erhellbar werden.

3.1.3.3. J. Derridas Hermeneutik der radikalen Differenz

Anders als die anarcholiberalen "Differentisten" - wie G. Deleuze und F. Guattari - veranschlagt J. Derrida die "différance" und den Effekt ihrer Unüberwindbarkeit. Auf der Suche nach einer "neuen Vernünftigkeit"[55] erstrebt Derrida die Einführung einer neuen Hermeneutik der Differenz. Die neostrukturalistische Macht- und Beherrschungstheorie wird in Derridas Werk sublimiert und von ihrem gesellschaftspolitischen Szenario befreit. J. Derrida schreibt weder publikumswirksam noch populärwissenschaftlich, sondern als Linguist und Philosoph. In seiner Auseinandersetzung mit der Sprechakttheorie J. R. Searls charakterisiert J. Derrida die Effekte der "illocutionary force" zwar als Manifestationen einer sprachvermittelten "violance"[56], fokussiert aber (wie bei all seinen Denkzügen) auf das Erschließen eines neuen Denkraumes als Alternative zur neostrukturalistischen Protesthaltung.

Derridas dekonstruktivistische (Sprach-)Philosophie insistiert weniger auf dem Aspekt der Sprache als Politikum als auf dem der "dissémination" und Differenz. Die Hauptmaxime, durch die sich der Neostrukturalismus vom klassischen Strukturalismus schied, ist die Idee einer nicht geschlossenen und dezentralen Struktur: eine nie in Einheit aufzuhebende Differenzierungsbewegung des Sinns, die den "Code" daran hindert, sich zu letzter Eindeutigkeit zu schließen. Die Maxime einer differenzierten Offenständigkeit von Sprache, Text und Diskurs auf Sinnmodifikation und -erweiterung gibt dem Neostrukturalismus über den linguistic turn die Grundlage für seine (Techno-)Kultur- und Gesellschaftskritik, für seine Macht- und Beherrschungstheorie. Ihr zufolge wird die Freiheit des Diskurses, seine sinndiskursive Konstruktivität vom machtvollen "Identitätszwang" der Technokultur mit Nichtung bedroht (vgl. 3.1.2). Die Diskursivität, Pluralität und Singularität der Sinnartikulation werde einer oppressiven Metainstanz geopfert, die nicht mehr - wie zu F. Nietzsches Zeiten - die bürgerliche Gesellschaft sei, sondern der Moloch einer anonymen, persuasiven Verfügungsmacht. M. Foucault, R. Barthes und G. Deleuze attestieren ihr beispielsweise ein "Code zweiten Grades" zu sein, eine Art "Bewandtniszusammenhang", der "vorontologisch" den Horizont abzirkle für all das, was das gesellschaftliche Subjekt (noch) sprechen und denken, hoffen und wagen könne. Die Restriktion, die Subjekt und Sprache durch den "caractère social de l'énonciation"[57] erfahren, wird von Deleuze in "Différence et répétition" ins Totalitaristische übersteigert: Jetzt wird die Sprache insgesamt ("le langage tout entier"[58]) als gesellschaftspolitisches Machtinstrument gedacht, als pragmatisch-politischer Code anderer Ordnung. "La pragmatique est une politique de la langue"[59], so pointiert Deleuze die Unentrinnbarkeit des Herrschaftsverhältnisses.

J. Derrida hingegen vermag - auf neostrukturalistischem Terrain selbst argumentierend - diese negativistisch politisierende Sinnspitze zu brechen. Dies gelingt ihm vermittels seiner linguistischen Studien zu "différance" und "dissémination". Während G. Deleuze und F. Guattari radikalpolitisch schreiben, denkt Derrida die Differenz so radikal und elementar wie nur möglich. Er vermag dies, weil er nicht - wie die "Rupturisten"[60] und "Differentisten" - von Differentem, sondern von der Differenz als Grundgeschehen ausgeht. Wer das Plurale als heterogen Differentes versteht (wie beispielsweise F. Lyotard u. G. Deleuze), der veranschlagt nolens volens zugleich den Konflikt und die Konkurrenz der unterschiedlichen Ursprünge, Ordnungen und Diskursarten zu- und gegeneinander. Ähnlich Deleuze denkt Derrida das Differente nicht atomistisch zersprengt, sondern über metamorphotische Verwindungen und ständigen (auch konkurrierenden) Austausch verquickt.

> Beide denken "beim Thema der Differenz weniger an monadische Inseln als an nomadische Quergänge. Bei Derrida erscheint beides - Verstreuung wie Verknüpfung - radikalisiert. Sein Denken ist mit den alten Oppositionen am wenigsten zu fassen."[61]

Derrida selbst hat sich wohlweißlich niemals als "Postmodernen" oder "Poststrukturalisten" deklariert, obwohl gerade er die postmodernen Grundphänomene (Pluralität, Heterogenität, Singularität, Inkommensurabilität und Differenz) grundsätzlich erfaßt und auf das Grundmotiv der Differenz hin radikalisiert. Die Grundthese seines vieltausendseitigen Denkweges läßt sich wohl folgendermaßen komprimieren: Die "différance" ist ursprünglich. Sie ist unhintergehbar und unüberwindbar. Differenz ist Grundgeschehen. Sinn ergibt sich nur durch die signifizierende Differentialbewegung von Signifikant zu Signifikant auf dem Hintergrund der "différance". Aller Vielheit von Einheiten ("singularités") liegt die Bewegung der Differenz immer schon voraus. Alles Differente ist Effekt der "différance". Für Derrida gibt es kein "Zentrum", weder innerhalb noch außerhalb der Struktur/Textur, keinen "Punkt der Präsenz" und keinen "festen Ursprung, an dem die Substitution der Inhalte, der Elemente, der Terme nicht mehr möglich ist."[62] Damit wird es laut Derrida möglich, den Primat des repräsentativen Zeichens zu brechen. "Mit Hilfe des Zeichens", so schreibt er, "erschüttert man die Metaphysik der Präsenz."[63]

Entscheidend für Derridas antimetaphysische Überbietung Saussures ist, daß für Derrida jedwedes Sinngeschehen einer primordialen Dialektik von Anwesenheit/Abwesenheit unterliegt. Jede Repräsentation ist vorläufige Reflexion auf dem Untergrund ("fond supposé") von Abwesenheit. Im Nachklang an Heideggers Frage "Was ist Metaphysik" (1929) bestimmt J. Derrida in seinen "Marges de la philosophie" (1972) den Primat der Abwesenheit über die Anwesenheit: Ein Etwas wie auch eine Bedeutung existiert nur auf einem vorgegebenen Grund von Abwesenheit. Die Dimension der "différance" denken, heißt, um die bedingte Anwesenheit des zur Erscheinung Kommenden zu wissen. Wer den Bewegungen der "différance" und "dissémination" folgt - ihrer Spur und Marke, Verstreuung und Bahnung, dem Aufschub des sich andeutenden Sinns - der erfährt, daß sie gerade nicht die Bewegung des Entzuges von Sinn ausmachen, sondern die Weise seiner flüchtigen, transitorischen Andeutung.

In seiner Sprach-Kunst des Informel verwendet Derrida gerne Begriffs- und Metaphernelemente Mallarmés. Sie alle sollen auf die Unüberwindbarkeit der Differenz und die Nicht-Gegenwärtigkeit des Sinns verweisen. Dazu ein Textbeispiel aus Mallarmés Welt der Metaphern:

> "Le présent ne se présent comme tel qu'en se rapportant à soi. Il ne se dit comme tel, il ne se vise comme tel qu'a se diviser, en se pliant à

soi dans l'angle, dans la brisure (brisure:"faille" et 'articulation', par charnière, d'un ouvrage de serruerie, Littré)"[64]

Die "brisure" - definiert als scharnierartige Lücke und als Verbindungssteg - ist Instrument der Trennung und Verbindung zugleich. Sie ist weder ihrem Wesen noch ihrer Funktion nach eindeutig definierbar. Mallarmés "brisure" ist Derrida der symbolische Ort, an dem sich die primordiale Dialektik des Sinns zuträgt. Der Sinn-Gegenwart haftet die Asymmetrie und Aphasie der Wahrnehmung an. Die Nichtgegenwärtigkeit ist gleich der "différance" unüberwindlich. Immer nur im Verlust ihrer selbst "lichtet" sich Gegenwart. Wenn aber der Verlust der Präsenz ursprünglich ist wie die Differenz, dann hat die Hermeneutik keine Legitimation mehr, die Restitution eines Vergangenen- und Verlorenen zu betreiben.

Für Derrida ist keine Hermeneutik der Vieldeutigkeit (Polysemie) mehr gefragt. Denn die polythematische und polyseme Auslegung setze immer schon die Vermannigfaltigung, die Variation des bestehenden und antreffbaren Einen (Sinn, Thema) voraus. Was Derrida jener liberalen Hermeneutik (z.B. P. Ricoeurs, Richards) entgegensetzt, die die Vieldeutigkeit (Polysemie) von Texten anerkennt, nennt er "dissémination": Zerstreuung. Ein disseminaler Text ist ein solcher, der nicht mehr von *einem* Sinnhorizont oder von *einer* globalen Perspektive eingeschlossen wird. Dissemination hebt die exkludierende Wirkung des Einen und Allgemeinen auf. Gemäß Derrida ist die "dissémination" ein Grundvektor dekonstruktiver Hermeneutik. Diese andere Hermeneutik aber sei Alternative zu einer "kolonisierenden", die - wie die Turmbauherrn zu Babylon - danach trachte "von der Höhe einer Metasprache herab die anderen Stämme, die anderen Sprachen zu dominieren, zu kolonialisieren."[65] (vgl. 3.1.3.1) Eine Hermeneutik, die sich der Rekonstruktion des authentischen Wortsinnes (als der exklusiven "Wahrheit") befleißigt, ist für Derrida kaptativ und gewalttätig.[66] Schon F. Schleiermacher betonte, daß die Einheit der Bedeutung eines Wortes im strengen Sinn nicht feststellbar ist, weil die prinzipiell unvorhersehbaren Kontexte den "eigentlichen Sinn" abwandeln. Bereits Novalis und Schlegel gehen in ihrer "romantischen Hermeneutik" bei dem, was sie "transzendentale Poesie"[67] nannten von der Sprache (bzw. dem Text) als diakritischer Realität der Sinnmodifikation aus. Mit seiner Hermeneutik der "différance" zielt Derrida über Gadamers (kommunikationsprozesshafte) "Sinnhorizont"-Perspektive hinaus: Die "différance" als ursprünglicher Grund für das Funktionieren der Sprache verbiete die Rede von der semantischen Identität der Zeichen. Der différance sei der disseminale Charakter des Textes zuzuschreiben, wie auch die "double re-marque" (doppelte Markierung) ihrer Zeichen.

Mit diesen Postulaten nimmt Derrida "all jene Züge, die das szientistische Modell der Informations- oder der Kommunikationstheorie genieren"[68] in die différance hinein. Die Unendlichkeit und -poetologisch gesprochen - "Freiheit" von Sprache und texturaler Bedeutung ist laut Derrida also keinesfalls darauf fixierbar, vom Sender zum Empfänger hin eine identische Botschaft zu übermitteln. Die Differenz wird Derrida zum absoluten Angelpunkt seines deontologisierenden Denkens. Sein weitgespanntes Konzept ist es, die Transzendentalphilosophie auf der "différance" neu zu begründen. "Differance" und "dissémination" bewirken für Derrida das unüberwindbare "Freiheits"-Moment von Sprache, Subjekt und Sinn.

3.2. Der Dekonstruktivismus zwischen Anarchismus und Mystik

3.2.1. Die Wiederkehr des Dionysischen im dekonstruktivistischen Anarcholiberalismus

3.2.1.1. Die differentistische Antagonie zwischen Begehren und Kode-Ordnung

Der Dekonstruktivismus versteht sich als Radikalmethode der "Postmodernen" zur Destruktion rationalistisch verkappter Machtausübung und zur Emanzipation von Sprache, Sinn und Subjekt. Die Dekonstruktivisten stimmen M. Heideggers früher Generalkritik an der Fehlentwicklung abendländischer Metaphysik zu: Deren (platonischer) Idealismus entstamme einem letztlich selbstdestruktiven Beherrschungswillen. Demzufolge sei die Geschichte der Metaphysik bestimmt durch die wachsende Selbstermächtigung von Subjektivität. Diese produziere im Weltbeherrschungs-"Willen" der modernen Technik ihr fatales Extrem (vgl. 1.1.). Das "Projekt der Moderne", von aufgeklärten Sozialphilosophen wie J. Habermas hoffnungsvoll konzipiert, sei der ultimative Versuch zur realen und multilateralen Einlösung einer ontologievergessenen (Subjekt-)Philosophie des Mach- und Meisterbaren.

Indem die Dekonstruktivisten die abendländische episteme für gescheitert und das "Projekt der Moderne" zur Utopie erklären[69], proklamieren sie die Postmoderne. Diese stehe weniger als Nach-Moderne in einem Folgeverhältnis zur enttheologisierten und entlegitimierten Moderne, sondern sie repräsentiere eine neue, andersartige Epoche. Die Postmoderne stelle sich in einer rasanten (politischen, ökonomischen, kulturellen) Metamorphose der Weltentwicklungen vor und zögerlich im Bewußtsein der zeitgenössischen Menschen ein. Um die Profilierung dieser neuartigen Epoche gelte es sich ideologiefrei zu mühen, nachdem die beherrschenden, spätneuzeitlichen Metanarrativa (Hegel, Marx, Historismus, Szientismus usw.) der Grundlagenkritik verfallen sind. Der Dekonstruktivismus geht besonders kritisch um mit der Aufklärung und ihrer Schlüsselmethode, dem Rationalismus, *ohne* sich deshalb als Gegen-Aufklärung zu verstehen. Die dekonstruktivistische Postmoderne-Bewegung strebt letztlich nicht danach

Antithese, sondern Alternative zur (rationalistischen) Aufklärung zu werden. Obwohl diese Alternativentwicklung im statu nascendi ist, lassen sich Hauptströmungen und Bewegungsrichtungen auf oszillierendem Feld markieren. Um deren weiträumige Erforschung, systematisierte Darstellung und fundamentaltheologische Deutung bemüht sich dieser Traktat. Sein Ziel ist eine Gesamtschau, die freilich alles andere als "zwingend" sein kann.

Ein Zutritt auf das Terrain des Dekonstruktivismus eröffnete sich bereits vermittels der Anfrage an dessen Machttheorie. Als Antwort wurde erhebbar, daß der Dekonstruktivismus schon seiner Machttheorie nach sehr unterschiedlich motiviert ist. Minimal-modellhaft läßt er sich in eine anarcholiberal und eine mystisch tendierende Bewegung klassifizieren. Deleuze und Derrida erwiesen sich in der Diskussion zur "Unüberwindbarkeit der Differenz" (vgl. 3.1.3.) als Symbolfiguren für diese gespannte Doppeltendenz des Dekonstruktivismus. Dessen politisierende, anarcholiberale Variante soll nun gesamtthematisch analysiert werden. Sodann gilt es, sich der dekonstruktivistischen "Mystik" zuzuwenden. Vermittels dieser Analyse kann das (im 2. Kapitel angefragte) Verhältnis der Postmoderne zu Aufklärung, Nihilismus und Neomythologie weiter abgeklärt werden. Grundsätzlich ist zu eruieren, wie und in welchem Maße die (dekonstruktivistische) Postmodernebewegung der "Dialektik der Aufklärung" rückverfällt, sei es, weil sie zu einem neorationalistischen Kulturprojekt (der "postmodernen Moderne") umfunktioniert wird (vgl. 2.3.), sei es, weil sie zur Neuausgabe eines dionysischen Irrationalismus (vgl. 1.5.) verkommt. In beiden Fällen wäre die Essenz der vielzitierten "Postmoderne", lediglich eine tautologische Spielform der Moderne abzugeben. Für eine fundamentaltheologische Begegnung mit dem Postmodernephänomen ist es (vor-)entscheidend, ob es sich hierbei um die "Wiederkehr des Gleichen" handelt oder nicht. Unsere Arbeitshypothese ist es, daß die Postmodernebewegung bei allem Rückfall in die "Dialektik der Aufklärung" über ein sublimierbares Innovationspotential verfügt, das christlich-fundamentaltheologisch erhöht, eine reale Alternative zur Aufklärungsdialektik zu leisten vermag.

Der dialektische Umschwung von der enttheologisierenden Aufklärung zur "Neuen Mythologie" war im ersten Kapitel bereits Thema (vgl. 1.3.)

unserer Untersuchung der Entstehung einer postmodernen Orientierung. Darauf rückblickend läßt sich feststellen, daß der Legitimationswert des Mythologischen für eine aufgeklärt-atheistische Gesellschaft (vgl. 1.3.2) schon von der Frühromantik (man denke diesbezüglich an Herder, Hamann und Hardenberg, an Fichte, Schelling und Hegel) entdeckt wurde. Die romantische "Mythos-Renaissance" wird verstehbar als Reaktion auf den Aufklärungsrationalismus (vgl. 1.4.). Die "schlecht Entzauberten" versuchen einer heraufziehenden nihilistischen Sinnkrise durch einen besonderen Rückgriff auf das "Religiöse" zu entgehen. Dieser Halt suchende Griff wird fündig im Angebot einer romantisch-mythischen Ersatz-Religion (vgl. 1.4.2), die sich zuerst im Zeichen des "kommenden Gottes" präsentiert. Sehr bald schon zentriert sie sich als regressiv-anarchische Vitalitätsromantik um den Symbolismus der Dionysos-Mythologie. Die Christodionysische Mythologie soll für ihre romantischen Sympathisanden hauptsächlich eines leisten: die pseudoreligiöse Legitimation des angstfreien (Lebens-)Genußes (vgl. 1.4.2.3.).

Die "romantische Lösung" vitaler Selbstermächtigung wird in der "Mythos-Renaissance" des frühen 20. Jahrhunderts variiert weitergeführt (vgl. 1.5.). Es kommt zu einer "Umwertung der deutschen Romantik"[70] in der faschistoiden (bzw. faschistischen) und sozialistischen Neomythologie der 20-er und 30-er Jahre. Der dionysisch-anarchische Irrationalismus dieser zwiespältigen[71] Neomythologie ist unverkennbar aufdringlich. (vgl. 1.5.2.) Die (früh-)romantische Mythos-Renaissance wie die politaktive Neomythologie werden als Antithese zur Vernunftherrschaft interpretierbar (vgl. 1.5.3.). In der "Neuen Mythologie" erfährt die Aufklärung ihren Prolapsus in einen "naturalen Supernaturalismus" (Th. Carlyle). Seine poetomythologischen (Sprach- und Gesellschaftsutopie-)Gebilde sind mißglückte Kompromißbildungen zwischen Aufklärung, Nihilismus und quasireligiösmythischem Bedürfnis. Die Remythisierung der Erlebnisbezüge des mit seiner Ratio überidentifizierten Menschen bereitet keine Wiederkehr des Religiösen vor, sondern bewirkt eine Vertiefung der Spaltung. Die Remythisierung entspringt - wie unsere Untersuchung ergab - auch keinem religiösen, sondern einem nihilistischen Lebensgefühl[72]. Ein schillerndes und signifikantes Beispiel dafür ist L. Klages vitalistische Rebellion gegen den "Logozentrismus" der Neuzeit (vgl. 1.5.2.3.). Seinem berauschenden Plädoyer für die "siegende Gewalt des Lebens"[73] und gegen das "Joch der Begriffe"[74] ist eine spektakuläre Vorläufigkeit zur dionysisch-anarcholiberalen Postmodernebewegung anzumerken. Mit M. Frank wiesen wir im ersten Kapitel ausdrücklich auf diese Ähnlichkeit hin. Dieser Hinweis läßt sich hier wiederaufnehmen und über eine weitergehende Analyse des anarcholiberalen Dekonstruktivismus begründen. Dadurch mag der neomythologisch-vitalistische (Traditions-)Hintergrund dieser (nicht der!) extremisierten Postmodernebewegung erkennbar werden. Das nimmt ihr zwar den avantgardistischen Anschein des totum novum, gestattet aber dafür eine entmythologisierende, versachlichende Zuordnung des Phänomens.

Der anarcholiberale Dekonstruktivismus folgt - so lautet unsere These - der dionysischen Fiktion, durch grenzen-lose Negation schrankenlose Vitalität explosiv zu erleben. Dieser "Weg zum Leben" ist die Kernmythologie des "naturalen Supernaturalismus". So wie Dionysos im ekstatischen Wahnsinn der "Erleuchtung" die Grenzen niederreißt und alles in den lebendigen Strudel undifferenzierter Identität hinabzieht, ebenso läßt der dekonstruktivisitische Anarcholiberalismus weder System noch (Kode-)-Ordnung gelten. Sie werden kurzschlüssig als Herrschaftsformen eingeschätzt und subversiert. In G. Deleuzes "Anti-Oedipe" feiert Dionysos seinen erneuten Einstand: Der Antiödipus ist vom wilden Wunsch nach ungehemmter "production primaire" bestimmt. Jede Einfügung in Ordnung und sei es "nur" in die Ordnung der reflektierenden Repräsentation und Rückvergegenwärtigung wird im "Anti-Oedipe" bereits als Geschlossenheit der Struktur gewertet, welche die primäre Unmittelbarkeit und Positivität der "production" störe. Der anarcholiberale Ödipus läßt sich von der primärprozeßhaften Wildheit seiner "Wunschflüsse" vitalisieren. Wie Dionysos propagiert er die Ataxie, das Katatonische der Selbstverweigerung und die "entfesselte" Selbstbestimmung zu den Vitalitätsmaximen des Erlebens. Deleuze und Guattari träumen in ihren populärwissenschaftlichen Schriften von der "décodage déchaîné et sans réserve"[75], also von der Entwertung und Entfesselung des Denkens in Code-Modellen.

In einer manichäisch anmutenden Zwei-Welten-Lehre wird dem "ordre du désir" der "ordre de la représentation" opponiert. Die Ordnung der Repräsentation unterdrücke das Begehren und richte den Menschen am Ende einer langen Kette historischer Transformation zum Gehorsam auf den

Namen "Ödipus" ab. In ihrem spekulativ-triadischen Entwicklungsschema der Kulturbewegung[76] stellen Deleuze und Guattari die "wilden Gesellschaften" an den Anfang. Diese konstituieren sich allerdings schon bald über Codes von Verwandtschaftsbeziehungen, womit dem "wilden Wunsch" erste Begrenzungen geboten werden. Der devitalisierende Gehorsam hebt an und verstärkt sich, je mehr das Messer der Schrift sich dem Fleisch der Wünsche einkerbt, um sich in der Kastration des Ödipus zu vollenden. Die "verdrängende Repräsentation" und der "despotische Signifikant" errichten ihr Terrorregime der Vernunft, das G. Bataille in "Die Tränen des Eros[77]" ganz im Sinne des Posthistorismus beklagt.

Frappierend ähnlich gliedert sich L. Klages Abgesang auf den modernen Menschen, der nach mehreren Mutationen zur "scheinlebendigen Larve"[78] degeneriert sein soll. Die Ich-Identität, welche die Code-Ordnung bzw. der "Logozentrismus" dem Menschen zudiktiere, versklave ihn zum "Ödipus", zum Subjekt "geistvergewaltigten Lebens"[79]. Die Befreiung aus einem "Leben im Dienste der Rolle"[80] (L. Klages), aus einem "kodierten Ödipalleben" also, soll über das Dionysische anbrechen. L. Klages "Kosmische Runde" propagiert in unverstellter Nähe zu F. Nietzsche den "Zustand des dionysischen Rausches"[81] und die "ekstatische Seelenverfaßung"[82] als Medien für die "siegende Gewalt des Lebens"[83]. Der "postmoderne" Anarcholiberalismus verfaßt seine Selbstbefreiungsappelle in einem eher sprachphilosophischen Vokabular der "Décodage". Beide Gruppen versprachlichen - um eine Generation verschoben - dasselbe Phantasma von Willkürfreiheit, das S. Kierkegaard als die trotzige "Verzweiflung der Schwachheit"[84] erkannt hat. M. Frank kommentiert die dionysisch-anarchische "Rede vom wilden Wunsch" als Regression in prämodernistische Sehnsüchte:

> "Die Rede vom wilden Wunsch und seiner ungebrochenen, negationsfreien Positivität ist ein reines Phantasma aus vorkritischen Jahrhunderten und verdient [...] Beachtung [...] als Phänomen und Symptom einer [...] Bereitschaft zur Zivilisationsflucht und Regression in Zeiten, da der von Codes aller Art (technischen, industriellen, pädgogischen, bürokratischen [...]) überspannte Erdball [...] Wünsche nach Flucht in relativ vorzivilisatorische Zeitläufe immerhin verständlich macht."[85]

Anarcholiberal tendierende Autoren (wie G. Deleuze, F. Guattari, P. Klossowski, G. Bataille) proklamieren die Befreiung des Begehrens als revolutionären Akt. Das Begehren selbst soll zur "revolutionären Instanz" ("le désir comme instance révolutionaire"[86]) werden, die - ganz im Sinne von Nietzsches "Genealogie der Moral" - keine sublimative oder integrierende (Fremd-)Beeinflussung mehr dulde. Jede Repräsentation des "wilden Wunsches" über ein sprachliches Zeichen oder ein stellvertretendes Symbol negiert bereits dessen ursprüngliche Positivität, indem sie ihn einer Ordnung unterwirft. Das Begehren bzw. die "production désiderante" sprachlich-symbolisch zu "bezeichnen" heißt für den anarcholiberalen Purismus, es einer differenzierten und zerstückelten Welt einverleiben. Etwas mit einem differenzierten Instrumentarium von Zeichen zu benennen, bedeute somit den Verlust der Einheit und einfachen Selbigkeit des Bezeichneten. An deren Stelle trete die oppressive Einheit der bezeichnenden Struktur selbst. Solch unifizierende Fremdbemächtigung durch den Kode des "ordre symbolique" sei aber der Kastration vergleichbar, die einen "manque défini" setze:

> "C'est dans la structure que se fait la soudure du désir avec l'impossible, et le manque défini comme castration. C' ést de la structure que s'élève le chant le plus austère en l'honneur de la castration: oui, oui, c'est par la castration que nous entrons dans l'ordre du désir - dès que la production désirante s'est étalée dans l'espace d'une représentation qui ne la laisse subsister que comme absence et manque à soi-même."[87]

Der irrationale Prozeß des Begehrens und seiner primären Wunschproduktion verläuft - der anarcholiberalen Lesart zufolge -nur dann vitalisierend ohne schwächende Entstellung, wenn keine Kode-Ordnung und keinerlei Einheits- oder Zielintention ihn beherrscht. Pierre Klossowskis "Nietzsche et le cercle vicieux" ist beispielsweise gegen die "codage des flux sauvages" geschrieben:

> "Le jour où l'être se comporter à la facon de phénomènes dépourvus d'intention - car toute intention au niveau de l'être humain obéit toujours à sa conservation, à sa durée -, ce jour-là, une nouvelle créature prononcerait l'intégrité de l'existence ... La science démontre par sa propre démarche que les moyens qu'elle ne cesse d'élaborer ne

font que produire, à l'extérieure, un jeu des forces par elles-mêmes sans but ni fin dont les combinaisons obtiennent tel ou tel résultat."[88]

Die Utopie der "nouvelle créature", die dank selbstbefreiender Metamorphose zur "Integrität der Existenz" ("l'intégrité de l'existance") findet, ist romantisch-dionysische Mythologie von Emanzipation. Bereits in den ersten Jahrzehnten des 20. Jahrhunderts feierte dieser Tagtraum seinen zwiefältigen Einstand in der faschistoiden wie in der sozialistischen Neomythologie (vgl. 1.5.2.). In der Sprach- und Wunschwelt des sozialistischen Sozialmythos war die (klassenpolitische) Rede vom "gärenden Menschen-Subjekt"[89], das in einem kämpferischen "Grundwiderspruch [...] zur Entfremdung und Entäußerung [...]"[90] befaßt sei. In Umkehrung der neutestamentlichen Vision von den "Stillen", die "das Land erben" werden (vgl. Mt. 6,14), schlägt beispielsweise die Blochsche Sozialutopie die "Erbschaft dieser Zeit" einer neuen Menschenklasse zu, die das Dionysische zu gebrauchen gelernt haben wird.[91] Klassen - wie Rassenmythologie, A. Rosenberg wie E. Bloch, L. Klages wie S. George oder G. Landauer, verkünden areligiös-mythologisierend (bzw. naturmystizistisch) eine machbare restitutio ad integrum.

Der faschistoiden bzw. sozialistischen "Umwertung der Romantik" folgt - in einer durch den Zweiten Weltkrieg gebrochenen Fortsetzung - die anarcholiberale Postmodernebewegung. "Ohne den Zwischenfall des Dritten Reichs würde sich die zwischen beiden Äußerungstypen waltende Kontinuität zweifellos als eine ununterbrochene Tradition erkennen lassen."[92] Dieser Globaleinschätzung der anarcholiberalen Neomythologie durch M. Frank kann grundsätzlich zugestimmt werden. Zu differenzieren bleibt das Besondere, wenn auch nicht grundsätzlich Neue dieser extremistischen Postmoderne, auf die J. Habermas' Vorhaltung des regressiven Prämodernismus[93] zutrifft.

3.2.1.2. Der anarcholiberale Dekonstruktivismus als gnostizistische "Umwertung der Romantik"

Der anarcholiberale Dekonstruktivismus (Postmodernismus) ist - nach der Romantik und deren "Umwertung" im remythisierenden frühen 20. Jahrhundert - der Sprachentwurf und Appell einer zweiten Neomythologie mit eigenen Metaphern und eigener Symbolik. Ihr konkreter Vollzug verbietet den Rückgriff auf die klassische, kodierte Mythologie, sei sie nun griechisch-römisch oder germanisch-nordisch. Statt dessen kommt es zur Hybridisierung oder Genre-Mutation. Die anarcholiberale "Umwertung" der Mythologie geschieht - ganz im Sinne des Dionysischen - als "Entdefinierung", Deformation und Travestie der klassischen Genres hin zu einem "fictual discourse"[94]. So wird aus dem tragischen Ödipus ein emanzipierter "Anti-Ödipus" und aus dem klassischen Wurzelbaum vernünftiger Philosophie das Wurzelstengelwerk des "Rhizoms." Der anarcholiberale Dekonstruktivismus experimentiert mit surrealistischer Auflösung und expressivem Dechaînement der Gestaltformen. Die Performanz[95] des Vorgegebenen und Alltäglichen ereignet sich nicht mehr - wie in der romantischen Neomythologie - als dessen magische Wandlung ins Mytho-Logische, sondern als Totalrelativierung, Perspektivierung, Absurdsetzung und Karnevalisierung. Die Polyphonie erzeugende Zentrifugalkraft der Sprache erschafft die "fröhliche Relativität" der Dinge. Im subversiven Karneval,

> "dem wahren Fest der Zeit, dem Fest des Werdens, des Wandels, der Erneuerung", entdecke sich dem Menschen "die eigentümliche Logik des Umgekehrten, [des] Umgedrehten [...] der vielfältigen Parodien, Travestien, der Demütigungen, Entweihungen, der komischen Krönungen und Entthronungen[...]"[96]

Diese zweite, deformative Neomythologie reduziert den Tagtraum des Dionysischen auf seine Essenz: auf das aggressive Begehren nach kompromißloser, vitalekstatischer Formlosigkeit; auf autonomistische Ekstase, die sich am Möglichen utopisch auflädt; auf die Negation von humanspezifischer (Sprach-)Beziehung und Geschöpflichkeit. Der anarcholiberale Irrationalismus "performiert" Subjektivität in karnevaleskes Begehren und Transzendenz in primärprozeßhafte Wunscherfüllung. Der entfesselte Lebensgenuß als ersehnte Lebensfülle und vibrierendes "Pleroma" bringt als ungewollten Begleiteffekt den "Tod des Subjekts" als Individuum. Die anarcholiberale Vitalitätsmythologie vollführt durch die absurde Übersteigerung des Autonomiegedankens den Tod des Individuums. Die Hybridisierung des Freiheitsgedankens zur Souveräntität des absoluten, vorsprachlichen Für-sich-Seins endet für G. Bataille folgerichtig in der souveränen Selbstvernichtung.[97]

Der dionysische Über-Mensch dieser nihilistisch-surrealistischen Neuausgabe phantasmagorischer "Mythologie" strebt über die Bedinglichkeiten von Sprache und Code hinaus. Die bereits von Heidegger in "Sein und Zeit" (1927) kritisierte, zirkelhafte Einheit der Subjektivität (bzw. des Daseins) versucht der anarchische Dekonstruktivismus extremistisch aufzubrechen. Sein Instrumentarium dazu entnimmt er dem Begriffs- und Argumentationsregister des Neostrukturalismus. Diese Entnahme ist freilich keine Übernahme, sondern eher eine karnevaleske Transposition. Sie entdefiniert und performiert das differenzierte neostrukturale Netzwerk von Sprache.

Der anarcholiberale Postmodernismus ist eine parasitäre Parodie auf den Neostrukturalismus und Dekonstruktivismus. Er ist Simulation und Subversion des "Postmodernen Wissens" (F. Lyotard) um die "différance" (J. Derrida). Indem er das mythomane Begehren gegen die humankonstitutive Sprach- und Kodeordnung verabsolutiert, verlagert er die Ursprünglichkeit und Unüberwindbarkeit der Differenz entschieden: In seiner Ablehnung der reflexiven Repräsentation und des "ordre symbolique" (ver)-setzt der (neostrukturalistische) Anarcholiberalismus die marque der Differenz (und die Wichtung ihrer Unhintergehbarkeit) zwischen Begehren und Code. Die daraus entstehende "anarchische Differenz" ist deshalb nicht mehr - wie bei Derrida oder Lacan - der generische Ort sprachlicher Signifikation. Sie hat ihre Aufgabe eingebüßt, Ermöglichungsbedingung von Sprache, Sinn und Subjektivität zu sein. Sie fungiert nicht mehr als primordiale Wirkkraft für die Offenständigkeit des Codes und seiner Semiotik, sondern vermittels der umgewerteten Differenz soll die Subversion der Code-Ordnung gelingen. Kurz und vereinfacht gesagt: Mit Hilfe der Differenz soll der Code negiert werden. Die differentistische Utopie ersehnt die Subversion von Kode und Kultur durch die Aktivierung der Urdifferenz zwischen dem mystifizierten "ordre du désir" und dem "ordre de la représentation".

Die Verabsolutierung der Differenz zwischen Mensch und (Kultur-)Welt gab schon für den spätantiken Gnostizismus die wirkungsvolle Methode ab, sich aus einem mißlungenen Weltentwurf zurückzuziehen und den Artefakten der Kultur zu entkommen. Der anarcholiberale Postmodernismus ist in seiner Methode der Überwindung der Moderne gnostizistisch. Auf nihilistischem Hintergrund wertet er das neostrukturale Differenzdenken um und übersteigert das neuzeitliche Autonomiestreben in das Extrem von Eskapismus und Fiktionalismus.

> "Wenn allein die Differenz die Übermächtigung durch die Wirklichkeit [...] aufhalten kann, wird Pluralität zu einer ontologischen Forderung und Pluralismus das politische Pendant zur pluralen Ontologie der Differenz."[98]

Der anarcholiberale Dekonstruktivismus betreibt die Dispersion der Sprachspiele, Diskursarten und Rationalitätsformen. Die Destruktion muß dabei die Differenz "in der Wirklichkeit der Leere"[99] sichern und dadurch das apathische Für-sich-Sein des Subjekts garantieren.[100] Im (neo-)gnostischen Differentismus wird Vielheit und Pluralität zum Signum des Guten und die Einheit (des Codes, der Signifikation und Darstellung) zum Siegel des Dämonischen von Unterdrückung, Entfremdung und Devitalisierung.

Nicht nur seiner Methode, sondern auch seiner Grundprämisse nach ist der anarcholiberale Postmodernismus eine nihilistisch-gnostische Bewegung. Sie operiert unausgesprochen mit der Grundannahme, daß die "wirkliche" Wirklichkeit katastrophisch und zerrissen sei. Dieser negative Ontologismus stürzt freilich schon insofern ins Leere als kein Sternengott, kein Fatum und kein transzendentaler Erlösungsweg ihn aufzuwichten vermag. Die "anarchische Differenz" ist Anzeige des zerrissenen Charakters von Welt. Jede Form von "Vereinheitlichung" muß daher "unwahr" und eine demiurgische Vergewaltigung der Wirklichkeit sein. Der Anarcholiberalismus ist säkularisierter, enttheologisierter Neognostizismus. Die gnostische Hermeneutik und ihre Schemata finden sich nivelliert und dekodiert im anarcholiberalen Differentismus wieder: Der frühgnostische Demiurg, der die leidvolle Verschlossenheit der sichtbaren Erdenwelt erschuf, ist demaskiert als das monopolistische Vernunftwirken, das eine entfremdende Kulturwelt erschafft. Letztere wird doketistisch als moderne "Scheinwelt" interpretiert, die es destruktiv zu überwinden gelte. Der himmlische Seelenfunke, die scintilla animae der Ursehnsucht nach Befreiung, ist performiert zum unterdrückten Subjekt "wilden Begehrens". Beider Ziel und Naherwartung ist die Emanzipation aus einem Gefangenendasein zur Lebensfülle. "Vitalité à tout prix" ist das Leitmotiv von Gnostizismus und Anarcholiberalismus. Weil es in beider Version von Leben kein göttliches, schon anwesendes Pleroma gibt, deshalb tritt autonomistische Emanzipation an die Stelle der Emanation des sich gnadenhaft erfüllenden Lebens.

Der spätantike Gnostizismus war der gegenchristliche Versuch "den Nihilismus der antiken Welt nach dem Sterben der Götter des Mythos durch 'Gnosis' zu überwinden."[101] Der anarcholiberale Postmodernismus aktiviert in gewissem Sinne eine ähnliche Nachlese: Die enttheologisierende, dem Rationalismus verpflichtete Aufklärung erweckte ungewollt als das Andere ihrer Selbst eine romantische Renaissance der mythischen Götterwelt. Im zeitlichen Vollzug der "Dialektik der Aufklärung" erfährt die (klassizistische) Neomythologie eine zweimalige "Umwertung". Die erste geschieht als Ablösung der griechisch-römischen Mythologie durch eine nordisch-germanische bzw. sozialistisch-klassenkämpferische. Kurzzeitig kommt ihr ein überhöhter Legitimationswert für Politik und Kirchenkampf (vgl. 4.1.1.) zu. Die zweite "Umwertung" kommt einer Auflösung der Neomythologie in einen anarchischen Neognostizismus gleich. Dieser bedient sich eines heterogenen, bunten Repertoires mythisch-phantastischer Erzählungen. Die diffuse "Polymythie" der anarcholiberal tendierenden Postmoderne findet derzeit häufig kulturkritische Erwähnung.

Zur Eigenart des anarchischen Neognostizismus gehört es, daß er der Mythologie neue Qualität und Funktion zuweist. Diese neue "Mythologie" ist schon längst nicht mehr kosmologische Erzählung; sie handelt nicht mehr von den Göttern als personifizierten Termini für die "ewige Wiederkehr des Gleichen". Ihre Absicht ist nicht mehr die Verzauberung der Vereinzelten zu einer "Neuen Gemeinschaft" (G. Landauer) vitalisierter Bekenner.

Der Mythos als Legitimation von Gesellschaft (vgl. 1.3.2.) bzw. Gemeinschaft (vgl. 1.5.2.) erlischt hier in seiner einheitsstiftenden Funktion. Mythologie als kodierte Sprach"bewandtnis" symbolischer Ordnung liefe dem anarchischen Subjektivismus konträr. Die Polymythie des anarcholiberalen Postmodernismus steht weder in der strukturalen Funktion (Cl. Lévi-Strauss) von der kodierten Lebenswirklichkeit zu erzählen noch darf sie vom "Absolutismus der Wirklichkeit" (H. Blumenberg) künden. Als autonomistische Übersteigerung und Auflösung der dionysisch-vitalistisch gelagerten Neomythologie soll sie weiterhin dem angstfreien Lebensgenuß förderlich sein und ihm Befreiung verschaffen. Die psychoaffektive Motivationslage bleibt - wenn auch aggressiv radikalisiert - dieselbe. Was hingegen wechselt, ist das Wirklichkeitsverständnis, das der anarcholiberalen Polymythie zugrunde gelegt wird. Dieses ist seiner Essenz nach nicht mehr "naturaler Supernaturalismus", sondern (Neo-)Gnostizismus. Dieser supponiert eine kontingente Lebenswirklichkeit, die vom Machtkampf bestimmt und von kulturschaffenden Mächten rationalistisch beherrscht werde. Transzendenz sei deshalb nur möglich als das Durchbrechen des "stählernen Gehäuses der Moderne"[102] zur Erlebnisfreiheit des Begehrens, das kein Gegenüber mehr anerkennt.

Der Dualismus zwischen Herrschaft/Gefangenschaft und Begehren kennt keine Transzendenz in ein Drittes und Anderes, wie es noch im "naturalen Supernaturalismus" der früheren Neomythologiebewegung angeboten wurde. Deren Poetomythologen wie L. Klages, S. George und R.-M. Rilke, A. Rosenberg und A. Bäumler kündeten vom "Ruf" des Lebens, von dessen numinoser Sinnfülle oder von der Berufung zur "Herrenrasse" bzw. zur neuen "Heimat des Geistes" (G. Landauer). Wie variabel und utopisch die Zielvorgaben ihrer Transzendenzverheißungen auch sein mochten, sie sollten Begegnung mit einem größeren "Anderen" inaugurieren. Diese vage, metaphysisch-mystizistische Rahmensetzung wird vom anarcholiberalen Dekonstruktivismus verworfen.

Im anarcholiberalen Postmodernismus ist aus dem impliziten Nihilismus der Neomythologiebewegungen ein offener, "schizo-paranoider" Nihilismus[103] geworden. Dieser agiert mit minimallogischer Hermeneutik für die totale Subjektivität, für Begehren statt Sprache. Seine entmystifizierte Mythologie ist folgerichtig zu einem "fictual discourse" transmutiert. Im anarcholiberalen "new gnosticism" ist aus Mythologie Phantasmagorie und Fiktionalität geworden. Der fiktionalistische Konstruktcharakter der anarcholiberalen Postmoderne zeigt sich an Konzeptionen wie Burkes "dramatish criticism"[104], Poppers "word hypothesis"[105], N. Goodmans "ways of worldmaking", Whites "prefigurative moves" und P. Feyerabends Ironie des "anything goes". F. Nietzsches "Philosophie des Vormittags" (vgl. 1.5.1.) läßt sich mit dem Nietzschewort vorstellen: "Was gedacht werden kann, muß schließlich eine Fiktion sein."[106] Der Anarcholiberalismus hat auf seine Weise damit begonnen, diesen Vorsatz ernst zu nehmen.

3.2.2. Die Wiederkehr der Mystik im dekonstruktivistischen Postmodernismus

3.2.2.1. Die zweifache Intention dekonstruktiver "Mystik"

Die dekonstruktivistisch angelegte Postmodernebewegung ist *nicht eindeutig* bestimmbar. "Nur auf der Ebene der Rhetorik ist alles eindeutig".[107] Dieses Fehlen an simpler Bestimmbarkeit ist allerdings kein Mangel, sondern eher ein Indiz auf das "Wesen" des Postmodernismus. Es läßt sich feststellen, daß die Postmoderne-Bewegung ihrer Beschaffenheit nach zwiespältig ist. Ihr oszillierendes, multiperspektivisches Erscheinungsbild überdeckt mit seinen fließenden "Übergängen" das fundamentale Strukturmerkmal der Zwiespältigkeit. Dieses wird jedoch auf analytischem Wege erhebbar, sobald die dekonstruktive Methode am Postmodernismus selbst zur Anwendung gelangt.

Dekonstruktion - so stellt P. Koslowski fest - "ist selbst ein mystischer Begriff. Dekonstruktion kann treffend mit Entbildung übersetzt werden. 'Entbildung' der Bildungen der Welt war eine zentrale Forderung der deutschen Mystik des Mittelalters"[108]. Im Dekonstruktivismus als Generalmethode des Postmodernismus läßt sich die Forderung nach "Entbildung" säkularisiert wiederfinden. Sie wird zur Negation der vereinheitlichenden Systembildungen und der kodifizierten Machtgebilde. Hinsichtlich des Verhältnisses von Darstellbarem und Denkbarem akzentuiert der Dekonstruktivismus (wie vor ihm bereits die Mystik[109]) die Ohnmacht des Darstellungsvermögens und die Sehnsucht nach einer Anwesenheit, deren sich das "vorstellende Denken" vergeblich zu bemächtigen sucht.

So wie der Signifikant "*De-kon*-struktivismus" eine zweifache Intention und doppelte Aktionsbewegung symbolisiert, ebenso ist die Postmoderne-Bewegung inkohärent und zwiespältig. In ihrer Zwiespältigkeit stellt sie die Dekonstruktionsmethode selbst dar: das nicht kontinuierliche, sondern differenzträchtige Zueinander der Destruktion (des Allgemeinen, Bedeutungsrepräsentativen) und Re-konstruktion (re-construire) dessen, was J.-F. Lyotard im Anklang an I. Kants Ästhetik "negative Darstellung"[110] heißt. Die "ent-bildnerische" Destruktion hat - wie J. Lacan sagt - die "Leerstelle" zu entdecken, welche die "negative Darstellung" als Ereignis der Differenz ermöglicht. Der erste und anfängliche Methodenschritt ist also die Destruktion und Auflösung des im "vorstellenden Denken" beschlossenen Einzelnen, ja des "vorstellenden Denkens" selbst. Dieser Schritt ist an sich anarchisch und dispersiv. Die anacholiberal tendierende Postmoderne repräsentiert ihn. Die heterogene Vielheit, vergleichbar der mystischen "dispersio", gewinnt in ihr ontologische Valenz - allerdings ohne ihre Entsprechung: der unio mystica. Das zweite Methodenmoment ist die "negative Darstellung" der anderen Wirklichkeit (des Nicht-Darstellbaren) als Ereignis der Differenz. Signifikant(en"verkettung") und Differenz erwirken als Effekt ihres Zueinanders "die Ahnung eines Nicht-Darstellbaren"[111], über welches sich verhalten sagen läßt, daß es nicht ein Nichts ist.

Wenn der "Primat des Zeichens" die "Metaphysik der Präsenz" erschüttern soll, so intendiert Derridas Dekonstruktivismus damit die Erschütterung einer Hermeneutik, die sich auf den Vorrang des Sinns (vor Struktur bzw. Kode) stützt. "Primat des Zeichens" will besagen, daß der Signifikant differenziert auf ein ganz Anderes verweist, das sich der konstruierenden, vorstellenden Vergegenwärtigung entzieht. Dieses Moment des Evanesken ist konstitutiv für eine Ästhetik des Erhabenen, die mit Mose und Kant um die Gefahr des Sich-Bildermachens (vgl. 2 Mose 2,4) und der Einbildung weiß. Kurz, aber nicht verkürzt gesagt: Dekonstruktivismus ist "Entbildung" und Entformierung beherrschender Ordnungs- und Vorstellungsmodalitäten mit der Handlungsintention der "déhorizontage": der ereignishaften, spurenhaften Begegnung mit dem ausgegrenzten Anderen. Mit dieser Handlungsmaxime geht der dekonstruktivistische Postmodernismus dezidiert über den nihilistisch-destruktiven Anarcholiberalismus und seine verabsolutierte Bemächtigungstheorie hinaus. Der anarcholiberale Postmodernismus ist die Verkürzung und einseitige Verabsolutierung des Dekonstruktivismus auf das Destruktiv-Nihilistische hin. Er ist die remythisierende De-kadenz der Postmoderne in die "Dialektik der Aufklärung".

Die Wiederkehr der Mystik im dekonstruktivistischen Postmodernismus ist ähnlich facettenreich und zwiespältig wie die Postmoderne-Bewegung selbst. Zudem ist der Begriff "Mystik" bekanntlich höchst komplex und polyvalent. Andererseits ist die neue Mystik der Postmoderne-Bewegung unüberhörbar geworden. Ihr An-sinnen, ihre Sprache und Stilistik ist aber nicht zuletzt deshalb der Reflexion wert, weil sie eine "brisure" (Verbindungsstelle) (vgl. 3.1.3.3.) zur fundamentaltheologischen Anknüpfung ermöglicht (vgl. 5.2.5.).

Im Folgenden sollen die neomystischen Tendenzen des Anarcholiberalismus, der Posthistoire und der dekonstruktivistischen Postmoderne-Bewegung untersucht werden. Dazu einleitend eine ethymologische Vorbemerkung: "Mystik" kommt vom griech. Adjektiv "mystikos", d.h. "mit den Geheimnissen (mysteria) in Beziehung, geheimnishaft"[112]. Die dazugehörigen Verben lauten "myo" und "myeo". "Myo" = (sich) schließen (vor allem der Augen und des Mundes). "Myeo" hat direkte religiöse Bedeutung und besagt: in die Geheimnisse einweihen.

Jede Praxis der Mystik ist auf das In-Beziehung-Kommen mit dem Geheimnis ausgerichtet. Sie ist insofern metaphysisch als sie das transzendentale Wirklich-Sein des Mysteriums voraussetzt. Das Geheimnis als "ein Anderes und Ungesagtes"[113] ist jene - dem Alltagsbewußtsein wie dem vorstellenden Denken - verborgene Dimension, welche den Mystiker anspricht und anzieht. Dieser erlebt sich als be-rufen und geführt vom Geheimnis selbst. Er erfährt das ganz Andere und Unaussprechliche des Mysteriums als lebendige, beziehungsstiftende Wesenheit. Diese Erfahrung ist das mystische Grund-Erlebnis. Es ist das Ereignis einer Inversion und Umkehrung der ichaktiven Erlebnis- und Handlungskategorien in ihr spirituelles Gegenteil. In der ihm unverfügbaren Beziehung zum ganz Anderen des Mysteriums erlebt der Mystiker einen radikal erneuerten "Bewandtniszusammenhang": die unio bzw. communio mystica. Damit wird traditionellerweise eine numinose Erfahrung bezeichnet, die Einheitserfahrung ist. Die kontingente Vielheit der Tatsachenwelt wie das "Geworfen-Sein" der eigenen Existenz tauchen in einen neuen Sinnhorizont ein. Diese "déhorizontage" des Tatsächlichen, Zufälligen und Subjektiven ist die Aufhebung der dispersiven Realität in die neue Wirklichkeit "geheimnishafter Einheit" (unio mystica). Die sich entbergende Einheit ist die Aletheia des Mysteriums. Gemäß Heidegger ist sie der "Grund der Metaphysik"[114] sowie der "Wahrheit des Seins"[115]. Die "École Lacanienne" spricht von der "Dit-mension" der unbewußten symbolischen Ordnung und E. Lévinas schreibt in seinen "Meditationen über Religion und Philosophie" (1991) von der dechiffrierbaren "Spur, die Gott hinterläßt" im "Mysterium allen Zutagetretens"[116].

Die literarische Mystik ist das versprachlichte Bewußtsein der geheimnishaften *Bewahrnis* von Mensch und Schöpfung. In mystischer Bewandtnis wandelt sich Kenoma zu Pleroma: Die Welt der Leere wird zu einer Welt der Fülle, die sich dem "Grand Autre" des Mysteriums verdankt. Ein neuer Ursprung von Lebens- und Sinnfülle erschließt sich im offenen Wendekreis des schöpferischen Geheimnisses. Dessen Autonomie ist durch keinerlei magische Praxis beeinflußbar; seine Wirkmacht ist dem Menschen nicht berechenbar und seine Transparenz niemals Totalpräsenz, sondern Spur und Zeichen.

3.2.2.2 Der Mystizismus des anarchostrukturalen Postmodernismus

Die christlich-abendländische Geisteswelt kennt eine (varianten)reiche Tradition der Mystik. Seit Clemens von Alexandrien und Origenes wird Mystik im Hinblick auf das Christusmysterium als Methode, d.h. als jenseitszugewandter Weg zum Verstehen der Hl. Schrift von den Spiritualen gelehrt. Die abendländische Mystik ist in ihrer Spiritualität trinitarisch und christozentrisch. Dabei ist sie auf Wort und Sakrament bezogen, auf Erfahrung und Erkenntnis, auf Natur und Gnade. Nur in ihren Fehlformen verfiel sie in gnostizistisches Spekulierertum oder in einen imaginären Sensualismus. Die romantische Remythisierungsbewegung mit ihrer Naturmystik zentrierte sich schon bald nachhaltig auf das Christodionysische (vgl. 1.4.2.). Sie ist deshalb als Mystizismus (statt Mystik) qualifizierbar, weil sie dem (psychischen) Diktat der Bedürfnisbefriedigung unterliegt und dem Leitmotiv des angstfreien (Lebens-)Genußes folgt (vgl. 1.4.2.3.). Der romantische Mystizismus funktionalisiert das mystische Grund-Erlebnis der unio mystica zum Zweck der vitalen Selbstermächtigung des Subjekts im neomythologischen Tagtraum (vgl. 1.5.1.). Mystizismus als selbstprojektive "Mystik" verbleibt als konstante Basiseigenschaft der Neomythologie auch nach der zweimaligen "Umwertung der Romantik" in den 30-er und 60-er Jahren unseres Jahrhunderts.

Die romantische Tradition des neomythologischen Mystizismus, bricht sich im Anarcholiberalismus in das Gnostizistische hinein (vgl. 3.2.1.2.). Der Anarcholiberalismus ist Travestie der gnostischen Mystik zu einem nihilistischen Mystizismus, der begehrlich nach dem ganz Anderen ausgreift. Er ist destruktive Mystik, die um das vermeintliche "Geheimnis" der *Selbstschöpfung* der "nouvelle créature" kreist. Die anarcholiberale "Mystik" glaubt an das Kreativitätspotenzial der Destruktion und propagiert - wie einst die gnostische Mystik - die Überwindung der (modernen, kodierten) "Welt". Diese passionsreiche Befreiungsaufgabe setzt die Bereitschaft zur Letzthingabe im Subjekt voraus. Damit es zur "décodage déchaîné et sans réserve"[117] kommen kann, muß sich der Einzelne ohne inneren Vorbehalt ("sans réserve") auf den mystischen Prozeß einlassen. Das Mysterium des ganz Anderen, das in der negierenswerten Welt zum Ereignis werden soll, ist die mystische Autonomie der "nouvelle creature". Die anarcholiberale Mystik ist der ultimative Versuch, durch die Übersteigerung der mystischen Autonomie und Differenz dem Gehäuse der entfremdenden Hörigkeit, das das moderne Systemdenken geschaffen haben soll, zu entgehen. Im vorbehaltlosen Ja zur souveränen Autonomie wird die Freiheit absoluten Für-sich-Seins veranschlagt. Diese tritt fiktiv an die Stelle der unio mystica. Das mystische Selbst, von dem beispielsweise G. Batailles schreibt, verzichtet auf das Leben und seine sorgfältige Erhaltung, "um in einem Augenblick souveräner Verschwendung die absolute Freiheit, die Souveränität zu verwirklichen."[118] Freilich, daß der Mensch nur im Augenblick des Freitodes souverän sei, das haben vor und neben G. Bataille schon andere erdacht (z.B. Sarte, Camus, Serres). Allein der Begründungs- und Bewandtniszusammenhang ist hier neu. Er zentriert sich nicht mehr, wie beispielsweise beim humanistischen Atheismus, auf die Selbstopferung um der "guten Sache" willen, sondern er ist zum Selbstzweck der Weltverweigerung geworden. Der gnostische Eskapismus kehrt hier radikalisiert in einer (auto-)aggressiven Katatoniehaltung wieder.

> "Der mystische Gedanke der resignatio ad inferum, wie er etwa bei Jan van Ruusbroec zu Beginn des 14. Jahrunderts entfaltet wird, des Verzichtes auf die Eigenliebe zugunsten der Gottesliebe bis zur Bereitschaft, die Hölle auf sich zu nehmen, kehrt hier in atheistisch-nihilistischer Umkehrung wieder."[119]

Die anarcholiberale Mystik der "nouvelle créature" geht von einem gefallenen Charakter der "strittigen" Wirklichkeit aus. Die christliche Erbsündenlehre wird gleichsam ontologisiert und der Mensch ent-schuldigt. "Der Widerstreit"[120] der modernen Wirklichkeit begründet sich nach Lyotard dann folgendermaßen:

> "Nicht weil die Menschen bösartig wären, sind ihre Interessen und Leidenschaften antagonistisch. Ebenso wie das Nicht-Menschliche - die Tiere, die Pflanzen, die Götter, Gott und die Engel, die Außerirdischen, die Jahreszeiten, die Gezeiten, Regen und Schönwetter, die Pest und das Feuer - werden die Menschen in Regelsystemen von heterogenen Sätzen situiert und von Spieleinsätzen aus heterogenen Diskursarten in Anspruch genommen."[121]

Das Ungenügen an der strittigen Wirklichkeit "heterogener Diskursarten" ist der Leidenskern anarcholiberaler Mystik. "La terre devient un asile d'aliénés"[122]. So lautet die Klageontologie des "Antiödipus".

Die Sehnsucht der gefallenen Kreatur nach einer restitutio ad integrum kehrt im "wilden Begehren" nach dem "Durchbruch" - einem Leitmotiv der Mystik - kupiert wieder. Das "wilde Begehren" soll das Urpositive im Subjekt sein, der sehnsuchtsvollen scintilla animae vergleichbar, die zu mystischem Feuer entflammbar ist. Die Patenschaft Nietzsches und mehr noch Schopenhauers für die anarcholiberale Desirwelt wird unverkennbar. Bei Schopenhauer existiert das "An-sich", der Wunsch, der die Welt im Innersten zusammenhält, bekanntlich unter zwei Existenzformen: als Wille und Vorstellung (repraesentatio). Nur der Wille ist nach Schopenhauer wirklich; die Vorstellung idealisiere und irrealisiere ihn. Sie verwandele den wilden Lebensdrang, der den Saft in die Reben treibt und die Triebströme durch die Körper der Tiere pumpt, in ein Panoptikum von Vorstellungen, Kodierungen und "heterogenen Diskursarten".

Der "Durchbruch" durch die beherrschenden Repräsentations- und Codesysteme, die Negation der zur Kommunikation gewordenen Vorstellungs-Welt, führt laut Deleuze und Guattari zu einer besonderen unio mystica: Das anarchische Subjekt vereinige sich im "Durchbruch" mit dem Urgrund und der Urposition seiner selbst: dem *Begehren*, das an sich die wirkliche Wirklichkeit sei: "L'être objectif du désir est le Réel en lui-même."[123] Die revitalisierende Selbstermächtigung des Subjekts durch Rückzug und "Versenkung" in das Begehren, ist das Pleroma des nihilistischen Mystizismus.

3.2.2.3. Die Todesmystik der Posthistoire-Bewegung

Die Mystik des anarcholiberalen Dekonstruktivismus hat ihr Faszinosum im vermeintlichen Geheimnis der destruktiven Selbstschöpfung einer "nouvelle créature". Es ist das fiktive Geheimnis von etwas, das es so nicht gibt: das Mysterium der regenerierenden Auferstehung als causa-sui-Akt. Der Phönix-Mythos und die anarcholiberale Destruktionsmystik umkreisen dieses Geheimnis der Neuerstehung. Als gnostischer Mystizismus ist diese Mystik eskapistisch: Sie agiert mit der Verweigerung von Beziehung zur "logozentrierten", kodierten Lebenswelt. Zugleich propagiert sie die Verabsolutierung der "anarchischen Differenz" zwischen Subjekt und (Kultur-)Welt. Positiv formuliert heißt dies, daß der anarcholiberale Postmodernismus dem willigen Subjekt die Möglichkeit zur Distanznahme unterstellt, mit der es sich aus einer globalen "Unheilssphäre" absetzen könne.

Solch naiver Kulturoptimismus ist der Posthistoire-Bewegung nicht mehr zu eigen. Der Posthistorismus definiert sich aus der Grundannahme des irreversiblen Fehlens einer lebensspendenden Alternative. Die selbstgemachten Heilsvorstellungen der Moderne sind laut J. Baudrillard[124] insgesamt Unheilsvorstellungen. Das vom Menschen als "Gut" Erkorene unterliegt einem seltsamen mysterium sub contrario. Sowohl die "Dialektik der Moderne" als auch der Dualismus des anarcholiberalen Postmodernismus sollen im Posthistoire geltungslos sein. Die Posthistoire-Literatur stilisiert die bedrückende Ruhe des "Nachher", die Kal(a)mität des spannungslosen "post festum" - Zustandes (vgl. 2.4.2.). In seinem Tagebuch "Philosophischer Untersuchungen" notiert L. Wittgenstein am 25.11.1914:

> "Es ist der Dualismus, positive und negative Tatsachen, der mich nicht zur Ruhe kommen läßt. So einen Dualismus kann es ja nicht geben. Aber wie ihm entgehen?"[125]

Während L. Wittgenstein sprachphilosophisch - entlang der Frage nach dem "Verständnis des Wesens des Satzes"[126] - einen Ausweg bahnt, erklärt der Posthistorismus den beunruhigenden Dualismus auf mystischem Wege für beendet: Die Proklamation des "état final" als tautologischem "End-Zustand" moderner Kulturwelt ist angewandte Mystik. Wenn Mystik mit der existentiellen Hinwendung des Subjekts zum Mysterium des "Anderen und Ungesagten" anhebt, dann ist das Sich-Zeigen des Unaussprechlichen das Mystische. Trefflich formuliert Wittgenstein: "Es gibt allerdings Unaussprechliches. Dies zeigt sich, es ist das Mystische"[127] (6.522). Das Mystische als das Unaussprechliche, das sich vermittels der Posthistoire-Bewegung zeigt, ist der "Tod der Moderne". Der Begriff der "Post-Histoire" ist Symbol und Menetekel für das Unaussprechliche des "post mortem". Das faszinante Mysterium der Posthistoristen ist der schon stattgehabte, von der Welt nicht zur Kenntnis genommene "Tod" einer lange schon kränkelnden abendländischen Geisteswelt.

Insofern als Posthistorismus Todesmystik ist, stehen ihr Erkennen und ihre Sprache unter einer unlösbaren Paradoxie: Zu wem, wenn nicht zu Toten soll ihre Sprache sprechen, und worüber, wenn nicht über den Tod der einst Lebendigen? Wer aber sind die Sprecher? Im Hinblick auf das, was L. Wittgenstein das "begrenzte Ganze" nennt, ist diese Doppelfrage mehr als nur markaber. Der "Tod der Moderne", der mortale Exitus der abendländischen Geistes-Welt betrifft uns alle, die wir unentrinn - und unteilbar in dieser Welt sind. "Die Welt und das Leben sind Eins"[128] (5.621), so betont Wittgenstein logischerweise. Der proklamierte "Tod" der Geistes-Welt und ihrer Subjekte ist wohl das einzige Sprechereignis, das Wittgenstein als zugleich "unsagbar" und "mystisch" gelten ließe. "Nicht wie die Welt ist, ist das Mystische, sondern daß sie ist. (6.44). Das Gefühl der Welt als begrenztes Ganzes ist das mystische" (6.45). Das Unsagbare, das der Posthistorismus als "état final" metaphorisiert, bezieht sich auf das "Daß"-Nicht(-mehr) der Lebens-Welt. Weil "die Welt und das Leben Eins sind", deshalb ist der "Tod der Moderne" als das "Daß-Nicht(-mehr) der Lebens-Welt eine - im Sinne Wittgensteins - mystische "Antwort, die man nicht aussprechen kann" (6.5). Ebensowenig kann man die Frage dazu vernünftig stellen. Der Posthistorismus formuliert sein faszinantes Anliegen an der Grenze einer von (Sprach-)Logik "erfüllten" Welt, deren Grenzen auch die Grenzen der Logik sind.[129] Indem er mystisch wird, verstößt der Posthistorismus nicht gegen die Logik des Sagbaren, sondern entfernt sich von ihr, aus dem "Tatsächlichen" in das Unermeßliche.

Während der Posthistorismus einerseits nicht gegen die Gesetze Wittgensteinscher Sprachlogik verstößt, folgt er andererseits den besonderen Gesetzen der Mystik. Diese Gesetze bzw. prozessualen Grundgegebenheiten bilden folgende Quadrige[130]: Bewußtseinsdurchbruch ("Erleuchtungsbewußtsein"), unmittelbare Einwirkung der Grunderfahrung auf den Mystiker, Herausbildung eines Erfahrungskerns, paradoxale Fortwirkung der mystischen Erfahrung. - Das mystische Bewußtsein faßt den Daseins-, Zeit- und Weltbezug des Subjekts neu, d.h. vom ganz "Anderen und Unsagbaren" her. Dieser Neufassung geht ein "Durchbruch" voraus. In ihm nimmt das neue Bewußtsein seinen Ursprung, welches W. James als erster "Erleuchtungsbewußtsein" nannte. "Eine andere als die standardisierte Alltagswirklichkeit bricht in die Erfahrung durch".[131] Für das Posthistoire-Bewußtsein heißt dies: Es durchbricht das vordergründige Szenarium moderner Lebens-Welt und transzendiert die Selbstinterpretation der Moderne. Im Vollzug des neuen Bewußtseins derealisiert sie die moderne "Welt" mitsamt ihren Totalitätsaspirationen als "begrenztes Ganzes" einer Epoche. Mehr noch: Sie vermeint das Wesen dieser Begrenzung enthüllt durchschauen zu können, nämlich den Tod.

In der Posthistorie-Vision ist das vernünftigerweise unaussprechliche Geheimnis der Moderne ihre Hypertelie: ihr postmortaler Endzustand. Dieser zeigt und déchiffriert sich den Mystikern der Nach-Geschichte unmittelbar. Der Tod der modernen "Welt", das heißt deren absolute Begrenzung, ist die mystische Grunderfahrung der Posthistoristen. "Der Tod ist kein Ereignis des Lebens. Den Tod erlebt man nicht"[132] (6.4311). Deshalb spricht die Sprache der Posthistoire wie die alttestamentliche Prophetie als vaticinium ex eventu. Sie spricht vom "Tod der Moderne" als Futur exakt. Diese und ähnliche Sprachparadoxien gehören zur Mystik, deren Eigenart es ist, um das Ineffable zu kreisen. "Wie auch beim Tod die Welt sich nicht ändert, sondern aufhört"[133] (6.431), ebenso funktioniert die moderne "Welt" unverändert und perfektioniert weiter. Nur - sie hat aufgehört zu sein und ist nicht mehr. Um diesen Erfahrungskern der entsubstanzialisierten Moderne kreist die paradoxale Lesart der Posthistoire-Mystik. Sie ist die dekonstruktivistische Todesmystik der Postmoderne. Ihre Rekonstruktion der Todeswirklichkeit der Moderne ist nicht irrational, sondern prärational. Auch der Mythos ist prärational. Nur so vermag er vom "Absolutismus der Wirklichkeit" (H. Blumenberg) zu künden ohne das "begrenzte Ganze" der Lebenswelt aus seiner Sprachvision zu verlieren.

Die mystische Erzählung vom schon stattgehabten "Tod der Moderne" ist ein Mythos. Wie jeder echte Mythos (im Gegensatz zu Phantasie, Fiktion und Utopie) kommt ihm ein äthiologischer Legitimationscharakter zu: Er begründet das, was wirklich ist, durch das, was geschah. Dazu noch einmal L. Wittgenstein: "Die Lösung des Rätsels des Lebens in Raum und Zeit liegt außerhalb von Raum und Zeit"[134] (6.4312). Dieses Wissen ist dem Mythos wie der Religion als Grundgewißheit zu eigen. Beide religieren dekonstruktiv ihre Sprache und prärationale Vernünftigkeit in die Dimension des "Außerhalb". Das "Außerhalb" ist jene ganz andere Bezugsgröße und Differenz, die die Lösung birgt. Der Eschatologie der Posthistoire ist mit der christlich-parusialen Eschatologie zunächst einmal dieses Eine und zugleich "Andere" gemeinsam: das "Außerhalb", welches die "Lösung" (Heidegger würde sogar sagen "die Wahrheit") für den Immanenzraum der Lebenswelt (ent-)birgt.

Im Posthistorismus schlagen Weltbejahung und Weltvergottung um in ein Überwältigtsein durch die demiurgische Welt. Die Angst des Demiurgen "Mensch" hinsichtlich des perfektionierten Innenraumes "seiner" Lebenswelt schafft die Todesmystik der Posthistoire. Ihre Angstvision transzendiert und unterbietet den Gnostizismus eben darin, daß sie die Unentrinnbarkeit postuliert: Aus dem Ordnungsgehäuse der Heimarmene, der per se funktionierenden Vorsehung moderner (Zweck-)Rationalität, gibt es kein Entrinnen. Aber es gibt das "Aus" und den "Exitus" für die demiurgische Welt selbst als "begrenztes Ganzes". So erzählt die Posthistoire-Literatur vom "état final" als dem postmortalen Zustand der Moderne.

> "Das Weltbild der Moderne ist ein Gnostizismus ohne Transzendenz und Erlösung. Wer erlöst werden muß, soll aussterben, sagt Nietzsche und spricht damit exemplarisch das Denken des 19. Jahrhundert aus."[135]

Der Posthistorismus greift Nietzsches Rigorismus auf, läßt aber die Moderne (aus)gestorben sein. Der Tod, der selbst "kein Ereignis des Lebens ist", fügt dem Leben der Moderne eine absolute Differenz zu, die keinen Neubeginn und keine Neuschöpfung mehr zuläßt. Auch darin ist der Posthistorismus Todesmystik, daß er den "Todesengel" des Gerichts gnadenlos am Palast der Moderne vorbeiziehen läßt. Die Frage nach einem "Nachher" ist dem Posthistorismus schwerlich verstehbar. Sie ist eine Frage zur Post-Moderne, die in den Horizont christlicher Offenbarung eintaucht, um von dort her ein neues Differenzdenken parusialer Geschichtlichkeit zu eröffnen.

3.2.2.4. Die atheologische Mystik des Dekonstruktivismus als "Weg aus der Moderne"

Der Anarcholiberalismus wie der Posthistorismus spinnen auf je eigene Weise eine Mystik der Differenz. Das eine Mal wird zur Rettung des Subjekts dessen "anarchische Differenz" zur kodifizierten Sprach-Welt propagiert, das andere Mal wird die Lebenswelt der Moderne für abgestorben und tot erklärt. Der Tod als absolute Differenz ist aber ein althergebrachtes Thema mit vielfältiger Neuauflage.

Für die abendländische Geschichte jüdisch-christlicher Mystik läßt sich allgemein sagen, daß Einheit und Differenz die sprach- und erlebnisstiftenden Grundvektoren ihrer Bewegung sind: Die vordergründige Einheit von Konsens, Bedeutung und Form wird in mystischer Schau und Sprache "durchbrochen". Die dispersio folgt daraus. Die Homogenität des bisher als gültig veranschlagten Bewandtniszusammenhanges löst sich auf. Der bergende Kosmos bekannter Sinngabe, Semiotik und Semantik verlischt. Eine Entifizierung der Bewußtseinsinhalte, ihrer Kompatibilität und Köharenz geschieht dem Mystiker. In der Phase der dispersio gerät er aus der ihm vertrauten Sinnen- und Sinnwelt in die bedrohliche Zerrissenheit einer "disseminalen" Welt. Die Welt und Selbstbilder des Subjekts erfahren ihre Ent-bildung. In der "entbildeten", disseminalen Welt erlebt sich das mystische Subjekt "abgründig" gefährdet, ausgesetzt und vereinsamt. Alle großen christlichen Mystiker wie Johannes vom Kreuz, Terese von Avila oder Jacob Böhme[136] nehmen auf die Krise des dispersiven Seelenzustandes Bezug. "Les éspaces infinies m'aiffraient", bekennt B. Pascal in seinem Tagebuch. Die neue Wirklichkeit (der Gottesnähe, Christusbegegnung usw.) erschließt sich dem Mystiker gnadenhaft vermittels Negation und Differenz. So entläßt die "dunkle Nacht" der Verwirrung und einsamen Gottesferne womöglich ein Erwachen zu neuem Bewußtsein von Sinntiefe und Einheit. Die unio mystica als geheimnishafte Einheit ist in diesem Sinn differenzbewußte (neue) Einheit.

Die traditionell geformte und bewährte Mystik lehnt die gnostizistische Trennung (absolute Differenzsetzung) von Gott und Welt, von Pleroma und Heimarmene, ebenso ab wie die Annahme einer pneumatischen Autonomie des (anarcholiberalen) Menschen. Anders als Hegel und Marx bewertet die jüdisch-christliche Mystik Negation und Differenz nicht als Mittel zum Zweck einer progressiven Einholung des Ganzen, sondern als unverfügbare Momente einer geheimnishaften Ganzheit, die sua sponte dem Menschen zum Widerfährnis wird. Der Erlebnis- und Seinsgrund der christlichen Mystik ist das als Person geoffenbarte Göttliche. Im Personbegriff kristallisiert sich das Schöpfungsanalogon, das dem mystischen Erleben je neu zum Ereignis wird. Mit "Ereignis" (althochdeutsch: Er-äugnis) meint die Mystik das In-Beziehung-Kommen der menschlichen Person mit dem ganz Anderen und Supernaturalen, das in wesentlicher Differenz zum Naturalen und Psychischen ist. Eine Differenz ohne Transzendenz würde nur die ewige Wiederkehr des Gleichen erzeugen.

Die dekonstruktivistische Postmoderne-Bewegung erschöpft sich nicht in der "diffusen Postmoderne" des anarcholiberalen Mystizismus (vgl. 3.2.2.2.). Sie geht über das Destruktiv-Nihilistische und Trivialmythologische ebenso hinaus wie über die todestriebhafte melancholia des Posthistorismus. In seiner "Beantwortung der Frage: Was ist postmodern?" stellt J.-F. Lyotard dazu fest:

> "Es mögen verschwindende Nuancen sein, die diese beiden Modi voneinander trennen, oft genug sind beide in ein und demselben Werk zugegen und nahezu ununterscheidbar, und dennoch zeugen sie von einer Differenz, in der sich seit langem das Schicksal des Denkens ereignet und ereignen wird, der Differenz zwischen Trauer und Wagnis."[137]

Unsererseits wurde bereits betont, daß die dekonstruktivistische Postmoderne eine strukturell zwie-spältige Bewegung ist. Sie tendiert - im Sinne der "Dialektik der Aufklärung" - einerseits dem Nihilismus/Neomythologismus zu, während sie andererseits in Gefahr gerät, zum neorationalistischen Projekt einer "postmodernen Moderne" harmonisiert zu werden. Der "Postmoderne" als Sammelbegriff bieten sich diese beiden "Wege aus der Moderne" an als Weisen der Wiederkehr des Gleichen. Die Alternative eines "dritten Weges" bleibt angefragt und präfiguriert sich im Dekonstruktivismus namhafter Denker und ihrer Schulen (z.B. J. Derrida, J.A. Lyotard, J. Lacan, M. Foucault, D. Kamper, O. Paz, J. Borges). Ihr alternativer Dekonstruktivismus transzendiert den Wendekreis des Nihilistischen und Neorationalistischen zum Mystischen hin.

Die neue Mystik des Dekonstruktivismus ist atheologisch und prächristlich. Weder verwirft sie das Christentum noch schließt sie die christliche Religion aus. Sie ist ein "Weg aus der Moderne", der zur Öffnung des Menschen auf das Transzendent-Absolute hinführt. Er ist angebahnt zur identitätsspendenden Neuausmittlung der subjektiven und gesellschaftlichen Existenz. Die Hinwendung zur mystischen Philosophie zeigt selbst in ihrer atheologischen Form des Dekonstruktivismus, daß sich die Epoche der antitheologischen Moderne und ihrer Entzauberung der (Schöpfungs-) Welt dem Ende zuneigt. Für eine "transmoderne Postmoderne"[138] wird die Rezeption der Inhalte des Christentums, seiner Mystik und religio entscheidend sein. Die (naturalistisch-nihilistische) Polymythie wie die atheologische Mystik der Dekonstruktion bedürfen der Überwindung bzw. "Verwindung" in einer

"Theorie der Gesamtwirklichkeit, die weder vom modernen noch vom postmodernen Atheismus bestimmt ist, sondern die theologisch-mystischen Voraussetzungen der Postmoderne in sich angemessen zur Darstellung bringt.
Erst eine Postmoderne, die anzuschließen vermag an [...] den christlichen Äon, erst eine Postmoderne, die Restauration des Christentums, aber nicht Restauration der Vormoderne ist, wird nicht nur Supermoderne, sondern Postmoderne sein."[139]

Dieses "Systemprogramm" einer christlichen Postmoderne formuliert - ganz im Sinne Lyotards - ein "Wagnis"[140]. Ein Wagnis aber ist kein Hasard-Stück, sondern zu Entschluß und Aktion gewordenes Vertrauen auf eine Chance, deren Schatten die Gefahr des Scheiterns ist. Die dekonstruktivistische Mystik der Postmoderne ist ein Wagnis besonderer, nämlich (sprach)philosophisch-literarischer Art. Nach der Enttäuschung der utopischen Naherwartungen kontrastiert es sich in Abhebung vom Nihilismus und bahnt eine post-moderne Möglichkeit an zum christlichen Äon auf neuem Weg zu gelangen.

Die dekonstruktivistische Mystik beendet die Ära derjenigen Meistererzählungen, die die System- und Geschichtsphilosophen idealerweise erzählen. Sie "entbildet" und de-formiert "beherrschende" Ordnungs- und Vorstellungsmodalitäten, um zur Begegnung mit dem ausgegrenzten "Anderen und Ungesagten" zu führen. Die mystische, dekonstruktivistische "Ent-bildung" der Systemphilosophie der Moderne und ihre Kritik an der Ideologie der Moderne sind philosophische Beiträge von zäsursetzendem Wert. Sie markieren das Ende der Dominanz-Ära des dialektischen Rationalismus und Immanentismus. Die Ideologiekritik der Postmoderne-bewegung erinnert darin, daß die Moderne die Transzendenz des Göttlichen, die Singularität des Individuums, die mystische Unverfügbarkeit des Personzentrums und des Inneren der Natur aufgehoben - im Sinne von beseitigt - hat. Dieses dekonstruktive Memento - J.-F. Lyotard schreibt von der "rémémoration"[141] - ist "auch dort bemerkenswert, wo der positive Ertrag und die Alternative zur Moderne, nämlich die atheologische Mystik, nicht befriedigen können."[142]

Die dekonstruktivistische Postmoderne ist markierbar durch das Aufkommen einer atheologischen Mystik gegen die absolute Aufhebungs-

und Unifizierungsbegierde der Neuzeit, welche "die Vernichtung der Individualität und den Untergang der Namen einschließt".[143] Dem Dekonstruktivismus kommen hierbei aus formaler Sicht folgende Charakteristika der Mystik zu: Das ganz Andere und Ineffable soll in der Welterfahrung und Sprache (nicht nur des Subjekts, sondern der Postmoderne) zum Ereignis werden. Die Konstruktionen bzw. Formalisierungen der absoluten Logik und der Mathesis-universalis-Anspruch des absoluten Wissens werden relativiert. "Die Logik ist keine Lehre, sondern ein Spiegelbild der Welt."[144] (6.13) Seine reflexive Formgebung besorgen nach L. Wittgenstein die Gesetze der Logik.[145] Das rationalistische Verdikt der Ausgrenzung und Tabuisierung (des "Anderen und Ungesagten") soll in der Postmoderne durchbrochen werden. Was "außerhalb" des Spiegelbildes und seiner Reflexionen anwesend ist, wird zur Wahr-nehmung zugelassen. Das Wagnis der Berührung mit dem Transzendent-Absoluten wird durch die radikale Differenz favorisiert.

Die Differenz wird (anders als bei Hegel, Habermas und Welsch) zur radikalen "différance" und nicht nur zur Negation, die ihrer eigenen (diskursiven) Wiederaufhebung dient. Sie wird transzendentalphilosophisch zur Ermöglichungsbedingung von Sprache, Sinn und Begegnung. Sie ist der offene Grund für die Nicht-Geschlossenheit und Dezentrizität der Struktur. Dem "lauteren Nichts" des Mystik-Meisters Eckehart vergleichbar wird die Differenz zum generativen Ort der "plötzlichen", unableitbaren Sprach- und Sinnerfahrung. Sie wird zum formlosen und formgebenden "Nadelöhr" der Présence. So sprechen die Dekonstruktivisten vom "Ereignis der Differenz"[146]. Ein weiteres formales Charakteristikum dekonstruktiver Mystik ist ihr bewußtes (sprachästhetisches) Schwingen zwischen den dialektischen Polen von Anwesenheit-Abwesenheit bzw. dispersio und unio mystica. Dieses Schwingen ist als "fading"-Erlebnis die Grunderfahrung dekonstruktiver Mystik. Sie wirkt fort in der sprachparadoxalen "Ohnmacht des Darstellungsvermögens"[147], in der "Sehnsucht nach einer Anwesenheit, die das menschliche Subjekt empfindet"[148] und sie drückt sich aus im praktischen Ja zum mosaisch-kantianischen Verbot der abbildnerischen Darstellung des Absoluten.

Der Erfahrungs"kern" dekonstruktivistischer Annäherung an das Geheimnis des Absoluten, ist jener der primordialen Synchronizität von Präsenz und Absenz, vom Da- und zugleich Fortsein dessen, was sich zeigt. Alles zeigt und entzieht sich wieder und in jedem Anfang schwingt sein Ausgang mit. Unfaßlich und nicht zu verbegrifflichen ist die Wirklichkeit der Erscheinungs-Welt, die erst durch sprachlogische Formalisierung zur Tatsachen-Welt gerinnt. "Die Tatsachen gehören alle zur Aufgabe, nicht zur Lösung" (6.4321), konstatiert L. Wittgenstein im Hinblick auf das Rätsel des Lebens und hinsichtlich des Mystischen. Die Dekonstruktion der Tatsachen-Welt intendiert grundsätzlich anderes als die Pluralisierung der (kulturellen, institutionellen, geschichtlichen, wissenschaftlichen etc.) "Tatsachen", so daß Pluralismus und Heterogenität eine differenziertere Relativität in die Welt des Tatsächlichen einbrächten. Hingegen entspricht es dekonstruktivistischer Absicht, die "Lösung" in der Auflösung der "Tatsachen" selbst zu suchen. So wie die "Tatsachen" der Welt Effekt von Formalisierung und "Ausblendung" sind, ebenso ist dekonstruktive dispersio nicht Pluralisierung, sondern "dissemination": Zerstreuung im Sinne von Uneindeutigkeit (vgl. 3.1.3.3.).

Différance und Dissemination bewirken die dispersio der Tatsachen-Welt, ihre Entgegenwärtigung und Dekodierung als imaginäre Entität des "vorstellenden Denkens". Das "Tatsächliche" wieder zu ver-dinglichen, um die Würde seiner signifikanten Andersheit neu (an)zuerkennen, ist beispielsweise das Leitmotiv der Lacanschen Ethik[149], die auffällig mystische Züge trägt.[150] J. Borges darf wohl als der große argentinische Mystiker des Dekonstruktivismus gelten. Es wäre ein besonders lohnendes Unterfangen, Borges Werk auf seine geistige Nähe zu L. Wittgenstein zu befragen. Vielleicht würde sich dabei "zeigen", daß Borges' "transzendentale Poesie"[151] erzählt, was Wittgenstein logisch-philosophisch traktiert: "Die Welt ist die Gesamtheit der Tatsachen, nicht der Dinge (1.1). Die Welt zerfällt in Tatsachen" (1.2.)[152]. Diese lapidar formulierten Thesen setzen den Auftakt zum "Tractatus logico-philosophicus". Dazu zum Vergleich und als Beispiel für dekonstruktivistisch-mystische Prosa das Exzept von J. Borges "Epilog" zu seinem Werk "El Hazedor"[153]:

> Der Autor beschreibt, wie sich jemand zur Aufgabe gesetzt hat, die Welt in ihrer Gesamtheit abzubilden und wie er in jahrelanger Kleinarbeit sein Atelier mit einer Unzahl von Bildern, auf denen Landschaften und Gegenstände, Tiere, Menschen und Pflanzen zu sehen

sind, füllt, bis sich ihm unmittelbar vor seinem Tode in diesem Labyrinth von Bildern die Linien seines eigenen Gesichtes entdecken.

J. Borges Kurzgeschichte veranschaulicht exemplarisch die Grundvektoren dekonstruktiver Mystik: Die Dynamik der Novelle bewegt den Hörer auf ein Geschehen der Enthüllung ("disclosure"), der radikalen Wandlung und Differenzsetzung zu. Am Anfang schafft der wahnhafte Beherrschungs- und Simulationswille eines Mannes ein fiktives Ganzes. Er rekonstruiert die Welt subjektivistisch und vermeintlich maßstabsgetreu. Sein Eklektizismus ist zielbewußter Symbolismus. Doch so wie der Babylonische Turm einstürzt, ebenso bricht die selbstkonstruierte Einheit wie eine Fassade zusammen. Die abendländische Mystik spricht viel vom "Widerfährnis" und von der "pati divina"[154]. Der Akteur in J. Borges' Novelle erleidet das "Widerfährnis" der Enthüllung. Sie geschieht ihm und betrifft ihn aus der Dimension des "réel" und des "grand Autre" heraus, wie J. Lacan es nennt. "Es gibt allerdings Unaussprechliches. Dies zeigt sich[...][155]" hier dem Protagonisten unvermittelt als die Linien des eigenen Gesichtes und bald als das Antlitz des Todes. In dem Augenblick, in welchem sich dem Akteur in dem Labyrinth der Bilder sein eigenes Gesicht entdeckt, bricht sein bisheriges Verhältnis zur vermeintlich eigenständigen Atelier-Welt des Tatsächlichen. Das Subjekt-Objekt-Verhältnis bricht "zusammen". Die Gegenstände verlieren ihren (Symbol-)Wert und fallen einen Moment lang zurück in ihre funktionslose Andersheit. Sie hören auf, die "Gesamtheit der Tatsachen" zu spielen. Der Zusammenbruch enthüllt eine neue Sinn-Gestalt und disperdiert die illusionäre Einheitsperspektive der Tatsachenwelt und ihrer Welt-Bilder. Was Wittgenstein bezüglich der Sätze der Logik sagt, widerfährt Borges' Protagonisten überraschend: "Jede Tautologie zeigt selbst, daß sie eine Tautologie ist"[156] (6.127). Subjektivismus ist Selbstspiegelung, welche die Welt als "begrenztes Ganzes" erschafft und eine zeitlang erhält.

3.2.2.5. Die Dekonstruktion des Bezugs zum Absoluten als dem unverfügbar Anderen

Die dekonstruktivistische Mystik "dehorizontiert" die Welt der Repräsentation und sensibilisiert das Subjekt auf eine absolute Grenze hin, welche die Grenze zum Absoluten ist. Das Absolute ist nicht nur besprechbar als das "Ab- und Lösgelöste", sondern es (ent-)birgt und bringt zugleich die "Lösung" für die Welt der Immanenz und für das Subjekt der Tautologie. Insofern als der Dekonstruktivismus den Bezug (der Sprache, des Subjekts, der Postmoderne) zum Absoluten neu entdeckt, anspricht und darstellt, ist er neomystisch.

Der Dekonstruktivismus steht dabei in einer weitreichenden und verwundenen Tradition, für die Namen wie Meister Eckehart, B. Pascal, Mallarmé, Schleiermacher, Schlegel, Heidegger und Wittgenstein Markierungen sind. Das Verhältnis des postmodernen Dekonstruktivismus zum Absoluten ist inhaltlich unabgeklärt und offen für christliche Innovationen. Das Absolute als das "ganz Andere" und geheimnishaft Wirkende wird im Dekonstruktivismus als Bezugsgröße neu eingeführt. (vgl. 3.3.5.4.) Ihre Inhalte werden von den einzelnen Dekonstruktivisten verschieden (zumeist sprachphilosophisch) eingebracht: J. Derrida fokalisiert auf das originäre "Ereignis der différance"[157] und ihren Effekt der "dissémination". Die Posthistoristen mystifizieren den "Tod" als absolute Wirkmacht. D. Kamper fragt beispielsweise explizit nach dem Gesetz "eines Todeswunsches der Menschheit, [...] dessen Vorgeschichte auch an den Mythen, obwohl sie dergleichen verhüllen, rekonstruierbar [sei]."[158] J. Lacan, J.B. Pontalis, J. Laplanche, M. Foucault u.a. sprachphilosophisch-psychoanalytisch orientierte Denker verstehen unter dem Absolutum des "grand Autre" das Unbewußte als "gegliederte Sprache": als originäre, autonome und unendlich weitläufige Signifikantenverkettung des "ordre symbolique". J.-F. Lyotard unterscheidet die philosophische Postmoderne-Avantgardbewegung hinsichtlich des mystischen "Schwindens der Wirklichkeit" von Nietzsches Nihilismus:

> "Was bedeutet dieses 'Schwinden der Wirklichkeit', wenn man es von einer bloß historischen Deutung abzulösen versucht? Der Ausdruck ist offenbar dem verwandt, was Nietzsche Nihilismus nannte. Eine Abwandlung dieser Bewegung jedoch, die dem Perspektivismus Nietzsches vorausliegt, erblicke ich im Kantischen Thema des Erhabenen. Insbesondere scheint mir, daß in der Ästhetik des Erhabenen [...] die Logik der Avantgarden ihre Axiome findet."[159]

Die "Beantwortung der Frage: Was ist postmodern?"[160] läßt sich mit J.-F. Lyotard lapidar so formulieren, "daß es ein Nicht-Darstellbares gibt."[161] Indem Kant das Formlose, die Abwesenheit von Form, als möglichen Index des Nicht-Darstellbaren bezeichnet und indem er die leere Abstraktion als negative Darstellung des Unendlichen gelten läßt, gibt er der dekonstruktivistischen Avantgard ein Schlüsselparadox auf, das sie gerne annimmt.

Besonders der lateinamerikanische Dekonstruktivismus methodisiert die "Ästhetik des Erhabenen" in seiner Mystik des "Anderen und Ungesagten". Die wohl prominentesten Beispiele dazu sind J. Borges und O. Paz, aber auch Autoren wie C. Castaneda. "Die Lehren des Don Juan" sind Mystagogie im dekonstruktivistischen Stil:

> "Das Besondere zu lernen, bedeutet, wie man den Riß zwischen den Welten erreicht und wie man die andere Welt betritt [...] Es gibt einen Ort, wo sich die beiden Welten überschneiden. Dort ist der Riß. Er öffnet und schließt sich wie eine Tür im Wind. Um dorthin zu gelangen, muß ein Mensch seinen Willen üben. Ich würde sagen, er muß ein unbezähmbares Verlangen danach entwickeln - eine zielstrebige Hingabe. Aber er muß es ohne die Hilfe irgendeiner Macht oder irgendeines Menschen tun."[162]

Inwiefern auf die dekonstruktivistische Mystik der Begriff einer "unio mystica" anwendbar sein sollte, ist fraglich. Die "zielstrebige Hingabe", welche die Meister Eckehart und Don Juan lehren, erstrebt allenfalls weder eine neue Objektbeziehung noch eine (sprach)figürliche Darstellbarkeit. Die Beziehung zum Anderen ist in dekonstruktivistischer Mystik wohl kaum anders als negativ darstellbar: Der mystische Bezug meint gerade keine symbiotisch verschmolzene Einheit sinnfälliger Mystik. Er ist durchwirkt von der differenzierten Grunderfahrung der Synchronizität von Anwesenheit *und* Abwesenheit. Er transzendiert die tautologieträchtige Welt des Imaginären und ihrer Objektbezüge. Dieser Bezug ist weder rational noch mythologisch gefaßt, weder subjektiv noch objektivierbar. Er ist - ohne Ekstase zu sein - das Ereignis einer Überhöhung der Tatsachenwelt in die Dimension des Anderen hinein. Er ist "Ereignis", das das Subjekt vom Anderen als Anderen her betrifft und "anspricht". Die Differenz erwirkt im Individuum vom"anderen Ort" her die "disclosure". Das Andere, dieser

Ort ist für Lacan "radikal das Andere". Der "andere Ort" ist sogar der einzige, an dem "Gott" gedacht werden kann.

> "Der Andere, das Andere als Ort der Wahrheit, ist die einzige Stelle [...], die wir dem Begriff des himmlischen Wesens geben können, dem Begriff Gottes, um es beim Namen zu nennen. Gott ist eigentlich der Ort, wo - gestatten Sie mir das Wortspiel - das Sagen geschieht (le dieu - le Dieur - le dire) [...] das Sagen macht Gott aus. Und solange wie etwas gesagt werden wird, wird es die Hypothese Gottes geben."[163]

Das Andere als Anderes "erschließt" sich der dekonstruktivistischen Mystik in seiner Unverfügbarkeit. Es unterliegt dabei gewissermaßen dem Verdikt der Unnennbarkeit. Schon deshalb ist die Anwendung des Begriffes "unio" kontraindiziert. Sie suggeriert - mit einem Hauptwort Wittgensteins gesagt - die Vorstellung eines "Sachverhalts" und simuliert in der Verbegrifflichung seine Darstellbarkeit.

Das Geheimnishafte und Erhabene, von dem die dekonstruktivistische Mystik kündet, subversiert den Totalitätsanspruch des rationalen Erkennens wie des gefühlsmäßig schwärmerischen Erlebens (vgl. 1.5.2.2.). Die Mystik verstand sich seit je als "dritter Weg", abseits der totalitären "Holzwege" der Neuzeit. Die atheologische, dekonstruktivistische Mystik der Postmoderne unterläuft "Die Zeit des Weltbildes"[164] (M. Heidegger) und widerspricht unpolemisch dem Subjektivitäts- und Machtanspruch des modernen Subjekts. Die Subjekttheorie der Postmodernebewegung entdeckt neu die geheimnishafte Grundbezüglichkeit zwischen dem Anderen als Anderem und dem "gespaltenen" Subjekt (vgl. 3.3.5.4.).

3.3. Die dekonstruktivistische Subjekttheorie der Postmoderne zwischen Nihilismus und Mystik

3.3.1. Von der Person zum absoluten Subjekt

Die dekonstruktivistische Postmoderne-Bewegung proklamiert - formal gleichlautend mit F. Nietzsche - den "Tod der Metaphysik" zur "condition postmoderne". Mit dieser extremen Metapher soll das Endergebnis eines Umwertungsprozesses bezeichnet werden, der aus religionsphilosophischer Sicht in der Entwertung von Religion und Metaphysik kulminiert (vgl. 1.2.2.). Der "Tod der Metaphysik" kann - wiederum mit Nietzsche - als deren Absterben in den Nihilismus der Bedeutungslosigkeit verstanden werden. Der Verfall der religiösen und semantischen Fundamente abendländischer Kultur und Philosophie, die Entchristianisierung des Abendlandes, der Nihilismus und Neomythologismus spätmoderner Gegenwart, sind jene unleugbare Grundgegebenheit, welche die Spekulationen zur Postmoderne ermöglicht und vorbedingt. Der Dekonstruktivismus versteht sich in diesem Sinne als "nachmetaphysische" Avantgard-Bewegung. Wesentlich ist dem Dekonstruktivismus gleichwohl ein wertesetzendes Orientierungsmoment: die dekodierende Suche nach der Alternative zur (oppressiven wie nihilistischen) Moderne und nach jenem "Anderen und Ungesagten", das der neuzeitliche Diskurs als vernünftigerweise "unsagbar" ausgrenzte und verwarf.

In dieser Such- und Neuorientierungsbewegung ist "Die Frage nach dem Subjekt"[165] konsequenterweise ein Generalthema: Mit dem neuzeitlichen "Tod Gottes" und dem Ende der theozentrischen Orientierung kam spätestens seit der Renaissance ein Anthropozentrismus auf, der sich theologie- wie philosophiegeschichtlich auf dem Hintergrund des Autonomie-Begriffes erörtern läßt. Die Wende von der theonomen Person zum autonomen Ich-Subjekt kennzeichnet die neuzeitliche Säkularisierung als Entfremdungsschicksal des modernen Menschen. Sie veranschlagt die conditio humana neu über die Reflexion auf das Subjekt, dessen Bewußtsein und vernünftig verantwortete Wirkmächtigkeit. Die Einheit bzw. Identität der Person als Subjekt verlangt schließlich (in der Nachfolge Kants) nach einer Aufhebung der Substanz in das Subjekt selbst. Hegels Philosophie des "absoluten Subjekts" wird zur idealistischen Umkehrung der trinitarischen Relationslehre und des dazugehörigen theologischen Personbegriffs. Dazu genauer W. Pannenberg:

> "Mit der Deutung des Personbegriffs durch die Relationslehre [welche Augustin im Anschluß an die Kappadozier und im 12. Jahrhundert Richard von St. Viktor formulierte] ist eine Stufe seiner Entwicklung erreicht, die noch in der Philosophie Hegels nur erneuert und genauer analysiert, aber nicht grundsätzlich überboten werden konnte. Daß es die Eigenart der Person ist, in ihrem anderen bei sich selber zu sein, das besagen der Sache nach schon die Sätze der trinitarischen Relationenlehre. Die Relation zum anderen ist konstitutiv für die Identität und Besonderheit jeder der Personen."[166]

Hegel (und mit ihm die Aufklärungs-Moderne) begnügte sich in der Philosophie des Subjekts freilich keineswegs damit, erneut zwischen Substanz und Subjekt zu differenzieren, sondern machte die Aufhebung der Substanz in das Subjekt zum Leitgedanken seines Systems. Dieser Bruch wurde ihm in der Nachfolge Kants vollziehbar, der den Begriff der Substanz unter die Kategorie der Relation subsumiert hatte: Kant ging davon aus, daß der Begriff der Substanz nur in Unterscheidung vom und in Relation zum Akzidenz gedacht werden kann (ähnlich wie in der Augustinischen Trinitätstheologie der Sohn nur in seiner Beziehung zum Vater der Sohn ist). Diese von Kant bevorzugte Relativität der Substanz auf den Begriff des Akzidenz ist allerdings insofern problematisch als sie der Intention des Substanzbegriffes selbst zuwiderläuft. Ihrer klassischen Definition nach ist Substanz durch sich selbst und nicht erst durch die Beziehung auf anderes, was sie ist, während es zum Begriff der Person gehört, daß sie ihre Identität nur durch die Beziehung zu einem anderen besitzt.

Auf dem Hintergrund dieser Problematik plaziert Hegel seine These, daß der Begriff des Subjekts die Wahrheit der Substanz ist, d.h. die Substanz in sich aufgehoben hat. Weil seine Beziehung zu seinem anderen ihm nicht äußerlich bleibt, ist erst das Subjekt wahrhaft selbständig, wie es der Begriff der Substanz nur intendiert, infolge seiner Abhängigkeit vom Akzidenz, jedoch nicht einlösen kann. Mit seiner Formel der Aufhebung der Substanz in das Subjekt hat Hegel die Position der Absolutheit des Subjekts auf den Begriff gebracht. In seiner Neufassung des Subjektbegriffs besteht die Eigenart der Person als Subjekt gerade darin, das andere ihrer selbst nicht außer sich zu haben, sondern im Anderen bei sich selbst zu sein. Folglich erfährt die Person im Anderen, worauf sie sich (notwendig) bezieht, nicht ihre Begrenzung, sondern ihre Verabsolutierung. Mit seiner These, das Absolute sei Subjekt und nur als Subjekt absolut, verstrickte sich Hegel in die von Fichte monierte Aporie der Selbstsetzung des Subjekts. Hegels Position der Absolutheit des Subjekts (bzw. der Eigenbezüglichkeit einer sich selbst bestimmenden Person) symbolisiert das Lebensgefühl, die "Seinsvergessenheit" und den Atheismus der Moderne.

In der enttheologisierenden Kehre von der theonomen Bezüglichkeit der Person zum "absoluten Subjekt", das an keinen ihm vorgegebenen substantiellen Inhalt mehr gebunden ist, bereitet sich eine perennierende Sinnkrise vor. Die leere, zur Selbstspiegelung tendierende Subjektivität wurde in ihren Erscheinungsformen freilich von Hegel selbst schon kritisiert. Seine Philosophie der endlichen Subjektivität war bestrebt, der Eitelkeit und Selbstbespiegelung des romantischen Ichs durch seine Bindung an ihm vorgegebene Inhalte zu begegnen. Indem Hegel aber durch die Aufhebung der Substanz in das Subjekt dessen Position der Absolutheit allererst vollendete, mißlang es ihm, die romantische Subjektivität zu überwinden. Hegel war sich bewußt, daß die Erhebung des Subjekts über alle substantiellen Inhalte den "sittlichen Atheismus" und den "Tod Gottes" in unserer Welt zur Folge haben werde. Seine Revision des Subjektbegriffes mit der These, daß das Subjekt erst im anderen seiner selbst bei sich selber sei, dieses Hegelsche Dogma der Subjektivität des Absoluten, führt nicht über den Begriff des Subjekts hinaus, sondern begründet gerade auch die Absolutheit des endlichen Subjekts, die er aufheben wollte.

> "Seine Nachfolger fanden darum in Hegels These von der Subjektivität des Absoluten nur das Spiegelbild und Ideal der endlichen Subjektivität. Darum hat Hegel im Ergebnis den romantischen Subjektivismus nicht überwunden, sondern noch verschärft."[167]

Wie sich kulturgeschichtlich erwiesen hat, ist der romantische Subjektivismus besonders anfällig für Geschichtsideologie und Neomythologie. Der leere Subjektivismus des romantischen Ich ist gleichsam der "springende Punkt"[168] in der "Dialektik der Aufklärung". Er ist der entsubstanzialisierte Kulminationspunkt, an dem eine extremisierte Aufklärung in Aporie und Legitimationsnot gerät, "umkippt" und dem Zwang des Ideologischen bzw. Irrationalen verfällt. Hegel hat durch die Aufhebung der Substanz die für die Moderne charakteristische Position der Absolutheit des Subjekts auf den Begriff gebracht: Alles Gegebene verliert die Qualität einer subjektbestimmenden bzw. orientierenden Vorgabe. Für den modernen "Hegelschen" Menschen wird es zum Material der Tätigkeit des Subjekts. Jede feste Autorität und Ordnung - gleichgültig ob sozialer, religiöser, kosmischer, sprachlicher oder anderweitiger Qualität - der sich das Subjekt zu unterziehen hätte, wird als potentielle Bedrohung der Freiheit des Subjekts empfunden. Alle Ordnung des gesellschaftlichen Lebens empfängt folglich auf der Ebene des "Staatsvertrages" (nach Th. Hobbes) ihre Legitimität nur dadurch, den Spielraum für die freie Selbstbestimmung der Individuen zu garantieren und womöglich zu erweitern. "Spielraum" meint den Handlungsbereich, in dem das Subjekt an keinen ihm vorgegebenen substantiellen Inhalt gebunden ist.

Die Position der Moderne, der das Subjekt zum absoluten Wert geworden ist, erreichte ihren philosophischen Höhepunkt in Hegels Subjekts- und Kants Transzendentalphilosophie mit der These, daß die Einheit der Erfahrung in der Einheit des Selbstbewußtseins gründe. Allerdings meldeten sich schon sehr bald Gegenstimmen selbst aus dem idealistischen Lager zu Wort. Früh schon und vor Hegel hat J.G. Fichte die Uneinlösbarkeit der These von der Selbstsetzung des Ich erkannt. Damit war die Absolutheit des Ich erschüttert. Doch es erwies sich, daß die Aufklärungs-Moderne nur allzu gern im Konkordat mit jenen Philosophien (und späterhin Psychologien) blieb, welche die Position des autonomen Ich-Subjekts verfestigten. Nicht nur Hegel ist über "Fichtes ursprüngliche Einsicht"[169] hinweggeschritten. Auch Nietzsches Philosophie des Willens ist, wie Heidegger gezeigt hat, der modernen Tendenz zur Absolutheit des Subjekts verhaftet geblieben. Seine "Philosophie des Vormittags" (vgl. 1.5.1.1.) ist dafür ein überzeugendes Beispiel. Heidegger hat an der beherrschenden Stellung des Subjekts im neuzeitlichen Denken dessen zentrales Problem, seine Entfremdung vom Sein, erkannt und durch die Wende vom Subjekt zur Seinslehre zu lösen versucht. Seine These von der Seinsverdrossenheit des Subjekts findet in der dekonstruktivistischen Subjekttheorie ihre spezielle "Verwindung". Der Dekonstruktivismus erschüttert erneut die Absolutheit des Ich. Er subversiert das romantische Subjekt und die dazugehörige Bewußtseinsphilosophie, indem er neostruktural argumentiert. Dabei läßt sich auf anderem Weg der Personbegriff neu entdecken.

3.3.2. Das "absolute Subjekt" vor der Problematik des Zugewinns an Identität

3.3.2.1. Die Orientierungsschwäche des romantischen Subjektivismus

Die idealistische Aufklärungsphilosophie verbegrifflicht die moderne Position der Absolutheit des Ich-Subjekts. Politisch wie philosophisch wird in der Neuzeit zunehmend streng für die selbstreflexive Vernunftsubstanz und Autonomie des Individuums optiert.

> "Gegenüber einer vor allem durch den Nominalismus vorbereiteten, volutaristischen Übersteigerung des Theokratiegedankens (potentia Dei absoluta), der in der mittelalterlichen Theologie noch der Begründung einer theonom verfaßten Autonomie diente, und gegenüber absolutistischen Formen kirchlich-theologischer Selbstbehauptung kommt es durch Protest und Kritik zu einer Form der Autonomie, die sich ihrer theonomen Begründung mehr und mehr entledigt. Selbstvergewisserung und Selbstgewißheit werden zum archimedischen Punkt aller Gewißheit und die Vernunft zum ausschließlichen Medium, in dem diese sich ereignet."[170]

Hegels These von der Subjektivität des Absoluten soll die unüberbietbare Legitimation für ein selbstbewußtes Freiheits- und Progressionsdenken liefern, das sein Verständnis der Individualität schon lange in Ablösung vom christlichen Personbegriff suchte.

Die Geschichte des Personbegriffs, von seinem griechischen Ausgangspunkt der (Par-)Ousia bis hin zum transzendentalphilosophischen Begriff des Subjekts als Selbstbewußtsein, ist gekennzeichnet von tiefgreifenden Wandlungen im Verständnis der Individualität. Die berühmte Definition der Person bei Boethius als vernünftiges Individuum ("est autem persona rationalis naturae individua substantia") verdeckt bereits durch ihre Verbindung der Begriffe "Individuum" und "Substanz" die Unterscheidung von Person und Substanz. Dabei ist aber gerade diese Unterscheidung das klärende Resultat der trinitarischen und christologischen Streitigkeiten der spätantiken Kirche gewesen. So steuerte die christologische Frage die Ablösung des Personbegriffs von dem der Substanz. Die Formel von Chalkedon läßt die relationale Struktur der Personalität Christi deutlich hervortreten. Im Anschluß an die Kappadokier (und deren Unterscheidung zwischen ousia und hypostasis) hatte Augustinus bereits im Rahmen der Trinitätslehre eine relationale Konzeption der Person erreicht. Die Deutung des Personbegriffs durch die Relationslehre wird später von Hegel wiederaufgegriffen und in verhängnisvoll genialer Weise enttheologisiert (vgl. 2.5.3.1): Wenn es theologischerseits zum Begriff des Gottes-Sohnes, weiters der Person, des Subjekts gehört, seine Identität nur durch die Beziehung zu einem anderen zu besitzen, so revidiert Hegel diesen Subjektbegriff mit der These, daß das Subjekt erst im anderen seiner selbst bei sich selbst ist. Mit dieser meisterhaften Verendlichung des Absoluten kommt es zu einer "utopischen Aufladung" des Subjektbegriffes, der das christliche Personalitätsdenken verdrängt und einem neuen Individualitätsgefühl entspricht.

> Nach W. Pannenberg ist es "kein Zufall, daß die Hegelsche Formel des Subjekts, das im andern bei sich selbst ist, sich in der Analyse zersetzt in das leere, um sich kreisende romantische Subjekt auf der einen Seite und in ein 'Subjekt', das nicht mehr absolut, sondern Funktion einer seine Subjektivität übersteigenden Geschichte ist, auf der anderen Seite."[171]

W. Pannenberg diagnostiziert hiermit eine Spaltung des modernen Subjekts, welche kulturgeschichtlich real progredierte, die fatale "Dialektik der Aufklärung" erzeugte und sich derzeit in der Postmoderne-Diskussion bricht. In gewisser Hinsicht ist die "Hegelsche Formel des Subjekts" mit der Persondefinition des Boethius vergleichbar: Jede der beiden Formeln harmonisiert und ist spaltungsanfällig. Die Unterscheidung von Person und Substanz führte zum Ausscheiden der Person aus dem klassischen Denkrepertoire der Aufklärung; die Aufhebung der Substanz in das Subjekt hinterließ "das leere, um sich kreisende, romantische Subjekt" mit seiner Anfälligkeit für Totalitarismus und Anarcholiberalismus.

Der romantische Subjektivismus, von Hegel verkündet und von J.W. v. Goethe im "Euphorion"[172] ironisiert, erzeugt jenes Orientierungs- und Beziehungsvakuum, das die "Dialektik der Aufklärung" folgerichtig anzieht. Das Umschlagen von Rationalität in Irrationalität, von Ich-Autonomie in "Es-Werdung", von Naturbeherrschung in Animismus, diese vielfache Umkehr in das Gegen-Teil ist Konsequenz der Verkürzung und Fixierung der conditio humana auf die superfizielle Vernunftebene. Die Verdrängung der christlichen Anthropologie durch die enttheologisierende Aufklärung geschieht sowohl am relationalen Personalitätsbegriff als auch insgesamt an der christlichen Offenbarung. Letztere unterstellt das erlösungsbedürftige Individuum einem "mysterium iniquitatis" (2. Thess. 2,7), das sich einer vernünftigen Aufhebbarkeit entzieht. Die Wahrheit über den Menschen als "gespaltenem Subjekt" gehört zur Tradition und zum verdrängten Erbe des Christentums.

> "Die religiösen Wahrheiten, die in der religiösen Praxis erfahren werden und als Doktrine im Feld des Glaubens formuliert werden, betreffen die menschliche Realität als solche und nicht nur die Gläubigen."[173]

Dieses soeben mit J. Lacan getroffene und auf Ganzheitlichkeit strebende Bekenntnis zur "religiösen Wahrheit" ist nicht prämodernistisch, sondern postmodern. Es fordert das Artikulationsrecht der religösen Sprachdimension ein, die auf dem Glaubenshintergrund der Offenbarung vom status creaturae anders kündet als die humanistische Aufklärung es wollte. Die christliche (Heils-) Botschaft zum und über den Menschen war - wie G.K. Chesterton in seinem Hauptwerk "Orthodoxie" (1926) feststellt - von jeher "paradoxal" und "asymmetrisch".[174] Sie kündet weniger vom ideellen Menschen als von der erlösungsbedürftigen und im redemptor hominis geheiligten Kreatur. Daher versteht sie die insecuritas humana auch als Selbstgefährdung des Menschen durch sich selbst, durch "Herrschaften und Gewalten" (Röm. 8, 38), denen er verfallen würde, wäre er nicht gnädig geborgen durch die Kraft des dreifaltigen Gottes. Die inclinatio des Menschen zum (Selbst-)Zerstörerischen und Mortiferen wird in der christlichen Heilsbotschaft weder tabuisiert noch wegrationalisiert. Andererseits wird sie auch nicht zu einem "homo homini lupus" hochstilisiert, sondern "synoptisch" gefaßt, d.h. zusammengeschaut mit der personalen Bestimmung und Heilsberufung des Menschen in Jesus Christus. Diese christlich-metaphysische Ganzheitsvision vom personalen und zugleich (ur)-sündhaften Menschen weicht im Vollzug abendländischer Geschichte "der Eigengesetzlichkeit der Ideale, denen die Neuzeit folgte - Emanzipation, Anthropozentrik, Diesseitsorientierung und Vernunftautonomie[...]".[175] Die neuzeitliche Offenbarungskritik, die in der Epoche der Aufklärung im engeren Sinne, also zwischen Herbert von Cherburys "De veritate" (1624) und J.G. Fichtes "Versuch einer Critik aller Offenbarung" (1792), ihre stärkste Verdichtung erfährt, schlägt bei Hegel um in eine totalisierende und vergeschichtlichende Metanarration christlicher Offenbarung: Die werdende Vernunft ist nach Hegel das Zusichkommen des absoluten Geistes. Das endliche Subjekt findet im Anderen seiner selbst seine absolute Position und Freiheit.

Die Hegelsche These von der Selbstsetzung des Ich, das im anderen bei sich selbst sein soll, wird nicht allein von J.G. Fichte als aporieverdächtig kritisiert, sondern von der abendländischen Kulturgeschichte insgesamt als Utopie erwiesen. Daß der (links-)hegelianischen Heilsvorstellung eines "absoluten Subjekts" progressiver Geschichtlichkeit philosophische Tagtraumqualität aneignet, ist anhand der mehrphasigen Mythos-Renaissance indirekt beweisbar. Der romantische Subjektivismus ist Ermöglichungsbedingung der Remythologisierung (Fiktionalisierung) der Erlebnisbezüge des Subjekts. Das "leere, um sich kreisende romantische Subjekt", dessen Hinfälligkeit W. Pannenberg so trefflich diagnostiziert, leidet an Identitätsschwäche. Indem das romantische Subjekt die identitätsstiftende Relationalität zum Anderen autoreflexiv in sich selbst hineinnimmt, verliert es sie. Der Bezug zum "anderen seiner selbst" ist ein Selbstbezug, aber noch nicht Identität. Die Frage nach der Identität des Subjekts ist mit dem Hinweis auf die Einheit des Selbstbewußtseins nicht abschließend beantwortet.

> "Sie ist [...] nicht abgeschlossen, weil die Antwort auf sie, als die wir uns wissen, gefährdet bleibt und nach einer sie endgültig verbürgenden Begründung verlangt[...]"[176]

Diese "endgültig verbürgende Begründung" hätte sich nicht nur auf das Selbstbewußtsein und die Selbstreflexion des Subjekts zu beziehen, sondern auf das Leben des Menschen selbst, d.h. auf "das volle Wesen der

Existenz"[177]. Zu diesem gehören nach M. Heidegger "das Innestehen in der Offenheit des Seins, das Austragen des Innestehens (Sorge) und das Ausdauern im Äußersten (Sein zum Tode)".[178] Wenn aber der Mensch als Subjekt ideell und partial mit seiner selbst-bewußten Vernünftigkeit identifiziert wird, dann wird die Identitätsfrage verkürzt gelöst.

Das reflexive Selbst-Bewußtsein wurde allerdings bereits im (späten) Deutschen Idealismus einer eingehenden Prüfung unterzogen. Der frühe Deutsche Idealismus darf mit M. Frank als "die letzte großartige Aufgipfelung der metaphysischen Auslegung des Seins als Verfügbar-Sein, d.h. als greifbare Anwesenheit", verstanden werden.[179] Sobald er in die spätere Phase der Selbstkritik hinüberrückt, akzentuiert er die Bedingtheit bzw. Abgeleitetheit der Reflexionsleistungen gegenüber dem Sein bzw. der Geschichte. Fichte beispielsweise deutet das absolute Selbstbewußtsein um als eine "Kraft der ein Auge eingesetzt ist"[180]. Damit verweist er das "Auge" der Reflexion gegenüber der "Kraft" des Bewußtseins auf den zweiten Platz. Desweiteren sprach Fichte von einem "Gefühl der Abhängigkeit und Bedingtheit"[181]. Diese Formel bezweifelt noch keinesfalls die Ursprünglichkeit des Selbstbewußtseins und der Freiheit. Sie konzediert aber, daß beide gerade wegen ihrer Ursprünglichkeit nicht noch einmal auf einen Grund zurückgebracht werden können und in diesem Sinne grundlos und unbegründbar sind. Hieran knüpft F. Schleiermacher unmittelbar an, indem er den Ausdruck "Gefühl der schlechthinnigen Abhängigkeit" in die Debatte um die Ursprünglichkeit des Bewußtseins einführt. Schleiermacher will darauf verweisen, daß das höchste Bewußtsein, dessen der Mensch fähig ist, nicht noch einmal für sich aufkomme, sondern seinem Sein nach unverfügbar ist. Indem Schleiermacher als Formen der Verursachung zwischen ratio essendi (Realgrund) und ratio cognoscendi (Erkenntnisgrund) unterscheidet, findet er zu folgender Einschätzung des absoluten Selbstbewußtseins: Das Selbst ist Grund seines Sicherkennens, aber nicht Grund seines Seins, also auch nicht des Seins seines Erkennens. Die "Innerlichkeit" des Selbstbewußtseins kommt "nur in dem Subjekt zustande"[182], wird aber nicht "von dem Subjekt bewirkt"[183]. In Schleiermachers "Glaubenslehre" trägt der Begriff "Gefühl" den Zusatz der "Bestimmtheit". Das Bestimmende des Gefühls ist dies, "daß wir uns unserer selbst als schlechthin abhängig [...] bewußt sind."[184] Das evidentermaßen unverfügbare Bestimmtsein des Selbstbewußtseins führt Schleiermacher in seiner "Dialektik" zu folgender Eröffnung:

> "Diese transzendente Bestimmtheit des Selbstbewußtseins nun ist die religiöse Seite desselben, oder das religiöse Gefühl, und in diesem ist der transcendente Grund oder das höchste Wesen selbst repräsentiert."[185]

Diesem Schleiermacher-Zitat kommt signifkanter Belegwert zu. Im späten Deutschen Idealismus hat die Erfahrung der Grundlosigkeit oder Zweitrangigkeit des Selbstbewußtseins - aus der sowohl die Geschichtlichkeit des Daseins wie die Unentrinnbarkeit der Struktur folgen - ihren ersten bedeutenden Ausdruck gefunden. Das Projekt des Deutschen Idealismus, die Ent- und Neubegründung des Urgrundes vernünftigen Daseins, gipfelt in einer "profunden Zweideutigkeit"[186]: einerseits in der "Frömmigkeit seines Denkens"[187] und andererseits in einem radikalisierten, romantischen Subjektivismus.

3.3.2.2. Das absolute Subjekt auf der Suche nach geistesgeborgener Selbstverwirklichung

Die bewußte, (vor)reflexive Ganzheit des Subjekts, die der Idealismus beharrlich nach ihrer Absolutheit und Geltung befragt, verweist ihrerseits auf eine notwendige Weiterbestimmung. Die grundverfaßte Identität des Subjekts als (Selbst-)Bewußtsein gibt es nämlich nicht für sich allein, sondern sie ist nur aus konkreten, weltbezogenen geistigen Taten (wie z.B. einem Erkenntnisakt) faßbar und bestimmbar. Das apriorische, identische Bewußtsein des Menschen, seine Ganzheit als Subjekt, ist einerseits notwendig auf das Konkrete der einzelnen geistigen Tat hingeordnet, obwohl es andererseits zu dem einzelnen Konkreten in keinem wesentlichen und notwendigen Zusammenhang steht.

> "Die Notwendigkeit der Hinordnung ist beeinträchtigt durch das fehlende durchschaubare Verhältnis der Ganzheit zum Konkreten. Die bewußte Ganzheit weist also im selben Zug Notwendigkeit (der Hinordnung) und Zufälligkeit (im Verhältnis zum Konkreten) auf.

> Notwendigkeit und Zufälligkeit bleiben in der bewußten Ganzheit des erkennenden Menschen aufeinander unvermittelte Größen [...] Notwendigkeit und Zufälligkeit bleiben das widersprüchliche und relative Erscheinungsbild einer Ganzheit, die sich jedoch der absoluten Wahrheit der eigenen menschlichen, individuellen Existenz versichert weiß."[188]

Die vorreflexive, selbstbewußte Ganzheit des Subjekts ist offensichtlich schon insofern vorläufig, als ihr der Widerspruch von Notwendigkeit und Zufälligkeit bleibend inhärent ist. Die Ganzheit als Subjekt trägt das Vermögen zur radikalen und unbeschränkten Ausmittlung dieses Grundwiderspruches nicht in sich selbst. Die Geschichte all seiner konkreten geistigen Taten bleibt für den Menschen ein undurchschaubarer Zufall, "wobei das Einsichtigste das ist, daß der Mensch unausweichlich sich in diese Geschichte begeben muß."[189]

Der unentwirrbare Widerspruch zwischen Zufall und Notwendigkeit, den die (Lebens-)Geschichte für den seiner selbst bewußten Menschen birgt, erweckt den menschlichen Versuch einer besonderen Lösung: Der Mensch versucht den Widerspruch an seiner höchsten Selbstgewißheit in immanenten Systemen aufzuheben. Hegels Subjekt, das im "anderen seiner selbst" ganz (bei sich selbst) ist, liefert solch ein "Systemprogramm" verabsolutierender Ausmittlung des Grundwiderspruches. Mit seinem "causa-sui-System"[190] im Verbund mit einer dazu komplementären Geschichtsphilosophie versuchte Hegel das Grundärgernis von Zufall und Notwendigkeit im Angesicht menschlicher Existenz aufzuräumen. Hegel unterschätzte jedoch die Sogwirkung des romantischen Subjektivismus, der sich seiner überhöhenden Einbindung in ein triadisches Geschichtssystem (vgl. 1.5.2.3.) widersetzt und eher "dionysisch" tendiert als "geistig" zu werden.

Nach der Enttheologisierung und Entzauberung der Erlebnisbezüge des spätneuzeitlichen Subjekts, stellt sich zunehmend ein Orientierungs- und Sinnvakuum ein, das durch die abstrahierende Systematik der Geschichtsphilosophien nicht mehr behebbar ist. Die neuen, säkularisierten Eschatologien vom harmonisierten Endzustand (wie Hegels Endzeitalter des Geistes, Kants und Fichtes ethischer Idealismus usw.) sind euphorisierende

(Nah-)Erwartungen, die dem autonom gewordenen Subjekt der Moderne nur sehr bedingt "Geistgeborgenheit" vermitteln. Die "Dialektik der Aufklärung" setzt ein an der bleibenden Bruchstelle zwischen dem selbstbewußten Subjekt und seiner notwendigen, lebensgeschichtlichen Selbstverwirklichung. Der "Superomismo"[191] ("Übermenschentum") bzw. die Anthropolatrie der idealistischen Aufklärung läßt die Frage nach der Einsamkeit des emanzipierten Subjekts und des Eigenrechts der Natur unbeantwortet. In der romantischen Mythos-Renaissance und Remythisierung der Lebensbezüge (vgl. 1.4.), in Faschismus wie Anarcholiberalismus (vgl. 3.2.1.2.), wird eine Antwort auf diese offen belassene Frage lediglich ausagiert.

Diese Einsamkeit des autonomisierten und "absoluten Subjekts" läßt sich philosophisch aus dem ungelösten Grundwiderspruch ableiten, welcher der selbstbewußten Ganzheit des Subjekts inhärent ist. Dieser Grundwiderspruch ist aber durch keine Systemphilosophie eliminierbar. Doch eben daran "glaubt" die Aufklärungsphilosophie und hierin wird sie zur fordernden Pädagogik, daß der Mangel an Orientierung im konkreten Tun des Individuums durch das Zusammenwirken von theoretischer und praktischer Vernunft behebbar sei; daß das Einzelne sich über das Allgemeine erkläre und mit diesem versöhnbar sei. Diese Vernunftdogmatik verkennt den psychophysischen Menschen, für den Leben unausweichlich Handlungszwang bedeutet, dessen Selbstverständnis sich je neu in actu zu bestimmen hat, dessen Leib sterblich ist und dessen Denkkraft allabendlich im Schlaf verlischt. Der Aufklärungsidealismus überschätzt die Position des Subjekts und weist diesem Wege des Zugewinns an Identität, die Heinrich Heine in seinen "Geständnissen" persifliert:

> "Ich war jung und stolz, und es tat meinem Hochmut wohl, als ich von Hegel erfuhr, daß nicht, wie meine Großmutter meinte, der liebe Gott, der im Himmel residiert, sondern ich selbst hier auf Erden der liebe Gott sei."[192]

Die erstmals in der Romantik massiv aufbrechende "Sehnsucht" des emanzipierten Subjekts könnte philosophisch so beschrieben werden: Die bewußte Ganzheit des Menschen, bislang absolutes, d.h. einsames Subjekt ohne den bergenden Raum für ein Selbstverständnis, sucht eine geistgeborgene Umwelt für Selbstbetätigung und Selbstverwirklichung. Mit anderen Worten könnte die leitende Linie spätneuzeitlicher Identitätssuche so gekennzeichnet werden: Der Mensch oder die Ganzheit als Subjekt ersehnt sich seine Begründung in der Ganzheit als Substanz.

Mit dieser Unterscheidung greifen wir alternativ über die subjektivistische Transzendentalphilosophie hinaus, um sodann im nochmaligen Rekurs auf Hegel das Grundproblem der (romantischen) Neomythologie-Bewegung und des Anarcholiberalismus subjekttheoretisch zu bestimmen. Was also ist in diesem Kontext unter Ganzheit als Substanz zu verstehen? Mit Ganzheit als Substanz ist Folgendes gemeint: Nicht mehr Zufall und Notwendigkeit konkreter Ereignisse bilden das widersprüchliche Bruchverhältnis der (vorläufigen) Ganzheit, sondern deren Verhältnis zum Konkreten ist nunmehr zu einem durchschaubaren Verhältnis geworden. Die Ganzheit und ihre Verwirklichung, Allgemeines und Konkretes stehen sodann im unlösbaren Zusammenhang ein und desselben Wesens. In ihm sind Zufall und Notwendigkeit konkreter (Lebens-)Geschichte als unwesentlich aufgehoben. Die Ganzheit als Substanz ist sich also selbst Wesen, so daß jedes Ereignis des Selbstverstehens im eigensten Raum der Identität der Ganzheit steht und der Gegensatz von Zufall und Notwendigkeit jeder weiteren Berechtigung enthoben und aufgehoben ist. Diese Ganzheit als Subjekt steht in Einheit ihres Wesens zu ihrem Geschick. Sie ist tragender Sinn, Wahrheit, Ewigkeit und Allmacht. Sie verbleibt in jedem Ereignis in der Sicherheit des Wesens und ist daher die denkerische Formel der Ganzheit als geglücktem Geschick.

Mit dem "Übergang" von der Ganzheit als Subjekt zur Ganzheit als Substanz ist die Wendung zum Transzendenten und Göttlichen vollzogen. Die Ganzheit als Substanz sagt das aus, was die theozentrische Philosophie (der Scholastik) mit Gott als dem absoluten Grund aller Dinge meint. Der Mensch als Person wird von ihr relational zur Ganzheit als Substanz gedacht. Dadurch wird er in seiner Gottesbezüglichkeit zum personalen Subjekt. Dessen Selbstverständnis wird durch den Bezug auf Gott als den ganz Anderen dem Bruchverhältnis von Essenz und Existenz enthoben. Das personale Subjekt verwirklicht "das volle Wesen der Existenz" vermittels seiner Relationalität zum ganz Anderen (der Ganzheit als Substanz). Damit steht im Menschen dessen Ureigentlichkeit, die Ganzheit als Subjekt ist, und dessen geschichtliche Bestimmung, die Ausmittlung des Widerspruches von Zufälligkeit und Notwendigkeit seiner Erfahrungswelt, das Gründende seiner selbst in Disposition. Der Begriff der Personalität beinhaltet zweierlei: eine Feststellung und eine Entscheidung. Er konstatiert die (nur) vorläufige Identität des selbstbewußten Subjekts und verweist auf den ausmittelnden Zugewinn an Identität durch den Bezug zur Ganzheit als Substanz: zu Gott.

Eben dieser Rückbezug seiner selbstbewußten Individualität auf Gott als der letztgültigen und handlungslegitimierenden Wahrheit seiner Identität, ist dem aufgeklärten Menschen schwerlich möglich. Zugleich aber wird gerade im späten Deutschen Idealismus die Suche nach einer Abhilfe für die Einsamkeit des "absoluten Subjekts" dringlich. Die Bewußtseinsphilosophie des transzendentalen Subjektivismus verlangt nach Ergänzung und Praktizierbarkeit.

> "Nichts ist dem Menschen so gewiß und unbestritten wie das Bewußtsein seiner Existenz. Und dennoch ist dieses Bewußtsein keine Einsicht in das, was der Mensch eigentlich ist, so daß der Mensch unangefochten und in voller Wahrheit sein Wesen bei sich selbst erkennen könnte. Dieses Bewußtsein verdünnt sich gewissermaßen zur reinen Methode: Dies bedeutet, daß wohl jede konkrete Tat des Menschen aus diesem Bewußtsein seinen Ursprung nimmt. Dennoch weist dieses Bewußtsein nicht die geringste inhaltliche Selbstbestimmung auf. Alles, was wir über dieses Bewußtsein oder den Ichpunkt inhaltlich auszusagen wissen, ist bereits Reflexion. So trägt jede aus der Reflexion geborene Aussage bereits den Makel des Objektivierten, des Vorhandenen an sich,[...]"[193]

An diesem Wendepunkt treten Schleiermacher und Hegel als Symbolfiguren zweier Lösungswege auf. Hegels neue Allmachtsformel der Aufhebung der Substanz in das identitätsbedürftige Subjekt wird als moderne via regia zur Lösung der Identitätsproblematik bevorzugt. Geistesgesteuerte Autarkie und Selbstfindung im "anderen seiner selbst" werden zum Selbstermächtigungsprogramm der aufgeklärten Epoche. Überraschend mag sein, daß selbst die Romantik der Neomythologie-Bewegung noch im Dienst des Hegelschen Systemprogramms steht. Doch hierzu bedarf es eingehender Erläuterung.

3.3.3. Neomythologie als Selbstermächtigungsprogramm des identitätsbedürftigen Subjekts

3.3.3.1. Die (neo)mythologische Ersatzreligion in Funktion der Selbstsetzung des absoluten Subjekts

Hegels philosophische Absicht war es keineswegs einen romantischen Subjektivismus des "leere[n], um sich kreisende[n][...] Subjekt[s]"[194] zu erschaffen. Vielmehr wagte er nach einer langen Vorgeschichte der Enttheologisierung (vgl. 1.2.2.) den grandiosen Versuch seiner radikalen Synthese abendländischer Seins- und Subjektphilosophie. Die geschichtsphilosophische Umwertung des Christentums sollte gleichsam die säkularisierte Eschatologie zu seiner Subjekttheorie liefern. Hegels enttheologisierende Metaphysik der absoluten Geistesgeschichte (vgl. 1.2.2.1.) feiert im sich selbst transparent gewordenen Geist den Abschluß der Gottesherrschaft, das Ende des Gottes christlicher Offenbarung.

Ein Menschenalter später wird F. Nietzsche (1886) diese Hegelsche Aufgipfelung des Deutschen Idealismus überzeugend als fortschreitende "Götzen-Dämmerung" interpretieren, also nicht als Autoillumination der Geschichte, sondern als epochalen Sinn- und Orientierungsverlust (vgl. 1.2.2.2.). Nicht nur für F. Nietzsche, sondern auch für R. Guardini[195] ist der moderne Nihilismus die Resultante der Aufklärung. Als geistesgeschichtliche Konsequenz der Destruktion der übersinnlichen Welt ist der Nihilismus das neue Daseinsgefühl und der Argumentationshintergrund des "absoluten Subjekts". Daß der transzendentale Subjektivismus der Bewußtseinsphilosophie zum Nihilismus tendiert, war bereits für die Romantiker erkennbar. Auf der Suche nach einem "obersten Entwurf", einer "allgemeinen Mitteilbarkeit" und "allgemeinen Symbolik" finden so verschiedenartige Geister wie Herder, Lessing, Novalis, Schlegel, Schelling, Marx und Baader zu einer gemeinsamen Tangente (vgl. 1.4.). Die nihilistische Sinnkrise bewirkt den Rückgriff auf das "Religiöse" (vgl. 1.4.1.) und läßt die romantisch-mythische (Ersatz-)Religion im Zeichen des "kommenden Gottes" auferstehen (vgl. 1.4.2.). Dem Anschein nach stehen "Mythos-Renaissance" und "Neue Mythologie" im klaren Gegensatz zur Aufklärungsphilosophie und insbesonders zu Hegels Meistererzählung von Subjekt, Welt und Geschichte. Dieser Anschein der bloßen Gegensätzlichkeit wurde bereits von Max Weber und von Horkheimer/Adorno erfolgreich auf die "Dialektik der Aufklärung" hin interpretiert. Der konkrete Umschlagort dieser Dialektik ist das Subjekt selbst, das zwischen selbstbewußter Vernünftigkeit und irrationalem Mythizismus schwankt.

Solche Instabilität ist auf Grund unserer bisherigen Problemerörterung folgendermaßen verstehbar: Der Mensch oder die Ganzheit als Subjekt ersehnt sich seine (identitätsspendende) Begründung in der Ganzheit als Substanz, d.h. in Gott. Nachdem aber in der areligiösen, enttheologisierenden Aufklärung der "Tod Gottes" zur Philosophengewißheit und zum heimlichen Zweifel der Theologen geworden war, wurde der Begründungsweg der Umkehr zu Gott zum "Nadelöhr". Die religiöse Bekehrung derer, die nach Lebenssinn und Zugewinn an Identität suchen, findet ihre mythologistische Scheinalternative. Der Nihilismus wird dabei nicht in einem dezidierten Glaubensakt überwunden, sondern (neo-)mythologisch travestiert (vgl. 1.5.1.) und verschoben. Die Neomythologie ist Ersatzreligion, d.h. sie ist nicht wirklich, sondern nur sub conditione Religion. Die Bedingung ihres Funktionierens ist, daß sie einerseits psychoaffektive Grundbedürfnisse des Subjekts möglichst direkt befriedigt und andererseits dem Subjekt *keine* wirkliche Umkehr zu einer fordernden metaphysischen Relation abverlangt. Die neomythologische Ersatzreligion ist funktionalisierte "Religion" im Dienst des Subjekts (vgl. 1.5.1.2.). Sie garantiert die kurzweilige Homeostase der Wandlung des Subjekts zum "anderen seiner selbst": Die Ekstase der Selbsttranszendenz, die sie unendlich variantenreich anbietet, führt das mit den mythologischen Inhalten identifizierte Subjekt nicht in den Bezug zum ganz Anderen und Supernaturalen. Hingegen ermöglicht sie dem Menschen, sich im bilderreichen, dynamischen Szenario mythischer Darstellung zum anderen seiner selbst vorübergehend zu erheben. Die mythologische Ersatzreligion befriedigt die "Sehnsucht" des Subjekts nach machbarer, genußreicher und vitalitätssteigernder Transzendenz auf Zeit (vgl.1.5.1.2.). Solche Ersatzreligion ist insofern parasitär, als sie die Ursehnsucht des Menschen nach Zugewinn an Identität aufgreift, um ihr den Tagtraum der Erfüllung zu liefern. Nach der Kontamination der religiösen (Glaubens-)Inhalte weist die Mythologie dem (Selbst-)Bewußtsein des Subjekts wieder inhaltliche Selbstbestimmung zu. An die Stelle der fordernden, das (autonomistische) Subjekt aufhebenden Umkehr zum absoluten Grund aller Dinge, der Gott ist, tritt die Einkehr in das Labyrinth der mythischen Äthiologiegeflechte. Die mythologischen Aussagen bringen es mit sich, daß sie ebensowenig "geglaubt" werden wie Metaphern wörtlich zu nehmen sind. Sie verlangen vom Menschen keinen Glauben an ihre mögliche Substantialität, sondern sie sind allegorische Vorgaben zur mystifizierenden Identifikation auf Zeit. Mit ihrer Hilfe soll der "Logozentrismus" gebrochen und dem Individuum eine neue (Selbst-)Erlebnisperspektive erschlossen werden. Die Neomythologie wird zum Experimentierraum für Gefühl, Ästhetik und Selbsterfahrung. Nachdem Hegel die Substanz im Subjekt aufgehoben hat, kann dieses über das frei gewählte, mythologische Spiel sich je neu selbst bestimmen als den anderen seiner selbst. Es kann "Dionysos" in sich und den "Herrenmenschen" an sich entdecken, die Stimmungslagen der archaischen Vorwelten imaginieren und dabei jederzeit wissen, daß es sich aus seinem Anderssein wieder zurücknehmen kann und neuen identifikatorischen Selbstsetzungen zuwenden.

Dieser Romantizismus teilt mit dem Gnostizismus und mit Hegel den Glauben an die autonome Schöpfermacht des Menschen; den Glauben daran, daß das menschliche Erkennen und Erdichten ("Mytho-poeto-logie") der Lebens-Welt die Weise ihres In-Erscheinung-Tretens im Erleben vorbestimmen könne. Der Mensch des transzendentalen Subjektivismus schafft autonom Erkenntnis und ist autonom in der Erkenntnis. Er nimmt nicht die Erkennbarkeit der Welt auf und erleidet nicht die Gehalte, die in der Welt bereits sind. Der romantische Subjektivismus sucht im mythopoetischen Figurendrama die Gelegenheit zur Gewinnung neuer substantieller Inhalte. Zur Autonomie des "absoluten Subjekts" gehört wesentlich, daß es diese Inhalte frei wählen, annehmen und wieder verwerfen darf. Der (Natur-)Zauber der "Neuen Mythologie" ist Selbstverzauberung des Subjekts mittels okkasionaler Inhalte, die bald schon Cliché-Charakter annehmen. Die Jugendstil-Ästhetik des fin de siècle gibt - um einige Jahrzehnte verschoben - davon Zeugnis und späte Resonanz. Auch in der vorgeblichen Irrationalität der Remythisierung seiner Lebensbezüge befolgt das Subjekt die Maxime der Selbstbestimmung.

So gipfelt das "Älteste Systemprogramm des deutschen Idealismus" in der souveränen Forderung nach einer neuen "Mythologie der Vernunft" (vgl. 1.4.2.1.). Herder sucht zuerst nach einer erneuerten, praktikablen Mythologie, die den geschichtlichen Gegebenheiten der Moderne nachkomme. Sein Aufsatz "Vom neueren Gebrauch der Mythologie" (1767) weist der Mythologie ihre poetologische Funktion auf dem Boden der Aufklärung zu. Mit einer erneuerten Mythologie soll die Sinn- und Legitimationskrise innerhalb und für die Aufklärung gelöst werden. Die mit der "Mythos-Renaissance" der Herdernachfolger (Gerstenberg, Klopstock u.a.[196]) verquickte Kritik an der analytischen Vernunft konnte die Position des "absoluten Subjekts" kaum erschüttern. Eine synthetisierende Anbindung der "Neuen Mythologie" an die christliche Soteriologie, die beispielsweise Schelling[197] versuchte, blieb brüchig und isoliert. Die romantische "Neue Mythologie" wurde, wie M. Frank trefflich resumiert, "gleichsam eine vitalistisch-nächtliche Revision der aufklärerischen Götterferne."[198] Der subjektivistische Atheismus wird durch die mythologisch-narrative Erbschaft keineswegs mit religiösem Geist erfüllt, sondern ästhetizistisch bis karnevalesk bereichert. Der romantische Subjektivismus greift nach dem Stoff der Mythologie wie Nietzsches vormittäglicher Philosoph zum Gedankengut "orphischer Vorzeit"[199] (vgl. 1.5.1): Die Absicht ist eine spielerische, experimentierende und sinnliche. Ihr Spielraum ist eher die Allegorie als das Symbol[200], das Uneigentliche und Unverbindliche, der Tagtraum. Simulation, Reversibilität und Fiktionalisierung kennzeichnen den imaginären Bezug des "romantischen Pneumatikers"[201] zum "Absoluten". Auf diese fiktionalistisch-gnostizistische Tendenz in "Erscheinung und Wesen der Romantik"[202] nimmt R. Guardini (1948) in seinen "Tübinger Vorlesungen" Bezug. M. Frank, ebenfalls Tübinger Philosoph, erweitert in seinen "Vorlesungen über die Neue Mythologie" (1980) diese kritische Forschung hinsichtlich der Aktualität der Mythen-Renaissance in Kunst und Gesellschaft.

3.3.3.2. Der Reflex der Hegelschen Selbstbewußtseinsdialektik in der politaktiven Neomythologie

Die "romantische Lösung" der vitalen Selbstermächtigung des "absoluten Subjekts" im neomythologischen Tagtraum (vgl. 1.5.1.2.) entspricht formal der Realisierung von Subjektivität wie Hegel sie vorstellt. Sie ist - ohne daß ein Kausalzusammenhang bestünde - die Umsetzung der Hegelschen Subjekttheorie in die Praxis: In der freien Wahl der mythologischen Bezugsgröße geschieht die identifikatorische Selbstbestimmung des Subjekts. Es transgrediert zum "anderen seiner selbst" am Ort der Mythologie. Die Selbstsetzung des Subjekts, deren Aporie und Unmöglichkeit Fichte argumentativ einholte, wird "mythisch" vollführt. Die Selbstpotenzierung des Subjekts soll dadurch geschehen, daß es sich im und über den Mythos als "dem Anderen der Vernunft" neu entdeckt. Diese Subjektprogrammatik läßt sich unschwer zur Gesellschaftsprogrammatik der "politischen Mythologie" erweitern.

Die "Umwertung der Romantik" in der faschistischen und sozialistischen Neomythologie (vgl. 1.5.2.1.) ist solch eine Erweiterung der Programmatik, die schon in der Frühromantik intendiert worden war: Der Legitimationswert des Mythos für eine enttheologisierte, säkulare Gesellschaft (vgl. 1.3.2.) wurde von den Romantikern bereits hoch veranschlagt. Mythen sollten dazu dienen, den Bestand und die Verfassung einer Gesellschaft auf Grund eines "obersten Wertes" zu "beglaubigen".

> "Man könnte das die kommunikative Funktion des Mythos nennen, weil sie auf das Verständigtsein der Gesellschaftsteilnehmer untereinander und auf die Einträchtigkeit (oder doch: Vereinbarkeit) ihrer Wertüberzeugungen abzielt."[203]

Der Bezug des Einzelsubjekts zu Mythos und "orphischer Vorzeit" sollte also kein Privatissimum, sondern zugleich ein Allgemeines abgeben. Das Individuelle und das Allgemeine sollte somit einer Versöhnung zugeführt werden, der auch eine stark gesellschaftspolitische Konotation zukäme. Das Eigentümliche der quasireligiös-mythisch gestifteten Gemeinschaft sollte sein, daß hier viele als eines sich fühlen. F. Schleiermachers Schlußwendung aus seiner fünften Rede "Über die Religion"[204] klingt dazu wie eine Wegformel: "weigert Uns nicht den Gott anzubeten, der in Euch sein wird."[205]

Die klassische, griechische Mythologie war mit dem egalitären Internationalismus der Aufklärung schon deshalb kompatibel, weil sie keine "nationale Mythologie" war. Doch die "Umwertung" der romantisch-humanistischen zur "nationalen Mythologie" bahnte sich schon zu Herders und Hamanns Zeit an. Der Begriff der "politischen Mythologie" war Herder wohl bekannt.[206] Bacon hatte ihn bereits verwandt und verstand darunter eine Mythologie, aus dem Volk, aus der Zeit und der Gesellschaft heraus. Der "Sturm und Drang" legte Wert auf die nationalen und sprachlichen Wurzeln einer Kultur und relativierte auf diese Weise die übergeschichtliche und überlokale Geltung der Vernunft. Schon das frühe 19. Jahrhundert war also keinesfalls gleichgültig gegenüber "nationalen Mythologien". Unter diesen verdienen besondere Erwähnung Gerstenbergs "Briefe über Merkwürdigkeiten der Literatur" und das "Berner Fragment". Gerstenberg weist ebenso nachdrücklich auf die nordische Mythologie wie auf das (ihm bedauerliche) Fehlen einer "nationalen Mythologie" hin. Im "Berner Fragment" wird die Wiederbelebung der "altdeutschen" Mythen angeregt und "Hegels Auffassung des Mythos in seinen Frühschriften"[207] ist, H.-O. Rebstock zufolge, auf eine "nationale Mythologie" abhebend.

Die erste tiefgreifende "Umwertung der Romantik" in den (esoterisch-)faschistoiden bzw. sozialistischen Literatur- und Politbewegungen des frühen 20. Jahrhunderts (vgl. 1.5.2.) erbrachte eine gespaltene "Neue Mythologie": "Nationale Mythologie" und "Klassen-Mythologie" kämpften gegeneinander und für eine Umerziehung von Mensch und Nation. An die Stelle der griechisch-mediteranen Mythopoetologie traten neue Erzählthemen und Motive. Diese sollten leicht aktualisierbar, volksnah und "erzieherisch wertvoll" sein. Das links- wie rechtsradikale Utopieziel war allenfalls das Doppelprogramm der Zurichtung eines neuen Menschen in einer neu legitimierten (deutschnationalen bzw. klassenlosen etc.) Gesellschaft. Die neue, nicht mehr hellenisch-poetisch bestimmte, Mythologie sollte endlich die Sinn- und Kraftpotenziale zur gelingenden Ablösung der christlichen Religion liefern.

Das für die Auffassung des Mythischen in der deutschen Klassik und Frühromantik exemplarische Werk von K. P. Moritz betont (noch), daß die mythologischen Dichtungen als "eine Welt für sich aus dem Zusammenhange aller wirklichen Dinge herausgehoben"[208] sind. Die Mythopoetologie als sublimer (Tag-)"Traum", diese von Herder vertretene, frühromantische Position, wird in der "Neuen Mythologie" der 20-er und 30-er Jahre gründlich revidiert: Die philologische, poetologische und allegorische Interpretation "orphischer Vorwelt" weicht der "religiöse[n] Deutung des Mythos als Ausdruck des Bewußtseins von der fortwirkenden Aktualität gründender Urzeit"[209]. Der "Mythos des 20. Jahrhunderts"[210] soll nicht geträumt, sondern gemeinschaftsstiftend gelebt und "in das politische und geschichtliche Erkennen eingeführt"[211] werden. Schon Fr. Creuzer beklagte, "daß durch die poetische Mythik der Griechen der höchste Ernst grauer Vorzeit in ein freies Spiel der Phantasie ausgeartet"[212] sei. Diese "Entartung" will der Nationalsozialismus rektifizieren. Denn "Germanischer Dynamismus kann sich das Leben nicht anders vorstellen denn als Streit der Kräfte untereinander[...] als einen Kampf von Gestalt gegen Gestalt, das heißt von Wert gegen Wert[...]"[213]

Alfred Bäumlers[214] exemplarischer Rede vom Gestaltenkampf haftet unverkennbar eine gewisse Transparenz auf Nietzsches und Hegels Subjektphilosophie an. Wie gesagt ist es unsere These, daß die Hegelsche Anthropologie des "absoluten Subjekts" in der mehrstufigen Neomythologiebewegung ihre sukzessive Illustration, ihre Inhalte und ihren besonderen Dynamismus erfährt. In gewissem Sinn ist Hegel also der aufklärerische Vordenker des Wesens der Remythisierungsbewegungen, die im postmodernen Anarcholiberalismus eine bizarre Aufgipfelung erfahren.

In seiner "Vorrede" zur "Philosophie des Rechts" (vgl. 1.2.2.1.) behauptet Hegel, es gehöre das Zuspätkommen zum Wesen der Philosophie. "Als der Gedanke der Welt erscheint sie erst in der Zeit, nachdem die Wirklichkeit ihren Bildungsprozeß vollendet und sich fertig gemacht hat."[215] Wie die Philosophie befände sich auch der Gedanke der Wirklichkeit gegenüber in einer unaufhebbaren Verspätung, sei er doch seiner Essenz nach die Substanz des Wirklichen selbst. Von Hegels Subjektphilosophie darf dagegen hinsichtlich der Remythisierungsbewegungen gesagt werden, daß sie diesen vorausgeht und ihnen gleichsam ein "Systemprogramm" vorgibt, das sie einlösen, wohl ohne es reflektiertermaßen zu kennen. Hegels Subjektphilosophie bringt nicht nur die Aufklärung auf den Begriff, sondern bleibt auch die Vorlage für ein systematisches Verständnis des Subjekts der Neomythologie. Diese Feststellung zur Hermeneutik der "Neuen Mythologie" bedarf der Erläuterung dessen, was Hegel (in seiner

"Phänomenologie des Geistes") die "Dialektik des Selbstbewußtseins" nennt.

Die "Dialektik des Selbstbewußtseins" illustriert Hegel in der Dialektik von "Herr und Knecht". Dieses Paradigma kämpferischer Lebensbewältigung liegt auch der faschistischen Mythologie vom "Gestaltenkampf" zugrunde. Der Anarcholiberalismus versucht vergeblich in einer ultimativen Anstrengung des Begehrens dieses Muster zu sprengen, das Hegel so genau analysiert: Durch die Betrachtung der Welt - so Hegel - gelangt der Mensch zu Bewußtsein. In der "sinnlichen Gewißheit" ist der Mensch allerings gefährdet von Sinnlichkeit "absorbiert" zu werden und in Selbstvergessenheit "außer sich" zu geraten. Um zu Selbtbewußtsein zu gelangen, bedarf es nach Hegel der Begierde. Denn in seiner Begierde erkenne sich das Subjekt als es selbst ebenso sicher wieder wie der Hungernde, der um sich selbst in seinem Hunger weiß. Das menschliche Selbst müße also, um selbstbewußt zu sein, ein Selbst der Begierde sein, d.h. ein negierendes und verwandelndes Selbst. Das (menschliche) Ich sei das Ich der Begierde. Das selbstbewußte Sein des Menschen impliziert laut Hegel die Begierde und setzt sie voraus. Das Selbst der Begierde ist ein nach Inhalt lechzendes Leeres; ein Ich, das sich auffüllen will durch das, was voll ist, indem es das Volle leert. "Es will sich an die Stelle des Vollen setzen, durch sein Volles das Leere einnehmen, das durch die Aufhebung des Vollen entstanden ist, das nicht das seine war".[216] Indem der Mensch so das Daseiende verwandele, verwandle er sich selbst. Durch die Tat erst werde er er selbst. Sein wahres Sein sei daher Werden, Zeit, Geschichte. Gemäß Hegel vermag der Mensch sich in Bezug auf sich selbst als Daseienden zu transzendieren. Dazu ist ihm nötig, seine Begierde nicht auf ein Daseindes, sondern ein Nichtseiendes zu beziehen. Um menschlich zu sein, müße sich die Begierde auf ein anderes lechzendes Leeres, also auf eine andere Begierde beziehen. Um selbstbewußter Tat-Mensch zu sein, müße sich der Mensch nicht ein Ding, sondern eine andere Begierde (nach dem Ding) unterwerfen. Das Begehren des Subjekts, von dem Hegel weiß, richtet sich weniger auf Dinge als auf deren Besitz, auf Macht- und Anerkennungsverhältnisse. Indem der Mensch in seiner Subjektwirklichkeit von der Anerkennung durch den anderen abhängt, sei er wesentlich "außer sich". Um seine eigene Identität in sich zu finden, wird das Begehren des Subjekts die Begierde des anderen negieren und zu unterwerfen suchen. Begierde will anerkannt sein in ihrem ausschließlichen Recht auf Befriedigung. Das aber bringe einen Kampf auf Leben und Tod mit sich. Im Kampf bis aufs Letzte werde der Sieger zum Herrn und der Besiegte zum Knecht. Die ganze menschliche Geschichte ist für Hegel geprägt von der dialektischen Beziehung zwischen Herrschaft und Knechtschaft.

Die nationale und politische Mythologie des Rassen- und Klassenkampfes ist die dramatische Ausgestaltung der Hegelschen Selbstbewußtseinsdialektik. Die "Umwertung der Romantik" in der faschistischen bzw. sozialistischen Neomythologie beinhaltet den Wechsel vom Spielerischen zum Kämpferischen, vom Individuellen zum Völkischen. Der dionysische Dynamismus der "Neuen Mythologie" nimmt dunklere, aggressivere und todbringende Grundzüge an. Der romantische Subjektivismus suchte zuerst nach sinnlich genußreichen (Tag-)Trauminhalten (vgl. 1.4.); später nehmen diese eine dialektische Polarisierung an. Sie werden zu Metanarrativa für das Grundproblem des "absoluten Subjekts": den notwendigen Zugewinn an Identität. Die faschistisch-sozialistische Politmythologie soll dem Subjekt vorläufiger Identität eine quasireligiöse Identifikationsvorlage liefern für seine Identitätsausmittlung im siegreichen anderen seiner selbst. Mythologie als Spiegel menschlichen Begehrens wird zum Selbstfindungsmedium areligiöser Subjekt- und Gesellschaftstheorie. Solche Mythologie hat ihren strukturalen Aussagewert von der "anderen Ordnung der Wirklichkeit"[217] weithin preisgegeben, indem sie sich dem Emanzipationsabsolutismus unterstellt. Die "Dialektik der Aufklärung" ergibt sich mithin schon aus deren Subjekttheorie: Der romantische Subjektivismus erstrebt in der Selbstbewußtseinsdialektik schließlich eine Selbstbehauptung, die utopisch und irreal ist. Die Neue Mythologie aber erzählt und verbrämt das causa-sui-Projekt utopischer Emanzipation.

3.3.4. Die romantizistische Subjekttheorie der anarcholiberalen Postmoderne

3.3.4.1. Die kontrastmythische Subjekttheorie des Anarchostruktura lismus

Der anarcholiberale Postmodernismus, so wie er beispielsweise von G. Deleuze, G. Bataille, F. Guattari und anderen Neostrukturalisten verfochten wird, kann mit M. Frank[218] als weitere Umwertung und Radikalisierung der Romantik verstanden werden (vgl. 2.5.2.1.). Die Subjekttheorie des anarcholiberalen Dekonstruktivismus zentriert sich auf das Begehren des Subjekts und dessen Selbstbehauptungskampf gegen die Macht kodierter Ordnung: Die Subversion jeglicher Code-Ordnung (gleichgültig ob machtpolitischer, religiöser, sprachlicher, geschichtlicher... Natur) gehört zum Emanzipations- und Differenzprojekt anarcholiberaler Subjektivität. Die "anarchische Differenz", hat nichts mehr gemeinsam mit Derridas "différance" als "jene[r] generative[n] und nie in Einheit (hegelisch) aufzuhebende[n] Lücke, in der alle Bestimmtheiten entspringen und sich wieder auflösen."[219] Indem sie zur Urdifferenz zwischen dem "ordre du désir" und dem "ordre de la représentation" wird, soll mit ihrer Vorgabe Code(-Ordnung) überhaupt negierbar werden.[220] Im Verlauf dieser Untersuchung wurde bereits dargelegt, wie sehr sich die Schemata gnostischer Hermeneutik nivelliert im anarcholiberalen Differentismus wiederfinden (vgl. 3.2.1.2.): Die Verabsolutierung der Differenz zwischen Mensch und (Kultur-)Welt gab schon für den spätantiken Gnostizismus die effiziente Methode ab, sich aus einem mißlungenen Weltentwurf zurückzuziehen und den Kodierungen kultureller Festschreibung zu entkommen. Die Überwindung der Moderne, die der anarcholiberale Postmodernismus erstrebt, ist ihrer Methode nach gnostizistisch.

Die Emanzipation des "Anti-Oedipe", die den anarcholiberalen Postmodernismus begeistert, ist insofern gnostizistisch und romantizistisch als sie die Position des Subjekts verabsolutiert, um sie sodann über mythologische Erzählinhalte abzustützen. Nach dem "Tod der Götter" bzw. nach der aufklärerischen Enttheologisierung bedarf das "entzauberte" Subjekt einer schützenden neuen Mythlogie. Ihre Funktion liegt in einer Positionsstärkung des Subjekts. Der Gnostizismus lieferte - im Widerstreit mit dem Christentum - solch eine mythologisch gefaßte Subjekttheorie. Von der Subjekttheorie des anarcholiberalen Postmodernismus läßt sich ebenfalls sagen, daß sie mythologisch verfaßt ist. Diese fiktionale Neomythologie ist gänzlich in Funktion des Emanzipationsabsolutismus, d.h. sie ist zugleich deren Derivat und Legimationserzählung. Damit deontologisiert der Anarcholiberalismus den Mythos; er hebt ihn - wie vormals Hegel die Substanz - im Subjekt auf.

M. Eliade faßt die Entwicklung des Mythosbegriffes in der Religionswissenschaft von Schelling bis zu Malinowski, Preuss und Kerenyi darin zusammen, daß er den Mythos als Ausdruck einer archaischen "Ontologie" begreift, für welche die gegenwärtige Ordnung der Welt in einer Urzeit begründet ist. Von ihr berichtet der Mythos. Dabei sei es die

> "Hauptfunktion [des Mythos] die exemplarischen Modelle für alle Riten und alle wesentlichen Betätigungen des Menschen [...] festzulegen."

In diesem Sinn erzähle der Mythos "eine heilige Geschichte, als ein uranfängliches Ereignis, das am Anbeginn der Zeit, ab initio, stattgefunden hat."[221] Diese - von M. Eliade hervorgehobene - archaische Funktion des Mythos wird in der Politmythologie bereits unverkennbar verzweckt und in der anarcholiberalen Neomythologie völlig umgewertet: Poetologie, Mythologie, Utopie und Fiktionalität fließen entgrenzt ineinander über und schaffen als neues Agglomerat den "fictual discourse" eines polymythischen "new gnosticism"[222] (vgl. 2.5.2.1.). Die surrealistische Auslösung und Überfrachtung der Mythologeme, ihr Bruch in das Phantastische, Karnevaleske und Absurde, ist mehr als ein expressives Dechaînement der Gestaltformen. Die polyvalente Konstruktionsweise des mythophantastischen Diskurses bietet sich an als "exemplarisches Modell" zerrissener Wirklichkeit und absoluter Subjektivität. Diese vorzustellen wird zur neuen "Hauptfunktion" anarcholiberaler Neomythologie. Sie wird zur fiktiven Komplementärmythologie im Dienst von Subjekt- und Gesellschaftsideologie.

G. Deleuzes "Anti-Oedipe" ist Symbolfigur für die *kontrastmythische* Subjekttheorie des Anarchostrukturalismus, der in der Geschlossenheit der Struktur den Grund für den "manque à être" des Subjekts veranschlagt. Im Verlauf unserer bisherigen Themenbearbeitung reflektierten wir bereits auf den "Antiödipus" ungehemmter, primärprozeßhafter Wunscherfüllung. Die Wiederkehr des Dionysischen im Anarcholiberalismus (vgl. 2.5.2.1.) ließ sich an ihm besonders deutlich demonstrieren. Das Begehren des Subjekts und die Gefahr seiner Kastration ist variantenreiches Hauptthema der meisten anarcholiberalen Autoren[223] der "Neuen Linken" wie der "Neuen Rechten". "L'être objectif du désir est le Réel en lui-même"[224], konstatieren Deleuze/Guattari in Schopenhauer- und Nietzsche-Nachfolge.

> "En vérité, c'est en même temps que la production sociale se trouve aliénée dans des croyances supposées autonomes, et que la production désirante se trouve détournée dans les représentations supposées inconscientes.
> [...]
> Mais la production n'est pas supprimée pour cela, elle continue à gronder, à vrombir sous l'instance représentative que l'étouffe, et qu'elle peut faire résonner en revanche jusqu'à la limite du rupture."[225]

Die Unterwerfung des "wilden Flusses der Produktion" unter die strukturierende Ordnung der Darstellung, der Re-präsentation, schaffe erst das Unbewußte. Die unterdrückte und ungestaltete Wunschkraft der Produktion lebe als Verdrängtes fort, so argumentieren die Anarcholiberalen Die Engführung des Begehrens in die Ordnung der Repräsentation bewirke die Inskription und Inzision des Subjekts. Die Symbolisierung der "production primaire" des Begehrens - Nietzsches "Mnemotechnik" übersetzt mit "codage", "enregistrement" oder "symbolisation" - wird verstanden als kastrativer Schnitt in das "Fleisch des Lebenswillens"[226]. Die Sprache als Signifikantensystem ist - anarcholiberaler *Kontrastmythologie* zufolge - Zuchtmeister totalitärer Zivilisation. Sie zerstückele den "vollen Körper" einer ins Wordsworthsche "Never-never-land" zurückgeträumten Wildheit.

3.3.4.2. Der differentistische, anarcholiberale Postmodernismus als das Auf-Begehren der "Knechte"

Das "inskribierte" (Kultur-)Subjekt ist - gemäß differentistischer Anthropologie - nicht mehr das freie Subjekt des "wilden Begehrens". Es wurde - jedenfalls in anarcholiberaler Lesart - zum reprimierten, entfremdeten Subjekt des "Réssentiments"[227], das schon L. Klages als "scheinlebendige Larve" titulierte. Der Kontrastmythos des "Anti-Oedipe", vor allem die Kapitel "Postulats de la linguistique"[228] und "Sur quelques régimes des signes"[229] kreisen um die leidvolle Antagonistik zwischen menschlichem Begehren und human- bzw. gesellschaftskonstitutivem (Sprach-)Gesetz[230]. Sie fixieren ihren Protest auf die Urdifferenz der Unverträglichkeit des Begehrens mit dem Gesetz. Dieses "verletzt", indem es fordert: ein "Ich" auszubilden und das Begehren mit den Imperativen der symbolischen Ordnung in Einklang zu bringen:

> "das Phantasma vom wilden Fluß des Begehrens und seiner diskursiven Bändigung fundiert den Minimalkonsens der Gegenaufklärung[...] Das gilt sowohl für Nietzsche selbst wie für Spengler, Moeller van den Bruck, Edgar Jung, Heidegger, Alfred Rosenberg, Charles Maurras oder die sogenannte Nouvelle Philosophie, die im Anspruch auf Erklärung und symbolische Repräsentation von Phänomenen unter der Einheit einer Hinsichtnahme Gewalt wittert [...] Es gilt auch für Deleuze und Guattari".[231]

Diese Auflistung illustrer Namen aus zwei Jahrhunderten animiert zur Nachfrage, welcher Aktionswert dem "Phantasma vom wilden Fluß des Begehrens" in Hegels Subjektphilosophie zugedacht ist.

Hegels optimistisches, triadisches Geschichtssystem gipfelt bekanntlich in der Neuzeit als dem endgültigen Reich des zu sich gekommenen Geistes (vgl. 1.5.3.). Die Vertreter der "konservativen Revolution" wie Spengler und Klages beschrieben hingegen die Menschheitsgeschichte als dreistufigen Zerfallsprozeß, erst der archaischen Wildheit, dann des Mythos, endlich der Kultur. Deren Schwundstufe sei die totalitäre Zivilisation, die der Mythos von Blut, Gewalt und Ehre - es ist Rosenbergs "Mythos des 20. Jahrhunderts" (1930) - revolutionär wieder in das Archaische umwenden soll. Sowohl das Hegelsche Progressions- und Versöhnungsmodell als auch das neomythologisch-konservative Regressionsmodell sind prekäre Lösungsvorschläge zur Frage nach der Identität, dem Begehren und der Selbstverwirklichung des Subjekts. Hegels Analyse der Selbstbewußtseinsdialektik von "Herr und Knecht" wird - im 6. Kapitel seiner "Phänomenologie des Geistes" - darin zur uneinlösbaren Utopie, daß er sie als konfliktives Prozeßprinzip (von Weltgeschichte) schließlich in der Synthese und in harmonischem "Verstehen" aufgehen läßt. Doch klammert man die Spekulation futurisierter Allversöhnbarkeit aus, so bleiben Hegels Analyse und die kulturgeschichtliche Gegebenheit der "Dialektik der Aufklärung" übrig.

Der anarcholiberale Postmodernismus spielt im Rahmen dieser Dialektik die Rolle einer Avantgard-Bewegung der späten Gegenaufklärung. Seine kontrastmythologisch gefaßte, bizarre Subjekttheorie (des "Anti-Ödipus", des "Schizo", des "Rebellen" etc.) ist philosophisch ortbar, analysierbar und bestimmbar: Sie ist kulturphilosophisch erörterbar als späte Neomythologiebewegung und radikalisierte, zweite "Umwertung der Romantik" zum "fictual discourse" über das "absolute Subjekt". Sie ist auf dem Hintergrund Hegelscher Subjektphilosophie und insbesonders seiner "Dialektik des Selbstbewußtseins" analysierbar als Emanzipationsabsolutismus des "geknechteten" Subjekts gegen die Herrschaft der Code-Ordnung(en). Sie ist bestimmbar als leerer, um sich kreisender, romantizistischer Subjektivismus, der die Einlösung seiner Freiheit und die Einholung seiner Identität über die Negation des (angeblich oppressiven) Anderen versucht. Der "andere seiner selbst" ist für die anarcholiberale Selbsterfahrung das mit seinem Begehren totalidentifizierte Subjekt. Das "absolute Subjekt" anarcholiberaler Avantgarde gewinnt seine Identität, indem es im alltäglichen "Streit der Kräfte untereinander" (Hegel) das Selbst der Begierde abgibt. Ganz im Sinn von Hegels analytischer Anthropologie erkennt sich das Subjekt als "Antiödipus" in seiner Begierde selbstbewußt wieder. Zugleich ist es als ein mit seinem Begehren identifiziertes Subjekt höchst sensibilisiert auf das Begehren des Anderen: Nicht zum "assimilierbaren" Objekt des anderen Begehrens depotenziert zu werden, die Kastration am singulären Individuellen abzuwehren, das ist sein Präventivkampf für die Differenz und das Steigerungsmedium für eigene Identität. Der differentistische, anarcholiberale Postmodernismus ist das fiktionalisierte Auf-Begehren der "Knechte" gegen die Herrschaft des (kapitalistischen, technokratischen etc.) Systems, der Code-Ordnung (sprach)gesetzlichen Lebens.

> "Pour qu'Oedipe soit occupé, il ne suffit pas qu'il soit une limite ou un répresenté déplacé dans le systeme de la représentation, il faut qu'il migre au sein de ce système, et qu'il vienne lui-même occuper la place de représentant du désir."[232]

Der romantizistische Subjektivismus anarcholiberalen Begehrens manifestierte sich (besonders in den späten 60-er Jahren der Hippiebewegung etc.) in extremisierten Politforderungen nach einem neuen Selbstverständnis von decodierter Gesellschaft und definalisierter Erziehung. Der Angriff dieses surrealistischen Neostrukturalismus auf das Prinzip der Ordnung als solcher, von dem die "Nouveaux Philosophes" (Breton, Deleuze, Guatari, Klossowski) träumen, wurde schon vor Jahrzehnten von Sartre taktvoll ironisiert:

> "L'abolition totale dont il rêve [...] ne fait mal à personne, précisément parce qu'elle est totale."[233]

Der anarcholiberale Postmodernismus mit seinem Bekenntnis zum totalen Subjektivismus und zur "Polymythie" darf als der falsche Abschied von der Moderne gewertet werden: als Verbleiben innerhalb der "Dialektik der Aufklärung".

> "Die [...] anarchistische Variante der Postmoderne folgt der Losung Paul eyerabends 'Anything goes' mit dem befreienden Potential des ästhetischen und methodischen Anarchismus und den Gefahren der Beliebigkeit und des Eklektizismus, die dem anarchistischen Pluralismus eigen sind. Nach dem funktionalistischen Purismus [...] ist die Erweiterung des Erfahrungs- und Darstellungsfeldes durch die neue Farbigkeit unübersehbar. Beliebigkeit ist freilich auch eine Gefahr für den Künstler und Philosophen, weil ihm das Sujet und die Ausdrucksform keinerlei Widerstand und Beschränkung mehr auferlegen, an dem sich die Subjektivität abarbeiten könnte."[234]

Es wäre allerdings eine Verkürzung des Bewegungsspektrums der Postmoderne, wollte man die anarcholiberale Subjekt- und Gesellschaftstheorie mit Dekonstruktivismus gleichsetzen. Zugleich mit der anarchistischen

Postmoderne erwächst die Chance für eine essentielle und alternative Postmoderne, die geeignet ist, das Jargon und die Ästhetik des Emanzipationsabsolutismus durch substantielle Formen zu ersetzen.

3.3.5. Die ex-zentristische Subjekttheorie der Verwiesenheit des Menschen auf das Absolute

3.3.5.1. Das unverzichtbare Recht der Person auf Ineffabilität

Der anarchostrukturalen Version entgrenzter Individualität ist ihre Verstiegenheit und "Überreiztheit" leicht nachweisbar. Die freie Selbstverwirklichung des "Anti-Oedipus" ist dionysisch eingefärbter, romantizistischer Hegelianismus. Sie vermag nur protestierend Abstand zu suchen von einer kodierten Alltagswelt, die als übermächtig und verzerrend für das Selbstsein erlebt wird. Der fiktive Antagonismus zwischen begehrendem Subjekt und oppressiver (Sprach-)Gesetzeswelt beläßt den Einzelnen in "anarchischer Differenz" zum Ganzen und Allgemeinen seiner Um- und Mitwelt. Diese utopische "Resistance" des Subjekts ist Symptom und Indiz für eine aktuelle Problemlage, zu deren Verständnis und Versprachlichung der anarcholiberale Dekonstruktivismus allein nicht befähigt ist. Die Problematik der Einheit und Identität des Subjekts, seiner apriorischen Verwiesenheit und Entfremdbarkeit, ist der traditionell weit vorgefaßte Hintergrund für die Schaubühne der anarcholiberalen Subjekttheorie. Ihr Subjektverständnis ist zwar verkürzt und vorläufig, aber auch "aufhebbar" in eine umfassendere Erörterung auf der Grundlage dekonstruktivistischer Anthropologie.

Der anarcholiberale "Anti-Ödipus", diese fiktive Reinkarnation des vaganten Dionysos romantischer Frühzeit, bangt um den Verlust seiner Identität und erschrickt vor der Subversion seiner individuellen Existenz durch "anonyme Verfügungsmächte" (vgl. 3.1.2.). Als spätneuzeitlicher Mensch sucht er nach dem ungeeichten Maß seiner Autonomie inmitten einer kodierten, weithin technifizierten, Tatsachen-Welt der "Vernetzung" und Simulation. Er erleidet die Identitätsproblematik konfliktitiv als Selbstbehauptungskampf gegen eine Verfügungsmacht, die ihn zum "anderen ihrer selbst" zu assimilieren und zu satellisieren droht.

"Das Paradies ist die Abwesenheit des Menschen"[235], schreibt E. M. Cioran. Denn eine der ersten und entscheidenden Maß-Nahmen des neuzeitlichen Menschen ist die Vergegenständlichung der Welt als Folge der Teilbarkeit. Teilhabe am Kosmos wird zur kosmischen Teilbarkeit. Aus der alten Formel D.O.M. (Deus Optimus Maximus) wurde unversehens die Simulation, die (enttheologisierende) Substitution Gottes durch das Leistungsprinzip: Deus est Optimum et Maximum et Infinitum. Die Idee der Restitution der Weltharmonie durch Zusammenstückelung der Teile verlangt ja geradezu nach einer Strategie der Optimierung und Maximierung. Die quasireligiöse Triebkraft des neuzeitlichen Kapitalismus ruht (wie Max Weber nachgewiesen hat) eben auf dieser Reduktion auf die sächliche Endung. Diese Versachlichung und Objektivierung verweist durch die Möglichkeit der Reproduzierbarkeit von sich her auf die nächste Maß-Nahme des industriellen Menschen: die Automation. In der Idee des Automaten steckt nicht nur die Optimierungs- und Maximierungsenergie des homo faber, sondern ebenso der Traum der Infinität und Unsterblichkeit. Vergegenständlichung und autonome Unendlichkeit sind die Drehtür der Automatisation. Hier gilt L. Feuerbachs Wort:

> "Im Bewußtsein des Unendlichen ist dem Bewußtsein die Unsterblichkeit des eigenen Wesens Gegenstand."[236]

Weil nun der Gegenstand das Teilbare, Endliche, Sterbliche ist, deshalb ist dem (Einzel-)Menschen "die Vollkommenheit, die Unendlichkeit der Gattung Gegenstand."[237] So soll laut Feuerbach die Reparatur des Mängelwesens Mensch im Jahre 1841 vonstatten gehen. In der Folge(zeit) "reparieren" alle möglichen Systeme den Menschen, damit er endlich sachgerecht funktioniere. Er wird zum automatisierten, weil reparablen Ensemble von materiellen, gesellschaftlichen, politischen, wirtschaftlichen, psychologischen usw. Verhältnissen. Diese Reparaturen des bedürftigen Mängelwesens Mensch, seine "Erlösung" durch die Automation, heißt eben schon bei Feuerbach Auslöschung des Einzelmenschen durch "Erhebung" in den Adel der Menschen-Gattung.

Mag diese "Erlösung" zu Feuerbachs Zeiten noch von einem humanistisch-atheistischen Ethos getragen gewesen sein, so hat diese Art der Erhebung des Menschen in die Uniformität der Gattung Mensch mittlerweile vielfachen Widerstand hervorgerufen. Der anarcholiberale "Anti-Oedipus" verweigert sich der "Gesellschaftsmaschine" ("machine sociale") katatonisch mit Totalnegation und aggressivem Rückzug in die Anonymität[238]. Die Sehnsucht nach Anonymität charakterisiert die postmodernen, anarcholiberalen Helden und Handlungsgenres. Dieser Zug zur Anonymität läßt sich - wie psychiatrische und sozialpsychologische Forschungen bestätigen[239] - gerade dort finden, wo der Mensch um seine Identität ringt, um sie zu retten. Die "Kultur" der "Spontisprüche", der Haussprayer, der "Provos" und (vormals) der Hippies sind ein Versuch, um über Provokation und Protest einen Weg der Selbstdarstellung und "Selbstfindung" zu gehen, der jedoch stets begleitet wird von dem Begehren, die Anonymität dabei gerade nicht zu verlieren. Schon der "listenreiche Odysseus" nannte sich "Nemo" im Überlebenskampf mit dem Zyklopen, um späterhin unnennbar, unauffindbar, unangreifbar zu bleiben.

> "Der Druck auf den Menschen durch alle möglichen Simulationstechniken läßt ihn in die Anonymität der Ungreibarkeit fliehen: Der totalen Erfassung des Individuums [...] steht nur noch die Fassungslosigkeit des Menschen entgegen: [...] Der skeptische Protest einer letzten Verweigerung."[240]

Die Anonymitätssucht in der Spätmoderne findet in der anarcholiberalen "Postmoderne heute"[241] ihre übersteigerte Darstellung: in Mummenschanz, Vermummung und Maskierung, in "disjunctive ironie" (Alan Wilde)[242] und karnevalesker Travestie (vgl. 3.2.1.2.), in Verweigerung vor dem code/nomos (Gesetz) und im Pseudonym.

Über das Triangulum von Autonomie(streben), Automation und Anonymität kehrt der Begriff der Person aus der Maske wieder (maskéra, Hypostase: Das Dahinterliegende, hinter der Maske Stehende; noch der Begriff Subjekt deutet auf das Darunterliegende). Dem provokant eingeforderten Recht auf Anonymität entspricht das unverzichtbare Recht der Person auf Ineffabilität. O. Marquard spricht vom "Grundrecht der Ineffabilität".[243] L. Wittgensteins vielzitiertes Schlußwort zum "Tractatus logico-

philosophicus" lautet: "Wovon man nicht sprechen kann, darüber muß man schweigen".
Vielleicht "zeigt sich" - im Sinne Wittgensteins - an der Grenze zum Unaussprechlichen und am Punkt katatonischer Verzweiflung des Individuums das letzte, unteilbare Geheimnis, das Symbol (als ganzheitliches Zusammenfügen des Zerteilten), das die Person als solche ist. In dieser letzten Konvergenz, die die "Person" als Symbol unendlicher Ineffabilität darstellt, hören die Teile aufeinander, gehören sie zueinander. Dieses Auf-einander-Hören ist ihr Bestand und ihre Kraft. Davon sprach schon Duns Scotus in seiner Lehre von der "potentia oboedientialis". Derselbe bevorzugt eben deshalb die Definition der Person, die von Richard von St. Viktor stammt: persona est intellectualis naturae incommunicabilis existentia. Die Vernunftnatur des Menschen gründet in einer unmittelbaren Existenz[244], wobei das Existere besagt: Aus einem anderen heraus in sich selber sein.[245]

Das unverzichtbare Recht der Person auf Ineffabilität betrifft also die Existenz des Individuums selbst. Es legitimiert sie und schützt sie vor der nichtenden Übermacht der mitteilbaren "Sachverhalte" und der repetetiven Simulation. Die alte, scheinbar ausgereizte Frage der Theodizee kehrt postmodern, nach dem "Tode Gottes", beharrlich wieder. Inversiv ist sie zur Frage der *Anthropodizee* geworden. Die Frage ob Gott existiere, geht schließlich über in die "Anklagefrage an jedermann: Mit welchem Recht gibt es dich überhaupt und nicht vielmehr nicht und mit welchem Recht bist du so, wie du bist und nicht vielmehr anders?"[246]

Um dieser lauernden, unausgesprochenen "Anklagefrage" nicht zu verfallen, fordert der "Anti-Oedipus" wie "Lancelot"[247], der Louisiana-Gentleman in W. Percys gleichnamigem Roman, das Recht, ja die Lust auf Anonymität. Die Defensivstrategie der Anonymität gehört zur heimlichen Revolte des "Last Gentleman"[248] wie zur ruptusartigen Rebellion des "Anti-Oedipe".

Die Strategie der Verweigerung, der Anonymität und des Angriffs auf die "gegnerische" Sprach-Code-Gesetzeswelt ist defensiv und dabei romantizistisch. Sie greift not-gedrungen auf eine extreme Selbstbehauptungsdialektik zurück und sie nimmt Zuflucht zum Tagtraum des "wilden Lebens".

Ihrer Essenz nach ist das bizarr anmutende Konzept "rebellierender Subjektivität" allerdings die Dramatisierung einer Gefährdung und die "Hybridisierung"[249] eines Auswegs: Die Gefährdung betrifft die Existenz des Indiviuums und die "Hybridisierung" (in Form von Verweigerung, Verstummen, Anonymität und Aggressivität) verweist auf das unverzichtbare Recht der Person auf Ineffabilität. Der Grundwert, die Würde und Afunktionalität der *Person* des Individuums wird im Dekonstruktivismus, besonders in dessen Sprachphilosophie, neu erhoben. Das "sujet en fading" ist Generalthema und Areadnefaden der dekonstruktiven Subjekttheorie.

3.3.5.2. Die Zuordnung der "subjektphilosophischen Erbmasse" nach der "Erschöpfung des Paradigmas der Bewußtseinsphilosophie"

Eine Vielzahl "postmoderner" Autoren bringt die Erschöpfung des Paradigmas der Moderne (seiner Deutungs- und Sinnstiftungspotentiale) mit der des Subjekts zusammen. Besonders eklatant ist diese Konvergenzsetzung bei den anarcholiberalen Postmodernisten (wie Deleuze, Guattari, Bataille u.a.) und den Vertretern der Posthistoire (vgl. 2.4.2.3.). Für den deutschsprachigen Raum sei hier insbesonders auf Dietmar Kampers Schrifttum verwiesen.[250] Das Junktim der Erschöpfung des Moderne- und des Subjektparadigmas

> "ist einem Deutungsschema verpflichtet, demzufolge der Weg des europäischen Geistes in der Ausfaltung des Gedankens der Subjektivität seinen Zielpunkt erreicht oder[...] demzufolge dieser Geist in der Zuspitzung zum Subjekt seine wahre Natur gezeigt habe. Ungefähr paßt dieses Schema auf[...] die Philosophie Hegels[...]".[251]

In der kritischen Analyse der subjektzentristischen Vernunft begegnet die postmoderne Subjektkritik derjenigen des Dekonstruktivismus. Derridas Neologismus "déconstruction" verweist auf Heideggers Rede von der "Destruktion der abendländischen Metaphysik", also vom Niederreißen des Mauerwerks abendländischen Geistes in der Absicht es anders wieder zu "rekonstruieren" (vgl. 3.1.1.). In gewisser Nähe zu Nietzsche hat Heidegger die Krise des abendländischen Geistes in der neuzeitlichen Erfindung des Subjekts ausbrechen sehen. Für Heidegger wie für Derrida ist deshalb die "De(kon)struktion der Neuzeit wesentlich ein Einspruch gegen Alleinvertretungsansprüche, wie sie jahrhundertelang dem Prinzip der Subjektivität zuerkannt gewesen seien."[252]

Dieses "Prinzip der Subjektivität" mitsamt seinen "Alleinvertretungsansprüchen" wurde schon von Nietzsche der Nichtigkeit bezichtigt: "es gibt das ego gar nicht, von dem geredet wird, wenn man den Egoismus tadelt."[253] Mit diesen und ähnlichen Sätzen erklärt Nietzsche das "Subjekt" zu einer bloßen "Fiktion" und zu einem durch die Grammatik bedingten "Volks-Vorurteil"[254]. Das (Ich-)Subjekt ist gemäß Nietzsche ein Epiphänomen des Willens zur Macht bzw. zum Leben. In diesem Sinn ist es ein Organ der Verkennung und gänzlich in Funktion des Machtwillens. Auch "das Bewußtsein ist nur ein Mittel der Mitteilbarkeit: es ist im Verkehr entwickelt, und in Hinsicht auf Verkehrs-Interessen."[255] Der Wille zum Wissen bzw. zur Wahrheit - im neuzeitlichen Subjekt zentriert - ist somit laut Nietzsche sekundäre Bearbeitung des Machtwillens zum Zweck der Aufrechterhaltung eines erträglichen Sozialzustandes. Insofern ist das "Subjekt" für Nietzsche nichts weiter als eine "Hineindichtung"[256] von Identitäten und Regularitäten in die an sich chaotische Natur, und "all unser sogenanntes Bewußtsein [ist] ein mehr oder weniger phantastischer Kommentar über einen ungewußten, vielleicht unwißbaren, aber gefühlten Text".[257]

Mit M. Frank, A. Honneth[258], J. Bouveresse[259] und schließlich auf Grund unserer eigenen Forschung darf als gesichert angenommen werden, daß alle neueren Ansätze zu einer Dekonstruktion von Subjektivität (von Heidegger über Lévinas, Foucault bis zu Lacan) auf Nietzsches theoretische Weichenstellung rekurrieren. Das "Zwiespältige" am Dekonstruktivismus ergibt sich hingegen gerade aus der Art und (Un-)Verbindlichkeit der Bezugnahme auf Nietzsches Nihilierung des "Subjekts". Unter diesem Vorbehalt wird sich auch das Schwanken der dekonstruktivistischen Subjekttheorie zwischen Nihilismus und atheologischer Mystik erklären lassen. Der Minimalkonsens der diversen subjekttheoretischen Dekonstruktivismen läßt sich mit M. Frank folgendermaßen thetisieren:

> "Die Ausbildung des Gedankens der Subjektivität... sei der vorerst letzte und entscheidende Ausdruck einer Machtergreifung von Rationalität (über den "Willen zur Macht" [Nietzsche], übers "Sein" [Heidegger], über die "différance" [Derrida], übers "Nicht-Identische" [Adorno] oder über die "Alterität" [Lévinas, Foucault])."[260]

Der Minimalkonsens der verschiedenen dekonstruktivistischen Subjekttheorien besteht also in der Grundannahme einer neuzeitlichen Beherrschungs-Rationalität und deren Zentrierung in der "Fiktion" des (autonomen Ich-)Subjekts. Wenn im dekonstruktivistischen Sinn vom "Tod des Subjekts" die Rede ist, dann ist die Demaskierung und das Ende des "uneigentlichen Subjekts" (z.B. des "sujet imaginaire") angesprochen: des mit seiner rationalen Mächtigkeit identifizierten, "gespaltenen Subjekts" der Bewußtseinsphilosophie. Der dekonstruktivistische Diskurs gegen "Logozentrismus" und "Subjektivität" wird dort "rekonstruktiv", wo er - mit Heidegger, Kierkegaard, Satre und Lacan - die Frage nach dem "verworfenen", urverdrängten (Einzel-)Subjekt neu einbringt. Dekonstruktivistische Subjekttheorie ist deshalb weder eine "agonale Machttheorie des Sozialdarwinismus"[261] noch - wie J. Bouveresse ironisch tituliert - eine späte "Rache Spenglers" ("La vengeance de Spengler")[262], sondern eine neue Methode von Subjektphilosophie.

Im Anklang an E. Blochs "Erbschaft dieser Zeit" fragt J. Habermas im "Philosophischen Diskurs der Moderne" (1985) nach der geeigneten Methode für eine zeitgemäße Zueignung der "subjektphilosophischen Erbmasse". Habermas' Suche nach einer "Umdisposition" der subjektzentrischen Vernunft motiviert sich daraus, daß er von der "Erschöpfung des Paradigmas der Bewußtseinsphilosophie" überzeugt ist. Notwendig sei deshalb die Integration des "erschöpften" Paradigmas in eine Theorie der Intersubjektivität des "kommunikativen Handelns". Die Wandlung und Transposition der subjektzentrischen Rationalität in *Systemrationalität* ist der von Habermas empfohlene Lösungsweg zur Regeneration der Moderne. W. Welschs Forderung einer "transversalen Vernunft" zur Neugestaltung der "postmodernen Moderne" veranschlagt ein ähnliches, mehr erkenntnistheoretisch formuliertes Sanierungsprogramm (vgl. 2.3.3.). Anders als Welsch (und Wellmer) erscheint Habermas der "in kybernetischen und biologischen Zusammenhängen entwickelte Systembegriff" als ein brauchbarer Ablösungskandidat "für den von Descartes bis Kant entwikkelten Begriff des Erkenntnissubjektes."[263] "Auf diese Weise wird die subjektzentrische Vernunft durch Systemrationalität abgelöst."[264]

Wiederum in Anspielung an Blochs mythologische Metapher vom "Teilen der Beute" unterscheidet Habermas in seinem "Philosophischen Diskurs der Moderne" (1985) zwischen einer rationalen und einer anti-rationalen Zueignung der "subjektphilosophischen Erbmasse". Einer an Nietzsche und Heidegger orientierten und angeblich antisubjektivistischen Philosophie (der Postmoderne) attestiert er folgendes Versagen: Hier werde "das metaphysisch vereinsamte und strukturell überforderte Subjekt"[265] einfach verabschiedet, weil es sich nicht mehr zutraue, die Ordnung der Dinge aus eigener Kraft zu fundieren. Diese Abdankung geschehe indes nicht zugunsten einer Systemrationalität, sondern zugunsten trans- oder vorsubjektiver Ursprungsmächte (wie des Willens, des Unbewußten, des Seins, der différence oder der anarchischen Gewalt), die unter gewandelten Vorzeichen die ursprungsphilosophische Grundorientierung der klassischen Subjektphilosophie weitertradieren würden. H. Kimmerle ging dieser von Habermas bevorzugten "Deutung der philosophischen Postmoderne" in dem bemerkenswert klärenden Aufsatz nach: "Ist Derridas Denken Ursprungsphilosophie?"[266] Kimmerle findet zu dem Ergebnis, daß der "tatsächliche Dissens zwischen Habermas und Derrida [...] im Blick auf den Begriff 'Identität' plastisch herauszuarbeiten [wäre]"[267]. Mit dem gesamten Programm seiner rekonstruktiven Philosophie versuche Habermas die Kompetenz handelnder Personen zu erfassen, trachte also letztlich danach 'Identität" sozialphilosophisch, (aethiologisch) zu rekonstruieren.

> "Diesem Bemühen, 'Identität' zu rekonstruieren, steht Derridas Unternehmen entgegen, diese zu dekonstruieren. Denn die Metaphysik, die man mit Adorno auch Ursprungsphilosophie nennen kann, wird von ihm wie in der 'Negativen Dialektik' als 'Denken der Identität' interpretiert."[268]

Habermas` Diagnose der "Erschöpfung des Paradigmas der Bewußtseinsphilosophie" wird sicherlich von den Postmoderne-Denkern und Posthistoire-Literaten bejaht. Die Ablösung des Paradigmas der Subjektphilosophie ist auch das Bestreben der dekonstruktivistischen Subjektdenker.

Habermas' Plädoyer für eine Aufhebung der überforderten subjektzentrischen Rationalität in eine (selbstbezügliche) Systemrationalität hieße allerdings die Komprehensivität der dialektischen Vernunft überfordern. Die neorationalistische Kritik (Waldenfels, Welsch, Wellmer, Klotz, Apel) am Habermasschen Vernunft- und Diskursivitätsbegriff wurde im Verlauf unserer Untersuchung bereits eingeblendet (vgl. 2.3.2.1.). Sie bedarf hier keiner Wiederholung. Habermas' systemrationalistische Zueignungsintention wird von M. Frank mit wenigen Sätzen umfassend korrigiert:

> "Weder scheint mir Intersubjektivität angemessen bedacht werden zu können, ohne daß auch die Struktur der im kommunikativen Handeln zusammengeschlossenen und interagierenden Subjekte begrifflich geklärt wäre (wovon Habermas weit entfernt ist); noch kann ich sehen, wie die Rede von 'selbstreferientiell geschlossenen Systemen' ohne [...] Rekurs aufs Modell selbstreflexiver Subjektivität auskommen kann."[269]

Demnach ist anzunehmen, daß weder die Systemrationalität noch Hypostasierungen derselben (wie: die Struktur, die Intersubjektivität, die Diskursivität etc.) geeignete Modalbegriffe sind, um die "subjektphilosophische Erbmasse" umzudisponieren. Auch die regressiven (neomythologistischen bzw. anarchostrukturalistischen) Unterbietungen des subjektphilosophischen Paradigmas (vgl. 3.2.1./3.3.4.) sind kein Remedium für "das metaphysisch vereinsamte und strukturell überforderte Subjekt."[270] Hier nun bietet sich der Dekonstruktivismus als postmoderne Alternative an, welche die Dichotomie (und Dialektik) einer (neo-)rationalistischen und antirationalistischen Zueignung der "subjektphilosophischen Erbmasse" transzendiert.

3.3.5.3. Die Er-örterung des (Einzel-)Subjekts als "sujet en fading"

Die erkennbare "Erschöpfung des Paradigmas" der "Bewußtseinsphilosophie" erweckt (mit Habermas) die Frage nach der Umdisponierung bzw. Auflösung der "subjektphilosophischen Erbmasse". Weder eine systemrationalistische Aufhebung des Subjekts noch eine "neomythologistisch-anarchostrukturalistische Subjekt-Überwindung können einen vertretbaren

Ausweg eröffnen. Das dekonstruktivistische Subjektverständnis mag hingegen eine postmoderne Alternative anbahnen, die auch von fundamentaltheologischem Interesse sein kann.

Dieser Hinweis auf einen dekonstruktiven Lösungsansatz gibt nochmals Anlaß zu folgender, grundsätzlichen Klarstellung: Der Dekonstruktivismus als postmoderne Philosophiebewegung polemisiert nicht gegen "das" Subjekt, sondern spricht gegen das Subjekt *als* ein Allgemeines, das seines Charakters des "L'universel singulier"[271] verlustig ging. Der dekonstruktivistische Einspruch erfolgt im Namen des ineffablen Einzelnen (vgl. 3.3.5.1.), dessen Wesen von keinem (Subjekt-)Begriff erschöpfend ausgeleuchtet wird. Der Dekonstruktivismus fragt mit neuer Dynamik nach der verdrängten Singularität des Subjekts, das in keinem Begriff faßbar und in keiner Selbstdarstellung zur Gänze repräsentierbar ist. Dem Dekonstruktivismus ist daran gelegen, die unvergleichliche Einzigartigkeit des "sujet véritable" zu "entbilden" (vgl. 3.2.2.1.), um es jenseits des vorstellenden Denkens und des Imaginären neu zu er-örtern.

Die dekonstruktivistische Subjekttheorie geht hierbei von der Annahme eines "gespaltenen Subjekts" aus: einer Divergenz und "clivage" des Oberflächensubjekts weg von der identitätsspendenden Grundbestimmung seiner selbst durch den Bezug zum "grand autre". J. Lacan und seine Mitdenker (wie J. Laplanche, J.-B. Pontalis, H. Miller, H. Lang, aber auch M. Foucault, H. Dreyfus, P. Rabinow) unterscheiden zwischen dem "moi" und dem "je" des Subjekts. Daß Lacan und Foucault - die wir aufgrund langjähriger Recherchen als *die* dekonstruktivistischen Subjekttheoretiker (an)erkennen - überhaupt die Methode dieser Globalunterscheidung aufgreifen, bestätigt Zweierlei: Für Foucault wie Lacan ist das Problem der Subjektivität keinesfalls - wie die analytischen Philosophen in der Nachfolge des "Wiener Kreises" meinen - ein "philosophisches Scheinproblem", sondern ein Grundthema der Dekonstruktion. Zum Zweiten signalisieren sie durch diese Differenzsetzung (zwischen "moi" und "je"), daß das "wahre Subjekt" nicht dort er-örterbar ist, wo die Bewußtseinsphilosophie, Erkenntnistheorie und Ichpsychologie es bevorzugt suchen: im Spiegelspiel der Reflexion. In "Le rêve et l'existance" (1954) schreibt Foucault vom Subjekt des Traumes:

> "Der Traum ist eine spezifische Form von Erfahrung, die sich nicht vollständig durch [...] Analyse erschließen läßt und deren Gehalt den Menschen als transzendiertes Wesen kennzeichnet."[272]

Synoptisch dazu und zeitgleich konstatiert Lacan in seinen "Écrits": "un sujet dans le sujet, transcendant au sujet, pose au philosophie depuis la 'science des rêves' sa question."[273]

Foucaults Verweis auf "den Menschen als transzendiertes Wesen" und Lacans indirekte Frage nach dem "Subjekt im Subjekt" dekonstruiert die Vorstellung des sich in sich selbst spiegelnden, autonomen Ichs (moi). Ziel dieser Dekonstruktion ist es, die Frage nach dem Subjekt auf dem Grund einer Theorie der absoluten Abhängigkeit der Reflexion von etwas ihr Vorgängigem (und an ihm selbst nicht Reflexivem) neu und anders wiederaufzurichten. Damit bewegen sich Lacans wie Foucaults Subjekttheorie - die uns als exemplarisch für einen essentiellen Dekonstruktivismus gelten - in gewisser Nähe zu Schleiermachers Hermeneutik eines absoluten Abhängigkeitsbewußtseins (vgl. 3.3.2.1.). Die dekonstruktivistische Subjekttheorie greift mithin einen der tiefsten Impulse der "inneridealistischen Idealismuskritik"[274] neu auf.

J. Lacans Theorie des "gespaltenen Subjekts" findet sich wohl am stärksten komprimiert in folgendem Satz aus den "Écris" wieder:

> "Là ou ca était (ou bien: là ou c'était/s'était) c'est mon devoir que je vienne à être."[275]

Lacan formuliert diesen Grundsatz dekonstruktiver Subjekttheorie freilich im Anklang an S. Freuds bekannte These "Wo Es war, soll Ich werden". Zugleich aber qualifiziert er die innere Dynamik des Subjekt"seins" damit grundlegend neu. Untersucht man Lacans Aussagesatz grammatikalisch genauer, so wird man zu folgender Einsicht gelangen können:

> Lacan hat "eine von der französischen Grammatik des Gebrauchs der Personalpronomina der ersten Person singularis an die Hand gegebene Möglichkeit dazu benutzt, 'je' und 'moi' nicht nur hinsichtlich ihrer kontextuellen Funktion, sondern auch hinsichtlich ihres Wesens zu unterscheiden."[276]

Während das Wesen des "moi" die Reflexivität ist, ist die Seinsweise des "je" das "s`être" bzw. "c'être".[277] Das "moi" ist sich selbst Objekt-Bild. Die Selbstbeziehung, die innerhalb der "moïté" auftritt (als Verhältnis des Ichs zum anderen seiner selbst), hat den Charakter des Imaginären. Das "moi" auferbaut und erhält sich über die imaginäre Selbstidentifikation. Es ist der mit dem cogito und der présence à soi identifizierte, selbstbewußte Aspekt des Subjektseins: das absolute Ich-Subjekt idealistischer Aufklärung. Zum reflexiven, selbstidentifikatorischen Wesen des "moi" gehört es, daß es sich selbst (wie die Wirklichkeit überhaupt) "verkennt". In seiner "Archäologie des Wissens" (1973) bestätigt M. Foucault, daß der archäologischen Analyse "die Instanz des schöpferischen Subjekts als raison d'être eines Werkes und Prinzip seiner Einheit [...] fremd" ist.[278] Man solle aufhören, heißt es dort weiter, "die Situation des sprechenden Subjekts[...] als Einheitsprinzip zu nehmen."[279] Die reflexive Selbstbefangenheit des "moi" ("la capture imaginaire du moi par son reflet spéculaire"[280]) impliziert das Verkennen des eigenen, wahren Subjektseins. Laut Lacan liegt in diesem Verkennen des "je" sogar die eigentliche Funktion des "moi". "Ici s'insère l'ambiguité d'un méconnaître essentiel au me connaitre. Car tout ce dont le sujet peut s'assurer, dans cette rétroviseé, c'est venant à sa rencontre l'image, elle anticipée, qu'il prit de lui-même en son miroir."[281]

Das ichhafte, subjektzentristische Verkennen der Wirklichkeit, Täuschung und Enttäuschung sowie momenthafte Begegnung mit der sich entbergenden "Wahrheit des Seins" (Heidegger), ist ein Generalthema des Dekonstruktivismus. Insofern erfahren derzeit im deutschsprachigen Raum die Schriften E.T.A. Hoffmanns, G. Meyrinks, A. Strindbergs und die (aquarellierten) Federzeichnungen A. Kubins eine Neubewertung und Renaissance, während im französischen Sprachbereich die Werke von Mallarmé, Artaud, Neoval und de Sade zur gefragten Neuauflage werden. Dasselbe gilt für die Romane von E.A. Poe und W. Percy, für die Gedichte des Mexikaners O. Paz und das dichterische Werk von J. Borges. Die Reihung von Namen und Werktiteln wäre immer nur versuchsweise und würde endlos ausfallen. Bemerkenswert bleibt allerdings der gemeinsame "Federzug" und Grundtenor dieser Literaten: ihre dekonstruktivistische Mystik und ihr Verständnis des "gespaltenen Subjekts." "Es ist der lyrische Ausdruck von Subjekten, von Künstlern, die das Andere nicht gleichmachen, objektivieren, identifizieren und damit verdrängen, sondern das Andere, [...] zu

Wort kommen lassen."[282] Die "Spiegelwelt" (Mallarmé) des "moi" wird auflösbar und durchschaubar auf eine ihr jenseitige (unbewußte) Dramaturgie hin: auf die Beziehung des verdrängten, "wahren Subjekts" zum "grand Autre" transsubjektiver Ursprungsmacht.

Indem der Dekonstruktivismus die einfache und ganzheitliche Repräsentanz des "je" im "moi" negiert, "stellt er die exakte Perspektive der Exzentrizität des Subjekts im Verhältnis zum Ich wieder her." Die "ex-zentrierende" Dekonstruktionsmethode versucht die Rekonstruktion "jenes dem Ich unbekannte[n], vom Ich verkannten Subjekt[s]". Auf die Frage nach dem Verhältnis des "sujet de l'énonciation" (Subjekt des Aussagens) zum "sujet de l'énoncé" (Subjekt der Aussage) antwortet Lacan (ähnlich Foucault) mit der exemplarischen These von der "Dezentrierung des Subjekts". Die "Exzentrizität" des Subjekts definiert er in der Formel: "Der Kern unseres Wesens koinzidiert nicht mit dem Ich, das ist der Sinn der analytischen Erfahrung".[283] Es läßt sich ergänzen, daß dies auch der "Sinn" der dekonstruktivistischen Erfahrung mit dem "gespaltenen Subjekt" ist. Nicht nur Foucault und Lacan definieren diese Sinnfindung gegen alle Weisen subjektiver Evidenz, seien sie linguistischer, (neo)rationalistischer oder anderweitiger Herkunft. Die dekonstruktive Konzeption von Subjektivität (wie sie beispielsweise die "Neue Wiener Gruppe", L. Israel, H. Lang, J. Laplanche, J.-B. Pontalis, R. D. Laing dezidiert vertreten) steht im Widerspruch sowohl zur positivistischen, strukturalistischen und systemrationalistischen Subjektvergessenheit als auch zum Anarcholiberalismus und zur traditionellen Erkenntnislehre, die Denken und Sein konvergieren läßt. Einer solchen Konvergenz stellen die Dekonstruktivisten die dezentrierende Divergenz und Exzentrizität des "wahren Subjekts" entgegen. Hier nun mag sich verdeutlichen, daß die Position des Verkennens des "je" im "moi" strukturell begründbar wird: daß das "moi" den

> "Kern seines Wesens - das wahre je - verkennt als das *andere-seinerselbst*, als 'son semblable', d. h. als sich selbst. Indem es so dem in sich verschlossenen Sein des "je" ein Wesen hinzuerfindet, stellt es dieses "je" in eben dem Augenblick ins Licht, da es etwas Unzutreffendes von ihm aussagt. Die Ex-zentrizität des wahren Subjekts ist mit der Notwendigkeit im Bunde, daß über seine Wahrheit von außerhalb des Zentrums aus und mit Mitteln der 'capture de soi qui est la réflexion' nichts ausgesagt werden kann."[284]

Was also läßt sich als Ergebnis einer dekonstruktiven Analyse vom Sein und Wesen des "wahren Subjekts" verantwortbar aussagen? Exzentrizität und Areflexivität des "wahren Subjekts" erlauben immerhin zuerst dessen negative Darstellbarkeit: Die sprachphilosophisch orientierten Dekonstruktivisten erörtern es als "sujet en fading". J. Lacan, L. Israel, H. Lang[285] u.a. weisen ihm diesbezüglich die Position einer "Leerstelle" und eines negativen Signifikanten im Ensemble der Signifikantenordnung zu. Das Subjekt wird hierbei zum unauslotbaren, niemals zur Gänze erhebbaren Grund der Sprachwirklichkeit. Zugleich ist es zuinnerst sprachlich verfaßtes Sein. Wenn die strukturelle Linguistik die Differenz zum entscheidenden Strukturmoment aufwertet und die "primäre Synchronizität" des "Fort/Da" die schwingende Anwesenheits-Abwesenheits-Dialektik der Sprache bestimmt, dann "be-deutet" das "wahre Subjekt" als Negativsignifikant ("-1") ein "sujet de l'énonciation", das wesenhaftes, konstitutives Moment der primordialen Sprach-Gesetzlichkeit ist. Sein Seins- bzw. Zeitigungsmodus ist der eines abwesenden Anwesens, welches als "ablation" seinerseits notwendige Bedingung für die Anwesenheit der "positiven" Signifikanten ist. Solchermaßen "unter-liegt" (im Lacanschen und Langschen Dekonstruktivismus[286]) das Subjekt der symbolischen Ordnung und kreiert sie zugleich je neu mit. Das Subjekt ist somit "sub-jectum" am Ort des "grand Autre" der Sprache bzw. des Unbewußten. Es ist gemäß Lacan "sujet de signifant" und von dieser Relation zuinnerst durchwirkt. Foucault gewinnt erst nach einem sorgfältigen Umweg über die klassische griechische Antike (und in Anlehnung an die damaligen Formen der Individualisierung bzw. Subjektkonstitution) eine affirmative Vorstellung vom Subjekt der Dekonstruktion. Gemäß Foucault ist es ein Subjekt, das sein Anderes kennt und es nicht durch Totalobjektivierung zu eleminieren sucht, sondern zur Sprache kommen läßt; ein Subjekt, das um seine letztlich nie zu überwindende Unterworfenheit weiß; ein Subjektiv, das sich durch eine reflektierte Lebenskunst, eine "Ästhetik der Existenz"[287], konstituiert und so Momente von Freiheit gewinnt; ein "gespaltenes" bzw. "gedoppeltes" Subjekt, das unterworfen und zugleich frei ist. In seinem letzten Interview vor seinem Tod (1984)[288], insistierte Foucault auf einer

> "allererst noch zu entwickelnde[n] Konzeption von Subjektivität..., die das Subjekt zugleich als unterworfenes und freies begreift, ohne diesen unlösbaren Widerspruch, dieses konstitutive Gedoppeltsein auflösen zu wollen."[289]

Das "ex-zentrische" Subjekt dekonstruktiven Bemühens ist sowohl negativ darstellbar als auch durch seine Relation zu einer transsubjektiven Ursprungsinstanz (wie z.B. der Sprache, der symbolischen Ordnung, dem Unbewußten, dem Tod) bestimmbar. Aus der Perspektive der Beherrschungs-Rationalität läßt sich zusammenfassen, daß es ein "sujet en fading" abgibt: Es ist Sein im Entzug und als wesenhafte Differenz. Sein Wesen entgleitet dem Positivismus des Begriffes, so daß es höchstens als "wesenhaft Unbestimmbares"[290] präzisierbar wird. Aus dekonstruktiver Sicht ex-istiert das Subjekt unter der Rahmenbedingung der "Loi d'absence", auf die sich schon Heidegger in seiner "Überwindung der Metaphysik"[291] grundsätzlich bezieht. Dieses, dem rationalistischen Zugriff "verborgene", Subjekt bezieht aber seine Identität, seine phronesis und Vernunft nicht (mehr) autonom und substantiell aus sich selbst, sondern aus seinem *Bezug* zum "ganz Anderen". Über die Dimension des "ganz Anderen" legitimiert sich die dekonstruktive Subjektsuche als vernünftige Alternative zur Bewußtseinsphilosophie und als fundamentaltheologische "brisure" zur Postmoderne.

3.3.5.4. Die dekonstruktive Wiederentdeckung des Menschen als Subjekt des Absoluten

Die dekonstruktivistische Subjekttheorie insistiert auf der Asymmetrie zwischen dem "wahren Subjekt" und dem "Ich" selbstbewußter Identität. Die Ex-zentrizität des Subjekts gilt der dekonstruktivistischen Anthropologie als "Urtatsache" menschlicher Existenz und Entfremdung. "Das gespaltene Selbst" (R.D. Laing) existiert eben dadurch, daß der "Kern unseres Wesens" nicht mit dem Ich koinzidiert, sondern sich dezentriert und in den Bezug zum "ganz Anderen" hinein verlagert. Aus der Dimension des "ganz Anderen" als "grand Autre" empfängt das Subjekt sodann die inzipiente Antwort auf die Frage, die es sich selbst ist. Die Wahrheit seines Seins liegt nicht im Subjekt selbst, sondern kommt diesem zu aus der Dimension des Anderen. "Das Andere, dieser Ort[...] ist in seinem Grund radikal das Andere", konstatiert Lacan, so "daß es kein Anderes des Anderen gibt". Wegen seiner Ursprünglichkeit und Ganzheitlichkeit ist das "Andere" und "Transsubjektive" weder objektivierbar noch verläßlich benennbar. Das Andere ist das Absolute. Als "transsubjektive Ursprungsmacht" ist das "Andere" das Mysterium der wirklichen Wirklichkeit jenseits subjektiver Weltdeutung. Die Weltbilder des Subjekts sind gemäß den "Lehren des Don Juan" lediglich "Schilde" vor der Wirklichkeit (des Anderen). Sie erfüllen die Defensivfunktion der Selbstbehauptung des Ich im Imaginären.

Die Doppelaufgabe der Dekonstruktion des Subjekts liegt also einerseits in der destruktiven "Demaskierung" des Ich und andererseits in der Rekonstruktion der religio des "wahren Subjekts": im Wiederfinden seiner substantiellen Relation zum "ganz Anderen" und Absoluten. Die als absolut veranschlagte Dimension des "grand autre" wird von den einzelnen dekonstruktivistischen Autoren inhaltlich verschieden "bestimmt". Jenem "Anderen" in seinen manigfaltigen Gestalten spürt beispielsweise Foucault in all seinen Schriften nach. Es zeigt sich verhalten im Ereignis der Sprache, im "fremden Gesicht"[292] des Traumes, des Wahnsinns, der Krankheit, des Satanischen[293] etc. Sie alle sind Foucault "eschatologische Gestalt[en] an den Grenzen der Welt, des Menschen und des Todes."[294] Sie sind Verweiser auf das unbezwingbar Andere und Mächtige.

Alle dekonstruktivistischen Autoren bevorzugen die "negative Darstellung" der transsubjektiven, anderen Wirklichkeit, deren Transparenz niemals Totalpräsenz, sondern (Sinn-) Spur und Zeichen sein mag (vgl. 3.2.2.). Das Moment des Evanesken und Vorläufigen ist nicht nur konstitutiv für die Ästhetik des Erhabenen, sondern kennzeichnet im dekonstruktivistischen Sinn auch das "wahre Subjekt" und sein Verhältnis zur "anderen Wirklichkeit". Diese wird zur sinn- und identitätsspendenden, absoluten Bezugsgröße des Subjekts. Sie rückt an die Stelle der Selbstsetzung des Subjekts im "anderen seiner selbst" und löst das idealistische Emanzipationsprogramm ab. Der absolute Stellenwert des "grand autre" verweist den Menschen buchstäblich auf den Platz des "sub-jectum", also des Zu- und Untergeordneten.

In der psychoanalytischen Anthropologie J. Lacans artikuliert sich der Mensch als "Sub-jekt" der symbolischen Ordnung des Unbewußten bzw. der Sprache. Die weitverzweigte École Lacanienne (Paris, Buenos Aires,

Berlin, München, Wien) liefert damit ein dekonstruktivistisches Paradigma für die Wiederentdeckung des Menschen als "gespaltenem Subjekt" des Absoluten. Seiner Aktualität und Signifikanz wegen sei hier - in aller Kürze - auf dieses höchst differenzierte Paradigma rekurriert. Es begleitet unsere Untersuchung als illustratives Exempel einer dekonstruktivistische Subjekttheorie und deren "Verwindung" mit mystischer Theologie nach dem "Tode Gottes".

In der ex-zentrischen Perspektive des Lacanschen Dekonstruktivismus ist die absolute Bezugsdimension des Subjekts die Signifikantenordnung der Sprache bzw. des Unbewußten. "Sprache" ist hierbei neostruktural zu verstehen: als unendlich weitläufiges und offenes Strukturnetz differentieller Elemente, so daß das Unbewußte als "gegliederte Sprache" und "ordre structural" neu interpretierbar wird. Das transsubjektive Unbewußte als "ordre signifiant" ist in Lacanschem Sinn die "neue transzendente Ordnung". Sie ist dem "sujet de signifiant" als "großer Anderer" zur Sinnerfahrung und Ausmittlung seiner Identität vorgegeben. Das "Subjekt"-Verhältnis des Menschen zur Sprachordnung des Signifikanten illustriert Lacan einmal in einer Anspielung auf Mose und die "10 Gebote":

> "Von dem Moment an, da diese Gebote für uns über jedem Beweis stehen, d.h. daß wir sie verstehen, auch wenn wir sie nicht halten - da wir erkennen, daß sie einfach unzerstörbar sind, weil sie die Gesetze des Wortes selbst darstellen, von dem Moment an eröffnet sich ein Problem: nämlich vor wem stand dieser Moses auf diesem Berg? Da er aber das Angesicht dessen, der sagte: 'Ich bin, der ich bin' - nicht aushalten konnte, so blieb es dabei, daß man denkt: der Dornbusch war eben Moses Sache."[295]

Der Mensch als Subjekt des Absoluten ist in dieser dekonstruktiven Version Subjekt des "grand Autre" der Sprache und ihres An-spruches, der vom "anderen Ort" her den Einzelnen betrifft.

> "Der Andere als Ort der Wahrheit ist die einzige Stelle [...] die wir dem Begriff des himmlischen Wesens geben können, dem Begriff Gottes, um es beim Namen zu nennen. Gott ist eigentlich der Ort, wo - gestatten Sie mir das Wortspiel - das Sagen geschieht (le dieu - le Dieur - le dire)... das Sagen macht Gott aus. Und solange wie etwas gesagt werden wird, wird es die Hypothese Gottes geben."[296]

Dieser angerissenen Perspektive nachgehend läßt sich folgender Weg der theologischen "Verwindung" andeuten: Das "gespaltene Subjekt" in seiner Freiheit und Bestimmung, in seiner Entfremdung und seiner originären Intentionalität ist weder zentrierbar auf ein Ich noch auf ein cogito. Die dekonstruktive Methode entdeckt das Wesentliche des Menschseins neu: Das Wesen des Menschen steht in der Dimension des Unbewußten (der Sprache) und des Absoluten als jenen beiden Extremen, auf die B. Pascals Ausspruch zutrifft, daß sie "einander berühren und sich vereinigen in Gott und in Gott allein" ("Les extrèmes se touchent et se réunissent en Dieu et en Dieu seulement"). Die Fiktion eines absoluten Ich-Subjekts ist auflösbar in einem vertieften Verständnis der Verwiesenheit des Subjekts auf das Absolute. An diesem Knotenpunkt der "Verwindung" steht dem Ich-Subjekt, seiner Aporie und Vanität - sozusagen als "ganz Anderer" - das verworfene "sujet véritable" gegenüber. Vergleichbar dem personalen Subjekt christlicher Theologie steht es in der Dimension der Unendlichkeit, Absolutheit und Verwiesenheit (vgl. 6.3.3.).

Das solchermaßen dekonstruktiv erschlossene Subjekt verweist auf seine Nähe zum personalen Subjektsein: Die Verabsolutierung des "ordre signifiant" als ursprüngliche und unhintergehbare transzendente Ordnung, in der das Wesen des Menschen steht und die sich diesem über (bzw. als) die Sprache des Unbewußten mitteilt, läßt sich theologisch mit letzter Radikalität auf die personale Wirklichkeit Gottes hin befragen (vgl. 6.3.3.1.). Sprache als "grand autre" wäre somit nicht mehr absolute Letztinstanz der Verwiesenheit des Subjekts, sondern notwendiger Vermittler des sinn- und lebensspendenden Anspruches des "göttlichen Anderen" an das Subjekt (vgl. 6.3.3.2.). Dieser personalen Instanz des "göttlichen Anderen" käme auch die Vollmacht zu, finale Instanz für die Lösung der Identitätsfrage des Subjekts zu sein (vgl. 3.3.2.). Der Mensch, dem sich vermittels seiner Bezüglichkeit zum "ordre signifiant" über die Sprache (und aus dem Unbewußten) der Anspruch durch den "ganz Anderen" erschließt, kann sehr wohl postmoderner Mystiker sein und Christ.

An dieser Stelle (und im Vorgriff auf das 6. Kapitel) sei an die griechische Auffassung des Menschen als ξωον λογον εχον erinnert, die W. Pannenberg trefflich mit "Teilhabe des Menschen am göttlichen Logos"[297] übersetzt. Die relationale und "dialogische" Deutung der Personalität des dekonstruierten Subjekts ergibt sich als aktuelle fundamentaltheologische Aufgabe zur Weitung des anthropologischen Sinnhorizontes. In seiner "Anthropologie in theologischer Perspektive" (1983) sieht W. Pannenberg das Subjekt "auf eine noch offene Bestimmung und darin auf Gott bezogen."[298] Mit dieser Wendung ist auch prägnant das Konvergenzverhältnis von dekonstruktivistisch-mystischer Anthropologie und Theologie umzirkelt: Der Dekonstruktivismus entdeckt das Subjekt neu in seiner substantiellen Verwiesenheit an die Dimension des "ganz Anderen". Aufgabe der Theologie ist es sodann, für diese Wiederentdeckung die Freiheit einer letzten Option zu eröffnen:

> die "Person[...] als das 'Antlitz', durch das hindurch sich das Geheimnis der noch unabgeschlossenen Geschichte eines Individuums auf dem Wege [...] zu seiner Bestimmung bekundet."[299]

Die Zuordnung der "subjektphilosophischen Erbmasse" nach der "Erschöpfung des Paradigmas der Bewußtseinsphilosophie" (vgl. 3.3.5.2.) ist eine geistige Herausforderung für die Postmoderne. Eine dekonstruktiv methodisierte Fundamentaltheologie könnte dazu einen entscheidenden, zukunftsweisenden Beitrag liefern.

4. Von der "Dialektik der Hierophanie" und ihrer Apologetik zur postmodernen Inauguration der "religiösen Lösung"

4.1. Die (fundamental-)theologische Beteiligung an der "Dialektik der Hierophanie"

4.1.1. Die "Dialektik der Aufklärung" als Aspekt der "Dialektik der Hierophanie"

Spätestens seit der Frühromantik zeichnet sich eine Spaltungsbewegung der neuzeitlichen Moderne ab, die Horkheimer und Adorno mit dem Titel "Dialektik der Aufklärung" belegen. Die Postmoderne-Bewegung versucht auf vielgestaltige Weise eine alternative Antwort auf diese Dialektik zu finden (vgl.3.2.-3.5.). Gewisse Ansätze dazu - beispielsweise im Bereich dekonstruktivistischer Mystik und Subjekttheorie - sind nicht zuletzt deshalb von hermeneutischem Interesse, weil sie eine theologische Weiterentwicklung erlauben. Zugleich aber ist die "polyvalente" Postmoderne-Bewegung gefährdet, selbst zu einer dialektisch polarisierten Strömung zu werden, womit sich die "Dialektik der Moderne" in einer "Dialektik der Postmoderne" perpetuieren würde. Die dekonstruktivistische Postmoderne schwankt zwischen Neorationalismus und Anarchostrukturalismus, zwischen atheologischer Neomystik und anarcholiberalem Neomythologismus (vgl. 3.2.-3.3). Damit verausdrücklicht sie einen "Verlust der Mitte"[1], der besonders die Spätmoderne kennzeichnet und in deren Nihilismuskrise kulminiert.

Nach dem aufklärerischen "Tod Gottes" ist aus der Theodizeefrage schließlich die nihilistische Anthropodizeefrage (nach dem Existenzrecht des Menschen) geworden (vgl. 3.3.5.1.): Der "heutige" Mensch an der Grenze möglicher Selbstzerstörung stößt unerwartet an die Grenze des Absoluten. Daß die gesteigerte Selbstgefährdung dennoch die Chance zur Neuentdeckung der religiösen Qualität (ent)birgt, davon wird der zweite Teil dieses Kapitels handeln. Das gewandelte Selbstverständnis des spät- bzw. postmodernen Subjekts eröffnet die reale Möglichkeit eines erneuerten Offenbarungs- und Gottesverständnisses. In diesem Sinn prägt E. Biser den Begriff der "glaubensgeschichtlichen Wende", der Paul Schütz schon vor Jahrzehnten die Chance zusprach, eine "parusiale Theologik" erstehen zu lassen.

> "Konnte sich Guardini noch zu dem Satz bekennen: 'Nur wer Gott kennt, kennt den Menschen', so wird nun umgekehrt der Mensch zum leibhaftigen Ansinnen an die Theologie, sich mit letzter Entschiedenheit auf [...] ihre Sache zu konzentrieren. Ohne [...] aufzuhören, ihr Adressat und 'Beweggrund' zu sein, wird er doch gerade in seinem Selbstzerwürfnis zu einer Anfrage an sie, die sie nur durch den konsequenten Mitvollzug der längst schon in Gang gekommenen Glaubenswende beantworten kann."[2]

Die "Glaubenswende", von der Eugen Biser schreibt, kennzeichnet den Epochenwechsel von der Spät- zur Postmoderne. Die nihilistische Sinnkrise der Gegenwart (vgl. 4.3.1.) ist ex negativo Ausweis der "Wende": Nach dem Scheitern des rationalistischen "Projekts der Moderne" wird die divinisierte Vernunft entmythologisiert. Die Metanarrationen der Aufklärung werden als Variationen zum Prometheusmythos dechiffrierbar. Der Mythos der Vernunft, der "in Aufklärung überging", (z.B. in den Aufklärungsanthropologien) zeigt sich im "Posthistoire" (vgl. 2.4.) illusionslos und entmythologisiert in seiner Essenz wieder. Mit solcher Wiederkehr des Gleichen endet die Epoche der Moderne. Ihr Ausgang eröffnet der Postmoderne die Möglichkeit einer fundamental theologischen Aufarbeitung der menschheitsgeschichtlich einmaligen Grenzerfahrung.

Zur religionsphilosophischen Reflexion auf die Grenzerfahrung der "Spätmoderne" war der Maßstab der "Dialektik der Aufklärung" unverzichtbar. Für eine fundamentaltheologische Ausführung unseres Themas bietet es sich überleitend an, auf M. Eliades "Dialektik der Hierophanie" einzugehen. Beide Parameter, der kulturphilosophische und der religionswissenschaftliche, überschneiden und ergänzen einander aus unterschiedlicher Optik. Ihre Synopse ermöglicht den Zugang zu der offenbarungstheologischen Deutungsdimension.

Kompatibel und kongenial zueinander verhalten sich die Paradigmen, mit welchen Horkheimer/Adorno und M. Eliade die (Dialektik der) Moderne als Epoche spaltungsanfälliger Säkularisierung erschließen. Gerade die Analyse des "letzte[n] Stadium[s] der Entsakralisierung bzw. der Säkularisation" (der Aufklärungs-Moderne) ist gemäß Eliade "von größtem Interesse, denn [es] veranschaulicht die völlige Verschleierung des 'Heiligen', genauer seine Identifikation mit dem Profanen" (Ideen I, 10)[3]. In seiner Analyse der "religiösen Kreativität in modernen Gesellschaften" exemplifiziert R. Schaeffler im Sinne Eliades[4] den Säkularisierungsprozeß als dialektischen Vorgang der Hierophanie. Den Begriff der "Dialektik der Hierophanie" hat Eliade bereits in seinen "Traités d'histoire des religions" (Paris 1949) dargelegt (deutsch: "Die Religionen und das Heilige", Salzburg 1954). Demgemäß beruht die "Dialektik der Hierophanie" auf zwei Oppositions-Einheiten. Die eine konstituiert sich über "das paradoxe Zusammenfallen des Heiligen und des Profanen, des Seins und des Nichtseins, des Absoluten und des Relativen".[5] Gemäß Eliade findet diese Gegensatz-Einheit ihre unüberbietbare Ausgestaltung in der christlichen Inkarnationslehre: "Man könnte geradezu sagen, daß Hierophanien nichts anderes sind als Präfigurationen des Wunders der Inkarnation."[6]

Die zweite Gegensatz-Einheit besteht darin, daß prinzipiell alles Seiende Medium und Manifestationsort des Heiligen werden kann. Zugleich aber setzt jede solche Transformation eines Seienden zur Inkarnation des Heiligen "eine Erwählung (choix) voraus, eine klare Abgrenzung des hierophanen Objekts mit Bezug auf den es umgebenden Rest".[7] Hierophanie könnte ihrem Manifestationsprinzip nach in jedem Element der Erfahrungwelt geschehen, ereignet sich aber de facto nur an "ausgewählten" und dadurch ausgezeichneten Teilen der Erfahrungswelt. Hierophanie folgt also einerseits ihrer Selbstgesetzlichkeit der freien, ausgrenzenden Wahl, obwohl ihr - nach Eliade - andererseits die Tendenz inhärent ist, universal zu werden. Deshalb zeitige die "Dialektik der Hierophanie"

> "die Tendenz[...], den profanen Bereich unaufhörlich zurückzudrängen und ihn zuletzt aufzuheben."[8]

Unter Berufung auf Leon Bloy interpretiert M. Eliade diesen Vorgang am Christentum: Die Botschaft von der Inkarnation des göttlichen Wortes in einem bestimmten Menschen erweitert sich fortschreitend zur Idee des "kosmischen Christus". Wie diskutabel diese Verlaufsinterpretation des Christentums aus theologischer Sicht auch sein mag, ihr dialektischer Ansatz jedenfalls eignet sich bestens zur Interpretation der entsakralisierenden Aufklärung und der kirchlich-lehramtlichen Gegenmaßnahmen zur Wahrung der Orthodoxie.

Gemäß Eliade ist die Grenze zwischen Heiligem und Profanem für den Bestand jeder Religion notwendig konstitutiv. Die "Dialektik der Hierophanie" (ent)birgt jenen Prozeß der Entsakralisierung, der sich dadurch fortsetzt, daß er die religionskonstitutive Grenze bzw. "Differenz" zwischen Heiligem und Profanem aufzuheben trachtet. Der Säkularisierungsprozeß als Entsakralisierungsvorgang läßt sich nach Eliade gerade auf die Wirksamkeit (quasi-)religiöser Vorstellungen und Einstellungen zurückführen, die ihre Gemeinsamkeit und Einheit darin finden, Katalysatoren der entgrenzenden Universalisierung und Egalisierung zu sein. Nach Eliade mündet die ganze (abendländische) Religionsgeschichte in "die völlige Verschleierung des 'Heiligen', genauer seiner Identifikation mit dem 'Profanen'" (Ideen I, 10). Dieser Prozeß kommt - laut Eliade - in Europa nach der Aufklärung, unter Beteiligung der "Hauptvertreter des Reduktionismus - von Marx und Nietzsche bis Freud" (Ideen I, 10) zu seiner Vollendung.

Der Vorgang der Entsakralisierung als entgrenzender Identifikation (des Heiligen mit dem Profanen) läßt sich mit Horkheimer/Adorno als dialektischer Spaltungs- und Entfremdungsprozeß erschließen. Dieser Prozeß prägt besonders die Spätmoderne und gipfelt im Nihilismus. Rationalismus und Naturalismus (Neomythologismus) profilierten sich als die divergierenden Zugkräfte moderner Entsakralisierungsbewegung. Im dialektischen Wechselspiel miteinander bewirkten sie als Resultante den Verfall des Religiösen in das Monistische: Dem Hegelschen Geistmonismus und seinen Folgeformen (vgl. 2.3.), dem Darwinschen Evolutionismus und Szientismus gegenüber, entwickelte sich seit der Frühromantik der Vitalismus und "naturale Supernaturalismus" der Neomythologiebewegungen (vgl. 1.5.). Grundsätzlich gemeinsam ist diesen dialektischen Antipoden ihre jeweils monistisch-atheistische Ausrichtung. Diese konkretisiert sich wohl am deutlichsten in der Enttheologisierung der "Person" zum "absoluten Subjekt" (vgl. 3.3.1.). Die Neomythologie läßt sich als Selbstermächtigungsprogramm des identitätsbedürftigen "absoluten Subjekts" deuten (vgl. 3.3.3.). So steht die neomythologische Ersatzreligion in Funktion der Selbstsetzung des "absoluten Subjekts". Dasselbe gilt später für die romantizistische Subjekttheorie des anarcholiberalen Postmodernismus (vgl. 3.3.4.). Auch die politaktive Neomythologie des "New Age" entwirft sich als diffuser Reflex der Hegelschen Selbstbewußtseinsdialektik (vgl. 3.3.3.2.).

Zusammenfassend läßt sich sagen: Die "Dialektik der Hierophanie" (M. Eliade) entfaltet sich in der Spätmoderne über die "Dialektik der Aufklärung" (Horkheimer/Adorno) und deren kulturkämpferischer Auseinandersetzung mit der traditionellen Apologetik (vgl. 4.2.). Die Entsakralisierung der Gesellschafts- und Lebensbezüge gipfelt zuerst im bürgerlich-liberalen Kulturoptimismus des 19. Jahrhunderts. Nach den "Weltkriegen" und dem Scheitern des "Projekts der Moderne" verfällt dieser Optimismus schließlich in die "offen" nihilistische Sinnkrise. In dieser Sinnkrise der Gegenwart bricht sich die Dialektik der Enttheologisierungsbewegung in die Postmoderne hinein.

Die Chance einer "glaubensgeschichtlichen Wende" (E. Biser) eröffnet sich gerade über die finitätsbewußte, postmoderne Revision der Aufklärungsparadigmen. Deren Wissenschafts-, Geschichts- und Anthropologieverständnis wird kritisch revidierbar (vgl. 4.3.2.). Auf der Erfahrungs-, Umbruchs- und Frageebene der postmodernen Revision setzt diese "Wende" an einem bestimmten Ort ein: beim "heutigen" Menschen krisenvoller Grenzerfahrung (vgl. 4.3.4.). Über eine "anthropologische Wende" wird die postmoderne Inauguration der "religiösen Lösung" möglich. Diese könnte die "romantische Lösung" des (modernen) Subjektivismus ablösen, nicht zuletzt indem sie auf die besonderen Erschließungs- und "Offenbarungs"-Erfahrungen[9] des spätmodernen Menschen Bezug nimmt.

Im sich gewandelnden, postmodernen Subjektverständnis liegt die fundamentaltheologische Möglichkeit zu einer neuen "Beglaubigung" der christlichen Wahrheit. In postmoderner Zeit darf die Fundamentaltheologie es (wieder) wagen, aus der apologetisch-defensiven Argumentation in eine integrative überzuwechseln. Die fundamentaltheologische Auseinandersetzung mit der spätmodernen "Dialektik der Hierophanie" ist in ihre postmoderne Wende eingetreten. Zur geschichtstheologischen Elaborierung dieser Wende sollen dieser und der folgende Paragraph dienen. Sie fassen unter religionsgeschichtlicher und fundamentaltheologischer Gesamtperspektive jene säkulare Glaubenshaltung des 19. und frühen 20. Jahrhunderts zusammen, von der sich das Vaticanum I in seiner Glaubenslehre zwar dezidiert distanzierte, die aber ansonsten von der damaligen Apologetik wenig Dialogangebot bekam.

4.1.2. Die säkularreligiöse Glaubenshaltung des frühen 19. Jahrhunderts

Im Deutschen Idealismus formte sich ein neues Verständnis bezüglich des Zusammenhanges von Religion, Moral und Politik. Für die Akzentverschiebung vom aufgeklärten zum idealistischen Religionsverständnis (des frühen 19. Jahrhunderts) waren zwei Impulse besonders wirksam: I. Kants Lehre von der Vernunft-Dialektik und ihrer Aufhebung in Postulaten der Hoffnung sowie Spinozas Mystik der "natura naturans". Beide Impulse werden im idealistisch-mythologistischen Verlauf der "Dialektik der Aufklärung" ihre je eigene Verzerrung erfahren, von der sich die Offenbarungslehre des Vat. I. und die damalige Apologetik absetzten.

Beide Philosophien (Spinozismus und Kantianismus) gipfeln in der je eigenen demonstratio der Verwiesenheit des Geschöpflichen auf "das Andere" der Offenbarung. Kants Lehre vom Primat der praktischen *vor* der theoretischen Vernunft bildet den propädeutischen Knotenpunkt seiner Rechtfertigungslehre für das Offenbarungschristentum. Gemäß Kant hat das Subjekt Anlaß, den Gehorsam gegenüber dem Primat der praktischen Vernunft religiös zu interpretieren.

Diese Interpretation ist nach Kant selbst schon das Prinzip der natürlichen Religion, die er - ganz im Sinn der Aufklärung - auf Sittlichkeit hin zentriert: "Religion ist die Erkenntnis unserer Pflichten als göttlicher Gebote"[10], definiert Kant. Die religiöse Interpretation des subjektiven Gehorsams gegenüber dem Gebot der praktischen Vernunft rechtfertigt Kant mit dem unvermeidlichen Selbstwiderspruch der Vernunft in ihrem praktischen Gebrauch. Dieser Selbstwiderspruch berge die Gefahr der Selbstvernichtung der Vernunft und rechtfertige schon deshalb den not-wendigen Ausgriff nach dem Religiösen der "göttlichen Gebote". Die Vernunftdialektik, die also nur in (religiösen) Postulaten der Hoffnung saniert werden könne, tritt gemäß Kant in zwei Kontexten auf: bei dem Versuch der sittlichen Selbstbeurteilung des Subjekts und bei dessen praktischer Bemühung, die Reinheit der Gesinnung mit dem Erfolg der Tat zu vereinen. Die Erfahrung lehre den Menschen, daß er bei aller Anstrengung, sich bestenfalls auf dem Wege zur Sittlichkeit befindet. Der "Ankläger in uns" wird nur durch die Hoffnung auf einen "Urteilsspruch aus Gnade"[11] zum Verstummen gebracht. Die Reinheit der Gesinnung und die Wirksamkeit der Handlung hängen von zwei strukturverschiedenen Gesetzen ab[12]. Indem das Sittengesetz dem Subjekt beides abverlangt, wird es in sich widersprüchlich. Dieser Selbstwiderspruch wird für Kant nur lösbar durch die Hoffnung auf eine "moralische Ursache der Natur". Dieses Hoffnungs-Postulat ist aber nur durch die Annahme begründet, daß derselbe, der uns die Sittlichkeit der Gesinnung zur Pflicht macht, für die (guten) Folgen einer pflichtgemäßen Tat einstehen wird, daß wir also "unsere Pflichten als göttliche Gebote" verstehen dürfen.

Die Kantsche Auffassung von Religion hat weitreichende Auswirkungen auf das Verständnis des *religiösen Aktes*. Gemäß Kant ist dieser, seiner Form nach, ein Akt der Hoffnung in praktischer Absicht. Der ihm originär gegebene Gegenstand sei seinem Inhalt nach der zureichende Grund solcher Hoffnung. Das Zueinander dieser Differentialelemente des religiösen Aktes ermöglicht es, Religion nicht nur als das Ergebnis der dialektischen Bewegung zu deuten, sondern als deren Vollzug. In M. Eliades Terminologie, besagt dies:

> "Der Kantschen Religionsauffassung gemäß liegt der 'hierophantische Akzent' [...] auf Situationen und Ereignissen, in denen sich sittliches Handeln, im Durchgang durch seine Gefährdung im Selbstwiderspruch der praktischen Vernunft als möglich erweist".[13]

Nur im Durchgang durch die Gefahr der dialektischen Selbstaufhebung kann das vernünftige Subjekt zu einem angemessenen Verständnis des religiösen Aktes gelangen. Die Weise, wie sich der Grund der transzendentalen Hoffnung schon immer als wirksam erwiesen hat, ist, daß er die Aktidentität des handelnden Subjekts vor Kontingenz und Selbstauflösung bewahrt (vgl. 3.3.2.).

Kant begründet seine Religionsauffassung aktphilosophisch(-dekonstruktivistisch), indem er Religion allererst als Vollzug einer notwendigen dialektischen Bewegung deutet: Die Dialektik, in der sich die vorstellende Gewißheit der Vernunft, die Gott und sich selbst als Gegenstände erkannt zu haben meint, zunächst "disperdiert" und einem "Destruktivismus" Raum gibt, ist die Kantsche Methode philosophischer Mystik. Ihre Finalität ist es, zu jenem "Dekonstruktivismus" durchzubrechen (vgl. 3.2.2.1.), der Gott und Seele von allen Erkenntnisgegenständen unterscheidet und die *Beziehung* zwischen beiden, also die *Religion*, als Inhalt einer transzendentalen (den Gegenstandsbezug ermöglichenden) "Hoffnung" zu verstehen hilft.

Während Kants Vernunftkritik schließlich in einer sittlichen Religiosität ihren formativen Ausweg findet, tritt Hegels "Phänomenologie des Geistes" den Weg in die Geschichte an. Diese wird zur Versöhnungs- und Hoffnungsinstanz. Auf ihrem dialektischen Werdegang ruht der "hierophantische Akzent" des Deutschen Idealismus. Durch Hegels "absoluten Idealismus" wird aber Kant "vergeschichtlicht" und die zur Sittlichkeit formalisierte Religiosität enttheologisiert.

> "Für die Religion aber bedeutet dies: Ihr Wesen fällt mit ihrer Geschichte zusammen und die Geschichte der Religion ist ihrerseits identisch mit der Geschichte der zu ihrem dialektischen Selbstverständnis gelangenden Vernunft. Diese Einheit von Religion und historischem Selbstverständnis der Vernunft ist es, die die Vertreter des Deutschen Idealismus [...] im Johannesevangelium ausgesprochen fanden: 'Gott ist Geist, und die ihn anbeten, müssen ihn im Geist und in der Wahrheit anbeten'." (Joh. 4,23)[14]

Das idealistische Verständnis der Dialektik als der Wesensäußerung des Geistes, der in der Passion der Selbstentäußerung/Entfremdung die Passage der Selbstfindung durchläuft, ermöglicht die Vergeschichtlichung (d.h. eine entwertende Aufhebung) einer erlebnis- und religionskonstitutiven "différence": Die bei Kant vortrefflich grundgelegte Differenz zwischen dem Ergebnis eigener menschlicher Leistung und dem Inhalt einer für die sittliche Praxis notwendigen "Hoffnung" wird vergeschichtlicht. Die Vergeschichtlichung dieser religionskonstitutiven Differenz ist aber die Säkularisierung der "Hoffnung" auf Zugewinn an (Akt-)Identität. Sie wird zur Hoffnung darauf,

> "daß die objektive Vernünftigkeit der Geschichte der subjektiven Vernunft oder auch Unvernunft der Beteiligten unendlich überlegen bleiben wird."[15]

Selbstverständlich verlangt ein derartig geschichtsbezogenes Hoffnungsprinzip nach seiner subjekttheoretischen Abstützung und Flankierung durch die Vorstellung der geschichtsüberwölbenden "göttlichen Vorsehung". Herders "eindimensionale" Anthropologie ist dazu exemplarisch passend (vgl. 4.1.2.1.) und wird von uns im übernächsten Paragraph (vgl. 4.3.2.1.) auch dem entsprechende Darstellung finden.

Der idealistische Geistmonismus Hegels mitsamt dem romantischen Subjektivismus des "absoluten Subjekts" konnte seine kulturprägende Breitenwirkung im Bildungsbürgertum des 19. Jahrhunderts allerdings nur durch folgenden Umstand annehmen: durch die wechselseitige Verstärkung der idealistisch-hegelischen Kantrezeption mit der allgemeinen Rezeption des "Spinozismus". Letzterem wurde eine Versöhnungsfunktion zwischen der Rationalität der längst schon säkularisierten Naturwissenschaften[16] und einer mystischen Natur-Religiosität zugetraut: Die empirisch-wissenschaftlich vermeßbare "natura naturata" sollte im überhöhenden Spiegel mystischer Religiosität als "natura naturans" erkannt werden, d.h. als Darstellungsraum des göttlichen Lebens erklärbar sein. Als "causa immanens" des Naturhaften galt das Göttliche, das sich im Natürlichen reflektieren wird. Nach unseren Ausführungen zur "Mythos-Renaissance" im I. Traktatsteil wird verstehbar, wie sehr der "Spinozismus" zur Vitalitätsromantik des Neomythologismus hinneigte. Die conjunctio zwischen Idealismus und Naturalismus dynamisierte den Säkularisierungsprozeß in Form der "Dialektik der Aufklärung".

Die Verquickung von Kants Vernunft-Dialektik (die über Hegel ihre Vergeschichtlichung erfährt) mit der Rezeption des "Spinozismus" faßt R. Schaeffler folgendermaßen zusammen:

> "Die Vertreter des Deutschen Idealismus verbanden die Lehre Spinozas vom inneren Leben der Gottheit, das sich in allen Erscheinungen der Natur und in allen Gedanken des menschlichen Subjekts seine endlichen Ausdrucksformen verschafft, mit der Auffassung von der

dialektischen Bewegung des Geistes, der im Durchgang durch Entäußerung, ja Entfremdung zu sich selber kommt."[17]

Das idealistische Verständnis der Dialektik als der Wesens(ent)äußerung des Geistes erwirkte in Verbindung mit der Spinozistischen Natur-Religiosität eine übersteigerte Hoffnung auf die objektive Vernünftigkeit der Geschichte. Hoffnungsinhalt war, daß die objektive, übermenschliche Vernunft der subjektiven (Un-)Vernunft unendlich und heilsam überlegen sei. Wenn M. Eliade den Säkularisierungsprozeß "auf die Wirksamkeit religiöser Vorstellungen und Einstellungen" zurückführt[18], dann läßt sich sagen, daß in der quasireligiösen Divinisierung des Hoffnungsträgers "Geschichte" solch ein monistisches Prozeßelement gegeben ist.

Die hierophantische Aufwertung der (bürgerlichen) Teilhabe am geschichtsmächtigen Progressionswirken des (Welt-)Geistes beinhaltet andererseits eine Abwertung von Offenbarung, Glaubenslehre und liturgischen Formen. Wird aber Geschichte (der Rechtsordnungen und Politik; Künste, Kriege und Wissenschaften ...) insgesamt als eine kulminante Manifestation des Geistes gewertet, dann ist es unnötig geworden, die Religion als besonderes Erfahrungs- und Kulturgebiet auszugrenzen. Die Grenze des Sakralen und des Profanen schien "geschichtlich" überwunden. Das sinnlich - ekstatische Spiel der "Mythos-Renaissance" sollte auf seine Weise Ausdruck dieser neuen Freiheit sein, die sich aus der Identifikation des Heiligen mit dem Geschichtlichen überhaupt erst ermöglichte.

> "Und so wiederholte sich, mit Bezug auf die Kultur als ganze, ein Vorgang, der zuvor mit Bezug auf die Wissenschaft als ein spezielles Kulturgebiet beobachtet werden konnte: Wie das neuzeitliche Wissenschaftsverständnis, so ist auch das Kulturverständnis des 19. Jahrhunderts zunächst aus religiösen Erwägungen hervorgegangen, gerade dadurch aber zu jener Säkularität gelangt, die den eigenen religiösen Ursprung schließlich zum Vergessen brachte."[19]

Die beiden Enttheologisierungsprozeße, die zuerst eine säkulare (Natur-)Wissenschaft und - drei Jahrhunderte später - eine säkulare Gesamtkultur entstehen ließen, potenzierten einander zu *einem* Gesamteffekt: zu einer Reduktion der Religion auf eine für das gesellschaftliche Leben folgenlose "Privat-Interpretation der Kultur."[20]

Die "Dialektik der Hierophanie" findet im Bildungsbürgertum des 19. Jahrhunderts eben darin ihren maximalen Ausschlagspunkt, daß das "paradoxe Zusammenfallen des Heiligen und des Profanen, [...] des Absoluten und des Relativen"[21], sich entsakralisierend vollzieht im "Gang des Weltgeistes durch die Zeit". Die Divinisierung von Geschichte und Kultur als säkular gewordene Erscheinung Gottes, ist jenes idealistische Prozeßelement der Aufklärung, das besonders den Widerspruch der katholischen Orthodoxie herausforderte. Im Schoß der "romantischen Bewegung" entstand mancherorts eine neue Hochschätzung der "religio relevata" anstelle einer aufgeklärten "natürlichen Vernunftreligion". Im Zuge einer "katholischen Wendung" der romantischen Bewegung (wie sie an den "Wiener Romantikern" exemplarisch abgelesen werden kann) kam es im deutschsprachigen "Bildungsraum" keineswegs zu einer gänzlichen "Aufhebung" von Religion in Kultur, sondern zu einer Neuakzentuierung der "Dialektik der Hierophanie". Das aus dem Erbe der Romantik neu gestärkte Selbstbewußtsein des Katholizismus setzte sich antithetisch zu Aufklärung, Bildungsbürgertum und "Kulturprotestantismus". Insbesonders das I. Vaticanum ist Fokus der fundamentaltheologischen Auseinandersetzung mit der "Dialektik der Hierophanie" in der Spätmoderne.

4.1.3. Die fundamentaltheologische Auseinandersetzung des I. Vaticanum mit der monistischen Säkularisation

4.1.3.1. Die Negation der christlichen Offenbarungsreligion durch das säkularreligiös-monistische Wirklichkeitsinterpretament

Der Entsakralisierungs- und Säkularisierungsprozeß, der Neuzeit und Moderne mitschuf und als solche markiert, läßt sich als Vektor der "Dialektik der Hierophanie" (M. Eliade) verstehen. Aus postmoderner Retrospektive und unter Bezug auf M. Eliades "Geschichte der religiösen Ideen"[22] wird folgende These wagbar: Die "religiöse Kreativität"[23] der Moderne verfolgt seit der Neuzeit eine monistische Tendenz. Diese Tendenz löst das mittelalterliche Theonomiedenken ab und führt zur sukzessiven Auflösung des paradoxalen Spannungs- und Freiheitsgefüges zwischen personalem Gott und menschlichem Subjekt. Die "religiöse Kreativität" der Moderne vollführt den "Tod Gottes" (vgl. 1.2.2.) über die Renaissance des autonomen (bzw. absoluten) Vernunftsubjekts und vermittels der radikalen Neubewertung von Menschheits-, Natur- und Weltgeschichte.

Erkennungsmerkmal der monistischen (System-)Setzungen ist deren Verneinung der creatio continua und des concursus divinus. Die monistische Systemimmanenz verunmöglicht eine transzendentale Relation zum göttlichen und personalen Anderen. Gott als unendlich (personal) Anderer wird aus dem hermeneutischen Horizont ausgeschlossen: Das personale Wesen Gottes wird zum Prinzip versachlicht (bzw. vergeschichtlicht) (vgl. 3.3.5.1.). Der "Name Gottes, des Vaters" wird zur bloßen Metapher anthropomorpher Rede. In einer derartigen "Verwerfung" des "Namens des Vaters" ("forclusement du nom du père") erkennt J. Lacan (in seiner "Ethik-Schrift"[24]) jenen "Vatermord", der nach S. Freud das "Unbehagen in der Kultur" (1930) schafft.

Die monistische Tendenz der Enttheologisierung ist jener Reduktionismus, der das Personale (Gottes) zum Prinzipienhaften umwertet und als geschichtlich real simuliert. Die Divinisierung von Vernunft, Geschichte (Kultur) und Natur (Mythos) wirkt als Simulation der Anwesenheit Gottes. Diese gelingt nur fiktiv, um den Preis der falschen, ubiquitären Kontinuität und monistischen Allgemeinheit. Ihrer formativen (Beherrschungs-)Logik (vgl. 1.1.2.) wird das Singuläre und Unableitbare, Differenz und Andersheit unterstellbar. Die homogenisierende Kraft des monistisch Unifizierenden verdrängt Heterogenität und verunmöglicht Dissemination. Lebenswirklichkeit verliert somit ihre geheimnisvolle Offenständigkeit zum "ganz Anderen" hin. Offenbarung wird zur Bestätigung des ohnehin schon prinzipiell Erwarteten und sich progredient Erfüllenden. Wahrheit, verstanden als aletheia, wird im Monismus der Moderne entwesentlicht, indem sie zur "Vernunftwahrheit" autonomisiert wird. "A-letheia" besagt wörtlich "Un-Verborgenheit" und läßt Wahrheit als etwas Zweites verstehen, das aus dem Verborgenen herausgetreten ist. "Nur aufgrund von Geheimnis gibt es Wahrheit, weil sich nur das entbergen kann, was verborgen ist."[25] Die Verhältnissetzung von Geheimnis, Wahrheit und Vernunft ist vorentscheidend für das Wirklichkeits- und Offenbarungsverständnis, das sich im Monismus der paradoxalen Beziehungsdynamik des Religiösen entledigt und seine "eindimensionale Ganzheit" (Th. Adorno) postuliert.

Die entsakralisierende Identifikation des Heiligen mit dem Profanen ist gemäß M. Eliade die Zentraldynamik der Säkularisation. Sie sei charakteristisch für die "religiöse Kreativität" moderner Gesellschaften. Die "Verschleierung des Heiligen"[26] sei ihr Langzeiteffekt und Monismus (als Rationalismus, Konstruktivismus, Geschichtsidealismus, Evolutionismus, Naturalismus, Mythologismus) ihre finale Sinngestalt im 19. Jahrhundert. Der "Dialektik der Hierophanie" liegt im Säkularisationsprozeß also eine entgrenzende Bewegung inne, die sich als selbsttragender "Offenbarungsvorgang" bewerten läßt: als "Offenbarung" (Aufklärung) der angeblichen Nichtigkeit der religio relevata, ihrer Inhalte und ihrer normierenden Kraft. Im Vollzug des Aufklärungsprozesses ereignet sich folgerichtig die Entlegitimierung und Entgründung der "différence" zwischen Schöpfer und Schöpfung, zwischen göttlicher Wahrheit (als Aletheia) und welt(geschichts-)immanenter Vernunft. Mit der Aufhebung der "différance" fällt auch die unvergleichlich einmalige Andersheit der Existenz und Offenbarungswahrheit Gottes.

Es war besonders Hegel, der dem Bildungsbürgertum seiner Zeit die exemplarische (Geschichts-)Methode der säkularen "civil religion"[27] anbot. "Das Wahre ist das Ganze. Das Ganze aber ist nur das durch seine Entwicklung sich vollendende Wesen."[28] Dieser Satz (aus der "Phänomenologie des Geistes") faßt Hegels Schlüsselattitude einer säkularreligiösen, monistischen Gesamtauslegung der Weltgeschichts-Wirklichkeit zusammen. Für die christliche Offenbarungsreligion aber besagt dies: Ihr Wesen fällt mit ihrer Geschichte zusammen, und die Geschichte der Religion ist ihrerseits identisch mit der Geschichte der zu ihrem dialektischen Selbstverständnis gelangenden Vernunft. Die hier mit Hegel postulierte Einheit von Religion und historischem Selbstverständnis der Vernunft verschiebt den "hierophantischen Akzent": weg vom offenbarenden Gott und hin zur Selbstoffenbarung der Vernunft als objektiver Vernünftigkeit der Geschichte. Aus offenbarungstheologischer und religionswissenschaftlicher Sicht (M. Eliade, R. Schaeffler) mündet damit die christlich-abendländische Religionsgeschichte in "die völlige Verschleierung des 'Heiligen', genauer seine Identifikation mit dem 'Profanen'."[29]

4.1.3.2 Die Offenbarungslehre des Vat. I unter dem (neostrukturalen) Kontrastaspekt von "différance" und Heterogenität

Als Katechon und Kontrapunkt zum Säkularisationsprozeß nimmt sich das I. Vaticanum (1869/70) aus. Im Rahmen unseres Themas sei hier auf die Offenbarungslehre dieses ersten allgemeinen Konzils reflektiert. Aus gesamtmethodischen Erwägungen soll hierbei hauptsächlich auf zwei Fragen eingegangen werden: In welchem Verhältnis zur "Dialektik der Aufklärung" (bzw. "Dialektik der Hierophanie") steht die Offenbarungslehre des I. Vaticanums? Vorausgesetzt die "Dialektik der Aufklärung" ist in ihre postmoderne Wende eingetreten, so läßt sich weiterhin fragen, wie sich die kirchliche Offenbarungslehre zur Postmoderne-Bewegung verhält. Genauer nachgefragt: Kann die Offenbarungslehre des I. Vaticanums einen - vielleicht unerwarteten - Beitrag leisten zur christlich-alternativen Überwindung der Dialektik der (Post-)Moderne? Die postmoderne Orientierungssuche des "heutigen" Menschen an der Grenze der religiösen Sinndimension (vgl. 4.3.4.) verlangt jedenfalls nach der Inauguration der "religiösen Lösung" anstelle der überfällig gewordenen "romantischen Lösung" des Subjektivismus (vgl. 4.1.4.2.).

Aus zwei Gründen soll hier zuerst auf das Vat. I und später (im sechsten Kapitel) mit gebührender Wichtung auf das II. Vaticanum reflektiert werden. Zum einen aus Gründen der Systematik: weil sich das Hauptanliegen der Offenbarungslehre des Vat. I in überraschender Weise mit dem Grundanliegen der dekonstruktivistischen Postmoderne-Bewegung deckt. Zum anderen aus theologiegeschichtlichem Grund: Das I. Vaticanum ist auch das erste Konzil, das sich ausdrücklich und affirmativ zur "Offenbarung" äußert und zwar in der Constitutio dogmatica "Dei Filius" de fide catholica vom 24.4.1870.[30] Diese "Dogmatische Konstitution über den katholischen Glauben" wurde seither ausgiebig und kritisch kommentiert. Namen wie H. J. Pottmeyer, P. Eicher, L. Scheffczyk, H. Waldenfels, H. Pfeifer, J. Schmitz und M. Seckler stehen mit vielen anderen im deutschsprachigen Raum für eine umfangreiche Interpretationsarbeit ein.

Aus der Retrospektive der Postmoderne läßt sich das Anliegen des Vat. I unter dem Aspekt der Wahrung der "différance" würdigen. In einer Zeit fortschreitender Säkularisierung und dialektisch gewordener Aufklärung bestätigt das I. Vaticanum entgegen den allgemein monistischen Tendenzen des 19. Jahrhunderts die ontische Differenz zwischen Schöpfer und Geschaffenem, zwischen Offenbarung und Vernunft. Den Immanentismen des Rationalismus und Naturalismus (Neomythologismus) gegenüber behauptet das Konzil die Übernatürlichkeit und Ungeschuldetheit der Heilsordnung und Heilsoffenbarung Gottes. Die theologischen Grundprämissen dieser Offenbarungslehre sind: Das Bekenntnis zur Transzendenz des personalen Gottes, d.h. zu seiner wirklichen und wesenhaften Verschiedenheit von der Welt; zu seiner freien Schöpfungsmächtigkeit (DS 3001-3005; 3021-3025) und die seins- und erkenntnismäßige Unterscheidnug von natürlicher und übernatürlicher Ordnung. Mit den Begriffen des Dekonstruktivismus gesagt: Über die ausgrenzende Bestimmung der Differenz wird Gott als die absolute Instanz des "grand Autre" signifiziert.

Zur monistischen Tendenz der "religiösen Kreativität" (M. Eliade) des 19. Jahrhunderts und zur Eigenart seines aufgeklärt-idealistischen Religionsverständnisses gehörte es, Gott als immanentes Prinzip der Geschichte, ihrer objektiven Vernünftigkeit und Kultursetzung zu begreifen (vgl. 4.1.2). Unter den Bedingungen der Neuzeit den Gottesgedanken fassen, das hieß vom Axiom der Einheit der Vernunft ausgehen und diesem auch den Gottesgedanken unterzuordnen. Um diese Behauptung zu konkretisieren und zu belegen, sollen mit Th. Pröpper die entscheidenden theologiegeschichtlichen Etappen der Subordination des Gottesgedankens wenigstens genannt sein:

> "Auf Cusanus, der Gott nicht mehr in Analogie zum welthaft Seienden versteht, sondern ihn als reines Können und ersehendes Sehen dem Seinszusammenhang vorausdenkt, [...] und [...] als erster Metaphysiker der Neuzeit gelten kann, folgt [...] Giordano Bruno, der den Unterschied in der Bezogenheit von Gott und Mensch aufhebt: Gott wird zum immanenten Prinzip des Universums. [...] Bei Spinoza, der nur noch eine, nämlich die unendliche Substanz gelten läßt, werden Gott und Mensch wie Substanz und Attribut wieder miteinander verbunden und die Spannung ihres Bezuges in einem System ausgeglichen, das Ausdruck des in ihm begriffenen Gottes selbst ist. Kant reißt erneut die Kluft zwischen der vom Subjekt konstituierten Erscheinungswelt und dem nunmehr unerkennbaren Gott, dem eigentlichen ens metaphysicum auf; [...] Hegel dagegen,

> der an der Erschlossenheit des Absoluten für die Vernunft festhält [...], sucht das Endliche systematisch als Moment des Unendlichen zu begreifen [...]."[31]

Freilich lassen sich gerade im Deutschen Idealismus des frühen 19. Jahrhunderts christliche Denker nennen, die einer Vereinnahmung des Gottesgedankens durch die Einheit der Vernunft "entgegendachten": Schleiermacher, Fichte und Schelling beispielsweise wußten auf den "unvordenklichen Gott" als absoluten Ursprung und Seinsgrund zu reflektieren. In deutlicher Wendung gegen Hegel formuliert Fr. W. Schelling in seiner "Philosophie der Offenbarung" den Gottesgedanken:

> "Gott aber, was man wirklich Gott nennt [...], ist nur der, welcher Urheber seyn, der etwas anfangen kann, der also vor allem existiert, der nicht bloße Vernunft-Idee ist." Er ist "das, was über dem Seyn ist [...], der Herr des Seyns."[32]

Das Vaticanum I setzt theologischerseits das lehrhafte Bekenntnis zu dem, "was man wirklich Gott nennt" (Fr. W. Schelling). Es kontrapunktiert den neuzeitlichen Säkularisationsprozeß, indem es finitäts- und differenzbewußt vom Konzept der idealistischen Vernunfteinheit abweicht. Im Konzilsbekenntnis zu Gott als dem "Herr[n] des Seyns" und absoluten Urheber der Offenbarung wird der Primat der Differenz vor das Einheitsdenken gesetzt (vgl. 3.1.3.1.). Das Bekenntnis zur Transzendenz (des offenbarenden) Gottes als theologischer Grundlage der Offenbarungslehre bringt ein urchristliches Differentialelement in das Verhältnis von Offenbarungs(geschichte) und Vernunft ein. Dieses "Element" der *différence* verhindert eine Unterwerfung und reduktive Vereinnahmung der "divinitus revelata" (DS 3011) unter die Subsummationslogik der Vernunft.

Die Unüberwindbarkeit der différence war bereits Thema unserer Darstellung und soll hier erneut aufgegriffen werden (vgl. 3.1.3.): Der Dekonstruktivismus macht die selbstpotenzierende Allianz zwischen Beherrschungsstreben und Rationalität bewußt. Beide sind ihm die principia quibus für den Totalitarismus und "Vollendungszwang der Moderne"[33], der sich gemäß Horkheimer/Adorno aus der "geheimen Utopie im Begriff der Vernunft" generiert. Die abendländische "Geschichte der religiösen Ideen" (M. Eliade) hat die entsakralisierende Schubkraft dieser Utopie erwiesen.

Ihr gelang es zwar, die "andere", übersinnliche und transrationale Welt weitgehend zu annullieren, sie konnte aber der modernen Welt die Erlösung durch das Andere der Vernunft nicht bringen. Mit der Begründung der Offenbarungslehre in der Transzendenz, Personalität und alleinigen Autorität/Urheberschaft Gottes, hat das I. Vaticanum die Wahrheit der Offenbarung vermittels der *différence* vor immanentistischer Transformation gesichert. In der Reetablierung der Differenz als sinngenerierender Dimension findet sich eine grundsätzliche Gemeinsamkeit zwischen der urchristlichen Intention des Vat. I und dem Dekonstruktivismus.

Über die Anerkennung der Differenz, ihrer Unüberwindbarkeit und Unableitbarkeit, soll der "Identitätszwang" des Allgemeinen (Adorno) gebrochen, die Singularität und Individualität des Einzelnen gewahrt und Wahrheit als Ereignis von Ent-bergung "beglaubigt" werden. So verstanden leistet Differenz nicht Ausschluß und Verdrängung, sondern sie ist je schon vorgegebener Garant (précourseur) für Andersheit und "absence", für Mysterium und Offenbarung. Die dekonstruktivistische Mystik der Postmoderne (vgl. 3.2.2.) spürt nach "Offenbarungserfahrungen" auf dem prekursorischen Hintergrund der Differenz. Inwieweit die dekonstruktivistische Mystik in ihren Wahrheits- und Sinnerfahrungen welt- bzw. textimmanent horizentiert bleibt, ist eine offene Frage. Sie rührt an den Agnostizismus der dekonstruktivistischen Postmoderne-Bewegung. Statt dieser Frage hier weiter nachzugehen, scheint es jedoch effizienter, auf jene theologische Alternative der Differenzierung zu verweisen, die das Vat. I in seiner Offenbarungslehre vollführt. Diese Differenzsetzung ist der konstitutive Faktor für Offenbarungsreligion und für Christentum als Erlösungsreligion. Die vom I. Vat. formulierte Alternative zum säkularen Monismus besteht in der Vertikalisierung der Differenz, in ihrer schöpfungstheologischen Begründung im zeitlosen Voraus Gottes "vor" jeder Schöpfung. Auf ihn, den personal-freiheitlich wirkenden Gott als dem "ganz Anderen" und "grand Autre" von Welt und Geschichte, ist der Mensch als Subjekt des Absoluten (vgl. 3.3.5.4.) bezogen. Von ihm allein kommt Offenbarung dem Menschen zu. Zur metaphysischen Legitimierung des Menschen als Subjekt des Absoluten bedarf es der Differenz der radikalen Andersheit Gottes, der Unterscheidung von Natur und Gnade und der Differenzierung von natürlicher und übernatürlicher Ordnung.

4.1.3.3. Offenbarung als Aletheia-Ereignis der Erschließung der subjektiven Existenz vom "ganz Anderen" her

Die "différance" (J. Derrida) zwischen Schöpfer und Schöpfung (bzw. Geschöpf) ist die kreative Ermöglichungsbedingung von Offenbarung überhaupt. Gerade die Unüberwindbarkeit und Unhintergehbarkeit der Differenz als sinn- und lebensschaffender "différance" schafft den Wert der Offenbarung, läßt sie gnadenhafte, erlösende Selbstmitteilung Gottes an seine Kreatur sein.

Dementsprechend beginnt das Kapitel "Über die Offenbarung" mit der Lehre von der natürlichen Gotteserkenntnis (DS 3004), ihrer Vorläufigkeit und Begrenztheit. Die (thomasisch-scholastische) Aussage über die prinzipielle Erkennbarkeit Gottes, die der menschlichen Vernunft mittels der geschaffenen Welt gegeben sei, wird zusammen gesehen mit dem "gegenwärtigen Zustand des Menschengeschlechts" (DS 3005), in dem diese Möglichkeit nur ansatzweise verwirklicht wird.

> "Auf diese natürliche Erkennbarkeit Gottes durch die Schöpfung bezogen und zugleich von ihr abgehoben, wird die Offenbarung selbst als Tun (relevare) Gottes bestimmt, als eine die Manifestation Gottes in der Schöpfung überbietende, übernatürliche, dem Menschen nicht geschuldete Kundgabe Gottes von universalem Charakter."[34]

Offenbarung als "anderer und supernaturaler Weg" ("alia eaque supernaturali via") (DS 3004) der Selbstmitteilung Gottes wird erst sinnvoll und notwendig durch die "différance" der Transzendenz Gottes. Mit Hilfe des Denkens der Differenz wird verständlich, daß Offenbarung primär der Autorität und Urheberschaft Gottes bedarf. Seine Autorität als Offenbarer ist Garant der Wahrheit des Geoffenbarten. Offenbarung als revelatorisches, entbergendes Handeln Gottes ist ein Ereignis der Aletheia, der Wahrheitsmitteilung. Was dem (erbsündigen) Menschen nachparadiesischen Menschengeschlechts verborgen und nicht wahr-nehmbar ist, das offenbart ihm Gott "aus Weisheit und Güte" ("placuisse eius sapientinae et bonitati") (DS 3004).

Das Konzil erklärt dazu, daß Gott nicht irgendwelche ungewußten Faktizitäten offenbarte, sondern "se ipsum et aeterna voluntatis suae decreta" (DS 3004). Gemäß der Offenbarungslehre des Vat. I ist Revelation ein Aletheia-Ereignis von höchster ontischer Valenz und von singulärer (Geschichts-)Größe. Es ist ein universeller Gnadenakt größtmöglicher Konkretheit und Präzision, der in der Inkarnation des göttlichen Wortes seine soteriologische Tiefendimension findet. Das Konzil bekräftigt deshalb, daß die "göttlichen Geheimnisse" (DS 3015 f. 3041) dem Menschen in der Revelation erkennbar mitgeteilt und nahegebracht werden. Den geoffenbarten Mysterien kommt in der übernatürlichen Erkenntnisordnung vergleichbarerweise der Heilswert zu, der den Wahrheiten in der natürlichen Erkenntnisordnung inhärent ist.[35] Offenbarung bleibt dem Lehrverständnis des I. Vaticanum gemäß also keinesfalls im Allgemeinen, Prinzipiellen und Geschichtlichen eines ungefähren göttlichen Heilswillens stehen, sondern ermöglicht Mensch und Kirche über die normierende Kraft (vgl. "decreta") der "divinitus revelata" ein neues Verhältnis zur Gesamtwirklichkeit des Lebens, zu Sittlichkeit und (Lebens-)Geschichte. Offenbarung signifiziert das menschliche Sein als ein solches, das weder beliebig noch autonom noch der Kontingenz unterworfen ist.

Die christliche Offenbarung erschließt dem Subjekt seine Existenz vom "ganz Anderen" her. Es gehört essentiell zur Heilskraft der christlichen Botschaft und Sakramentalität, daß sie in diesem Erschließungsvorgang das Allgemeine wie das Philosophische transzendiert. Hingegen weckt und erschließt sie das Personale und Individuelle, das Singuläre und Andere, das die "okzidentale Rationalität" aus ihrem "Bewandtniszusammenhang" schleichend ausgeblendet hat. Das Andere der göttlichen Weisheit, der natürlichen und übernatürlichen Heilsordnung, der Unableitbarkeit ihrer singulären Setzungen wie ihrer geheimnishaften Gesetzmäßigkeiten, kommt in der Offenbarung zur "Disposition". Vat. I und Vat. II sprechen verbindlich vom "depositum fidei", das dem Lehr- und Mittleramt der Kirche Christi anvertraut ist. Moment der Offenbarung ist es mithin auch, daß die Kirche in der Heilsfunktion der Beziehungs- und Sinnstiftung steht. So wie "der Geist unserer Schwachheit aufhilft" (Röm. 8,23) kommt es der Kirche Christi wesentlich zu, dem Subjekt in der Verwirklichung seiner Beziehung zum Anderen der Offenbarung "aufhelfende" und orientierende Kraft zu sein. Die "Glaubenslehre" (DS 3020) als Vermittlung der "geoffenbarten Lehre" (DS 3042) untersteht dem Anspruch der Heils- und Sinnstiftung: der Hinordnung des Menschen "auf die Teilhabe an göttlichen Gütern", die der Güte Gottes entspringt (DS 3005).

Das eingangs angefragte Verhältnis der Offenbarungslehre des I. Vat. zur "Dialektik der Aufklärung" bzw. zur "Dialektik der Hierophanie" läßt sich schließlich aus postmoderner Perspektive folgendermaßen zusammenfassen.

Die Offenbarungslehre des I. Vat. ist eine Absage an die monistischen Tendenzen des 18. und 19. Jahrhunderts: an Rationalismus und Mythologismus, Naturalismus und mythomanen Vitalismus. Indem sie den "hierophantischen Akzent" auf die Transzendenz des offenbarenden Gottes und auf das Christentum als religio relevata legt, bringt sie ein notwendiges Moment der "différance" ein, das einer fortschreitenden Entsakralisierung widersteht. Insbesonders in der Konzilslehre von den "divinitus revelata" (DS 3011) und der vollendeten Ganzheit des Offenbarungsinhaltes (DS 3006, 3070) wird eine Hegelianische Vergeschichtlichung und Entsubstantialisierung der christlichen Religion abgewehrt. Indem die Offenbarungslehre des I. Vat. die sinn- und glaubenskonstitutiven Momente der Differenz (ihrer Unüberwindbarkeit und Unableitbarkeit), der Andersheit (Gottes und seiner Offenbarung), der Singularität und Inkommensurabilität, der Heterogenität und Spontaneität, des Mysteriums und seiner Aletheia, akzentuiert, bewegt sie sich argumentativ sowohl auf urchristlichem als auch auf postmodern-dekonstruktivistischem Niveau. Die Parallelführung (und Verquickung) von natürlicher und übernatürlicher Heilsordnung, von natürlicher Vernunfterkenntnis (Gotteserkenntnis) und "gehorsamer" Glaubenserkenntnis (DS 3008) läßt sich ebenfalls aus zweierlei Optik besehen: Sie folgt freilich weitgehend dem traditionellen, scholastischen Demonstrationsmodell der "via supereminentiae", allerdings ohne daran ausschließlich meßbar zu sein. Aus postmoderner Optik läßt sich diese Ordnungs- und Erkenntnislehre unter dem "Theorem der Diversität" neu legitimieren: Jeder Ordnung kommt ihre eigene Rationalität zu, so daß eine Konvertibilität und falsifizierende Überprüfbarkeit der heterogenen Ordnungsfaktoren zueinander unstatthaft ist. Schon B. Pascal wußte in seiner Lehre von der Heterogenität der Ordnungen, daß diese durch eine "unendliche Distanz" voneinander getrennt sind und der erkenntnistheoretische Umgang mit ihnen eines differenzbewußten Denkens bedarf. Ansonsten drohen monistische bzw. reduktionistische Verstöße.

In seiner fundamentaltheologischen Auseinandersetzung mit der Dialektik der Aufklärung und Hierophanie folgt das Vaticanum I gewissermaßen dem Theorem der Diversität. Es zentriert seine Apologetik auf eine offenbarungstheologische Einbindung dieses Theorems, das für die Logik der Postmoderne hohen Stellenwert gefunden hat. Mit der Offenbarungslehre des Vat. I weist die Kirche des späten 19. Jahrhunderts autoritativ auf einen alternativen "dritten Weg" jenseits der "Dialektik der Aufklärung". Mit aller Deutlichkeit setzt sie den "hierophantischen Akzent". Doch dieser differenzbewußte Verweis auf den religiösen Ausweg vermag - religionsgeschichtlich gesehen - weder die Säkularisierung nachhaltig zu beeinflussen noch eine "glaubensgeschichtliche Wende" herbeizuführen.

4.1.4 Die "restaurative" theologische Antwort auf den Zusammenbruch des liberalen Kulturidealismus

4.1.4.1 Die soteriologische Rückbesinnung auf das "unterscheidend" Christliche

Aus religions- und ideengeschichtlicher Sicht läßt sich das 19. Jahrhundert als die feierliche Blütezeit der monistischen Ideologien verstehen, als idealistischer Aufbruch "zur Freiheit, zur Sonne" des Kulturfortschritts: Rechts- und Linkshegelianer, Darwinisten und Marxisten, Kulturprotestanten, Wagnerianer und Frühsozialisten ..., sie alle vertrauten in je eigener Weise auf den "Gang des Weltgeistes durch die Zeit". Mythos-Renaissance wie Historismus setzen dabei auf die vernünftige Rekonstruierbarkeit bzw. vitale Wiedererlebbarkeit vergangener Geschichte (Mythologie), die unversehens zum Stoff und Subjekt menschlicher Selbstexplikation wird. Der vielgestaltige Monismus wird zum Vehikel und zur vagen Leitidee der entsakralisierenden Säkularisation, die M. Eliade im Rahmen der "Dialektik de Hierophanie" deutet. Die "Dialektik der Aufklärung" (Horkheimer/ Adorno), welche in der Frühromantik als Spaltungsgeschehen anhebt (Rationalismus versus Mythologismus) verbleibt innerhalb des Monismus:

Ihr Transgreß in das Mythische, Irrationale und Vitale entbehrt letztlich der transzendenten Qualität (vgl. 1.5).

Die Substitution der Offenbarung durch Vernunft bzw. Mythos ruft die Apologetik des 19. Jahrhunderts hervor, die sich im I. Vaticanum (1869/70) lehramtlich konzentriert mit den monistischen Strebungen auseinandersetzt. In notwendiger Distanz zum Zeitgeist besteht das Konzil auf der Transzendenz und Andersheit Gottes, auf der Differenz von Schöpfer und Schöpfung, auf der Diversität der Heilsordnungen und auf der normativen Kraft der Revelation als Aletheia-Ereignis. Das Konzil definiert die Singularität, Inkommensurabilität und Transhistorizität der Offenbarung als inkarnatorisches Geschehen göttlichen Heilswillens. So zentriert sich im I. Vatikankonzil die fundamentaltheologische Auseinandersetzung mit der monistisch tendierenden Spätmoderne. Wie angemessen diese "instruktionstheoretisch" organisierte Apologetik gewesen sein mag und wie neuerungsbedürftig sie ist, das bleibt freilich eine noch offene Leitfrage dieser Untersuchung.

An dieser Stelle der Erörterung der "Dialektik der Hierophanie" sei ergänzend und abschließend auf den Zusammenbruch des liberalen Kulturidealismus eingeblendet. Diese Einblendung soll religions- und theologiegeschichtlicher Natur sein; sie soll einen weiträumigen kulturgeschichtlichen Überblick in das frühe 20. Jahrhundert hinein anbieten und somit - zumindest im Aufriß und Kontext der bisherigen Themenführung (vgl. 1.4. und 1.5.) - eine Gesamtperspektive sichern, die sodann zunehmend an fundamentaltheologischer Tiefenschärfe gewinnen kann. Auf der Suche nach einer adäquaten Offenbarungstheologie für den postmodernen Menschen ist es methodisch notwendig, die Apologetik des 19. Jahrhunderts zu erörtern und ihre hauptsächlichen Wendungen auf religionsgeschichtlichem Hintergrund zu verstehen. Die nihilistische Sinnkrise der Gegenwart bereitete sich über langgezogene Säkularisierungsprozesse sowie über eine "restaurative" Apologetik vor und trat wohl erstmalig mit dem Ersten Weltkrieg in das Existenzgefühl und Bewußtsein der Massen. Die postmoderne Wende von der nihilistischen Sinnkrise zur finitätsbewußten Suche nach einer religiösen Sinndimenension (vgl. 4.3.1.) hat eine gewisse Präfigurierung in der Neubestimmung von Glaube und Kultur nach dem Zusammenbruch des bürgerlich-liberalen Kulturidealismus.[36]

"Hatte man nach den napoleonischen Kriegen vom Sieg einer großen sittlichen Idee sprechen können (der Idee des bürgerlichen Rechtsstaats), so war, trotz aller Bemühungen des Völkerbunds, am Ende des Ersten Weltkriegs eine vergleichbare politisch-moralische Leitidee nicht zu entdecken, deren Realisierung die Frucht so vieler Opfer gewesen sei. Die Frage, wofür [...] blieb auf schmerzliche Weise offen."[37] Das Leiden an dieser offenen Frage fand seinen Tiefpunkt im Vertrauensverlust an das vernünftige Zusammenspiel von Subjekt und Geschichte. Der I. Weltkrieg hatte nicht nur das Vertrauen erschüttert, daß die Geschichte "der Gang des Weltgeistes durch die Zeit" und daß Kultur säkular gewordene Erscheinung "Gottes" sei. Nachhaltig kam es zur Vertrauenseinbuße an das (sittliche, entelechial-evolutive) "Menschenbild", das Humanismus und Aufklärung unter Ausgrenzung des "mysterium iniquitatis" propagierten (vgl. 4.3.2).

Nach dem Schrecken des Ersten Weltkrieges kam es zur theologie- und kulturkritischen Revision der säkularisierten (christlichen) Aufklärungsanthropologie. Die fundamentaltheologische Revision zentrierte sich um soteriologisch-anthropologische Grundthemen: um die Erfahrung von opfervollem Leid, Schuld und millionenfachem Tod; um die pastorale Aufgabe, den Menschen angesichts der Medusa-Erfahrungen im Glauben zu bewahren. In seiner "Skizze zur Soteriologie" definiert Th. Pröpper das Verhältnis der säkularisierten Soteriologie zur Aufklärungsanthropologie folgendermaßen:

> "Der neuzeitliche Verlust der Geschichte als der Stätte eines von Gott kommenden Heils mußte folgerichtig zur Säkularisierung der Soteriologie führen. Säkularisierte Soteriologie aber bedeutet Moral. Weil wir, ohne die Vorgabe des Evangeliums, ja alles, was wir erwarten dürfen, erst selbst hervorbringen müssen. Allerdings hat sich die Neuzeit weiterhin auf Jesus berufen [...]. Im Prinzip war die Christologie bereits die Variable der Anthropologie. Denn wo Jesus zwar als Beispiel, [...] aber nicht mehr als 'causa salutis' anerkannt wird, da ist die fordernde Maßgeblichkeit seines Bildes [...] durch die Vernunft begründet und von ihrer Autorität nur geliehen [...]."[38]

Die katholische und evangelische Theologie antwortete auf den Zusammenbruch des überkommenen Kulturoptimismus mit soteriologischer Neubesinnung. Diese führte auch zu einer Neuausrichtung der christlichen Anthropologie und des Verhältnisses von christlichem Glauben und Kultur. Gegenüber allen aufgeklärt-idealistischen Versuchen, Religion und Glaube in eine allgemeine Kultur- und Vernunftgeschichte aufzuheben, wird von beiden Konfessionen das "unterscheidend" Christliche betont. In dieser Zeit entsteht R. Guardinis Werk "Die Unterscheidung des Christlichen", K. Barths "Römerbrief-Kommentar" (1919) und P. Schütz' "Säkulare Religion" (1929). Gemeinsame, transkonfessionelle Überzeugung war es auch, daß Kulturtätigkeit nicht als solche Heilsdienst sei, sondern - wie F. Gogarten es zu formulieren wagte - eine "rein weltliche Angelegenheit"[39]. Gemäß K. Barth ("Die Kirche und die Kultur"[40]) setzt sie bestenfalls Zeichen des kommenden Heils. Mit Theologen wie K. Barth, F. Gogarten, P. Schütz kommt es evangelischerseits zu einer Rückbesinnung auf die reformatorische Rechtfertigungslehre sowie zu einer scharfen Betonung des "eschatologischen Vorbehaltes": Alles Menschen- und Vernunftwerk kann das Heil allenfalls bezeugen, aber nicht herbeiführen. Die durch Jesus Christus heraufgeführte "Weltwende" (F. Gogarten) ist ebenso gnadenhaft wie die Rechtfertigung des sündhaften Menschen. Für den Reformator M. Luther gab die Botschaft von der Rechtfertigung des Sünders ("simul iustus et peccator") bekanntlich die "Mitte der Schrift" ab; noch für I. Kant war sie Gegenstand einer philosophischen "Deduktion". Vom "Kulturprotestantismus" des liberalen Bürgertums wurde dieses Kernmysterium der Soteriologie (Anthropologie) als "Restbestand aus dem Mittelalter beiseitegesetzt."[41] Doch gerade für die "damalige" Generation, die über Krieg, Revolution, Gewalt und Not eine existentielle Einführung in das "Geheimnis der Bosheit" (2. Thess. 2,7), der Sünde und Schuld erlitten hatte, wurde die Botschaft der heilsamen Vergebung erneut aktuell. Der Dienst an dem "Evangelium heilsamer Vergebung" wurde protestantischerseits als unterscheidend christliche Diakonie an Mensch und Gesellschaft *dieser* Weltzeit verstanden. Demgegenüber erscheint - z.B. für F. Gogarten - der "Kulturidealismus" als ein Gefüge von "Illusionen" (so der Werktitel eines Buches von Gogarten: "Illusionen - Eine Auseinandersetzung mit dem Kulturidealismus" [Jena 1926]).

Während evangelischerseits in differentistischer Reaktion auf den gescheiterten "Kulturprotestantismus" die "reine Weltlichkeit" der Kultur und die alleinige Rechtfertigung im Glauben ("sola fides", "solus Christus", "sola gratia") betont werden, legt das katholisch-neoscholastische Glaubensverständnis den "hierophantischen Akzent" mit Thomas v. Aquin auf die

"Heimholung der Welt" (vgl. "reditus naturae ad Deum"): In der Ursünde liegt der Ursprung der "gefallenen" Welt, welche einem mysterium sub contrario unterliegt. Zur "felix culpa Adae" gehört wesentlich, daß sie die gnädige Erlösung in Christus evoziert. Durch ihn als "Erstling der neuen Schöpfung" kehrt die "Welt" aus der Entfremdung in die ursprüngliche, ihr als "Schöpfung" eingestiftete Gottesbeziehung zurück. - In der Neubestimmung des Verhältnisses von Religion/Glaube und Kultur nach 1918 kommt der Ekklesiologie und der "Liturgischen Bewegung" verstärkt der Auftrag zu, ein geistig-sakramentales Ordnungsgebilde zu sein. Heilsame Ordnung und Zentrierung soll sie vermitteln in einer von Resignation, Desorientierung und (revolutionärem, wirtschaftlichem) Chaos bedrängten Nachkriegszeit. Der "Aufbruch zum Geheimnis der Kirche Jesu Christi"[42] war konzilsmäßig vorbereitet, wurde in einer neu erwachten "Mysterientheologie"[43] (O. Casel, R. Guardini, H. Platz, M. Gieren, C. Feckes, A. Wikenhauser...) spirituell stabilisiert und liturgisch bewegt. Die Kirche nahm also das sakramentale Wirken zum (hierarchischen) Modell für ihren Weltdienst und für das Kulturschaffen der Christen. Dieses Kirchen- und Kulturmodell ist ebenso mittelalterlich geprägt[44], wie die Vision von der "Heimholung der Welt" scholastisch ist. Seine Neuauflage im 19. Jahrhundert und sein gesteigert liturgisches Begängnis nach 1918 wirkte leider nicht integrativ, sondern eher ausgrenzend.

Religionsgeschichtlich ist es unbestreitbar, daß beide Großkonfessionen auf die erste ernste Krise der Säkularisation, also auf den Zusammenbruch des liberalen Kulturidealismus, mit Rückbesinnung und positionellem Rückzug reagierten. Die Protestanten bezogen (wieder) die Position der Rechtfertigungslehre; die Katholiken reaktivierten in Theologie und Liturgie das hierarchisch-sakramentale Ordomodell der "Heimholung". Spaltungsfrei konvergierten Offenbarungstheologie, Ekklesiologie, "Mysterientheologie" und Liturgiebewegung. Die Liturgie-Enzyklika von Papst Pius XII "Mediator Dei" (1947) ist - um zwei Jahrzehnte verschoben - Symbol solcher Konvergenz: Die Heilsmittlerschaft Christi als des ersten Liturgen wird absolutes Vorbild und Zentrum einer ekklesiologisch-liturgisch gefaßten Soteriologie. Diese unterschied sich in ihrer sakralen und autoritativen Fassung bruchhaft von der säkularen "Soteriologie". Sie sollte besonders mit ihrer Spiritualität der "objektiven Frömmigkeit" eine kirchliche (aber auch anachronismusbehaftete, exklusive) Antithese zu den entsakralisierenden, humanistischen Thesensetzungen der Aufklärungsanthropologie abgeben.

4.1.4.2 Die ekklesiozentrisch-liturgisch gefaßte Soteriologie "objektiver Frömmigkeit" und ihre Affinität zur Remythologisierung der Christologie

Der Begriff "objektive Frömmigkeit" wurde zum spirituellen Hauptmotiv der "Liturgischen Bewegung", die mit der "Katholischen Jugendbewegung" eng verquickt und "von einer überdeutlichen christozentrischen und ekklesiozentrischen Tendenz geprägt" war.[45] Wenn auch die komplexe Geschichte dieser liturgischen Frömmigkeits-Bewegung noch weiterer Erforschung bedarf[46] und ihr im Rahmen unserer Themenführung lediglich exemplarischer Belegwert zukommt, so darf doch die folgende Kurzdarstellung gewagt sein.

Die "Liturgische Bewegung" kann zu den wichtigsten "religiösen Innovationen" der Zwischenkriegszeit gerechnet werden, "deren Wirkung nicht auf die katholische Kirche beschränkt blieb."[47] Mit "objektiver Frömmigkeit" ist hierbei zunächst im allgemeinen Sinn gemeint, daß der sakramentalen Realpräsenz dessen, was von Gott her objektiv schon gewirkt ist und sich am "Jüngsten Tag" vollenden wird, eine (liturgische) Stätte bereitet wird. R. Guardinis Leitwort vom "Erwachen der Kirche in den Seelen der Gläubigen" ist Symbol für eine Frömmigkeit, die den "hierophantischen Akzent" der christlichen "Seelenführung" eindeutig auf das "opere operato" legt.

Die Christo- und Ekklesiozentrik dieser neuen Auffassung von Liturgie und liturgischer Pastorale war unverkennbar beeinflußt von einer (benediktinischen) "Verklärungstheologie" (O. Casel, OSB). Eben daraus resultierte die Affinität der "Liturgischen Bewegung" zu einer Art "Eschatologismus"[48] und "Halbquietismus".[49] Sicher war die Ekklesiologie der "Liturgischen Bewegung" vom Leib-Christi-Gedanken pneumatologisch bestimmt. Die Werke von J. Herwegen, O. Casel, R. Guardini, P. Parsch, Ch.

Panfoeder, J.A. Jungmann sind Zeugnisse dafür. Die kosmisch-pneumatisch-eschatologische Schau der Kirche ("Es ist das Mysterium des einen pneumatischen Christus, der da ist: Christus mit seiner Ekklesia.")[50] übte eine beachtliche Anziehungskraft auf die "Liturgische Bewegung" aus.

> "Weil aber alle zeitgenössischen Desiderate wie Gemeinschaft, Objektivität, Leben, religiöse Neuorientierung, Mystik und wohl auch bestimmte politische Elemente in der Bewegung [...] zusammenflossen, gelang es ihren Förderern [...] ihre hauptsächlichen Ideen durchzusetzen."[51]

Die "objektive Frömmigkeit" der "verklärungstheologisch" inspirierten "Liturgischen Bewegung" beinhaltete in ihrer Mystik mythische Ideen. Für Theologen wie Erzbischof C. Gröber, K. Rahner, M. Kassiepe und E. Przywara war das "Bewegungs"-Gefälle zu einer mystizistischen Volksliturgie unverkennbar: Die pneumatische Ekklesiologie intendierte nämlich keine Aufwertung der Rolle des Hl. Geistes in der Kirche, sondern eine pneumatische Interpretation des Wirkens Christi, d.h. *seines* Geistes bzw. Pneumas in den Gliedern *seines* mystischen Leibes. Diese bis zur extremen Konsequenz durchgeführte Christozentrik verhindert ungewollt eine wirklich pneumatologische Ekklesiologie. Eine solche nämlich baut auf der harmonisch-trinitären Sicht des Gottmenschen Jesus Christus auf, der Mittelpunkt der Kirche und Mittler des (nicht seines!) Hl. Geistes ist. Indem die "Liturgische Bewegung" die christliche Trinitätslehre christozentrisch atrophierte, mythologisierte sie die Christologie: Christus wird zu einer quasiautarken, aus sich selbst heraus allmächtig spendenden Überperson, der bald physisch-biologische bald mystisch-pneumatische Züge zugedacht werden. Die Sichtung der Quellenbelege erlaubt die Behauptung, daß in solcher Neoromantik "Christus-Dionysos" seinen apollinischen Neueinstand feiert (vgl. 1.5.). Dazu ausgewählt zwei signifikante Beispiele: In unpräziser Sprache ist in P. Parschs "Volksliturgie" von einem "übernatürlichen Blutkreislauf" die Rede, der sich aus der physischen Einigung zwischen Christus und seinen Gliedern ergeben soll. In seinem Werk "Die Formung des Geistes durch den Geist Christi" schreibt J. Herwegen:

> "Jedes lebendige Glied am mystischen Leib Christi, der Kirche, lebt aus dem Geist Christi. Unsere Verbundenheit mit Christus ist also

eine physische, als Glieder seines Leibes leben wir aus seinem göttlichen Leben."[52]

Dieses symbiotische Leib-Christi-Modell Herwegens lebt aus der konfabulativen Einheit von physisch-biologischem Naturalismus und mystisch-pneumatischem Supernaturalismus. Indem die sprachliche Vision vom Metaphorischen in das Konkretistische umschlägt, wird eine leibliche und vitalisierende (All-)Präsenz imaginiert. Der symbolische Aussagewert tritt völlig hinter dem physisch-spiritistischen zurück. Damit wird über die Magie der sprachlichen Vision eine Heilsgegenwart imaginiert, die neomythisch irreal und "menschlich, allzumenschlich" ist (vgl. 1.5.1.).

Der Tübinger Theologe F.X. Arnold hat schon 1942 den streckenweisen Prolapsus der "Liturgischen Bewegung" in einen "naturalen Supernaturalismus" (vgl. 1.5.3.2.) kritisch analysiert[53]. Dabei erarbeitete er insbesonders die "dialektische" Bedingtheit von pneumatisch-christozentrischem Mystizismus und naturhaft-biologischem Identitätsdenken. Arnolds pastoral- bzw. fundamentaltheologische Analyse deckt sich hierin grundlegend mit unserer Analyse der romantischen "Mythos-Renaissance" (vgl. 1.4. - 1.5.): Das "Menschliche, Allzumenschliche" der Neomythologie ergibt sich aus der Verquickung psychisch-vitaler (Identitäts- bzw. Identifikations-)Bedürfnisse mit metaphysischen Inhalten. Der dionysische Irrationalismus der Neomythologie (vgl. 1.5.2.) zirkuliert um die Erfahrungsdimension des Leiblichen. Er ist stofflich gebunden und sucht über die Begegnung mit dem "vergeistigt Stofflichen" seine tagtraumhafte, ekstatische (Bedürfnis-) Erfüllung. Die "Liturgische Bewegung" der Zwischenkriegszeit ist in ihrem ekklesiologischen Christozentrismus nicht frei von dionysisch-apollinischem Irrationalismus. Der aber kennzeichnet die romantische Mythos-Renaissance insgesamt, wird jedoch zur Zeit der "Umwertung der Romantik" (hauptsächlich 1920-1940) zur besonderen Triebkraft (vgl. 1.5.2.1.).

4.1.4.3. Das "restaurative" Verharren des theologischen Sinnangebots innerhalb der "Dialektik der Hierophanie"

Zusammenfassend und zuordnend läßt sich feststellen, daß die christlichen Konfessionen auf den Zusammenbruch des monistischen und liberalen Kulturidealismus (nach dem I. Weltkrieg) mit Rückbesinnung und positionellem Rückzug reagierten. Der Leides- und Sinndruck, der durch das Grauen des Großen Krieges und seiner Folgerevolutionen in der "damaligen" Generation allgemein erzeugt wurde, bewirkte die erste ernste Krise der Säkularisation: Subjekt, Vernunft und Geschichte als Grundvektoren der entsakralisierenden Emanzipationsbewegung verloren ihren Souveränitätsanspruch. Die monistisch tendierende Aufklärung mit ihrer säkularen Soteriologie, ihrer pädagogischen Moralität und entelechial gefaßten Anthropologie wurde erstmals radikal erschüttert durch die massenhafte Grunderfahrung des Infernalischen. Die Stimmung des "Fin de siècle", die sich schon Jahrzehnte zuvor im (remythologisierenden) Kunstschaffen und in der Literatur (z.B. des Expressionismus) als Gefühl der Gefährdung, Zukunftsangst und Verweigerung ansagte, brach sich in das krisenhafte Spaltungsgebilde von Nihilismus, Neomythologismus und Neoreligiosität. Mit P. Schütz läßt sich sagen, daß eine ganze (Kriegs-)Generation nach einer "religiösen Bewahrnis im Scheitern" suchte. Die "Dialektik der Aufklärung" kulminierte während der 20er Jahre in der faschistoiden bzw. sozialistischen Neomythologie und deren politaktiver "Umwertung der Romantik" (vgl. 1.5.2.). Wie polyphon und vielgestaltig die "Neue Religiosität" auch war, freigesetzt wurde sie durch den Kollaps der bisherigen, staatlichen, kulturellen, moralischen und geistigen Ordnungsgebilde. Die "Säkulare Religion" (P. Schütz, 1929) war unglaubwürdig geworden, der "Kulturprotestantismus" (A. Ritschl) am Ende. Religiöse Umkehr wurde leicht als Abkehr ("Heimholung") von der "Welt" und "Sprung" in den Glauben an das Übersinnliche verstanden. Existenzialismus und "Dialektische Theologie" boten ihre Methoden zum geistig-sittlichen Überleben an. Transkonfessionell war das "unterscheidend Christliche" gefragt. Praktiziertes Christentum wurde generell als Antithese zur säkularen Kulturwelt verstanden. Damit blieb es aber in hohem Maße der Dimension von "Kulturkampf" und Verweigerung verhaftet.

Der krisenhafte Zusammenbruch des liberal-bürgerlichen Kulturidealismus und das Aufbrechen der "Neuen Religiosität" stellen einen erstmaligen Wendepunkt dar in der neuzeitlichen "Dialektik der Hierophanie" (M. Eliade): Eine antithetische, exklusive und sakralbewußte Umkehr-Bewegung zur "Unterscheidung des Christlichen" (R. Guardini) findet statt. Und zwar so kompromißlos, intensiv und schichtenunspezifisch[54], daß der europäische Kulturraum davon insgesamt betroffen und durchgeformt wurde. In ihrer prämodernistischen Tendenz der Rückkehr als Umkehr liegt - aus kulturphilosphischer Perspektive - eine basale Gemeinsamkeit zwischen "Neuer Religiosität" und Neomythologismus. Erstere strebt zwangsläufig nach einer "objektiven Frömmigkeit" (etwa im Sinne der "Liturgischen Bewegung"), während sich letztere über die "Umwertung der Romantik" zu legitimieren sucht. Religiosität als "Heimholung" der anima christiana aus dem heillos Profanen in den dogmatisch und ekklesiologisch definierten Heilsbereich, ist das damalige pastoralpraktische Soteriologiekonzept der katholischen Kirche. Dieses gestaltet sich organisch im Einklang mit der lehramtlichen Entwicklung (Vat. I etc.) und der fundamentaltheologischen Apologetik, die im "Risorgiomento" wie im "Kulturkampf" (1871-1880) polemische Züge ("contra agere") annehmen konnte. Auf einen einfachen Nenner gebracht, läßt sich sagen, daß sich die katholische Kirche als (heilsvermittelnde) Antithese zur (säkularen) "Welt" verstand und bewährte. Doch eine Antithese ist etwas Anderes als eine Alternative.

Eine Antithese ist immer rückgebunden und begründet in der Dialektik des Wechselspiels. Gerade das macht ihre Attraktivität aus. Die Antithese steht, wirkt und fällt mit der These. Und umgekehrt. Jedes dialektischdiadische System funktioniert wechselseitig selbstaffirmativ; es sei denn, daß es von "außen" her durch ein ganz Anderes und Drittes aufgelöst und von sich selbst befreit wird. Jedes dialektische System ist exklusiv, exkludierend und selbstbezüglich in seiner balanzhaften Homeostatik. In der wechselseitigen Identitätszuweisung über das Gegen-Teil (die Antithese ist das, was die These nicht ist) formiert die dialektische Diade eine reaktive Ganzheit, der kein Anspruch auf Wahrheit zukommen kann. Jedes dialektische Geschehen ist als solches schon entfremdet.

Die "Dialektik der Hierophanie" ist zunächst einmal eine religionswissenschaftliche These, die M. Eliade in seiner späten Schaffensperiode prägte. Sein letztes großes Vorhaben war es, diesen Begriff wie einen Maßstab auf die abendländische (Religions-)Geschichte der Neuzeit anzulegen. Damit sollte ein epochaler Entfremdungsprozeß bewußt gemacht werden, der letztlich daran krankt, dialektisch zu sein. Deshalb gibt es für diesen Prozeß keine Selbstheilung aus sich selbst heraus, sondern nur den "Kulturkampf" zum Selbsterhalt. Erörtert mit dem Maßstab der "Dialektik der Hierophanie", wird das Drama der Moderne - ihre Entstehung, Enthumanisierung und Entmythologisierung - deutbar in seiner antithetischen Polarisierung: Säkularisation und Aufklärung, Enttheologisierung und Entkirchlichung emanzipieren die Neuzeit zur Moderne. Die Aufklärung in all ihren geistigen, gesellschafts- und kirchenpolitischen Schattierungen wirkt als Antithese zur überkommenen Religiosität. Diese Antithese wird zunehmend machtvoller und kulturbildend. Sie drängt den Katholizismus in eine apologetische Defensive und bedroht den Protestantismus mit nivellierender Auflösung ("Kulturprotestantismus"). Indem sie säkularisiert, befördert sie aber - wie F. Nietzsche trefflich voraussah - die Moderne unaufhaltsam dem Nihilismus entgegen.

Die erste ernste Krise der säkularen Moderne bereitet sich jahrzehntelang in einer "Fin de siècle" - Stimmung vor und setzt mit dem I. Weltkrieg bruchartig ein. Die Sinnkrise als Epiphänomen des Großen Krieges und seiner Folgerevolutionen verschiebt den "hierophantischen Akzent" zurück auf die Suche nach einer glaubwürdigen religiösen Sinndimension (Neue Religiosität; Neomythologismus; Neomystizismus). An dieser religionsgeschichtlichen Wende koinzidiert die Wiederakzentuierung des Religiösen mit der (tendentiell verstärkt einsetzenden) Entdivinisierung von Subjekt, Vernunft und Geschichte. Dadurch erst profiliert sich die Dialektik der spätmodernen Religionsgeschichte. Die Dialektik des Verschiebungsvorganges läßt sich allerdings nicht direkt und notwendig aus der Wiederakzentuierung des Religiösen ableiten, sondern aus dem praktizierten Rollen- und Funktionsverhalten der Großkirchen: aus deren Apologetik, Selbstverständnis und Selbstrepräsentanz.

In differentistischer Manier definierten sich die Kirchen selbst als heils- bzw. redemptionsvermittelnde Antithese zur säkularen Kultur-"Welt". Der

Kirchengeschichtler A. Franzen bekennt dazu: "Beim Rückblick auf die Vergangenheit stellte man fest, daß der Katholizismus im 19. Jh. bei all seinen Erfolgen innerlich doch in eine Verkümmerung geraten war."[55] Die "Rückkehr aus dem Exil"[56], welche der kath. Philosophenkreis um Peter Wust als Motto für ein "aggiornamento" der 20er Jahre ausgab, war kirchlicherseits antithetisch-autoritativ ("instruktionstheoretisch") statt integrativ programmiert. Dieses kirchengeschichtliche Faktum kann durch integrative Innovationsversuche wie die "Ökumenische Bewegung"[57] und die "Phänomenologische Bewegung"[58] (Max Scheler) zwar geglättet, aber nicht aufgelöst werden.

Die reaktive Antwort der katholischen Kirche auf den Leidens- und Sinndruck, der mit dem Zusammenbruch des Kulturidealismus einherging, verhinderte ein "aggiornarmento", das den dialektischen Rahmen gesprengt und eine integrale Alternative ermöglicht hätte. Die kirchliche und lehramtliche Distanznahme von Rationalismus und Naturalismus, so wie sie sich im 19. Jahrhundert und insbesonders im I. Vaticanum zutrug, darf als notwendige Grenz- und Differenzsetzung zum Monismus (vgl. 4.1.3.2.) verstanden werden. Obwohl "instruktionstheoretisch" getönt, artikulierte sie die fundamentale theologische Wahrheit vom Christentum als geoffenbarter Religion. Der Offenbarungslehre des Vaticanums würde man nicht gerecht werden, wollte man sie lediglich als antithetische Setzung zur monistischen Großthese der Aufklärung interpretieren. Vielmehr akzentuiert sie dogmatisch-fundamentaltheologische Basiselemente für das Christentum als Antwort auf die Sinnsuche der Spätmoderne. Monierbar hingegen bleibt, die kirchliche Selbstpräsentation. Ihre Engführung von exklusiv katholischer Ekklesiologie[59] mit mystischer Soteriologie (die Verquickung derselben mit einer autoritativen Gehorsams- und Morallehre usw.) hatte einen antithetischen Rollen- und Funktionscharakter.

Die "glaubensgeschichtliche Wende", die sich im frühen 20. Jahrhundert anbahnte, fand schließlich *nicht* statt. Die neue Sensibilität für Religiöses verlief sich entweder im Neomythologismus oder wurde kirchlicherseits mit einem inadäquaten, antithetisch formulierten Sinnangebot konfrontiert. Wo immer aber das religiöse "Lösungsangebot" antithetisch statt dialogal-alternativ gefaßt ist, dort verbleibt es innerhalb der "Dialektik der Hierophanie" und ihres "Kulturkampfes".

Daß jede antithetische Setzung - wie puristisch sie auch vorangetrieben sein mag - in sich selbst wiederum spaltungsanfällig ist, daß ist an der "Liturgischen Bewegung" und ihrer "objektiven Frömmigkeit" exemplifizierbar geworden. Diese tendierte nachweislich zu einer neomythologistisch-supranaturalistischen Spiritualität (vgl. 4.1.4.2.). Dadurch aber läßt sie sich als Epiphänomen der "Dialektik der Aufklärung" klassifizieren. Sie wird qualifizierbar als mythologienahe "Bewegung", die zur Aufklärungsdialektik und ihrer fasettenreichen Tautologie gehört, ohne Ausweg, Transzendenz und Alternative zu sein.

So scheint es, daß die "glaubensgeschichtliche Wende", die sich im frühen 20. Jahrhundert anbahnte, an der "Dialektik der Hierophanie" scheiterte, ohne eine zugkräftige christliche Alternative zur "Dialektik der Aufklärung" ausbilden zu konnten. Daß die fundamentaltheologische Auseinandersetzung mit der Säkularisation und ihren monistischen Tendenzen apologetisch defensiv fixiert blieb, tat das Seinige zum Verbleib im Antithetischen. Dadurch kam es theologischerseits nur sehr bedingt zu einer "anthropologischen Wende"[60]. Die exklusiv und restaurativ gehaltene christliche Botschaft (deren Christologie ekklesiozentrisch gefaßt blieb) bezog ihre vorübergehende Aufwertung und Attraktivität eher aus dem Gegensätzlichen als aus einem gelungenen Brückenschlag zur damaligen Aktualität. Der anschließende Passus zur Apologetik mag diese Sicht noch vertiefen.

4.2. Apologetik (im 19. und frühen 20. Jahrhundert) als Antithese zu Säkularisation und Kulturidealismus

4.2.1. Die offenbarungstheologische Legitimation des Christentums als Effekt der Aufklärung

4.2.1.1. "Das Werden neuzeitlicher Fundamentaltheologie" vor dem Hintergrund der Säkularisation

Der entsakralisierende Säkularisationsprozeß verlief in zweifacher Hinsicht dialektisch. Zum einen nahm er mit der Romantik (des frühen 19. Jahrhunderts) die Spaltungsdynamik der "Dialektik der Aufklärung" (Rationalismus versus Neomythologismus) an; zum anderen bewirkte er eine breitgefächerte kirchliche Oppositionsbewegung, die sich "kulturkämpferisch" antithetisch der Aufklärung (sowie der Säkularisation und ihren "Monismen") entgegenstellte. Mit M. Eliade läßt sich dieser Konnex multipler Wechselwirkungen schließlich unter dem Dachbegriff der "Dialektik der Hierophanie" zusammenfassen: Die Säkularisation ist gemäß Eliade jener geschichtliche Prozeß, in dessen Vollzug die Grenzen dessen, was als "sakral" galt, aufgelöst und der "hierophantische Akzent" verlagert wurde. In Folge davon kam es allgemein zur profunden Aufwertung von Subjekt, Geschichte und Kulturschaffen. Die Umwertung des Religiös-Metaphysischen und Sakralen kulminiert zunächst im liberal-bürgerlichen Kulturidealismus des 19. Jahrhunderts (vgl. 4.1.2.). Durch den Ersten Weltkrieg und mit dem Zusammenbruch des überkommenen Kulturoptimismus wird alsbald die religiöse Frage soteriologisch neu plazierbar. Gerade hierbei zeigt sich aber die insistente Tragweite der "Dialektik der Hierophanie": Die etablierten Großkirchen reagierten auf die unerwartete, geistige "Vakuumsituation" mit positionellem Rückzug auf das "unterscheidend" Christliche. Christentum als Antithese zur kollabierten "Welt" und Soteriologie als "Heimholung" aus dem Profanen, sind die theologischerseits vorgetragenen Angebot zur "objektiven Frömmigkeit" der Resakralisierung (vgl. 4.1.4.2.).

Auf dem Hintergrund der Säkularisierung bzw. der "Dialektik der Hierophanie" läßt sich "Das Werden neuzeitlicher Fundamentaltheologie"[61] umrißhaft erkennen. Dessen Strukturen grobflächig zu markieren, ist unverzichtbar für unsere Begründungsarbeit an einer christlichen (Offenbarungs-)Alternative zur Dialektik der (Post-)Moderne. Zur Frage der "Vorgeschichte der Fundamentaltheologie" schreibt H. Wagner:

> "Die Frage allerdings, welche theologischen und theologiegeschichtlichen Tendenzen man zur unmittelbaren Vorgeschichte der Fundamentaltheologie zählt, entscheidet sich nicht zuletzt daran, wie man dieses Fach gegenwärtig betreibt bzw. betrieben haben möchte. Der breite Strom christlicher Apologetik [...] darf aus der Geschichte der Fundamentaltheologie nicht eleminiert werden."[62]

Die Apologetik des 19. und frühen 20. Jahrhunderts erweckt unser besonderes Interesse hinsichtlich ihres Verhältnisses zur Dialektik der Moderne und zum Modernismus, der im Zusammenbruch des Kulturidealismus (nach dem Ersten Weltkrieg) seinen ersten massiven Einbruch erlebte (vgl. 4.1.2.).
Wenn auch eine detaillierte Geschichte der Fundamentaltheologie noch ungeschrieben ist[63], so "darf als gesichert gelten, daß es zur Ausbildung der Fundamentaltheologie als einer selbständigen, von der Dogmatik losgelösten Disziplin erst im 19. Jahrhundert gekommen ist."[64]
Bezüglich dieser "Datierung" des Entstehens einer selbständigen fundamentaltheologischen Disziplin besteht in der Fachwelt ein derart breiter Konsens[65], daß wir sie als gesicherte, allgemeine Voraussetzung annehmen dürfen. Die Entstehung der Fundamentaltheologie im engeren Sinn koinzidiert also ideengeschichtlich mit der Phase der "Dialektik der Aufklärung". Deren Dynamik und ihr Offenbarungs-"Verständnis" schuf das geistig-säkulare Milieu, in dem sich die Apologetik zu bewähren hatte.

Bei unseren bisherigen Überlegungen zur Religionskritik der Aufklärung gingen wir keineswegs pauschal von einer radikalen Offenbarungsfeindlichkeit der Aufklärung aus.[66] Auch wäre es gänzlich undifferenziert, eine einfache Gleichsetzung von Aufklärung, Rationalismus und Atheismus anzustreben. Der schon zu Traktatsbeginn eingeführte Leitbegriff der "Dialektik der Aufklärung" verunmöglichte von Vorne herein eine derart simplifizierende Triologie. Allerdings ist es religionsgeschichtlich unleugbar, daß die Aufklärung (als Epoche) in die Nihilismuskrise der Spätmoderne auslief. Die von F. Nietzsche prophezeite "Götzen-Dämmerung" zog her-

auf und zwar mehr im popularisierten, reduktionistischen Nach-Vollzug des aufgeklärten Subjektivismus als im Vollzug der klassischen Aufklärung selbst. Mit letzterer ist die Epoche des ausgehenden 17. und 18. Jahrhunderts gemeint, die z.B. schon F. Schlegel unter Hinweis auf ihre theologischen Wurzeln (Licht, Klarheit) zu rehabilitieren suchte. Auch M. Eliade weist auf die (quasi-)religiösen Vorstellungen hin, mit denen die Aufklärung den Entsakralisierungsprozeß einleitete, der theologischerseits nur schwerlich zu kanalisieren war.
Diese epochengeschichtliche Faktenlage läßt die Leistung der Apologetik als früher fundamentaltheologischer Methode fraglich werden. An die "apologetische Fundamentaltheologie" ist die kritische Frage nach ihrer Leistungsfähigkeit zu richten: Worin hat sie unter den gewandelten Bedingungen der Aufklärung versagt, hermeneutische Vermittlungsinstanz des Christlichen zu sein? Wodurch blieb sie der "Dialektik der Hierophanie" und ihrer sterilen Eigendynamik verhaftet? Für die Fundamentaltheologie der anbrechenden Postmoderne ist diese theologiegeschichtliche Selbstkritik schon deshalb klärend, weil die Nihilismuskrise der Gegenwart Parallelstrukturen und -dynamiken zu "damals" hervorruft. Man denke beispielsweise an die aktuelle Kontroverse um einen "katholischen Fundamentalismus".

Die Aufklärung stellte erstmals das Christentum *als* Offenbarungsreligion in kritische Anfrage. Die Postmoderne (als literarische, philosophische, ästhetische ... Bewegung) fragt erneut nach "Offenbarung" (vgl. 3.2.-3.3.) und sucht nach "Offenbarungserfahrungen" (J. Schmitz) als "Wegen" aus dem gescheiterten Atheismus der Moderne. Unter den veränderten Bedingungen der Postmoderne ist die klassische apologetische "Beweis"-Methode aber unbrauchbar. Es wäre ein Verfall in "prämodernistisches Denken" (J. Habermas), wolle man der postmodernen Anfrage nach "Offenbarung" eine Apologetik anbieten, die ihre Grundposition und Argumentationsfiguren aus dem 19. und frühen 20. Jahrundert bezieht. Sie würde weder der "conditio humana" des "heutigen" Menschen (vgl. 4.3.4.1.) noch der Anfrage selbst gerecht werden. Diese Behauptung verlangt nach ihrer inhaltlichen Begründung, die knapp gefaßt und pointiert sein sollte. Deshalb sollte sie auf jenes Unterscheidungsmerkmal zulaufen, das den inhaltlichen und methodischen Mangel der frühen Apologetik bezeichnet, um dessen Wiederholung auszuschließen. Dazu ist es nötig, in die Geschichte der Apologetik einzutreten, nicht ohne sich hierbei auf die gesicherten Erkenntnisse und Auswertung namhafter zeitgenössischer Theologen wie M. Seckler, J. Schmitz, E. Biser, P. Eicher u.a. zu stützen.

4.2.1.2. Autoritätsbetonte Apologetik als (Anti-)Effekt der Offenbarungs- und Religionskritik

Mit ihrem kritischen Bezug zum Offenbarungsgedanken war die Aufklärung von zentraler Bedeutung für die spätneuzeitliche Apologetik und "Ausbildung der Fundamentaltheologie als einer selbständigen, von der Dogmatik losgelösten Disziplin."[67] M. Seckler hat in seinem Traktat "Aufklärung und Offenbarung"[68] diese signifikante Verquickung überzeugend herausgearbeitet. Die Offenbarungskritik der Aufklärung war jedenfalls in ihrer Frühzeit (ausgehendes 17. Jahrhundert) noch nicht von einer radikalen Offenbarungsfeindlichkeit getragen. So haben nicht alle "Aufklärer" die menschliche Vernunft als ein rein autonomes Vermögen begriffen. Herbert von Cherburg (1582-1648), der eine "Schlüsselstellung" (M. Seckler) in der Offenbarungskritik der frühen Aufklärung einnimmt, bewertet sie (noch) als ein "Organ" zum Vernehmen göttlicher (Offenbarungs-)Wahrheit. Erst in ihrer Spätphase, der "Dialektik der Aufklärung", radikalisiert sich die Offenbarungs- bzw. Religionskritik in das Monistisch-Reduktionistische hinein. Dieser Radikalisierungsprozeß wurde von R. Schaeffler und H. Zirker mit wohltuender Neutralität untersucht und religionswissenschaftlich dargestellt.[69] In der Frage des Prozessverlaufes der "Offenbarungskritik der Aufklärung"[70] stimmt J. Schmitz mit R. Schaeffler und H. Zirker im Ergebnis überein:

> "Das [...] 19. Jahrhundert artikuliert seine Christentumskritik nicht mehr als Offenbarungskritik, sondern als Religionskritik."[71]

Die Offenbarungskritik der Aufklärung war weit gespannt und in ihrem Verlauf "kaskadisch": Sie reichte von der Ablehnung der Offenbarung als Legitimationsinstanz für bestimmte (feudal-)gesellschaftlich-politische Traditionen (vgl. 1.3.) über die Verneinung bestimmter (behaupteter) historischer Grundlagen der Offenbarungsaussagen (H.S. Reimarus, Lessing) bis hin zum prinzipiellen Bestreiten der Offenbarungsidee. Man denke hierbei nur an John Tolands (1670-1722) bekanntes Werk "Christianity not mysterious" und an Anthony Collins (1676-1729) Schrift "A Discours of Free-Thinking" (1713). Gleichsinnig mit der Offenbarungskritik bewegte sich die emanzipationsbewußte Anthropologie der Aufklärung (vgl. 4.3.2.), die im "romantischen Subjektivismus" ihre ultimative Freiheitsbezeugung fand (vgl. 3.3.). Die optimistisch-selbstbewußte "Menschenkunde" der Aufklärung lieferte ihrerseits eine implizite Offenbarungskritik, die schließlich in eine atheistische Religionskritik hinein kadierte. Für die damalige Offenbarungskritik im engeren Sinn faßt M. Seckler drei Hauptaspekte zusammen: Kritik eines supranaturalistischen Verständnisses der Offenbarung; Kritik eines Offenbarungspositivismus; Kritik eines offenbarungstheologischen Absolutismus.[72] J. Toland, A. Collins, M. Tindal (1657-1733) und H. S. Reimarus stehen als exemplarische Namen für eine Offenbarungskritik, die den "damaligen" Offenbarungsbegriff selbst problematisiert. Dieser definiert Offenbarung

> "als Belehrung über Wahrheiten, die auf übernatürliche Weise erfolgt und ihrem Inhalt nach die Fassungskraft der menschlichen Vernunft übersteigt."[73]

Das Umschlagen der Offenbarungskritik zur agonistisch-atheistischen Religionskritik setzt um die Wende vom 18. zum 19. Jahrhundert ein. Es ist Symptom für das neue Selbst- und Weltverständnis der abendländischen Moderne, die sich die Grundprinzipien des Erkennens und ethischen Handelns neu zumißt. Während diese in der frühen Aufklärung noch als dem Menschen vorgegebene und ihm innerlich (von Gott her) einleuchtende Prinzipien aufgefaßt wurden, transmutieren sie nunmehr zu Prinzipien, die die Vernunft atheologisch selbst setzt. Was der Frühaufklärung noch transzendentaltheologisch legitimierbare Grundprinzipien waren, wandelt sich im progressiven Vollzug der Aufklärung zu Konstruktionsprinzipien, über deren Handhabung sich bestimmt, was "menschenmöglich" ist. Ein derart "aufgeklärtes" Welt- und Selbstverständnis benötigt Gott weder als (Legitimations-)Prinzip der Wirklichkeit noch als Ermöglichungsgrund menschlicher Freiheit. Folgerichtig trachtet die Religionskritik danach den Gottesgedanken zur Projektion zu "erklären".

Die Offenbarungs- bzw. Religionskritik der Aufklärung bewirkt, daß im 18./19. Jahrhundert theologiegeschichtlich erstmals das Thema "Offenbarung" zentral und kontrovers wird. Während die Apologetik der Reformationszeit noch um eine demonstratio catholica zentriert war und hierbei methodisch entlang der "via historica" und "via notarum" verlief, erlebt sich die Theologie des 19. Jahrhunderts mit ihrer konfessionsübergreifenden Infragestellung konfrontiert.

> "Die Kritik der Aufklärung hat das kirchlich-konfessionell geprägte Christentum durch die Problematisierung seines Offenbarungsanspruchs in Bedrängnis gebracht."[74]

Durch die Auseinandersetzung mit der Offenbarungskritik hat sich der (klassische) apologetische Offenbarungstraktat der katholischen Theologie entwickelt. Er hat im späten 18. Jahrhundert seine Grundstruktur gefunden.[75] Seine Wurzeln reichen allerdings bis zu Hugo Grotius' Apologie "De veritate religionis christianae" (1627). In dieser Schrift wird der Wahrheitsanspruch des Christentums im Streit der Religionen mit dem direkten göttlichen Ursprung seiner Lehren und Weisungen begründet. Gemäß E. Biser hat dieser Traktat "grundlegende Bedeutung für die apologetische Konzeption der Folgezeit."[76] Diese ist generell auf eine demonstratio christiana, d.h. auf eine offenbarungstheologische Legitimierung des Christentums ausgerichtet. Zusammenfassend dazu M. Seckler:

> "Auf der sprachlichen Ebene drückt sich das darin aus, daß der christliche Glaube nunmehr als Offenbarungsglaube, die christliche Religion als Offenbarungsreligion, die christliche Theologie als Offenbarungstheologie gesehen und bezeichnet wird, in der Sache bedeutet es, daß die Offenbarung als durchgängiges Fundament und als Seinsdimension des Christentums im ganzen erkannt und als Möglichkeitsbedingung und Seinsbestimmung von Theologie und Glaube auch wissenschaftstheoretisch reflektiert wird."[77]

Für die offenbarungstheologische Legitimation des Christentums wird zweierlei fraglich: Wie wird im Kontext aufklärerischer Kritik Offenbarung reflektierbar und wie kann der kirchlich geprägte Offenbarungsglaube vernünftig verantwortet werden? Die theologische bzw. lehramtliche Antwort auf die kritische Herausforderung der Aufklärung war schließlich bestimmend für das Gesamtverhältnis von Aufklärungsmoderne und kirchlich verfaßtem Christentum. Eine defensiv motivierte und antithetisch verfaßte Glaubensbegründung mag zwar als Katechon temporär wirksam gewesen sein, bewirkte aber zugleich eine dialektische Opposition (von Offenbarung contra Vernunft, Aufklärung versus Kirche) mit all ihren "kulturkämpferischen" Folgen.

Die große Grundfrage, die jedweder Offenbarungskontroverse und Apologetik subsistiert, ist die Grenzfrage nach dem Vernunftvermögen des Menschen: nach der subjektiven Vollmacht ihres Vollzuges, ihrer Autarkie und Affinität zum "Anderen" göttlicher Wahrheit. Durch die Offenbarungskritik sah man kirchlicherseits die Autorität (höhere Vernunft und Wahrheit) Gottes, die Autorität der Tradition und die Autoritätsgarantie der Überlieferungsmedien in Frage gestellt. Während also die Offenbarungskritik als Epiphänomen der Aufklärung das Autoritätsprinzip subversierte, griff die Religionskritik des 19. Jahrhunderts die göttliche Autoritätsinstanz, d.h. die Wirklichkeit Gottes selbst an.

> "Die Theologie war genötigt, den transzendenten Ursprung, die Ungeschuldetheit und den unverfügbaren Inhalt des christlichen Glaubens, aber auch die Tradition und die Überlieferungsmedien zu verteidigen. Es galt im Gegenzug zur Abwertung des Autoritätsprinzips durch die Kritik den Wert einer geschichtlich vermittelten Erkenntnis, die sich auf Autorität stützt, zu begründen und zu sichern. Man tat das mit Hilfe der Offenbarungsidee,[...]."[78]

Dieses Zitat aus J. Schmitz Werk "Offenbarung" umreißt nicht nur in wenigen, prägnanten Sätzen den primären Auftrag damaliger Apologetik, sondern es versprachlicht auch über die Wahl der Verben ("verteidigen", "sichern") die defensive Grundhaltung dieser Glaubensbegründung vermittels des restaurativen Autoritätsprinzips.

Mit besonderem Verweis auf die Quellenstudien von G. Heinz[79] und J. Trütsch[80] und dank der umfassenden, themenspezifischen Werke von M. Seckler, J. Schmitz und P. Eicher läßt sich die folgende Gesamtqualifizierung der klassischen Apologetik wagen: Sie argumentiert durchgängig mit dem Autoritätsprinzip, dem der "Hörer des Wortes" unbedingt verpflichtet und als "Subjekt" unterworfen wird. Offenbarung wird als ungeschuldete Mitteilung übervernünftiger Wahrheiten verstanden. Diese übersteigen ihrem Inhalt nach die Erkenntnis- und Einsichtsfähigkeit der menschlichen Vernunft, weshalb sie nur aufgrund der Autorität Gottes dem Menschen als wahr glaubhaft sein können. Der christliche Glaube wird dementsprechend als gehorsame Zustimmung zu den von Gott geoffenbarten und von der Kirche vorgelegten Glaubenswahrheiten ("depositum fidei") definiert. Die klassische Apologetik des 18. und 19. Jahrhunderts vergißt keineswegs, daß der Glaube selbst eine komplexe Ganzheit ist, an der Verstand, Wille, innere (Tugend-)Haltung und Gnade beteiligt sind. Auf diese Komplexität wird jedoch im Glaubwürdigkeitsurteil der "objektiven Apologetik" nicht weiter rekurriert.

> "Denn als ihre Aufgabe betrachtet diese Apologetik den Aufweis der natürlichen (ohne Mitwirkung der Gnade grundsätzlich möglichen), rein rationalen (durch bloße Vernunft allein beweisbaren) und objektiven (auf äussere Kriterien allein gründbaren) Glaubwürdigkeit der Glaubenswahrheiten. Da diese Aufgabe streng vernünftig und demonstrativ gelöst werden soll, um den Gegner auf seinem eigenen Feld zu schlagen, werden fast ausschließlich objektiv-äußere Kriterien der Offenbarung in Betracht gezogen, und der Nachweis der Offenbarungstatsache wird auf den Wunder- und Weissagungsbeweis abgestellt. Das hat zu der Bezeichnung 'objektive Apologetik' geführt."[81]

Der Glaubwürdigkeitsnachweis der klassischen, "objektiven Apologetik" geht von der festen Prämisse aus, daß der christliche Glaube "Zeugnisglaube" sei. Der "Zeugnisglaube" stützt sich und seine vernünftige Kohärenz auf den Nachweis der Offenbarungstatsache und der unfehlbaren Vorlage der Offenbarung durch die Kirche.

Der klassische apologetische Kursus "romanischer" Form ordnete der demonstatio christiana eine "Theorie der Offenbarung" vor und schloß in die demonstratio catholica eine theologische Prinzipienlehre mit ein. Das "deutsche" Apologetik-Modell setzte die religionsphilosophisch geführte demonstratio religiosa an die Stelle der Offenbarungs-Theorie (vgl. A. M. Weiß, F. Hettinger, P. Schanz, H. Schell u.a.). Kernstück der Offenbarungs-Theorie bzw. der scholastisch geführten demonstratio religiosa war die Unterscheidung zwischen "natürlicher" und positiver, "übernatürlicher

Offenbarung". Erstere meint die Schöpfungsoffenbarung, die sich durch den sichtbaren Kosmos vollzieht und vom Menschen durch sein Vernunftvermögen erkannt werden kann. Die klassische Apologetik konzentriert sich in ihrem Argumentationsgang allerdings zielstrebig auf die Legitimation der "übernatürlichen Offenbarung". Der Beweisgang entfaltet sich hierbei regelmäßig entlang einer theozentrischen und einer anschließenden, anthropozentrischen Hauptthese. Deren Sinn besteht darin, zuerst die Möglichkeit einer positiven Offenbarung darzutun und sodann zu demonstrieren, daß eine derartige Offenbarung für den Menschen angemessen, notwendig und auch erkennbar sei. Die anschließende demonstratio christiana betont die Heilsökonomie Gottes, die sich kontinuierlich vom Alten über das Neue Testament vollziehe. Zentral für Einheit und Gelingen der demonstratio ist der Glaubwürdigkeitsbeweis für das Alte Testament mit seiner Messiaserwartung und für deren Erfüllung im Neuen Bund. Insbesonders kritisiert J. Schmitz an diesem apologetischen Verfahren, daß "das ganze Gewicht des Glaubwürdigkeitsnachweises auf dem Wunderbeweis [liegt]."[82] Die demonstratio catholica behandelt sodann die Stiftung der Kirche als Heilsinstanz und Lehrautorität durch Jesus Christus. Bibeltheologisch wird hierzu zunächst aus neutestamentlichen Schriftstellen Jesu Intention belegt, eine Kirche mit Amtsverfassung zu gründen. Durch historisch-systematische Reflexion auf die Kennzeichen der wahren Kirche kann erschlossen werden, daß diese von Christus gestiftete, wahre Kirche als römisch-katholische bis in die Gegenwart existiert. Die "via notarum" als Ergänzung der "via historica" geht davon aus, daß der wahren Kirche Christi vier Merkmale (Einigkeit, Heiligkeit, Katholizität und Apostolizität) als bleibende Qualitäten und Erkennungszeichen mitgegeben sind. Die "via notarum" spielt naturgemäß seit der Reformationszeit eine besondere Rolle. Sie läßt sich, wie Studien von G. Thils[83] und J. Dantine[84] feststellen, mit unwesentlichen inhaltlichen und methodischen Varianten durch die Jahrhunderte hindurch als dominant nachweisen.

Abschließend zu diesem - zugegebenermaßen sehr verdichteten - Abriß (des klassischen) apologetischen Kurses, soll zweierlich nicht unerwähnt bleiben: Zum einen die Immanenzapologetik (V.A. Dechamps, M. Blondel, L. Ollé-Laprune, G.P. Fonsegrive-Lespinasse, J. Maréchal) als Methode der Glaubensbegründung. Durch den Modernismusstreit wird sie zunächst zurückgedrängt,[85] so daß die "objektive Apologetik" das Werden der Fundamentaltheologie (im 19. Jahrhundert) prägte. Die "Immanenzmethode" der "subjektiven" Apologetik wird allerdings noch mehrfach Referenzthema unseres Traktates sein. Zum zweiten sei ausdrücklich auf J. S. Dreys "Apologetik" verwiesen. Über Dreys "Pionierwerk neuerer katholischer Fundamentaltheologie"[86] gibt es erstaunlicherweise nur wenige Untersuchungen. Allenfalls informiert M. Seckler bestens näher über den "Tübinger Entwurf".[87] Im Zeichen Kantscher Philosophie, beeinflußt durch J. N. Ehrlichs "Fundamentaltheologie" und unter Berufung auf F. Schleiermachers "Philosophische Theologie",[88] reflektiert J. S. Drey auf das Verhältnis von "vernünftigem" Subjekt und Offenbarung. Seine Theorie der Offenbarung ist eine theologische Grundlagenbesinnung, die den Ausgleich zwischen "Vernunftwahrheit" und "Offenbarungswahrheit" erstrebt. Der Name J. S. Drey steht exemplarisch für das "schmale Band" jener Apologien, die zur Offenbarungs- und Religionskritik eine theologische Antwort jenseits des Dialektischen suchten und mit der Aufklärung in fruchtbaren Dialog traten.

Das "Werden der Fundamentaltheologie" (im 19. Jahrundert) wurde allerdings nicht durch die "subjektive" sondern durch die "objektive Apologetik" entscheidend geprägt. Unsere knapp gehaltenen Ausführungen hierzu dienen als Vorgabe zur Beantwortung der einleitend aufgeworfenen Fragen: der kritischen Anfrage nach der hermeneutischen Leistungsfähigkeit ("Glaubensvermittlung") der klassischen Apologetik und nach ihrem Verhältnis zur "Dialektik der Hierophanie".

4.2.2. Das Verhältnis der traditionellen Apologetik zur "Dialektik der Hierophanie"

4.2.2.1 Die frühe Fundamentaltheologie zwischen Differenzsetzung und Differentismus

Im vorausliegenden Passus wurde eine komprimierte Darstellung des "Werdens der Fundamentaltheologie" angeboten. Auch auf die Überlagerung und Verdrängung der mancherorts aufkommenden "Immanenzapologetik" durch die "objektive Apologetik" wurde hingewiesen. Unsere Darstellung der Fundamentaltheologie des 19. und frühen 20. Jahrhunderts wurde vollziehbar auf dem Hintergrund der Säkularisation und der "Dialektik der Aufklärung". Diese Darstellung mündet in die offene Frage nach der hermeneutischen Leistungsfähigkeit der "objektiven Apologetik" und in die Anfrage nach deren Verhältnis zur "Dialektik der Hierophanie". Letzthin gilt es dekonstruktiv zu klären, welcher Begründungswert dem klassischen Apologie-Modell für eine postmoderne Fundamentaltheologie (noch) zukommen kann oder ob es als defizitäre Modalität von Glaubensbegründung in toto abzusetzen sei.

Als erster Schritt zur kritischen Infragestellung der klassischen Apologetik ist zunächst auf die Offenbarungslehre des I. Vaticanums rückzuverweisen. Die "fundamentaltheologische Auseinandersetzung des Vat.I mit der monistischen Säkularisation" (vgl. 4.1.3.1.) war bereits Thema unserer Erörterung. Dieses Konzil (das übrigens die Bezeichnung "Fundamentaltheologie" gewissermaßen kirchenamtlich sanktioniert hat) ist Markstein in der Geschichte der Apologetik. Es ist Symbol ihrer Komplexität, die nach differenzierter Kritik und Würdigung verlangt. Eine kritische Würdigung wird wohl zuerst auf die notwendige "Differenzsetzung" eingehen, welche die monistisch tendierende Säkularisation der kirchlichen Apologetik und deren Offenbarungslehre abverlangte (vgl. 4.1.2). Sie wird andererseits genügend Introspektivität besitzen, um jenes Gefälle innerhalb der "objektiven Apologetik" aufzudecken, das die kulturkämpferische "Dialektik der Hierophanie" hervorrief, ohne eine integrative, dialogale Lösung und zeitgemäße christliche Alternative anzubieten.

Was die kritische Würdigung der Offenbarungslehre des Vat. I anbelangt, kann auf unsere bereits erfolgte Ausarbeitung verwiesen werden (vgl. 4.1.3.). Das Vat. I ist signifikanter Knotenpunkt und (relativ später) lehramtlicher Bezugspunkt für die klassische Apologetik und deren ekklesiologisch-christologische Zentrierung auf die Revelationslehre. Die Offenbarungslehre dieses Konzils ist eine begründete Absage an die monistischen Tendenzen des 18. und 19. Jahrhunderts: an Rationalismus und Mythologismus, Naturalismus und Vitalismus. Indem sie den "hierophantischen Akzent" auf die Transzendenz des offenbarenden Gottes und auf das Christentum als religio relevata legt, bringt sie ein Moment der Differenz ein, das für das Bestehen jeder (Offenbarungs-)Religion notwendig ist. Insofern als die Offenbarungslehre des Vat.I. die sinn- und erlebniskonstitutiven Momente der Differenz (ihrer Unüberwindbarkeit und Unableitbarkeit), der Andersheit (Gottes und seiner Offenbarung), der Singularität und Inkommensurabilität, der Heterogenität und Spontaneität, des Mysteriums und seiner Aletheia, akzentuiert, bewegt sie sich sowohl auf urchristlichem als auch auf postmodern-dekonstruktivistischem Argumentationsniveau. Das Vat.I zentriert seine Apologetik auch hinsichtlich seiner Lehre von Natur und Übernatur auf die offenbarungstheologische Einbindung des "Theorems der Diversität", das in der Logik der Postmoderne hohen Stellenwert gefunden hat. Eine anthropologische Situierung der Offenbarungslehre ist dem I. Vaticanum jedoch ebensowenig gelungen, wie die Entfaltung der soteriologischen Dimension. Nicht zuletzt deshalb wird in der theologischen Gegenwartsliteratur diese Revelationslehre fast einstimmig als "instruktionstheoretisch", bisweilen sogar als erfahrungsfeindlich und depersonalistisch kritisiert.

Diese Kritik läßt sich auf die klassische Apologie und ihr (Defensiv-)Verhältnis zur "Dialektik der Aufklärung" übertragen. Die Apologetik des 19. und frühen 20. Jahrhunderts weist ein fatales Gefälle auf von notwendiger Differenzsetzung (die eigentlich den Freiraum innovativer religiöser Kreativität ermöglichen sollte) zu antithetisch-reaktivem "Differentismus". Damit ist ein "antimodernistischer" Rückzug auf die instruktionstheoretische Position des "Zeugnisglaubens" gemeint, der seiner eigenen Glaubwürdigkeits-Logik folgt. Die vorhin skizzierte, klassische (zwei- bzw. dreistufige) Gestalt der fundamentaltheologischen Glaubensbegründung (vgl. 4.2.1.2.) ist exemplarisch für die Logik ihres Positionismus. Das philosophisch-logische Grundmuster dieser neoscholastischen Demonstrationsmodelle ist ein vom Barockzeitalter und vom Geist des Rationalismus modifizierter Thomismus.

> "Die Grundabsicht ist apologetisch im engeren Sinne bis polemisch. Man geht hier davon aus, daß die Vernunft eine autonome Größe ist, die bei rechter Anwendung zu fundamentalen Einsichten kommen kann: Zur Erkenntnis der Existenz Gottes, der göttlichen Herkunft der Offenbarung (aufgrund der Wunder), der Legitimität des Anspruchs der römisch-katholischen Kirche, Kirche Christi zu sein (die drei demonstrationes)."[89]

Wie H. Wagner hervorhebt, wird Vernunft in dem apologetischen Demonstrationsmodell als "eine autonome Größe" veranschlagt, die bei "rechter Anwendung" maximalen Legitimationseffekt erziele. Dieses Vernunftmodell apologetischer Glaubenslogik ist keine Alternative zum Rationalismus, sondern seiner Methode nach selbst rationalistisch. Deshalb trifft die Rationalismuskritik der älteren "Frankfurter Schule" wie der "zeitgenössischen Postmodernen" auf sie zu: Die klassische Apologetik, deren Intention sich im traditionellen Demonstrationsmodell verausdrücklichen, folgt der "Beherrschungsrationalität". Die "imponierende Geschlossenheit"[90] seiner Systematik, die stromlinienförmige Einheit des Kurses, der sich regelmäßig im Exklusivitätsanspruch der "einen, heiligen, katholischen und apostolischen Kirche" beschließt, legt schließlich den Verdacht der oppressiven Fiktion nahe. Eine derart zwänglich auf lückenlose (apostolische) Kontinuität bedachte Darstellung wirkt kontraproduktiv: Sie bewirkt entweder die Unterwerfung des "gehorsamen Subjekts" unter die starre "Schlagkraft" ihres instruktiven Beweisganges oder aber dessen Widerstand vor so viel Überzeugungs-Macht. Deshalb ist die Behauptung falsch,

> "daß die in der Apologetik geleistete Arbeit gerade Gebildeten geholfen hat, den Glauben durch den Ansturm liberaler Wissenschaftlichkeit hindurchzuretten."[91]

Daß die "Gebildeten" zumeist auch Kritiker bzw. sagen "Verächter"[92] der damaligen, konfessionalisierten Form von Apologetik waren, das wußte nicht nur F. D. Schleiermacher, das beschrieb nicht nur F. Dostojewski, sondern dies ist eine nachweisbare Kulturgegebenheit, die auch von der "Katholischen Romantik" (vgl. 4.1.2.) nur unerheblich beeinflußt wurde.

Der traditionelle Glaubwürdigkeitsnachweis für katholisches Christentum, der noch bis in die Mitte unseres Jahrhunderts als Offenbarungstraktat vorgetragen wurde, erwies sich schon zur Jahrhundertwende als anachronistisch und reformbedürftig. J. Schmitz schreibt dazu freimütig:

> "Allerdings drängte sich schon um die Jahrhundertwende wachen Geistern die Frage auf, warum der mit immenser Anstrengung unternommene und in seinem systematischen Aufbau so imponieren-

> de Glaubwürdigkeitsbeweis des katholischen Christentums so wenig Anklang fand."[93]

Im Sinne des Dekonstruktivismus läßt sich zu J. Schmitz' indirekter Frage eine direkte Antwort finden: Das Glaubwürdigkeitsmodell der klassischen Apologetik bewirkte im Verlauf seiner Geschichte zwar einen extrinsezistischen Fideismus, bevorzugte aber eine bestimmte rationalistische Vernunfthaltung. Diese Apologetik war - gegenläufig zu ihrer frequenten Rede vom "mysterium fidei" - auf die historistische Ebene des Faktizitätenbeweises abgestimmt; sie funktionierte linear nach dem finalen Prinzip von causa (exemplaris) und effectus. "Das Wunder hat in der klassischen Argumentation die Aufgabe, das Ergangensein von Offenbarung abzusichern. Ist die Offenbarung tatsächlich ergangen, dann ist sie auch inhaltlich glaubwürdig."[94] Die Verstandesfrage nach der Tatsächlichkeit der Offenbarung(en) veranlaßt den modellhaften Ausweis der Offenbarungsinhalte als übernatürliche "Tatsachen" der (Heils-)Geschichte. Im Sinne von L. Wittgenstein ist hier kritisch anzumerken, daß der apologetische Beweisgang durch die Immanentisierung dessen funktioniert, was transzendenten Ursprunges ist und was nur dadurch zur "Tatsache" werden kann, daß es in seiner Essenz und metaphysischen Valenz erlischt. Die Wahrheitsfrage wird dadurch depotenziert zur Frage nach der faktischen Tatsächlichkeit. Der formalen Tatsächlichkeit korrespondiert die informative Inhaltlichkeit. Wahrheitsmitteilung wird gemäß dieser Offenbarungshermeneutik zur "Information". Die göttlich autorisierte Objektivität dieser Information bezieht sich sodann wiederum auf die "Tatsachen-Welt". P. Eicher bezeichnet die Gestalt dieses Offenbarungsverständnisses als "Informationsmodell". Er faßt deren klassische Argumentation prägnant so zusammen:

> "Das entscheidende Faktum, daß Gott gesprochen hat, ist dabei für die Vernunft glaubwürdig erweisbar durch die Erkenntnis der natürlicherweise nicht erklärbaren Wunder und durch die Prophetien [...], die das Zeugnis der Bibel bewahrheiten."[95]

Gemäß dieser Offenbarungshermeneutik ist das "wahr", was als Information/Tatsache "bewahrheitet" ist. Die apologetische Feuerprobe der "Bewahrheitung" ist ihrerseits aber nichts weiter als die Denkart, wie die Ratio das Andere der Offenbarung als tatsächlich ergangen bemißt: Was natürlich, d.h. zeiträumlich-kausal der Ratio nicht erklärbar ist, soll ex negativo auf das Wunder der Offenbarung verweisen. Der sodann einsetzende "Glaubwürdigkeitsbeweis" bemißt und vergleicht das "Geoffenbarte" nach ausgewählten, positiven Verifikationskriterien. Mit dieser Argumentationsdynamik "beherrscht" die Ratio (als objektivierender Verstand) den Ausweis und die Zuordnung ("nexus mysteriorum") von Offenbarung(sinhalten).

Diese Eigendynamik "objektiv" apologetischer Glaubensbegründung "gründet" insgesamt auf einem formalen und positivistischen Verhältnis zum Unverfügbaren und Inkommensurablen der Offenbarung. Zu deren Tiefendimension gehört aber essentiell ihre Unauslotbarkeit durch die Ratio, ihre Nichtobjektivierbarkeit und geheimnisvolle Symboltiefe, die sich jeder fixierenden Totalvergegenwärtigung entzieht. Jede Theologie der Offenbarung unterliegt einem "eschatologischen Vorbehalt", der in den Demonstrationsmodellen der "objektiven" Apologetik praktisch nicht zum Tragen kommt. So stimmt es nachdenklich, wenn P. Eicher schreibt:

> "Offenbarung wurde so zum positiven Vorzeichen vor dem - durch die Klammer kirchlichen Glaubens zusammengehaltenen - Dogma, welches nun nicht mehr im einzelnen auf seine Wahrheit zu prüfen, sondern als selber geoffenbartes Gut im ganzen ein für allemal als glaubwürdig erwiesen war."[96]

4.2.2.2 Die "objektive" Apologetik als defizitäre Modalität von "Glaubensbegründung"

Aus dekonstruktivistischer Sicht ist der "objektiven" Apologetik vorzuhalten, daß ihre Offenbarungshermeneutik rationalistisch geprägt und keineswegs frei von Totalaspiration ist. Dennoch versteht sie sich als antithetischer Gegen-Satz zur "rationalistischen Aufklärung". In ihrer Argumentation geht sie zwar grundsätzlich und devot von "différence", Andersheit, Singularität und Inkommensurabilität aus, verfällt jedoch in der Argumentations*praxis* in die Vorgangsweise des Rationalismus und stellt sie in den

Dienst eines autoritätsbewußten Fideismus: Offenbarung wird unter der Prämisse des Informellen, des Tatsächlich-Faktischen, des Historischen, des Objektiven und weiter Verobjektivierbaren abgehandelt. Schließlich wird Offenbarung zu dem, was ge-offenbart, bezeugt und "deponiert" ist. Solchermaßen vergegenständlicht geht das "positiv" Geoffenbarte seiner Unverfügbarkeit verlustig, wird vom Singulären zum Besondern befördert, um sich endlich in das Argumentationskontinuum eingefügt zu finden, dem "Ganzen" und der Gültigkeit des Beweisganges zu dienen. Dieser wiederum verläuft fern jedes Differenz- und Finitätsbewußtseins unter dem finalen Diktat lückenloser Kontinuität. Dazu arbeitet er mit "Glaubwürdigkeitszeugen", mit modellierender Generalisierung, Akzentuierung, Tilgung und retrospektivischer Finalisierung. Die schlüssige Einheit des Modells bzw. Diskurses verdankt sich schließlich der Ausblendung und Verwerfung dessen, was der Neostrukturalismus mit "différence" und "disseminaton" bezeichnet (vgl. 3.1.3.) und was einen ökumenischen Dialog überhaupt erst ermöglichen würde: Weder kontexturale Leer-Stellen im "nexus mysteriorum" noch die spannungsvolle, gläubige Offenständigkeit des Nicht-Wissens, werden zugelassen. *Sinn,* der im Ergebnis seiner Bedeutung schon vorgeschrieben ist, verfällt aber auf das Niveau der *Simulation* und wird unglaubwürdig.

Das soeben gezogene, kritische Resumée zur Qualität der klassischen, "objektiven" Apologetik und ihrer Diskursmodelle ist noch von anthropotheologischer Seite zu ergänzen, um sodann zu einer Antwort zu finden auf die Frage nach dem Verhältnis der frühen Fundamentaltheologie zur "Dialektik der Hierophanie".

Der (klassische) apologetische Diskurs reflektiert bei seiner Suche nach innerer Geschlossenheit und ekklesiozentrischer Glaubenslegitimation kaum auf den "Hörer des Wortes". Vielmehr wird er einfach vorausgesetzt als "gehorsames Subjekt", das zu "unterweisen" und sakramental zu betreuen sei. Diese implizite anthropologische Grundannahme vom Gläubigen als dem "Gehorsamen" deckt sich mit dem "Untertanenbewußtsein" damaliger Zeit. R. Musil parodierte es mit der militanten Definition: "Menschsein, das heißt Habt-Acht-Stehen." Mit Kulturphilosophen und Literaten wie J. Berlin, R. Schaeffler, M. Foucault, M. Horkheimer, Th. Adorno kann behauptet werden, daß die Anthropologie der Aufklärung wie das "Menschenbild" des bürgerlichen 19. Jahrunderts um die Pole von "Vernunft" und "Sittlichkeit" bzw. Moral (als "säkularisierter Soteriologie" [Th. Pröpper][97]) zentriert waren. I. Kants Ethik der Pflichterfüllung errichtete diesem Bewußtsein ein bleibendes philosophisches Monument. Die Weisheit vom Menschen als "gespaltenem Subjekt" wurde aber zunehmend - *auch* in der Apologetik - ausgegrenzt und verdrängt.

Die "Dialektik der Aufklärung" ist nicht zuletzt Folgephänomen der modernen "Abwicklung" einer verkürzten, "eindimensionalen" Menschenkunde (vgl. 4.3.2.1.). Wie sehr die damalige traditionelle Apologetik den Menschen als "gehorsames Subjekt" von Pflichterfüllung klassifizierte und damit verkannte, das wird überaus deutlich in einschlägigen Studien renomierter Fundamentaltheologen wie K. Rahner, M. Seckler, J. Schmitz, E. Biser, H. Fries[98] u.a. Sie alle machen auf je eigene Weise

> "darauf aufmerksam, daß der Mensch in seiner konkreten Existenz und die Bedingungen, unter denen der Glaube im Menschen zustandekommt, in den Überlegungen [der traditionellen Apologetik] fast gänzlich außer acht geblieben sind."[99]

Der klassische Beweisgang - so stellt E. Biser fest - ging

> "zu brüsk an seinem Adressaten, dem nach Glaubensgewißheit verlangenden Menschen, vorbei, als daß er auf die Dauer unwidersprochen hätte bleiben können. Der Drang zu einer radikalen Korrektur wuchs in dem Maß, wie sich [...] das Bewußtsein der Nicht-Objektivierbarkeit des Menschen durchsetzte. Denn diesem Bewußtsein war nur noch eine Argumentation mit Einschluß des Menschen tragbar."[100]

In seinem Plädoyer für eine "anthropologische Wende" in der zeitgenössischen Theologie weist E. Biser mehrfach auf die hemmende Verbindung von "Informationsmodell" und statischem Menschenbild hin. Sie entbehre der entscheidenden Tiefendimension, um den Menschen im "Herzen seiner Existenz" anzurühren. Die Anthropologie der traditionellen Apologetik bemißt das Humanum wie den actus humanus vorwiegend unter den Kriterien von Ratio und Tugendhaltung, wobei Tugend über die Werte der Pflicht und "Gebotserfüllung" akzentuiert wird. Die moderne Pastoraltheologie hat diese in Predigt und Seelsorge praktizierte, moralisierende Anthropologie in vielen Studien untersucht. Hierbei wußte sie insbesonders deren Macht- und Überichzentriertheit zu analysieren.[101] Der "Gläubige" wurde katholischerseits vorrangig aus der Sicht der Dogmatik und gemäß den Normen der Tugendlehre (bzw. Hamartologie) dazu verpflichtet "gehorsames Subjekt" zu sein. Auch das I. Vaticanum definiert den Glauben, welcher der Offenbarung korrespondieren soll, unter dem Doppelaspekt von "Gehorsam" und "Tugend": Einmal bezieht sich Glaube als Gehorsamsakt auf den offenbarenden Gott; zum anderen richtet er sich als "übernatürliche Tugend" (die sowohl Gnadengabe als auch freier Akt des Menschen ist) im Sinne eines Fürwahrhaltens auf das "von Gott Geoffenbarte" (DS 3008).

Unsere Kritik richtet sich hierbei weder auf das Vat.I noch auf den Gehorsamsbegriff an sich. Auch die Korrelation von Offenbarung, Gehorsam und Glauben bleibt solange diskutabel als sie nicht totalitär fideistische Exklusivität beansprucht. Auf Grund eigener Quellenstudien und in Übereinstimmung mit den oben genannten Vertretern moderner Fundamentaltheologie kommen wir zusammenfassend allerdings zu folgender Kritik an der Anthropologie der klassischen Apologetik: Sie reduziert den "Hörer des Wortes" auf das "gehorsame Subjekt". Die Empathielosigkeit der "objektiven Apologetik" ist Konsequenz ihrer dogmatisch-moralischen "Menschenkunde", die auf die Operationsparameter von Ratio und Tugend fixiert bleibt. Die "recta ratio" läßt sich als tugendhaft gehorsame Vernunftanwendung in Sachen Glaube verstehen. Diese Anthropologie unter dem moralischen Imperativ der Pflicht und Gebotserfüllung ist letztlich auf "Fremdgehorsam" hin zentriert, weil sie keine subjektorientierte Vermittlung leistet. Sie folgt dem Schema des "aut iustus aut peccator". Dabei bleibt sie in Unkenntnis und Intoleranz gegenüber dem, "was im Menschen ist" (Mt. 9,4; Joh. 2,25). In ihrem Reduktivismus und Rationalismus gibt sie das Pendant zur idealistischen Aufklärung ab. Schon deshalb kann sie keine Alternative zur "Dialektik der Aufklärung" sein, sondern sie erweist sich als deren antithetische Herausforderung.

Die wenige Passagen zuvor besprochene (Liturgie-)Bewegung der "objektiven Frömmigkeit" (vgl. 4.1.4.2.) ist innig mit der "objektiven", ekklesiozentrischen Apologie verquickt. Sie darf als deren spirituelles und liturgiepastorales Konkomitans verstanden werden: als der ultimative Versuch der Inkarnierung der klassischen Apologetik im Gläubigen als "gehorsamen Subjekt". Daß diese Frömmigkeitsbewegung nach Anfangserfolgen an Dynamik und Masse verlor, ist für unsere Überlegungen weniger interessant als deren geschichtlich nachweisbare Tendenz zu einer neomythologistisch-supranaturalistischen Spiritualität (vgl. 4.1.4.2.). Eben diese Tendenz bezeugt das *Umschlagen* dessen, was rational als "objektive Glaubensbegründung" gedacht war, in das Irrationale, Mystizistisch-Mythologistische einer Frömmigkeit, die doch der gelebte Beweis für die soteriologische Gültigkeiten der Apologetik hätte sein sollen.

Der "Umschlagsort" ist das weiterhin verkannte, "gehorsame Subjekt". Dieses aber schwankt zwischen den Reklamationen von Aufklärung und Apologetik, von Freiheitsversprechung und Gehorsamsbekenntnis. Seine Spaltung zeigt sich auf dem Forum der Ideen- bzw. Religionsgeschichte in der Dialektik von Aufklärung und Apologie, von Säkularisation und Resakralisierung. Der letzteren aber haftet ein nachweisbares Gefälle an von religionserhaltender "Differenzsetzung" (vgl. Vat. I) zum rigorosen "Differentismus" klassischer Apologetik. Diese propagiert "kulturkämpferisch" gegen den zeitgenössischen Rationalismus gehorsamen Fideismus, allerdings mit rationalistischer Argumentation und positivistischen "Beweis"-Elementen.

Auf diesem mehrschichtigen Spaltungshintergrund einer allenthalben wirksamen Dialektik wird Th. W. Adornos Rat zu "äußerster Askese jeglichem Offenbarungsglauben gegenüber" verstehbar. In seinem Werk "Vernunft und Offenbarung"[102] nimmt Adorno die Gefahr radikal ernst, daß Offenbarungsreligion dem Irrational-Fundamentalistischen verfallen könnte: einem "Hang zum Obskurantismus", der aus"Verzweiflung an der Vernunft" deren Abdankung verlange, so daß das Subjekt "aus prekärer Autonomie das Heteronome" wähle. Gemäß Adorno droht Offenbarungsreligion dann zur "autoritären Weltanschauung" zu verkommen, wenn sie sich dialektisch-antithetisch zur Vernunft monopolisiere, um "die Verzweiflung, die latent ihrer eigenen Positivität innewohnt",[103] abzutun.

Was Th. W. Adorno in "Vernunft und Offenbarung" kritisch zur Sprache bringt, ist der tendenziell spürbare Verfall der christlichen Offenbarungstheologie des 19. Jahrhundert in die kulturkämpferische "Dialektik der Hierophanie". Jedenfalls für die "objektive" Apologetik und die mit ihr verbundene "objektive" Frömmigkeitsbewegung (des frühen 20. Jahrhunderts) läßt sich eine solche Tendenz nicht leugnen. Ein besonderes Schwächemoment dieser Fundamentaltheologie ist ihre fehlende Rücksichtnahme auf den Adressaten ihrer Bemühung: den geschichtlichen, psychophysischen Menschen. Dessen Verhältnis zur christlichen Offenbarung(slehre) kann sich unmöglich darin erschöpfen, "gehorsames" Subjekt zu sein.

Das fast gänzliche Fehlen der "anthropologischen" Situierung der Offenbarung trug nicht unerheblich zur Entstehung der nihilistischen Sinnkrise der Gegenwart bei. Nur über eine "anthropologische Wende" mag es einer zeitgemäßen, aus dem Geist des Vat.II erneuerten, Fundamentaltheologie gegeben sein, den "heutigen" Menschen zu erreichen. Erst dadurch kann Theologie die Wende von der nihilistischen Sinnkrise der Spätmoderne zur finitätsbewußten Suche nach einer religiösen Sinndimension der Postmoderne (vgl. 4.3) positiv mitgestalten.

> "Die Programme der Postmoderne sind nicht die Beschreibung einer bereits verwirklichten Nachneuzeit, sondern der Streit um die geistige Gestaltung der Gegenwart."[104]

In dem Disput um die "geistige Gestaltung" der anhebenden Postmoderne hat die (Fundamental-)Theologie in dem Maß ein Mitsprache- und Anhörungsrecht als sie es vermag, alternative Vermittlungsinstanz zu sein. Dieses spannungsvolle Paradox ist ihr aufgegeben und sie wird es ohne "anthropologische Wende" wohl kaum sinnvoll erfüllen können.

4.3 Die Wende von der nihilistischen Sinnkrise der Spätmoderne zur finitätsbewußten Suche nach einer religiösen Sinndimension der Postmoderne

4.3.1. Die nihilistische Sinnkrise der Gegenwart als Krise des Nihilismus

4.3.1.1 Die nihilistische Sinnkrise als "différance" zu einer "glaubensgeschichtlichen Wende" der Postmoderne

Aus religionsgeschichtlicher Perspektive ist der enttheologisierende Effekt der (spät-)neuzeitlichen Aufklärung ebenso unleugbar wie das langfristige Scheitern ihres Kulturidealismus. Die Aufklärung verfällt mit der Frühromantik (vgl. 1.4.) in das selbstaffirmative Spaltungsgebilde der "Dialektik der Aufklärung" (Horkheimer/Adorno). Die Formierung der Fundamentaltheologie/Apologetik als eigenständiger theologischer Disziplin koinzidiert phasengleich mit der "Dialektik der Aufklärung" im 19. Jahrhundert. Die Auseinandersetzung zwischen der offenbarungs- bzw. religionskritischen Aufklärung und der traditionellen Theologie (und traditionsbewußten Kirche) wird unter dem Begriff der "Dialektik der Hierophanie" (M. Eliade) ganzheitlich-dynamisch interpretierbar (vgl. 4.1.): Das "Werden der neuzeitlichen Fundamentaltheologie" ist gekennzeichnet durch die "objektive" Apologetik, die sich als Antithese zu Säkularisation und bürgerlich-liberalem Kulturidealismus (vgl. 4.2.2) profiliert.

Die klassische Apologetik erweist sich bei eingehender Analyse (vgl. 4.2.2.) gerade darin als defiziente Modalität von "Glaubensbegründung" (vgl. 4.2.2.2.), daß sie in ihrer - der Methodik nach - rationalistischen Beweislogik und ihrem restaurativen Selbstbehauptungsstreben den dialektischen Rahmen nicht verläßt (vgl. 4.1.4.). Die "Dialektik der Aufklärung" findet also in der autoritätsbetonten Apologetik (vgl. 4.2.1.2.) nur sehr bedingt eine christliche Alternative, vielmehr jedoch ihre übersteigerte Einbindung in die kulturkämpferische "Dialektik der Hierophanie". Zu einer "glaubensgeschichtlichen Wende" im Sinne eines dialogal-integralen "aggiornamento" des Christentums kam es nicht. Die Aufklärung verfiel ihrerseits in eine zunehmend kompromißlose, reduktionistische Religionskritik.

Die folgenschwere Dekadenz des optimistischen Aufklärungsprogrammes (der emanzipativen Freiheit, Gleichheit und Brüderlichkeit, des Fortschritts, der Wohlfahrt für alle und der substantiellen Vernunft über allem) in Mißkredit, Nihilismus und Neomythologismus war mehrfach Thema unserer Reflexion sowohl auf die klassische Apologetik (vgl. 4.1.4.) als auch auf die Entstehung einer postmodernen Orientierung (vgl. 2.): Die "Dialektik der Aufklärung" - so lautet unsere These unter Verweis auf Horkheimer/Adorno - ereignet sich in der Aufspaltung der idealistisch gewordenen Aufklärung in Rationalismus und "Neue Mythologie". Die schleichend einsetzende, nihilistische Sinnkrise nach dem "Tod der Metaphysik" schafft vornehmlich über das Mythologische den Rückgriff auf das "Religiöse" (vgl. 1.4.1.). Diese Entlastungshandlung wirkt ihrerseits entsakralisierend und ermöglicht keine Wiederversöhnung mit theistischer Religion und Christentum, sondern verstärkt dessen positionellen Rückzug auf apologetische Selbstbehauptung. An die Stelle einer Transzendenz der nihilistischen Option tritt im 19. Jahrhundert die Einkehr in die (monistische) Vorstellungswelt des mystifizierenden Naturalismus (vgl. 1.5.3.). Die Mythos-Renaissance von der Frühromantik bis hin zur pluralistisch gesprenkelten "New-Age"-Bewegung gibt ein kulturgeschichtliches Zeugnis vom Prolapsus der dialektisch gewordenen Aufklärung in jene Vitalitätsströmung, die Th. Carlyle mit "naturalem Supernaturalismus" benennt.

Für F. Nietzsche hat nach dem "Tod der Metaphysik" und der analytisch-rationalistischen Selbstzerstörung der Aufklärung die Moderne mitsamt der residual verbliebenen, christlichen Heilsidee ihr Ende gefunden. Nietzsche läßt die Nachmoderne als "Götzen-Dämmerung" (1886) heraufziehen und stellt sie unter der Stilfigur der Allegorie vor: Die wahre Welt sei zur Fabel geworden, zu "Menschlichem, Allzumenschlichem" herabgesunken (vgl. 1.5.1). Auf dem Hintergrund der geistes- und kulturgeschichtlichen Ausgestaltung der letzten hundert Jahre ist Nietzsches Extremdefinition der Post-Moderne durch die Geschehnisse selbst hinterfragbar.

Das Verhältnis der "Postmoderne" zu Aufklärung, Nihilismus und Neomythologie wurde im ersten Teil unserer Untersuchung folgendermaßen bestimmbar: Die spätneuzeitliche, säkulare Moderne ist durch die "Dialektik der Aufklärung" markiert. Rationalismus und Neomythizismus geben die antipodischen Stützpunkte für das dialektische Gefälle auf atheistischer Basis. Fraglich wird, ob der "hierophantische Akzent" neu gesetzt werden kann; ob und inwiefern eine erwachende Postmoderne zu einem konstruktiven Epochenbruch befähigt ist; ob es "Wege aus der Moderne"[105] gibt, die aus dem dialektischen Wendekreis heraus- und zu einer postmodernen, christlichen Sinngestaltung hinführen können. Diese propädeutischen Grundfragen wurden ausgiebig untersucht (vgl. 3.). Das Ergebnis läßt sich vorerst in der Formel von der "zwiespältigen Postmoderne-Bewegung" verdichten: Sowohl das neorationalistische Projekt einer "postmodernen Moderne" (vgl. 2.3.) als auch die anarcholiberale Postmoderne-Bewegung (vgl. 3.2.) bieten *keine* Auswege aus der Sinn- und Religionskrise der Spätmoderne. Vielmehr verlängern sie diese ungewollt zur Dialektik der Postmoderne. Die gesuchte Alternative einer mit dem Christentum kompatiblen Postmoderne bahnt sich hingegen an in den Werken namhafter zeitgenössischer Dekonstruktivisten wie J. Derrida, M. Foucault, J.-F. Lyotard, J. Lacan u.a. Diese wiederum sind inspiriert von Vordenkern wie B. Pascal, Mallarmé, Heidegger und Wittgenstein. Die Wiederkehr der (atheologischen) Mystik im dekonstruktivistischen Postmodernismus (vgl. 3.2.2.) signalisiert das Aufkommen eines neuen, "herrschaftsfreien" Weges, der einen versöhnenden Brückenschlag zur christlichen Theologie erlaubt. Ein Hauptanliegen unserer thematischen Darstellung war es, diesen sich anbahnenden Weg aufzuweisen: seine Ausgrenzungen, seine geschichtlichen und methodisch-kritischen Differenz-Markierungen; seine Grundelemente wie das (Ohn-)Macht-, Finitäts- und Subjektverständnis, die ihn aufbauen und die Möglichkeit einer fundamentaltheologischen "Verwindung" beinhalten.

Die Grundgewißheit, von der dieser Alternativweg seinen Ausgang nimmt, ist in zweifacher Hinsicht das Bewußtsein des Scheiterns: Sowohl das "Glaubensbegründungs-Projekt" der klassischen Apologetik als auch das "Projekt der Moderne" (das J. Habermas mit dem Programm der Aufklärung gleichsetzt[106]) sind gescheitert. Sie haben ihren Legitimationswert weitgehend eingebüßt und sind den Menschen "unglaubwürdig" geworden. Was die monistischen Ideologien (wie Hegelianismus, Marxismus, Szientismus usw.) und den Rechtfertigungswert der "diskursiven Vernunft" anbelangt, so sind diese - selbst in der Wertschätzung ihrer Vertreter - in Krise geraten (vgl. 2.3.2.). Vernunft - allenfalls im Sinne der idealistischen Aufklärung (vgl. 1.1.1.) - bezog aber ihren geradezu absolut(istisch)en Stellenwert aus ihrem Substitutionscharakter: Sie wurde zum Äquivalent für die ehedem vereinigende Macht der Religion.[107] "Die Vernunft tritt hier als die Göttin der Moderne wie der Aufklärung auf."[108] Die Entmachtung dieser "Göttin" ist die aktuelle "Götzendämmerung" der Gegenwart. Sie entläßt die nihilistische Sinnkrise, die sich bereits nach dem Ersten Weltkrieg unleugbar regte (vgl. 4.1.4.). Nunmehr könnte sie zur Passage für eine neue, postmoderne Religiosität jenseits der Dialektik von Aufklärung und Hierophanie werden. In diesem Sinn darf mit dem Guardini-Nachfolger Eugen Biser von einer "glaubensgeschichtlichen Wende"[109] gesprochen werden. Nach unserem Dafürhalten ist es die Wende von der nihilistischen Sinnkrise der Spätmoderne zur finitätsbewußten, postmodernen Suche nach dem mysterium fidei als neuem Glaubensweg. Damit ist eine These der "Verwindung" formuliert, zu deren Einholung es methodisch notwendig ist, propädeutisch *und* theologisch zu argumentieren. Die folgende theologische Begründungsarbeit kann dabei auf einer gewissen propädeutischen Vorleistung aufsetzen: auf der kritischen Würdigung der traditionellen Apologetik und auf der Analyse der Postmoderne-Bewegung, ihres Begriffes und ihrer Dynamik, ihrer Herkunft und Strukturelemente.

Die nihilistische Sinnkrise der Spätmoderne kann "dunkler" Auftakt und Anlaß zur "glaubensgeschichtlichen Wende" der Postmoderne sein. So verstanden, stünde diese Vernunft- und Sinnkrise in Funktion einer Zäsur- und Differenzsetzung zwischen zwei Epochen: der Moderne und jenem heraufziehenden, neuen Äon, das noch namenlos ist und deshalb verhalten mit "Postmoderne" bezeichnet wird. Die Nihilismuskrise als "différance" im unendlichen, offenen Kontext der Geschichte wäre im dekonstruktivistischen Sinn von der Qualität des Unauslot- und Unberechenbaren; sie wäre negativer "Vorläufer" des Neuen und Ausläufer des Alten: der verendenden Moderne. Der Nihilismus als areligiöse(r) Epilog(ik) auf die moderne Verfügungsmacht der Beherrschungs-Rationalität (vgl. 3.1.2.) wäre somit einer "brisure" vergleichbar: Der nihilistischen Sinnkrise käme die kreative Eigenschaft der Differenz zu. Sie würde den Wendepunkt der Destruktion zur (Re-)Konstrution bedeuten und in ihrer Dauer durch ihren Stellenwert begrenzt sein. Als Krise zwischen zwei Epochen gäbe sie nicht den "End-Zustand" (vgl. 2.4.) und die bleibende Verfügungsmacht ab, sondern sie würde deutbar als Epiphänomen einer radikalen Umwandlung, in der Mensch und (Glaubens-)Kultur, Gesellschaft und Schöpfung inbegriffen sind.

Dafür, daß der Nihilismus der Gegenwart nicht bleiben und Sinnlosigkeit nicht die Semantik der Zukunft sein wird, spricht allein schon eine Reihe anthropologischer Argumente. Aus soziologischer Perspektive bewirkt die nihilistische Geisteshaltung eine rapide Entlegitimierung von Gesellschaft und solidargemeinschaftlicher Einbindung (vgl. 1.3.2.). Anarchismus, archaische Bedürfnisbefriedigung, Gewalt und schließlich Retotalisierung wären ihre Folgephänomene. Nihilismus würde damit in einem totalitaristisch-totemistischen Sinndiktat enden. Auch diese bizarre Sinngestalt ist möglich. Manche Posthistoire-Soziologen[110] prophezeien sie als dialektisches Double des "offenen Nihilismus" und als Form seiner Selbsterhaltung. Weniger spekulativ, dafür aber eher am aktuellen Kulturgeschehen ablesbar, erscheint uns hingegen folgender Prozess der Verschiebung, die auf eine Wende hindeutet: Nihilismus ist die reaktive Geisteshaltung auf das Erlebnis der Entwertung und Enttäuschung, der Enttheologisierung und schließlich der Entmythologisierung der Vernunft. Sie ist aber auch die Langzeitreaktion auf eine defiziente Modalität von ("objektiver") Apologetik, deren Argumentationslogik den konkret existierenden Menschen nur bedingt ansprach und verstand. Die daraus resultierende Reaktivhaltung beläßt - dort, wo sie wirkmächtig geworden ist - den Einzelnen wie die Gesellschaft in einem "Sinnvakuum", d.h. in einer Verfassung der Unsicherheit und des Unversöhntseins mit dem eigenen Leben und seiner Geschichte. Die ängstlich-kritische Vorsicht gegenüber sogenannten "Sinnangeboten" und hinsichtlich einer weiterführenden Anbindung an Sinn-, Beziehungs- und Werteoptionen charakterisiert diese Enttäuschungs- und Defensivhaltung nach außen hin. Auch stimuliert sie die vitalistische (und zugleich unverbindliche, transiente) Hinwendung der "schlecht Entzauberten" zum "naturalen Supernaturalismus" der Neomythologie-Bewegungen (vgl. 1.5.3.2.). Symbolfigur der kontrastmythologischen, unversöhnten Rückzugshaltung ist der "Anti-Oedipus" der anarcholiberalen Postmodernebewegung (vgl. 3.3.4.): Jedes Sinn- und (Ver-)Bindungsangebot verdächtigt er, wesentlich oppressiv und einengend zu sein. Zur nihilistischen Enttäuschung an bisher sinnerweckenden Verbindlichkeiten sowie an der Beweislogik der traditionellen Apologetik gehört die (Unfähigkeit bzw.)

Verweigerung hinsichtlich einer neuen (evtl. fordernden) Anbindung an Sinn. In theologischer Sprache gesagt: Ein Mangel an Glauben(skraft) ist "wirksam".

Ein biblisch-anthropologisches Beispiel dazu ist der Apostel Thomas, "genannt der Zwilling". Passion und Tod Jesu Christi entfesseln in ihm jene (nihilistische) Enttäuschung, die ihm den Glauben an die Auferstehungsbotschaft verunmöglicht. Sein Widerstand gegen die persönliche Verbindung mit dem neuen Glauben des "Neuen Bundes" formuliert sich in harten, materialistischen Glaubenskonditionen:

> "Es sei denn, daß ich in seinen Händen sehe die Nägelmale und lege meinen Finger in die Nägelmale und lege meine Hand in seine Seite, will ich es nicht glauben." (Joh. 20,25)

Es mag verwundern, aber Jesus Christus geht genau auf dieses menschliche Verlangen ein, erfüllt es und hilft dem Jünger seinen Widerstand zu überwinden. So ereignet sich krisenhaft die glaubensstiftende Begegnung (Offenbarungserfahrung) und Versöhnung. Thomas bekundet sie mit dem Ausruf: "Mein Herr und mein Gott" (Joh. 20,28). Über Sinnkrise und Widerstand am Glauben kommt es in der Begegnung mit dem auferstandenen Herrn zur nachösterlichen, "glaubensgeschichtlichen Wende" im Leben des Jüngers. Er, der "Zwilling", ist in dieser Wende gnadenhaft zum "anderen seiner selbst" geworden: zum Apostel Christi.

Diese kerygmatische Erzählung ist beispielhaft. Sie hat im Kontext unserer Fragestellung symbolischen Aussagewert für das Verhältnis des Menschen (als "gespaltenes Subjekt") zu Enttäuschung und Nihilismus, zu "Glaubensbegründung" und religiöser Sinnerschließung. Sie verweist auf die widerstandsmächtige Eigendynamik der nihilistischen (Verweigerungs-) Haltung mit ihrer Argumentation der Selbstverschließung, aber auch auf die gebrochene Sehnsucht des "gespaltenen" Menschen nach Glaube und Sinnbezug. Sie besagt - fundamentaltheologisch kurzinterpretiert - daß der Nihilismus als enttäuschtes Nein dem Sinn der conditio humana nicht gerecht wird. Nihilismus ist dem Wesen des Menschen und seinem "Weltbewußtsein" (A.N. Whitehead)[111] keineswegs konnatural. Das Verlangen und die Fähigkeit zu einer letzten Wirklichkeit antwortend Stellung zu nehmen, gehören aus theologischer Sicht zur ontischen Struktur des Menschen. Obwohl diese dem Menschen unverlierbar eingestiftet ist, steht er doch in der unvermeidbaren Gefahr, sich von diesem, seinem wahren Wesens"kern" zu entfremden und abspalten zu lassen.

Unter den Postmoderne-Denkern sind es insbesonders die Posthistoire-Literaten, die auf die Vernichtungsanfälligkeit des proprium humanum in ihrer Todesmystik hinweisen (vgl. 3.2.2.3.). Doch schon das griechische Altertum wußte um die tragische Exponiertheit des Antigone-Menschen und die Passion Christi läuft schnell auf das "Ecce Homo" zu. Zur insecuritas humana gehört unausweichlich die Gefährdung der personal-ethischen Dimension und die Bedrohung der mehrdimensionalen Ganzheit mit Rudimentierung zur "Eindimensionalität". Dieser von H. Marcuse geprägte Begriff ist "nicht nur existenzkritisch, sondern daseinsanalytisch gemeint."[112] Er versucht die "Befindlichkeit" des "heutigen" Menschen zu veranschaulichen. Der Bildbegriff verweist auf die Gefahr eines nur noch simulierten Menschseins auf "herabgesetztem" Status. Die geläufig gewordene Rede von der "nihilistischen Sinnkrise" der Spätmoderne signalisiert über den Begriff der "Krise", daß es im Menschen etwas gibt, was sich dem Diktat des Nihilismus widersetzt, zur Entscheidung (= Krisis) und Überwindung des status quo drängt. Die Unerträglichkeit der Sinnlosigkeit ist spätestens seit dem Existenzialismus ein nur allzu häufig traktiertes Kontroversthema der Philosophen: Der These, der Mensch mache sich den Sinn unter Verleugnung des Zufalls selbst, weil er die Sinnlosigkeit nicht ertrage, steht die Behauptung entgegen, sein Streben nach Sinn, sei die Höchstform einer "bewußten Reaktion"[113] (Whitehead) auf das Universum. Beiden Thesen liegt die unbestreibare anthropologische "Urtatsache" zugrunde, daß der Mensch seit je nach Gestalt- und Sinnerfahrung strebt. Prägnant erklärt dazu M. Blondel:

> "[Der Mensch] muß wollen und ein Ziel verfolgen. Und so bleibt nur noch die Frage, welches Ziel er seinen Taten setzen wird. Wie sehen diese Taten aus? wohin führen sie: ins Nichts?"[114]

Der "Wille zum Sinn" (V. Frankl) scheint - theologisch gewendet - unverlierbar zur personalen Dimension des Menschseins zu gehören.

Die Grenzen des praktizierten Nihilismus nach dem Erlöschen des "Geist[es] der Utopie" (E. Bloch 1923) konturieren sich über die nihilistische Sinnkrise der Gegenwart. Sie lassen sich durch die Wende von einer philosophischen zur anthropologischen Argumentation vorfiltrieren. Letztere wird sich auf die Krisengegebenheiten des "Sinndrucks" und des "Leidensdrucks" zentrieren.

4.3.1.2 Sinn- und Leidensdruck als reale Grenzen nihilistischer Praxis und als spezifischer Impuls postmoderner Sinnsuche

Nach dem "Tod der Metaphysik" und dem Dahinschwinden der utopischen Visionskräfte, gibt - als Spätfolge der Aufklärung - die nihilistische Sinnkrise der untergehenden Moderne ihre "condition postmoderne" vor. Das Besondere an diesem ubiquitären Krisenphänomen ist seine vieldimensionale Auswirkung und seine Unleugbarkeit: Die Nihilismuskrise betrifft als Legitimations-, Autoritäts-, Identitäts-, Sinn- und Wertekrise die Gesellschaften wie die Kirche(n), die Sozialethik wie das Offenbarungs-, Amts- und Sakramentenverständnis. Sie stellt sich bald als "Grundlagenkrise" der Wissenschaften bald als Fortschritts- oder Rationalismuskrise dar. Sie erweckt neuartige Entfremdungsängste, Leidens- und Elendsvisionen hinsichtlich der Entsubstanzialisierung des Humanums und einer dignitätslosen Zukunft mechanisierter Verwaltung. Aus der Theodizeefrage ist längst schon die Anthropodizeefrage geworden (vgl. 3.3.5.1.). Dem Ruf nach Umgestaltung und Paradigmenwechsel (vgl. 5.2.2.) subsistiert die Suche nach einer fundamentalen Neuorientierung und lebbaren Sinnbeziehung. Die weitläufige Postmoderne-Bewegung steht dafür exemplarisch ein.

Das Faktum (nicht nur Phänomen) der nihilistischen Sinnkrise läßt vorerst zwei Fragen zur geistigen Gegenwartssituation und ihrer Weiterentwicklung aufkommen: Ist die nihilistische Sinnkrise auch die Krise des Nihilismus? Und welcher (heils-)geschichtliche Stellenwert kommt der Nihilismuskrise gegebenenfalls zu? Wie bereits formuliert, ordnen wir der nihilistischen Sinnkrise - im dekonstruktiven Sinn - die kreative Eigenschaft der Differenz zu. Sie ist Krise zwischen den beiden Epochen "Moderne - Postmoderne" und sie markiert den Wendepunkt der entifizierenden Destruktion zur (Re-)Konstruktion einer neuen Hermeneutik. Dafür, daß der popularisierte Nihilismus/Agnostizismus der Gegenwart nicht dominierend bleiben wird, sondern einen Aus- und Übergang abgibt, sind die Neomythologie- und "New Age"-Bewegungen ein Indiz. Auf dem Terrain der mehrphasigen Umschichtung und "Umwertung der Romantik" sind sie Symptom für Unbefriedigung und diffuse, unerlöste Suche. Ein zeit- und erlebnisnahes Reflektieren auf chronifizierte Krisensymptome wie "Sinndruck" und "Leidensdruck" läßt auf anthropologischem Argumentationsweg die Grenze(n) des Nihilismus erkennbar werden: Die nihilistische Sinnkrise ist sehr wohl auch die Krise des Nihilismus. Hier taucht die angefragte Grenze auf, und zwar zuerst im friedlosen Subjekt selbst und seinem steigenden Unbehagen am humanistisch eingefärbten Gegenwartsnihilismus "transversaler" Toleranz.

Die Bewältigung der Nihilismuskrise verlangt gerade von einer theologischen Problemanalyse eine "anthropologische Wende" in Form einer explorierenden Hinwendung zur Befindlichkeit des "heutigen" Menschen und leidenden Subjekts. Die Frage nach dem status creaturae ist je neu begleitend zu stellen, auch unter Beibringung neuer Erkenntnisprinzipien. Genau dafür (und gegen das statische Menschenbild des apologetischen "Informationsmodelles") plädiert Eugen Biser: für eine Gegenwartstheologie, die sich nicht scheut, das "personale Defizit" im Erscheinungsbild und Selbstverständnis des heutigen Menschen anzusprechen:

> "Vieles deutet darauf hin, daß ein lange verschollenes, vielleicht auch verdrängtes Erkenntnisprinzip neu 'an der Zeit' ist: die Einsicht in die erkenntnisvermittelnde Kraft des Leidens [,] [...] daß das Gottesgeheimnis mehr noch durch Leiden als durch Forschen erkannt werde: non solum dicens, sed etiam patiens divina. Tatsächlich läßt sich zeigen, daß die großen Entdekkungen dieses Jahrhunderts aufgrund von Leiderfahrungen, zumindest aber stimuliert durch sie, gemacht worden sind."[115]

Das Leiden am "personalen Defizit", an der Dehumanisierung von (Automatisations-)Gesellschaft und (Simulations-)Kultur findet in der Postmoderne- und Posthistoireliteratur seine kritischen Stimmen (vgl. 2.4.-3.3.).

Diese zentrieren sich auf die "Abschaffung des Menschen" (F. H. Tenbruck)[116], also auf einen zuerst schleichenden, am "Ende der Neuzeit" (R. Guardini 1950) aber eklatant gewordenen Verlust des proprium humanum. Beklagt wird von sozialpsychologischer Seite eine grassierende, signifikante Einbuße an "social trustability"[117], an zwischen- und mitmenschlicher Verbindlichkeit, an Solidarfähigkeit und Glaubwürdigkeit, an Triebverzicht und autentischer Hingabefähigkeit. Zum Formenkreis regressiver Depersonalisierung gehört andererseits steigende Aggressivität in all ihren Erscheinungsweisen: von sexueller Perversion über sadistische Religiosität bis hin zur rücksichtslosen Rivalität und kriminalisierten "competition"[118]. Das "Zeitalter des Narzissmus" (Ch. Lasch) entwirft neuartige Spaltungs-, Verleugnungs- und Isolationsmechanismen, die ihrerseits die fatale Wiederbelebung von archaischen Grundängsten, Verfolgungsstrategien und Massendekompensation begünstigen. Psychische Verwahrlosungssyndrome, die im Verlauf der bisherigen Psychiatriegeschichte nicht vorkamen, treten - vornehmlich in den Großstadtkulturen - anhaltend epidemisch auf, so daß kürzlich neue, zusätzliche Diagnosekategorien[119] von der Weltgesundheitsorganisation erstellt werden mußten. Sie bestätigen und versachlichen Max Webers frühe Prognose vom Triplexeffekt der Isolierung(Vereinsamung), Vermassung und Selbstvernichtungsgefahr, die den Niedergang der "okzidentalen Rationalität" (zur "instrumentellen") begleiten und beschleunigen würde (vgl. 1.1.1). Die Parole von der "Borderline-Gesellschaft" spricht auf ihre sozialpsychiatrische Weise vom leidvollen "personalen Defizit," von wachsenden anonymen Verfügungsmächten und von der Gefährdung des Subjekts. Anthropologisch gewendet ist die nihilistische Sinnkrise die Krise des Subjekts hinsichtlich des Erhaltes oder Verlustes seiner Menschlichkeit: des proprium humanum.

Mit Verlust des "eigentlich Menschlichen" ist aus der Sicht theologischer Anthropologie der Verfall des ethischen Menschen gemeint, der über die Motive von Macht, Triebdruck, Genuß und Utilität hinaus handeln kann. Das *ethische Subjekt* ist also jenes, das die Motivation seines Handelns und Verhaltens aus einer anderen Quelle schöpft als der von Genuß oder Angst und das leidet, wenn es seine Schuld erkennt. Das Schwinden von Schuld- und Sündenbewußtsein, das Johannes Paul II in mehreren Sendschreiben offen anspricht[120], ist ein gravierendes Indiz sowohl für den Verfall der Kultur des Gewissens als auch für die Selbstgefährdung des Menschen.

Der tendenzielle Verlust der norma normans rückt das Subjekt in die Herrschaftssphäre anderer *Verfügungsmächte,* die das Vakuum der Orientierungslosigkeit besetzen und zu Platzhaltern weiterer Depersonalisierung werden. Der "Tod des Individuums"[121] ist weniger eine Hypothese philosophischer Gegenwartsdiskussion als primär ein akutes Geschehen am Menschen selbst, worauf Kirche und Lehramt schon seit geraumer Zeit sensibilisiert sind. Die Sozialenzykliken[122] legen davon besonderes Zeugnis ab: Sie artikulieren die Verfallsbedrohnis theologisch unter Verweis auf die gefährdete "personale Würde" und bedrohte Einmaligkeit des menschlichen Individuums. In ihrer Problemerörterung stützen sie sich flankierend auf die gesicherten Ergebnisse der Human- und Gesellschaftswissenschaften, wie der (Sozial-)Psychologie, Soziologie, Medizin und Volkswirtschaft. Diese Einzeldisziplinen veranschlagen den "Leidens- und Sinndruck" zwar je eigenständig und fachimmanent, bestätigen aber übereinstimmend die Realität zunehmender Depersonalisierung und verstärkten Leidens an "personalem Defizit", an Sinn- und Orientierungsverlust. Insofern ist E. Bisers Argumentation stringent, daß jede Rede vom Leidensbzw. Sinndruck vor dem Hintergrund eines "Faktendruck[s]" gehalten wird und daher nicht beliebig sein könne, ohne die Gegenwartswirklichkeit zu übergehen und damit selbst in Sinnlosigkeitsverdacht zu geraten.

Die nihilistische Sinnkrise der Spätmoderne entbirgt also sehr wohl eine faktisch ausmachbare, krisenhafte Verfaßung des Subjekts: Es ist bedroht von Selbstzerstörung, d.h. vom Verlust des proprium humanum, vom Verfall der ethischen Dimension und von Depersonalisierung. Der status creaturae des "heutigen Menschen" am "Ende der Neuzeit" ist anthropologisch signifizierbar über die inhaltsvollen Begriffe "Leidens-" und "Sinndruck". Dieses Begriffspaar symbolisiert auch die Kulturkritik und Anthropodizee der Postmodernebewegung mit ihren differenzbewußten Rettungsversuchen an der Singularität des Subjekts (vgl. 3.3.5.). Die "postmoderne", dekonstruktivistische Offensive gegen oppressive(n) Uniformität(szwang), Beherrschungs-Rationalität und technokratische Verfügungsmächte, gegen die "clôture"der Ideologien/Systeme und gegen den Idealismus der "digitalisierbaren Einheitsvernunft" (vgl. 2.3.1.1.) steht letztlich konstruktiv im Dienst der leidvollen Sinnfrage. Die dekonstruktivistische Postmoderne-Bewegung läßt sich als Zeitkritik an der krisenhaft nihilistisch gewordenen Spätmoderne verstehen. Sie ist Kritik, die auf eine epochale Wende hinzielt, die - wie auch immer - eine Abkehr vom Gegenwartsnihilismus sein wird. Dieser läßt sich in praxi als ein enttäuscht zurückhaltendes Ausweichen vor der bleibenden Sinnfrage verstehen, die angesichts der krisenhaften Verfaßung des spätmodernen Menschen ihre spezifische Qualität des "Sinndrucks" annimmt.

Die verbegriffliche "Sinnfrage" ist bereits das Derivat und formalisierte Produkt einer ihr vorgängigen, existentiellen Motivierung des Subjekts zur Suche nach der Frage. Gemäß Heidegger ist es "das Innestehen in der Offenheit des Seins, das Austragen des Innestehens (Sorge) und das Ausdauern im Äußersten (Sein zum Tode)," die zusammen "das volle Wesen der Existenz denken"[123] lassen. Die autentische Sinnfrage entspringt dem "vollen Wesen der Existenz". Sie formuliert sich deshalb vermittels der (lebens-)geschichtlichen Erfahrungskonstellation in jeder Generation und jedem Individuum jeweils anders und verschieden von der vorherigen oder nachfolgenden. Wenn diese Verschiedenheit auch nicht gänzlich ist, so kommt ihr doch eine gewiße "Würde" der Einmaligkeit zu. Diese zu respektieren heißt, den Fragenden wahr-nehmen und seine "Sorge" mit ihm teilen. So ist der Formalbegriff der "Sinnfrage" immer leer und operational, die jeweils drängende Frage nach Sinn immer Ausdruck des Strebens "das Innestehen in der Offenheit des Seins" in ein Verstehen zu wandeln. Jeder Sinnfrage subsistiert ein jeweils neu motiviertes Sinnstreben. Selbst die katatonische Verweigerung des "Anti-Oedipus" in ein sprachlich gefaßtes Sinnverhältnis einzutreten, ist in ihrer Motivation nicht sinnlos. Der "Sinndruck", welcher der jeweiligen Sinnfrage motivierend, drängend und bestimmend voraus ist, ist mit dem "Leidensdruck" zugleich gegeben. Ob es ohne Leiden an der Existenz überhaupt zur reflexiven Erhebung des Daseins in die Sinnfrage kommen könne, sei der philosophischen Spekulation überlassen. Faktum ist, daß es kein menschliches Leben ohne Bewußtsein und Leiden gibt. Sinndruck und Leidensdruck sind "konsubstantial"[124] für die Sinnsuche, die sich von Epoche zu Epoche wie von Mensch zu Mensch unterschiedlich ausnimmt. Diese Gegebenheit liefert eine entscheidende Prämisse für die Fundamentaltheologie, welche die (religiöse) Sinnsuche in ihrem argumentativen Vollzug je neu zur Geltung zu bringen hat.

Die soeben umrissene, krisenhafte Exponiertheit des spätmodernen Subjekts gibt den Hintergrund und die besondere Motivationslage für die Sinnsuche des "heutigen" Menschen ab. So wie dieser nur bedingt vergleichbar ist mit dem Menschen früherer (geistes)geschichtlicher Epochen, ebenso ist seine Akzentuierung der Sinnfrage eine besondere. Sie ist dies religionsgeschichtlich schon darin, daß sie auf die enttheologisierende Aufklärung, auf deren "Abdankung" und auf die Entdivinisierung der substantiellen Vernunft folgt. Zugleich aber erfährt die derzeit drängende Sinnsuche ihre Besonderheit weiterhin dadurch, daß der moderne "Geist der Utopie" (E. Bloch) erlischt: Autopoiese - und Progressionsideale des Novismus stossen an "Die Grenzen des Wachstums"[125] und zerbrechen als Fiktion (vgl. 2.2.1.). Die Kehre vom kartesianischen Szientismus zur finitätsbewußten Postmoderne (vgl. 2.2.2.1.) hat schon lange eingesetzt. Die nihilistische Sinnkrise der Gegenwart ist ex negativo Symptom eines noch zu läuternden, neuen Finitätsbewußtseins. Anthropologisch betrachtet manifestiert sich die Nihilismuskrise in der krisenhaft defizitären Verfassung des Subjekts, das zunehmend von "personalem Defizit" bedroht ist. Auf Grund dieser geistes- und kulturgeschichtlichen Entwicklung stehen Leidens- und Sinndruck des "heutigen" Menschen in einer besonderen Konstellation zueinander, die spezifische Impulse der spät- bzw. postmodernen Sinnsuche entläßt. Würde die Gegenwartstheologie diese anthropologische Gegebenheit unbeachtet lassen, sie würde den Menschen nur noch schwerlich mit ihrer Botschaft erreichen, denn sie geriete in ein "anachronistisches Mißverhältnis zur zeitgeschichtlichen Situation"[126]. Diese aber ist gekennzeichnet durch den "Druck einer geistigen Notlage"[127], die nach dem Einzug neuer, praktikabler theologischer Denkformen der Sinnerschließung verlangt.

Was also ist konkret das Spezifische und Besondere an Sinndruck und Sinnsuche des zeitgenössischen Menschen? Worin differenziert sich diese "andere" Suche von den zahllosen ihr vorausgehenden Versuchen? - Sie unterscheidet sich primär durch die einsetzende Desillusionierung des Menschen bezüglich seiner selbst: Ein neues (postmodernes) Finitätsbewußtsein ersteht in der Selbsteinschätzung des "heutigen" Menschen. Der neuzeitliche Aufklärungsglaube an die Autonomie und progressive Eigenmächtigkeit des Vernunftmenschen ist zwar popularisiert, aber gebrochen. Die Postmoderne-Kontroverse um den "Tod des Subjekts" ist ebenso ein Beleg dafür (vgl. 3.3.5.) wie die neomysthizistische Religiosität des "New Age". Das neuzeitlche Lebensgefühl war noch von dem Ideal der Selbsterhaltung und evolutiven Selbstverwirklichung des Subjekts bestimmt. "Subjektivität und Selbsterhaltung"[128] koinzidieren in der modernen Zentralperspektive des Menschenmöglichen. Die Anthropologie und Selbstbewertung der Moderne bildete sich in deutlicher Parallele zum Galileischen Erhaltungsprinzip (der Energie) und zum Kartesianischen Mathesis-Universalis-Axiom (vgl. 2.1.2.). Wie im ersten Teil unseres Traktates (vgl. 2.2.) dargelegt, kommt es im Fortgang neuzeitlicher Naturwissenschaft zu einer revolutionären Erschütterung ihrer galileisch-kartesianischen Grundlage (vgl. 2.2.2.2.). Es ereignet sich die "Grundlagenkrise" der (Natur-)Wissenschaft und der Paradigmenwechsel vom Erhaltungs- zum Entropieprinzip. Auch das unifizierende Mathesis-Universalis-Denken wird unhaltbar. Die anthropologischen Konsequenzen aus dem Verlust der frühneuzeitlichen Basismaximen bahnen sich konfliktreich an. Kontrovers ist die Zuordnung der "subjektphilosophischen Erbmasse" nach der "Erschöpfung des Paradigmas der Bewußtseinsphilosophie" (vgl. 3.3.5.2.).

Die Desillusionierung des Menschen über seine finite Macht und seinen relativen Stellenwert ist nicht nur ein Katalysator der nihilistischen Sinnkrise sondern auch der postmodernen Sinnsuche. Das oben angefragte Spezifikum am Sinndruck für den zeitgenössischen Menschen ist allerdings weniger der Verlust emphatisch kultivierter Omnipotenzfiktionen als vielmehr die Erkenntnis seiner eigenmächtig heraufgeführten Selbstgefährdung und drohenden Selbstzerstörung. Von ihr kündet - in prophetisch getönter Sprache - die Posthistorie-Literatur (vgl. 2.4.). Wo Fortschritt zur globalen Gefährdung und Komplexsteigerung zur "neuen Unübersichtlichkeit" zu kippen droht, dort erlebt der spätmoderne Mensch im Scheitern des "Projekts der Moderne" seine Endlichkeit und Insekurität neu. Dort wird auch die Frage nach der Wahrheit der Metaphysik, nach Gott, *neu* stellbar. Das erfahrungsgemäß Neue liegt in dem Eingeständnis der kollektiven Selbstverursachung von "Unheil" und in der Einsicht, daß dessen Tragweite sich kontrollierender Berechenbarkeit entzieht. Indem der homo faber der Gegenwart erkennen muß, daß seine "Heilsvorstellungen in Wahrheit Unheilsvorstellungen sind"[129], steht er nicht nur an der Grenze "entfesselter Realitäten", sondern vor einer neuartigen Konfrontation mit sich selbst.

4.3.2 Die postmoderne Revision der (christlichen) Aufklärungsanthropologie

4.3.2.1 J. G. Herders "eindimensionale" Menschenkunde als "exemplarischer Ausgangspunkt der modernen philosophischen Anthropologie"

Die nihilistische Sinnkrise der Gegenwart stellt den "heutigen" Menschen auf die Probe einer neuartigen Grenzerfahrung, die in der abendländischen Geistesgeschichte einmalig ist: die Erfahrung extremer (Selbst-)Gefährdung. Das Einmalige dieser zeitgeschichtlichen Situation eröffnet der theologischen Ansprache an den suchenden Menschen die unwiederbringliche Chance, gehört und wahr-genommen zu werden. Denn der spätmoderne Mensch ist in eine Extremerfahrung mit sich selbst eingetreten: mit seinen optimistischen Idealismen über die Vernunft-, Leistungs- und Selbstverwirklichungsfähigkeit des "freien" Menschen. Der anschließend zu leistende Rück- und Einblick in die Aufklärungsanthropologie soll diese Idealismen sowie deren Beitrag zur modernen Subjekttheorie analysieren und einer postmodernen Revision zuführen.

Die Aufklärungs-Anthropologie(en) und die klassische Apologie legen trotz aller Verschiedenheit voneinander den Akzent ihrer Menschen- und Erziehungskunde so eindeutig auf Vernunftstreben und auf sittliche Bildung bzw. "gehorsame" Tugendhaltung (vgl. 4.2.2.2.), daß eben dadurch das religiöse Urwissen um das "mysterium iniquitatis" des erlösungsbedürftigen, "gespaltenen Subjekts" verdrängt wird (vgl. 2.3.3.3.). Indem das Subjekt als "Vernunftwesen", als moralisches Subjekt oder aber als "gehorsames" (Tugend-)Subjekt "geoffenbarter Wahrheiten" fixiert wird, wird es in seiner Wahrheit als "gespaltenes Subjekt" verkannt und letztlich rationalistisch bzw. idealistisch fehlinterpretiert. Illustrierende Belegbeispiele für diese unsere Feststellung sind seitens der Aufklärungs-Anthropologie G. E. Lessings Traktat "Die Erziehung des Menschengeschlechts" (1777), Basedows zeitgleich verlegtes Elementarlehrbuch der Kindererziehung und freilich J.G. Herders philosophische Anthropologie der "Weltoffenheit und Gottesebenbildlichkeit"[130]. W. Pannenberg tituliert Herders Anthropologie als "Ausgangspunkt der modernen philosophische Anthropologie"[131]. A. Gehlen stellt 1960 hinsichtlich Herders Menschenlehre zusammenfassend fest:

> "Die philosophische Anthropologie hat seit Herder keinen Schritt vorwärts getan, und es ist im Schema dieselbe Auffassung, die ich mit den Mitteln moderner Wissenschaft entwickeln will."[132]

Zu einer ähnlich hohen Einschätzung wie A. Gehlen kommt S. H. Sinnus in seiner Dissertationsschrift "Die Wurzeln des modernen Menschenbildes bei J.G. Herder"[133] (1971). Der Mensch als "einheitliches Wesen" ist das übermächtige Generalthema der Aufklärungsanthropologie. Theologisch motiviert oder zumindest vorgeprägt, fundiert es einen Lieblingsgedanken der Aufklärung: die "Selbstvervollkommnung" des Menschen(geschlechtes) - "Gedanken, wie sie bei Rousseau, aber auch bei Leibniz und in seiner Schule zu belegen sind. Insbesondere in den 'allgemeinen Betrachtungen über die Triebe der Thiere' von Hermann Sam. Reimarus 1760 ist diese Auffassung von der Selbstvervollkommnung des Menschen auch schon dem tierischen Verhalten gegenübergestellt worden".[134] Dabei hat Reimarus - wie G. Buck in seiner Abhandlung über "Selbsterhaltung und Historizität"[135] überzeugend darlegt - viele Beobachtungen Herders schon vorweggenommen. Bereits die Apologeten der frühchristlich-römischen Kaiserzeit (wie Lactantius und Tertulian) verwiesen mit Vorliebe auf die entwicklungs- und begegnungsfähige Ratio als absolutem Differenzpunkt zwischen dem Tier und dem zur Gottesebenbildlichkeit berufenen Menschen. Doch leiteten sie aus dieser Differenzsetzung keine prinzipielle Autonomie der prozesshaften Selbstvervollkommnung des Menschen ab, sondern - im Gegenteil - die Ermöglichungsbedingung für einen gnadenhaft wirksamen concursus divinus: weil der Mensch Geistwesen ist, deshalb kann das paulinische Wort gelten "Der Geist hilft unserer Schwachheit auf" (Röm. 8,23).

Bleibt man bei Herders Menschenkunde als exemplarischem "Ausgangspunkt der modernen philosophischen Anthropologie", so lassen sich (mit W. Pannenberg, S.H. Sinnus und G. Buck) folgende Grundkriterien seiner Aufklärungsanthropologie erheben: Herder setzt Vernunft und Freiheit entelechial-evolutional als Keim und Anlage für den Prozeß der menschlichen Selbstvervollkommnung voraus. Anstelle der tierischen Instinkte steht für ihn eine von Gott dem Menschen eingegebene Richtung seiner Selbstvervollkommnung. Sie setzt - laut Herder - die Gottesebenbildlichkeit des Menschen voraus.

> "Nein, gütige Gottheit, dem mörderischen Ungefähr überliessest du dein Geschöpf nicht! Den Thieren gabst du Instinct, dem Menschen grubest du dein Bild, Religion und Humanität, in die Seele: der Umriss der Bildsäule liegt im dunkeln, tiefen Marmor da; nur kann er sich nicht selbst aushauen, ausbilden. Tradition und Lehre, Vernunft und Erfahrung sollten dieses thun, und du liessest es ihm an Mitteln dazu nicht fehlen."[136]

Als letztes und höchstes Integralmoment überwölbt und umfängt die "Absicht Gottes [...] mit dem Menschengeschlecht"[137] den Gedanken an dessen erzieherische Herausbildung. Das "Gottesbild", das dem Menschen "in die Seele" gegeben ist, fungiert als Zielbegriff und Richtmaß für sein Verhalten. W. Pannenberg faßt Herders anthropologische Ausgangsposition folgendermaßen zusammen:

> "Wie der Instinkt das Verhalten der Tiere leitet, so das Gottesbild den Menschen: Der eine wie das andere hat die Funktion, dem Leben des Geschöpfes eine Richtung zu geben, statt es dem 'möderischen Ungefähr' zufälliger Eindrücke zu überlassen."[138]

Herders Antwort auf die Frage, wie der Mensch zu sich selbst komme, liegt auf der Linie der großen Idee der Aufklärung von der "Erziehung des Menschengeschlechts" (1777). Es ist laut Herder der "spezifische Charakter" desselben, "daß wir, beinah ohne Instinkt geboren, nur durch eine lebenslange Übung zur Menschheit gebildet werden und sowohl die Perfektibilität als die Korruptibilität unseres Geschlechtes hierauf beruhet."[139] Mythenbewußte "Tradition und Lehre" als äußere, "Vernunft und Erfahrung" als innere "organische Kräfte"[140] im Menschen sollen einen evolutiven Bildeprozeß bewirken, der darüber hinaus das ganze Menschengeschlecht verwandeln soll. Mit diesem romantisch-evolutiven "Organmodell" korrespondiert - z.B. bei Lessing - das "Maschinenwerkmodell". In (§ 92) seiner "Erziehung des Menschengeschlechts" ermutigt Lessing den Leser:

"Du hast auf diesem ewigen Wege so viel mitzunehmen! so viel Seitenschritte zu tun! - Und wie? wenn es nun gar so gut als ausgemacht wäre, daß das große langsame Rad, welches das Geschlecht seiner Vervollkommnung näher bringt, nur durch kleinere, schnellere Räder in Bewegung gesetzt würde, deren jedes sein Einzelnes eben dahin liefert?[141]

Herder wie Lessing, Basedow wie Leibniz und die unnennbar vielen anderen Fürsprecher der Aufklärungsanthropologie gehen bei aller Differenziertheit von einem "eindimensionalen" Grundmodell des Menschseins aus, das seinerseits eine humanistische Pädagogik legitimiert: Der Mensch als "einheitliches Wesen" trägt ungebrochen, aber ungeformt, das "Himmelserbe" der Gottesebenbildlichkeit in seiner Seele. Die Selbstvervollkommnung des Menschen zum entwickelten, selbstbewußten Individuum und des Menschengeschlechtes zur Vollkommenheit ist das hieraus resultierende Bildungs- und Erziehungsprogramm. Der gelegentliche Hinweis auf die natürlichen "Mängel" am Menschen (wie seine angebliche Instinktferne, begrenzte Sensualität und Körperkraft etc.) dient regelmäßig der Demonstration der tierfernen, perfektibilen Großartigkeit des Gattungswesen "Mensch". Vernunft und Freiheit sind die apriorischen Garanten für seine prozessuale Vervollkommnung gemäß göttlicher Vorsehung.

Wenn Herder im deutschsprachigen Raum als Exponent der christlichen Aufklärungsromantik und seine pädagogische Anthropologie als exemplarisch gelten dürfen, dann lassen sich unschwer zwei Hauptdefizite an dieser transzendental-pädagogischen Menschenkunde ausmachen:

1. Sie *verkennt* die insecuritas humana, die (Todes-)Gefährdung und den existentiellen Mangel, die dem menschlichen Leben wesentlich inhärent sind.

2. Sie *verkürzt* die christliche Anthropologie pelagianistisch-humanistisch, indem sie die (Glaubens-)Wahrheit von Erbsünde und Konkupiszenz ignoriert und das "mysterium iniquitatis" (2. Thess. 2,7) wie auch das Leiden der erlösungsbedürftigen Kreatur als annullierbare, defizitäre Modalitäten uminterpretiert.

Bezüglich Herders Verhältnis zur traditionellen christlichen Auffassung von der Gottesebenbildlichkeit des Menschen faßt W. Pannenberg zusammen:

> "Von beiden konfessionellen Lehrtraditionen [gemeint ist: der katholischen und der reformatorischen] ist Herders Gedanke einer 'werdenden', sich entwickelnden Gottesebenbildlichkeit des Menschen deutlich unterschieden. Er steht ihnen fern, weil er die Urstandslehre nicht teilt, die beiden gemeinsam und die mit einer modernen, evolutionistischen Sicht der menschlichen Art und ihres Auftretens in der Geschichte des Lebens so schwer vereinbar ist."[142]

Katholische und reformatorische Lehrtradition kommen zwar bekanntlich zu unterschiedlichen Verhältnisbestimmungen zwischen iustitia originalis und imago dei, beide aber gehen in ihrer Erbsündenlehre von einem folgenschweren Verlust des gnadenhaft "Heilen Urstandes" aus: Der Mensch verfällt in gewisser Weise der Herrschaft von Spaltung, Sünde und Tod. Aus katholisch-scholastischer Sicht gilt: "Der Mensch wurde durch die Sünde Adams der übernatürlichen Gaben beraubt, in den natürlichen Gaben verwundet" ("spoliatus gratuitis, vulneratus in naturalibis"[143]). Mit "naturalia" sind hierbei die "präternaturalen Integritätsgaben" gemeint, mit denen die natürlichen Anlagen und Kräfte des Menschen vor dem Sündenfall ausgestattet waren. Der Mangel der Integritätsgaben bewirkt, daß der Mensch der Konkupiszenz, dem Leiden und dem Tod verfallen ist. Diese Folgen der "Verwundung der menschlichen Natur"[144] bleiben - aus dogmatischer Sicht - auch nach der Tilgung der Erbsünde zurück. Die concupiscentia als "ungeordnetes Begehren" (Thomas v. Aquin) gehört in der traditionellen christlichen Anthropologie zum Wesen des erlösungsbedürftigen Menschen. Von ihm sagt das Tridentinum, er sei "vulneratus, sed non totaliter corruptus" (D 815).

Der kontrastierende Hinweis auf die lehramtlichen Glaubensaussagen zum "status naturae lapsae" menschlichen Seins soll hier mit einer Zitation aus dem "Handbuch theologischer Grundbegriffe" (H. Fries) seinen vorläufigen Abschluß finden. In der Theologie der Gegenwart interpretiert H. Fries die Konkupiszenz als:

> "ein ganzheitliches Phänomen, d.h. sie betrifft den Menschen nicht bloß in einem bestimmten Teil, sondern im Ganzen seines Seins. Der in ihr sich anmeldende Widerspruch ist Selbstwiderspruch des Menschen, eine Art Selbstentfremdung, in der der Mensch sich selbst als ganzen nicht eingeholt hat. Die 'Blindheit' und [...] 'Getriebenheit', die der konkupiszente Mensch erfährt, bezeugt eine ganzmenschliche Verfassung, von der man sich nicht einfach ins 'rein Geistige' absetzen kann. Die Konkupiszenz ist nicht Sinnlichkeit im Gegensatz zu 'Geist', sondern eine in gleitender Funktion alle Dimensionen des freien Selbstvollzuges durchherrschende und bestimmende Macht."[145]

Die Konkupiszenz betrifft also nach H. Fries den "geistig-sinnlichen Selbstvollzug"[146] des Menschen als solchen. Sie ist begründet "durch die schuldige Tat Adams am Ursprung der Menschheit."[147]

Die Aufklärungsanthropologie postuliert den "geistig-sinnlichen Selbstvollzug" des Individuums hingegen im puristischen Sinn eines "status naturae elevatae". Der Mensch ist dieser Version zufolge weder "gefallene" Kreatur noch "gespaltenes Subjekt". Die Einheit seines Wesens und die Identität seines Selbstvollzuges begründen sich in der selbstbewußten Einheit der Vernunft, deren Garant seine absolute und unkorrumpierte "Gottesebenbildlichkeit" sein soll. Es versteht sich, daß es von einer solchen (enttheologisierenden) Konzeption aus nur noch eines konsequenten letzten Schrittes bedarf, um mit Hegel die "Erziehung des Menschengeschlechts" (Lessing) radikal atheologisch zu programmieren: Die These von der Subjektivität des Absoluten ermöglicht das Systemprogramm der Selbstverwirklichung des Subjekts im "anderen seiner selbst."

4.3.2.2 Die Spätfolgen der Ausgrenzung des "mysterium iniquitatis" aus der (christlichen) Aufklärungsanthropologie

Was die philosophische Anthropologie seit Herder anbelangt, so sei zu ihrer geistes- und religionsgeschichtlichen Zuordnung nochmals an W. Pannenberg und A. Gehlen, aber auch an M. Horkheimer und Th. W. Adorno verwiesen. In seinem umfassenden Werk "Anthropologie aus theologischer Perspektive" (1983) elaboriert Pannenberg die Anthropologie

Herders als den "Ausgangspunkt der modernen philosophischen Anthropologie"[148]. Diese aber ist als ein Aspekt der modernen (Aufklärungs-)Philosophie schon zu Herders Zeit (vgl. 1.4.) der "Dialektik der Aufklärung" verfallen. Die frühromantische "Mythos-Renaissance" signifiziert den "Ausgangspunkt der modernen philosophischen Anthropologie" als Tendenzpunkt der dialektischen Spaltung der Moderne in Rationalismus und Neomythologismus. Die "Dialektik der Aufklärung", so wie sie historisch erhebbar ist und faktisch bisher verlief, ist ihrerseits ein kulturgeschichtlicher Beweis für die Gespaltenheit des Subjekts, das über Aufklärungsanthropologie und Rationalismus vergeblich als einheitliches "Vernunftwesen" fixiert wird.

Der "Ausgangspunkt Herder" symbolisiert eine Stufung, vielleicht sogar eine Mitte zwischen aufklärerischer Enttheologisierung und atheistischer Spätmoderne nach dem "Tod Gottes": Die Verkürzung der christlichen Anthropologie um Urstands- und Erbsündenlehre sowie die Neutendenzierung des Begriffs "Gottesebenbildlichkeit" hat eine gewisse Entsubstanzialisierung des Christentums zur Folge. Dieses verkürzte, "entmythologisierte" Christentum fügt sich sodann in den Humanismus der Aufklärungsmoderne. Für den Humanismus ist es kein Grundsatzverstoß, sondern ein tolerierbarer Zusatz, die selbstbewußte Vernunfteinheit des Subjekts transzendental über seine "Gottesebenbildlichkeit" zu legitimieren. Wird hingegen die Urstands- und Erbsündenlehre anthropologisch real als "mysterium iniquitatis" (2 Thess. 2,7) thematisiert, so taucht das Subjekt als "gespaltenes" auf und bedroht durch seine bloße Emergenz das "absolute Subjekt" mit Nichtung.

Wenn A. Gehlen zu behaupten wagt: "Die philosophische Anthropologie hat seit Herder keinen Schritt vorwärts getan"[149], so ist diese Standortdefinition interpretationswürdig. Die "Dialektik der Aufklärung" und das scheiternde "Projekt der Moderne" geben dazu die schwankende Interpretationsgrundlage. Die "philosophische Anthropologie seit Herder" (und Hegel) hat die Frage nach dem Subjekt jeweils auf Grund bestimmter konstanter Basismaximen entschieden. Wenn die dekonstruktivistischen Postmoderne-Denker vom "Tod des Subjekts" sprechen, dann meinen sie damit die Subversion dieser Basiskonstanten zur Konstruktion des Vernunftsubjekts und der konsensfähigen Humangesellschaft. J. Lacan ortet diese Konstanten in seinen Seminaren zur "Ethik"[150] in der (verkürzten) Dialektik von Vernunft (Moral, Tugend) und Bedürfnis. Die "geheime Utopie im Begriff der Vernunft" (Horkheimer/Adorno) führt zur verfehlten Einschätzung der "Verkehrs-Interessen" (Nietzsche) (vgl. 3.1.2.) innerhalb einer enttheologisierten Vernunft-Bedürfnis-Dialektik. Diese Dialektik gibt aber die unzureichende Konstante ab, für den unter Utopieverdacht geratenen (vgl. 2.3.2.1.), (sozial)philosophischen "Diskurs der Moderne".

Zum utopischen Zug des aufklärerischen Vernunftbegriffs gehört (laut Horkheimer, Adorno, Foucault, Lacan u.a.) ein latenter Herrschafts- und Machtanspruch, ein "Identitätszwang" diskursiver Vernünftigkeit. In seiner "Kritik der Aufklärung" äußert Foucault den "Verdacht, daß die hermeneutischen Humanwissenschaften einen undurchschaut utopischen Humanismus implizieren [...]".[151] Wir teilen Foucaults Kritik auch hinsichtlich W. Welschs Versuch, das unter Utopieverdacht geratene "Projekt der Moderne" auf neorationalistischem Weg zu einem "postmodernen" Projekt "transversaler Vernunft" zu travestieren (vgl. 2.3.2.). Unsere kritische Revision des neorationalistischen Postmoderne-Projekts (vgl. 2.3.3.) ergab, daß in dieser Variante der "Vernunftkritik nach Habermas" die Frage nach dem "metaphysisch vereinsamten und strukturell überforderten Subjekt" leider - aber folgerichtig - als "sekundär"[152] ausgeblendet wird (vgl. 2.3.3.3.).

Als Resultante unserer Vorüberlegungen (im I. Traktatsteil) kommen wir schließlich zu einem Zwischenergebnis, das formal auf A. Gehlens Behauptung zuläuft: "Die philosophische Anthropologie hat seit Herder keinen Schritt vorwärts getan". Die Umdisponierung der "subjektphilosophischen Erbmasse" aus der Frühzeit der Aufklärung ist auf neorationalistischem Weg nicht möglich. Mit dem Scheitern des "Projekts der Moderne" ist auch der Versuch einer linkshegelianischen Inversion der Herderschen Anthropologie gescheitert: Herder setzt Vernunft und Freiheit als entelechiale Anlage für den Prozeß der menschlichen und gesellschaftlichen (Selbst-)Vervollkommnung voraus, während spätere Humanismusdenker (wie A. Gehlen) Vernunft und Freiheit allererst als Produkt der menschlichen Tätigkeit werten. Dieser zweite Schritt der Enttheologisierung, welcher das Diskursivitätsprinzip an die Leerstelle göttlicher Vorsehung setzt, bewirkt aber nicht nur den "Tod" des fernentrückten

"Gottes", sondern eine Utopisierung der Gesellschaft und eine Überforderung des Subjekts. Die "philosophische Anthropologie seit Herder" hat zwar "keinen Schritt vorwärts getan", dafür ist sie unter (links-)hegelianischem Beistand im Kreis geschritten. Sie ist tautologisch geworden: Ihr Selbstverschließungsmechanismus zentriert sich auf den Ausschluß der Wahrheit vom "gespaltenen Subjekt".

Die abgedrängte und sukzessiv ausgegrenzte Wahrheit vom "gespaltenen Subjekt" kehrt jedoch indirekt und leidvoll wieder in der derzeitigen Extremerfahrung des Menschen mit sich selbst und "seiner" Welt. Die aufklärerische Theodizeefrage ist dem postmodernen Menschen zur leidvollen Anthropodizeefrage geworden: zur Frage nach der weiteren Berechtigung seines Da- und Soseins, nach seiner Identität, seiner (Selbst-)Gefährdung und möglichen Bewahrnis im Scheitern. An der Grenze einer brüchig gewordenen Epoche angelangt, erleidet der Mensch sich selbst und die autonomisierten Produkte seiner Tatkraft anders als vordem. Mit dem Scheitern des "Projekts der Moderne" beginnt sich die Sinnfrage durch Leidens- und Sinndruck neu zu formulieren. Und wenn wir den "heutigen" Menschen hierbei auch nur annähernd verstehen, so ist es weniger die Frage nach der Wahrheit Gottes als nach der des Menschen, die ihm zum "kategorischen Imperativ" wird. Die Anthropodizeefrage bereitet aus einer gewandelten, (post-)modernen Lebenserfahrung die Sinn- und Gottesfrage neu vor: "Nur wer Gott kennt, kennt den Menschen." (R. Guardini)

4.3.3 Ergebnis der postmodernen Revision der Aufklärungsanthropologie

4.3.3.1 Der Reduktionismus der Aufklärungsanthropologie im Spiegel postmodernen Subjektverständnisses

Mit dem Scheitern des "Projekts der Moderne" setzt verstärkt die postmoderne Revision der Aufklärungs-Anthropologie an. Die Kritik der "Postmodernen" betrifft die Konstruktionsparameter jener Anthropologie, der A. Gehlen attestiert, sie habe "seit Herder keinen Schritt vorwärts getan"[153]. Die "Frage nach dem Subjekt"[154] wird von den Dekonstruktivisten neu aufgeworfen. Ihre neostrukturalen Entwürfe angesichts des "grand Autre" (der Sprache, der symbolischen Sinnordnung, des [Todes-]Mysteriums...) waren bereits Thema unserer Analyse des Dekonstruktivismus und seines vielgestaltigen Subjektverständnisses (vgl. 3.3.). Darauf aufbauend läßt sich die postmoderne Revision der Aufklärungsanthropologie in einem komprimierten Syntheseversuch darstellen. Dieser soll zugleich die Überleitung liefern zu einer späteren, fundamentaltheologischen Innovation der dekonstruktivistischen Anthropologie.

Der "Tod des Subjekts" als "condition postmoderne" ist jenes Schlagwort, das die Diskreditierung des Vernunftsubjektes anvisiert. Die Aufklärungsanthropologie, die wir - unter Rekurs auf Hegel (vgl. 3.3.2.) und Herder (vgl. 4.3.2.) - in ihren Basismaximen komprimiert vorstellten, ist postmodern unter verstärkten Utopieverdacht geraten. Sie erwies sich auch in ihrer linkshegelianischen Version "transversaler Diskursivität" (vgl. 2.3.) als kaum praktizierbare Subjekttheorie, welche die konsensfähige Vernunftmächtigkeit eines "absolut(en)" erziehbaren Subjekts vergeblich propagiert. Die Trivialisierung des "absoluten Subjekts" und der humanistischen (Gesellschafts-)Utopie hat - jedenfalls aus der Sicht der Posthistoire-Bewegung - schon längst eingesetzt und zwar als Simulation ihrer Erfüllung. Posthistoire-Literaten wie J. Baudrillard verkünden in ihrer "epilogischen Apokalyptik" die negative Offenbarung vom Erlöschen des messianischen Impulses emanzipativer Selbsterlösung. Sie stellen das Scheitern des "Projekts der Moderne" als Verblassen des Prometheusmythos der "Schönen neuen Welt"[155] dar (vgl. 2.4.2.1.).

Das konsensfähige, friedvolle und zum "anderen seiner selbst" erziehbare Einheitssubjekt der Vernunft ist das utopiebelastete Produkt sukzessiver Enttheologisierung christlicher Anthropologie, die zudem in der traditionellen Apologetik viel zu autoritativ auf den Gehorsamsaspekt fixiert wurde. Die idealistische Reduzierung der sterblichen und konkupiszenten Kreatur Mensch auf makellose "Gottesebenbildlichkeit" verdrängte die religiöse Wahrheit vom "gespaltenen Subjekt" realer Erlösungsbedürftigkeit. Sobald aber das Subjekt in den Zustand der Wahrheit der Substanz entrückt ist, wird es gewissermaßen zur causa-sui einer neu konzipierbaren Gesellschaftsutopie. Schon in seinen "Principes de la nature et de la grace"[156] (1714) wurde der Gedanke einer Vervollkommnung des Men-

schen von Leibniz vertreten. Er verstand Perfektibilität im Sinne der Fähigkeit zur sittlichen Selbstvervollkommnung als ethische Aufgabe des menschlichen Lebensvollzuges und bezogen auf eine moralische Deutung des Gottesreiches, das ihm zum Zielbegriff sittlichen Handelns wurde. Die Idee der Perfektibilität durch "Selbststeigerung"[157] des Menschen wird später in der linkshegelianisch-marxistischen Gesellschaftslehre neu aufgelegt. Der entsubstanzialisierte Begriff des "Gottesreiches" liefert der marxistischen Soziallehre den quasimessianischen Impuls zur sittlichen Utopie des Klassenbewußtseins. E. Blochs Schriften sind dazu ein ansprechender Beleg (vgl. 1.5.2.).
Doch die enttheologisierenden, messianisch inspirierten Meistererzählungen der Aufklärungsepoche sind unwiderruflich an ihr realgeschichtliches Ende gestoßen. Sie lösen sich auf und zerfallen bei ihrer versuchsweisen Umdisponierung in ihre "allzumenschlichen" Grundsubstanzen (vgl. 1.5.1.1). Die utopischen Metanarrativa der Moderne (wie Szientismus, Evolutionismus, romantischer Idealismus, Links- und Rechts-Hegelianismus, Marxismus...) haben beim "heutigen" Menschen ihre Glaubwürdigkeit eingebüßt. Zu gründlich und vergeblich haben sie auf den Menschen vertraut. Die Nihilismuskrise der Gegenwart ist Ausdruck des tief erschütterten Selbstvertrauens des Menschen, seines erwachten Mißtrauens hinsichtlich seiner Perfektibilität und "Werkgerechtigkeit".

Die postmoderne Revision der modernen Metanarrativa und der sie "beseelenden" Aufklärungsanthropologie kommt schließlich zu dem Ergebnis, daß eine grundsätzliche Fehleinschätzung des Menschen und seiner Geschichte geschah: Daß insbesonders die transzendentale Subjektphilosophie als Bewußtseinsphilosophie die "Frage nach dem Subjekt" ungenügend beantwortete, daß sie sich der realen Grenzen ihrer Antwort nicht bewußt wurde. Die enttheologisierende Bewegung von der (christlichen) Person zum "absoluten" (Ich-) Subjekt (vgl. 3.3.1.) bewirkte - wie M. Foucault, J. Lacan u.a. "Dekonstruktivisten" wiederholt klarstellen - keine Emanzipation des Subjekts, sondern sein Verkennen und Verdrängen. Das Postulat der autonomen Vernunfteinheit als Maß und archimedischer Punkt vermochte die abgründige (Spaltungs-)Tiefe des Menschen unmöglich zu ermessen. Der Mensch als Mangelwesen ("manque à être"), seine existenzielle Ohnmacht und Not, seine Rückgebundenheit an die Triebsphäre des (konkupiszenten) Begehrens, seine Erfahrung alltäglicher Kontingenz und

Insekurität und schließlich seine Todesgewißheit, all diese unbedingten Realitäten menschlichen Lebens sind seitdem sekundäre Randthemen philosophischer Aufklärungs-Anthropologie geblieben. Sie wurden entweder schnell ausgegrenzt oder evolutiv-integrativ systembehandelt. Dadurch wurde ihnen der Stellenwert bloßer defizitärer Modalitäten zugewiesen, die sich entweder durch die "Selbstvervollkommnung" des Individuums oder durch die gesellschaftliche Einbindung des Einzelnen überholen ließen.

Wie bereits an anderer Stelle erläutert (vgl. 2.2.1.), konnten die Gegenprogramme gegen Cartesische Neuzeit und Aufklärungsidealismus keine enkulturierende Alternative erbringen. Diese Feststellung gilt insbesonders für das romantische Remythologisierungsprogramm, das bald schon in das Vitalistisch-Dionysische verfiel und in der anarcholiberalen Postmoderne-Bewegung seinen erneuten Einstand feiert. Entscheidend für die postmoderne Revision der aufklärerischen bzw. rationalistischen Anthropologie ist auf diesem philosophiegeschichtlichen Hintergrund die Wiederentdeckung des Menschen als "gespaltenes Subjekt" des unverfügbar Anderen (vgl. 3.2.2.5.). Die dekonstruktivistische Analyse "destruiert" den Konstruktionsparameter der autonom - absoluten Vernunfteinheit des Subjekts. Sie analysiert ihn als Trägerinstrument einer subjektphilosophisch gewendeten Beherrschungsrationalität, die ihren "Identitätszwang" suggestiv auf das Individuum ausübt. In diesem allgemeinen Sinn läßt sich die Postmoderne-Bewegung als Emanzipations- und Emergenzversuch am rationalistisch überzeichneten "sujet en fading" (vgl. 3.3.5.3.) verstehen. In ihrer Radikalrevision der Anthropologie seit Herder und Hegel ist die Postmoderne-Bewegung schon insofern Avantgardebewegung als sie die nihilistische Sinnkrise neu bespricht, ja sogar ansatzweise transzendiert: Mit der Parole vom "Tod des Subjekts" symbolisiert sie das epochale Ende der "Glaubensära" an das Bildnis des "seiner selbst bewußten" Verstandesmenschen und den tastenden Anfang eines sprachphilosophisch fundierten, relationalen Subjektverständnisses (vgl. 3.3.5.). Das Ende einer verkennenden Selbstidolatrie der Moderne wird postmodern zur Sprache gebracht. E. Beckers kritisches Werk zur "Verleugnung des Todes"[158] im "Zeitalter des Narzismus" (Ch. Lasch) ist ein eindringlicher Beleg dazu.

Wenn derzeit die erregten Massen in Osteuropa die steinernen Propagandazeugen marxistisch-leninistischer Menschenkunde stürzen und schleifen, dann demonstriert solches Verhalten mehr als sozialen Protest. Es bezeugt einen unwiderruflichen Glaubensverlust an menschliche und geschichtliche (Utopie-)Größe(n); es bedeutet den tumulthaften Ausklang eines lange gehegten, tagtraumartigen Glaubens an den Menschen und seine Selbstbefähigung, die "dionysische Vergangenheit [zu] gebrauchen und zu besitzen" (E. Bloch). Die "Erbschaft dieser Zeit" ist entgegen Blochs Integrationserwartungen die nihilistische Sinnkrise, die sich in Ost und West über verschiedene Symptomhandlungen als Sinn- und Leidensdruck manifestiert. In Krise geraten ist - geradeso wie F. Nietzsche es ehedem prophezeite - der Glaube an den Menschen und die Heilsmacht seiner Vorstellungen und Projektierungen. Die Anthropologiemodelle der Aufklärung wie des (Neo-)Rationalismus haben nur mehr sehr bedingten Aussage- und Glaubenswert für den "heutigen" Menschen. Zisilierten Statuetten vergleichbar, sind sie vom Verfall bedroht. Die ihnen Zusammenhalt gewährenden Fermente sind von der finitätsbewußten, postmodernen Grundlagenrevision als "brüchig" erwiesen worden (vgl. 2.2.): Die Grundoptionen der Kartesischen Frühaufklärung (17. Jahrhundert), wie das Galileische (Energie-)Erhaltungsprinzip und das Leibniz'sche Mathesis-Universalis-Prinzip der Überführung der Natur (auch des Menschen und seiner "Geistnatur") in Totaltransparenz und -objektivierung sind unhaltbar geworden. Die grundlagenkritische Annullierung der galileisch-kartesianischen Basismaximen von Wissenschaftlichkeit wirkt zeitverzögert zersetzend auf die idealistischen Aufklärungsfermente ein: Die Annahme der homöostatischen Selbstorganisation und Selbstvervollkommnung, Strukturerhaltung und Komplexsteigerung von biologischen und sozialen Systemen, von Materie und Subjekt, gehört mittlerweile in das Mythenreich eines holistischen Gnostizismus (vgl. 2.2.2.2.).

Der epochale Paradigmenwechsel "Vom Erhaltungs- zum Entropieprinzip"[159] verweist auf "die Endlichkeit der Energien und die Fragilität der natürlichen Strukturen"[160]. Das finitätsbewußte "Postmoderne Wissen" baut auf der wissenschaftsinternen Kritik szientifischer Rationalität auf und widerspricht den Fermenten und Rahmenbedingungen einer veralteten Aufklärungsanthropologie. Dieser sachlich begründete, revisionistische Widerspruch einer "essentiellen Postmoderne" kann auch auf jene Protest-

und Provokationshaltung verzichten, mit der in der anarcholiberalen Bewegungsszene die ohnehin nur versuchsweise, diffuse "Abkehr" (vgl. 3.3.4.) von der Aufklärungsanthropologie geprobt wird.

4.3.3.2 Zehn Thesen zum Verhältnis von Aufklärungsanthropologie und nihilistischer Sinnkrise

Die (natur-)wissenschaftliche "Grundlagenkrise" des 20. Jahrhunderts leitet jenes radikalisierte Finitätsbewußtsein ein, das seinerseits formelle Rahmenbedingung postmodernen Denkens ist. Das wissenschaftskritische Finitätsbewußtsein gibt seine unhintergehbare "condition postmoderne" für jedwede Anthropologie ab, sofern sie den Selbstanspruch des Aktualitäts- und Realitätsbezuges aufrechterhalten will. Das postmoderne Subjektverständnis setzt ein neues Finitäts- und Relativitätsbewußtsein voraus. Damit distanziert sich die postmoderne Subjekttheorie nicht nur von den Inhalten, sondern bereits von den Grundoptionen der (entelechial-)evolutiven Anthropologie- und Gesellschaftsmodelle der Moderne.

> "Jenseits des ungeheueren Ortswandels, der vom Denken Comtes zu dem von Luhmann führt, verrät sich diesselbe Idee des Gesellschaftlichen, daß die Gesellschaft eine einheitliche Totalität ist, eine 'Einzigkeit', [...] Nun ist diese Idee auch die der 'Technokraten'. Daher rührt ihre Glaubwürdigkeit. Weil sie die Mittel hat, [...], ihre Beweise beizubringen, was Horkheimer die 'Paranoia' der Vernunft nannte."[161]

Die postmoderne Revision der Aufklärungsanthropologie mündet in einer (zumeist sprachphilosophisch vorgetragenen) Zäsur und grundsätzlichen Differenzsetzung zur Anthropologie seit Bacon und Descartes, Herder und Hegel. Durch die Wahrnehmung dieser geistesgeschichtlichen "différance" im "Ortswechsel" Moderne-Postmoderne wird die nihilistische Sinnkrise über die "anthropologische Wende" neu deutbar. Sie wird aus postmoderner Perspektive als Epiphänomen eines epochalen Umbruchs und in theologischer Sicht als "glaubensgeschichtliche Wende" interpretierbar.

Als Fazit läßt sich - auf dem Hintergrund unserer im I. Traktatsteil angestellten Erhebungen - die postmoderne Revision der Aufklärungsanthropologie (und deren Verhältnis zur nihilistischen Sinnkrise) in *10 Thesen* komprimiert umreißen:

1. Die subjekttheoretischen Konstruktionsparameter der Aufklärungsphilosophie (autonomes Vernunft-Selbst, Autopoiesie des Selbsterhaltes, prozessuale Selbstverobjektivierung und -vervollkommnung...) und deren Transposition in die (links- wie rechtshegelianische) Gesellschaftslehre (Diskursiv- und Praxismodell der "transversalen Vernunft" und der Freiheit als Produkt menschlicher Tätigkeit; Idee des Gesellschaftlichen als "einheitliche Totalität"; Selbsterhalt- und Selbststeigerung gesellschaftlicher Komplexität durch "kommunikatives Handeln"; "transversale" Ausmittlung von Rationalität und Pluralität als Projekt der "postmodernen Moderne" ...) sind durch die Grundlagenrevision der (Natur-)Wissenschaften und durch die realgeschichtliche Erfahrung (Leidens- und Sinndruck, nihilistische Sinnkrise) *wesentlich relativiert* worden.

2. Die enttheologisierende (den messianischen Impuls politisierende) Aufklärungsanthropologie ermöglicht die politische Utopie der humanisierten Gesellschaft. Diese Utopie kippt schließlich in das Nihilistische. Sie folgt in ihrem Vollzug einer methodologischen Utopie: die Totalität der "Menschheit" herzustellen durch die Überwindung aller trennenden Fremdheiten. (Deshalb bezeichnet Foucault das zentrale Strukturmerkmal der immanenten Utopie der Humanwissenschaften mit dem Begriff der "Kontinuität", welche "Differenz" methodisch überblende[162].)

3. Indem die Aufklärungsanthropologie das Wesen des Menschen auf dessen autonome Vernünftigkeit (bzw. absolute "Gottesebenbildlichkeit") zentriert und mit der menschlichen ("instinktfernen") Natur tendenziell koinzidieren läßt, prägt sie einen nihilismusanfälligen "Ethos der Moderne". Dieser verharrt im Wendekreis der Dialektik von Vernunft und Bedürfnis und exkludiert die Wahrheit vom "gespaltenen Subjekt" (vgl. 2.3.3.3.).

4. Rationalismus und Aufklärungsanthropologie verkennen die insecuritas humana: die (Todes-)Gefährdung des Menschen sowie den existentiellen Mangel (im Sinne eines "manque à être"), der dem menschlichen Leben entscheident inhärent ist.

5. Die reale und rapide zunehmende Bedrohnis der Depersonalisierung/ Enthumanisierung des "heutigen" Menschen ("personales Defizit") sowie die Gefahr eines substantiellen Verlustes am proprium humanum (Automatisations-, Simulations-, Borderline-Gesellschaft) wird von der philosophischen Aufklärungsanthropologie anachronistisch unterbewertet (vgl. 4.1.1.2.).

6. Die nihilistische Sinnkrise der Gegenwart begleitet die Auflösung der monistischen Ideologien (wie Hegelianismus, Marximus, Szientismus). Sie ist Ausdruck der postmodernen "Götzen-Dämmerung": der Entmythologisierung der divinisierten Vernunft in ihrer Funktion, Äquivalent für die vereinigende Macht der Religion zu sein. Der in Aufklärung (Logos) übergegangene Mythos gibt sich wieder als (Prometheus-)-Mythos zu erkennen.

7. Die konstrastmythologische Subjekttheorie ("Anti-Odipus") des Anarchostrukturalismus (vgl. 3.3.4.1.) ist "differentistisches" Symptom der nihilistischen Sinnkrise und aktuelles Indiz für die fortwährende "Dialektik der Aufklärung".

8. Die Zuordnung der "subjektsphilosophischen Erbmasse" nach der "Erschöpfung des Paradigmas der Bewußtseinsphilosophie" verlangt (nicht zuletzt um den Nihilismus zu transzendieren) nach einer postmodernen, exzentristischen Subjekttheorie der Verwiesenheit des Menschen auf das unverfügbar Andere (vgl. 3.3.5.).

9. Die Er-örterung des (Einzel-)Subjekts als "sujet en fading" mit dem unverzichtbaren Recht auf Ineffabilität (vgl. 3.3.5.) markiert einen finitätsbewußten, dekonstruktiven Ausweg aus der nihilismusanfälligen Aufklärungsanthropologie der Moderne.

10. Die postmoderne Revision der Aufklärungsanthropologie bahnt die "Wende" an zur dekonstruktiven Wiederentdeckung des Menschen als Subjekt des Absoluten (vgl. 3.3.5.4.). Als katalysierendes Element kann sie ein Initialfaktor zur "glaubensgeschichtlichen Wende" sein.

4.3.4 Die postmoderne Orientierungssuche an der Grenze der religiösen Sinndimension

4.3.4.1 Zehn anthropologische Thesen zur conditio humana des "heutigen" Menschen an der krisenvollen Grenze zur Postmoderne

Danach befragt, was "ewig" gelte, antwortet der Zen-Meister Hui-Neng seinem Schüler: "Daß nichts bleibt". Wenn alles Menschliche und Natürliche vergänglich ist, dann auch die (Wunsch-)Bilder und Logien, die der Mensch - der immer Zeitgenosse einer Kulturepoche ist - zu seiner Selbstbestimmung und Selbstvervollkommnung bildet. Kritisch schreibt Paulus in seinem Ersten Korintherbrief: "Stückwerk ist unser Wissen[...] Denn jetzt schauen wir im Spiegel ein Aenigma, dann aber von Angesicht zu Angesicht. Jetzt erkenne ich stückweise; dann aber werde ich erkennen, so wie auch ich erkannt bin." (1 Kor. 13,12).

Die idealistisch inspirierte Anthropologie der Aufklärung hat sich auf ihre Weise darum gemüht, das Aenigma des Menschseins zu lösen. Nichtsdestoweniger blieb das Rätsel als Vermächtnis für den "heutigen" Menschen bestehen. Nach dem "Scheitern des Projekts der Moderne" (wie auch der klassischen Apologetik-Projekte) und in der Endzeit der attraktionslos gewordenen Metanarrativa der Aufklärung angelangt, fragt die "jetzige" Generation nicht nur nach neuen Praktikabilitäten des Lebensvollzuges, sondern nach den Erschließungsmöglichkeiten einer neuen, womöglich religiösen Sinndimension. Der Erfahrungsweg durch die "Moderne" (verstanden als areligiöse Grundhaltung der Selbstemanzipation und der novistischen Komplexsteigerung) hat den Menschen unversehens in die Krise einer Grenzerfahrung geführt: Die nihilistische Sinnkrise ist bereits Ausdruck der post-modernen "Götzen-Dämmerung", d.h. der Entmythologisierung der divinisierten Vernunft. Diese "Vernunftkrise" manifestiert sich einerseits im Glaubensverlust an die Projekte und Anthropologiekonzepte der Aufklärung. Mit der nihilistischen Sinnkrise und ihrer neomythologistischen Paraphrase ist die "Dialektik der Aufklärung" andererseits in ihren maximalen Spaltungszustand von "état final" eingetreten (vgl. 2.4.). Als Ausdruck des sich derzeit vollziehenden, epochalen Paradigmenwechsels birgt die "Vernunftkrise" ein durchaus kreatives Moment: Als Ablösungsprozeß von überholten, holistischen Deutungsschemata ermöglicht sie eine profunde Erschütterung der abendländischen episteme wie des zeitgenössischen Menschen. Die Vernunftkrise wird somit schließlich zur Sinnkrise. Als solche entläßt sie den Impuls zu einer postmodernen Neuorientierung und zu einer "glaubensgeschichtlichen Wende".

Die postmoderne Orientierungssuche an der Grenze der religiösen Sinndimension läßt sich anthropologisch und religionsphilosophisch vorklären, um eine überhöhende, fundamentaltheologische Klärung vorzubereiten. Diese propädeutische Vorleistung sollte durch die gesamte bisherige Untersuchung sichergestellt werden. Methodisch und inhaltlich galt es, eine sachadäquat strukturierte und mehrdimensionale Problemerörterung zu gewährleisten, die einen möglichst organisch gewachsenen Übergang zur fundamentaltheologischen Argumentation schaffen sollte. Thematisch wie methodisch an einer Grenze angelangt, fällt diesem Passus die Aufgabe zu, ein thesenhaft komprimiertes "déjà - vu" zu liefern. Stenogrammartig verdichtet sollen die bereits erarbeiteten anthropologischen Faktoren der postmodernen Sinnsuche genannt und andeutungsweise in den Horizont der religiösen Sinndimension gerückt werden.

Aufgabe einer menschenfreundlichen und zeitnahen Fundamentaltheologie ist es, die Frage nach dem status creaturae je neu - auch unter Beibringung neuer Erkenntnisprinzipien - zu stellen. Eine solchermaßen motivierte "anthropologische Wende" gehört im Sinne des Vat. II zum vermittelnden Heilsdienst der Kirche am "pilgernden Gottesvolk". Durch ihre anthropologische Situierung unterscheidet sich eine derart motivierte Theologie von der klassischen Apologetik und deren Mißverhältnis zum "Hörer des Wortes". Eine (religionsgeschichtlich-)anthropologische Untersuchung der Postmoderne-Bewegung bietet daher eine besonders passende Schnittfläche für die Konvergenz von theologischer und philosophischer Interessenslage.

Zentriert sich also das theologische Forschungsinteresse auf die conditio humana des "heutigen" Menschen an der krisenvollen Grenze zur Postmoderne , so zeichnen sich folgende Auffälligkeiten ab:

1. Aus der Theodizeefrage ist eine *Anthropodizeefrage* geworden (vgl. 3.3.5.1.).Die kontrastmythologische Subjekttheorie des Anarchostrukturalismus wie die Eschatologie und Todesmystik des Posthistoire sind postmoderne Bewältigungsversuche der allgemein gewordenen Identitäts- und Sinnfrage. Ihre Lösungsversuche verbleiben jedoch innerhalb der "Dialektik der Aufklärung" und benötigen gerade deshalb eine alternative theologische Weiterführung.

2. Die nihilistische Sinnkrise ist das Ergebnis der *Entmythologisierung* der aufklärerisch divinisierten Vernunft. Als Identitäts- und Sinnkrise der Gegenwart spiegelt sie sich symptomhaft verdichtet wieder im Regressionsangebot der neomythologisierenden, anarcholiberalen Postmodernebewegung. Dem neorationalistischen Projekt einer "postmodernen Moderne" (W. Welsch) ist keine reale Krisenlösung zuzutrauen (vgl. 2.3.3.) und zwar nicht zuletzt wegen seiner unbefriedigenden Subjektphilosophie.

3. Die nihilistische Sinnkrise ist eine *Legitimationskrise* der Spätmoderne: Sie betrifft den "heutigen" Menschen direkt und bewirkt "Leidens-" und "Sinndruck", welcher die Suche nach einer "religiösen Lösung" hervorruft.

4. Das spätneuzeitliche Lebensgefühl, das seit Descartes aus dem Ideal der freien Selbsterhaltung und evolutiven Selbstverwirklichung schöpfen konnte, wird zunehmend durch *Konträrerfahrungen* überlagert.

5. Eine irreversible *Desillusionierung* des zeitgenössischen Menschen über seine (finite, irrtumsbehaftete) Macht und seinen (relativen) Stellenwert hat eingesetzt. Sie katalysiert sowohl die nihilistische Sinnkrise als auch die postmoderne Suche nach glaubwürdigen, entutopisierten Sinndimensionen.

6. Der "heutige" Mensch ist leidvoll konfrontiert mit einer besonderen, in der bisherigen Menschheitsgeschichte einmaligen Extremerfahrung: mit der rapide angewachsenen Gefahr der *Selbstzerstörung* (seiner Eigen-, Mit- und Umwelt) als Inversionseffekt seiner Eigenmächtigkeit.
   Er erlebt sich innwendig durch einen zunehmenden "Verlust der Mitte" und von außen durch selbstgeschaffene, autonomisiert-anonymisierte "Verfügungsmächte" bedroht.

7. Die "postindustriellen Gesellschaften" (D. Bell) erfahren die steigende Bedrohung, der *Depersonalisierung/Enthumanisierung* sowie des substantiellen Verlustes ("personales Defizit") am proprium humanum zu

erliegen (Automatisations-, Simulations-, Borderline-Gesellschaft).

Todeserfahrung als Widerfährnis des *"anthropologischen Todes"* ist ein Generalthema der Posthistoire-Eschatologie.

8. Die humanistische Dialektik einer Vertragsethik von Vernunft (Moral, Tugend) und Bedürfnis erweist sich als idealistische Abbreviation des "gespaltenen Subjekts". Sie wird in praxi substituiert durch die Kontrasterfahrung der basalen *Dialektik von Ohnmacht und Begehren,* die jenseits der Vernunft-Bedürfnis-Ebene das "mysterium iniquitatis" neu transparent werden läßt.

9. Die philosophische Postmoderne-Bewegung, insbesonders ihre Mystik und ihre Revision der Aufklärungsanthropologie bahnt die "Wende" an zu einer dekonstruktiven Wiederentdeckung des Menschen als *Subjekt des Absoluten.*

10. Die *Suche* nach einer menschenfreundlichen und Freiheit stabilisierenden Ordnungskraft (einer geistigen Bewahrnis im Scheitern) ist das Hauptmotiv der postmodernen Orientierungssuche nach dem Scheitern des "Projekts der Moderne".

4.3.4.2. Zusammenfassung: Von der dialektischen Spaltung zur alternativen "religiösen Lösung" der Postmoderne

Am Ende dieses überleitenden Kapitels ist eine Zusammenfassung der bisherigen Argumentationsstränge orientierend:
Der vorliegende Traktat forscht nach einer christlichen Alternative zur *Dialektik* der (Post-)Moderne. Die Vollzugsmechanismen dieser Dialektik, ihre kultur-, philosophie- und religionsgeschichtlichen Implikationen, sind durchhaltendes Thema des ersten Traktatsteils. Schließlich ist uns über die Auswertung ideengeschichtlicher Verläufe hinaus an einer fundierten Gesamtbewertung der Dialektik der (Post-)Moderne gelegen. Den Anfang unserer Untersuchungen bot deshalb die Hauptthese der "Postmodernen", daß Aufklärung und Moderne schon längst an ihrem epochalen Ende angelangt wären, daß ihre Axiome und Paradigmen, ihre "Totalaspirationen" und "Monismen" (P. Koslowski) dem Epochenbruch verfallen seien. Eine dekonstruktivistische Postmoderne stellt deren Wertigkeiten und Gültigkeit radikal in Frage. Dabei entlegitimiert sie jene aufklärerische Vernunft-

praxis, die - in postmoderner Lesart - zur Entwertung von Metaphysik und Religion und zur Fehlbewertung von Subjekt, Freiheit und Geschichte geführt habe. Die "condition postmoderne" sei grundgelegt im Scheitern des "Projekts der Moderne" (J. Habermas), das jenem Spaltungsprozeß erlag, den Horkheimer/Adorno mit "Dialektik der Aufklärung" überschrieben.

Noch im Zenit idealistischer Aufklärung, also in der Wende vom 18. zum 19. Jahrhundert, setzt die "Dialektik der Aufklärung" ein. Folgt man M. Horkheimer und Th. W. Adorno, so ist darunter jenes dialektische Spaltungsgebilde von Rationalismus und Neomythologismus zu verstehen, das die Moderne durchzieht, aber auch von der frühen Neuzeit unterscheidet. Aus der Sicht der "Posthistoire" (vgl. 2.4.) endet die Moderne mit dem Zusammenbruch der "Dialektik der Aufklärung": Die divinisierte Vernunft werde entmythologisiert. Der Prometheus-Mythos der novistischen Moderne demaskiere sich selbst in der Materialisierung seiner utopischen (Heils-)Dimensionen. Jene seien "trivial" und dehumanisierend ausgefallen. Der "etat final" postmoderner Kultur wäre regressiv und alternativlos bestimmt durch den Zusammenbruch seiner immanentisierten Eschatologie (vgl. 2.4.2.).

Wenn wir auch die verschärfte Optik der "Posthistoire"-Literaren nicht übernehmen können, so hilft sie uns dennoch als Wahrnehmungsexperiment bei der Markierung des "Post" in einem "prozessualen Niemandsland" (P. Sloterdijk). Auf Grund eigener Studien und mit theologischen Denkern wie R. Guardini, E. Biser, H. Küng, P. Schütz dürfen wir davon ausgehen, daß eine epochale "Wendezeit" eingesetzt hat. Sie wirft unweigerlich die Frage auf nach einer "glaubensgeschichtlichen Wende" und nach einem alternativen Christentum. Gesetzt den "Fall", die Moderne liefe als geistes- und kulturgeschichtliche Epoche ihrem (nihilistisch-neomythologistischen) Ende zu, so wird die Frage nach den Konturen der Post-Moderne akut.

Diese Frage gründlich zu verhandeln, war Hauptanliegen des ersten Traktatsteils. Der dekonstruktiven Methode folgend stellte sich als Ergebnis ein: Die dialektisch gewordene Aufklärung (bzw. Moderne) unterliegt krisenvoll einem Paradigmenwechsel, der mit neuem Finitätsbewußtsein einhergeht. Vieles deutet darauf hin, daß sich eine "postmoderne Wende" anbahnt. Sie nimmt ihren Ausgang von der nihilistischen Sinnkrise zur finitätsbewußten Suche nach einer religiösen Sinndimension. (vgl. 4.3.). Für die philosophisch-literarische Postmoderne-Bewegung selbst ist allerdings strukturales Kennzeichen, daß sie dazu tendiert, die Dialektik der Aufklärung/Moderne in eine Dialektik der Postmoderne zu transponieren: Dem *neorationalistischen* (Vernunft-)Projekt einer "postmodernen Moderne" (W. Welsch) steht ein *anarcholiberaler* Postmodernismus entgegen, der als letzte, kontrastmythologische "Umwertung der Romantik" verstehbar wird. Der Dekonstruktivismus als Methode postmoderner Emanzipation (aus den Zwängen des "okzidentalen Rationalismus") stellt sich also als zwiespältige Postmoderne-Bewegung vor (vgl. 3.). Insbesonders an der dekonstruktivistischen Subjekttheorie wird das Schwanken dieser Kulturbewegung zwischen Anarchismus, Nihilismus, Kontrastmythologismus und Mystik ablesbar. Bedenkt man allerdings, daß die philosophisch-literarische Postmoderne-Bewegung, von ihren neostrukturalen Anfängen her (vgl. 1.2.1.) gerechnet, eine ca. 25-jährige Verlaufsgeschichte aufweist, so läßt sich erkennen, daß die Frühphase ihres anarcho-romantischen Subjektivismus im Vergehen und Anderes im Aufkommen ist: eine (atheologische) dekonstruktive Mystik als "Weg aus der Moderne" (vgl. 3.2.). Dieser zumeist subjekttheoretisch gewendete "Weg" bahnt sich an jenseits der "Dialektik der Postmoderne". Er erscheint uns kompatibel mit einem alternativen, christlichen Weg, der aus der Nihilismuskrise der Spätmoderne zu einer christlich erneuerten "Postmoderne" hinführen kann.

Die Frage nach einer christlichen Alternative zur Dialektik der (Post-) Moderne wurde im vierten Kapitel zunächst über den Leitbegriff der "Dialektik der Hierophanie" weiter thematisiert (4.1. - 4.2.), später "anthropologisch gewendet" (4.3.1.-4.3.3.) und anthropotheologisch (4.3.4.) akzentuiert.

Während im ersten Arbeitsschritt unter subjekttheoretischer Zentrierung (entlang der Frage der Identitätssuche des "absoluten Subjekts"; des "sujet en fading") die Dialektik der Moderne untersucht wurde, galt es für den amplifizierenden Übergang zur fundamentaltheologischen Problemerörterung einen neuen Parameter anzulegen, dem verbindende Funktion zukommt. Zur Eigenart und Spannweite dieses Parameters sollte es gehören, daß er sich einerseits zu dem der Aufklärungsdialektik kompatibel und integrativ verhält, ohne andererseits seine Überleitungsfunktion zur fundamentaltheologischen Argumentation aufzugeben. Kurz gesagt: Vermittels eines neuen, umfassenden Parameters sollte zur fundamentaltheologischen, anthropotheologischen Argumentation übergegangen werden. Mit M. Eliades "Dialektik der Hierophanie" bot sich ein solcher Parameter an. Er subsummiert die Thematik der Aufklärungsdialektik und erweitert sie zugleich über das Religionswissenschaftliche hinaus auf eine fundamentaltheologische Fragestellung hin: Wie verhielten sich Theologie und Kirche zur "Dialektik der Aufklärung" und deren monistischen Entsakralisierungsbestrebungen? Dieser extrem weitläufige Fragekomplex sollte auf eine einzige Anfrage hin konzentriert werden: Geriet die Apologetik des 19. und frühen 20. Jahrhunderts in ein dialektisch-antithetisches Verhältnis zur säkularisierenden (und selbst dialektisch aufgespaltenen) Aufklärung? Kam es theologiegeschichtlich zur Manifestation jener alternativlos-apologetisch operierenden "Dialektik der Hierophanie", die M. Eliade für die Moderne als "Epochenschlüssel" postuliert?

Gestützt auf eine reiche Quellenlage gelangte unser Nachfragen zu folgendem Ergebnis: Zusammen mit der enttheologisierenden "Dialektik der Aufklärung" vollzog sich die "Dialektik der Hierophanie" realgeschichtlich. Die Antwort und Position, die das Christentum zur säkularisierenden Aufklärung fand, war insoweit bedingt und reaktiv, als sie den Wendekreis des Dialektisch-Diadischen nur schwerlich überwand. Theologiegeschichtlich besagt dies, daß die Großkirchen sich entweder an die entsakralisierenden Aufklärungsbewegungen nivellistisch adaptierten (vgl. "Kulturprotestantismus", "liberaler (Alt-)Katholizismus") oder aber sich ihnen antithetisch, reaktiv entgegensetzten. Die letztere Haltung überwog katholischerseits bei weitem. Sie verdankte sich nicht zuletzt der damaligen Apologetik. Diese dialektisch-antithetische (und deshalb schon an sich defiziente) Konstellation von "Kulturkampf" konnte die notwendige Vermittlung des christlichen Heilsgeheimnisses nur schwerlich leisten, obwohl sie gerade darauf kompromißlos "antimodernistisch" insistierte. Dazu war sie zu sehr machtbewußter Selbstzweck, als daß sie eine zeitadäquate "anthropologische Wende" vermocht hätte.

Die "Dialektik der Hierophanie" fand ihre polemische Zuspitzung im fiktiven Oppositionsgebilde "Modernismus contra Katholizismus". Mit dem Zusammenbruch des bürgerlich-liberalen Kulturidealismus nach dem I.

Weltkrieg setzte eine kurze, interremistische Blütezeit der Kirche(n) ein (vgl. 4.1.4.), so daß es verschiedentlich zu Innovationsversuchen ("Ökumenische Bewegung"; "Phänomenologische Bewegung") kam. Für ein Dezenium schien es so, als ob die ekklesiozentrische Antithese des Katholizismus im "Kulturkampf" "gesiegt" hätte. Doch die Geschichte schrieb eine gegenläufige Wahrheit: Der Untergang eines längst schon überfälligen, humanistischen Kulturidealismus sollte nur kurze Episode und Vorspiel sein zur faschistischen bzw. sozialistischen "Umwertung der Romantik" (vgl. 1.5.2.1.). Die "Dialektik der Aufklärung" trat in eine neue Spiralwindung ein, wobei sich der "hierophantische Akzent" auf den politaktiven Neomythologismus verlagerte. Während R. Guardini noch vom "Erwachen der Kirche in den Seelen der Gläubigen" predigte, erscholl der Ruf des "Deutschland erwache!", fand Echo und millionenfachen Widerhall in den "Seelen der Menschen". Eine offene und unbeantwortbar spekulative Frage bleibt, was im heilsgeschichtlichen Sinne hätte erweckt werden können, in den "Seelen der Menschen" und "Stimmen der Zeit", wäre die theologische Intention eine grundsätzlich gewandelte und andere gewesen.

Die nihilistische Sinnkrise der Gegenwart (vgl. 4.3.1.) wird schließlich unter zweierlei Rücksichtnahme verstehbar: Zum einen als Langzeiteffekt der entsakralisierenden Säkularisation und einer inadäquaten, antithetischen Glaubensapologetik, zum anderen als Endphase und "différance" (vgl. 4.3.1.) einer "glaubensgeschichtlichen Wende" der Postmoderne. Der Gegenwarts-Nihilismus ist nach dem Scheitern der traditionellen, "objektiven" Apologetik unmittelbares Folgephänomen der Entmythologisierung der divinisierten Vernunft und zwar in all ihren Hypostasen: Geschichte hört auf, vernunftgeführte, progressiv sich erfüllende (Heils-)Größe zu sein; der viel zitierte "Tod des Subjekts" meint dessen Abdankung als selbstbewußt-autonomes "Vernunftwesen"; Freiheit als Selbstverwirklichung aus sich "selbst" heraus wird suspekt als "romantischer Subjektivismus". Die postmoderne Revision der Aufklärungsanthropologie (vgl. 4.3.2.) fragt deshalb nach der "conditio humana" des "heutigen" Menschen an der *krisenvollen* Grenze zur Postmoderne (vgl. 4.3.4.). Diese Revision ist sensibilisiert auf jedweden monistischen Reduktionismus und erstrebt eine Wieder-Erörterung der "conditio humana" des Menschen als "gespaltenes Subjekt" (vgl. 2.3.3.3; 4.3.3 - 4.3.4.).

Vor dem Hintergrund der "Dialektik der Hierophanie" gibt die Nihilismuskrise der Gegenwart somit den anthropotheologischen Brennpunkt ab für eine "Verwindung" des ersten (religionsphilosophisch-propädeutischen) Traktatteils mit dem zweiten, offenbarungstheologischen: Die Post-Moderne kann sich nur dann zur "Postmoderne" emanzipieren, wenn sie den Wendekreis der "Dialektik der Aufklärung" überschreitet. Zum Gelingen einer solchen, epochalen Transzendenz bietet sich prinzipiell als Zugkraft und Alternative (zur Aufklärungsdialektik) die christliche Offenbarungswahrheit an. Postmoderne-Bewegung und christliche Offenbarungstheologie können einander in je eigener Weise ergänzen. Solche Kompatibilität setzt allerdings auch voraus, daß die Theologie sich möglichst frei hält von antithetischen oder adaptativen Anbindungen an die "Dialektik der Aufklärung". Darüber hinaus kann nur eine Theologie, die den Rahmen der "Dialektik der Hierophanie" verlassen hat, zu einem postmodernen "aggiornomento" befähigt sein und Vermittlerin eines neuen Zeitgeistes werden.

Eine solche Theologie wird weder antithetisch noch apologetisch(-defensiv) noch adaptativ sein, sondern integral, dialogal und eigenständig. Sie wird in ihrem soteriologischen Selbstverständnis des "heutigen" Menschen eingedenk sein; dessen Sosein als "gespaltenes Subjekt" nicht wegrationalisieren, sondern in seiner Erlösungsbedürftigkeit würdigen. Sie wird über die "anthropologische Wende" die Offenbarungswahrheit des "mysterium iniquitatis" neu entdecken und gerade dadurch zu einer humanen und postmodernen "religiösen Lösung" der Nihilismuskrise befähigt sein. Sie wird sich fundamentaltheologisch eben dadurch bewähren, daß sie die postmoderne Orientierungs- bzw. Erlösungssuche offenbarungstheologisch inspiriert. Im folgenden Kapitel wird abzuklären sein, inwieweit die derzeitigen Ansätze "postmoderner Theologie" dieses Grundanliegen aufgreifen und welche Antworten sie dazu entwickeln.

5. Postmoderne Erlösungsbedürftigkeit und "postmoderne Theologie(en)"

5.1. Die postmoderne Wiederkehr der Erlösungsbedürftigkeit

5.1.1. Die neuerliche Erlösungsbedürftigkeit des postmodernen Menschen

5.1.1.1. Vom autonomen "Vernunftwesen" zum erlösungsbedürftigen Subjekt

Im 10. Artikel seiner "Pensées" schreibt B. Pascal:

> "Der Mensch ist weder Engel noch Tier; und das Unglück will, daß jener, der ihn zum Engel machen will, ihn zum Tier macht" (§ 13).[1]

Damit verweist Pascal auf einen ultraparadoxalen Effekt, der auch anderen sensiblen Geistern erkennbar ist und dessen Wahrnehmung die Anthropologie der "Posthistorie" wie der "essentiellen Postmoderne" (P. Koslowski) mitbestimmt. Thomas Mann beispielsweise stellte bereits 1947 in seinem "Doktor Faustus" die dämonische Schattenseite dar, die das manisch-idealistische "Über-sich-Hinaussein"[2] des Menschen birgt: Sie pervertiert ihn unversehens zu gewalttätigem Fanatismus und verführt ihn zu infernalischem Wahnsinn. Th. Manns irischer Zeitgenosse G. K. Chesterton analysiert dasselbe Phänomen des "Irrsinnigen" vor dem Hintergrund der anamorphotischen Malerei Holbeins[3], die - gemäß J. Lacans analytischer Kunsttheorie - die Wahrheit vom "gespaltenen Subjekt" unter dem besonderen Blickwinkel der Perspektivmalerei verlebendigt. J. Baudrillard, der erzählerisch die "Todeslandschaft" der Nach-Geschichte ausmalt, bedient sich des Effektes der Umkehrung ins Gegenteil als Kompositionsmittel seiner Todesmystik (vgl. 3.2.2.3.): Die "Heilsvorstellungen" des modernen Menschen (über sich selbst und *seine* Welt) erwiesen sich in praxi ebenso als "Unheil" wie seine grandiosen Selbsterwartungen in fatale Simulation umschlügen (vgl. 2.4).

Die entelechial-evolutive Aufklärungsanthropologie ist in "postsäkularistischer Zeit" (E. Biser) nachdrücklich unter Utopieverdacht geraten (vgl. 4.3.3): Zu ausschließlich und pelagianistisch insistierte sie auf der "Heilsvorstellung" der "Weltoffenheit und Gottebenbildlichkeit"[4] des Menschen; zu intensiv postulierte sie für ihre humanistische Pädagogik die Leitidee des "vernünftigen Tugendstrebens" als natura pura des Menschen (vgl. 4.3.2.1.). J. G. Herders Menschenkunde, jener aufgeklärt-christliche "Ausgangspunkt der modernen philosophischen Anthropologie"[5] (W. Pannenberg), ist auffallend darum bemüht, den Menschen antipodisch dem Tier entgegenzustellen:

> "Den Thieren gabst du Instinct, dem Menschen grubest du dein Bild, Religion und Humanität, in die Seele" [6].

In seiner ubiquitär veranschlagten "Gottesebenbildlichkeit" ist das "Vernunftwesen" Mensch insofern "engelsgleich", als es in seiner (Geist-)Natur unbeschadet, bruchlos und spaltungsfrei es selbst sein soll. Es ist seiner "reinen" Natur und seiner Metaphysik nach das ungespaltene (wenn auch noch entwicklungsbedürftige) Subjekt des Vernünftigen und Guten.

Die "eindimensionale" Aufklärungsanthropologie, die aus Mensch, Gesellschaft und Geschichte das "mysterium iniquitatis" enttheologisierend ausgrenzte (vgl. 4.1.2.2.), wirkte als ein Langzeitfaktor für das Aufkommen der "Dialektik der Aufklärung" und schließlich für das Scheitern des "Projekts der Moderne". Mit dessen Absetzung ist aber auch der Versuch einer linkshegelianischen Inversion der Herderschen Anthropologie zur Abdankung gezwungen. Die Hegelsche Heilsvorstellung eines "absoluten Subjekts" wird über die Kulturereignisse selbst als romantisch-philosophischer Tagtraum identifizierbar. Im vierten Kapitel stellten wir diese Zwangsläufigkeit dar. Die Umdisponierung der "subjektphilosophischen Erbmasse" aus der Aufklärungszeit ist auf neorationalistischem Weg ("postmoderne Moderne") nicht möglich (vgl. 3.3.5.2). Die anarcholiberale Postmoderne-Bewegung mit ihren Forderungen nach differentistischer Totalautonomie des "Anti-Oedipus"-Subjekts (vgl. 3.3.4) ist Symptom und Indiz für das drängende Zeitproblem, die sujektphilosophische Erblast einer adäquaten Lösung zuzuführen, welche die "Rettung der Substanz des Humanen" (J. Habermas) einigermaßen gewährleisten kann.

J. Habermas wies bereits 1985 auf die Notwendigkeit eines solchen Rettungsversuches hin.[7] Wegen der "Erschöpfung des Paradigmas der Bewußtseinsphilosophie" offeriert Habermas zur Regeneration der Moderne die Wandlung der subjektzentristischen Rationalität in Systemrationalität. Seine "Deutung der philosophischen Postmoderne"[8] kennt nur diese Sanierungsmethode. In seinem "Philosophischen Diskurs der Moderne" (1985) warnt Habermas vor einem "Rückfall" des "metaphysisch vereinsamte[n] und strukturell überforderte[n] Subjekt[s]"[9] in trans- bzw. vorsubjektive "Ursprungsmächte". Die anarchostrukturale Szene der Postmoderne-Bewegung, ihre differentistische Kontrastmythologie und aggressive Neoromantik beweisen, wie aktuell Habermas` Warnung vor einem regressiven "Prämodernismus" geworden ist. Zugleich aber wäre es unstatthaft, diese Warnung zu generalisieren, so daß jedwede Hinwendung des Subjekts zu transsubjektiven "Ursprungsmächten" unter "Prämodernismusverdacht" geriete. Diese Generalisierung käme einem praktischen Atheismus gleich. Die postmoderne Inauguration der "religiösen Lösung" anstelle der "romantischen Lösung" des Subjektivismus (vgl. 6.1.) bedarf vielmehr der Affinität des Subjekts zu vorsubjektiven Mächten seines Ursprungs und seiner Bewahrnis.

Die "Rettung der Substanz des Humanen" ist - so darf schließlich behauptet werden - weder auf neorationalistischem Weg noch im Sinne eines anarcholiberalen Dekonstruktivismus möglich. Dabei ist eine sanatio in radice nötiger denn je zuvor in der abendländischen Geschichte der nihilistisch gewordenen Moderne. Die Wende von der nihilistischen Sinnkrise zur finitätsbewußten Suche nach einer real lebbaren, religiösen Sinndimension der Postmoderne (vgl. 4.3.) hat bereits eingesetzt. Wache (fundamental-)theologische Geister wie K. Rahner (mit seinem prophetischen Wort vom "Mystiker" als "Christ der Zukunft") und E. Biser wagen die "Glaubensprognose"[10], daß in unserer "postsäkularistischen Zeit" das "Kirchenvolk, [...], bereits im Übergang ins kommende Stadium der gesamtchristlichen Entwicklung begriffen [ist]."[11] Bereits in den 30-er Jahren schrieb der evang.-luth. Fundamentaltheologe Paul Schütz mit geradezu visionärer Kraft von der "schöpferischen Auflösung" der Spätmoderne und ihres Christentums. In seinem Werk "Das Mysterium der Geschichte" (1933) stellte er schon vor Jahrzehnten seine spirituelle Einsicht in die Nach-Moderne dar. Die hiermit exemplarisch genannten Namen und theologi-

schen Werktitel ließen sich um viele weitere ergänzen. Ihr aller Grundthema ist die Anfrage nach einem post-modernen Christentum bzw. nach den Chancen für eine christliche Postmoderne. Diese Frage motiviert auch die im vierten Kapitel vollzogene "anthropologische Wende" und sie bestimmt den Fortgang dieser Untersuchung.
Religionsphilosophisch und im Rahmen dekonstruktiver Methodik interpretierten wir die nihilistische Sinnkrise als "différance" zu einer "glaubensgeschichtlichen Wende" der Postmoderne (vgl. 4.3.1.1.). Dabei erweisen sich Sinn- und Leidensdruck als reale (Gegenwarts-)Grenzen nihilistischer Praxis und als spezifische Impulse postmoderner Sinnsuche (vgl. 4.3.1.2.). Die postmoderne Revision der Aufklärungsanthropologie (vgl. 4.3.2.), wie auch unsere fundamentaltheologische Reflexion auf die "objektive" Apologetik (vgl. 4.2.), lassen beide als einander dialektisch gegengelagerte, defiziente Modalitäten von Anthropologie erkennen. Aus diesem Mangel entwickelt sich die Suche nach einer zeitgemäßen anthropotheologischen Erörterung der conditio humana des "heutigen" Menschen: des Menschen an der krisenvollen Grenze zur Postmoderne (vgl. 4.3.4.). Zu Beginn dieses neuen Kapitels und im Rückblick auf die geleistete Erörterung, läßt sich als theologisches Ergebnis von der *neuen Erlösungsbedürftigkeit* des postmodernen Subjekts sprechen.

Mit dem Begriff der *"Erlösung(sbedürftigkeit)"* wird ein weiterer anthropotheologischer Parameter in die Argumentation eingeführt. Seine Einführung ist aus philosophischer Sicht nicht zwingend verlangt, wohl aber vernünftig legitimiert durch die innere Logik unserer bisherigen Untersuchung, ihres Fortgangs und ihrer Gesamtdarstellung.

5.1.1.2. Die Wiederkehr des manque à être als Voraussetzung für den Paradigmenwechsel von "Selbstverwirklichung" zu "Erlösung"

Gegen Ende des letzten Kapitels stellten wir - vor dem Hintergrund der nihilistischen Sinnkrise der Gegenwart - erneut die Frage nach dem status creaturae des "heutigen" Menschen. Als Zwischenergebnis konnten zehn Thesen zur aktuellen conditio humana formuliert werden (vgl. 4.3.4.1.). Sie betreffen den Menschen an der krisenvollen Grenzen zur Postmoderne. Nun sollen sie als (Legitimations-)Vorgabe dienen für eine theologische Reflexion auf die neuerlich aufbrechende *Erlösungsbedürftigkeit* des spätmodernen Subjekts. Die über zehn Thesen hin differenzierte Grundeinsicht zur aktuellen conditio humana läßt sich unter das Begriffspaar "Erschöpfung" und "Grenze" subsummieren: Nicht nur das "Paradigma der Bewußtseinsphilosophie" ist - wie J. Habermas eingesteht - "erschöpft", sondern die holistischen Konstruktionsparameter der Moderne (wie Autopoiese und Autonomie, Vernunfteinheit und Mathematisierbarkeit der Wirklichkeit...) können ihrer Überprüfung insgesamt nur schwerlich standhalten. Die Grundlagenkrise der Naturwissenschaften konvergiert mit der (Nihilismus-)Krise der Gegenwartsphilosophie. Die Nihilismuskrise ist Ausdruck dafür, daß die Sinnpotentiale der Aufklärung erschöpft sind und (noch) keine neuen Legitimationsfaktoren für eine allgemein verbindliche Sinnstiftung gefunden wurden.

Zur "Erschöpfung" der Moderne, ihrer Metanarrativa und Monismen, gehört die Legitimationskrise der Spätmoderne. Diese zentriert sich in der Anthropodizeefrage, die sich angesichts neuer, anonymisierter "Verfügungsmächte" verschärft dem "postsäkularistischen Bewußtsein" aufdrängt. Die Grenzerfahrung des "heutigen" Menschen ist gegeben durch die weltgeschichtlich einmalige Extremerfahrung der kollektiven Selbstgefährdung und der Gefahr der Selbstzerstörung. Enthumanisierung und Depersonalisierung, Leidens- und Sinndruck kennzeichnen dieses "Ausdauern im Äußersten"[12], das gemäß Heidegger auf seine Weise die "Wahrheit des Seins" entbirgt und die Seinsvergessenheit der modernen Metaphysik womöglich postmodern redigiert. Zur "Kehr"-Seite dieser Extrem- und Grenzerfahrung gehört aus theologischer Sicht die Anbahnung einer "glaubensgeschichtlichen Wende". Manches am Dekonstruktivismus der Postmoderne (vgl. 3.2. - 3.5.) deutet auf das mysterium sub contrario hin, daß die Nihilismuskrise auch die Krise des Nihilismus ist; daß insbesonders ein neues Subjekt- und Offenbarungsverständnis in Erschließung begriffen ist.

Zu diesem postmodernen Erschließungsvorgang kann die christliche Theologie einen notwendigen und spezifischen Beitrag leisten: ihre Soteriologie. Die "glaubensgeschichtliche Wende" setzt bei der beschriebenen Grenzerfahrung ein, die der "heutige" Mensch mit dem Epochenende und der "Erschöpfung" der Moderne zu machen gezwungen ist. Sie baut interpretativ insofern auf dieser Extremerfahrung auf, als sie diese mit dem Begriff "Erlösungsbedürftigkeit" religiös gültig symbolisiert. Diese religiöse Symbolisierung mit ihrem impliziten Verweis auf "transsubjektive Ursprungsmächte" läßt sich über die Eigenart der Extremerfahrung legitimieren. Die anvisierte, postmoderne Inauguration der "religiösen Lösung" baut deshalb anthropologisch auf dem Begriffssymbol der Erlösungsbedürftigkeit auf.

Die neue Erlösungsbedürftigkeit verweist auf eine soteriologische und eine revelatorische Dimension, die den manque à être des postmodernen Subjekts neu dekodieren, "aufheben" und umgestalten könnten. Der "Seinsmangel" des Subjekts ist jenes weitläufige Thema neuzeitlicher Ontologie, das in Aufklärung und Säkularisation seine puristische Behandlung erfuhr, um als Material für die evolutiv-entlechialen Anthropologien zu dienen: Die Emanzipation des Subjekts aus "selbstverschuldeter Unmündigkeit", jenes von Kant (verkürzt) entliehene Standartprogramm der Aufklärung, impliziert die Selbstbefreiung aus dem Mangel. Als bloße defiziente Modalität wurde Mangel zur "Mangelbehaftetheit" umgedeutet, um als korrigierbare, transiente Fehlform geschichtlich überholbar zu werden. Ideengeschichtlich läßt sich nachweisen, daß mit der idealistischen Annullierung des manque à être und der Aufhebung des Seins in das Subjekt (und seine Geschichte der Selbstverwirklichung) ein verlustreicher Entfremdungsprozeß im metaphysischen Denken einsetzte. Der in das krisenhafte gesteigerte Verlauf dieses verlustreichen Prozesses wird derzeit selbst von namhaften Vertretern des Neorationalismus anerkannt (vgl. 2.3.2.). Dies bezeugt nicht zuletzt J. Habermas' Appell an die "Rettung der Substanz des Humanen". Ein orientierender Meilenstein des frühen Dekonstruktivismus ist dazu M. Heideggers Vorlesung "Was ist Metaphysik?" (1929). Daraus sei hier eine etwas längere Passage deshalb zitiert, weil sie jene säkularistische Bewegung der Metaphysik bespricht, deren Ende und "Erschöpfung" derzeit offenkundig wird und eine soteriologische Alternative neu zuläßt.

> "Fast scheint es, als sei die Metaphysik durch die Art, wie sie das Seiende denkt, dahin gewiesen, ohne ihr Wissen die Schranke zu sein, die dem Menschen den anfänglichen Bezug des Seins zum Menschenwesen verwehrt.
> Wie aber, wenn das Ausbleiben dieses Bezugs und die Vergessenheit dieses Ausbleibens von weither das moderne Weltalter bestimmten? Wie, wenn das Ausbleiben des Seins den Menschen immer ausschließlicher nur dem Seienden überließe, so daß der Mensch vom Bezug des Seins zu seinem (des Menschen) Wesen fast verlassen und diese Verlassenheit zugleich verhüllt bliebe? Wie, wenn es so wäre und wenn es seit langem schon so wäre? Wie, wenn Zeichen dahin deuteten, als wolle diese Verlassenheit inskünftig sich noch entschiedener in der Vergessenheit einrichten?"[13]

M. Heidegger hat diese dramatische, vierfache Anfrage nach der "Verlassenheit" des "modernen Weltalters" vor mehr als 60 Jahren einem Auditorium gestellt, dessen Generation vergangen ist. Doch die Anfrage ist geblieben und erfährt in der Gegenwart eine Neuakzentuierung: Der "heutige" Mensch erleidet jenen Beziehungsverlust neu, an dessen Vergessen Heidegger emphatisch erinnert. Das Bewußtsein für das Verlorene und Vergessene kehrt derzeit allenfalls "diffus" und konturhaft, bisweilen karrikaturesk (vgl. 3.3.4.) wieder. "Die neue Einsamkeit der Postmoderne"[14] ist mehr als ein Buchtitel. Sie ist eine Grunderfahrung, die als Konträrerfahrung das überkommene Ideal der freien Selbsterhaltung und evolutiven Selbstverwirklichung überlagert, desillusioniert und ablöst. Konkreter formuliert: Der vergessene manque à être kehrt postmodern zweifach wieder. Er fällt zum Einen auf das Subjekt zurück als Leiden am verlorenen und (noch) nicht wiederhergestellten "Bezug des Seins zu seinem (des Menschen)Wesen". Zum Anderen entdeckt sich dem spätmodernen Menschen der manque à être neuartig in der lange latent gebliebenen "Krankheit zum Tode", verstanden als konstitutivem Selbstzerwürfnis des Menschen. Einem Zerwürfnis, das sich mit der Auszehrung des "proprium humanum" als residualer, existenzieller Mangel-Zustand dekodiert. So kreist die neue Mythologie und Todesmystik der Posthistoire-Literatur (vgl. 3.2.2.3.) aus dem Zeitigungsmodus des Futur exakt um den postmortalen End-Zustand des "modernen Weltalters" und seiner zeitgenössischen Bewohner. An ihnen soll sich implosiv Katastrophisches vollzogen haben, das höchstens über "alte" metaphysische und religiöse Begriffe (wie Wahrheit und Sein, Schöpfung und Gott, Sünden-"Fall" und "Sintflut") nennbar werde.

Als erstes Fazit läßt sich notieren, daß sich eine gesteigerte Sensibilität einstellt für jene verlorene Grundbezüglichkeit, die Heidegger vor dem Verfall in gänzliches Vergessen bewahren möchte. Damit aber ist Heideggers letzte Frage nach den "Zeichen" für weiteres Vergessen so nicht mehr gültig. Vielmehr gilt ihre Umkehrung und Inversion. Sie könnte lauten:

> Wie, wenn Zeichen dahin deuteten, als wolle diese Vergessenheit inskünftig sich entschieden in Erinnerung wandeln und das Bewußtsein für den manque à être freigeben?

Wie - so darf weitergefragt werden - wenn das postmodern einsetzende Bewußtsein mit dem Grundmangel subjekthafter Existenz auch das Simulative der "modalanthropologischen"[15] Lösungsangebote erkennen würde? Dann würde sich dem "heutigen" Menschen wohl die Notwendigkeit eines Paradigmenwechsels erschließen, der einen neuen Horizont von Grundbezüglichkeit, eine neue Hermeneutik des Mangels und eine christlich-soteriologische Antwort eröffnen würde. Mit der Einsicht in das Scheitern des Selbstverwirklichungs-Projekts der Moderne "offenbart" sich die Erlösungsbedürftigkeit des Einzelnen wie einer Epoche neu. Der angesagte Paradigmenwechsel wäre also keine weitere, diskursive Variante und Variable für eine neuerliche Ausweitung des menschlichen Möglichkeitsspielraumes. Hingegen würde er die "schlechte Unendlichkeit" seiner "Erschöpfungs"-Verhältnisse transzendieren. Er beträfe das Selbstverständnis des heutigen Menschen, der sich "ebenso als das Wesen der Selbstüberschreitung wie als das der Selbstverfehlung und des möglichen Abfalls von seinem Werdeziel begreift".[16] Typisierbar ist dieser Paradigmenwechsel durch die Akzentverschiebung: von Selbstverwirklichung auf Erlösungsbedürftigkeit, von autonomistischer Werkgerechtigkeit auf "schöpferische Gelassenheit" (K. Dürckheim), von Macht auf Versöhnung, von Beherrschungs-Rationalität auf eine "docta ignorantia".

Zu den "Provokationen der Freiheit, Antriebe[n] und Ziele[n] des emanzipierten Bewußtseins"[17] postmoderner Subjektivität gehört als innerstes Erlösungs- und Heilsverlangen die *Suche* nach dem "Raum der aufgehobenen Entfremdung"[18]. Anliegen unserer bisherigen Problemerörterung war es, den dialektischen Variantenreichtum und die um Zugewinn an Identität bemühte Grundqualität dieser Suche so darzustellen, daß schließlich ihre religiöse, soteriologische Motivation (an)erkennbar wird. Damit zogen wir eine gewisse Parallele zu S. Kierkegaards Handhabung der Existenzialphilosophie, die über "Furcht und Zittern" (1843) zu dem "Begriff der Angst" (1844) findet, welcher der "Einübung im Christentum" (1845) vorangeht.

Im Zentrum der christlichen Heilsbotschaft vernimmt Kierkegaard den "Ruf", der die "Ruhe" des erlösten Menschseins verheißt. Diese Berufung zum Eschaton erlöster Ruhe gilt allen Menschen, zielt aber besonders auf den Menschen als leidendes und geängstigtes Subjekt von Entfremdung. Der Ruhe, die "noch vorhanden ist für das Volk Gottes" (Hebr. 4,9), geht die Erlösung voraus und diese wiederum setzt heilsam ein bei der Erlösungsbedürftigkeit des Menschen. Die Tendenz zur monistischen Reduzierung und Verleugnung der Erlösungsbedürftigkeit kennzeichnet die aufgeklärte Moderne. Nicht einzusehen ist, warum das postmoderne Eingeständnis der Erlösungsbedürftigkeit ein "prämodernistischer Rückgriff" auf obsolet gewordene religiöse Vorstellungen sein sollte. Es ist nicht gleichsetzbar mit einem "Hang zum Obskurantismus"[19], der - wie Th. W. Adorno meint - "aus prekärer Autonomie das Heteronome"[20] wählt. Dagegen markiert es den Wende-Punkt zu einer alternativen und "essentiellen Postmoderne". Der Angelpunkt zur "glaubensgeschichtlichen Wende" wird uns im Subjekt selbst erkennbar: in seinem besonders gelagerten Drängen nach Zugewinn an Identität und in der Krise des "romantischen Subjektivismus"; in der "differentistischen" Subjekttheorie der Anarchostrukturalisten wie in der dekonstruktivistischen Neomystik des "sujet en fending"; in der Todesmystik der Posthistoire-Literaten wie in der spielerischen Travestie des Erlösungsbedürfnisses im Spiegel neognostizistischer Kontrastmythologie.

Der Begriff der Erlösung(sbedürftigkeit) ist einer der Signifikanten, die aus dem Diskurs der Moderne schleichend ausgegrenzt wurden. In seinen "Prüfungen der Neuzeit" weist P. Koslowski denselben Vorgang für den

Begriff der Sünde nach. Enttheologisierung des Erlösungs-Begriffes als soteriologisches Symbol geschah durch Uminterpretation, d.h. durch seine säkularistische Utopisierung im Rahmen einer atheistisch-inversiven Eschatologie. W. Pannenbergs Untersuchungen zu "Eschatologie und Sinnerfahrung"[21] sind dazu besonders aussagekräftig. Auch auf G. Rohrmosers kritische Hegelinterpretation in "Religion und Politik in der Krise der Moderne"[22] sei hier ausdrücklich verwiesen. Hegel, Marx und Bloch sind exemplarische Symbolfiguren für eine immanentistische Erlösungshermeneutik, die ebenso totalaspirativ wie inhuman geriet. Ihr turbulenter Ausklang in den 90er Jahren dieses Jahrhunderts liefert dafür den Evidenzbeweis. Wo das "stählerne Gehäuse" der utopischen Moderne aufbricht, geschieht auch die Emergenz neuer Symbole, die sprachliche Vorläufer eines sich neu anbahnenden Wirklichkeitsverständnisses sind. Eines dieser Symbole heißt "Erlösung".

5.1.2. Die postmoderne Dramatisierung der neuen Erlösungssuche

5.1.2.1. Die soteriologische Erfüllung des Erlösungsbedürfnisses als theologische "condition postmoderne"

Das Scheitern des "Projekts der Moderne" markiert den Einstand der Postmoderne. Diese Markierung besagt aber nicht, daß die Postmoderne die "gescheiterte Moderne" wäre. Eine solche Kurzinterpretation der katastrophischen Nach-Moderne sei der "Posthistoire"-Literatur überlassen. Als aufkommende, neue Epoche ist die Postmoderne qualitativ Anderes als der ruinierte Ausläufer der Spätmoderne. Postmoderne ist nicht "Posthistoire". Unsere bisherigen Untersuchungen zur "Postmoderne"-Thematik ermöglichen folgende komprimierte Zusammenfassung. Sie soll orientierende Vorgabe sein für den Einstieg zum Thema: Postmoderne Dramatisierung der neuen Erlösungsbedürftigkeit. Als gesichert gilt uns, daß es eine neue Erlösungsbedürftigkeit und sich anbahnende Erlösungssuche im "heutigen" Menschen wie im "Epochengeist" der Postmoderne wirklich gibt. So gilt es, die "Zeichen der Zeit" fundamental, d.h. letzthin theologisch zu deuten. Entscheidend für das Wagnis einer solchen fundamentaltheologischen Hermeneutik ist sicherlich ihre "Bemessenheit". Um glaubhaft zu sein, sollte sie weder vorschnell einsetzen noch darf sie generalisieren. Deshalb ist eine dreifache Differenzierung angebracht: zwischen Erlösungsbedürftigkeit einerseits und deren (postmoderner) Dramatisierung sowie soteriologischen Erfüllbarkeit andererseits. Der Erlösungsbedürftigkeit und ihrer Suche nach (psycho-)spiritueller Erlösung geht allerdings ein Drittes voraus: die *Dramatisierung* der Erlösungsbedürftigkeit. Die Dramatisierung braucht für ihre klärende Symbolisierung die Theologie und ihre soteriologische Sprache.

Nach diesen methodischen Vorbemerkungen zurück zur oben angefragten Eigenart der Postmoderne, die sich zwar über das Scheitern des "Projekts der Moderne" eröffnet, aber wohl mehr ist als "gescheiterte Moderne". Das Verhältnis der Postmoderne zu Aufklärung, Nihilismus und Neomythologie wurde bereits im zweiten Kapitel grundsätzlich abgeklärt. Diese propädeutische Vorleistung war ebenso unerläßlich wie dekonstruktiv: Ihre Zielintention lag in der kulturanalytischen Abklärung des "genetischen Feldes" der Postmoderne. Erarbeitet werden sollte ein Verständnis jener ideen- und religionsgeschichtlichen Konstellation, welche die Begriffsbildung "Postmoderne" gestattet und plausibel sein läßt. Über die "Dialektik der Aufklärung" wurde diese Konstellation erkennbar. Leitende Grundfrage unserer Untersuchung blieb die wiederkehrende Anfrage an die Identität der Postmoderne: Ist die Postmoderne lediglich die Fortführung und Steigerung der "Dialektik der Moderne"? Oder ist sie qualifizierbar als neue Epoche mit sich ausformender Identität jenseits der überkommenen Dialektik ihrer Vorgeschichte? Anders gefragt: Ist die "Postmoderne" nur Paraphrase und einseitige Wichtung der Moderne? Besteht der Effekt ihres Namens allein in der exklusiven Akzentuierung bestimmter, dialektischer Grundaspekte oder ist "die" Postmoderne mehr als ihr dialektischer Verlauf, dem sie möglicherweise entspringt? Jedenfalls wurde (insbesonders im zweiten Kapitel) alle Bemühung daran gesetzt, den Begriff "Postmoderne" nicht unreflektiert zu übernehmen. Das Ergebnis unserer weitreichenden (bis in die Frühromantik und einsetzende Säkularisation rückgreifenden) Untersuchung ist genügend fundiert, um auf Harmonisierung verzichten zu können. In *zehn Thesen* verdichtet läßt sich das Ergebnis unserer Dekonstruktion des Begriffes "Postmoderne" hier vorstellen:

1. Die Postmoderne" ist zunächst und zuerst ein *heuristischer* bzw. operationaler Begriff zur kritischen "Prüfung der Neuzeit" (P. Koskowski).

2. "Postmoderne" ist ein *offener Begriff*, dessen nähere Bestimmung und Inhaltlichkeit ex futuro heraus erfolgen wird.

3. Der Begriff "Postmoderne" verweist auf einen sich vollziehenden *Epochenwechsel* (vgl. 2.1.-2.2.): auf das Ende der Moderne und auf die "postsäkularistische Zeit" (E. Biser).

4. Inwieweit die Epoche der "Postmoderne" *christlich* geprägt sein wird, bleibt eine offene Frage.

5. Unverzichtbar wie derzeit unbeantwortbar ist die Frage nach der *Identität* der postmodernen Epoche: Ob sich die "Dialektik der Moderne" in einer "Dialektik der Postmoderne" perpetuieren und wiederholen wird, ist zur Zeit nicht beantwortbar.

6. Die Analyse der (philosophisch-literarischen) Postmoderne-Bewegung(en) läßt deren *dialektische "Zwie-spältigkeit"* erkennen: Dem *(neo)-rationalistischen* (Vernunft-)Projekt einer "postmodernen Moderne" (vgl. 2.3.) steht die (romantizistisch-neomythologistisch tendierende) *anarcholiberale* Postmoderne gegenüber (vgl. 3.2.).

7. Der *Posthistorismus* ist immanentistische Eschatologie und fungiert als Generalkritik an dem Projekt einer "postmodernen Moderne" (W. Welsch).

8. Der *Dekonstruktivismus* als Methode der philosophischen Postmoderne schwankt intentionell zwischen anarchischer Destruktion und Mystik (vgl. 3.2.).

9. Die dialektische Polarisierung der derzeitigen Postmoderne-Bewegung(en) erlaubt das Andenken einer *christlichen Alternative* zur Dialektik der Postmoderne.

10. Die dekonstruktivistische *Subjektphilosophie* der Postmoderne schwankt zwischen Nihilismus und Mystik (vgl. 3.3.).
    Diese Schwankung dramatisiert auf ihre Weise die *Erlösungsbedürftigkeit* des postmodernen Subjekts. Die theologisch-soteriologische Erfüllung dieses Bedürfnisses ist die bisher ungenannte "condition postmoderne".

Unsere *zehnte* These zur "Postmoderne" bedarf der weiterführenden theologischen Begründung. Die propädeutische Vorarbeit dazu ist geleistet.

Jetzt gilt es, den Begriff "Erlösung" genauer zu bestimmen. Die Analyse der postmodernen Dramatisierung der Erlösungsbedürftigkeit soll also zu einer Verhältnisbestimmung zwischen postmoderner Subjekttheorie und christlicher Soteriologie verhelfen.

Allenfalls mag unsere bisherige Untersuchung zur "Postmoderne" eine "Erlösungs"-Bedürftigkeit auf zwei Ebenen anzeigen: Zum einen bedarf die Postmoderne-Bewegung insgesamt einer alternativen Horizontierung und geistig-innovativen Kraft, um aus der dialektischen Spaltungsbewegung heraus-"gelöst" zu werden. Die "Erlösung" der Postmoderne aus der "Dialektik der Moderne" könnte der epochale Kulturauftrag des Christentums für den Bildeprozess einer "essentiellen Postmoderne" werden. Zum anderen dekodiert die dekonstruktivistische Subjekttheorie selbst die Erlösungssuche des postmodernen Menschen. Sie entdeckt sie neu nach der Diskreditierung der monistischen Utopien und der "objektiven" Apologetik mit ihrer restaurativen Rückbesinnung auf das "unterscheidend Christliche". Die angesprochene Erlösungssuche ist mehr als ein (Sicherheits-)Streben nach gültiger Neuorientierung und Identitätsausmittlung. Sie ist Suche nach Orientierung und Identität *als* (religiöse) Erlösungssuche. Dieses latente Grundmotiv wird dort erhebbar, wo auf den status creaturae des "heutigen" Menschen und seine extreme Selbstgefährdung eingeblendet wird (vgl. 4.3.). Der postmodernen Dramatisierung der neuen Erlösungsbedürftigkeit kommt deshalb soteriologische Bedeutung zu. Die zeit- und subjektnahe Interpretation dieser Heilsbedeutung ist theologische Aufgabe. Ob der theologische Sinn-Zuspruch von der nihilistischen Aura der Spätmoderne stumm absorbiert wird oder "Sauerteig" und "Samen" zum Aufgehen einer christlichen Postmoderne ist, das wird sich erweisen. Nicht der Blick auf den Erfolg kann der Maßstab theologisch-soteriologischer Sinnstiftung sein.

Den christlichen Heils- und Hoffnungsimpulsen kommt erwiesenermaßen eine eigentümliche Stärke und Überlebenskraft zu. Sogar die Geschichte der Säkularisation und die "Dialektik der Hierophanie" zeigen dies an (vgl. 4.1.-4.2.). Erstaunlich ist insbesonders, wie lange die säkularisierte Moderne sich noch vom Kultur- und Geschichtsoptimismus getragen erlebte (vgl. 4.1.2.). Dieser Optimismus hat sich mittlerweile "erschöpft." Erklärt er sich aber retrospektivisch nicht ebenfalls dadurch, daß er Derivat christlicher

Hoffnungsimpulse war, die ihn mutiert weitertrugen? Der Optimismus der Moderne wäre dann, wie E. Bloch es in "Das Prinzip Hoffnung" sagte, ein "Zechen auf fremde Kreide" gewesen. Dieses optimistische "Zechertum" fiel um so leichter, als die christliche Vorstellung vom Heil, seitdem sie "zur Vernunft gebracht war", sich selbsttätig auf das "Menschenmögliche" einspielte.

Daß die alte Hoffnung und Frage nach *unbedingtem* Heil, die das Christentum geweckt und beantwortet hatte, schwerer zu vergessen ist als die verlorene Antwort auf sie - und was sonst wäre, historisch gesehen, Nihilismus? - darf man wohl als Bestätigung dafür annehmen, wie empfänglich der Mensch für die Botschaft des Evangeliums ist. Diese Empfänglichkeit wird in der Literatur und Ästhetik, in der Neomystik und Verweigerungshaltung der Postmoderne-Bewegungen zum erneuten, bisweilen provokativen Appell an die christliche Theologie.

5.1.2.2. Der Neognostizismus der "postmodernen Moderne": (Selbst-) Erlösung durch "Lösungs"-Modelle

-"Transversale Vernunft" als Logos postmoderner Soteriologie?

Charakteristisch für die in Krise geratene Spätmoderne ist die allseitige Suche nach "Lösungsmodellen". Sie treten unmerklich an die Stelle der alten "Progressionsmodelle", lösen sie ab und verweisen sie in die zweckoptimistische Sparte der Handels- und Wirtschaftsprojekte. Zu den Zeit- und Sprachereignissen der 90er Jahre gehört die elementare Interessensverschiebung weg vom Begriff "Progression" hin zu dem der "Lösung". Die neuen "Konstruktionsmodelle" des "Postmodernen Wissens" sind allesamt "Lösungsmodelle". So sollen beispielsweise Umweltingenieure und Verwaltungstechniker nicht als "Pioniere", sondern als "Problemlöser" fungieren. Eine bunte Phalanx von Psycho-,Paar-,Familien-,Sexual-,System- und Soziotherapeuten sollen als "Konfliktlöser" Restabilisierungsstrategien durchführen, um Auflösung im Sozialgefüge zu verhüten. So verschiedene Berufsgruppen wie Diplom-Psychologen und Diplom-Geographen definieren ihre Nützlichkeit neu an Hand ihrer wissenschaftlichen Lösungsstrategien. Der Einsatz solcher Strategien ist nicht mehr als flankierende Maßnahme zur Progressionsabsicherung gedacht, sondern als Zentralmethode zum sozialen, infrastrukturellen, ökologischen, ökonomischen, staatlichen usw. Selbsterhalt.

Auch die Philosophen der "diskursiven Vernunft" denken zunehmend in "Lösungskategorien". "Kooperationsmodelle"[23] werden allenthalben als Lösungsansätze bedacht gegen kommunikative Verflachung und simplifizierende Vereinheitlichung.[24] In der (neorationalistischen) "Vernunftkritik nach Habermas" propagiert W. Welsch seine postmoderne Konzeption der "transversalen Vernunft" als Lösungsvorschlag zum Selbsterhalt der Moderne unter veränderten Bedingungen (vgl. 2.3.). H. Lenk verweist in seinem "Plädoyer für eine positive Leistungskultur"[25] (1983) weniger auf Kooperation und Transversalität, sondern auf "Eigenleistung" als Lösung. Wenn Odo Marquard den "Abschied vom Prinzipiellen"[26] bespricht, dann liefert er damit auch einen Verweis auf die Beschaffenheit der "Lösungsmodelle": Sie sollen praktisch funktionieren. Monumente mögen Ausdruck des Prinzipiellen (gewesen) sein; "Lösungs"-Modelle symbolisieren den "Abschied" vom Fortschrittsprinzip der Moderne. Sie dienen der Pragmatik des Selbsterhaltes. Ihr "Geist" ist defensiv. Ihre Intention ist der Fortbestand. Posthistoire-Philosophen wie J. Baudrillard und D. Kamper haben das erkannt und sehen im "Lösungsmodell" den Prototyp der Simulation[27].

Während die krisenanfällige Spätmoderne den "Abschied vom Prinzipiellen" und die Erschöpfung ihres Novismus über "Lösungsmodelle" zum Ausdruck bringt, gewinnt der Signifikant "Erlösung" für die Postmoderne Zug- und Symbolkraft. Formelhaft thetisiert besagt dies: Die Moderne setzt auf "Progression", die Spätmoderne auf "Lösungen", die Postmoderne sucht nach "Erlösung". Ein wichtiges "Zeichen kulturellen Wandels"[28] und Indiz für die pauschale Gültigkeit dieser nicht unprovokativen Behauptung ist die postmoderne Dramatisierung des Erlösungsbedürfnisses. Dessen Analyse kann jetzt aufgenommen werden. Zu untersuchen sind die drei Hauptströmungen der Postmoderne-Bewegung (neorationalistische "postmoderne Moderne"; anarcholiberal-kontrastmythologische Postmoderne; dekonstruktivistisch-neomystische Postmoderne) hinsichtlich ihrer tendentiellen bzw. offen(siv)-direkten Dramaturgie des latenten Bedürfnisses nach Erlösung als "Lösung".

Das (neo)rationalistische (Vernunft-)Projekt einer "postmodernen Moderne" (W. Welsch) war uns bereits Thema ausführlicher Erörterung (vgl. 2.3) und kritischer Revision (vgl. 2.3.3.). Deshalb gilt es, hier unnötige Wiederholungen zu vermeiden, andererseits aber im Verbund mit dem bereits Erarbeiteten zu einer einheitlichen Darstellung von Anfrage und Antwort hinzufinden. Dazu kann die Leitfrage nützlich sein, welche "Soteriologie" der "postmodernen Moderne" von ihren philosophischen Vertretern (wie W. Welsch, W. Wellmer, J. Hassan) zugedacht ist. Unser Befund zu dieser Frage ist eindeutig (vgl. 2.3.3.2.): Die säkulare "Hoffnungs- und Heilslehre"[29] dieser "Postmodernen" glaubt an die Inversion der Hegelschen Geschichtsspekulation im Weltentwurf einer entteleologisierten Postmoderne. Die Versprechungen und pluralen Tendenzen der Moderne sollen in der anderen, "postmodernen Moderne" zu ihrer harmonischen Erfüllung finden. Die hierzu praktisch geforderte "transversale Vernunft" soll die Innovation und Synthese der "Übergänge" zwischen Rationalitäts- und Kompetenzsphären leisten. Damit die Moderne in der Postmoderne zu sich selbst und ihrer Versöhnung gelangen kann, soll die "transversal" gewordene Vernunft auf den neuen Handlungsschematismus der finitätsbewußten "postmodernen Pluralität" geeicht werden. Indem sie die Agonistik der Mentalitäts- und Rationalitätstypen in die finitätsbewußte Solidarität des pluralen Ganzen aufhebt, soll die postmoderne Vernunft das freie Zusammenleben der Subjekte (Rationalitäten) postmoderner Gesellschaften verwalten. Damit stellt - z.B. für W. Welsch - die "transversale Vernunft" in Verbindung mit dem Pluralitätstheorem die Idee der wahren Allgemeinheit dar. Die "transversale Vernunft" ist die soteriologische Grundidee und transzendentale Prämisse für das Projekt der allversöhnenden, "postmodernen Moderne". Als humangerechte und tolerante Einheitsform der Postmoderne würde diese neue Vernunft (versöhnlich) diskursiv und entdeckerisch operieren. Sie soll - nach W. Welsch - ebenso "übergangs"- wie finitätsbewußt sein und zum Unfaßlichen/ Ungewissen in ein neues Grundverhältnis eintreten.

Unser Minimalabriß der "postmodernen Moderne" läßt die transzendentale Größe der Vernunft als den Logos postmoderner "Soteriologie" erkennen. Die Wendemarke und der Prüfstein seiner praktischen Inkarnation ist das Pluralitätstheorem. Daß der Geist der Vernunft in die heterogene Vielheit fahre, ohne ihr uniformistisch Einheit aufzuzwingen, das soll die neue plurale Harmonie, das "Heil" der versöhnten Vielheit schaffen. Heil nicht (mehr) als Holismus, sondern als funktionierende Pluralität, ist das soteriologische Motto für die Homöostase der "postmodernen Moderne". Das philosophische "Lösungsmodell" der entteleologisiert funktionierenden Postmoderne ist ein (hegelianisches) Modell der Selbsterlösung. Es läßt sich soteriologisch als Ausdruck eines "new gnosticism" interpretieren.

Die Postmoderne als anhebende Epoche eines "Neuen Gnostizimus"[30] gehört insbesonders in Nordamerika zu den geläufigen "Spekulationen" über den "Postmodern Mind"[31]. Der amerikanische Avantgardist J. Hassan ist wohl der Hauptinterpret der Postmoderne als "Neuem Gnostizismus". Wie der Postmodernist Marshall Mc Luhan belegt er die Technologie mit einem mystischen und spirituellen Wert für die Postmoderne: Die Erlösungskraft der Technologie wird in der Postmoderne die bisherigen Bedingungen menschlichen Existierens aufsprengen wie "Kerkertüren".[32] Die Postmoderne werde als Epoche universeller Kommunikation nicht nur zwischen den Kulturen, sondern auch zwischen Mensch und Materie neue Transparenz und Transgressivität ermöglichen. J. Hassans "Neuer Gnostizismus" deutet auf informationstechnologischer Basis die Einlösung der gnostischen Vision von der Transformation der Materie in Licht bzw. Geist. "Postmodernismus entsteht aus der technologischen Bewußtseinsexpansion, einer Art Gnostik des 20. Jahrhunderts, [...]".[33] Mc. Luhan prophezeit die postmoderne Bewußtseinsexpansion als ein wirkliches und spirituelles Transzendenzereignis im Sinn eines "technologischen Pfingsten".[34]

Der "Neue Gnostizismus" der Postmoderne spekuliert auf die "Aufhebung" jedweder Individualität, Singularität und Eigengesetzlichkeit in die "Intertextualität allen Lebens."[35] In der "Postmoderne heute"[36] wird

> "Natur [...] zu Kultur und Kultur zu einem immanenten semiotischen System. Dies ist die Zeit des Menschen als sprachliches Wesen, sein Maß ist die Intertextualität allen Lebens."[37]

- "Erlösung" durch die Parusie der "absoluten Lösung"

Das (Selbst-)Erlösungsprogramm der "postmodernen Moderne" im "Neuen Bund" mit dem Logos der Technologie ist im vorherigen Zitat komprimiert ausgesagt. Die "Intertextualität" setzt das Pluralitätstheorem voraus und erstrebt neognostizitisch die "Lösung" der Differenz zwischen Natur und Kultur. Die gnostizistische Erlösungsmystik ist - altem Vorbild folgend - eine Transmutations-Mystik. Ihr "fictual discours" kreist um die Mythologie der Metamorphose.

> "Fiktionen dieser Art deuten auf das immer weitere Eindringen des menschlichen Geistes in die Bereiche von Natur und Kultur - ein Aspekt dessen, was ich an anderer Stelle als 'new gnosticism' bezeichnet habe und was sich in Wissenschaft und Kunst, im Bereich sozialer Beziehungen und hochentwickelter Technologien deutlich abzeichnet."[38]

J. Hassan veranschaulicht diese Transmutations-Mystik des "new gnosticism" in seiner Schrift "Paracriticismus: Seven Speculations of the Times" (insbesonders in "The Right Promethean Fire"[39]). Dieses Werk hat mittlerweile exemplarischen Stellenwert für den "fictual discours" als narrativer, heuristischer Hilfskonstruktion zum Entwurf der "postmodernen Moderne". Ihr Verhältnis zur (Erlösungs-)- Mystik ist deshalb signifikant für die säkulare Soteriologie dieser konstruktivistisch-gnostizistischen Postmoderne-Bewegung. In dieser Hinsicht ist J. Hassans wiederkehrende Bezugnahme auf William James` Mystik des Erleuchtungsbewußtseins belangvoll. Besonders aussagekräftig daran ist die Neukontextualisierung und "pragmatische" Reinterpretation des alten Meisters. Zur mystischen Qualifikation des Konstruktionscharakters "postkantianischer Fiktionen" versuchen Hassan wie Welsch[40] einen nexus zwischen W. James, José Ortega y Gasset und der Postmoderne zu knüpfen. Dessen "Gefälle" sei hier exemplarisch dargestellt. Es mag den soteriologischen Gehalt des "Neuen Gnostizimus" bestimmen helfen.
In "Pragmatism" kommen u.a. folgende Zitate von William James zur Geltung:

- "you can`t weed out the human contribution [...] altho the stubburn fact remains that there is a sensible flux, what is true of it seems from first to last to be largely a matter of our own creation."[41]
- "The world is One just so far as its parts hang together by any definite connexion. It is many just so far as any definite connexion fails to obtain. And finally it is growing more and more unified by

> those systems of connexion at least which human energy keeps framing as time goes on."[42]

Zur Legitimierung postmoderner "Fiktionalität" werden diese Zitationen aus dem Werk W. James schließlich (von Hassan bzw. Welsch) in Konnex mit J. Ortegas schon 1925 getroffener "gnostischer Feststellung" gebracht:

> "Man humanizes the world, injects it, impregnates it with his own ideal sub stance and is finally entitled to image that [...] in the far depths of time, this terrible outer world will become so saturated with man that our descendants will be able to travel through it as today we mentally travel through our own inmost selves - he finally imagines that the world, [...] will one day be changed into something like a materialized soul, and, as in Shakespeare's 'Tempest', the winds will blow at the bidding of Ariel, the spirit of Ideas."[43]

Die Kollage dieser Zitate zeigt das typische Legitimationsgefälle des "Neuen Gnostizismus" postmoderner "Fiktionalität", wie er von Hassan und Welsch, aber beispielsweise auch von N. Goodman,[44] J. Gleick u.v.a. vertreten wird. Das "Neue" an diesem postmodernen Gnostizismus ist seine Kontrastposition zur Soteriologie der antiken Gnostik. Deren Eskapismus und Weltentsagung ging regelmäßig von der demiurgisch verdorbenen Welt/Materie aus. Folglich wurde Rettung nur vermittels des Erkennens (Gnosis) dieser ontischen Gegebenheit und durch asketische Differenzsetzung zu den materiellen Welten möglich. Marginal nur spekulieren manche spätantike gnostische Systeme[45] auf eine Erleuchtung und Vergeistigung der Materie in einem neuen Äon. Gerade diese marginale, eschatologische Heilsperspektive der Gnostik wird im "Neuen Gnostizismus" in der Vision der "postmodernen Moderne" aufgegriffen und invertiert. Die Soteriologie dieses neognostizistischen Spähegelianismus ist immanentistisch.

Das obige Beispiel einer Zitations-Kollage demonstriert das "Gefälle" der Transformation christlicher Mystik zur konstruktivistisch-neognostizistischen: W. James Aussage zum menschlichen (Freiheits-)Anteil an der mystischen communio wird über den Vergleich mit J. Ortegas Utopie derart entsubstantialisiert, daß sie schließlich als Legitimation für ein "technologisches Pfingsten" fungiert. W. James Mystik spricht aus der Erkenntnis der wahren Wirklichkeit des "ganz Anderen" und transzendent Absoluten. Der Verfall dieser Gewißheit kennzeichnet die Soteriologie des "New Gnosticism". Aus dem "ganz Anderen" ist das "andere ihrer selbst" geworden: Jene andere, "postmoderne Moderne" soll in ihrer heilsamen "Intertextualität" das geglückte Spiegelbild der Moderne abgeben. Der Bruch zwischen Natur und Kultur, die "Dialektik der Aufklärung", die innere Zerrissenheit des Menschen und die Agonistik der Rationalitäten sollen ihre sanatio in altero erfahren. Wenn dieser "heilbringende" Logos technologisch "transversaler" Vernunft sich allegorisch präsentieren könnte, er würde die Apokalypse der Postmoderne wohl um den Satz zentrieren: "Siehe ich mache alles neu".

Die postmoderne Dramatisierung der neuen Erlösungsbedürftigkeit kennt - wie noch zu zeigen ist - mehrere Akte, die in szenischer Verflechtung und Überblendung zueinander spielen. Für das Projekt der "postmodernen Moderne" läßt sich jedenfalls folgende Soteriologie verbegrifflichen: Ihre Heilslehre folgt einem neognostizistischen Hegelianismus. Dieser wird mit Hilfe einer Auxiliarphilosophie der Techno-Logie betrieben. Seine Eschatologie der geglückten "Intertextualität" verspricht die Versöhnung von Natur und Kultur, von Individuellem und Allgemeinem in einem neuen Transversalismus: "Übergänge" statt Brüche, "Kontext" statt "différance", ist das Credo ihrer Transmutations-Mystik, die sich des "fictual discours" bedient. "Postmoderne" soll das Ergebnis der endgültigen Selbstüberbietung der Moderne sein. Ihr creator spiritus ist die Techno-Logie; ihr Inkarnationslogos ist die "transversale Vernunft". Erlösung wird als Lösung durch Ablösung verstanden. Die "Erlösung" für die Weltzeit der Moderne soll ihre Ablösung durch die Postmoderne sein. Sie brächte selbsttätig die "absolute Lösung" für die Brüche und uneingelösten Versprechungen der Neuzeit.

In diesem heilsutopischen Konzept dramatisiert sich die Erlösungsbedürftigkeit über die antizipierte Parusie ihrer Erfüllung. Die gnostische Erlösungssehnsucht nach Wandlung der mortiferen, materiellen Welt zum allversöhnten, kosmischen Äon des Lichtes wird invertiert. Ihre Erfüllung wird als instant und schon geschehend ausgegeben. In Parallele zur christlichen Soteriologie formt sich eine parusiale Eschatologie der "postmodernen Moderne" aus: Die Zukunft des heilvollen "état final" sei schon angebrochen, aber noch nicht vollendet. Dieses Erlösungsbedürfnis setzt auf keinen "Erlöser", sondern auf "Lösung(en)" der defizitären Verhältnisse durch neue Grundverhältnisse. Weiterhin charakteristisch für dieses Erlösungsbedürfnis ist, daß es die Konfrontation mit dem manque à être vermeidet, indem es seine Erfüllung vorwegnimmt. In Umkehrproportion indiziert die Gloriole der Erfüllung die drängende Kraft des Erlösungsbedürfnisses. Daß es das Bedürfnis nach Erlösung ist, und nicht einfach nach Veränderung oder Verbesserung, das diese Fiktion der Postmoderne aufbaut, zeigt sich indirekt am "Erlösungs"charakter der "Lösungen". Diese sind soteriologisch konzipiert und motiviert. Die "transversale Vernunft" im Verein mit der Techno-Logie soll die Janusgottheit des neuen saeculum sein. Dieser zweigliedrigen "anonymen Macht" wird sodann zugetraut in einem letzten, novistischen Akt der Selbstüberbietung der Moderne die definitive "Lösung" für den manque à être anzubieten. Sie soll "Erlösung" erwirken, indem sie die Parusie der absoluten Lösung bringt.

5.1.2.3. Die "Posthistoire"-Inszenierung von Verdammnis als andauernder Abwesenheit der Erlösung

Die Hegelianische Soteriologie der "postmodernen Moderne" findet ihr direktes Widerlager und ihren eindeutigen Widerspruch im Posthistorismus. Die Posthistoire-Literatur kann als prinzipielle Kritik an der Heilsutopie der "postmodernen Moderne" gedeutet werden. Eine derartige Deutung gaben wir bereits im zweiten Kapitel (vgl. 2.4.) unter besonderer Akzentsetzung auf die apokalyptische Eschatologie dieser Postmoderne-Bewegung (vgl. 2.4.2.). Ihre "Todesmystik" (vgl. 3.2.2.3.) kreist um das Unaussprechliche einer "kupierten Apokalypse" (D. Kemper), eines "état final" unerfüllbarer Erlösungsbedürftigkeit: Die säkularen Heilsvorstellungen der Moderne haben sich - wie beispielsweise J. Baudrillard in "Les strategies fatales" billanziert - als "Unheilsvorstellungen" verifiziert; sie seien zu entfremdenden, "anonymen Verfügungsmächten" über Mensch und Natur transmutiert. Dadurch induzierten sie dem "gespaltenen" Subjekt ein neues Erlösungsbedürfnis, dessen Unerfüllbarkeit die Epoche der Postmoderne als "état final" bestimme.

Das durch seine unmögliche Erfüllbarkeit bestimmte Erlösungsbedürfnis der "Posthistoire" soll im Folgenden kurz analysiert werden. Die postmoderne Dramatisierung der Erlösungsbedürftigkeit spielt, wie vorhin gesagt, als Symbolisierungsgeschehen in mehrfacher szenischer Verschränkung. Erst die Analyse der einzelnen Szenen und der Dynamik ihrer Verschränkung erlaubt eine synthetische und strukturierte Gesamteinschätzung des polymorphen Phänomens. Die Struktur des szenischen Aufbaus der Dramaturgie ist - wie unsere Quellenstudien ergeben - zweifach dipolar: Der Heilsutopie einer sich schon erfüllenden "postmodernen Moderne" steht als kompromißlose Unheilsvision die "Todesmystik" der Posthistoire-Literatur diametral entgegen. Während die eine Seite die instante Erfüllung eines latenten Erlösungsbedürfnisses proklamiert, und damit eine säkularistisch-parusiale Eschatologie vertritt, beschwört die posthistoristische Gegen-Seite die "kupierte Apokalypse" und bleibende Unerfüllbarkeit der Erlösungssehnsucht. Eine ähnlich schwankende, dipolare Gegenlagerung konstelliert sich - wie noch zu zeigen ist - innerhalb des Dekonstruktivisimus zwischen der anarcholiberalen (vgl. 3.3.4.) und der neostrukturalen Subjekttheorie (vgl. 3.3.5.). Die wechselseitigen, szenischen Überblendungen dieser Kontraststandpunkte zur (Un-)Erlösbarkeit von Subjekt und Moderne gehören zum Vexierbild der Postmoderne. Dessen Dynamiken und Wiederholungen zu kennen, ist Voraussetzung für das Einblenden der christlichen Soteriologie und Offenbarungslehre.

Nach dieser Strukturbemerkung wieder zurück zur Kurzanalyse des Dramas der "neuen Unerlösbarkeit", das die Posthistoire-Literatur in ihr szenisches Experiment bringt. Das Besondere an dieser Dramatisierung von "Verdammnis" ergibt sich aus der Motivverschränkung von Aufbruch-Abbruch und Versagung. Keine der (philosophischen, literarischen, politischen usw.) Postmoderne-Strömungen ist der "Posthistoire"-Bewegung vergleichbar hinsichtlich ihrer Akzentuierung des Erlösungsbedürfnisses *und* der Versagung seiner Erfüllbarkeit. S. Becketts vielfache Inszenierung von Vergeblichkeit ist dafür Symbol: So vergeblich wie das Ausharren der vier Männer im "Warten auf Godot" ist, ebenso ergebnislos ist in dem Prosafragment "Le dépeupleur" (1970) (dt.: "Der Verwaiser")[46] die suchende Bewegung der zweihundert nackten Leiber im gigantischen Zylinder. Zu dem seltsam neologistischen Titel "Le dépeupleur" wurde S. Beckett durch die berühmte Zeile von Alphonse de Lamartine angeregt: "Un seul être vous manque et tout est dépeuplé."[47] S. Becketts Prosafragment stellt das ausweglose, unerlöste Kreisen des Subjekts um den manque à être dar. Aus dessen "zylindrischer" Tautologie kann der Mensch sich nicht selbst befreien. Er müßte "von außen her" befreit und erlöst werden. Jeder eigenmächtige Schritt dazu führt nur zur schnelleren Erschöpfung an der immer selben, kreisförmigen Grenze. Den "état final" stellt Beckett plastisch dar im "dernier état du cylindre".[48] Es ist der End-Zustand der Erschöpfung statt (Selbst-)Erlösung. Die Wahrnehmung der Erlösungsbedürftigkeit und das Bewußtsein für die Unmöglichkeit immanenter Selbsterlösung sind in der "Posthistoire"-Literatur gesteigert gegeben.

Man kann diesbezüglich von einem Auf- und Durchbruch des Bewußtseins sprechen (vgl. 3.2.2.3.), das - vergleichbar dem mystischen "Erleuchtungsbewußtsein" (W. James) - das vordergründige Szenarium moderner Lebens-Welt und deren Selbstinterpretation durchstößt. Es demaskiert die Selbstsetzungen der Moderne, ihre immanenten, semiotischen Systeme und ihren Anspruch des Novismus auf deren Hypertelie und simulative Vergeblichkeit hin. Der Bewußtseins-Aufbruch der "Posthistoire" ist weniger philosophisch als existentiell: Er derealisiert die Kulissen der Moderne. Zugleich geht er einher mit dem Tremendum an der subtilen, alle Emanzipationsbemühungen subversierenden Allgewalt der "anonymen Verfügungsmächte", um deren dämonischen Charakter schon R. Guardini wußte, als er vom "Ende der Neuzeit" (1950) schrieb. Dem Bewußtseins- und Erlebnisstand der "Posthistoire" gemäß kulminiert die Emanzipationsbewegung (von Neuzeit und Aufklärung) in einer neuen Erlösungsbedürftigkeit. Emanzipation bricht sich neuerlich in der Notwendigkeit einer Erlösung vom "ganz Anderen" her, die es - allenfalls im Kalkül der "Posthistoire"-Literatur - als reale Lösungsmöglichkeit nicht gibt. Weil der Posthistorismus sowohl das neognostizistische "Lösungs"-Modell der "postmodernen Moderne" verwirft als auch die christliche Soteriologie/Eschatologie tabuisiert, bleibt es bei einer verkürzten (Untergangs-)Prophetie und einer "kupierten Apokalypse". Der Bewußtseins-Aufbruch wird mit einem Abbruch zum Religiösen hin quittiert.

Die Sinnerfahrung der "Posthistoire"-Eschatologie ist deshalb theologischerseits mit einem Begriff symbolisierbar, den Existentialisten wie Sartre, Camus und Lacan schon längst der christlichen Hamartologie entliehen haben. Gemeint ist der Begriff der "Verdammnis". Er impliziert, um nicht sinnlos und illogistisch zu sein, die andauernde Abwesenheit der Erlösung, die allein die "schlechte Unendlichkeit" auflösen könnte, deren Subjekt der "Verdammte" ist. Der Unterschied zwischen "Verdammnis" und "Gefangenschaft" entscheidet sich an der perennierenden Abwesenheit der Erlösung. "Verdammnis" setzt die Verwerfung der Erlösungsmöglichkeit voraus. Somit ist "Verdammnis" der Effekt einer Negation und Nichtung. Sinnfindung in der "Verdammnis" ist ultima ratio und Konstrukt eines Ausschlußverfahrens, das auf Irreversibilität angelegt ist. Ein solches Exklusionsverfahren ist nicht dekonstruktiv, sondern destruktiv in seiner *Versagung*.

J. Lacan unterscheidet in seiner Existenzialphilosophie durchgehend zwischen "Verweigerung" und "Versagung". Dieselbe Diskriminante läßt sich auch als soteriologischer Maßstab an das Neue Testament oder die christliche Poenitenz-Lehre und ihre Pädagogik anlegen. Während die "Verweigerung" von etwas Gewünschtem und Partikulärem (bonum secundum quid) als vorübergehenden (emotionalen) Effekt Frustration bewirkt, verhält es sich mit der "Versagung" anders: Verweigerung ist beweisbar, Versagung hingegen nicht. Sie kann niemals als solche überführt und bewiesen werden, denn sie erschöpft sich nicht im Konkreten, sondern bezieht sich immer transzendental auf das Ganze. Man kann einem Kind die Liebe und einem Menschen die Wahrheit "versagen", ohne daß eine solche Versagung je konkret und definitiv beweisbar wäre. Zur Person Jesu Christi gehört in diesem Sinne durchaus die Verweigerung, aber nicht die Versagung. Für die Poenitenz-Lehre und ihre Pädagogik gilt prinzipiell dasselbe: Sie soll heilsam verweigern ohne zu versagen.

Man könnte den Posthistorismus, seine Todesmystik und Motivverschränkung von Aufbruch-Abbruch und Versagung als mißlungene, "kupierte Poenitenz" verstehen: Das Erlösungsbedürfnis wird maximal geschärft und in das Bewußtsein gehoben. Doch an die Stelle der Vergebung tritt die Versagung in Form der "Verdammnis Spätgeborener zu sein." Die "Posthistoire"-Literatur proklamiert vielfach eine Verschränkung von Erlösungs- und (Welt-)Gerichtsmotiv. Klaus Vondung hat diese Genreverquickung auf ihren Inversionseffekt hin untersucht.[49] Zur Struktur dieses apokalyptischen Geschichtsdenkens gehört das Schreckensmotiv des "zu spät": Die Spätgeborenen der bereits angebrochenen Postmoderne nehmen ihre

Ohnmacht und Erlösungsbedürftigkeit "zu spät" wahr. Im Gericht gibt es keine Gnade und greift keine göttliche Barmherzigkeit. "Posthistoire" ist die Zeit der sich hoffnungslos erfüllenden Gerichts-Eschatologie (vgl. 2.4.2.). Die Parusie des "Gerichtes" geht mit einer "Eskalation der Ernüchterung"[50] einher. Der menschliche Demiurg wird von seinen eigenen Kulturschöpfungen gerichtet, die - dämonisiert und verselbständigt - zu "anonymen Verfügungsmächten" transmutiert sind.

Die Gnosis der "Posthistoire"-Bewegung ist "kupierter Gnostizismus". Mit der antiken Gnostik hat er die Einsicht in die demiurgische Welt und absolute Erlösungsbedürftigkeit des Menschen gemeinsam. Weil er aber sowohl die Selbsterlösung als auch die Fremderlösung vom "ganz Anderen her" ausschlägt, bleibt er ohne Rettungsmotiv in einer immanentisierten Gerichts-Eschatologie verhangen. Der "kupierte Gnostizismus" des Posthistorismus wie der "Neue Gnostizismus" (der "postmodernen Moderne") sind fragmentierte und zueinander "spiegelverkehrt" dramatisierte Antworten auf das Erlösungsbedürfnis des "heutigen" Menschen. Zusammen dramatisieren sie als Antwort die Aporie einer "Gottesfinsternis" (M. Buber), die wohl "letztlich die Bitte um Kundgabe der göttlichen Gegenwart, um das dialogische Spürbarwerden dieser Gegenwart ist."[51]

5.1.2.4. Die neue Erlösungssuche in der wechselvollen Dramaturgie des dekonstruktivistischen Postmodernismus

- Anarcholiberal-gnostizistische "Hybridisierung" der individuellen Erlösungssuche

Die postmoderne Dramatisierung der neuen Erlösungsbedürftigkeit folgt keiner einheitlichen Regie. Sie stellt auch keine fertige Antwort und kein vorgefertigtes Lösungsangebot dar. Hingegen inszeniert sie metaphernreich die Art des Bedürfnisses, seine aporetische Verfangenheit und sein Streben nach Artikulation. Im "new gnosticism" der "postmodernen Moderne" wie im "kupierten Gnostizismus" der "Posthistoire" werden einander kontrastierende, "spiegelverkehrte" (Teil-)Antworten dramatisiert, die einander neutralisieren und dadurch um so drastischer auf die Notwendigkeit einer "religiösen Lösung" verweisen.

Für eine demonstratio religiosa, der unserer Problemanalyse zufolge eine gewisse Notwendigkeit zukommt, ist es allerdings sachgerecht, den bisherigen Analysestand noch um ein Weniges zu vertiefen: Die postmoderne Dramatisierung der neuen Erlösungsbedürftigkeit ist in ihrem szenischen Aufbau zweifach dipolar gelagert. Bisher kam nur das eine Kontrastpaar zur Darstellung, nämlich die zueinander gegensätzlichen und verkürzten Gnostizismen der "Posthistoire" und der "postmodernen Moderne". In Ergänzung dazu ist die zweite Dipolaritätsachse zu analysieren: Zu untersuchen ist die anarcholiberale Dramatisierung der Erlösungsbedürftigkeit in ihrem Kontrast zur dekonstruktiv-neostrukturalen Subjekttheorie.

Im dritten Kapitel wurde der Dekonstruktivismus als Methode einer "zwiespältigen Postmoderne-Bewegung" vorgestellt. Auf diese umfangreiche Erhebung und dreigliedrige Darstellung (vgl. 3.1.-3.3.) kann hier verwiesen werden. Äußerst komprimiert läßt sich das Ergebnis der geleisteten Propädeutik referieren: Die Postmoderne-Bewegung folgt insgesamt der Methode des Dekonstruktivismus. Die Zweck- und Zielsetzung, unter der diese Basismethode angewandt wird, entscheidet sich an den (vorgefaßten) Grundoptionen der verschiedenen philosophisch-literarischen Postmoderne-Strömungen. Trotz ihrer Pluralität lassen sie sich durch die Analyse ihrer Vorgeschichte und heterogenen Grundintentionen in *drei* qualitativ unterschiedliche Hauptströmungen bündeln: Dem neorationalistischen, linkshegelianisch orientierten Projekt einer "postmodernen Moderne" steht eine "zwiespältige Postmoderne-Bewegung" entgegen. Deren Dekonstruktivismus tendiert im Anarcholiberalismus zur nihilistischen Destruktion und aggressiven Verweigerung. Wann immer in der Gegenwart populärwissenschaftlich von "*der*" Postmoderne die Rede ist, wird auf diese spektakuläre Spielart des Postmodernismus der "68er-Generation" Bezug genommen. Die anarcholiberale Postmoderne-Bewegung ist ihrem Wesen und insbesonders ihrer Subjekttheorie nach romantizistisch (vgl. 3.3.4.). Damit steht sie als zweite "Umwertung der Romantik" in der Tradition der "Dialektik der Aufklärung". Intentionell und niveaumäßig ist vom Anarcholiberalismus die neostruktural-dekonstruktive Postmoderne-Bewegung zu unterscheiden. Sie hat namhafte Vertreter wie M. Foucault, J. Lacan, J. Borges u.a. hervorgebracht. Diesen Typisierungen mag zwar etwas Formales anhaften, aber sie verweisen auf einen realen und dezitierten Unterschied, der überhaupt erst eine fundamentaltheologische Weiterführung sinnvoll zuläßt.

Aufgabe ist es also, eine abschließende Analyse der beiden oben angeführten Postmoderne-Bewegungen durchzuführen und zwar hinsichtlich ihres Erlösungsverständnisses und ihrer Dramaturgie von Erlösungsbedürftigkeit. Aus methodischen Gründen ist es naheliegend, zuerst auf den Anarchostrukturalismus (und anschließend auf den mystisch orientierten Dekonstruktivismus) einzugehen. Das soteriologische Emanzipationsverständnis dieser (Protest-)Bewegung war bereits mehrschichtiges Thema unserer Erörterung der "Wiederkehr des Dionysischen" (vgl. 3.2.1.): Dionysisch-ekstatischer Vitalismus soll die befreiende Metamorphose des alten Ödipus zur "Integrität der Existenz" einer "nouvelle creature" erbringen. Diese restitutio ad integrum soll durch die Wiederentdeckung des "wilden Begehrens" gelingen. Sie finde ihre causa exemplaris sowohl in den "wilden Gesellschaften" der Vorzeit als auch im Zukunftsbild des revitalisierten, dekodierten "Anti-Ödipus". In Vergleichbarkeit zur manichäischen Zwei-Welten-Lehre postuliert der Anarcholiberalismus eine differentistische Antagonie zwischen Begehren und Kode-Ordnung (vgl. 3.2.1.1.): Dem "ordre du desir" der vormaligen "wilden Gesellschaft" steht unversöhnbar der "ordre de la representation" entgegen. Dessen "Logozentrismus" kodiert die Erlebniswelt und "beherrscht" das Subjekt, das sich durch devitalisierenden Gehorsam weiter von seiner Freiheitsbestimmung entfremdet. Der "despotische Signifkant" erwirkt ein kodiertes Ödipalleben. "Décodage" ist deshalb die Erlösungsmethode des Anarchostrukturalismus. Die Subversion von Kode und Kultur durch die raptusartige Aktivierung der Urdifferenz des "wilden Begehrens" soll das Ende für den mißglückten Weltentwurf der Moderne bringen und das Individuum aus den Artefakten seiner Kultur befreien. Die "nouvelle creature" des "Anti-Ödipus" hat die "Scheinwelt" kodierter Moderne sodann in das Apathische "überwunden".

Unter dem Aspekt der gnostizistischen "Umwertung der Romantik" wurde der anarcholiberale Dekonstruktivismus bereits Thema unserer Untersuchung (vgl. 3.2.1.2.). Er zeigte sich als nihilistisch-gnostische Bewegung, deren negativer Ontologismus von der Option kastastrophischer Zerrissenheit der (Welt-)Wirklichkeit ausgeht. Die "anarchische Differenz" ist Anzeige des zerrissenen Charakters der demiurgischen (Kode-)Welt, aus der kein transzendentaler, sondern der vitale Erlösungsweg des Begehrens herausführen soll. Die Destruktion muß dabei die Differenz "in der Wirklichkeit der Leere"[52] sichern und dadurch das apathische Für-sich-Sein des Subjekts garantieren. Pluralität wird im neognostischen Differentismus zum Signum des Guten, Einheit (des Codes, der Signifikation und Darstellung usw.) zum Siegel dämonischer Unterdrückung des Subjekts. Dessen verworfene Ursehnsucht nach Erlösung kennt in der anarcholiberalen Version kein göttliches, schon anwesendes Pleroma. Autonomistische Emanzipation ersetzt die Emanation eines sich gnadenhaft erfüllenden Lebens.

Die neue Erlösungsbedürftigkeit dramatisiert in der anarcholiberalen "Gnosis" ihre *Aporie*: Sie ist ausweglos und aggressiv, widersprüchlich und radikalisiert. Ihre Dramatisierung geschieht zumeist narrativ über Kontrastmythologien. Deren "fictual discours" dient der Denunziation jedweder symbolischer Ordnung als oppressivem Machtgebilde. Die Polymythie dieses nihilistischen Gnostizismus inszeniert eine kontingente Lebenswirklichkeit, die vom Machtkampf bestimmt und von kulturschaffenden Mächten manipulativ beherrscht werde (vgl. 3.2.1.2.). Die Erlösungsbedürftigkeit aus dem "stählernen Gehäuse der Moderne" wird hierbei als drängende Überlebensfrage nach Transzendenz dargestellt. Die Erfüllung des "wilden", primärprozeßhaften Erlösungsbegehrens soll im "totalen Crash" gelingen: Transzendenz als Durchbruch zur Erlebnisfreiheit des Begehrens, das kein Gegenüber mehr (an-) erkennt, ist ihr Leitmotiv. Dessen treibender Dualismus zwischen Herrschaft/Gefangenschaft und Begehren kennt keine Transzendenz in ein Drittes und Anderes, wie es noch im "naturalen Supernaturalismus" der frühen Neomythologiebewegung angeboten wurde. Das Drama der Suche nach Zugewinn an Subjekt-Identität wird als *Selbstermächtigung* in Szene gesetzt. (vgl. 3.3.3.).

"Erlösung", die diesem Systemprogramm folgt, gerät allerdings bald schon in Konflikt mit den Grenzen der Erschöpfbarkeit des Subjekts. Vitalismus, der sich in erschöpftem Aufbegehren bricht, Erlösungsbegierde in der "vermummten" Aporie "autonomer Szene"[53], das ist der Epilog zu einer (Polit-)

Fiktion, deren Soteriologie die Freiheitsgeschichte der "68er-Generation" mitbestimmt.

Aus theologischer Sicht wird die anarcholiberale, hyperbolische Dramatisierung des autonomistischen Freiheitsstrebens verstehbar als aporiebeladener, neognostizistischer Erlösungsweg. Gerade in seiner extremistisch übersteigerten Darstellung, in Mummenschanz, Vermummung und Maskierung[54] dramatisiert er das "unverzichtbare Recht der Person auf Ineffabilität" (vgl. 3.3.5.1.). Der politaktive, anarcholiberale "Anti-Ödipus" bangt um den Verlust der Aktualisierungsmöglichkeit seiner Identität. Er erschrickt vor der Subversion seiner subjektiven Existenz durch "anonyme Verfügungsmächte"; er dramatisiert diesen Schrecken im provokant eingeforderten Recht auf Anonymität und Pseudonym zum Schutz seiner "autonomen Szene". Die Sehnsucht nach Anonymität charakterisiert die postmodernen, anarcholiberalen Handlungsgenres.[55] Über das Dreieck von Autonomie(-streben), Automation und Anonymität kehrt der Begriff der Person aus Mummenschanz und Maske postmodern wieder. O. Marquard schreibt vom "Grundrecht der Ineffabilität"[56]. Dem über Verweigerungsdramen eingeforderten Recht auf Anonymität entspricht das unverzichtbare Recht der Person auf Ineffabilität. Es betrifft direkt die Existenz des Individuums und die Würde der Person. Die Schaubühne der anarcholiberalen Subjekttheorie zeigt im Stil der "Hybridisierung", an der Grenze zum Katatonischen und Grotesken, die Schutz- und Erlösungsbedürftigkeit der ineffablen Person. Das extremistische Spiel ihrer Selbstbehauptungsdialektik demonstriert, daß aus der Theodizeefrage längst schon die Anthropodizeefrage geworden ist, jene "Anklagefrage an jedermann",[57] vor deren heimlich vorgefaßtem Urteil nur die religiöse Wahrheit "begnadigen" kann.

Der euphorische Aufbruch der anarcholiberalen Postmoderne hat sich spätestens zu Beginn der 80er-Jahre von einer Offensiv- in eine Defensivstrategie gewandelt. So bringt die Zeit einen Szenenwechsel in der Dramaturgie des Erlösungsbedürfnisses. Das Begriffspaar "Erschöpfung" und "Grenze" markiert den Restraum der "autonomen Szene". Das Ende des "kämpferischen Nihilismus" erlaubt die Anfrage nach einer rettenden christlichen Alternative.

- Der Durchbruch durch die gnostizistische Erlösungsintention im mystisch orientierten Dekonstruktivismus

Unsere bisherige Untersuchung der postmodernen Dramatisierung neuer Erlösungsbedürftigkeit läßt sich auf folgenden Nenner bringen: Zeitgleich mit dem "Tod des Subjekts" (der Bewußtseinsphilosophie) hat das Erlösungsbedürfnis zugenommen. Die Moderne setzte auf "Progression", die Spätmoderne auf "Lösungen" (vgl. 5.1.2.2.) und die Postmoderne sucht dramatisch nach "Erlösung". Obwohl "Erlösung" immer noch ein Tabu-Begriff der aufgeklärten Moderne ist, kommt ihm für die Postmoderne Zug- und Symbolkraft zu. Die verschiedenen Postmoderne-Bewegungen verfügen über ihr je eigenes Begriffs-, Metaphern- und Prämissenrepertoir, durch das sich die neue Erlösungssuche dramatisiert, filtriert und kodiert. Bei aller Vielfalt in Darstellung und Intention ist den analysierten drei Postmoderne-Strömungen ("postmoderne Moderne" - "Posthistoire" - "anarcholiberale Postmoderne") zweierlei grundlegend gemeinsam: ihre (neo)gnostizistische Erlösungsintention und die Exklusion/Negation der "dritten Dimension" des (ganz) Anderen. Beide Kriterien zusammen verweisen auf ein monistisch verkürztes, gemeinsames Grundmodell von Gnosis: auf das Modell eines "kupierten Gnostizismus". Dieser ist einerseits als Vehikel und Transmissor der Erlösungssuche wenig geeignet, andererseits bewegt er sich im latenten Widerspruch zum Toleranzedikt der Postmodernen, das jedwede Exklusion als "Beherrschungsrationalismus" demaskiert. Die postmoderne Dramatisierung der neuen Erlösungsbedürftigkeit verfährt (in den drei bisher analysierten philosophisch-literarischen Strömungen) nach der Regieanweisung des "kupierten Gnostizismus." Damit verfällt sie auf dem Prämissenhintergrund der Postmoderne in eine petitio principii und steckt den Raum der Dramaturgie verkürzt "eindimensional" ab.

Den drei Kardinalfragen nach (Zugewinn an) Subjekt-*Identität* (vgl. 3.3.5.), nach *Offenbarung*(serfahrung) und *Erlösung* (vgl. 3.2.2.) wird hingegen im neostrukturalen Dekonstruktivismus ein zentraler Stellenwert zugebilligt. Im neu aufgebrochenen Fragehorizont nach der Wirklichkeit des (ganz) Anderen und Absoluten sind die fundamentaltheologischen Primärthemen der menschlichen Identität, der Offenbarung und Erlösung neu besprechbar. Die in "postsäkularistischer Zeit" (E. Biser) wiederum vehement aufbrechende Sinnfrage und Erlösungssuche (vgl. 4.3.) findet im atheologisch-mystisch orientierten Dekonstruktivismus (vgl. 3.2.2.4.-3.2.2.5.) eine postmoderne Hermeneutik, die zur neuerlichen "Einübung in das Christentum" hilfreich sein kann. Anders als die sich "erschöpfende", anarcholiberale Postmoderne-Bewegung (der "68er-Generation") verweigert sich diese dekonstruktivistische Strömung keineswegs der Anfrage nach dem "ganz Anderen" und unverfügbar Dritten. Ihm wird offenbarende und identitätsausmittelnde, erlösende und bisweilen sogar personale Qualität zuerkannt.

In "dürftiger Zeit" geht es nicht nur um "Seinsvergessenheit" (M. Heidegger), sondern um "Gottesfinsternis" (M. Buber). Der "eindimensionale Mensch" (H. Marcuse) kann sich die befreiende Transzendenz nicht selbst schaffen. Dekonstruktivisten wie E. Lévinas, J. Lacan, M. Horkheimer[58] u.v.a. wissen, daß ein "Transzendieren ohne Transzendenz" (E. Bloch), ein "Prinzip Hoffnung" ohne letzten Grund und Sinn, leer und beliebig bleiben muß. Der Systemtheoretiker N. Luhmann diagnostiziert die Lebensbereiche, die durch den Säkularisierungsprozeß autonom wurden, als solche "ohne religiösen Halt" und ihre Strukturen als "inhärent paradox", "wenn sie nicht in religiösen Begriffen neuformuliert werden können".[59] Daniel Bells Soziologie gipfelt in der Feststellung, daß "Die Zukunft der westlichen Welt" entscheidend davon abhängt, ob "die große Erneuerung: Religion und Kultur im nachindustriellen Zeitalter"[60] zum Tragen kommt oder ob eine Innovation des religiösen Bewußtseins ausbleibt. Indem die Daseins-, Verfalls- und Machtstrukturen kodierter Kulturwelten auf die "dritte Dimension" des "ganz Anderen" hin dekonstruiert werden (vgl. 3.1.), wird die Realmöglichkeit einer "religiösen Lösung" wieder spruchreif. "Transzendent-Religiöses" und "Ethisches" wird wieder sprachlich erhebbar.

Wie dargelegt ist der postmoderne Dekonstruktivismus eine "zwie-spältige Bewegung", die sich einerseits auf F. Nietzsches "Philosophie des Vormittags" rückbezieht und sich andererseits von M. Heideggers Existentialphilosophie herleitet. Ihre "Diskurse über die Betroffenheit von Transzendenz"[61] (E. Lévinas) besprechen die "Wiederkehr von Religion".[62] Die destruktive Dramatik der anarcholiberalen Hybrid-Szene wird in diesem Kontext vergleichbar einem Umfeld und Vorhof zur (de-)konstruktiven Erörterung der besagten Kardinalfragen nach Subjekt, Erlösung und Offenbarung. Um Wiederholungen zu vermeiden und die Stringenz des Textes zu wahren, sei hier ausdrücklich auf die propädeutische Vorarbeit im dritten Kapitel verwiesen: auf unsere Darstellung der "Wiederkehr der Mystik im dekonstruktivistischen Postmodernismus" (vgl. 3.2.2.) und auf die "exzentristische Subjekttheorie der Verwiesenheit des Menschen auf das Absolute" (vgl. 3.3.5.). Diese "Bestandsaufnahme" und Gliederung ermöglicht hier eine zügige Abhandlung, ohne wiederum argumentationsbegründende Detailbezüge erarbeiten zu müssen.

Es darf als gesichert angenommen werden, daß der (hier in Frage stehende) Dekonstruktivismus sich grundlegend von der romantizistischen Subjekttheorie der anarcholiberalen Postmoderne unterscheidet (vgl. 3.3.4.). Inhaltlich besagt dies, daß der (neostrukturale) Dekonstruktivismus das Hegelsche Systemprogramm der Selbstsetzung des "absoluten Subjekts" abgesetzt hat. Neomythologie wird nicht mehr betrieben als narratives Selbstermächtigungsprogramm des identitätsbedürftigen Subjekts (vgl. 3.3.3.). Abseits der Hegelianischen Subjekt- und Geschichtsmaximen wird die Frage nach der Zuordnung der "subjektphilosophischen Erbmasse" (vgl. 3.3.5.2.) und der Emanzipation des Subjekts neu stellbar. Auf Grund dieses Paradigmenwechsels legitimiert sich eine dekonstruktive Subjekttheorie über die Reformulierung der Verwiesenheit des Menschen auf das Absolute (M. Foucault, J. Lacan, E. Lévinas). Nicht mehr das Subjekt bzw. die Vernunft und ihre Hypostasen sind das Absolute, sondern das Absolute wird als das Unverfügbare und "ganz Andere" neu entdeckt. Die Einsicht in die "Unüberwindbarkeit der Differenz" (vgl. 3.1.3.) und den "Primat der Differenz vor dem Einheitsdenken" (vgl. 3.1.3.1.) sind notwendige Optionen zur Ablösung des alten Paradigmas der Bewußtseinsphilosophie. Der "Tod des Subjekts" (der Bewußtseinsphilosophie) ermöglicht erst die Erörterung des (Einzel-)Subjekts als "sujet en fading" (vgl. 3.3.5.3.) und die dekonstruktivistische Wiederentdeckung des Menschen als Subjekt des Absoluten und "ganz Anderen" (vgl. 3.3.5.4.).

Die methodische Voraussetzung für die Verabschiedung des aufklärerischen Emanzipationsbegriffes und die Neuformulierung des Erlösungsbegriffes ist durch Basisoperationen des Dekonstruktivismus gegeben. Diese Basisoptionen und -operationen wurden im dritten Kapitel analysiert. Darauf Bezug nehmend läßt sich feststellen: Postmodern wird das obsolete Paradigma vom selbstbewußten "Vernunftwesen" und seiner entelechialen (Selbst-)Emanzipation abgelöst durch das dekonstruktive Paradigma vom "gespaltenen Subjekt", das als "sujet en fading" Subjekt des Absoluten ist. Weil dieses Subjekt als "gespaltenes" akzeptiert wird, ohne in die Einheitsform eines "Vernunftwesens" konzentriert zu werden, kann ihm eine exzentristische Subjekttheorie neue Grundbezüglichkeiten zum Absoluten und vom "ganz Anderen" her zuerkennen. "Transzendent-Religiöses" wird zur Grundbestimmung des Subjektseins wieder erhebbar. Die Unmöglichkeit von "(Selbst-)Emanzipation" wird durch die reale (nicht "realutopische"!) Möglichkeit der "Erlösung" abgelöst. Der (Subjekt-)Bezug zum Absoluten und "ganz Anderen" wird als letzthin geheimnishafte "mystische" Grunderfahrung von "Offenbarung"[63] und Zugewinn an Identität wieder thematisierbar (z.B. für E. Lévinas, J. Lacan, D. Bell, M. Foucault).

In dem Zusammenhang sich eröffnender "Übergänge" zwischen Dekonstruktivismus und Religion, ist es bedauerlich, daß J. Habermas als letzter überragender Vertreter der "Kritischen Theorie" der Frankfurter Schule die religionsphilosophischen Impulse seines Lehrers M. Horkheimer zu spät aufgenommen hat. In der Bewertung der Wirklichkeit des Religiösen unterschied sich Horkheimer von Adorno, der sich auf die ästhetischen Erfahrungen moderner Kunst als einer unabhängigen Quelle der Einsicht zurückzog. Horkheimer bewährte sich gerade darin als postmoderner Dekonstruktivist, daß er sich der religiösen Problematik entschlossen gestellt hat. In bewunderungswürdiger Anstrengung gelang ihm als dekonstruktives Meisterwerk die Verbindung des alttestamentlichen Bilderverbotes mit Kants Erkenntniskritik und modernem Agnostizismus (vgl.3.2.2.). Bis zu seinem Tode war Horkheimer davon überzeugt,

- "daß es ohne 'das ganz Andere', ohne 'Theologie', ohne den Glauben an Gott, keinen die pure Selbsterhaltung transzendierenden Sinn im Leben gibt;

- daß ohne Religion keine begründete Unterscheidung zwischen Wahr und Falsch, Liebe und Haß, Hilfsbereitschaft und Profitgier, Moral und Unmoral gefunden werden kann,

- daß ohne das ganz Andere die Sehnsucht nach vollendeter Gerechtigkeit unerfüllt bleiben und der Mörder schließlich über das unschuldige Opfer triumphieren müßte;

- daß ohne eine allerletzte-allererste wirklichste Wirklichkeit, die wir Gott nennen, auch, um den Begriff von Habermas aufzunehmen, unser 'Bedürfnis nach Trost' ungestillt bliebe [...]".[64]

M. Horkheimers Philosophenfreund Emmanuel Lévinas ist nicht nur kritischer Dekonstruktivist, sondern auch gläubiger Jude und Mystiker. Seine "Meditationen über Religion und Philosophie" (1991)[65] besitzen die Aussagekraft und Sinngestalt eines religiös akzentuierten, positiven Dekonstruktivismus. "Wenn Gott ins Denken einfällt" (so einer seiner letzten deutschsprachigen Werktitel), dann ist dies ein verlebendigendes "Ereignis der Differenz", das Erlösung und Trost spendet. So bekennt Lévinas:

> "Ich glaube nicht, daß die Philosophie trösten kann. Das Trösten ist eine völlig andere Funktion; es ist eine religiöse Funktion."[66]

Eine Konvergenz der dekonstruktiv-postmodernen Subjekttheorie und christlichen Anthropologie/Soteriologie eröffnet sich hier. Die neu in das Bewußtsein der "postsäkularistischen" Gegenwart drängende Erlösungsbedürftigkeit kann somit postmodern mehr als ihre verzweifelt diffuse Dramatisierung auf dem Tragikniveau eines "kupierten Gnostizismus" finden. Sie kann zur dekonstruktiv-theologischen Antwort auf das vorstoßen, was sie antreibt und ihr "Unbehagen in der Kultur" ausmacht. Diese theologische Antwort an den "heutigen" Menschen wäre ihrer Vorgeschichte, Konzeptualisierung und Essenz nach "alternative Apologie". Ihre "Glaubensbegründung" wäre weder "defensiv" noch "offensiv". Sie könnte von allen "kriegerischen" Sprachattributen ihrer Methodendefinition Abschied nehmen. Die alternative Apologetik wäre - mit einem Wort der Bergpredigt gesagt - "friedvoll". Ihre "Glaubensvermittlung" bräuchte weder "überzeugend", noch "(be-)zwingend", weder "systemzentriert" noch "erlebnisfern" sein, sondern dem "heutigen" Menschen, der Schrift- und Geschichtsoffenbarung zugewandt, die im Scheitern des "Projekts der Moderne" ihr Menetekel wirft. Auch die "negative Offenbarung" steht in Verweisfunktion auf die Wahrheit des Absoluten, die vielfältige Weisen der Selbstmitteilung kennt.

5.2. Hermeneutische Strukturanalyse der Strömungen "postmoderner Theologie"

5.2.1. Prämissen zur Strukturanalyse

5.2.1.1. Methodik und Ziel einer Paradigmen-Analyse "postmoderner Theologie"

An epochaler Schwelle angelangt und betroffen vom Scheitern des "Projekts der Moderne" stellt sich für den "heutigen" Menschen die Sinnfrage weniger philosophisch und allgemein, sondern drängend als Suche nach Heil und Erlösung. Zutreffend diagnostiziert Eugen Biser verstärkten "Leidens-" und "Sinndruck" (vgl. 4.3.1.2.) als Krisensymptome des derzeitigen Nihilismus (vgl. 4.3.1.) und als anthropologische Vorzeichen für eine "glaubensgeschichtliche Wende" zur Post-Moderne. Teils parallel zueinander teils diffus miteinander vermengt, keimen Neomythologie-, New-Age- und neuheidnisch-neoreligiöse Bewegungen[67] auf. Sie alle greifen die Erlösungssuche des "heutigen" Menschen an der krisenhaften Grenze zur Postmoderne (vgl. 4.3.4.1.) auf. Dabei versprechen sie ihren Anhängern eine vitale Heilsdynamik: eine funktionierende, soteriologische "Lösung" für nicht bewältigtes "modern life". Die neuzeitliche Moderne mag hoffnungsfreudig auf "Progression" gesetzt haben, die vorgerückte Moderne sucht hingegen nach "Lösungen" für die vehement aufgebrochenen (ökologischen, sozialökonomischen, dispositiven usw.) Überlebensprobleme, die zum Gefolge des Fortschritts gehören. An der Grenze zur Postmoderne wird der aufklärerisch verworfene Signifikant "Erlösung" neu erhebbar und wieder religiös thematisierbar. Weil sich die "Dialektik der Aufklärung" (bzw. Moderne) kulminant in die Postmoderne hinein bricht, kommt es derzeit zur szenenreichen Dramatisierung der Erlösungsbedürftigkeit und Erlösungssuche (vgl.5.1.2.). Diese Suche verlangt letztlich nach einer weiterführenden theologischen Analyse und Aufarbeitung. Schließlich gilt es, eine verantwortbare fundamentaltheologische Alternative zur Dialektik der (Post-)Moderne zu finden, die mit der postmodernen Orientierungssuche kompatibel ist, weil sie sie emphatisch ermißt, ohne identifikatorisch in ihr zu versinken.

Angefragt ist eine theologische Wegweisung zu einer adialektischen und womöglich christlichen Postmoderne. Somit wird fraglich, von welcher Art und Aussageform eine solche Fundamentaltheologie sein sollte, um die Funktion einer wegweisenden, kompatiblen (statt reaktiv-oppressiven) Alternative erfüllen zu können. Pointiert nachgefragt: Verlangt die Postmoderne zum Vollzug ihrer epochalen, "glaubensgeschichtlichen Wende" nach einer neuen, "postmodernen Theologie"? Und ist diese Theologie allein um den Preis eines radikalen "Paradigmenwechsels" zu gewinnen? Oder konturiert sich aus der geduldigen Strukturanalyse der Postmoderne-Bewegungen das Koordinatenkreuz jener "Fundamentaltheologie der Postmoderne", die ihre Innovationsaufgabe jenseits der Radikalität des "totum novum" erfüllen kann? Diese zweigliedrige Grundsatzfrage verweist zunächst auf den Arbeitsschritt einer Analyse der bestehenden "postmodernen Theologie(en)" (bzw. Theologie(en) zur "Postmoderne"). Vorab sei angemerkt, daß die meisten dieser (Fundamental-)Theologien den besagten Paradigmenwechsel einfordern und zu vollführen suchen. Das Attribut "postmodern" wird dabei zur Chiffre für eine Dekonstruktion tradierter Theologie, die im Paradigmenwechsel ihren methodischen Zielpunkt veranschlagt. Deshalb soll einleitend zur strukturanalytischen Rezeption der derzeitigen Ansätze "postmoderner Theologie" eine grundsätzliche, historisch-theologische Begriffsabklärung angestrengt werden: Das Begriffspaar "Paradigma" - "Paradigmenwechsel" ist genauer zu bestimmen.

Thomas S. Kuhns Werk "The Structure of Scientific Revolutions"[68] (1962), das mittlerweile zu einem Klassiker der neuen Wissenschaftstheorie wurde, verhalf den Begriffen "Paradigma" und "Paradigmawechsel" zum Durchbruch. Um Mißdeutungen zu vermeiden, spricht Kuhn neuerdings von einer "disziplinären Matrix", die "symbolische Verallgemeinerung, Modelle und Musterbeispiele"[69] umfaßt. In seinem "Postscriptum" (1969) definiert er "Paradigma" in umfassendem Sinn als "an entire constellation of beliefs, values, techniques and so on, shared by the members of a given community".[70]

Der Ausdruck "Paradigma" (der mehr bezeichnet als ein "Begriffssystem") wurde allerdings bereits im 19. Jahrhundert von dem Naturphilosophen Georg Ch. Lichtenberg für bestimmte hermeneutische Grundmuster eingeführt. Lichtenberg hatte nach dem Niedergang des deutschen Idealismus großen Einfluß auf Ernst Mach und Ludwig Wittgenstein. Diese erst machten aus dem "Paradigma"-Begriff den hermeneutischen "Schlüssel" zur Einsicht in die "Gußform" oder "Klammern", die philosophische, wissenschaftstheoretische etc. Modelle darstellen, um das Denken ganzer Forschergenerationen in vorgefaßte "disziplinäre Matrices" einzulenken. Wie Stephen Toulmin in seinem Standardwerk "Human Understanding. The Collective Use and Evolution of Concepts"[71] (1972) bemerkt, fand der "Paradigma"-Begriff in der von Mach und Wittgenstein geleisteten Überarbeitung Eingang in die allgemeine philosophische Tradition. Während der späten 30-er Jahre wurde der Begriff zunächst in England durch W.H. Watson und N.R. Hamson analysiert. In den frühen fünfziger Jahren kam er nach Nordamerika. Th. S. Kuhn wie St. Toulmin stehen mit ihrer Wissenschaftstheorie also bereits in der "dritten Phase" der Ausarbeitung des Paradigmabegriffs. Ihre Namen repräsentieren den noch andauernden Disput darüber, wie die Dynamik des "Paradigmenwechsels" primär zu veranschlagen sei: ob "revolutionär" oder "evolutionär". Gemeinsam nehmen beide Wissenschaftstheoretiker Stellung gegen "einen selbstgenügsamen antihistorisch-logischen Empirismus, wie wir ihn vom Wiener Kreis ererbt haben"[72]. Toulmin stimmt mit Kuhn grundsätzlich darin überein, daß die Synopse zwischen begrifflichen Veränderungen und dem dazugehörigen soziologischen Kontext wiederherzustellen sei.

> "Als Wissenschaftshistoriker erfüllte er [Kuhn] eine sinnvolle Aufgabe, wenn er wieder auf die engen Verbindungen zwischen der gesellschaftlich-historischen Entwicklung wissenschaftlicher Schulen [...] und der geistigen Entwicklung der wissenschaftlichen Theorien selbst hinwies."[73]

Im Folgenden sei die Wissenschaftstheorie vom "Paradigmawechsel", wie sie nunmehr in der "dritten Generation" (Th. Kuhn, St. Toulmin, R. Bernstein, J. Lakatos, A. Musgrave, G. Gutting u.a.[74]) weiterbearbeitet wird, minimalmodellhaft und themenrelevant vorgestellt. In gebotener Kürze sollen dazu nur die Basiselemente der Theorie angesprochen werden. Zunächst ist hierfür zwischen Makro-, Meso- und Mikroparadigma(-Modellen) zu differenzieren. Makroparadigmen sind Modelle für wissenschaftliche Gesamtlösungen (so z.B. in der Physik das Kopernikanische, das Newtonsche, das Einsteinsche Modell). Mesoparadigmen sind fachliche

Vorgaben zur Lösung mittlerer Problembereiche (wie die Wellentheorie des Lichtes, Maxwells elektromagnetische Theorie). Mikroparadigmen sind praxisnahe Spezialmodelle für wissenschaftliche Detaillösungen (z.B. der Anwendungsbereich der Röntgen-, der Laserstrahlen). Der Begriff des "Paradigmas" verweist auf das Vorläufige des Entwurfes, der jeweils unter bestimmten Voraussetzungen und in bestimmten Grenzen gilt und andere Entwürfe nicht prinzipiell ausschließt. Das "Paradigma" erfaßt Wirklichkeit immer nur "relativ objektiv", d.h. in einer bestimmten (vorläufigen) Perspektive und Variabilität. Th. S. Kuhn macht für die (Natur-)Wissenschaften folgende Beobachtung: In praxi akzeptieren Studierende ihnen nahegebrachte Erklärungsmodelle weniger aufgrund von Beweisen als aufgrund der Autorität des Lehrbuches, das sie studieren und des Lehrers, den sie hören. Die "Normalwissenschaft" (Th. Kuhn) ist (das Ergebnis einer) "Forschung", die auf wissenschaftlichen Leistungen der Vergangenheit beruht. Diese überkommenen, formatierten und "normalisierten" Leistungen werden von einer wissenschaftlichen Gemeinschaft eine Zeitlang vertrauensvoll als Grundlage für ihre weitere Arbeit anerkannt.[75] "Normalwissenschaft" als standardisiertes Theoriegebäude dient der wissenschaftlichen Alltagsarbeit als "Muster" und "Verstehensmodell", d.h. als "Paradigma".

Im Zirkelschluß ist "Normalwissenschaft" auf die unbegrenzte Affirmierung ihres "Paradigmas" eingestellt. Ihre "Beherrschungsrationalität" verbietet eine Falsifikation des Paradigmas, erlaubt hingegen dessen Entwicklung durch das "Lösen der noch verbliebenen Rätsel". Die "Normalwissenschaft" fördert dadurch ungewollt die Aushöhlung des etablierten "Paradigmas", indem sie sich zunehmend immanentisiert, spezialisiert und verkompliziert. Der Ablösung eines "Paradigmas" geht laut Kuhn eine Übergangsperiode der Unsicherheit voraus, in der das Vertrauen in die Gültigkeit und Effizienz des etablierten Modells schwankend wird. Indem das traditionelle Verstehensmodell versagt, kommt es gegebenenfalls zum "Paradigmawechsel". Notwendige Voraussetzung dafür ist, daß ein glaubwürdiges Nachfolgemodell, ein neuer "Paradigmenkandidat", zur Substitution bereit ist. Für einen Wechsel des Paradigmas ist also nicht nur die Krise des alten Modells entscheidend, sondern mehr noch die Heraufkunft eines neuen, alternativen Paradigmas. "Paradigmawechsel" ist laut Kuhn kein sukzessives Ablösungsgeschehen durch die "organische" Entwicklung eines verbesserten Verstehensmodells, sondern eine "scientific revolution": eine wissenschaftliche Umwälzung, welche das Insgesamt des komplexen Deutungsmodells betrifft, dessen Meso- und Mikromodelle mit ihren verschiedenen Methoden, Normen und Kriterien, Problemgebieten und Lösungsangeboten.

Während Kuhn mehr die Diskontinuität des paradigmatischen Umbruchs herausstellt, akzentuiert Toulmin eher den evolutiven, organischen Kontinuitätsaspekt im Ablösungsgeschehen. Jeder "Paradigmenwechsel" zeigt zugleich Kontinuität und Diskontinuität, Rationalität und Heuristik, Begriffsstabilität und Begriffsveränderung, evolutionäre und revolutionäre Elemente, wobei allerdings deren Disparität die Dynamik des Wechsels bestimmt. Th. Kuhns Wissenschaftstheorie zeigt spätestens dann ihre Hegelianische Horizontierung, wenn sie den neuen Paradigmen die Qualifikation zuspricht, sie sollen, "auch wenn sie selten oder niemals alle Fähigkeiten ihrer Vorgänger besitzen, gewöhnlich doch eine große Zahl der konkretesten Bestandteile vergangener Leistungen bewahren und immer zusätzliche konkrete Problemlösungen gestatten."[76]

Zur Strukturanalyse des zunächst schwer überschaubaren Terrains "postmoderner Theologie" ist das Begriffspaar *"Paradigma-Paradigmawechsel"* unverzichtbar. Dasselbe gilt für den Leitbegriff der Dekonstruktivisten: für *"Differenz"* (vgl. 3.1.3.). Mit der "Triologie" dieser Zentralbegriffe läßt sich eine themenbezogene Erörterung, strukturale Vermessung und Positionsbestimmung derjenigen theologischen Strömungen wagen, die das Attribut "postmodern" entweder ausdrücklich für sich reklamieren oder denen es aufgrund ihrer (geistigen, sprachlichen, politpropagandistischen usw.) Nähe zur Postmoderne-Bewegung sachlich erkennbar zukommt.

Im Rahmen dieses Kapitels sind also Grundströmungen "postmoderner Theologie" zu erheben *und* deren Verhältnis zu den analysierten Postmoderne-Bewegungen abzuklären. Insbesonders wird bei diesem Klärungsprozeß Zweierlei anzufragen sein: Inwiefern sind die einzelnen "postmodernen Theologien" noch - im metaphysischen Sinn des Wortes - Theologie? Oder sind sie bereits zu metaphorisch-allegorischen Variablen im Dienst anderweitiger, "elementarer Interessen" mutiert? Wie dekonstruieren oder destruieren diese theologischen Ansätze das "proprium christianum"? Vor dem Hintergrund der kulturgeschichtlich und religionsphilosophisch erhobenen "Dialektik der Aufklärung", wird die Frage drängend nach dem theologiegeschichtlichen Qualitätsbeitrag "postmoderner Theologie". Cui bonum? Die verschiedenen "postmodernen Theologien" sind also insbesonders daraufhin zu untersuchen, ob sie - ihrer Essenz und Wirkung nach - ein Betrag zum alten dialektischen Wechselspiel sind oder ein innovativer Ansatz jenseits des Dialektisch-Tautologischen. Die methodische Leitfrage unserer Untersuchung lautet: Sind die "postmodernen Theologien" innovative, christliche Alternative zur Überwindung der "Dialektik der Aufklärung" oder sind sie es nicht? Sind sie es, dann und nur dann verdienen sie das Prädikat "postmodern". Denn nur dann haben sie den dialektisch-tautologischen Wendekreis der Moderne transzendiert, nur dann haben sie das alte Paradigma der Spaltung überwunden.

5.2.1.2. Phänomenologische und kriteriologische Sichtung der "postmodernen Theologie"

Einige Jahrzehnte zeitverzögert zur vorläufigen Ausprägung des "Postmoderne"-Begriffes beginnt der Terminus einer "postmodernen Theologie" spruchreif zu werden. Zwar wäre es noch verfrüht hier eine Begriffsgeschichte konstruieren zu wollen, aber gewisse Grundzüge der Begriffsbildung sind aufweisbar: So wie der Ausdruck "Postmoderne" zuerst in den Vereinigten Staaten (während der 50er Jahre) als begriffliches "Zeichen eines kulturellen Wandels"[77] aufkam, ebenso deutet seine Anwendung auf Theologisches einen Bewußtseins-Wandel in Theologie und Kirche an. Die nur schwer zu klassifizierende Bedeutungsvielfalt des Begriffs "Postmoderne" (vgl. 2.1.) erklärt sich gutteils auch aus den terminologischen Ungleichzeitigkeiten unterschiedlicher Erfahrungsbereiche, wie Kunst, Literatur, Philosophie, Technologie, Politik und Religion. "Postmoderne" ist zunächst immer noch ein heuristischer und operationaler Begriff

> "zur Charakterisierung einer Epoche, die [...] schon vor Jahrzehnten eingesetzt hat, jetzt aber allgemein ins Bewußtsein der Massen rückt."[78]

"Postmoderne" als Kultur- und Epochenbegriff ist allerdings spekulativ und sehr weitläufig. Deshalb war es erstes Hauptanliegen dieses Traktates, auf philosophischem, kultur- und religionsgeschichtlichem Weg zu einem Verständnis dessen zu finden, was die verschiedenen Postmoderne-Bewegungen inspiriert und antreibt. Vermittels einer mehrteiligen Reflexion auf die "conditions postmodernes" und durch eine Motivations- und Strukturanalyse der Postmoderne-Bewegung wurde uns ein besseres Verstehen der Dialektik der Moderne und der philosophischen Bemühung um eine adialektische, "essentielle Postmoderne" (P. Koslowski) möglich.

Wer "postmoderne Theologie" bzw. "Theologie der Postmoderne" betreiben möchte, setzt dazu - wie auch immer - die Krise der Moderne voraus. Sie konfrontiert die christliche Theologie drastisch mit neuartigen Anfragen und fordert sie zu neuen, paradigmatischen Antworten heraus. Auf dieser vorerst nur vage formulierbaren Voraussetzung bauen die pluralen und heterogenen Ansätze "postmoderner Theologie" auf. "Postmodern" als adjektivische Bestimmung von Theologie verweist also auf eine "Theologie im Aufbruch"[79], die um ihre Ausgestaltung und theologiegeschichtliche Kontextur, um ihre Prämissen, Prioritäten und Primärziele noch ringt. So wäre es unifizierend und verfehlt von einer Bewegung oder gar Schulrichtung "postmoderner Theologie" zu sprechen. Zutreffend schreibt David R. Griffin von "Varieties of Postmodern Theology"[80] (1989). Hans Küng konzediert, daß es sich bei der Parole von "Postmoderne" um einen "Such-Begriff"[81] handle: "Die Richtung wird gesucht" für eine "Theologie im Aufbruch",

> "für den Gang in eine neue Welt-Zeit, die [...] mit Recht von vielen Zeitanalytikern nicht mehr als naiv-modern, sondern als nachmodern bezeichnet wird."[82]

Historisch gesehen kam es zuerst in Nordamerika seit den frühen 80er-Jahren[83] zu Symposien, Kongressen[84] und Publikationen zum Themenkomplex: Theologie und Postmoderne. Insbesonders die humanistisch-emanzipatorisch engagierte "process-theology" sucht in den Vereinigten Staaten die kirchenpolitische Diskussion um den Paradigmenwechsel zur "postmodernen Theologie". Die diesbezüglichen Veranstaltungen beispielsweise im "Center for Process Studies" in Santa Barbara oder im "Centre for a Postmodern World" liefern nach wie vor entscheidend transkontinentale Impulse[85] für themenzentrierte Publikationen[86].

Es würde die Rahmensetzung unseres Traktates sprengen, wollte man auf die enorme Vielfalt der "Occassional Papers", Kurzbeiträge und Artikel eingehen, die im angloamerikanischen Kulturraum zum Thema "Theologie und Postmoderne" erschienen sind. Deshalb sei ausdrücklich auf zwei Autoren verwiesen, die als themenspezialisierte Herausgeber tätig sind und mit wissenschaftlicher Neutralität die gesamte und brisante Bandbreite der theologischen Postmoderne-Diskussion in den USA zur Darstellung bringen: David R. Griffin und Frederic B. Burnham dürfen als nordamerikanische Chronisten "postmoderner Theologie" der 80er-Jahre gelten. Burnhams 1989 erschienener Sammelband trägt den signinifikanten Titel "Postmodern Theology". D.R. Griffin edierte in kurzer Zeitabfolge (1988-89) drei theologische Sammelbände[87] in der Reihe "Constructive Postmodern Thought"[88]. Sie sind für ein systematisches Quellenstudium schon deshalb bestens geeignet, weil die Herausgabe der einzelnen Bände themenzentriert erfolgte: "Spiritualität und Gesellschaft", "Gott und Religion in Postmoderner Welt" und die "Vielfalt postmoderner Theologie" werden in Fachartikeln diskutiert.

Da sich "postmoderne Theologie" vielfach als Emanzipationstheologie versteht, sind ihre Flanken zur feministischen Theologie und zur sozialrevolutionären Befreiungstheologie hin offen. Je nach den "Postmodern Proposals"[89] seines Autors wird der einzelne Entwurf "postmoderner Theologie" verschieden radikal geraten und jeweils andere inhaltliche Akzente setzen. Eine erste phänomenologische Sichtung des weitgestreuten Materials wird - aus inhaltlicher Sicht - auf diverse, kaum miteinander vergleichbare Themen stoßen. Sie reichen beispielsweise von der Sehnsucht nach einer "Postpatriarchalen Postmoderne"[90] über Reflexionen zu einer christlichen "Agrikultur in einer postmodernen Welt"[91] bis zur Methodenfrage der Verhältnisbestimmung von "Befreiungstheologie und postmoderne[r] Philosophie"[92]. Die Frage nach der Selbstauflösung der Theologie zur "Postmodernen A/theologie" (M.C. Taylor) wird ebenso gestellt wie die "Kulturelle Vision von Papst Johannes Paul II"[93] als "konservativ postmodern" vorgestellt wird.

Bei so viel Auffälligkeiten wird die schlichte Tatsache besonders bemerkenswert, daß - jedenfalls nach unserer Sichtung der literarischen Quellenlage - bisher nur wenige theologische Autoren das mühevolle Wagnis einer (ansatzweise) systematischen (Fundamental-)Theologie der Postmoderne auf sich nahmen. Diese Theologen sind: H. Cox, C. West, M. C. Taylor, George A. Lindbeck, Hans Küng, P. Koslowski und Eugen Biser. Auf deren Ansätze zur "postmodernen Theologie" wird an späterer Stelle ausführlicher zu rekurrieren sein. Als erstes Fazit bleibt festzustellen, daß in Nordamerika seit den 80-er Jahren ein polymorpher und drastischer theologischer Aufbruch geschieht: Auf dem Hintergrund von Dekonstruktivismus, Anarchostrukturalismus, Differentismus und Emanzipationsphilosophie wird "postmoderne Theologie" propagiert. Die Verschiedenheit der innovativen, aber wenig systematisierten, oft fragmenthaften Ansätze bestimmt das oszillierende Bild diffuser Aufbruchstimmung und beweist, wie sehr sich "postmoderne Theologie" im heuristischen Experimentierstadium befindet.

Im zweiten Schritt unserer phänomenologischen Sichtung "postmoderner Theologie" sei noch auf deren Repräsentanz im deutschsprachigen Raum eingeblendet. Selbstverständlich läßt sich keine einheitliche Gestaltung "postmoderner Theologie" ausmachen, aber eine vergleichsweise deutlichere, systematische "Modellierung" einzelner Positionen. Insbesonders Eugen Biser und Hans Küng leisten seit Mitte der 80-er Jahre einen entscheidenden und klärenden Beitrag zur systematischen "Positionsbestimmung" (E. Biser) einer "postmodernen Theologie postsäkularistischer Zeit". Ihre "Schriften zur Reform der Kirche" (H. Küng)[94] haben orientierenden Werkcharakter. Allenfalls ist hier auf folgende Titel exemplarisch zu verweisen: "Das neue Paradigma von Theologie" (H. Küng - D. Tracy), "Theologie im Aufbruch" (H. Küng), "Die Glaubensgeschichtliche Wende" (E. Biser); "Glaubensprognose. Orientierung in postsäkularistischer Zeit" (E. Biser). Während die neotheologischen Bewegungen, Initiativen und Emanzipationsströmungen (Frauen-, Lesben- und Homosexuellenbewegung, afro-amerikanische, sozialrevolutionäre Befreiungs- und Ökobewegungen etc.) in den USA anscheinend P. Feyerabends "Anything goes" bewahrheiten, tritt die Qualität des Anarcholiberalen für die deutschsprachige "postmoderne Theologie" eher in den Untergrund. Im weiteren Verlauf dieser Arbeit wird dazu noch Genaueres zu sagen sein.

Im Sinne einer ersten, phänomenologischen Umschau ist auf die transkontinentalen Arbeitskontakte und Forschungsprojekte hinzuweisen, die in Sachen "postmoderner Theologie" zwischen dem angloamerikanischen und deutschsprachigen Raum gepflegt werden. Die epochalen Umbrüche ("epochal shifts") sind nach L. Gilkey auch "continental shifts", die nach einem transkonfessionellen und transkontinentalen Paradigma von Theologie verlangen. Mit der Suche nach solch einem neuen Paradigma (bzw. Grundmodell) "postmoderner Theologie" war beispielsweise das "Internationale Ökumenische Symposion" 1983 in Tübingen befaßt[95], prominente Wissenschaftler der Universität von Chicago (St. Toulmin, L. Gilkey, M. Marty, A. Carr, D. Tracy), von Toronto (G. Baum) und von Claremont (J. B. Cobb) nahmen daran teil. Das Institut für ökumenische Forschung an der Universität Tübingen ist seit vielen Jahren im intensiven Austausch mit nordamerikanischen Zentren der humanistischen "process theology" (z.B. dem "Center for Process Studies" in Clairemont). Aus der Zusammenarbeit zwischen H. Küng und D. Tracy (University of Chicago) sind gemeinsame Veröffentlichungen[96] (1984-1986) hervorgegangen, die für Küngs "Theologie im postmodernen Paradigma"[97] Bausteine wurden und für D. Tracys Paradigmenanalyse. Dem "Institut für Interdisziplinäre Kultur- und Medienforschung" (Hamburg) weiß sich hingegen Eugen Biser (im Vorspann seiner "Glaubensprognose") zu besonderem Dank verpflichtet, ist es doch transkontinentale Mediationsinstanz auch für die Diskussion "postmoderner Theologie".

Die Auflistung einzelner deutscher Institute und Tagungen, Namen und Publikationen zum Thema "postmoderne Theologie" ließe sich noch um viele Nennungen erweitern, ohne daß dies einen Zugewinn an systematisierter Einsicht brächte. Es soll hier auch nicht der Eindruck erweckt werden, als ob diese Thematik eines der zentralen fundamentaltheologischen Diskussionsthemen der Gegenwart abgäbe. Auch sind die Grenzen und Definitionen, Funktionsbestimmungen und Themenzuweisungen für das, was "postmoderne Theologie" werden und zukünftig leisten soll, fließend und strittig. Wenn schon - wie H. Küng es formuliert - der Ausdruck "Postmoderne" ein "Such-Begriff"[98] ist, dann gilt dieses heuristische und operationale Moment umso mehr für den vagen Sammelbegriff einer "postmodernen Theologie".

Abschließend zu unserer phänomenologischen Sichtung und überleitend zu einer Strukturalanalyse ist deshalb zu fragen, welches denn die Minimalkriterien für eine "postmoderne" Theologie sind. Gibt es "common sense" - Prämissen unter den Fundamentaltheologen der "Postmoderne"? Lassen sich gewisse, allgemeine weltanschauliche und theologische Rahmenvoraussetzungen ausmachen, innerhalb derer (Fundamental-)Theologie als "postmoderne Theologie" konstruierbar wird? Diese beiden Anfragen sind direkt auf die Identität oder Absurdität des Begriffes gerichtet. Aus Gründen der Systematik und Übersicht ist es angebracht, die dazu recherchierte Antwort der Strukturanalyse voranzustellen. Sie darf als Einleitung zur Analyse des Phänomens hinsichtlich seiner Strukturmerkmale verstanden werden. Um eine Doppelung zu vermeiden sei hier auf die Frage nach der *Einheit* "postmoderner Theologie(en)" thesenhaft geantwortet.

Bei aller Pluralität in Prämisse und Methode, Inhalt und Zielwerten, konvergieren die einzelnen, sich explizit als "postmodern" bezeichnenden Theologien in folgenden Grundannahmen:

1. Die Epoche der Moderne (das altgewordene Paradigma der Moderne[99]) ist in eine Phase kritischen Umbruchs geraten, die derart tiefgreifend, universell und zäsursetzend ist, daß signifikanterweise von "Postmoderne" gesprochen werden kann.

2. Der Begriff "Postmoderne" signifiziert das krisenhafte Ende der bisherigen Moderne und ihrer Kontinuitätsgaranten. Er verweist auf eine essentiell veränderte und kreativ zu gestaltende "Neuzeit" der Nach-Moderne.

3. Die Krise der Moderne ist eine geistige und religiöse Krise, die durch einen "apologetischen Modernismus" (H. Küng), also durch eine reproduzierte Aufklärung *nicht* "lösbar" ist.

4. Das in der Spätmoderne vielfach erwartete "Absterben" der Religion (Feuerbach, Marx, Nietzsche) ist *nicht* erfolgt.

5. Die (geistige und religiöse) Krise der Moderne wirft die religiöse Problematik post-modern auf und verlangt nach neuen Entwürfen (Grundmodellen, Paradigmen) von Theologie.

6. Die Frage nach der Religion hat in der Moderne im Modus von Dialektik und Verdrängung (vgl. 4.1.-4.2.) eine selbstentfremdete Rolle gespielt. Religion und religiöse Kreativität sind postmodern aus dieser exklusiven Funktion zu befreien und als Ausdruck einer "transgeschichtlich-transsozialen Wirklichkeit" (H. Küng) zu reintegrieren.

7. "Postmoderne Theologie" folgt nicht mehr den Imperativen einer "objektiven Apologetik" (vgl. 4.2.). Dagegen ist sie revisionistisch-dekonstruktivistisch orientierte Theologie, die im Horizont der "anthropologischen Wende" die "anthropotheologische Situierung des Offenbarungsbegriffes" (M. Seckler) vollzieht.

Die hier formulierten sieben Parameter zur Einheit (Identität) "postmoderner Theologie(en)" sind als *Formalkriterien* ("formal agreements"[100]) zu verstehen. Sie greifen einer inhaltlichen Bestimmung nicht vor. Diese erfolgt pluralistisch je nach der paradigmatischen Ausrichtung der einzelnen theologischen Strömungen. Bei aller Verzweigung und "Varietät" der theologischen Strömungen lassen sich strukturanalytisch *vier* Grundströmungen bzw. - wie D.R. Griffin sie nennt - "basic types" erheben:

> "Beyond these formal agreements, [i.e. "both a common view of the nature of modern theology and a common conviction that its era is over"], great variety is to be found among the postmodern theologies. The four basic types discussed [...] can be called (1) constructive (or revisionary), (2) deconstructive (or eliminative), (3) liberationist, and (4) restorationist (or conservtive)."[101]

Wie der nächste Arbeitsparagraph belegen wird, deckt sich D.R. Griffins Strukturanalyse der "Varieties of Postmodern Theology" prinzipiell mit der von uns erarbeiteten analytischen Darstellung der Postmoderne-Bewegungen. Vieles deutet darauf hin, daß unser propädeutisch-hermeneutisches Register hinreichend ist, um eine strukturanalytische Abklärung und Zuordnung der theologischen Postmoderne-Bewegungen jetzt vornehmen zu können. Eine solche Zuordnung wird gemäß der dekonstruktiven Methode sachadäquat vorgehen: Sie wird die grundsätzliche *Vielheit* der "postmodernen Theologien" nicht reduktionistisch zur *Vielfalt* der "postmodernen Theologie" bündeln. Hingegen wird sie die Heterogenität der theologischen Ansätze in ihrer Differenz zueinander gelten lassen und herausarbeiten. Unser propädeutisches Bezugssystem (das von der "Dialektik der Aufklärung" ausgeht) erlaubt diese differenzbewußte Verfahrensweise. Damit die Analyse zur Strukturanalyse werden kann, ist eine vergleichende, korrelative Bezugnahme der theologischen zu den philosophischen Postmoderne-Bewegungen angebracht.

5.2.2. Das Paradigma der "postmodernen (Ökumene-)Theologie" humanistischer Nach-Aufklärung

5.2.2.1. H. Küngs Krisenhermeneutik der Moderne

Der Begriff "Postmoderne" war seit den fünfziger Jahren in der nordamerikanischen Architektur und Literaturkritik virulent, bevor er sich - fast zwei Jahrzehnte später - in zeitkritischen, politaktiven Bewegungen transkontinental manifestierte. In die theologische Diskussion fand er erst zögerlich seit den achziger Jahren Zugang. Hans Küng und Eugen Biser sind die beiden namhaften deutschsprachigen Fundamentaltheologen, die sich dezidiert des Innovationsthemas "postmoderne Theologie" annehmen. Anders als eine Vielzahl von Theologen reflektieren sie nicht allgemein unter futuristisch-utopischem Aspekt auf zukünftige Gestaltungsmöglichkeiten von Glaube, Theologie und Kirche. Ihr Theologisieren befaßt sich vielmehr ausdrücklich, zeit- und kirchenkritisch, mit der inkohativen Wirklichkeit der Postmoderne und ihrer epochalen Herausforderung für das Christentum. Daß Postmoderne wirklich und faktisch geschieht; daß sie sich derzeit in einem epochalen, kulturellen, geistigen und religiösen Umbruch vollzieht, ist die religionsphilosophische Grundprämisse[102] sowohl von H. Küng als auch von E. Biser. Die im vorausgehenden Paragraphen aufgestellten sieben Formalkriterien ("formal agreements") für "postmoderne Theologie" treffen auf einen gewissen Werkteil beider Autoren zu. In mehreren ihrer neuen Schriften profilieren sie sich als christliche Avantgarde-Denker der Postmoderne und "postmoderner Theologie". Bei aller Verschiedenheit ihrer Theologien ist E. Biser und H. Küng gemeinsam, daß sie Pioniere sind für eine wissenschaftliche Erörterung "postmoderner Theologie" im deutschen Sprachraum. Ihre unterschiedlichen "theologische[n]

Positionsbestimmung[en]" und Glaubenshilfen zur "Orientierung in postsäkularistischer Zeit" liefern entscheidende "Koordinaten" für die Diskussion der Grundvektoren "postmoderner Theologien".

Es versteht sich also, daß sich unsere Strukturanalyse "postmoderner Theologien" ausführlicher auf Biser und Küng beziehen wird. Damit ist inhaltlich und methodisch Folgendes intendiert: Die Schriften zur "postmodernen Theologie" von E. Biser, P. Koslowski und H. Küng, aber auch von D.R. Griffin und M.C. Taylor, von H. Cox, C. West und F.B. Burnham, sowie einer mühsam eingrenzbaren Vielzahl weiterer Autoren, sollen nicht in langer Reihenfolge dargestellt werden. Sie liefern vielmehr die "stoffliche" Grundlage und Vorgabe für eine gesicherte, themenzentrierte und strukturale Gesamtdarstellung der pluralen Strömungen "postmoderner Theologie". Methodischer Zielpunkt ist die Ausarbeitung der Grundmodelle (bzw. Paradigmen), die den verschiedenen theologischen Postmoderne-Bewegungen subsistieren. Die erarbeiteten Paradigmen sollen auf dem Hintergrund unserer propädeutischen Vorarbeit ihre weitere Abklärung und Verhältnisbestimmung erfahren. Für eine derart konzipierte hermeneutische Strukturanalyse der (Grund-)Strömungen "postmoderner" Gegenwartstheologie ist die Referenz auf Autoren Mittel zum Zweck der komprimierten Gesamtdarstellung, der dann ebenfalls Modellcharakter zukommt.

Da die inhaltliche Ausführung der soeben dargelegten Methodenschritte einen konkreten Einstieg in theologische "Stofflichkeit" benötigt, sei mit der Reflexion auf Hans Küngs exemplarische Modellierung postmoderner Theologie ein Anfang gesetzt. Hypothetisch kann davon ausgegangen werden, daß über Küngs Schriften zumindest konturhaft ein Paradigma "postmoderner Theologie" erhebbar und bestimmbar wird.

Bekanntlich sucht H. Küng seit Jahrzehnten nach neuen, ökumenischen Wegen "zur Reform der Kirche". Seit Mitte der achziger Jahre reflektiert er verstärkt auf einen zeitadäquaten innertheologischen Paradigmenwechsel. Seine "24 Thesen zum Christsein" (1975) wie seine "20 Thesen zur Gottesfrage" (1979) sind Bausteine "Auf dem Weg zu einem neuen Paradigma" (1984). Zusammen mit D. Tracy stellt er "Das neue Paradigma von Theologie" 1986 erstmals umrißhaft dar. Paradigmenanalyse unter den Generalperspektiven von "Weltökumene" und "Postmoderne" kennzeichnet H. Küngs Forschungsarbeit der letzten Jahre. In seiner "Theologie im Aufbruch" (1987) formuliert er als erster deutschsprachiger Theologe explizit die Prämissen und die Methodik einer "postmodernen Theologie". Küngs neues "Grundmodell von Theologie"[103] versteht sich grundsätzlich und ausdrücklich als "postmodern" im Sinne eines innovativen theologischen Paradigmas, das den Bedingungen der Nach-Moderne entsprechen soll. Die "Vier Dimensionen des postmodernen Paradigmas"[104] zeitgemäßer Theologie gelten Küng als "Gesichtspunkte, die in sämtlichen Gebieten und Themen von Theologie und Kirche bedacht und realisiert werden müssen".[105]

Küngs "kategorischer Imperativ" zur Anwendungspraxis seines vierdimensionalisierten Paradigmas "postmoderner Theologie" geht von einem bestimmten "Grundmodell" von Postmodern aus, das er als "wirklich" gegeben postuliert. Dieses von Küng aller weiteren theologischen Reflexion vorausgesetzte "Grundmodell von Postmoderne" soll hier zunächst analysiert werden, um auf strukturanalytischem Weg die Inhalte seiner "postmodernen Theologie" erschließen zu können.

H. Küngs Verständnis von "Postmoderne" ist kultur- und religionskritisch im weitesten Sinne. Zugleich reflektiert Küng vor dem dermaßen weitgefaßten Zeithorizont konkret auf "Die Frage der Epochenschwelle"[106] zur "postmodernen" Theologie (und Kirche). Er definiert:

> "Postmoderne" als "Such-Begriff" zur "Charakterisierung einer Epoche, die bei näherer Betrachtung - trotz aller Reaktionsbewegungen von rechts und links - schon vor Jahrzehnten eingesetzt hat, jetzt aber allgemein ins Bewußtsein der Massen rückt."[107]

Die "Postmoderne" als "Epoche, die [...] schon [...] eingesetzt hat", folgt laut Küng, krisenhaft auf die "Moderne". Die Krise der Moderne ist die "Wende-Zeit" zur Postmoderne:

> "Eine Krise, die heute manche apokalyptisch als End-Zeit, andere aber nicht ganz ohne Hoffnung als Wende-Zeit verstehen wollen."[108]

Küngs Krisenhermeneutik der Moderne korreliert mit seinem Verständnis von "Postmoderne". Die Krise der Moderne ist auch ihm "condition postmoderne". Unter "Krise" versteht Küng die "Verabschiedung der Moderne"[109] vermittels eines "sozio-kulturellen Umbruchs"[110], der selbstverständlich auch die etablierten Weltreligionen affiziere:

> "die Moderne der Rationalität und der Aufklärung, der Naturwissenschaft und Technik, des Nationalismus und Imperialismus, der Menschenherrschaft über sich selbst und die Welt und die damit heraufgeführte Naturlosigkeit und Gottlosigkeit befindet sich in der Krise."[111]

Folgt man diesen rhetorisch-definitorischen Sätzen, so wird erkennbar, daß für Küng nicht die Moderne als solche in "Krise" ist. Gewisse Ausprägungen und Attribute der Moderne scheinen Küng an ihr krisenhaftes Ende geraten. Nicht die Moderne selbst, sondern ihre "Beherrschungsrationalität" und deren oppressive Fehlformen seien in Auflösung:

> "Jene, in der Renaissance zwar vorbereitete, aber durch die Rückorientierung auf die Antike [...] auch aufgehaltene und erst im 17. Jahrhundert in einem neuen Vertrauen zur Vernunft durchgebrochene Moderne"[112]

ist gemäß Küng "in der Krise". Krise und Umbruch fungieren als "Aufbruch zum Neuen"[113]. Dazu präzisiert Küng im Anklang an das media in vita mors: "Mitten in der Verabschiedung der Moderne sind wir schon im Übergang zu einem Neuen."[114]

Diese wenigen, aber signifikanten Zitate belegen Küngs Krisenhermeneutik: "Krise" besagt hier nicht mehr das, was "Krisis" ursprünglich bedeutet: "Ent-scheidung", radikale Existenzgefährdung, (Identitäts-)Bruch und Erfordernis des "Not-Wendigen" (M. Heidegger). Dagegen weist Küng der "Krise" die moderate Funktion der "Ablöse", "Säuberung" und Erneuerung zu. Ihrem Wesen nach ist "Krise" im Sinne Küngs "Übergang" und Passage zum Neuen, schon Anwesenden und noch nicht genau Greifbaren. Die "Krise" dient somit der Re-formation (z.B. von Theologie und Kirche) und der Neubesinnung (der Moderne). Für seine "Theologie im Aufbruch" definiert Küng:

"in diesem Buch meint 'postmodern' gewiß nicht, wie Habermas befürchtet, Abschied von der Moderne als Rückkehr zum Vormodernen [...] Nein, 'postmodern' meint hier eine immanente Kritik der Moderne, meint eine Aufklärung über die Aufklärung."[115]

5.2.2.2. H. Küngs propädeutisches Modell einer "postmodernen Moderne"

In Küngs Propädeutik wird "Krisis" zur Krise (im Sinne von "Ablöse" und "Übergang") und Postmoderne zur "Nach-Aufklärung". Alles bleibt in den unschwer nachvollziehbaren Bahnen der Vernunft, die hoffnungsfroh auf den theologischen "Aufbruch" dessen setzt, was seine Kandidatur schon längst angemeldet habe: die "neue Kirchenordnung" wie das "Projekt Weltethos" (1990), die ökumenische "Theologie der Weltreligionen" wie das Grundmodell einer "postmodernen Theologie". Weder Küngs Vorstellung von "Postmoderne" noch sein Entwurf "postmoderner Theologie" transzendieren jene intentionale Grundhaltung, die F. Nietzsche längst schon mit "Novismus der Moderne" trefflich auf den Begriff brachte (vgl.2.1.3.). Nietzsche meinte damit das Wesen der Moderne aufgedeckt zu haben, sie analysiert zu haben als Zeitalter der Reduktion des Seins auf das *Novum* hin.

Aufklärung und Moderne haben stets die Aufgabe des Denkens - auch des theologischen Denkens - darin angenommen, zum Grund zurückzugehen und auf diesem Weg den *Komplex von Novum,* Sein und Wert wiederzufinden, der in seiner immer weitergetriebenen Entfaltung der Geschichte - auch der Theologiegeschichte - Sinn verleihen sollte. Dergestalt war beispielsweise die Renaissance in der abendländischen Kunst und Kultur von der *erneuernden* Wiederaufnahme des Ursprungs, der "Klassik", inspiriert gewesen. Dasselbe novistische Prinzip gilt paradoxerweise für die "Mythos-Renaissance" ebenso wie für die historisch-kritische Entmythologisierungs-Methode. Sie alle müssen sich die Konfrontation mit Nietzsches provokanter These gefallen lassen: "Mit der Einsicht in den Ursprung nimmt die Bedeutungslosigkeit des Ursprungs zu."[116]

Küngs theologisches Postmoderne-Denken ist zugkräftig auf dieser von Nietzsche kritisierten Linie der Aufklärung als Moderne. Er bestimmt den Begriff der "Postmoderne" von der Aufklärung her und nicht umgekehrt (wie die Dekonstruktivisten es tun). Folgerichtig wird die "Postmoderne" zur verbesserten, anderen "postmodernen Moderne" (W. Welsch). Die "Postmoderne" als "immanente Kritik der Moderne" (H. Küng), als Periode der "Nach-Aufklärung", verliert damit ihren Charakter von "Krisis" ("Bruch"). Sie wird zur geläuterten Fortsetzung der Moderne (und ihrer Theologie) mit veränderten Mitteln. Die "postmoderne Moderne" ist jenes philosophische (W. Welsch, A. Wellmer) bzw. theologische Aufklärungs- und Vernunftprojekt (vgl. 2.3.), das letztlich vom Primat der Kontinuität ausgeht (statt dem der "différence"). Daß die Moderne durch ihre Übersetzung in die Postmoderne sich zur "anderen ihrer selbst" emanzipiere, diesen Fortschritt zur allversöhnten Freiheit in Identität hat Hegel in seiner Geschichtsphilosophie bereits als Weg gewiesen.

Küngs Grundmodell "postmoderner Theologie" fügt sich diskrepanzlos in das philosophische Basisprojekt einer "postmodernen Moderne", so wie es von W. Welsch, A. Wellmer und den Vertretern der jüngeren Frankfurter Schule favorisiert wird (vgl. 2.3.). Es liefert ihm seine fundamentaltheologische Variante, indem es nach demselben (im 2. Kapitel analysierten) linkshegelianischen Emanzipationsmuster funktioniert (vgl. 2.3.3.). In knapper, selektiver Rückblende auf unsere diesbezügliche Analyse (vgl. 2.3.2.2.) sei hier nochmals auf die "Übergangs-Praxis" der "transversalen Vernunft" hingewiesen:

> "Als Vernunft gilt uns heute - pluralitätsbezogen - gerade ein Vermögen der Verbindung und des Übergangs zwischen den Rationalitätsformen. Nicht mehr kosmische, sondern [...] verknüpfende Funktionen prägen ihr Bild."[117]

Mit diesen und ähnlichen Sätzen prognostiziert W. Welsch die "transversale Vernunft" als die "spezifische Vernunftform einer postmodernen Moderne"[118]. Im Unterschied zur "Beherrschungsrationalität" sei Vernunft demgemäß "ein metarationales Vermögen, aber sie ist dies wesentlich als interrationales. Ihr Dominium sind die Übergänge."[119] Sie soll die bisherige Agonistik der Rationalitätstypen beenden, die gedeihliche Pluralität konkurrierender Paradigmen und Paradigmenwechsel ermöglichen. Die beispielsweise von Welsch befürwortete "Übergangs"-Praxis "transversaler Vernunft" erstrebt nicht mehr das Ganze eines Gesamtsystems, sondern die prozessuale Erhellung von Komplexionen. Während Hegels "Übergänge" teleologisch die "Aufhebung" des Widersprüchlichen betreiben, soll die Praxis "transversaler Vernunft" die Versöhnung im Situationsverständnis und kommunikativen Konsens erwirken. Sie soll zwischen der Doppelgefahr neuzeitlicher Einheitsimperative und absoluter Differenztheoreme hindurchmanöverieren; sie soll emanzipations-, pluralitäts- und finitätsbewußt sein.

H. Küngs Grundmodell "postmoderner Theologie" ist auch insofern paradigmatisch als es diskrepanzlos die theologische Weiterführung zum (neo)rationalistischen (Vernunft-)Projekt der "postmodernen Moderne" (vgl. 2.3.) darstellt: Nicht nur Küngs Propädeutik der "Postmoderne"[120], sondern seine Zielsetzung, seine Methode und Parameter, unter denen er "postmoderne Theologie" betrieben wissen will, folgen dem Toleranz- und Konsensprinzip "transversaler Vernunft". Dieser Standardparameter fungiert als Legitimationsfaktor für eine "ökumenische Theologie der Weltreligionen" in einer demokratisch-pluralitätsbewußten Postmoderne. Küng argumentiert gegen die "beherrschungsrationalistische" Exklusion der Religion und für deren Miteinbeziehung in die postmoderne Lösung der "geistigen Krise unserer Zeit"[121].

> "Es kann [...] angesichts der 'neuen Unübersichtlichkeit', der Über- und Einsicht nur helfen, wenn man die Frage der Religion, die doch auch in der Moderne im Modus der Verdrängung eine Rolle gespielt hat, nicht [...] ausklammert, sondern, wenn man sie, 'postmodern', in die Betrachtung miteinbezieht".[122]

"Die Funktion von Religion in der Postmoderne"[123], so lautet Küngs Überschrift zur theologischen Verhältnisbestimmung von Religion und Postmoderne. Dieser Titel, der Küng "Die Richtung: Auf dem Weg in die 'Postmoderne'"[124] bestimmen hilft, ist schon deshalb so signifikant, weil er die Programmatik seiner "postmodernen Theologie" stenogrammhaft ausdrückt: Religion soll ihre (Re-)Integration in die geistige, politische und soziokulturelle Landschaft der Postmoderne über ihre Funktionalität legitimieren.

"Dabei gehe ich davon aus, daß 1. die seit dem Ersten Weltkrieg sichtbare und von Jaspers und vielen anderen diagnostizierte geistige Krise unserer Zeit von der religiösen Krise entscheidend mitbestimmt ist; und daß 2. ohne Diagnose und Bewältigung der religiösen keine Diagnose und Bewältigung der geistigen Situation der Zeit gelingen und keine neue Übersichtlichkeit zu erreichen sein wird."[125]

Religion für postmoderne Zeiten legitimiert sich also über ihre notwendige Funktionalität. Drastisch verkürzt heißt dies: ohne Religion keine (humane) Postmoderne. Der Religion kommt eine Maximalfunktion für das Gelingen der Postmoderne zu. Diese Funktionszuweisung bewegt sich keineswegs im Widerspruch zum philosophischen Postmoderne-Projekt der jüngeren Frankfurter Schule. Wie bereits ausgeführt, plädiert J. Habermas zwecks "Rettung der Substanz des Humanen" für vernünftige Re-flexion auf Religion. W. Welsch fragt intensiv nach dem "Grundvermögen einer postmodernen Lebensform."[126] Er setzt dieses "Grundvermögen" nicht identisch mit den Leistungen der "transversalen Vernunft", sondern verweist (in begrifflicher Nähe zu Lyotards Ästhetik der Postmoderne) auf den "postmodernen Erfahrungsraum der Mehrfachkodierung", der sich auf die "Wahrnehmung eines Unfaßlichen"[127] zubewege (vgl. 2.3.2.2.). Weil Welsch (ähnlich wie A. Wellmer, K.O. Apel u.a.) sich ausdrücklich vom Konstruktivismus des "Wiener Kreises" (Schlick, Carnap) absetzt und im "Unfaßbaren" kein bloßes Gegenphänomen zur Rationalität thematisiert, sondern "deren Medium und Textur"[128], ist er ein beachtenswerter Diskussionspartner für heutige Fundamentaltheologie geworden. H. Küng bezieht sich zwar in seiner "postmodernen Theologie" nicht ausdrücklich auf Welsch und kaum auf Wellmer[129], dafür aber dezidiert auf die Theorie-Praxis-Diskussion der Frankfurter Schule sowie auf die (amerikanische) Paradigmendiskussion mit Th. S. Kuhn, St. Toulmin und R. Bernstein (vgl. 5.2.1.1.).

5.2.2.3. Postmoderne Fundamentaltheologie als humanistisches Funktionsmodell theologischer Nach-Aufklärung

H. Küng ist der erste deutschsprachige Fundamentaltheologe, der im Rahmen seines Entwurfes "postmoderner Theologie" den aktuellen Argumentationsstand der Frankfurter Schule hinsichtlich ihres "Postmoderne"-Projekts aufgreift. Er tut dies, indem er, wie J. Habermas, der Religion eine notwendige Maximalfunktion für das Gelingen der Postmoderne zuspricht. Dermaßen als Funktionsträger legitimiert und "miteinbezogen", wird Theologie in ihrer Zielsetzung, Methodik und Inhaltlichkeit neu zu bestimmen sein, um sich als konstruktiver Dialogpartner für das Epochenprojekt der "postmodernen Moderne" zu profilieren. Nachdem sie in ihre funktionale (Mit-)Bestimmung eingewilligt hat, wird sie das Paradigma "transversaler Vernunft" binnentheologisch durchsetzen müssen, um über ein solches, prozessualisiertes Systemprogramm zur dialogfähigen Argumentation zu gelangen. Küngs "postmoderne Theologie" folgt dieser generellen Konkordanzmethode.

Methodisch impliziert diese Konkordanzmethode Küngs Forderung nach einem "Paradigmenwechsel" in der Theologie. Dieser habe sich weniger an den drastischen wissenschaftskritischen Prämissen Th. S. Kuhns, sondern vielmehr an denen von St. Toulmin zu orientieren (vgl. 5.2.1.1.), da sie in das Revisionskonzept der "postmodernen Moderne" passen. Der Paradigmenwechsel, den Küng in seinen "Schriften zur Reform der Kirche"[130] immer wieder traktiert, ist jener vom konfessionell gefaßten Christentum zur "Ökumene" im ubiquitären Sinn. Der von Küng geforderte "Aufbruch zu einer Theologie der Weltreligionen"[131] meint einen Paradigmenwechsel, der über die Zielvorgabe einer christlichen Ökumene entscheidend hinausgeht. Durch mehrere Werk- und Argumentationsetappen[132] hat Küng seine Theologie einer radikalisierten Ökumene der Postmoderne ekklesiologisch und religionswissenschaftlich vorbereitet.

H. Küngs neues Paradigma von Ökumene auf dem Verständigungsniveau der Weltreligionen soll im Sinn einer humanistisch-religiösen Nach-Aufklärung emanzipativ wirksam werden. Zwar werden gemäß Küng die angeblich überholten und abgelösten Paradigmen von Katholizismus und Konfessionalismus noch kryptohaft weiterbestehen. Doch sie würden langsam auslaufen. Die funktionierende Religion der Postmoderne würde vom neuen Paradigmenkandidaten der Weltreligion-Ökumene gestellt werden. Küngs "Vision einer künftigen Kirche"[133] gestaltet sich schließlich (in seiner "Theologie im Aufbruch") zu dem utopischen Projekt "postmoderner Ökumene-Religion", das die Prämisse der "transversalen Vernunft" auf theologischem Niveau verwirklichen möchte. Hierbei ist daran zu erinnern, daß schon W. Welsch das Heterogenitätstheorem der Dekonstruktivisten (besonders Lyotards) nur formal aufgreift, um es inhaltlich zu einem Pluralitätstheorem zu entschärfen, auf das die "Übergangs"-Praxis der "transversalen Vernunft" anwendbar bleibt (vgl. 2.3.2.2.).

Vergleichbar verfährt Küng mit der Schlüsselfrage nach dem proprium Christianum in seinem "Versuch einer ökumenischen Kriteriologie". In Anspielung an Lessings Religionsphilosophie stellt er die Nathanfrage: "Gibt es die eine wahre Religion"[134]. Küng beantwortet die Frage im Stil der Lessingschen Aufklärung und Frankfurter Schule gemäß den Kriterien von Humanismus, Ethik und Praxis: Nicht eine einzige Religion sei die wahre, sondern "Alle Religionen haben teil an der Wahrheit der einen Religion!"[135] An die Stelle eines prämodernistisch-konfessionalistischen Exklusivismus soll - postmodern - "der Standpunkt des großzügigen, toleranten Inklusivismus"[136] treten. Jeder Heterogenitätszug des bisherigen Christentums sei deshalb als Machtanspruch zurückzuweisen. Er sei als "Superioritätsstandpunkt"[137] zu dekonstruieren, so daß er die Praxis ökumenischer Pluralität nicht weiter blockiere. Das gilt gemäß Küng[138] beispielsweise auch für K. Rahners "Superioritätsstandpunkt" des "anonymen Christen".

Das Wahrheitskriterium der "postmodernen Ökumene-Religion" ist zugleich ein Praxis-Kriterium: Es ist das "Humanum" als "allgemein ethisches Kriterium"[139]:

> "Insofern eine Religion der Menschlichkeit dient, insofern sie in ihren Glaubens- und Sittenlehren, ihren Riten und Institutionen die Menschen in ihrer menschlichen Identität, Sinnhaftigkeit und Werthaftigkeit fördert und sie eine sinnvolle und fruchtbare Existenz gewinnen läßt, ist sie wahre und gute Religion."[140]

Die "Grundnorm echter Menschlichkeit"[141] liefert Küng das "positive Kriterium" für die Wahrheit der Religion. An diesem normativen Kriterium (und *nicht* an der Offenbarung) hat sich - gemäß H. Küng - das Christentum, wie jede Religion, zu bemessen. An dieser humanen Praxis-Norm

> "läßt sich auch unterscheiden, was in der einzelnen Religion grundsätzlich gut und was böse, was wahr und was falsch ist."[142]

In Küngs Entwurf einer "postmodernen Theologie" wird das "Humanum" als "allgemein ethisches Kriterium" zur *norma normans* von (menschenfreundlicher) Religion. Religion in humaner Funktion und zur "Rettung der Substanz des Humanen" (J. Habermas) werde - so Küng - nicht hetero-, sondern pluralitätsbewußt sein. Sie wird also nach dem Prinzip der "Übergangs"-Praxis "transversaler Vernunft" verfahren und sich dadurch als ökumenisch und postmodern erweisen. Sie soll in der Periode der Nach-Aufklärung und vermittels der stattgehabten, modernen Offenbarungs- und Religionskritik, eine postmoderne religiöse Praxis des Humanismus eröffnen.

Im Hinblick auf Hegel ist zu sagen, daß in Küngs Projekt postmoderner Glaubenspraxis die allversöhnende "Transversale" zwischen Vernunft und Religion, Geist und Praxis, Subjekt und Geschichte bemüht wird. Die Postmoderne mit ihrer humanistisch-praktischen Religiosität (Ökumene) würde (so jedenfalls erhofft es Küng in seiner "Theologie im Aufbruch"[143]) das altgewordene Paradigma der Moderne "im dreifachen Hegelschen Sinn aufheben": Es würde die kritische Kraft der Aufklärung bewahren, den "Reduktionismus der Moderne negieren", und es würde die "Moderne transzendieren"[144], d.h. hinaufheben

> "in ein Paradigma der Postmoderne hinein, in der die verdrängten und verkümmerten Dimensionen, nicht zuletzt auch die der Religion, eine neue, befreiende, bereichernde Wirkung erzielen."[145]

Damit ist das Makroparadigma der "postmodernen Ökumene-Theologie" H. Küngs komprimiert dargestellt. Mit religionsphilosophischer Notwendigkeit erfolgte unsere Analyse des Küngschen "Grundmodells" im Rekurs auf die jüngere Frankfurter Schule, namentlich auf J. Habermas, A. Wellmer und W. Welsch. Insbesonders Welsch bietet in seinem Projekt der "postmodernen Moderne" ein philosophisches Modell der Nach-Aufklärung an, das sich vorzüglich als Referenzvorgabe für Küngs theologischen Entwurf eignet. Mit großer Klarheit entwickelt H. Küng exemplarisch ein Modell "postmoderner Theologie", das seine Zugkraft und Breitenwirkung gerade daraus bezieht, daß es Konkordanzmodell ist: Es verhält sich zur Habermasschen Philosophie wie die klassische Apologetik zur thomistischen Schulphilosophie. Das Habermassche "Projekt der Moderne" wird verstehbar als philosophisch-propädeutisches Metamodell zu Küngs "Grundmodell" postmoderner Ökumene. Postmoderne als Nach-Aufklärung und Prozeß-Theologie als Weltökumene sind kompatible Konzepte mit vergleichbaren Optionen.

Unsere Kritik zu H. Küngs respektablem Grundmodell "postmoderner (Ökumene-)Theologie" sollte hier lediglich aufbereitet und anschließend (vgl. 5.2.2.4.) durchgeführt werden. Im Rahmen unserer hermeneutischen Strukturanalyse der theologischen Postmoderne-Bewegungen galt es einen Modell-Typus zu identifizieren und philosophiegeschichtlich zu orten, den D.R. Griffin mit "revisionistisch" klassifiziert (vgl. 5.2.1.2.). Gemeint ist damit eine "Prozeß"-Art "postmoderner Theologie", die das "Projekt der Moderne" kritisch revidiert, um es auf theologischer Sprachebene korrigierend nachzubehandeln. Postmoderne Theologie als "immanente Kritik der Moderne"[146] fungiert hierbei emanzipativ in Funktion der Nach-Aufklärung.

5.2.2.4. Die reduktive Umwertung des Dekonstruktivismus in der emanzipativen Prozeß-Theologie

Der (formale) Minimalkonsens der Vertreter "postmoderner (Prozeß-) Theologie" läuft auf das Begriffspaar *"Krise"* (der Moderne) und *"Emanzipation"* zu. Diese Konvergenz kann freilich keinesfalls die zueinander diskrepanten Ansätze der einzelnen theologischen Postmoderne-Bewegungen ausmitteln. Sie markiert aber die spezifische Bewußtseinshaltung und Reflexionstendenz "postmoderner Theologie".

Als erste Anwendung unserer Strukturanalyse wurde H. Küngs "Grundmodell" "postmoderner Theologie" exemplarisch untersucht. Im Ergebnis erwies sich Küngs Postmoderne-Theologie als Erweiterung des neorationalistischen Projekts der "postmodernen Moderne" (vgl. 2.3.). Küngs "Theologie im Aufbruch" fungiert als revisionistische Über-setzung der linkshegelianischen Postmodernekonzeption in das Fundamentaltheologisch-"Weltökumenische". Im Sinne "transversaler Vernunft" erstreben H. Küng und D. Tracy, A. Carr, D. Chappel, M. Dhavamony, L. Gilkey u.v.a. eine "relative Absolutheit" (Dhavamony) des Christentums, die

> "zahllose Konsequenzen für das Verständnis von Offenbarung, Christologie, Rechtfertigung, Kirche, Eschatologie und soziale Praxis hat."[147]

Die Vertreter(innen) einer solch kritisch-revisionistischen (Ökumene-) Theologie veranschlagen in der "Emanzipation" die notwendige Regeneration von Moderne und "moderner" Kirche. Die Postmoderne als "Periode der Nach-Aufklärung" (H. Küng) soll der Verwirklichung eines radikalen Emanzipationsbewußtseins dienen. Emanzipation als Krisen-Lösung der Moderne soll zugleich die Generalmethode der "postmodernen Moderne" abgeben. "Postmoderne Theologie" wird (z.B. von J.B. Metz, H. Küng, C. West, H. Cox) als emanzipatorische Prozeß-Theologie verstanden, als "Befreiungstheologie" im weitesten (sozial- und sexualethischen, politischen, ökumenischen, schöpfungstheologischen usw.) Sinn. Zu den "Vier Dimensionen des postmodernen Paradigmas"[148] (von Theologie und Kirche) gehört laut Feststellung des "Internationalen Ökumenischen Symposiums" (Tübingen 1983) wesentlich die "Politische Dimension":

> "Dem Neuen Paradigma von Theologie ist eine fundamentale politische Dimension eigen (Metz): Das Theorie-Praxis-Verhältnis der Theologie sollte nicht länger von einer Arbeitsteilung zwischen praktischer Theologie, Sozialethik, gar christlicher Soziallehre einerseits und systematischer Theologie, Dogmatik, gar kirchlicher Lehre andererseits bestimmt sein. Die gesamte Theologie muß politisch-praktisch denken lernen. Eine politisch-praktische Hermeneutik also ist gefordert, die allen Versuchen einer Politisierung der Religion (als Mittel zur Legitimierung und Stabilisierung bestimmter Herrschafts- und Machtverhältnisse) kritisch gegenübersteht.
> [...] Daß die Theologie im neuen Paradigma wesentlich eine politische Dimension hat, war und ist unbestritten."[149]

Emanzipative Prozeß-Theologie mit "fundamental politischer Dimension" ist "postmoderne Theologie" im Sinn von J.B. Metz, H. Küng, D. Tracy und der jüngeren Frankfurter Schule. Ohne hier in eine inhaltliche Diskussion dieser Politdimension eintreten zu wollen, muß grundsätzlich angefragt werden, worauf die Begriffsverschränkung "Emanzipation" - "postmoderne Polit-Theologie" basiert und woraufhin sie reflektiert. Diese Vorüberlegung mag die Offenheit und Anfälligkeit der emanzipativ-"postmodernen" Prozeßtheologie für destruktive, anarcholiberale Theologie-Bewegungen transparent setzen. Die virulente Existenz dieser "autonomen theologischen Szene" - insbesonders in Nord- und Lateinamerika - ist nämlich ein unleugbares Faktum postmodernen Kulturbruches geworden.

Rückschauend auf die propädeutische Vorarbeit (im I. Traktatsteil) und unter Verweis auf die Quellenlage ist hier auf folgende Gegebenheit aufmerksam zu machen: Der Begriff "Emanzipation" gehört typischerweise zum Aufklärungsidealismus und dem Register seiner pädagogischen Versuche am "Vernunftwesen" Mensch (vgl. 4.3.2.). Diese aber sind allesamt spätestens seit "Auschwitz" als gescheitert anzuerkennen. Alle philosophisch-utopischen Metanarrationen der aufgeklärten Moderne (wie Links- und Rechtshegelianismus, Marxismus, Rationalismus, Szientismus) operieren je verschieden voneinander mit dem Leitwert von "Emanzipation". Dieser Begriff gehört zum alten Erbgut der Säkularisation und fungiert als Substitut für den religiösen Begriff der erlösenden "Gnade". Emanzipation als moderne, prozessualisierte Lösung (vgl. 5.1.2.2.) für (noch) Ungelöstes ersetzt im säkularistischen Nachrückverfahren das urchristliche Erlösungs- und Gnadenbewußtsein, das dem göttlichen "ex nihilo" mehr vertraut als der geschichtlichen Meditation mit Hegel. Doch mit P. Koslowski und J.-F. Lyotard ist zu sagen, daß die große Metanarration der Moderne, die "Meistererzählung" prozessualer (Er-)Lösung, unglaubwürdig geworden ist. Sie ist an ihr "postmodernes" Ende geraten (vgl. 2.1.4.). Sie nachaufklärerisch und theologisch verbrämt weiter zu propagieren, heißt die Realität ihrer Abdankung zu verleugnen und an einem Makroparadigma obsessiv festzuhalten, das alles andere als "postmodern" ist. Wenn H. Küng sich emphatisch gegen einen "apologetischen Modernismus"[150] und für die paradigmatischen Bedingungen der "Postmoderne" ausspricht, dann betreibt er unter dem Leitmotiv der Emanzipation (ebenso wie D. Tracy, H. Cox, C. West u.v.a.) eben diesen Modernismus methodisch.

In einer solchen Konzeption "postmoderner Theologie" wird der Begriff "Postmoderne" zwar nicht "prämodernistisch", aber neorationalistisch-modernistisch okkupiert. Die Vorhaltung begrifflicher "Okkupation" im modern-imperialen Stil rechtfertigt sich daraus, daß die ursprünglich literarisch-philosophische (dekonstruktivistische) Postmoderne-Bewegung unter "Emanzipation" essentiell Anderes veranschlagt als die Vertreter einer emanzipatorischen Prozeß-Theologie. Die dekonstruktivistische Postmoderne-Bewegung (vgl. 3.) ist gemäß ihrer Grundintention und Hermeneutik *keine* nachaufklärerische Emanzipationsphilosophie mit humanistischen Politreklamationen. Sie ist *nicht* primär "emanzipations"- sondern "differenzbewußt" und sie ist weniger pluralitäts- als vielmehr heterogenitätsbewußt (vgl. 3.1.). In ihrem gesteigerten Bewußtsein für die Absolutheit der "différance", "dissémination" und Heterogenität gründet ihr Finitätsbewußtsein. Dieses beinhaltet die Gewißheit vom "Tod der Moderne" als dem Ende ihrer szientistischen "Meistererzählungen" und (linkshegelianischen) Totalaspirationen auf geschichtlich-vernünftige, emanzipative Meditation des Heils.
Die namhaften Autoren (wie Lyotard, Lacan, Lévinas, Derrida, Foucault) des Dekonstruktivismus philosophieren "postmodern" in kompromißloser "Differenz" zu Hegels "Geschichte des Fortschritts im Bewußtsein der Freiheit". Ihre Subjektphilosophie folgt auch *nicht* der einfachen, umgekehrten (marxistischen) Lesart Hegelscher Programmatik: daß in der Steigerung des Freiheitsbewußtseins der emanzipative Angelpunkt zum geschichtlichen Fortschritt läge. Dagegen destruieren sie das Subjekt der Bewußtseinsphilosophie auf dessen verworfene Wirklichkeit als "gespaltenes Subjekt" (vgl. 3.3.5.). Daß sie sich damit ungewollt der urchristlichen Trias von Erbsünde, Konkupiszenz und Erlösung annähern, beinhaltet eine coincidentia oppositorum, die in der emanzipativen Prozeß-Theologie völlig ausgeklammert bleibt. Adornos später Verweis auf die Dimension des "ganz Anderen" als "différence" und heterogen-transzendentaler Vorgabe für das Werden des immanenten Weltgeschehens wird den Dekonstruktivisten zur "Spur" für die Wiederentdeckung des Menschen als dezentriertem Subjekt des Absoluten (vgl. 3.3.5.4.). Die Dekonstruktion des Bezugs zum Absoluten als dem "unverfügbar Anderen" (vgl. 3.2.2.5.) ist das Faszinosum und Mystikum dieser Postmoderne-Bewegung. Abgelöst vom modern-emanzipativen Fortschrittsideal läßt sie, die "rémémoration"[151] (J.-F. Lyotard) der Parusie des Transzendent-Absoluten zu. Damit über-

schreitet der Dekonstruktivismus (vgl. 3.2.2.4.) alternativ den Wendekreis sowohl des Rationalistischen als auch des Nihilistischen/ Neomythologistischen zum *Mystischen* hin. Die dekonstruktive Mystik ist nicht kritikante Revision der System- und Geschichtsphilosophie. Die dekonstruktive "Ent-Bildung" der Systemphilosophie der Moderne und ihre Radikalkritik an der novistischen Ideologie der Moderne sind subtile philosophische Beiträge mit zäsursetzendem Wert für die Postmoderne. Sie markieren das Ende der Dominanz-Ära des dialektischen Rationalismus und Immanentismus und haben so gut wie nichts mit einer revisionistischen Emanzipationstheologie gemeinsam.

Zur Rheotorik und Argumentationsstrategie der revisionistisch-emanzipationsprogrammatischen Entwürfe "postmoderner Theologie" (H. Küng, D. Tracy, H. Cox, C. West) gehört die formale Übernahme der dekonstruktivistischen Begriffe unter Vernachlässigung ihrer spezifischen Inhalte und Intentionen. Das gilt insbesonders für die Schlüsselbegriffe der dekonstruktivistischen Postmoderne-Bewegung: für die Begriffe "Krise", "Differenz", "Subjekt" und "Emanzipation". Diese vier Grundbegriffe werden sowohl von den Vertretern der jüngeren Frankfurter Schule (Habermas, Apel, Welsch, Wellmer...) als auch in den Entwürfen "postmoderner Emanzipationstheologie" reduktiv umgewertet: Unter Ausblendung ihrer spezifischen, innovativen Inhalte werden sie als literarisch-stilistische Sonderformen revalidiert und der Hermeneutik emanzipativer Vernunftprozessualität als katalysierende Elemente eingepaßt. Für die vier genannten Grundbegriffe bedeutet diese Umwertung im Einzelnen:

1. *"Krise"* bezeichnet nicht mehr einen epochalen Umbruch ("Krisis" = Bruch) und Paradigmenwechsel (im Sinne Th. S. Kuhns) von der Moderne zur Postmoderne, sondern symbolisiert die neue "Periode" (H. Küng - D. Tracy) der post-modernen Nach-Aufklärung."Krise" wird zur Verweis-Chiffre auf "kritische Revision".

2 *"Differenz"* gilt nicht mehr als radikale "différance" (J. Derrida). Sie wird (wie bei Hegel, Habermas und Welsch) zur Negation (im Dienste des Pluralitätstheorems), die ihrer eigenen (diskursiv-vernünftigen) Wiederaufhebung dient. "Differenz" hört damit auf, im transzendentalphilosophischen Sinn die unhintergehbare Ermöglichungsbedingung von Sprache, Sinn und (Gottes-)Begegnung zu sein. Sie wird zum Element und Mittel der Meditation refunktiona-

lisiert und in den Dienst eines emanzipativ-"weltökumenischen" Prozesses gestellt.

3. *"Subjekt"* wird - im völligen Gegensatz zur dekonstruktivistischen Hermeneutik des "gespaltenen Subjekts" (vgl. 2.3.3.3.) - weiterhin als "vernünftiges Subjekt" ("Vernunftwesen") unifiziert, das über emanzipativ(theologische) Prozesse zur oppressionslosen Selbstaktualisierung finden soll.

4. *"Emanzipation"* aus den Zwängen moderner "Beherrschungsrationalität" (Horkheimer, Adorno) als dekonstruktives Mittel zur (neuen metaphysischen) Begegnung mit dem ausgegrenzten "Anderen und Ungesagten" (L. Wittgenstein), wird zur finalen theologischen Handlungsnorm. Was Mittel war, wird zum Zweck.

Die hiermit in vier Punkten thetisierte Umwertung der vier dekonstruktivistischen Grundbegriffe zu einer revisionistischen Emanzipationstheologie der "Post-Moderne" bedarf noch weiterer inhaltlicher Belege und analytischer Abklärung. Erst dadurch kann strukturanalytisch verstehbar werden, in welchem Maß diese (revisionistisch-emanzipative) "postmoderne Theologie" gefährdet ist, von den "elementaren Interessen" (A. Gehlen) der anarchotheologischen "Bewegungs-Szene" in Beschlag genommen zu werden.

Es scheint geistig-kulturelle Grundtendenzen und Strukturgesetze zu geben, denen sich auch "postmoderne Theologie" nur schwerlich entziehen kann. Der Dekonstruktivismus als Methode "postmodernen" Philosophierens wurde im I. Traktatsteil (vgl. 3.) als "zwiespältige Postmoderne-Bewegung" analysiert. Gerade über die Umwertung der vier dekonstruktivistischen Grundbegriffe (Krise, Differenz, Subjekt, Emanzipation) mutiert der Dekonstruktivismus in seinen politaktiven und popularistischen Ausläufern in das Differentistisch-Anarchische (vgl. 3.2.). Dort wird dann auch die Dekadenz der dekonstruktiven Mystik und Subjekttheorie (vgl. 3.3.) unaufhaltsam. Die romantizistisch-kontrastmythologische Subjekttheorie (vgl. 3.3.4.) kennzeichnet den Ort solchen Verfalles zur autonomistischen Protestbewegung (vgl. 3.3.4.2.). "Postmoderne Befreiungs-Theologie", die in ihrer Propädeutik dem Nach-Aufklärungs-Projekt einer "postmodernen Moderne" (W. Welsch) folgt und deshalb die Postmoderne-Philosophie in das linkshegelianische Paradigma einpaßt, ist nicht davor gesichert, partiell-tendentiell in anarcholiberalen Differentismus zu verfallen.

5.2.3. Postmoderne Befreiungs-Theologie im Sog des anarcholiberalen Romantizismus

5.2.3.1. Das neue Paradigma einer "postmodernen Befreiungstheologie"

"Postmoderne Theologie" ist ein Sammelbegriff für eine Vielzahl von theologischen Strömungen, die sich auf dem Hintergrund der Krise der Moderne kontrastreich herausbilden und deren "Erosionsfeld" durchziehen. Unsere erste phänomenologische Sichtung (vgl. 5.2.1.2.) zeigte eine plurale Vielfalt theologischer Ansätze und verschlungener Strömungsverläufe, die gemeinsam den Eindruck vermitteln, daß der Begriff "postmoderne Theologie" ein ambiges Gebilde nur nominell zusammenhält. Dennoch erweist sich eine strukturanalytische Vermessung dieses "Gebietes" als möglich und sinnvoll. Ermöglicht wird eine solche Operation durch die propädeutische Vorarbeit im I. Traktatsteil, die unter der Grundprämisse der "Dialektik der Aufklärung" eine Hermeneutik zur vielschichtigen Postmoderne-Bewegung entwarf.

Das Zwischenergebnis unserer Strukturanalyse "postmoderner Theologie(en)" läßt sich folgendermaßen angeben: Entlang der Leitbegriffe von "Krise", "Emanzipation", "Subjekt" und "Differenz" lassen sich vier Koordinatenpunkte "postmoderner Theologie" ermitteln. Konturhaft erkennbar wurde das "Grundmodell" revisionistisch-emanzipativer Prozeß-Theologie (H. Küng, D. Tracy, J.B. Cobb...), die sich ausdrücklich als "postmoderne Theologie" versteht. Das philosophische Metamodell für diese "Theologie im Aufbruch" zur "Weltökumene" ist in der "Kritischen Theorie" der jüngeren Frankfurter Schule vorgegeben. Es ist linkshegelianisch-neorationalistisch und projektiert über das Transpositionsmedium der "transversalen Vernunft" die Utopie der "postmodernen Moderne" (W. Welsch). Die revisionistische, emanzipationsbewußte Prozeß-Theologie ist sowohl im westeuropäischen als auch im angloamerikanischen Raum vertreten. Ihre Dynamik ist linkshegelianisch bis neomarxistisch. In Nordamerika ist sie besonders vom "Whiteheadian Postmodernism"[152] (W. A. Beardslee, J.B. Cobb, D.R. Griffin) inspiriert.

Mit dieser Behauptung ist ein Gefälle angesprochen, das der postmodernen Emanzipationstheologie inhärent ist: Die linkshegelianisch-revisionistische "postmoderne Theologie" ist anfällig gegenüber der Einführung anarcholiberaler Polittheologie, die neomarxistische und "differentistische" Elemente "postmodern" vermengt. Das Diffusionsergebnis heißt "postmoderne Befreiungstheologie"[153]. Diese aber verwirft den Dekonstruktivismus als "negativen Postmodernismus"[154] und geht aggressiv gegen die vermeintliche "modernistische Unterdrückungsrationalität" des traditionellen Christentums vor.

Der hermeneutischen Strukturanalyse "postmoderner Befreiungstheologie" soll eine notwendige methodische Abgrenzung vorausgehen. Fraglich wird, ob es ein plausibles Kriterium gibt zur Differenzierung zwischen "Befreiungstheologie" und "postmoderner Befreiungstheologie". Daß der ursprüngliche "Sitz im Leben" der "Befreiungstheologie" der lateinamerikanische Subkontinent ist, kann ein erster kriteriologischer Hinweis sein. Formal gesehen ist es auch zutreffend, daß keiner der namhaften südamerikanischen Befreiungstheologen seine politische Emanzipationstheologie ausdrücklich unter den Stern des Postmodernen stellt. Dasselbe gilt generalisiert auch für die Befreiungstheologie(en) der "Dritten Welt". Dagegen taucht die Begriffsattribuierung "postmoderne Befreiungstheologie" erstmals in den 80er Jahren in Nordamerika auf. In "The Historistic Turn in Philosophy of Religion"[155] stellt C. West fest, daß unter den Verschiedenen derzeitigen Religionsphilosophen der "Whiteheadian Postmodernism" am stärksten für den Bedarf einer "political or liberation Theology" sensibilisiert sei. Renomierte (Prozeß-)Theologen wie C. West, H. Cox, D.R. Griffin, W.A. Beardslee, S.M. Schneiders u.a. machen reflektiertermaßen Gebrauch von dem Begriff "postmoderne Befreiungstheologie". In D.R. Griffins standardisierender Übersicht über die "Varieties of Postmodern Theology" (1989) wird der "postmodernen Befreiungstheologie" (C. West, H. Cox) eine eigene Kategorie zugewiesen. Auffällig ist, daß bei den soeben genannten nordamerikanischen Vertretern "postmoderner Theologie" (aber auch bei H. Küng und J.B. Metz[156]) die Begriffe Prozeß-, Polit-, Emanzipations- und Befreiungstheologie durchgängig synonym und wechselweise benützt werden. Folgt man diesen Autoren, so verdeutlicht sich bald, daß "postmoderne Theologie" von ihnen als (ökumenisch-)politische "Befreiungstheologie" verstanden wird. H. Küng und J.B. Metz propagieren die "fundamental politische Dimension"[157] des neuen Paradigmas "postmoderner Theologie". W.A. Beardslees Schlußkommentar zu C. Wests "Postmoderner Theologie" lautet:

> "As many Whiteheadian theologians have been seeing for some time, our kind of theology needs to be pressed in the direction of the pragmatic engagement and social criticism [...]"[158].

Diese Beispiele sollen Folgendes verdeutlichen: Postmoderne (nordamerikanisch-europäische) Prozeß- bzw. Emanzipationstheologie versteht sich als "Befreiungstheologie" im weitesten und integrativen Sinn: Wer (als Einzelner bzw. als Gruppe, Minorität etc.) unterdrückt, ausgegrenzt und zum Verstummen gebracht wurde, soll wieder reintegriert werden in die weitläufige Toleranzgemeinschaft der "Weltökumene". Dieses neue Paradigma transversaler Allversöhnbarkeit läßt sich auch als holistisches Reintegrationsmodell verstehen, dem - wie W.A. Beardslee es wiederholt fordert - eine eschatologische Ganzheitsvision ("vision of the whole") inspirativ zugrunde liegt. Das Verblassen bzw. der Verlust oder gar die Verneinung (z.B. bei C. West) dieser "Vision vom Ganzen" ist ein Kriterium für die anarcholiberale postmoderne Befreiungstheologie der nördlichen Hemisphäre, läßt sich aber als generelle Tendenz bei der lateinamerikanischen Befreiungstheologie feststellen.[159] Hier zeigt sich also ein erstes religionsphilosophisches Differenzierungskriterium für "postmoderne Befreiungstheologie" als "mediative Prozeßtheologie" ("mediating process-theology"), für anarcholiberale und für südamerikanische Befreiungstheologie. Das Hauptkriterium zur realen Unterscheidung zwischen diesen Emanzipationstheologien ist nach unserem Dafürhalten allerdings geschichtsphilosophisch. Deshalb ist es auch nicht direkt beweisbar und nur indirekt ex negativo verifizierbar. Erschwerend kommt hinzu, daß das verzweigte "Quellengebiet" der "postmodernen Befreiungstheologie" fundamentaltheologisch noch reichlich unerschlossen ist. Dennoch dürfen wir diesem Kriterium einen praktischen, regulativen Funktionswert zuerkennen: Es ist als hermeneutischer Schlüssel für ausnahmslos alle befreiungstheologischen Schriften anwendbar, ohne durch ein konkretes Gegenbeispiel eindeutig widerlegbar zu sein. Dieses hermeneutische Differenzkriterium läßt sich als These folgendermaßen gliedern:

1. Die lateinamerikanische Befreiungstheologie geht *nicht* von der Krise der Moderne, sondern vom praktizierten (Unterdrückungs-)Unrecht *der* Moderne aus. Das Emanzipationsbewußtsein der Befreiungstheologie der "Dritten Welt" ist (neomarxistisch) klassenkämpferisch und somit "modern". Die Modernität dieser Polittheologie ist auch nicht nachaufklärerisch, sondern verfolgt bzw. bekämpft die (kapitalistischen) Gesellschaftsmaximen des 19. Jahrhunderts.

2. Die "postmoderne Befreiungstheologie" (als Dimension nordamerikanisch-europäischer Prozeß- und Emanzipationstheologie) entspringt im Vergleich zur lateinamerikanischen Befreiungstheologie einem anderen Daseins- und Zeit-Bewußtsein ("Epochengefühl"). Dieses andere Bewußtsein geht von der Krise der Moderne aus; es veranschlagt sie als multidimensional (geistig, religiös, kulturell, ökologisch...) und real. Als "Lösung" für die real existierende Krise der Moderne wird nachaufklärerisch ein polittheologisches Emanzipationsprogramm vorgeschlagen, das mit dem linkshegelianischen Projekt einer "postmodernen Moderne" kompatibel ist. Die Emanzipation aus der Krise der Moderne soll mit einer Emanzipation der "Substanz des Humanen" koalieren.

3. Der Unterschied zwischen der Befreiungstheologie der "Dritten Welt" und der "postmodernen Befreiungstheologie" läßt sich schließlich auf den Satz bringen: Erstere sucht klassenkämpferisch die Krise der (kapitalistisch-bourgoisen) Moderne (als "Préhistoire" im Sinne von K. Marx) herbeizuführen, um eine human-egalitäre Moderne zu verwirklichen; letztere versucht radikalemanzipatorisch die Krise der Moderne postmodern zu "lösen". Während also die postmodernen Befreiungstheologien von der eingetretenen Krise der Moderne ausgehen, streben die neomarxistisch tendierenden Befreiungstheologien diese Krise und das "Umkippen" der Moderne als "machbar" an.

Als Quellenbelege für das Differenzkriterium sei exemplarisch auf einige Autoren und Titel verwiesen: auf D. Biancuccis "Einführung in die Theologie der Befreiung"[160] (1987); insbesonders aber auf C. Boffs "Erkenntnistheoretische Grundlagen der Theologie der Befreiung" (1983)[161], welche die dialektischen Prämissen für "Die Option für die Armen"[162] (1987) vorformuliert, mit der die Gebrüder Boff eine ultimative Antwort der römischen Glaubenskongregation herausforderten. Diese griff bereits 1984 und 1986 in zwei Instruktionen ("Libertatis nuntius" und "Libertatis conscientia"[163]) Zentralaspekte der lateinamerikanischen Befreiungstheologie kritisch auf. R. Hofmanns Sammelband erfaßt die Kontroverse und lehramtliche Kritik an der Befreiungstheologie. Der "Symbol"-Titel dazu lautet: "Gottesreich und Revolution. Zur Vermengung von Christentum und Marxismus in politischen Theologien der Gegenwart" (1987). "Die historische Macht der Armen" (1984), die G. Gutierrez[164] in seiner "Theologie der Befreiung" (1986) kontrastmythologisch zelebriert, wird zeitgleich in J.B. Metz' "Anfragen an den Marxismus und das Christentum" (1985) diskutiert. "Die Theologie der Befreiung: Hoffnung oder Gefahr für die Kirche" (1986) ist J. B. Metz Versuch einer Bestandsaufnahme und Zwischenbilanz zur Befreiungstheologie. Zugleich ist dieser Sammelband ein treffliches Beispiel dafür, wie (lateinamerikanische) Befreiungstheologie auf europäischem Boden emanzipationstheologisch reinterpretiert und problemerweiternd (z.B. Integration der feministischen Theologie: Neuinterpretation von "sexueller Ausbeutung", von Armut und geschlechtsspezifischer Unterdrückung) "enkulturiert" werden soll. Die europäische Antwort auf "Die Herausforderung der lateinamerikanischen Befreiungstheologie" (W. Seibel, 1987) ist in sich gespalten und gegensätzlich: Vertreter einer politaktiven Emanzipationstheologie wie J.B. Metz und H. Küng greifen interessiert Basiselemente der südamerikanischen Befreiungstheologie auf, um sie in ihr neues Paradigma von Prozeßtheologie zu integrieren. Die Repräsentanten des lehramtlichen Katholizismus verwerfen diese Radikaltheologie vermittels ihrer "Theologischen Prinzipienlehre" (J. Ratzinger, 1982). Signifikant für diese Position ist Kardinal J. Ratzingers Darlegung "Freiheit und Befreiung. Die anthropologische Vision der Instruktion 'Libertatis conscientia'"[165] (1986).

Zusammenfassend läßt sich sagen, daß die "Impulse der Befreiungstheologie für Europa" (M. Sievernich, 1988) entweder dezidiert zurückgewiesen wurden oder ihre prozeßtheologische "Nachaufklärung", Begriffs- und Sinnerweiterung erfuhren. Im Rahmen solcher Rezeption und Reinterpretation wird dann auch das Verhältnis der Befreiungstheologie zur Moderne reformuliert: Indem die marxistisch-klassenkämpferische Spitze durch Begriffserweiterungen entschärft und die Krise der Moderne mitveranschlagt wird, entwickelt sich auf europäischem Boden in fließendem Übergang die Ganzheitsvision einer "postmodernen Befreiungstheologie" bzw. einer Emanzipationstheologie der Postmoderne. Ein illustratives Beispiel für den Arbeits- und Argumentationsstil dieses theologischen "Inklusivismus" (H. Küng) bot das "Internationale Ökumenische Symposion" 1983 (Tübingen), dessen Ergebnisse H. Küng zu "Vier Dimensionen des postmodernen Paradigmas"[166] (von Theologie) synthetisierte.

Ein vergleichbarer Rezeptionsprozeß verläuft in Nordamerika (W.A. Beardslee, J.B. Cobb, D. Chappell, L. Gilkey, D.R. Griffin, D. Tracy). Wie bereits erwähnt, fungiert dort insbesonders der "Whiteheadian Postmodernism" als Propädeutik für eine integrative "process theology of Liberation". Dieser "Aufhebungs"- und Inklusionsprozeß gelingt allerdings nicht vollständig. Parallel zur revisionistisch-integrativen "postmodernen Befreiungstheologie" zeichnet sich eine andere, radikalemanzipative und autonomistische Befreiungstheologie ab: Sie beschwört den Untergang der Moderne, lehnt integrative Ganzheitsvisionen ab und fordert eine Dekodierung des etablierten Christentums. Diese anarcholiberale Befreiungstheologie widersetzt sich dem Angebot eines "mediativen Postmodernismus", argumentiert pragmatistisch im Stil der "autonomen Szene" und erweist sich als *theologische Variante* der anarchostrukturalen Postmoderne-Bewegung (vgl. 3.2.-3.3.).

5.2.3.2. Extremisierte "postmoderne Befreiungstheologie" als Variante des anarcholiberalen Postmodernismus

- Die Verwerfung der "Ganzheitsvision" in der anarcholiberalen Emanzipationstheologie

Die "Kritische Theorie" der "postmodernen" Prozeß- bzw. Emanzipationstheologie manifestiert sich vermittels der Diade von *"Befreiung"* und *"Integration"*. Die Ganzheitsvision dieser "postmodernen Befreiungstheologie", ihre immanente Eschatologie der friedvollen "Weltökumene", ist der

Zielidee harmonisch- pluraler Ganzheit verpflichtet. Dieser Leitmaxime folgend soll "postmoderne Theologie" eine fundamentale Ausmittlung zwischen den verschiedenen Konfessionen und religiösen Weltanschauungen leisten. Die alten Fragen nach der "Einheit der Vernunft" (vgl. 2.3.1.) bzw. der "Einheit der Theologie" sollen (über den Begriff der Emanzipation) in ein neues Theorie-Praxis-Verhältnis gestellt werden. Für H. Küng beispielsweise ist angesichts der Krise der Moderne

> "der Übergang[...] von einer 'Kontroverstheologie' zu einer 'ökumenischen Theologie' ein unabweisbares Desiderat."[167]

Das eingeforderte, neue theologische Paradigma basiert philosophisch auf dem Desiderat der "Transversalen Vernunft" als Einheitsform postmoderner Vernünftigkeit (vgl. 2.3.2.2.). Ein derartiges "Grundmodell" postmoderner Theologie ist selbstverständlich kompatibel mit dem neorationalistischen Vernunftprojekt der "postmodernen Moderne" (W. Welsch). Die Inversion der Hegelschen Geschichtsspekulation im emanzipationstheologischen Entwurf einer nachaufklärerischen Postmoderne (vgl. 2.3.3.2.) kommt zwar der modernen Religionskritik entgegen, destruiert aber essentiell christliche Positionen. In "Eschatologie und Sinnerfahrung" schreibt W. Pannenberg hinsichtlich Bonhoeffers damaliger Forderung nach einer "nichtreligiösen Interpretation" der christlichen Botschaft:

> "Nur die Umsetzung in eine nicht religiöse Gestalt schien die Substanz der christlichen Botschaft für die gegenwärtige und zukünftige Menschheit retten zu können. Solche Umsetzung lief meistens auf eine ethische oder sozialethische und zuletzt oft auf eine sozialrevolutionäre Deutung des Christentums hinaus."[168]

Die Gültigkeit von Pannenbergs Resumen erweist sich erneut über unsere Strukturanalyse der "postmodernen Theologien". Was von den Vertretern der Prozeßtheologie als rettender Paradigmenwechsel veranschlagt wird, läuft in praxi vielfach auf eine sozialrevolutionäre Umdeutung des Christentums zu, d.h. auf die Verdrängung zentraler Glaubensinhalte der christlichen Überlieferung. Daß der "postmodernen Emanzipationstheologie" ein Gefälle zum Anarchischen (Kontrastmythologisch-Differentistischen) inhärent ist, das ist kultur- und zeitgeschichtlich belegbar. Die extremisierte "postmoderne Befreiungstheologie" ist unschwer als Variante des anarcholiberalen Postmodernismus erkennbar. Sollte also diese radikalisierte Polittheologie in ihrem Verhältnis zu Subjekt, Sinn und Geschichte, zu Gesellschaft und Religion dem romantizistischen Selbstermächtigungsprogramm (vgl. 3.3.3.) folgen, so stünde ihre Umwertung der Theologie in der Tradition der "Dialektik der Aufklärung". Beide theologischen "Lösungs-"Tendenzen hinsichtlich der (nihilistischen Sinn-)Krise der Moderne gäben Halbheiten ab, die einander im dialektischen Wechselspiel bedingten und erhielten: Sowohl die integralistische Ganzheitsvision einer (säkularisierten) "Weltökumene" als auch der autonomistische Singularitätsanspruch des theologischen "undergrounds" wären Teilaspekte der "Wiederkehr des Gleichen". Sie kämen postmodernen Fiktionen gleich, "fictual discourses", die das Neue und Andere, das Erlösende und Heilbringende einerseits konstruktivistisch und andererseits anarchistisch simulieren würden. Kurzum: Ihre dialektische Koaleszenz wäre der Erweis ihres Immanentismus.

Im Folgenden soll der Beweisgang für Dreierlei durchgeführt werden. Es soll bewiesen werden, daß:

1. Eine anarcholiberale postmoderne Befreiungstheologie in Theorie und Praxis ausmachbar ist.
2. Die anarcholiberale postmoderne Theologie dem romantizistischen Selbstermächtigungsprogramm folgt.
3. Die "Dialektik der Aufklärung" auf dem Forum "postmoderner Theologie" ihre Wiederholung erfährt.

Zunächst zur Frage der Ausmachbarkeit und kategoriellen Bestimmbarkeit der anarcholiberalen Postmoderne-Theologie.

Die postmodernistisch-sozialrevolutionäre Deutung des Christentums weist spezifische Besonderheiten auf, die als Charakteristika dieser bizarren theologischen Strömung gelten dürfen. Dazu gehört primär die Prämisse vom krisenhaften Ende der Moderne, die die Chance und Notwendigkeit für radikalemanzipatorische Forderungen (an Gesellschaft und Kirchen) eröffnet. Die Postulate der "postmodernen Befreiungstheologie" zielen auf die Dekodierung und Destruktion der traditionellen, d.h. modernen Sinn- und Ordnungsparameter in Gesellschaft und Kirche. Ihre anarchische Qualität kommt darin zum Tragen, daß der Forderung nach destruktiver Subversion keine bzw. lediglich differentistische Konstruktions- und Sanierungsparameter beigegeben sind: Ganzheitsvisionen ("visions of the whole") werden als "oppressiv" verworfen, dafür aber wird in verzerrender Bezugnahme auf Whitehead die "open narrativity in experience" propagiert. Die prozeßtheologische Achse von Emanzipation und Integration wird *einseitig* aufgewertet: Die *Emanzipation à tout prix* ist nicht mehr Mittel zum Zweck der integrativen Assimilierung, sondern ist sich Selbstzweck und finaler Sinn geworden. Die Funktion des Religiösen erschöpft sich in der Legitimation der radikalen *Selbstbefreiung* aus den gesellschaftlichen Oppressionsstrukturen der Moderne. Ein Vexierspiel von Säkularismus und Fundamentalismus ist die Folge dieser selektiven, minimaltheologischen Legitimationspraxis.

Mit dieser Grobcharakterisierung soll ein erster, konturhafter Eindruck von jener nachmodernen Befreiungstheologie vermittelt werden, deren Praxis-Theorie sehr wohl über ihr eigenes Formalobjekt verfügt: das *neue Elend* der postmodernen Massen(-Gesellschaft). Die anhaltenden Spätfolgen des alten "Elends" kolonisatorischer "Ausbeutung" ist das Generalthema der lateinamerikanischen Befreiungstheologie. Die angloamerikanische Emanzipationstheologie greift das Leiden an der neuen Verwahrlosung entschieden auf, das in "postsäkularistischer Zeit" aus dem "underground" seiner Verdrängung wiederkehrt. Jene "Strömung" postmoderner Befreiungstheologie, die hier mit "anarcholiberal" bezeichnet wird, fokussiert am exklusivsten auf die zerstörerischen Spätfolgen des "American pragmatism". "Religion and the Secular City: Towards a Postmodern Theology" (New York 1984) ist Harvey Cox' Bilanz des Scheiterns moderner Theologie und sein Manifest einer explizit "postmodernen" Befreiungstheologie, welche die großen Themen des Posthistorismus (vgl. 2.4.) emanzipationstheologisch widerspiegelt. Harvey Cox und Cornel West können als renomierte und siginifkante Repräsentanten der "anarchostrukturalen" Postmoderne-Theologie über deren "Vision" von Verweigerung und Aufbegehren die nötige Auskunft geben. Der kritische Dialog, den D.R. Griffin und W.A. Beardslee als "Whiteheadian Postmodernists" mit Cox und West seit Jahren be-streiten, ist besonders aussagekräftig hinsichtlich der fließenden Übergänge und Grenzen zwischen beiden theologischen Strömungen.

Für unsere strukturanalytische Auswertung des Phänomens "Anarcholiberaler Theologie" liefern F.B. Burnhams Sammelband "Postmodern Theology"[169] und G. A. Lindbecks Kommentierungen[170] weitere Orientierungshilfen. Letztlich aber sind es die Geschichtsvision der "Posthistoire" und das Aufbegehren des surrealistischen "Anti-Ödipus", die unser Verständnis des Phänomens anleiten.

- Die anarcholiberale Erlösungs-Vision für das neue Elend der postmodernen Massen

Die Gefahr der Selbstausgrenzung und Absplitterung extremistischer Polittheologien aus dem Verbund der Prozeßtheologien schwingt in zahllosen, harmonisierenden Texten und Thesen der Emanzipationstheologen. Die Diskreditierung des prozeßtheologischen Postmoderne-Projekts durch extremistische Visionen klingt z.B. bei W.A. Beardslee und H. Küng folgendermaßen an:

> "This means that it is threatened on the one side by reconversion into ideology, a single story, a support for the power of a single element in the social whole [...] and threatened on the other side by the dissolving forces of the negative form of postmodernism."[171] (W. A. Beardslee)

Ähnlich H. Küngs Warnung:

> "Historische Kritik behält in einem neuen Paradigma ihre Funktion, Absolutheitsansprüche dogmatischer und institutioneller Verfestigungen zu kritisieren und zu relativieren (Moltmann):
>
> - Sie darf aber nicht - wie der liberale Historismus in Gefahr ist - zu einer Verabsolutierung der Gegenwart und einem Absolutismus des menschlichen Subjekts [...] führen.
>
> - Vielmehr hat die historische Kritik auch die Relativität der eigenen Gegenwart und des subjektiven Standpunkts zu bedenken. An die Stelle des allgemeinen Relativismus tritt der Relationalismus eines allgemeinen Beziehungsgeflechtes."[172]

Genau diesen Küngschen Thesen postmoderner Theologie widersetzt sich die "anarcholiberale Theologie" von H. Cox und C. West. Beide vertreten eine Befreiungstheologie, die sich als präzise Antithese zum zitierten "Relationalismus" aufbaut. Küngs Warnung formuliert ex contrario die subjekttheoretische Position und Geschichtsvision der "Anarcholiberalen". Die von H. Küng ausgesprochene Warnung ist deshalb geeignet, Einleitung zu sein in die anarcholiberale Vision von Postmoderne, von Subjekt und (Heils-)Geschichte.

Das neue Elend der postmodernen Massen(-Gesellschaft) taucht in der anarcholiberalen Erlösungs-Vision beständig auf. Es nimmt - insbesonders für H. Cox - einen absoluten geschichts- und heilshermeneutischen Stellenwert ein. Daß das gescheiterte, kapitalistisch-bürgerliche "Projekt der Moderne" verelendete Massen und die Vermassung als neue Form von Elend zurücklasse, ist H. Cox' posthistoristisches Credo an den "état final" der Moderne (vgl. 2.4.1.): "the postmodern age will be the age of the poor, the masses".[173] Dieser Satz ist Menetekel, Dogma und Satzung mit Absolutheitsanspruch, nicht nur für Cox, sondern für die anarcholiberale Befreiungstheologie insgesamt. Sie will die postmoderne Religion für die Massen bringen und das Ende der unstimmig gewordenen, modernen Theologie beschleunigen. Diese wirkte angeblich in Legitimationsfunktion für den bürgerlichen Kapitalismus[174], was - laut H. Cox - zu einer pietistischen Privatisierung der modernen Religion führte[175]. Dadurch erreichte sie zwar einen hohen, spekulativen Abstraktionsgrad, verfiel jedoch in eine Spaltung zwischen Systematischer Theologie und praktischer Sozialethik. Ähnlich argumentiert C. West: Er möchte Philosophie und Theologie auf ihre "soziale Funktion" und "Praxisfunktion"[176] hin dekodieren. Diese Dekonstruktion soll der Theologie Transparenz abgewinnen hinsichtlich ihres "ideological support for the social powers."[177] Die moderne, bürgerliche Theologie habe jedenfalls bisher politisch-wirtschaftliche "systems of power" favorisiert, die soziales Langzeitelend und geistige Verelendung (Sinndefizite, Kreativitätsverlust, Ausbeutungsmentalität) heraufgeführt hätten.

Anarcholiberale Theologie argumentiert zwar antikapitalistisch, ist dabei aber "postmodern" eingestellt. Damit ist gemeint, daß sie im Kapitalismus das Folgeübel der Moderne sieht. Diese postmoderne Geschichtsauffassung verdeutlicht sich besonders bei Autoren wie H. Cox, C. West, C. Keller: "Kapitalismus" wird als Phänomen und Krankheitssymptom der neuzeitlichen Moderne verstanden, als Derivat einer epochalen Fehlhaltung, die endlich in der Krise der Moderne kollabiere. Die "postmoderne Haltung" der Anarcholiberalen ist deshalb primär antimodern und folglich auch antikapitalistisch. Wie bereits mehrmals betont, liegt hier die Differenz und der Drehpunkt zwischen der anarcholiberalen, nordamerikanischen und der eher neomarxistischen, südamerikanischen Befreiungstheologie. Die "Anarcholiberalen" wollen die Moderne nicht mehr (klassenkämpferisch) korrigieren, sondern das Folgeelend der Postmoderne sozialrevolutionär theologisieren.

Die moderne Theologie hat sich der anarcholiberalen Version zufolge letztlich durch zweierlei diskreditiert: Daß sie sich in Allianz mit den "Fünf Pfeilern der Moderne" verbunden habe und daß diese "Pfeiler" aufgehört hätten, die tragenden hermeneutischen Säulen des Gegenwartsverständnisses abzugeben. Die "verlorene Glaubwürdigkeit" ("lost credibility") der Moderne hinterlasse eine unglaubwürdige Theologie:

> "[...] modern world has lost credibility. We are witnessing the collapse of the 'five pillars of modernity' - confidence in science-based technology, the sovereignity of nation-states, bureaucratic rationalism, profit maximization and the secularization and trivialization of religion."[178]

Wenn aber das "Weltbild" (Paradigma) der Moderne überholt und unglaubwürdig geworden sein sollte, dann begründe dessen Untergang den Aufstieg einer postmodernen Theologie. Für H. Cox wie C. West u.a. ist diese andere Theologie nur pragmatisch und sozialethisch begründbar.

In C. Wests kulturphilosophischer Anthropologie ist die Epoche der Moderne gekennzeichnet durch Ganzheitsvisionen: Das moderne Subjekt versuche seine Selbstverwirklichung über "visions of the whole". Der postmoderne Mensch wird dieser Obsession angeblich nicht mehr frönen, was auch ein "Aufbrechen der monolitischen und ästhetischen Standards"[179] bewirken soll. Vor allem aber soll es eine epochale Befreiung für den Einzelnen und die (verelendeten) Randgruppen bewirken. Charakteristisch für C. Wests "postmoderne Befreiungstheologie" ist der magisch anmutende Glaube an die "narrative vision". Die "narrative Vision", welche die altmodernen Ganzheitsvisionen abzulösen habe, soll das sozialrevolutionäre "Hoffnungsgefährt" abgeben für die "Armen, Außenseiter und Unterdrückten" ("the vehicle of hope for the poors, outsiders and oppressed"[180]). Narrativ vermittelte, anarcholiberale Prozeßtheologie im "Zeitalter der Armen", soll die Wiedervereinigung von Religion und Politik sozialrevolutionär vorantreiben. H. Cox propagiert in diesem Sinn das Aus für den Eskapismus der modernen Religion in das Private: Der postmoderne "outset"[181] von Religion werde politisch sein. Religion soll sich auch - wie von feministischer Seite gefordert wird (C. Keller, S.M. Schneiders...) auf eine "postpatriarchale Postmodernität" zubewegen. C. Kellers religionskritische Vision "Towards a Postpatriarchal Postmodernity"[182] ist dazu besonders aufschlußreich. Wie selbstverständlich räumen die anarcholiberalen Postmoderne-Theologen ein, daß diese Befreiungstheologie auch eklektizistisch sein wird:

> "One chooses the theory that works best, that helps poor people move toward the goal of justice."[183]

Das Recht auf Eklektizismus, auf die Wahl neuer Prämissen, Demonstrationen und Ziele gehört zum Freiheits- und Selbstverständnis der anarcholiberalen Theologie. Darin entspricht sie der anarchostrukturalen Auffassung von Postmoderne und ihrer Kontrastmythologie des "Anything goes". Inwiefern dieser Extremtypus "postmoderner Befreiungstheologie" in seiner Sicht von Subjektivität und seiner Vision von Freiheit der romantizistischen Selbstermächtigungsprogrammatik (vgl. 3.3.4.) folgt, wird Thema des nächsten Paragraphen sein.

5.2.4. Das romantizistische Selbsterlösungsprogramm der anarcholiberalen "Kreativitäts-Spiritualität"

5.2.4.1. Von der "neuen religiösen Sensibilität" zur radikalemanzipatorischen "Kreativitäts-Spiritualität"

Die anarcholiberale Theologie der Postmoderne reagiert auf die geistige und gesellschaftliche Krise der "postindustriellen Gesellschaft" (D. Bell) mit sozialrevolutionären Impulsen. Anders als die lateinamerikanische Befreiungstheologie demonstriert sie ihre "Option für die Armen" weniger unter neomarxistischem Vorzeichen als vielmehr im Verein mit Posthistorismus (vgl. 2.4.) und "Differentismus" (vgl. 3.2.1.1.). Ihre polittheologische Sozialethik ist differentistisch-pragmatistisch; ihre Emanzipationsforderungen sind nicht integrativ, sondern "rupturistisch". Sie vollzieht einen radikalen Bruch mit der geistesgeschichtlichen Entwicklung der Moderne und ihren Heilsaspirationen. Dazu radikalisiert sie die "conditions postmodernes" im Sinne eines befreiungstheologischen Heterogenitätstheorems: Der postmoderne "Tod des Subjekts", der nachneuzeitliche Wechsel vom Progressions- zum Entropieprinzip (vgl. 2.1.2.), die Erschöpfung der "utopischen Energien" (vgl. 2.1.4.) und das Finitätsbewußtsein der Nachmoderne geben dieser Theologie die säkularen Begründungsparameter ihrer sozialrevolutionären "spirituality of creativity"[184].

Diese "Spiritualität" darf insofern als "anarcholiberal" qualifiziert werden, als sie die differentistische Antagonie zwischen subjektivem Begehren und (gesellschaftlich-kirchlicher, moralischer, ökonomischer, rechtsstaatlicher usw.) Kode-Ordnung (vgl. 3.2.1.1.) als (Selbst-)Erlösungsprinzip verabsolutiert. Im Weiteren wird zu erweisen sein, wie sehr diese "Kreativitätsspiritualität" einer Vitalitätsromantik gleicht (vgl. 1.4.2.2.), die im Rückgriff auf das Dionysische und in gnostizistischer "Umwertung der Romantik" (vgl. 3.2.1.2.) die nihilistische Sinnkrise zu nützen versucht. Der anarcholiberale Dekonstruktivismus (vgl. 3.2.) erfährt in der Spiritualität dieser "postmodernen Theologie" seine religiös-"mystische" Einholung. Anders gesagt: "Der Mystizismus des anarchostrukturalen Postmodernismus" (vgl. 3.2.2.2.) findet in der Politspiritualität postmoderner Befreiungstheologie seine Hypostasierung und (quasi-)religiöse Legitimation.

Gerade nach dem Zerfall des Sowjetimperiums und dem kläglichen Scheitern der marxistischen Utopie (auch in der "Dritten Welt") wird es vorstellbar, daß in "postsäkularistischer Zeit" eine Befreiungstheologie zum Zuge kommt, die das erfolgreiche Produkt folgender Motivverschränkung ist: Sozialrevolutionäre Postmoderne-Philosophie koaliert mit kontrastmythologischer Soteriologie (ihr Hauptgenre: der verelendete "Arme" als antagonistischer "Anti-Ödipus" und Held der Bergpredigt). Dieses postmoderne Junktim von "Liberalismus und Sozialismus"[185] (A. Rauscher) manifestiert sodann "das Bemühen, die gegenwärtige, von Ungerechtigkeit gekennzeichnete Lage zu beseitigen und eine andere, freiere und menschlichere Gesellschaft zu schaffen."[186]

W. Pannenberg hat bereits zu Beginn der 80er-Jahre die "Umkehrung" einer säkularistisch-sozialkritischen Tendenz notiert, die in der "Enttäuschung am sozialrevolutionären Pathos" (der 68er-Generation) ihren Ursprung nahm und als Vorform der oben skizzierten Motivverschränkung interpretierbar wird. Pannenberg schreibt:

> "In letzter Zeit mehren sich die Anzeichen für eine Umkehrung dieser Tendenz.
>
> Das ist erstens eine verbreitete Enttäuschung des sozialrevolutionären Pathos, eine spürbare Ernüchterung der Hoffnungen auf Realisierung der Humanität durch Veränderung des Systems der Gesellschaft. Das Vertrauen, daß dann mit einem Schlage alles ganz anders sein könnte, Herrschaft von Menschen über Menschen abgeschafft, [...] - dieses Vertrauen wandelt sich bei vielen in Skepsis.
>
> Daraus resultiert zweitens eine Tendenz zum Rückzug aus dem gesellschaftlichen Engagement ins Private - [...] oft in das Gemeinschaftserlebnis einer Gruppe [...]. Sensationell ist diese Renaissance der religiösen Thematik im gesellschaftlichen underground nur, weil man zuvor der Religion keine Zukunft mehr gegeben [...] [hatte]. Einen Signalwert gewinnt die Erneuerung religiösen Lebens in Subkulturen der Gesellschaft jedoch dadurch, daß drittens aus mancherlei Gründen [...] die Frage nach dem Sinn des Lebens wieder aufbricht."[187]

Bei der eskapistischen Reaktion, die W. Pannenberg 1980 noch trefflich als Dynamik der "neuen religiösen Sensibilität" charakterisiert, ist es nicht geblieben. Mittlerweile separiert und artikuliert sich (besonders in Nordamerika) eine radikalemanzipative und wiederum politaktive "Spiritualität". W. Pannenberg und Ch. Lasch[188] nennen für die "Underground"-Neoreligiosität in den USA der späten 70er-Jahre zwei kulturpolitische Gründe: das Scheitern der anarchischen, sozialrevolutionären Ambitionen der "68er-Generation" und "die Desintegration der civil religion [...], die Erschütterung des nationalistischen Glaubens an die Weltsendung Amerikas."[189] Die jüngsten religionswissenschaftlichen Untersuchungen von J. Gascard, W. Appel, S. Stipelman, Ch. Lasch, D. Anthony u.a.[190] bestätigen Pannenberg, bezeugen aber auch, daß mittlerweile ein Generations- und Themenwechsel erfolgt ist: Das Ende des "amerikanischen Jahrhunderts" (Ch. Lasch) - auch in Form von Verarmung und Verelendung - hat die soziale Frage verschärft und die radikale Sozialethik "postmoderner Befreiungstheologie" heraufgeführt. Deren Spiritualität ist nicht mehr eskapistisch, sondern offensiv. Obwohl sie derzeit als Randgruppen- und Minoritätenphänomen lokalisierbar ist, ist ihre Sogwirkung weitreichend.

Zusammenfassend läßt sich sagen: Dem sozialrevolutionären, anarcholiberal-differentistischen Aufbegehren der "68-er Generation" (vgl. 3.3.4.2.) war kein durchschlagender politischer Erfolg beschieden. Dafür aber fand es im Rückzug auf den expandierenden "underground" zu seiner erneuten "utopischen Aufladung" vermittels christlicher (Hoffnungs-)Ideen. Die anarcholiberale "postmoderne Theologie" ist daraus das Diffusionsergebnis. Ihre Spiritualität ist dionysisch (vgl. 1.4.2.). Sie folgt dem Muster der kontrastmythologischen Soteriologie, die hier im Anschluß näher darzustellen ist.

5.2.4.2. "Kreativitäts-Spiritualität" als differentistischer Bewältigungsversuch der Anthropodizeefrage

Die "Kreativitätsspiritualität" der hier zu analysierenden, radikalemanzipativen Postmoderne-Theologie ist kompromißlos "praxisorientiert":

> "The chief point of liberation theologies, with regard to the nature of theology, is that this separation of doctrine and ethics, and hence of

> theology and sociology, must be overcome. Liberation theologians are thereby making a point that any authentically postmodern theology must incorporate. A postmodern theology [...] must be articulated in relation to the concrete issues of the theologian's time and place."[191]

Dem direkten, polittheologischen Praxis-Engagement wird der Vorrang zuerkannt vor der theologischen Abstraktion. H. Cox beispielsweise negiert die Modelle systematischer Theologie als "moderne Obsession"[192] und plädiert für eine pragmatische Exklusion der Wahrheitsfrage zum Wohle der "Armen":

> "One chooses the theory that works best, that helps poor people move toward the goal of justice."[193]

Die "explosive" Wiedervereinigung von Religion und Politik soll nicht theoretisch und *nicht* vermittels einer integrativen Ganzheitsvision versucht werden, sondern sie müsse konkret, d.h. "konfliktbezogen" und "regional" umgesetzt werden. Die prozessualisierte, soziotheologische Konfliktlösung wird - aus befreiungstheologischer Sicht - die emanzipative Einheit von Politik und Religion, von Hoffnung und Erfüllung je neu schaffen. Über konfliktive Prozesse soll die "open narrativity in experience" freigesetzt werden, der beispielsweise C. West spirituelle Trägerfunktion zuerkennt. In H. Cox' Vision von Postmoderne gilt, daß Theologie keine Universalität und Spiritualität keine "Innerlichkeit" mehr erstreben soll. Expansion und Introversion gehören demnach zur spaltenden Grunddynamik "moderner" Religion. Die postmodernen "Transzendentalien" und Legitimations-"Quellen" der Theologie sollen vorrangig die "social sources" und der "political use of ideas"[194] sein. Das gilt nach Cox insbesonders für Elemente der Volksreligion, die als "Kraftquelle"[195] für die Unterdrückten nutzbar sein können. Auch die Verbindung zu anderen (Natur-)Religionen und die Fusion von prä- und postmodernen Spiritualitätsformen können dem Kreativitätsziel, d.h. der Emanzipation, förderlich sein.[196]

Für den Vollzug dieser neuen Teleologie ist das angeblich veraltete Spaltungs-Schema "gläubig-ungläubig" unbrauchbar. Die Befreiungstheologen ersetzen es bekanntlich durch die Dialektik "Ausbeuter-Ausgebeutete". Die jeweiligen Inhalte, mit denen diese dualistische Formel in die Praxis über-

setzt wird, zeigen gewisse Verschiedenheiten, je nachdem, ob sie der lateinamerikanischen oder der nordamerikanischen, "postmodernen Befreiungstheologie" angehören. Selbstverständlich sind die "Grenzen" fließend. Dennoch ist eine Unterscheidung regulativ und sachbezogen. Summarisch läßt sich feststellen, daß "Ausbeutung" in der "postmodernen Befreiungstheologie" weniger unter neomaristisch-klassenkämpferischem und ökonomischem Aspekt thematisiert wird, als vielmehr unter der sozialethischen Perspektive der *Unverfügbarkeit*: Nicht nur der mächtige Technokrat, sondern auch die "wehrlose" Natur, die Hoffnung und "Träume" der Minderheiten, ihr Recht auf Selbstbestimmung und autonome Entfaltung sind unverletzlich. Die Unversehrtheit der Natur wie der Leiblichkeit, der Individualität wie der intakten Gemeinschaft soll vor zerstörerischer Beziehung ("Ausbeutung") aktiv geschützt werden. Diese "antiimperialistische" Thematik schwingt bereits in Horkheimer/Adornos "Dialektik der Aufklärung" (1944). Darüber hinaus gehört sie wesentlich zum christlichen und humanistischen Erbe abendländischer Kultur.
Zur Besonderheit der hier diskutierten "postmodernen Befreiungstheologie" gehört die Übersteigerung und aggressive Extremisierung eines fraglos christlichen Grundmotivs: des Rechtes der Person auf Unverfügbarkeit und Ineffabilität (vgl. 3.3.5.1.). Die anarcholiberale Emanzipationstheologie ist die postmoderne Hybridbildung zu fundamentalen Themen der Ethik, wie dem Recht auf Nicht-Entfremdung/Identität und dem Unrecht der zerstörerischen Bemächtigung am Kreatürlichen. Ihre "spirituality of creativity" bewegt sich um die Anthropodizeefrage: Sie fordert das Recht auf menschenwürdiges Dasein für alle, die sind. Fundamentaltheologisch gewendet kehrt der Selbstbehauptungskampf des "Anti-Ödipus" wieder (vgl. 3.3.4.). Er richtet sich gegen die Subversion seiner subjektiven Existenz durch "anonyme Verfügungsmächte" (vgl. 3.1.2.), bangt um den Erhalt seiner Identität und streitet um den Freiraum subjektiver Expression.

In C. Wests narrativer Befreiungstheologie, deren "Sitz im Leben" die "Afro-American Community" ist, wird der *gemeinsame* Selbstbehauptungskampf zur identitätsspendenden Maßnahme gegen Hoffnungslosigkeit, Ghettomentalität und Verwahrlosung. C. Wests Schriften zentrieren sich um die Rollen- und Identitätsproblematik der (farbigen) Randgruppen und Minderheiten. Die "narrative Vision" seiner Theologie fordert zu einer sozialrevolutionären (Ein-)Lösung des Daseins- und Selbstbestimmungsrechtes auf. Wie andere Befreiungstheologen denkt auch C. West antagonistisch und antinomistisch: Befangen in einer kodierten Alltagswelt, die als übermächtig und verzerrend für die Eigenidentität verworfen wird, gilt es, eine offensive Methode der Selbstbewahrnis zu finden und sie erfolgreich zu praktizieren. Der Elementarfaktor dieser Offensivstrategie ist der vertrauensvolle Bezug und die Einbindung des gefährdeten Einzelsubjekts in seine "Gemeinschaft" ("community").

Der anarcholiberale "Anti-Ödipus" der späten 60er-Jahre war von G. Deleuze noch als nomadisierender Einzelkämpfer gedacht (vgl. 3.3.4.1.). Der andere "Anti-Ödipus" postmoderner Befreiungstheologie sucht seinen Platz in der Gemeinschaft der Großgruppe und seinen legitimativen Rückhalt in deren Theologie "vor Ort". C. Wests "narrative Vision" der Befreiung ist beispielsweise immer auf die "community" bezogen. Im Zentrum des locus narrandi steht - wie W. A. Beardslee betont - nicht mehr das einsame Individuum, sondern die Gruppe:

> "But we should note that a shift occurs in what we may call the locus of narrative, [...] the model of narrative is no longer provided by the story of the moral life of the self [...]. Rather, this model of narrative is the story of the memories, the hopes, and the liberation of a historical community."[197]

Die (Groß-)Gruppe wird zum handelnden Subjekt, das seine Identität je neu und selbstkritisch über die "open narrativity in experience" stärkt. Substitutiv für den betroffenen Einzelnen erlebt sie die Identitätsproblematik dauerkonfliktiv als Selbstbehauptungskampf gegen Verfügungsmächte, die auf "Ausbeutung" angelegt sind. Deshalb wird die Gruppe zum imaginären Subjekt des Widerstandes gegen entfremdende Assimilierung, gegen Autonomieverlust und Satellisierung. Inmitten der Verfügungsmacht der technifizierten, bürokratisierten und programmierten "Secular City", der "Vernetzung" und Simulation, ist die "community" antinomistischer und antagonistischer Gegenpol. Sie gibt den regenerativen Ort der "Geborgenheit"[198] und des anarchischen "Gegenwillens" ab. Damit steht sie in "anarchischer Differenz" zum Ganzen und Allgemeinen ihrer Um- und Mitwelt, welche die Qualität eines omnipräsenten Gegenspielers annimmt. "The Big Brother is watching you" gehört zu den aussagekräftigen Spontisprüchen dieses befreiungstheologischen Milieus.

Die *Unüberwindbarkeit der Differenz* (vgl. 3.1.3.) und die *Emanzipation* aus oppressiven, "beherrschungsrationalistischen" Strukturen sind die beiden Hauptthemen der dekonstruktivistischen Postmoderne. Diese beiden "Säulen" der philosophischen Postmoderne werden in der anarchostrukturalen Befreiungstheologie in das Sozialrevolutionäre hinein "gekippt". Von der hieraus entstehenden Hermeneutik der "Differenz" distanziert sich J. Derrida mit der eindeutigen Verneinung: "I am not a liberationist":[199] Die anarchostrukturale, postmoderne Befreiungstheologie refunktionalisiert die "différance" (J. Derrida) zum Medium von Antagonismus und Antinomie. Im Rekurs auf unsere Analyse des "anarcholiberalen Dekonstruktivismus" (vgl. 3.2.1.-3.3.4.) läßt sich feststellen: Der fiktive, kontrastmythologische Antagonismus zwischen begehrendem (Einzel-)Subjekt und oppressiver (Sprach-)Gesetzeswelt wird befreiungstheologisch fortgeführt zur Antinomie zwischen der "community" und den "ausbeuterischen", externen Verfügungsmächten.

5.2.4.3. Die Wiederkehr der romantizistischen Subjekttheorie in der narrativen Befreiungsvision des anarchotheologischen Fundamentalismus

Die Parallele zwischen "anarcholiberalem Dekonstruktivismus" und radikalemanzipativer, postmoderner Theologie ist besonders auffällig hinsichtlich des beiden gemeinsamen Paradigmas der *Selbstverwirklichung*. Die Wiederkehr des Dionysischen im Anarcholiberalismus (vgl. 3.2.1.) zeigt sich in der Fiktion, durch grenzen-lose Negation schrankenlose Vitalität explosiv zu erleben. Wie Dionysos ekstatisch die bedrängenden Grenzen niederreißt und seine Gefolgschaft zum Leben undifferenzierter Identität "befreit", ebenso läßt der Anarcholiberalismus weder System noch (Kode-) Ordnung gelten. Eine vergleichbare Grundeinstellung motiviert auch die Befreiungstheologie der Postmoderne: Das Prädikat des Widerkreatürlich-"Ausbeuterischen", des "Paternalistisch"-Repressiven und Enthumanisierenden wird kurzschlüssig auf so diverse Code-Ordnungen übertragen wie: ökonomische[200] und ökologische Systeme[201], auf gesellschaftliche und kirchliche (Hierarchie-)Strukturen[202], auf metaphysische Systeme und biblische Texte[203], welche die Position des "absoluten Subjekts" in Frage stellen.

G. Deleuzes "Anti-Ödipus" ist - als Reinkarnation des Dionysischen - vom "wilden Wunsch" nach ungehemmter Selbstexpression beseelt (vgl. 3.2.1.). Jede Einführung in Ordnung und sei es "nur" in die Ordnung der reflektierenden Repräsentation wird im "Anti-Ödipus" bereits als Geschlossenheit der Struktur gewertet, welche die primäre Unmittelbarkeit und Positivität der "production" störe. Ähnlich verhält sich die anarcholiberal-postmoderne Theologie: Sie verweigert sich nicht nur der integrativen, polittheologischen Ganzheitsvision, sie verwirft nicht nur die systematische Theologie als "moderne Obsession" (H. Cox), sondern sie verneint auch jede unifizierende Reflexion von "Befreiungstheologie" als schwächenden Eingriff in den "regionalisierten" Erfahrungsprozeß "vor Ort".[204]

Die "Kreativitätsspiritualität" des anarcholiberalen "Ödipus" setzt auf Ataxie und Katatonie, auf Selbstverweigerung und "entfesselte" Selbstbestimmung. Guattari und Deleuze träumten von der "décodage déchaîné et sans réserve"[205] als Befreiung des Subjekts aus einem zwangvollen Leben in Code-Modellen. Eine vergleichbare Utopisierung der christlichen Eschatologie und Hoffnungs-Theologie[206] läßt sich in der kontrastmythologischen, narrativen Vision der anarcholiberalen Emanzipationstheologie ausmachen: Unter vagen schöpfungstheologischen Verweisen wird die erkämpfbare "Aufhebung" von Unterdrückung und "Ausbeutung" realutopisch veranschlagt. Dem ("patriarchalistischen") "Mythos"[207] von "gefallener Schöpfung" und "Erbsünde" werden pelagianistisch und kontrastmythologisch neue Erzählungen von der "natura pura" ("Natur's Spirituality") und dem Selbstbefreiungspotenzial der "community" entgegengestellt. In diesem Sinn plädiert z.B. C. West für den "story telling narrative" und (gemeinsam mit einer Vielzahl von Befreiungstheologen) gegen eine "spirituality of oboediance".[208]

In einer manichäisch anmutenden Zwei-Welten-Lehre (vgl. 3.2.1.1.) wird zuerst in der anarcholiberalen Philosophie und später in ihrer befreiungstheologischen Folgeform dem "ordre du desir" der "ordre de la representation" entgegengestellt. Die Code-Ordnung - so lautet die Folgeargumentation - unterdrücke die Kreativität des Begehrens (bzw. die "spirituality of creativity") und richte den Menschen zum devitalisierenden Gehorsam auf den Namen "Ödipus" ab. Sie verunstaltete ihn zum "Unterdrückten" und "Armen", zum ausgebeuteten "Stillen im Lande", der nun endlich und emanzipativ zu *seiner* "Geschichte" finden soll.

Der anarcholiberale Pragmatismus der Selbstverwirklichung (vgl. 3.3.4.) setzt auf den erfolgreichen Kampf des Subjekts gegen die Macht kodierter Ordnung. Der Kern- und Kontrastmythos dieser "rupturistischen" Postmoderne-Bewegung ist der "fictual discourse" über das "absolute Subjekt" (vgl. 3.3.4.): Die anarcholiberale Subjekttheorie ist (auf dem Hintergrund von Hegels "Dialektik des Selbstbewußtseins") verstehbar als Emanzipationsabsolutismus des "geknechteten" Subjekts gegen die Herrschaft der etablierten Code-Ordnung(en). Sie wurde uns im I. Traktatsteil schließlich bestimmbar als leerer, um sich kreisender, romantizistischer Subjektivismus, der die Gestaltung seiner Freiheit und die Einholung seiner Identität über die Negation des (angeblich oppressiven) Anderen versucht. Diese Lebenshaltung wiederholt sich im "power struggle" derer, die sich als Einzelsubjekte um die Verwirklichung ihres Daseinsrechtes betrogen fühlen und sich zu schlagkräftigen "communities" zusammenfügen.[209] Das "absolute Subjekt" anarcholiberaler Postmoderne gewinnt seine Identität, indem es im alltäglichen "Streit der Kräfte untereinander"[210] (Hegel) das Selbst der Begierde abgibt. Das mit seinem (Freiheits-)Begehren identifizierte Subjekt ist - im Sinne von Hegels analytischer Anthropologie - zugleich höchst sensibilisiert auf das Begehren des Anderen: Nicht "ausgebeutet" und zum Objekt des anderen Begehrens depotenziert zu werden, das ist sein Präventivkampf für die Differenz und das Steigerungsmedium für seine eigene Identität. Schließlich mündete unsere Untersuchung der "narrativen Vision" des "Anti-Ödipus" in folgende Feststellung: Der differentistische, anarcholiberale Postmodernismus ist das utopisierte Auf-Begehren der "Knechte" gegen die Herrschaft des (kapitalistischen, technokratischen usw.) Systems, der Code-Ordnung (sprach)gesetzlichen Lebens (vgl. 3.3.4.2.). Die anarcholiberale, postmoderne Befreiungs-Theologie folgt demselben dialektischen Schema, auch wenn sie es "spiritualisiert" und zwischen einer modernen "spirituality of oboedience" und einer postmodernen "spirituality of creativity" unterscheidet.[211]

Der romantizistische Subjektivismus anarcholiberalen Begehrens manifestierte sich in den späten 60er-Jahren in unerfüllbaren gesellschaftspolitischen Forderungen nach einem neuen Selbstverständnis von dekodierter, "herrschaftsfreier" Gesellschaft (Kirche) und definalisierter Erziehung. W. Pannenberg kommentiert diese "wilden Jahre" der "Nouveaux Philosophes" und der "Gott-ist-tot-Theologie" mit dem Satz:

> "Es konnte für einige Jahre so scheinen, als sollte das religiöse Potential des Christentums in Sozialkritik und revolutionärer Aktion aufgehen."[212]

Die bald einsetzende "Enttäuschung am sozialrevolutionären Pathos" (W. Pannenberg), führte zur eskapistischen Reaktion, die mittlerweile (spätestens seit Mitte der 80er-Jahre) wieder zu einer offensiven Emanzipationstheologie "gekippt" ist. Die "postmoderne Befreiungstheologie" weist ein Gefälle zum anarchostrukturalen Dekonstruktivismus auf, das insbesonders an ihrem Emanzipationspragmatismus erkennbar ist. Die Subjekttheorie und Befreiungsspiritualität dieser Theologie ist romantizistisch und kontrastmythologisch. Sie ist bis in einzelne Reflexe hinein (und um ca. zwei Jahrzehnte zeitverzögert) das Spiegelbild der romantizistischen Subjekttheorie (vgl. 3.3.4.) mit ihrem neomythologischen Selbstermächtigungsprogramm für das identitätsbedürftige Subjekt (vgl. 3.3.3.).

Wegen ihrer differenzlosen Verquickung der theologischen und politpragmatischen Ebene kann die anarcholiberale, postmoderne Befreiungstheologie als fundamentalistisch-sozialrevolutionär verstanden werden. Der "anarchotheologische Fundamentalismus" leitet sich zwar nicht von einem konkretistischen Offenbarungsverständnis ab (wie beispielsweise islamische Bewegungen), ist aber ähnlich totalaspirativ in der Umsetzung seiner Prinzipien. Auch dieser, linksextreme Fundamentalismus verwirft das "Konkordat" zwischen Religion und Moderne. Unter dem Aspekt der "Dialektik der Hierophanie" (vgl. 4.1.) markiert die fundamentalistische Befreiungstheologie einen Wendepunkt im Wechselspiel von Säkularismus und Religion. Als extrem säkulare, spätmoderne Spiritualitätsbewegung tritt sie antagonistisch gegen die Moderne auf, deren Säkularismus sie sich religionsgeschichtlich verdankt. So berühren sich Extreme, nicht - um in B. Pascals Metapher zu bleiben - damit sie sich "in Gott vereinen", sondern um eine weitere Spiralwindung zu formen in der "Dialektik der Aufklärung".

5.2.5. Erste Ansätze zu einer dekonstruktivistischen Fundamentaltheologie der Postmoderne

5.2.5.1. Erstes Zwischenergebnis der hermeneutischen Strukturanalyse

Jene "Theologie im Aufbruch" (H. Küng), die sich "postmodern" nennt und einen epochalen "Paradigmenwechsel" erstrebt, ist in sich selbst vielfach "gebrochen" und von unterschiedlichen Motiven "beherrscht". Aufgabe unserer Strukturanalyse der "postmodernen Theologieen" ist es, sowohl deren Einheitshorizont auszumachen als auch deren unterschiedliche Motivationsstränge zu untersuchen. Dazu zeichnet sich ein erstes Zwischenergebnis ab, daß sich folgendermaßen wiedergeben läßt.

Ausgrenzbar wurde eine Prozeß- bzw. Emanzipationstheologie (H. Küng, D. Tracy, D. Chappell, L. Gilkey u.a.), die in ihrer weltökumenischen "Ganzheitsvision" ein theologisches Projekt der Nachaufklärung betreibt, das propädeutisch auf den Prämissen der jüngeren Frankfurter Schule (Habermas, Apel, Wellmer, Welsch usw.) bzw. der Whiteheadschen Prozeßphilosophie aufsetzt. Dieses Paradigma postmoderner Theologie ist zwar kompatibel mit dem neorationalistischen Projekt einer "postmodernen Moderne" (vgl. 2.3.), zeigt aber eine Tendenz zur radikalutopischen, befreiungstheologischen "Aufladung". Ein deutliches Gefälle der postmodernen Emanzipationstheologie zur anarcholiberalen, differentistischen Befreiungstheologie ist erhebbar. Letztere transponiert die Parolen und kontrastmythologischen Narrativa der rupturistischen Postmoderne-Bewegung (der späten 60er-Jahre) (vgl. 3.2.) sozialrevolutionär in das Theologische.

Der "Lösungs"-Weg aus der Krise der Moderne, den die postmoderne Emanzipationstheologie anzubieten hat, ist durch *Dreierlei* markiert: durch eine politaktive, immanentisierte Eschatologie, durch einen pelagianistischen Humanismus (orientiert an einer "Kreativitätsspiritualität") und durch eine Soteriologie, die den Begriff der "Gnade" durch "Emanzipation" ersetzt. Die extremisierte (differentistisch-anarcholiberale) "postmoderne Befreiungstheologie" radikalisiert das Grundrecht des "absoluten Subjekts" auf Emanzipation, was schließlich zum Verlust der ökumenischen "Ganzheitsvision" (z.B. bei H. Cox und C. West) und zum Ausagieren einer romantizistisch-neomythologistischen Subjekttheorie (vgl. 3.3.3.-3.3.4.) führt. Das Paradigma dieser romantizistischen Postmoderne-Theologie kann mit "fundamentalistisch" kategorisiert werden. Es liefert die postmodern-theologische Variante für eine Dynamik, die Hegel in seiner "Dialektik des Selbstbewußtseins" als das Auf-Begehren der "Knechte" (vgl. 3.3.4.2.) identifiziert.

Sowohl die gemäßigte, auf "transversal"-vernünftige Mediation abzielende, "postmoderne" Prozeßtheologie als auch die anarcholiberale Befreiungstheologie verhalten sich zum dekonstruktivistischen Postmodernismus (J. Derrida, J. Lacan, M. Foucault, E. Lévinas) parasitär. Sie bedienen sich aus dem Register neostrukturaler Begrifflichkeiten und gebrauchen die entliehenen Begriffe (wie Differenz, Emanzipation, Heterogenität, Tod des Subjekts usw.) in einer popularistischen, entsubstanzialisierenden Weise, *ohne* deren Neugebrauch zu begründen. Noch selten sind hingegen Ansätze zu einer (Fundamental-)Theologie der Postmoderne, die den Dekonstruktivismus innertheologisch zur Anwendung bringen. Beispielhaft für eine solche dekonstruktive "postmoderne Theologie" sind die Ansätze von Mark C. Taylor, Peter Koslowski und Eugen Biser.

Es wäre allerdings verfehlt - so darf im Vorgriff gesagt sein - anzunehmen, daß diese drei exemplarisch ausgewählten Namen Symbolträger für *eine* Richtung "postmoderner Theologie" wären. So wie der Dekonstruktivismus als Methode der philosophischen Postmoderne (vgl. 3.1.) zwischen Mystik und Nihilismus schwankt (vgl. 3.2.-3.3.), ebenso bringt dessen theologische Anwendung kein eindeutiges Ergebnis. Ob es zur Wiederkehr der Mystik (vgl. 3.2.2.) in einer dekonstruktivistischen Postmoderne-Theologie kommen wird oder zur subtilen Nihilisierung des proprium Christianum, bleibt offen. Im übertragenen Sinne gilt hier J.-F. Lyotards Differenzierung:

> "Es mögen verschwindende Nuancen sein, die diese beiden Modi voneinander trennen, oft genug sind beide in ein und demselben Werk zugegen und nahezu ununterscheidbar, und dennoch zeugen sie von einer Differenz, in der sich seit langem das Schicksal des Denkens ereignet und ereignen wird, der Differenz zwischen Trauer und Wagnis."[213]

5.2.5.2. Das Paradigma einer dekonstruktivistischen "Postmodern A/ Theology"

- M.C. Taylors postmoderne Theologie auf der Grundlage des Derridaschen Neostrukturalismus

Im Folgenden soll M.C. Taylors Paradigma dekonstruktivistischer Theologie dargestellt sowie ideengeschichtlich und strukturanalytisch zugeordnet werden. Taylors "Postmodern A/theology" (1984) ist der systematisierte Versuch einer neuen "Fundamentaltheologie" auf der Grundlage des Derridaschen Neostrukturalismus, seiner Sprachhermeneutik und Metaphysikkritik (vgl. 1.2.). Taylor transponiert Derridas "Grammatologie", seine Philosophie der "Dissemination" und insbesonders dessen Optionen aus "Schrift und Differenz" in eine Theologie, die um die Reinterpretation der Metapher vom "Tod Gottes" (vgl. 1.2.2.2.) zirkuliert.

Durch die neostrukturale Neubewertung der Grundprämisse ("Tod Gottes") des humanistischen Atheismus, soll - laut Taylor - eine postmoderndekonstruktivistische Theologie ihren "Anfang" nehmen:

> "I 'begin' my analysis of the theological network by considering the way in which the death of God comes to expression in the humanistic atheism that is typical of modern (as opposed to postmodern) critiques of religious belief. The humanistic atheist denies God in the name of the self by transferring the attributes of the divine Creator to the human creature. This shift results in the undialectical inversion of classical theology into modern anthropology."[214]

M.C. Taylors Analyse der nihilistischen Sinnkrise als Resultante der enttheologisierenden Aufklärung (vgl. 1.2.2.2.) deckt sich in ihren subjekttheoretischen Grundzügen mit der unsrigen: Was religionskritisch als humanistischer Atheismus mit dem "Tod Gottes" begann, läuft vernunftkritisch im "Tod des Subjekts" aus. Dazu Taylor:

> "The death of God, ironically, culminates in the disappearance of the self."[215]

Der "Tod Gottes" wie das "Entschwinden des Selbst" gehören zu den "conditions postmoderns". Sie sind Teilaspekte der "subjektzentristischen", neuzeitlichen Metaphysik-Geschichte, die zunächst in der Selbstermächtigung des "absoluten Subjekts" kulminiert, bald schon eine "Neue Mythologie" hervorruft und schließlich die Kritik der Neostrukturalisten provoziert (vgl. 1.2.1.2.). M.C. Taylors "postmoderne Theologie" weiß sich der Moderne- und Metaphysik-Kritik J. Derridas verpflichtet. Sie soll deren Inversion und Anwendung auf die "moderne Theologie" sein, auf ihre Gotteslehre und Soteriologie, ihr Subjekt- und Textverständnis.

Die Kritik des (Derridaschen) Neostrukturalismus an der klassischen episteme abendländischer Seinsauslegung war bereits (vgl. 1.2.) Thema unserer Einführung in die "postmoderne Wirklichkeitsoption." Als Hinführung zu Taylors Theologiekritik sei nochmals auf die wichtigsten Kontroversthemen zwischen klassischem Strukturalismus und Neostrukturalismus verwiesen: An die Stelle der Taxonomie einer abgeschlossenen (Text-) Struktur soll neostruktural die Entropie der Systemauflösung treten. F. de Saussures linguistisches Konzept der Zeichenartikulation wird kritisch revidiert. Ergebnis der Dekonstruktion ist der - für den Neostrukturalismus typische - Verzicht auf die formale Beherrschbarkeit des einzelnen transformativen "Ereignisses (événements)" dessen, was seit Derrida "le text général" heißt. Die Struktur der Poststrukturalisten unterliegt dem "offenen Horizont" unendlich vieler, prognostisch "unbeherrschbarer" (Sinn-)Transformationen. Die Beherrschbarkeit des Anderen als Struktur wie auch des Text-"Gegenstandes" ist abhängig von dessen Anwesenheit ("présence"). M. Heideggers Kritik an der abendländischen Metaphysik, die das "Sein" als "Anwesenheit" (Parousia) denke, kehrt neostruktural wieder im sinnkonstitutiven Relationalismus der Zeichen unter dem Primat der "différance" (J. Derrida).

J. Derridas Husserl-Lektüre pointiert sich in der Konklusion: "Transcendentale serait la Différence". Diese Qualität von "Différence" benennt Derrida später mit *"différance"*. Er veranschlagt in ihr den "originären" Grund für den Sinn-Effekt der differentiellen Beziehungen zwischen den "marques" einer Struktur. "Différance" meint nicht eine bestehende Differenz, sondern "jene generative und nie in Einheit (Hegelisch) aufzuhebende Lücke, in der alle Bestimmtheiten entspringen und sich wieder auflösen."[216] Die "différance" verbietet die Rede von der semantischen Identität der Zeichen. Das "Spiel der differentiellen Bestimmungen" der Zeichen zueinander ist offen und läßt permanente Sinnverschiebung und Transformation der kontexturalen Bedeutungen zu.

> "So formuliert, scheint die différance zugleich Grund von Einheit (Bestimmtheit) und Nicht-Identität (Verschiebbarkeit) der Bedeutung von Termen zu sein."[217]

Einem philosophiegeschichtlichen Hinweis M. Franks folgend, zeigt sich eine gewisse Nähe und Vergleichbarkeit zwischen Derridas Postulat des Absoluten als "différance" und Hegels (sowie Schellings) Prinzip des Absoluten:

> "das Absolute, sagen sie, sei nicht einfach die Koinzidenz eines Mannigfaltigen in Einem, auch nicht die einheitslose Mannigfaltigkeit selbst in ihrem Gegensatz zur Einheit, sondern eben 'die Einheit von Einheit und Gegensatz'. Diese [...] Formulierung besagt, daß es sich beim absoluten Geist nicht um eine Einheit handelt, die (wie das transzendentale Selbstbewußtsein der 'Kritik der reinen Vernunft') dem Mannigfaltigen der gegebenen Erfahrungen von außen seine Einheit aufdrückt, sondern eben: daß das Absolute beides ist: Einheit und Mannigfaltigkeit."[218]

J. Derrida fühlt sich diesem "Konzept einer sich selbst differenten Einheit von Relaten"[219] sehr nahe. In seinem Vortrag "La différance" wies er selbst auf diese Nähe zu Hegel hin.
M.C. Taylor folgt Derrida auch unter dieser Rücksichtnahme. "To the extent that Hegel refuses to reduce difference to identity, he anticipates one

of the most important points repeatedly advanced in deconstructive philosophy and criticism."[220] In "Deconstructing Theology" (New York 1981) und als "Prelude" zur Reinterpretation des "Todes Gottes" stellt Taylor indirekt die Frage nach dem Sinn und Fazit der "nihilistischen Sinnkrise":

> "Wherever we are: Death of God, Disappearance of Self, End of History, Closure of the Book. Our problem is how to count all of this not only as loss but as gain."[221]

In seiner "Postmodern A/theology" wird Taylor eine Antwort entwickeln, die aus Derridas Lehre der "différance" und "dissémination" schöpft. Mit dieser Antwort wird Taylor einem Dekonstruktivismus folgen, den er selbst auf die Formel bringt: "deconstruction is the 'hermeneutic' of the death of God."[222]

- **Der "Tod Gottes" als postmoderne Bedingung seiner "Auferstehung" im "Göttlichen Milieu" zeichenhafter Verwiesenheit**

M.C. Taylors "postmoderne Theologie" folgt der zweiteiligen Methode der Dekonstruktion traditioneller Theologie ("Deconstructing Theology") und der anschließenden Formulierung einer "Dekonstruktiven A/Theologie" ("Dekonstructive A/theology"), welche die postmoderne Hermeneutik zum "Tode Gottes" erbringen soll: Der "Tod Gottes" ist Prämisse und Bedingung für dessen (Re-)Inkarnation in der texturalen Welt der Schrift. Aus dem "Tod Gottes" wird das "Writing of God"[223]; das "Divine Milieu"[224] differenzierter, "zeichenhafter" Verwiesenheit. Das ideengeschichtlich stattgehabte Absterben des Glaubens an den transzendent-absoluten "Verweiser" erschließt postmodern das "endlose Spiel" des kontexturalen Sinns, der im Wechselspiel von Differenz und Identität (vermittels der "différance") den je neuen "Anfang" seiner Dissemination nimmt.

> "Within this endless play, there is no Logos, there are only hieroglyphs'.[...] From this point of view, scripture appears to be the Divine Milieu."[225]

Der "Tod Gottes", den F. Nietzsches "toller Mensch" noch vorwurfsvoll als epochalen Orientierungsverlust und Sturz "durch ein unendliches Nichts" betrauert (vgl. 1.2.2.2.), ermöglicht M. C. Taylor eine Neuinterpretation von "Gott" als relationalem, dezentriertem Sinn-Milieu. In Anlehnung an Hegel läßt Taylor den "Tod Gottes", also die Ablösung der semantischen Fundamente des Christentums, zum dialektischen Moment werden, das sich schließlich doch in Positivität transformiert. Anders gesagt: Der "Tod Gottes", gelesen als Metapher für die Diskreditierung der alten Wahrheit der Metaphysik, bezeichnet jene epochale différance im Kontext abendländischer Religionsphilosophie, die sinngenerativ wirkt. Dazu ein Zitat aus Hegels "Phänomenologie des Geistes", das Taylors Zielvorgabe für seine "Dekonstructive A/theology" gerafft vorzeichnet:

> "Der Tod[...] ist das Furchtbarste und das Tote festzuhalten, das was die größte Kraft erfordert[...]. Aber nicht das Leben, [...] das ihn erträgt und in ihm sich erhält, ist das Leben des Geistes. Er gewinnt seine Wahrheit nur, indem er in der absoluten Zerrissenheit zu sich selbst findet. Diese Macht ist er nicht als das Positive, welches von dem Negativen wegsieht, [...] sondern er ist diese Macht nur, indem er dem Negativen ins Angesicht schaut, bei ihm verweilt. Dieses Verweilen ist die Zauberkraft, die es in das Sein umkehrt."[226]

Der dramatische Legitimationsverlust der modernen Metaphysik, der Rückzug einer angeblich "diadisch fundierten"[227] Theologie und die "nihilistische Sinnkrise" der Gegenwart sind demnach negative Vorformen für eine postmoderne "Inkarnationstheologie".

M.C. Taylors Inkarnationslehre versteht sich als "Inskriptionslehre". Sie geht theologischerseits davon aus, "daß in einer radikalen Christologie das Göttliche für immer verkörpert ist." Mehr noch und genauer: Gott ist ewiglich im Wort verkörpert, d.h. das Göttliche ist "inkarniertes Wort" und das Wort ist "immer schon inskripiert"; es ist mithin Differenz- und Identitätsmoment im offenen Sinnhorizont eines unendlichen (Zeichen-)Kontextes. Dazu ein zusammenfassendes Zitat, das die Grundposition dieser neostrukturalistischen "Christologie" definiert:

> "[...] in radical christology the divine is forever embodied. The word is always already inscribed. Incarnation, therefore, is not a once-and-

for-all event [...] limited to a particular individual. Rather, inscription is a continual [...] process. To insist that God 'is' eternally embodied in word or that the divine, 'is 'incarnate word is to imply that' there is a sense in which the word 'God' refers to the word 'word' [...]. God is what word means, and word is what 'God' means. To interpreat God as word is to understand the divine as scripture or writting."[228]

Mit dieser lingustisch gefaßten These zur Christologie reformuliert M.C. Taylor die neostrukturale Metaphysik (der differentiellen [Sinn-]Relation) auf theologischer Ebene. Daß er dabei die traditionelle Trinitätslehre monistisch verkürzt und zu einer ubiquitären Inkarnationslehre der "Inskription" umdeutet, ist Effekt einer anderen Operation, die Taylor unerwähnt voraussetzt.

Bei dieser anderen Operation handelt es sich um die Qualifizierung der "différance" im Hegelschen (und weniger im Derridaschen) Sinn. Wenn es schon für J. Derrida schwierig blieb, die Idee der "différance" (vgl. 3.1.3.3.) gegen Hegels Idee der autonomen Negation (Differenz) abzugrenzen,[229] so gilt dies in gesteigertem Maße für M.C. Taylor. Seine Hermeneutik der "Differenz" hat in mehrfacher Hinsicht einschneidende theologische Konsequenzen: Sie bewirkt - unter der Metapher des "Divine Milieu" - eine neue Variante pantheistischer Mystik, die anstelle Spinozistischer Naturromantik (vgl. 4.1.2.) das Mysterium des "Textes" verkündet ("In writing's unending play of differences, neither ground nor grounded is absolutely prior or undeniably primal"[230]). Taylors Differenz-Hermeneutik destruiert vermittels neostruktural-linguistischer Prämissen die trinitarisch strukturierte Theologie und konstruiert eine entteleologisierte Prozeßtheologie der "creatio continua".[231] Indem Taylor sowohl die innertrinitarische Differenz zwischen Vater und Sohn (Logos) als auch die "différance" zwischen Schöpfer und Schöpfung (vgl. 4.1.3.2.) aufhebt, annulliert er zwar die angeblich "diadische Begründung"[232] der "abendländischen Religion", verwirft sie aber zugleich in die unendliche Weitläufigkeit der Sprache. Diese Verwerfung der ontotheologischen Differenzsetzung begründet Taylor im Rekurs auf J. Derridas Argument in "Schrift und Differenz":

"the absence of the transcendental signified extends the domain and the play of signification infinitely."[233]

"Différance" wird also zum Garanten der "kontinuierlichen Inskription" ("inscription is a continual [...] process"[234]). An den Platz der Naturromantik tritt eine postmoderne Neoromantik der Sprache bzw. In-Schrift, der "Serpentinen-Wanderung" ("Serpentine Wandering"[235]) durch die disseminative "Welt" der "Scripture"[236].

Diese atheologische Mystik der Weltenwanderung ist in zweifacher Hinsicht beachtenswert: Sie ist einerseits vergleichbar mit den alten Motiven der gefahrvollen peregrinatio christiana[237], andererseits aber entteleologisiert sie diese Motive und überblendet sie surrealistisch. Im Sinn der Ästhetik einer "architektonischen Postmoderne" wird sie als "labyrinthische" Wanderung dargestellt. Der "Sinn" zeigt sich momenthaft dem Wanderer wie plötzliches Aufblinken ferner Sterne ("there is nothing other than appearance"[238]) und entzieht sich wieder im Rätsel-Labyrinth des Lebens. "Enigmatical beauty ... beautiful enigma [...]. We do not know what is real and what is not."[239]

Endlich lichtet sich Taylors postmodernem Wanderer der "Tod Gottes" als Ereignis der Deontologisierung der "okzidentalen Theologie": als Absetzung eines "pattern of signification", der angeblich unifizierend und totalaspirativ war.

> "This disappearance of the one, a disappearance that is manifest in word and incarnate in writing, is nothing other than the death of God."[240]

Die deontologisierende Rücknahme des "Einen (Gottes)" in die sprach- und schriftsetzende "differcane" ist für Taylor die Inkarnation und Wiederauferstehung Gottes im "Divine Milieu" sinnverweisender Zeichen.

Wer aber ist in der "labyrinthischen" Deutung prozeßualen Sinns dann der "Kruzifixus", der den Christen bislang noch Garant und Symbol für die Einheit von Inkarnation, Leid und Erlösung ist? Die "radikale Christologie"[241] Taylors ist in ihrem Wesen "Neue Mythologie". Sie beschwört in ihrer postmodernen "Umwertung der Romantik" wiederum ausdrücklich den Dionysos-Christus (vgl. 1.4.2.2.), den "kommenden Gott" der romantisch-mythischen (Ersatz-) Religion (vgl. 1.4.2.) vergangener Zeiten:

> "[...] the intercourse of Terminus and Dionysus is manifest in the body and blood of the Crucified. The Crucified is the cruciform word that is always already inscribed in the eternally recurring play of the divine milieu. Scripture marks the via crucis in which all creation involves dismemberment and every solution presupposes dissolution. [...] Arising and passing can be welcomed as 'productive and destructive forces, as continual creation.'"[242]

Nach einer fünfhundert Seiten langen "Wanderung" durch die "Dialektik der Aufklärung", der Moderne und Postmoderne, wiederum mit Christus-Dionysos konfrontiert zu werden, ist nicht ohne eigene Aussagekraft. Es zeigt sich - an der Grenze zur Postmoderne (Symbol des "Terminus") - die Wiederkehr desselben "Anti-Christus", der schon zu F. v. Hardenbergs (vgl. 1.4.2.3.) und später zu A. Rosenbergs Zeiten als pseudoreligiöse Legitimation des angstfreien (Lebens-)Genußes (vgl. 1.5.2.) fungierte.

Der dionysische Irrationalismus kehrt - Hegelianisch gewendet - in der "Deconstructive A/theology" wieder. Seine Wiederkunft stellt sich ausdrücklich in der Dreiheit von "Death, Desire, Delight"[243] und unter dem Vitalaspekt der "Carnality"[244] vor. Besonders aussagekräftig daran ist, daß der M.C. Taylorschen "Theologie" exemplarische Bedeutung zuzusprechen ist: Sie ist derzeit - neben den Entwürfen E. Bisers und P. Koslowskis - einer der seltenen systematischen Versuche, eine dekonstruktive Fundamentaltheologie der Postmoderne zu entwickeln. Sie ist paradigmatisch für eine (Hegelianische) Umsetzung des Neostrukturalismus in Theologie. Deshalb ist es höchst signifikant, daß diese "postmoderne Theologie" im Wendekreis der "Dialektik der Aufklärung" verbleibt; daß ihre atheologische Mystik pantheistische Grundzüge aufweist, die ihre narrative Ausstattung durch den Rückgriff auf das Vitalistisch-Neomythologistische beziehen.

5.2.5.3. Alternative Ansätze einer integrativen Fundamentaltheologie der Postmoderne

- E. Bisers und P. Koslowskis Ansätze einer postmodernen Fundamentaltheologie

Die theologische Anwendung der dekonstruktivistischen Hermeneutik muß keinesfalls in einer enttheologisierenden, neopantheistischen Mystik der "Texturen" auslaufen (was in M.C. Taylors "Postmodern A/theology" der Fall ist). Die Wiederkehr der dekonstruktiven Mystik (vgl. 3.2.2.) kann zur neuerlichen Entdeckung des Absoluten führen: als dem unverfügbar (personalen) Anderen, das (der) dem Menschen eine geistgeborgene Selbstverwirklichung ermöglicht (vgl. 3.3.2.2.), das ihm Orientierung und Freiheitsbezug zugleich ist (vgl. 3.3.5.). Die dringlich gewordene Zuordnung der "subjektphilosophischen Erbmasse" (J. Habermas) nach der "Erschöpfung des Paradigmas der Bewußtseinsphilosophie" (vgl. 3.3.5.2.) ist wohl letztlich eine post-moderne Aufgabe der Fundamentaltheologie. Ihr stets zu aktualisierender Grundauftrag ist bereits im Ersten Petrusbrief (3, 15b) angesagt:

> "Seid stets bereit, jedem Rede und Antwort zu stehen, der nach der Hoffnung fragt, die euch erfüllt."

Zur zeitgemäßen Erfüllung dieses Auftrages gehört es, die postmoderne Orientierungssuche an der Grenze des Religiösen (vgl. 4.3.4.) wahr-zunehmen und ihr ein theologisches Fundament anzubieten. Für die christliche Zeitgeschichte der Gegenwart ist es zutreffend, von einer "glaubensgeschichtlichen Wende" (E. Biser) zu sprechen. Wir analysierten sie (vgl. 4.3.) als Wende von der nihilistischen Sinnkrise der Spätmoderne zur finitätsbewußten Suche nach einer "glaubwürdigen" religiösen Sinndimension. Eine solche, neuerliche und postmoderne "Beglaubigung" der christlichen Lehre wird auf zweierlei kaum verzichten können: auf eine "anthropologische Wende" *und* auf eine fundamentaltheologische Ausrichtung, die sich weder antithetisch noch totalidentifikatorisch zum Dekonstruktivismus verhält.

Mit dem Ansinnen an eine sinneffiziente, integrative Fundamentaltheologie der Postmoderne nähern wir uns den religionsphilosophischen bzw. fundamentaltheologischen Ansätzen von P. Koslowski und E. Biser. Beide Autoren sind - bei aller Weite ihres theologischen Schaffens - auf den Themenkreis "Postmoderne" spezialisiert. Ihren Beiträgen entnahmen wir entscheidende Impulse. An dieser Stelle der Themenreflexion ist es angebracht, auf die "postmoderne Theologie" dieser Autoren genauer Bezug zu nehmen. Diese Bezugnahme im Rahmen unserer Strukturanalyse intendiert freilich weder eine Gesamtdarstellung der "Hermeneutischen Fundamentaltheologie" E. Bisers noch möchte sie hier einen modellhaften Überblick zu P. Koslowskis religionsphilosophischen Arbeiten anstreben. Eine ausgezeichnete Würdigung und multiperspektivische Gesamtschau der Biserschen Theologie bietet überdies die Festschrift "Communicatio Fidei", die 1983 verfaßt wurde.[245] Dem heutigen Leser dieser Festschrift verdeutlicht sich, wie sehr sich E. Bisers Fundamentaltheologie während des letzten Jahrzehnts zu einer "Therapeutischen Theologie" weiterentwickeln konnte, die in der postmodernen Zeit "glaubensgeschichtlicher Wende" beides wagt: "Eine theologische Positionsbestimmung" (1986) und eine "Glaubensprognose" (1991), die dem krisengefährdeten, "heutigen" Menschen "Orientierung in postsäkularistischer Zeit" sein soll. Etwa im selben, in die Gegenwart hinein offenen Zeit-"Raum" (seit 1980) in dem die "postmoderne Emanzipationstheologie" in übersteigerten "Aufbruch" geriet, entwickelten Biser und Koslowski ihre alternativen Ansätze zu einer "Therapeutischen Theologie der Postmoderne" bzw. zu einer christlichen und "essentiellen Postmoderne" der Akoluthia.[246]

Aufgabe dieses Passus ist es, die durch Biser und Koslowski vertretenen Ansätze "postmoderner Theologie" den Modellen der "postmodernen Prozeßtheologie" alternativ gegenüberzustellen. Aus kompositorischen Gründen soll dieser Vergleich sich auf die wesentliche Verschiedenheit der Modelle konzentrieren. Er soll einen komprimierten, strukturanalytischen Baustein liefern. Im nächsten, synthetisierenden Schlußkapitel wird noch ausführlicher auf beide Autoren eingegangen werden.

E. Biser wie P. Koslowski setzen in ihren Fundamentaltheologien bei der Krise der Moderne an. In seinen "Prüfungen der Neuzeit" (1989) fragt Koslowski nach der "Signatur der Postmoderne" (vgl. 2.1.2.): Ob sie von der "Rückkehr des Mythos", von einem diffus vitalistischen Pluralismus, einer atheologischen Prozeßmystik oder vielleicht doch von einem mystischen Christentum geprägt sein werde. Letzterem gibt Koslowski insofern eine Chance, als der Dekonstruktionsprozess der Post-Moderne für christliche Impulse offen ist. Deren wirklichkeitserschließende und orientierende "Kraft" könnte der Postmoderne eine Essentialität erwecken, die sie inhaltlich und epochal von der Moderne unterscheiden würde. Eine solchermaßen christliche, "essentielle Postmoderne" (P. Koslowski) wäre die Alternative zum entutopisierten und gescheiterten "Projekt der Moderne". Für P. Koslowski beginnt die Postmoderne mit dem krisenträchtigen Verlust der neuzeitlichen Fiktionen von Fortschritt, Wachstum und expansiver Rationalität. Das neue Finitätsbewußtsein der postmodern "Entzauberten" ist ihm aber mit der christlichen Spiritualität kompatibel. Die (ur-)christliche Weisheitslehre und hierbei insbesonders die Theosophia ("Die Postmodernität der Weisheitstradition"[247]) können laut Koslowski (und R. Spaemann[248]) ungültig und schädlich gewordene Parameter der Neuzeit ablösen. Die postmoderne "Wiederkehr des Christentums" böte die Alternative sowohl zur "Götzen-Dämmerung" (F. Nietzsche) als auch zum "Novismus der Moderne" (F. Nietzsche). Wiederkehr muß nicht reduplizierende, sinntötende Wiederholung sein, die ein entstandenes Sinnvakuum repressiv besetzen würde. Das Motiv der Wiederkehr und parusialen Gegenwart ist einerseits ein eschatologischer Identitätsträger des Christentums und könnte andererseits - angewandt auf das Christentum selbst - zu einem (Er-)"Lösungs"träger der Postmoderne werden.

In gewissem Sinn visiert E. Bisers "Glaubensprognose" ebenfalls die Wiederkehr des mystischen Christentums an. Vorzüglich bezieht sich E. Biser hierbei auf K. Rahners und R. Guardinis Aufbauarbeit an einem mystischen und ökumenischen Christentum. Weitaus stärker als P. Koslowski betont E. Biser die Unabdingbarkeit einer "anthropologischen Wende" in der Theologie, um nicht "in ein anachronistisches Mißverhältnis zur zeitgeschichtlichen Situation"[249] zu verfallen. Die "glaubensgeschichtliche Wende", die sich gemäß Biser bereits "anbahnt", wird "ihre 'Achse' in einer Wiedergeburt der Innerlichkeit haben."[250] Mit "Innerlichkeit" meint Biser weder Quietismus noch Eskapismus in kontemplative Beschaulichkeit, sondern einen neuen Reifegrad von Verinnerlichung und persönlicher Assimilierung des Christentums, seiner Hoffnungs- und Weisheitslehre, seiner

Ethik und therapeutischen Kraft. Zieleffekt der "anthropologischen Wende" soll also ein "integrierter Gottesglaube"[251] sein, zu dessen Vermittlung die "objektive" Apologetik nur sehr Bedingtes geleistet hat. Deshalb fordert Biser die "Verabschiedung des 'Instruktionsmodells"[252] (vgl. 4.2.2.2.):

> "[...] ein weithin abstrakt gewordenes Christentum, das im selben Maß, wie es politisch integriert und zu den 'Ordnungsmächten' der gegenwärtigen Gesellschaft gezählt wird, kaum noch ein elementares, das Lebensgefühl und die existentielle Kompetenz seiner Anhänger bestimmendes Gottesverhältnis vermittelt. Von dieser Erfahrung geht ein unübersehbarer 'Faktendruck' auf die angesprochene Glaubenswende aus."[253]

Die "anthropologische Wende" ist also - gemäß Biser - ein entscheidender Eigenbeitrag von Theologie und Kirche zum christlichen Gelingen der epochalen "glaubensgeschichtlichen Wende": Unter dem "Sinn"- "Fakten"-, und "Leidensdruck"[254] der krisenhaft gewordenen Spätmoderne suche der "heutige" Mensch erneut nach religiöser Sinndimension und geistiger Geborgenheit.

Biser versteht die "Postmoderne" als jenes Zeitalter, das auf Säkularismus und nihilistische Sinnkrise folgt. Diese Ab-folge ist keine sukzessive, sondern geschieht "um-bruchartig", wie E. Biser betont ("Geschichtsbruch"). "Der Säkularisierungsprozeß: Die Aufhebung des Glaubens"[255], bewirkt "mit der Wucht und Unaufhaltsamkeit eines Naturereignisses"[256] das "Ende der Neuzeit" (R. Guardini). Inhaltlich interpretiert E. Biser die "Postmoderne" in ausdrücklicher Nähe[257] zu R. Guardini als "Nachneuzeit" und hypertele Moderne, als "eine tiefgreifende Verstörung aller Verhältnisse"[258] und tendentielle Absurdsetzung des Menschen (Depersonalisierung, Vermassung, Vereinsamung usw.)[259]. Biser greift damit Gegebenheiten auf, die Guardini bereits prognostizierte[260] und die in der "Posthistoire"-Literatur ebenfalls verhandelt werden (vgl. 2.4.). Um für die "postsäkularistische Nachneuzeit" und ihre Menschen eine orientierende und heilsame Kraft zu sein, bedürfen Theologie und Kirche selbst einer Regeneration und des "aggiornamento".

Das II. Vaticanum ist für Biser "Das unaufgearbeitete Konzil"[261], das längst schon die nötige soteriologische Weichenstellung für die "anthropologische

Wende" eingeleitet habe. Bisers theologisches Desiderat für das "regenerierte"[262] Christentum der Postmoderne ist eine "divinatorische Theologie"[263] mit "exoterischer Mystik"[264] Ihre Soteriologie und Ekklesiologie sollten dem nachneuzeitlichen Menschen den heilsamen, spirituellen "Raum der aufgehobenen Entfremdung"[265] anbieten. "Der fortlebende Christus", also die parusiale Gegenwart des erhöhten Herrn, soll dazu das Raum-"Prinzip der Erneuerung"[266] sein. Diese "Zielmarken"[267] einer regenerativen Theologie der Nachneuzeit zeigen Bisers Verbundenheit mit R. Guardinis spiritueller Theologie, insbesonders jedoch mit dessen Soteriologie. Auch für Biser ist eine "essentielle Postmoderne" (P. Koslowski) abhängig von einem wandlungsfähigen, integrativen und substantiellen Christentum. Daß zu dessen Verwirklichung Biser die Elemente der "anthropologischen Wende" und der Soteriologie stärker hervorhebt als P. Koslowski (der die Theosophie mehr akzentuiert) ist nur förderlich für eine effektvolle Konvergenz beider Ansätze "postmoderner Theologie".

- Strukturanalytische Zuordnung der alternativen Ansätze

Im Sinne einer strukturanalytischen Zuordnung der soeben umrissenen "Postmodernen Theologien" von E. Biser und P. Koslowski läßt sich folgende Unterscheidung treffen:

Beide Autoren sind Repräsentanten dessen, was D.R. Griffin "restaurative postmoderne Theologie" nennt (vgl. 5.2.1.2.), um sie begrifflich zweifach zu differenzieren: von der "prämodernistisch-reaktionären" Postmoderne-Theologie und von der emanzipationsbewußten Prozeßtheologie, die einerseits in der (anarchostrukturalen) "postmodernen Befreiungstheologie" ihr sozialrevolutionäres Extrem erfährt und andererseits in der dionysisch-pantheistischen Mystik einer "Postmodern A/theologie" (M.C. Taylor) die Hegelische Selbstauflösung der Theologie betreibt. Übernimmt man für die Ansätze Bisers und Koslowskis die Bezeichnung "restaurative postmoderne Theologie", so läßt sich deren wesentliche Verschiedenheit von den übrigen Ausrichtungen "postmoderner Theologie" auf folgenden Nenner bringen: Diese Theologie der Postmoderne verfällt weder dem (antithetischen) Reaktionismus noch dem Linkshegelianismus. Sie ist sensibilisiert auf den "Geschichtsbruch" (E. Biser), d.h. auf den derzeitigen Epochenbruch Moderne-Postmoderne, ohne in eine "Posthistoire"-Apokalyptik zu verfallen. Dagegen stellt sie eine entwicklungsfähige Fundamentaltheologie der Postmoderne dar, welche die "Zeichen der Nachneuzeit" wahrnimmt und den Dekonstruktivismus mit der christlichen Theologie verbindet, ohne die christliche Lehre zu entsubstanzialisieren.

Entscheidend für die postmoderne Wiederkehr des proprium christianum ist, daß in der "restaurativen postmodernen Theologie" bestimmte Grundbegriffe des Dekonstruktivismus nicht prozeßtheologisch und politisierend reinterpretiert werden. Vornehmlich ist hierbei an die Begriffe Differenz, Heterogenität, Subjekt, Emanzipation und Geschichte zu denken. Besonders Koslowski wendet sich ausdrücklich gegen eine linkshegelianische, emanzipationstheologische Vereinnahmung des Dekonstruktivismus und plädiert für eine christliche Vertiefung der dekonstruktiven Mystik:

> "Die dekonstruktivistische Postmoderne ist Dekonstruktion des Projekts der Moderne, wie es der Hegelianismus definiert hat. [...] Die Dekonstruktion trägt mystische Züge in folgenden Punkten: Erstens ist die Differenz radikale Differenz und nicht nur Negation, die ihrer eigenen Wiederaufhebung dient. Zweitens soll das ganz Andere in der Welt zum Ereignis werden. Drittens gewinnt die Vielheit, die mystische dispersio, ontologische Be deutung - allerdings ohne ihre Entsprechung des Unio Mystica."[268]

Dieser Minimalschematismus enthält das Alternativprogramm zur "postmodernen Prozeß- bzw. Emanzipationstheologie". Unsere bisherige Darstellung dieser spannungsgeladenen, theologischen Postmoderne-Bewegung läßt erkennbar werden, wie sehr diese (Befreiungs-)Theologie "Differenz" welt- und handlungsimmanent veranschlagt. Die Effekte solcher Prozeßualisierung sind, daß die Dimension des "ganz Anderen" (Gott, Gnade, Erlösung) und die Vision schon anwesender Vollendung ihrer Heterogenität verlustig gehen. Sie erfahren ihre Auflösung in einen Emanzipations- und Mediationsprozeß, der von einer "Ganzheitsvision" geleitet wird, die dem Diktat der prozessualen Machbarkeit (vgl. Befreiung) und "Lösbarkeit" unterliegt. Erlösung wird zum (sozialrevolutionären) Lösungsprogramm, Gnade zur Machtfrage, Freiheit zur Angelegenheit von

Befreiung. Der Mensch selbst aber hört auf, Subjekt des Transzendent-Absoluten und "ganz Anderen" (göttlicher Gnade und Erlösung) zu sein.

Dem "postmodern" wiederkehrenden Romantizismus des "absoluten Subjekts" und seiner Selbstemanzipation kann mit einer dekonstruktiven und zugleich christlichen Subjekttheorie begegnet werden. Diese wäre insofern "restaurativ" als sie die Grundpositionen des Postmodernismus und des Christentums neu perspektuiert zur Geltung brächte. Hierzu würde sie das postmodern wiederkehrende Erlösungsbedürfnis (vgl. 5.1.) in seiner religiösen und gnadentheologischen Dimension nicht verkennen, sondern gelten lassen. Dadurch könnte sie den subjektorientierten Ausgangspunkt für den Aufriß einer alternativen Fundamentaltheologie der Postmoderne liefern. Deren Bemühen wäre es, die "anthropologische Wende" zu nehmen, ohne in die "Dialektik der Aufklärung" rückzuverfallen.

5.2.6. Zusammenfassung: Postmoderne (Prozeß-)Theologie als defizitäre Antwort zur postmodernen Erlösungsbedürftigkeit

Gegen Ende unserer hermeneutischen Strukturanalyse "postmoderner Theologie(en)" drängen sich schließlich grundsätzliche Fragen auf: Können die Ansätze "postmoderner Theologie" Antwort sein zum neu wiederkehrenden Erlösungsbedürfnis der Postmoderne? In welchem Verhältnis stehen hier Erlösungsbedürfnis und Theologie? Kritisch nachgefragt: Findet die postmoderne Dramatisierung der neuen Erlösungssuche (vgl. 5.1.2.) in den analysierten Ansätzen "postmoderner Theologie" ihre befriedigende Antwort (vgl. 5.1.2.1.) oder ihre friedlose Fortführung? Sollte eher letzteres zutreffen, so hätte postmoderne Theologie ihren alternativen Stellenwert aufgegeben. Sie stünde dann in Funktion einer säkularen, postmodernen Soteriologie emanzipativer Gerechtigkeit und prozessualisierter (Er-)Lösung.

Unsere Strukturanalyse (vgl. 5.2.) ermöglicht eine differenzierte Antwort zu der soeben aufgeworfenen Frage nach dem soteriologischen Potential "postmoderner Theologie". Diese kritische Nachfrage ist unter systematischem wie unter methodischem Aspekt angebracht: Sie ermöglicht einerseits einen zentrierenden Rückblick, andererseits klärt sie die (soteriologische) Aufgabe vor, die von einer alternativen Fundamentaltheologie der Postmoderne (vgl. 6.) zu leisten ist. Wenn das *Erlösungsbedürfnis* das postmodern wiederkehrende, latente *Grundbedürfnis* des "heutigen" Menschen ist (vgl. 5.1.2.1.), dann ist es - auf dem Hintergrund der "anthropologischen Wende" - auch "condition postmoderne" für eine subjektorientierte, zeitgemäße Fundamentaltheologie.

> Es ist nämlich "der Fundamentaltheologie [...] aufgetragen, die Veränderungen im Bewußtsein der Menschen einer Zeit aufmerksam zu registrieren, sich ihren speziellen Problemen zu stellen, von den besonderen Formen ihrer 'Aufgeschlossenheit' Kenntnis zu nehmen.
>
> So gibt es in der Fundamentaltheologie Konstanten und veränderliche Elemente, wie sie aus der jeweiligen geschichtlichen Situation erwachsen."[269]

Fraglich ist also, ob die derzeitigen Ansätze zur "postmodernen Theologie" diesem - soeben mit H. Wagner formulierten - fundamentaltheologischen Auftrag gerecht werden: Ob der geprobte "Paradigmenwechsel" für die "geschichtliche Situation" der Postmoderne die adäquaten soteriologischen "Konstanten" und Variablen bereitstellt oder ob er die Theologie selbst zu einer Variablen der Nach-Aufklärung werden läßt? Unsere Antwort auf diese Kernfragen kann hier ergebnishaft komprimiert vorgetragen werden.

Die postmoderne Wiederkehr der Erlösungsbedürftigkeit (vgl. 5.1.) ereignet sich nicht als abgegrenztes, selbstreflexives Einzelereignis, sondern im Kontext der wechselvollen Dramaturgie von diffuser Suche und vorläufiger Antwort. Die Wiederkehr des Einen bewirkt die Rückkehr des Anderen, nämlich all jener Antworten und Lösungsmodelle, die mühsam kategorisierbar sind: (Selbst-)Erlösung aus der krisenhaft gewordenen Moderne durch vernünftige post-moderne "Lösungs"-Modelle, das ist die (neorationalistische) Antwort jener philosophischen Denker (vgl. 2.3.), welche die Postmoderne als Phase intensivierter Nach-Aufklärung ("postmoderne Moderne") veranschlagen (vgl. 5.1.2.2.). Die säkulare "Soteriologie" ihrer Lösungsangebote ist neognostizistisch. Die beiden Hauptmotive dieses "kupierten Gnostizismus" sind: Die "transversale Vernunft" wird als Logos der postmodernen Soteriologie veranschlagt. Die "Erlösung" soll durch die sukzessive Parusie der "absoluten Lösung" erlangt werden. Diesem optimistischen Zukunftsmodell steht die Todesmystik der "Posthistoire"-Literatur (vgl. 3.2.2.3.) kontradiktorisch entgegen. Die drastische Antwort der Posthistoristen auf die wiederkehrende Lösungs- und Erlösungssuche folgt dem Genre der "kupierten Apokalypse" (vgl. 2.4.2.). Die metaphernreiche "Posthistoire"-Literatur inszeniert als Antwort "Verdammnis" im Sinn einer andauernden Abwesenheit der Erlösung (vgl. 5.1.2.3.). "Verdammnis" statt "Erlösung", irreversibles Preisgegebensein des postmodernen Menschen an autonomisierte und demiurgische "Verfügungsmächte", ist das wiederkehrende Grundmotiv ihrer negativen "Soteriologie".

Die neue Erlösungssuche in der wechselvollen Dramaturgie des dekonstruktivistischen Postmodernismus (vgl. 5.1.2.4.) gestaltet sich unter dem doppelten Vorzeichen des Anarchostrukturalen und des Neomystischen. Der Selbsterlösungsweg, den der anarcholiberale "Anti-Ödipus" zu durchlaufen versucht, führt ihn bald schon an die Grenzen der "Erschöpfbarkeit". Erlösung des "absoluten Subjekts" durch individualistische Totalemanzipation aus einer kodierten Kulturwelt "anonymer Verfügungsmächte" ist die vitalistische Not-Lösung der "autonomen Szene". Sie läßt sich theologischerseits als die "Hybridisierung" der individuellen Erlösungssuche verstehen. Dabei dramatisiert sie (z.B. über Verweigerungsakte) das unverzichtbare Recht der Person auf Ineffabilität (vgl. 3.3.5.1.) ebenso wie deren extreme Schutz- und Erlösungsbedürftigkeit. Als Gegensatz zu diesem eher destruktiven Postmodernismus und seiner radikalemanzipatorischen Subjekttheorie kehrt - auf der philosophischen Grundlage des Dekonstruktivismus - eine atheologische Mystik wieder, die sich deutlich von den genannten, gnostizistischen (Er-)Lösungsmodellen unterscheidet. Diese neostrukturale, atheologische Mystik folgt nicht dem Hegelschen Systemprogramm der Selbstsetzung des "absoluten Subjekts". Sie ist weder nihilistisch noch gnostizistisch noch linkshegelianisch. Die Zuordnung der "subjektphilosophischen Erbmasse" wie die Emanzipation des Subjekts erstrebt die dekonstruktive Mystik durch eine metaphysische Wendung. Sie thematisiert aufs Neue die Verwiesenheit des "gespaltenen Subjekts" auf das Absolute. Nicht mehr das Subjekt bzw. die Vernunft und ihre Hypostasen sind das Absolute, sondern das Absolute wird als das Unverfügbare und "ganz Andere" neu entdeckt. Hier eröffnet sich eine Konvergenz von neostrukturaler Mystik und christlicher Anthropologie/

Soteriologie. Eine "religiöse Lösung" der postmodernen Erlösungsbedürftigkeit bahnt sich an.

Umso erstaunlicher ist es, daß *theologischerseits* bisher kaum auf das propädeutische Angebot dieser Neomystik reflektiert wird. Allein M.C. Taylor (vgl. 5.2.5.2.), E. Biser und P. Koslowski (vgl. 5.2.5.3.) tun dies systematisch. Ihre Ansätze zu einer dekonstruktiven Fundamentaltheologie der Postmoderne (vgl. 5.2.5.) wurden im Rahmen unserer hermeneutischen Strukturanalyse erörtert. Dabei zeigte sich ein exemplarischer Unterschied in der theologischen Rezeptionsarbeit dieser drei Autoren. Biser und insbesonders Koslowski integrieren die dekonstruktivistische Hermeneutik und neomystische Elemente in ihren systematischen Ansätzen zur "postmodernen Theologie". M.C. Taylor hingegen leistet mit seiner "Postmodern A/Theology" eine umgekehrte Transpositionsarbeit: Auf der Grundlage des Derridaschen Neostrukturalismus, seiner Sprachhermeneutik und Metaphysikkritik dekonstruiert Taylor die Theologie. In seiner Enttheologisierung beweist er große Nähe zu Hegel. Die deontologisierende Rücknahme des "Einen (Gottes)" in die sprach- und schriftsetzende "différance" ist für Taylor die Inkarnation und Wiederauferstehung Gottes im "Divine Milieu" sinnverweisender Zeichen. In der neostruktural pantheistischen Mystik der "Deconstruktive A/theology", genauer gesagt, in der "labyrinthischen" Deutung des prozessualen Sinns, kehrt - Hegelianisch gewendet - der dionysische Irrationalismus wieder. Taylors paradigmatischer Ansatz einer neostrukturalen, "postmodernen Theologie" verbleibt linkshegelianisch im Wendekreis der "Dialektik der Aufklärung". Das soteriologische Angebot seiner modellhaft konzipierten Theologie bleibt prozessualisiert in der "schlechten Unendlichkeit" neopantheistischer Zeichen-Mystik. Deontologisierte Theologie wird aber bejaht zur Variablen einer ersatzreligiösen Wirklichkeitsdeutung. Das Taylorsche Projekt neostrukturalmystischer Theologie kann also nicht als paradigmatische Antwort zur postmodernen Erlösungssuche gewertet werden. Es negiert die transzendent-religiöse Wirklichkeit des "ganz Anderen", indem es sie in die Suche immanentisiert. Dadurch aber werden die Suche und der "labyrinthische" Weg verabsolutiert. Der Weg wird sich selbst zum Zweck und Ziel; Eschatologie verfällt zur mystifizierten Rede von "labyrinthischer" Sinngegenwart.

Wenn also die direkte, deontologisierende Transposition des Neostrukturalismus auf Theologisches im Neopantheismus der "Kontexturen" ausläuft, so wird fraglich, wie es um die soteriologische Effizienz der anderen "postmodernen Theologien" bestellt ist. Diese Frage zielt auf das breite Spektrum der postmodernen Prozeß- bzw. Emanzipationstheologien. Ihnen allen ist zweierlei gemeinsam: Sie übernehmen und reinterpretieren Basiselemente des Dekonstruktivismus (vgl. 5.2.2.4.) und sie bieten ein theologisches Forum für die Dramatisierung der neuen Erlösungssuche. Sie legitimieren diese Suche und das ihr subsistierende "Unbehagen in der Kultur" als gerechtes Emanzipations- und Befreiungsstreben. Zum Zweck der theologischen und vornehmlich sozialethischen Legitimierung der Emanzipationsprozesse werden Elemente der christlichen Eschatologie und Heilsvision herangezogen.

Unsere Strukturanalyse der "postmodernen Prozeß-Theologien" (vgl. 5.2.2.-5.2.4.) legte hinsichtlich ihrer "Heilsvisionen" folgende, gravierende Spaltungsdynamik offen, die sich gerade in soteriologischer Hinsicht entscheidend auswirkt: Je radikalemanzipativer der prozeßtheologische Ansatz gerät (vgl. 5.2.3.) desto mehr verzichtet er auf "Ganzheitsvisionen". An deren Statt werden romantizistische, kontrastmythologische (Selbst-)Erlösungswege proklammiert (vgl. 5.2.4.). Die angesprochene Spaltung läßt sich unter statischem Aspekt folgendermaßen orten: Dem Paradigma einer "postmodernen (Ökumene-)Theologie" humanistischer Nach-Aufklärung (vgl. 5.2.2.) steht eine "postmoderne Befreiungs-Theologie" (vgl. 5.2.3.1.) zur Seite, die sich dem Sog des anarcholiberalen Romantizismus kaum entziehen kann (vgl. 5.2.3.). Diese radikalisierte, sozialrevolutionäre Befreiungstheologie verwirft entschieden philosophische ("moderne") wie christliche "Ganzheitsvisionen" und sucht nach "Erlösungs"-Visionen für das neue Elend der postmodernen Massen (vgl. 5.2.3.2.). Ihre "Kreativitäts-Spiritualität" kann als ultimativer, differentistischer Bewältigungsversuch der Anthropodizeefrage (vgl. 5.2.4.2.) verstanden werden: Eschatologische und soteriologische Grundmotive des Christentums werden selektiv übernommen und umgewertet. Diese entsakralisierende Umwertung ist insofern reduktiv und monistisch als sie stets auf die Emanzipation des "absoluten Subjekts" bezogen bleibt. Der sozialrevolutionären "postmodernen Befreiungstheologie" steht - wie gesagt - das Paradigma der "postmodernen (Ökumene-)Theologie" gegenüber (vgl. 5.2.2.). Sie weiß sich der humanistischen Nach-Aufklärung und dem Projekt der "postmodernen Moderne" verpflichtet. Ihre soteriologische "Ganzheitsvision" ist keine sakramentale, sondern eine "integrale". Sie beantwortet die Erlösungssuche des postmodernen Menschen mit dem Projekt der "postmodernen Welt-Ökumene-Religion", das die Prämissen der "transversalen Vernunft" und des Menschen als "Vernunftwesen" voll zur Entfaltung führen soll. Das Desiderat einer vernünftigerweise machbaren, "heilen Welt(-Religion)" ist das soteriologische Funktionsmodell dieser postmodernen Fundamentaltheologie im Dienst der Nachaufklärung.

Am Ende des Kapitels angelangt, soll auf die eingangs erhobene Frage rekurriert werden. Es war die kritische Anfrage nach dem soteriologischen Potential der "postmodernen Theologie(en)", also nach ihrer kreativen Antwortmöglichkeit gegenüber dem postmodern wiederkehrenden Erlösungsbedürfnis. Als Ergebnis sei schließlich vermerkt, daß die postmoderne Prozeß-Theologie keine hinreichende soteriologische Antwort anbietet: Indem sie nachaufklärerisch bzw. radikalemanzipistisch spricht, offeriert sie eine säkulare Soteriologie der emanzipatorischen Gerechtigkeit und der prozessualisierten (Er-)Lösung: "Postmoderne Prozeßtheologie" spricht nur mehr sehr rahmenhaft-transzendental vom alternativen Heilsort des Anderen und der schon anwesenden Erlösung her. Dagegen wird sie zur Sachwalterin eines prozessualen Erlösungsverständnisses, das sich des messianischen Impulses wie des eschatologischen Horizontes bedient um ihre Zugkraft transzendental zu motivieren. Die postmoderne Dramatisierung der neuen Erlösungssuche findet in der Prozeßtheologie also weniger ihre alternativ christliche Antwort als vielmehr einen weiteren Darstellungsraum.

Um so beachtenswerter sind jene alternativen Ansätze integrativer Fundamentaltheologie (vgl. 5.2.5.3.), die der Erlösungstendenz des neuen "kupierten Gnostizismus" gegensteuern, den "heutigen" Menschen an der krisenvollen Grenze zur Postmoderne wahr-nehmen und das philosophische Angebot des Dekonstruktivismus nicht unbeachtet lassen.

6. Konturen einer fundamentaltheologischen Alternative zur Dialektik der (Post-)Moderne

6.1. Postmoderne Inauguration der "religiösen Lösung" anstelle der "romantischen Lösung" des Subjektivismus

6.1.1. Finitätsbewußte Methode der Konturierung einer fundamentaltheologischen Alternative

Unsere religionsphilosophische Analyse der "Dialektik der Aufklärung", der (literarischen, philosophischen, emanzipationspolitischen) Postmoderne-Bewegungen und des Dekonstruktivismus sowie die hermeneutische Strukturanalyse der "postmodernen (Prozeß-)Theologien" lassen folgende Einsicht zu: Zur Verwirklichung dessen, was P. Koslowski "essentielle Postmoderne" nennt, kann das Christentum (als historisch gewachsene Größe und geistige Kraft) seine "religiöse Lösung" anbieten. Diese braucht keineswegs "prämodernistisch" zu sein, um dem postmodernen Erlösungsbedürfnis (vgl. 5.1.) entgegenzukommen. Die Zugkraft der "christlichen Lösung" läge gerade darin, daß sie das kulturphilosophische Anliegen des Postmodernismus wie die Basismaximen des Dekonstruktivismus verständnisvoll aufgreift, um diesen die notwendige religiöse Tiefendimension anzubieten. Das Angebot der "religiösen Lösung" ist ein Beziehungsangebot zwischen der dekonstruktivistischen Postmoderne und der christlichen Religion, ihrer "Welterfahrung" und Heilsgewißheit. Weil es zur Qualität jeder wirklichen Beziehung gehört, daß sie "im Offenen der Freiheit" (P. Schütz) geschieht, ist ihr Ausgang ungewiß und ihr Horizont kaum taxierbar. Dessen eingedenk ist es angebracht, von "Konturen" (statt Strukturen) einer fundamentaltheologischen Alternative zu sprechen.

Die gesuchte Alternative ist kein vorgefertigter, formatierter Gegen-Satz, wie die "objektive Apologetik" ihn imposant vorzustellen wußte, sondern ein Beziehungsangebot. "Konturen" meint: Konvergenzen und "Verwindung" im buchstäblichen Sinn von "contourner". Die "Verwindung" ist also die Methode für den Kon-Text dieses Kapitels und für die Konturen einer Fundamentaltheologie mit besonderem (Emanzipations-)Auftrag: Anders als die (radikal-)emanzipativen "postmodernen (Prozeß-)Theologien" soll sie zur Verwirklichung des Beziehungsangebotes vom alternativen (Heils-) Ort des Anderen und der schon anwesenden Erlösung her sprechen. Sie wird sich also nicht mit (z.B. anarchostrukturalen, sozialrevolutionären) Teilaspekten des Dekonstruktivismus totalidentifikatorisch befriedigen, sondern der "Verwindung" gerade dadurch die nötige Spannkraft verleihen, daß sie das proprium christianum als das "unterscheidend Christliche" (R. Guardini) mit dem Dekonstruktivismus in Beziehung bringt. Methodische Prämisse des Alternativprojekts ist also das unverkürzte und unverfälschte Geltenlassen der Bezugsgrößen. Zu eben dieser sachlichen Grundvoraussetzung erwies sich die "postmoderne (Emanzipations-) Theologie" nicht berufen. Unsere diesbezügliche Kritik begründeten wir im vorausgehenden Kapitel.

Der Begriff "Verwindung" verweist auf den Versuch einer coniunctio jenseits des Dialektischen und Agonistischen. Dazu eine kurze thematische Rückblende: Die "Dialektik der Aufklärung" erwies sich im Verlauf unserer Untersuchung als jenes spaltungsträchtige Kulturgeschehen, das zeitgleich in der "Dialektik der Hierophanie" (vgl. 4.1.) zum "Kulturkampf" kulminierte und die nihilistische Sinnkrise nach sich zog. Dieser "Verlust der Mitte", der "Das Werden neuzeitlicher Fundamentaltheologie" vor dem Hintergrund der Säkularisation (vgl. 4.2.1.1.) mitbestimmt, kehrt reziprok radikalisiert in den meisten Ansätzen "postmoderner Theologie" wieder. Diese propagieren unter dem Leitmotiv der "Emanzipation" einen autoritätsfeindlichen (kirchenkritischen) romantischen Subjektivismus als Basisprojekt "religiöser Erneuerung". Die Wiederkehr der romantizistischen Subjekttheorie in der narrativen Befreiungsvision des anarchotheologischen Fundamentalismus (vgl. 5.2.4.3.) markiert schließlich einen Wendepunkt im Wechselspiel von Säkularismus und Religion: Als extrem säkulare, spätmoderne Spiritualitätsbewegung tritt die "postmoderne Befreiungstheologie" antagonistisch gegen die Moderne (und "moderne" Theologie) auf, deren Säkularismus sie sich religionsgeschichtlich allererst verdankt.

Weder die klassische Apologetik noch die bisherigen Ansätze zu einer radikalemanzipativen "postmodernen (Fundamental-)Theologie" können die Methode und das Muster abgeben für die Konturen der besagten "Verwindung", die abseits des Dialektischen und seiner Agonismen auf Integration und Differenz bedacht sein sollte. Der theologiegeschichtliche und strukturanalytische Gang durch die Argumentations- und Erlebniswelten der "objektiven Apologetik" (vgl. 4.2.), der nachmodernen Erlösungssuche (vgl. 5.1.) und der "postmodernen Prozeßtheologie" (vgl. 5.2.), war dennoch eine notwendige Einführung in den Stand der Problemerörterung. Das analytische Moment dieses Weges ermöglicht erst das Verständnis für die Schwerelinien jenes "Kräftefeldes", das die dynamischen Elemente der synthetischen "Verwindung" bereit hält. Es wäre im eigentlichen und fatalen Wortsinn "utopisch", wollte man die Konturen der fundamentaltheologischen Alternative abgehoben vom analysierten kultur- und theologiegeschichtlichen "Bewandniszusammenhang" entwerfen. Hingegen ist soteriologisch und anthropologisch derart zu verfahren, daß der reale und möglichst konkrete Bezug zu zweierlei fortlaufend aktuiert bleibt: zur Sinn- und Erlösungssuche des "heutigen" Menschen an der Grenze zur Postmoderne und zu den (philosophischen, literarischen, theologischen) Postmoderne-Bewegungen. Weil unsere fundamentaltheologische Alternative vermittelndes Beziehungsangebot sein will, deshalb wird ihre Sprache und Argumentation im Bewußtsein für den analysierten "Bewandtniszusammenhang" gehalten sein. Wo dieses Finitätsbewußtsein den Horizont der fundamentaltheologischen Bemühung ausmacht, kann die weitläufige Thematik der "Postmoderne" theologisch erschlossen und in die (christlich-)religiöse Sinndimension gerückt werden. Die postmoderne Sinnsuche kann eine Neuprofilierung erfahren und ihre anthropologische Frage ("Tod des Subjekts?"; Anthropodizee) kann zu einem überraschenden Lösungsansatz finden.

Unsere Vorbereitungsarbeit für die Konturierung einer fundamentaltheologischen Alternative zur "Dialektik der Postmoderne" war nicht nur vielschichtig (religions-, philosophie-, theologiegeschichtlich, strukturanalytisch), sondern auch leitmotivistisch besetzt und gesichert. Unter subjekttheoretischer Perspektive wie auch unter dem methodisch-praktischen Aspekt einer zusammenfassenden Überleitung läßt sich das Leitmotiv folgendermaßen definieren: Gesucht ist (im bisherigen Gesamtverlauf dieser Untersuchung) die postmoderne Inauguration der "religiösen Lösung" anstelle der "romantischen Lösung" des Subjektivismus.

6.1.2. Die Konvergenz zwischen postmoderner Sinnsuche und anthropotheologischer Wende

Die methodische Funktion der folgenden beiden Paragraphen (6.1.2. und 6.1.3.) ist es, im Hinblick auf die bisher behandelte Gesamtthematik die Möglichkeit einer theologischen "Verwindung" groblinig zu konturieren. In den Horizont der (christlich-)religiösen Sinndimension gerückt, kann die postmoderne Sinnsuche eine Neugestaltung und ihre anthropologische Frage (Anthropodizee) einen Lösungsansatz finden. Am Ende einer unübersehbaren Vielfalt humanistisch-emanzipativer Anthropologiekonzeptionen angelangt, verlangt die Postmoderne nach einer qualitativ anderen Antwort als sie die Emanzipations- und Befreiungstheologie geben können. Gerade dort, wo die Brüchigkeit bisheriger Grundoptionen aufklafft, also im störungsanfälligen Wendekreis "Moderne-Postmoderne", ist die (Über-)Lebensnotwendigkeit von Transzendenz und die Frage nach Gott als der Wahrheit der Metaphysik neu zu entdecken.

Der Begriff der "Postmoderne" bezeichnet nicht nur eine Zeitgrenze, er verweist auch auf einen vielschichtigen Bewußtseinswandel bezüglich menschlicher Begrenztheit und der Grenze zum Absoluten: Die religiöse Grenz-Frage wird neu vermeßbar, so daß eine situativ gültige demonstratio christiana aus ihr entstehen kann. Der Untergang veralteter Aufklärungsmaximen als "condition postmoderne" und der Durchgang durch die nihilistische Sinnkrise der Gegenwart wird verstehbar als Chance (vgl. 4.3.1.) für eine postmoderne Hinwendung zu einem anderen, christlichen Wirklichkeitsverständnis. Die zerfallende Neu-Zeit sensibilisiert ex negativo für die erneuerte Wahrnehmung der "sich erfüllenden" Zeit.

Folgt man der Postmoderne-Literatur, so bespricht sie eine mittlerweile zum "Postmodernen Wissen" (J. Lyotard) aufgerückte Lebenserfahrung, die um Beherrschungsrationalität und Ohnmacht, um Kontingenz und Finität, um Ent- und Remythologisierung und schließlich um die Abgründigkeit des "manque à être" zirkuliert. Nach der Trivialisierung der utopischen Heilsdimension (vgl. 2.4.2.) und mit dem Verlöschen ihrer Energien fragen die Postmoderne-Denker vorsichtig nach einer Neuperspektuierung ungültig gewordener Sinndimensionen. Dabei stoßen sie gelegentlich wie von selbst an den Grenzbereich zum Religiösen (z.B. in der dekonstruktiven Mystik). Dies gilt besonders für M. Foucault, E. Lévinas und J. Lacan, also für die Meisterdekonstruktivisten der Postmoderne. Für sie, wie für andere namhafte Postmoderne- bzw. Posthistorie-Denker (wie beispielsweise W. Benjamin, D. Kamper u. J. Baudrillard) gilt, daß sie den Horizont des Religiösen zwar meisterlich aufleuchten lassen, es aber zugleich bei solcher Phänomenologie belassen. Umso gefragter ist deshalb ein fundamentaltheologischer Diskurs, der auf eine weiterführende, adialektische, religiöse Perspektive verweist, deren Akzeptanz in das freiheitliche Ermessen des Einzelnen gestellt bleibt.

Will man die im 4. Kapitel (vgl. 4.3.4.1.) definierten anthropotheologischen Faktoren postmoderner Sinnsuche in den Horizont der religiösen Sinndimension aufrücken, so bieten sich dazu die Leitbegriffe der "Differenz" und des "ganz Anderen" besonders an. Sie sind sowohl Grundbegriffe der dekonstruktivistischen Postmoderne-Bewegung als auch implizite Grundthemen der Fundamentaltheologie und zwar insofern, als sie das Sein des Einzelnen, Einmaligen und Singulären vor abstrahierender Vereinnahmung bewahren und zugleich dessen transzendentale Relationalität sichern. Relationale Einheit in Differenz ist die theologische Leitvision für das Verhältnis von Schöpfer und Schöpfung, von Gott und Mensch, von Natur und Gnade. Gerade die radikal veranschlagte Differenz (zwischen Schöpfer und Geschaffenem) sichert das dipolare Spannungsverhältnis des Einzelnen zum Anderen wie zum Absoluten.

Das Hauptanliegen der Offenbarungslehre des Vaticanum I ließ sich über die postmodernen Leitbegriffe der "Differenz" und des "ganz Anderen" hermeneutisch neu angehen (vgl. 4.1.3.). Die theologischen Grundoptionen dieser Offenbarungslehre sind: das Bekenntnis zur Transzendenz Gottes als dem "ganz Anderen", zu seiner wirklichen und wesenhaften Verschiedenheit (Differenz) von der Schöpfung, zu seiner freien Schöpfungsmächtigkeit (DS 3001-3005; 3021-3025) und die seins- und erkenntnismäßige Unterscheidung von natürlicher und übernatürlicher Ordnung (DS 3015, 3028). Folgerichtig ergänzt das Vaticanum II die theologischen Grundlagen dieser Offenbarungslehre in einer soteriologisch-anthropologischen Wende: Das vom trinitarischen Gott getragene Offenbarungsgeschehen wird seiner Eigenart nach als heilsgeschichtliches, personales Begegnungsgeschehen dargestellt.[1] Als personales Geschehen mit "sakramentalem Charakter"[2] vereint es Realität und Verbalität. Die dogmatische Feststellung der Differenz zwischen Gott als dem "ganz Anderen" und dem Einmaligen seiner Schöpfung ermöglicht erst eine kreative Explikation des soteriologisch zentrierten mysterium fidei. Die Unhintergehbarkeit der Differenz ist kreative Vorgabe für ihre Selbsterschließung, d.h. für die in Christus kulminierende, erlösungsträchtige Wortoffenbarung als freier Selbstmitteilung Gottes. Im Rahmen einer "anthropologischen Wende" kann anthropotheologisch nach dem Menschen als betroffenem "Hörer des Wortes" gefragt werden: nach seinem status creaturae, nach seiner wesenhaften Bereitschaft sich in die Sinndimension des "mysterium fidei" einführen zu lassen, aber auch nach der causa und den situativen Motivationen seines Widerstandes.

Die "anthropologische Wende" ist im Sinne des Vaticanum II nur dann wirklich und heilsträchtig, wenn sie die "Zeichen der Zeit" nicht übergeht, sondern erkennen lernt und argumentativ einholt. Eine theologisch-soteriologisch motivierte "anthropologische Wende" wird nicht nur allgemein von der conditio humana sprechen. Vielmehr wird sie sich dadurch als "real" legitimieren und von der klassischen Apologetik unterscheiden, daß sie auf die Lebens-, Erfahrungs- und Leidensbedingungen des "heutigen" Menschen konkret eingeht (vgl. 4.3.1.). Sie wird in ihrer anthropologischen Erörterung entweder auf den krisengefährdeten Menschen zwischen Spät- und Postmoderne stoßen oder den realen Menschen verfehlen. Diese "Verfehlung" geschähe dann, wenn aus der "Wende" eine bloße, apologetische "Einkehr" zur allgemeinen Vorstellung vom "Wesen des Menschen" würde. Zur Unterstützung für diese unaufgebbare Minimalforderung nach einer "anthropologischen Wende" in der Fundamentaltheologie ein längeres, aber in der Argumentation sehr dichtes und schlüssiges Zitat aus Eugen Bisers Bemühen um "Eine theologische Positionsbestimmung" der Gegenwart:

> "Spätestens durch Hitler mußten [...] die Augen dafür geöffnet worden sein, daß die von der klassischen Anthropologie gegebene Antwort auf die Frage 'Was ist der Mensch?' zur Erklärung dessen nicht mehr ausreichte, was durch den Menschen und an ihm in diesem Jahrhundert geschehen war. Doch lag es nicht nur an der Ausarbei-

> tung und dem durch sie zustande gebrachten Ergebnis, daß diese Antwort nicht trug, sondern, wie heute zunehmend deutlicher wird, bereits an der Fragestellung. Denn die noch von Kant als Grundriß alles philosophischen Forschens bezeichnete Fragestellung - die auf den Menschen gerichtete Wasfrage - zielt auf das Wesen und erschöpft sich demgemäß darin, eine Auskunft im Sinne einer Wesensbestimmung zutage zu fördern. Inzwischen drängte sich aber geradezu die Einsicht auf, daß auf das durch den Menschen aufgegebene Rätsel nur exklamatorisch, mit [...] dem Passionswort 'Ecce homo!' geantwortet werden kann; und dieser Frage entspricht die im Vergleich zur philosophischen Fragestellung radikalere Wo-Frage, die [...] an den sündig gewordenen Menschen ergeht: 'Wo bist du?' (Gen. 3,8). Sie zielt nicht auf ein begrifflich umschreibbares 'Wesen', sondern führt ihm den Spielraum seiner Werdemöglichkeiten vor Augen. Indem sie in diesen 'Möglichkeitsspielraum' einbricht, erweckt sie ihn [...] zum Bewußtsein seiner fundamentalen Aufgabe [...] Dabei gibt die Rede von ihrem 'Einbruch' gleichzeitig zu verstehen, daß mit der Erfassung der Aufgabe auch das Bewußtsein einer extremen Gefährdung einhergeht."[3]

Eine Hommage zum Zustand und Standort des "heutigen" Menschen der angebrochenen Postmoderne verlangt also ein Abrücken von der klassischen Apologetik und Anthropologie (des "Vernunftwesens"; des "gehorsamen Subjekts" usw.) und ein geschärftes Bewußtsein für die "extreme Gefährdung" des zeitgenössischen Menschen.

Die postmoderne Revision der Aufklärungsanthropologie (vgl. 4.3.4.) entdeckt jenseits der Dialektik von Vernunft und Bedürfnis den Menschen neu als "gespaltenes Subjekt". Die aktuelle conditio humana des "heutigen" Menschen an der krisenvollen Grenze zur Postmoderne ist stark geprägt von der Suche nach einer menschenfreundlichen und Freiheit stabilisierenden Ordnungskraft. Das Hauptmotiv der postmodernen Orientierungssuche nach dem Scheitern des "Projekts der Moderne" ist das Streben nach geistiger Bewahrnis im Scheitern, die - wenn überhaupt - von einer erneuerten, adialektischen Theologie geleistet werden kann. Diese Motivation ist auch Grund für das besonders gelagerte Verhältnis des "heutigen" Menschen zum Angebot einer religiösen Sinnstiftung in seinem (Gesellschafts-)Leben. Nach den Forderungen der "kulturkämpferischen", klassischen Apologetik und mit der Diskreditierung der idealistisch-utopischen Heilsmodelle (vgl. 2.4.2.1.) ist der zeitgenössische Mensch sensibilisiert auf die (latenten) Totalaspirationen perfektibiler Lösungs-Modelle. Sie sind nicht mehr legitimierbar und mithin ungeeignet zur Wende der nihilistischen Sinnkrise. Andererseits ist die Anthropodizeefrage drängender denn je und die "labyrinthische neue Einsamkeit"[4] des homo faber im Spiegel seiner Werke drängt nach einem neuen theologischen Gestaltungsauftrag mit neuen Sinnverbindlichkeiten. Die Posthistoire-Literaten fragen verhalten nach einem "neuen Ethos der Überlebenden"[5], das nicht gegenwartsvergessen sein dürfe und bei der Wiederentdeckung des nicht Simulierbaren, des Einmaligen, Individuellen und Singulären einsetzen könnte. Die krisengeborene Suche nach einer geistig-seelischen und identitätsspendenden Bewahrnis im Scheitern motiviert sich schließlich aus der praktischen Undurchführbarkeit des romantischen Subjektivismus, der sich im "Projekt der Moderne" werk- und freizeitgerecht zu verobjektivieren suchte.

6.1.3. Die anthropotheologische "Lösungs"-Möglichkeit der postmodernen Sinn- und Erlösungssuche

Die endogene Orientierungsschwäche des "romantischen Subjekts" war vielgewundenes Elementarthema dieses Traktates. Die zum "absoluten Subjekt" umpostulierte Person (vgl. 3.3.1.) kam durch den Verlust ihrer religiös gefaßten, transzendentalen Relationalität in die bleibende Problematik des Zugewinns an Identität. Infolge seiner Suche nach geistgeborgener Selbstverwirklichung (vgl. 3.3.2.) stößt das moderne Subjekt bald schon auf die Neomythologie. Diese fungiert als irrationaler Religionsersatz im Sinne der "Dialektik der Aufklärung" (vgl. 1.4.).

Seit der Frühromantik bereits und vermittels mehrfacher "Umwertungen" fungiert der Neomythologismus als Selbstermächtigungsprogramm des identitätsbedürftigen Subjekts (vgl. 3.3.3.). Die (neo)mythologische Ersatzreligion wie die "postmoderne Befreiungstheologie" stehen (vgl. 5.2.3.) als dialektische "Alternativen" zum Rationalismus in Funktion der Selbstsetzung des "absoluten" Subjekts. So reflektiert sich die Hegelsche Selbstbewußtseinsdialektik in der politaktiven Neomythologie (vgl. 3.3.3.2.) wie in der postmodernen Befreiungstheologie. Der anarcholiberale Postmodernismus und seine sozialrevolutionäre Emanzipationstheologie (vgl. 5.2.) sind über ihre Kontrastmythologien ebenfalls auf die romantizistische Subjekttheorie hin analysierbar (vgl. 3.3.4. bzw. 5.2.3.). Was die nihilistische Sinnkrise der Gegenwart (vgl. 4.3.1) aber zur epochalen Krise ermächtigt, ist der instante Zusammen-Bruch der "Dialektik der Aufklärung". Dieser ereignet sich als eine finale coincidentia oppositorum dergestalt, daß sich das rationalistische "Projekt der Moderne" endlich selbst als prometheischer Mythos erweist, als moderner Kontrastmythos zur Identitäts- und Orientierungsschwäche des verabsolutierten Subjekts. Mythos und moderne Projektrealität koinzidieren, indem sie sich als Fiktion und simulierte Alternativen erweisen. Das Ende der rationalistischen Aufklärungsepoche ist auch das Ende der "Dialektik der Aufklärung", die sich in einem finalen crescendo in eine "postmoderne Moderne" und eine "anarcholiberale Postmoderne" zu übersteigen sucht. Der Mythos, der - nach Horkheimer und Adorno - "in Aufklärung überging", zeigt sich wieder in seiner mythologischen Essenz.

An diesem epochalen Wendeereignis der abendländischen Geistesgeschichte angelangt, eröffnet sich eine sachgerechte Möglichkeit der religiösen Sinnstiftung, die weder "prämodern" noch oppressiv-totalitaristisch ist; eine Möglichkeit, die sowohl der geschichtlich gewordenen Sachlage als auch der besonderen Krisen-Stellung und Erlösungssuche des "heutigen" Menschen gerecht wird; eine Möglichkeit, die sich auf das Ursprüngliche des religiösen (Identitäts-)Aktes und auf das proprium christianum selbst bezieht, ohne sie zu funktionalisieren. Die solchermaßen kultur-, theologie- und insbesonders anthropologiegeschichtlich legitimierte, postmoderne Inauguration der "religiösen Lösung" kann dekonstruktiv an die Stelle der überlebten und exzessiv gewordenen "romantischen Lösung" des Subjektivismus treten.

Die angesprochene postmoderne und religiöse Lösungsmöglichkeit der Subjektfrage und Erlösungssuche - so darf vorab behauptet werden - ist real und nicht utopisch. Sie ist dies nicht zuletzt deshalb, weil sie realistisch die krisenhafte Gegenwart und den "heutigen", erlösungsbedürftigen Menschen voraussetzt. Sie ist insofern dekonstruktiv als sie den "romantischen Subjektivismus" (auch in seiner emanzipationstheologischen Variante) wie sein Gegenstück, die klassische Apologetik "objektiver Frömmigkeit", nicht einfach negiert und verwirft, aber auch nicht novistisch travestiert weiterführt. Hingegen analysiert sie beide auf ihr Grundanliegen hin, um es - im Sinne von Heideggers "Destruktions"-Methode[6] - auf anthropotheologischem Fundament zu rekonstruieren. Unsere Methode der Dekonstruktion war ja von Anfang an darauf angelegt, zuerst in dem Diskurs mit der (philosophischen) (Post-)Moderne, sodann mit der traditionellen Apologetik (4.1. - 4.2.) und "postmodernen Prozeßtheologie" (vgl. 5.2.) erneut den dialogalen Bezug mit dem aufzuspüren, was Heidegger "das Sein" und Foucault, Lévinas und Lacan differenzbewußt "das Andere (l 'Autre)" nennen. Unser Weg der Dekonstruktion intendierte zuerst eine kritische Analyse des subjekt- und diskursphilosophischen Gerüstes spätabendländischer Metaphysik, um über die Begegnung mit der (De-)Ontologie der "Differenz" und des "Anderen" zur Möglichkeit einer religiösen Neuzentrierung des Identitätsproblems (bzw. der Emanzipationsproblematik) hinzufinden.

In der anthropologischen "Urtatsache" der Identitätssuche erkennen wir das zeitlose, existentielle Grundanliegen des Aufklärungssubjektivismus, des Neomythologismus und der radikalisierten "postmodernen Befreiungstheologie" wieder. Das novum fundamentum, auf dem der Lösungsansatz für das analysierte Grundproblem konturiert werden kann, ist ein fundamentaltheologisches. Zum Gelingen dieser fundamental theologischen Rekonstruktion ist weniger ein Paradigmenwechsel als vielmehr ein *Paradigmenschnitt* nötig. Die Schnittlinie ist Grenz- und Verbindungslinie zugleich. Erst diese Eigenschaft macht ihre Signifikanz aus. Mit der von J. Habermas monierten "Erschöpfung des Paradigmas der Bewußtseinsphilosophie" (vgl. 3.3.5.2.) ist die "Schnittlinie" gekennzeichnet durch die Frage der Zuordnung der "subjektphilosophischen Erbmasse".

Deren zeit-, sach- und menschengerechte Zuordnung ermöglicht sich - und hier setzt die transzendentalphilosophisch-religiöse Markierung der "Schnittlinie" ein - postmodern durch die Wiederentdeckung der transzendenten Ordnung des Absoluten, die sich selbst als absolute, personale und liebende Macht dem Menschen offenbart und deren Heilswirklichkeit gerade dem Menschen extremer Selbstgefährdung präsent werden kann. Die Inauguration der angefragten religiösen Sinndimension setzt also die strukturierende Analyse der Postmoderne-Bewegung(en) voraus und sie setzt an bei der Suche nach einer identitätsausmittelnden, geistig-seelischen Bewahrnis des zeitgenössischen Menschen nach dem Scheitern des "Projekts der Moderne". Die geistgeborgene, identitätsspendende Selbstverwirklichung "des gespaltenen Subjekts" der Postmoderne wie der Postmoderne selbst wird möglich über die religiöse Neufassung ihrer transzendentalen Relationalität (Personalität) zu dem sich selbstoffenbarenden "ganz Anderen". In der dekonstruktiv-theologischen Wiederentdeckung des Menschen als personalem Subjekt des Absoluten, kann es zur Vertikalisierung der bisher welt- und textimmanent veranschlagten "différance" kommen. Sie wird verstehbar als kreative, Sinn und Identität spendende Differenz (der creatio ex nihilo et continua) zwischen Schöpfer und Geschöpf. Die aporetische Dialektik der Postmoderne-Bewegung, das Wechselspiel der Présence-Absence, von Zwang und Emanzipation, von Verfügungsmacht/Beherrschungsrationalität und anarcholiberaler Kontingenzbewältigung, kann seine Lösung und Ausmittlung im "ganz Anderen" finden: in der Liebe und Selbstmitteilung Gottes, die den Menschen in seiner Freiheit gänzlich respektiert, ihn aus dehumanisierenden Verfügungszwängen befreien möchte und seine Emanzipationssuche vor dem Verfall in (anarcholiberale, differentistische, vitalistische) Absurdsetzung bewahren kann.

Erst das Einbringen einer religiösen Alternative jenseits der "Dialektik der Hierophanie" (vgl. 4.1.4.2.) bewirkt die konstruktive Ablösung der rationalistischen (Aufklärungs-)Moderne durch eine Postmoderne, die sich aus der "Dialektik der Aufklärung" zu emanzipieren vermag. Die angesprochene, religiöse Alternative bietet sich im Christentum an, das sowohl philosophische Religion als auch Offenbarungs- und Erlösungsreligion ist. *Als philosophische Religion* ist es dem Christentum möglich mit der (philosophischen) Postmoderne-Bewegung in den "herrschaftsfreien" Diskurs einer geschichtsbewußten und gegenwartsbezogenen Areopagrede[7] zu treten. *Als Offenbarungsreligion* kann das Christentum die Dimension des "ganz Anderen" auch inhaltlich zur Sprache bringen. *Als Erlösungsreligion* vermag es die geschichtliche und anthropologische Relevanz des Gesagten zu "beglaubigen".

6.2. Immanenzapologetik als anthropotheologische Vermittlung des Offenbarungsglaubens

6.2.1. Die Frage nach einer immanenzapologetischen Alternative zum romantischen Subjektivismus

Im vorausgehenden Paragraphen (6.1.) verdeutlichte sich sowohl die Notwendigkeit als auch die sachadäquate Möglichkeit zur postmodernen Inauguration einer "religiösen Lösung" der spätmodernen Sinnkrise. Namhafte Philosophen des Dekonstruktivismus (wie M. Foucault, J. Lacan, É. Lévinas) und eine Vielzahl theologischer Postmoderne-Denker (vgl. 5.2.) bieten dazu ihre Hermeneutik der "Lösung" an. Unsere Sichtung und Strukturanalyse der philosophisch-literarischen Postmoderne-Bewegungen, ihrer (neo)romantischen Vorläufer und emanzipationstheologischen Ausläufer, eröffneten folgende grundsätzliche Einsicht.

Die "Lösung" für die nihilistische Sinnkrise der Gegenwart ist nur möglich vermittels einer Subversion der "Dialektik der Aufklärung". Aus ihrer Spaltungsdynamik heraus vollzog sich jener schleichende Legitimationsverlust moderner Metaphysik, der im Nihilismus der Gegenwart mündet und zunehmend exzessiv die "romantische Lösung" des Subjektivismus propagiert. Der "Tod der Metaphysik", das ist der Nihilismus als philosophische "condition postmoderne". Diese Formulierung läßt es offen, ob die Signatur der Postmoderne nihilistisch, neomythologistisch usw. oder christlich sein wird. Jedenfalls bestimmt die nihilistische Sinn- und Legitimationskrise die Wende-Zeit von der Spät- zur Postmoderne so nachhaltig, daß faktisch von einer "condition postmoderne" gesprochen werden kann. So wie der "Ursprungs"-Ort der "Dialektik der Aufklärung" im "gespaltenen Subjekt" selbst ausmachbar ist, ebenso verhält es sich mit der nihilistischen Sinnkrise. Mann kann sie religions- und kulturgeschichtlich erörtern und als kollektives Phänomen den "postindustriellen Gesellschaften" (D. Bell) zuordnen, letztlich aber ist es jeweils der einzelne Mensch, der (nicht mehr) glaubt oder zweifelt, (christlich) hofft oder hoffnungslos geworden ist. Subjekttheoretisch gewendet spiegelt sich die Nihilismuskrise verdichtet wider im romantischen Subjektivismus des "absoluten Subjekts". Die einstmals (mythisch) kosmische, später theozentrische und personale Relationalität des "kreatürlichen" Menschen hat sich "eindimensional" auf den Selbst-Bezug des modernen Subjekts zurückgenommen, das (Hegelisch) im "anderen seiner selbst" den Zielort seiner Selbstverwirklichung veranschlagt. Die populär und nahezug selbstverständlich gewordene Haltung des romantischen Subjektivismus ist aber ein Phänomen und generatives Moment des Nihilismus.

Was jedoch ist Nihilismus anderes als der anhaltende, selbstgenerative Mangelzustand nach dem Verlust lebensnotwendiger, metaphysischer Verbindlichkeiten? Der dem Nihilismus wesentlich inhärente manque d'être veranlaßt ihn zu Rettungsversuchen an "Kommunikation" und "Sinn", die allerdings wiederum nur kongenial zur antimetaphysischen Prämisse geraten können. Wie unsere analytische Untersuchung der Dialektik der (Post-)Moderne erwies, stehen sowohl die (neo)mythologischen Ersatzreligionen (vgl. 3.3.3.) als auch die "postmodernen Emanzipationstheologien" (vgl. 5.2.2.-5.2.4.) in Funktion der Selbstermächtigung und Selbstsetzung des "absoluten Subjekts". Mancherlei Rettungsversuche (z.B. der Frankfurter Schule) an der "Substanz des Humanen" sind deshalb erfolglos geblieben, weil sie den Wendekreis des Nihilistischen nicht durchbrechen konnten, sondern unversehens zu Variablen eines (humanistisch-)relativistischen Denkens wurden. Zur Behebung der nihilistischen Sinnkrise ist der "romantische Subjektivismus" schon deshalb keine "Lösung", weil er seinem Wesen nach eine *Heilsvorstellung* ist, über die sich der Nihilismus je neu regeneriert. Die säkulare Soteriologie des "romantischen Subjektivismus" kann nicht die angefragte "Lösung" für eine "essentielle Postmoderne" abgeben. Umgekehrt gilt, daß die gesuchte "religiöse Lösung" eine selbständige Alternative (nicht Antithese!) zur Hegelschen Meistererzählung vom "absoluten Subjekt" zu sein hat, um sich als postmoderne "Lösung" zu bewähren.

Der systematische Aufweis und die vernünftige Begründung dessen, was hier noch weitläufig mit "religiöser Lösung" bezeichnet wird, ist klassischerweise zentrale Aufgabe der Fundamentaltheologie. Es ist selbstverständlich, daß die demonstratio religiosa et christiana keinem rigiden Schematismus folgen kann, sondern daß Aufgabenstellung und Methodik der Apologetik je neu - auch unter Einbeziehung neuer Erkenntnisprinzipien - zu bestimmen sind. Diese sachliche Notwendigkeit zur Modifikation erklärt H. Wagner aus der "Grundfunktion" der Fundamentaltheologie:

> "Der Mensch ist geprägt durch je neue Einsichten, Erfahrungen, Entwicklungen und Denkmodelle. Dementsprechend fragt er je neu, ist in seinem Fragen je anders motiviert. Dementsprechend wird auch die 'Rede und Antwort', die die Fundamentaltheologie (Apologetik) zu stehen hat, je anders aussehen müssen, unbeschadet der Tatsache, daß es eine Reihe von Konstanten gibt.
> Im Blick auf das klassische Modell ist noch anzumerken, daß dort der Mensch als solcher (der fragende, suchende, zweifelnde - der potentielle und wirkliche Adressat der Offenbarung) zu wenig im Spiele war."[8]

Mit diesem Vermerk ist eine Thematik angesprochen, die unter dem Leitaspekt der "Dialektik der Hierophanie" bereits im 4. Kapitel ihre kritische Bearbeitung fand (vgl. 4.2.). Dort wurde schließlich feststellbar, daß die klassische, "objektive Apologetik" mit ihren Diskursmodellen in mehrfacher Hinsicht eine defizitäre Modalität von "Glaubensbegründung" darstellt (vgl. 4.2.2.2.). Das Mangelhafte daran läßt sich mit J. Schmitz auf folgenden Nenner bringen:

> "daß der Mensch in seiner konkreten Existenz und die Bedingungen, unter denen der Glaube im Menschen zustande kommt, in den Überlegungen [der klassischen Apologetik] fast gänzlich außer acht geblieben sind."[9]

Die Wirkungsgeschichte der traditionellen Apologetik ist durch zwei hauptsächliche Exklusionen markiert: Unter der Prämisse eines statischen Menschenbildes ("status creaturae") wird der "Hörer des Wortes" zum "gehorsamen Subjekt" reduziert. Die Anthropologie der klassischen Apologetik bemißt Mensch und Humanum exklusiv unter den Generalkriterien von Ratio und Tugendhaltung, wobei letztere über die Werte der Pflicht und "Gebotserfüllung" eingefordert wird. Auch das I. Vaticanum definiert Glauben, welcher der Offenbarung korrespondieren soll, unter dem Doppelaspekt von "Gehorsam" und "Tugend". Der Ausgrenzung der psychospirituellen und gesellschaftlich-kommunikativen Dimension menschlicher Existenz aus dem apologetischen Beweisgang entsprach auf anderer Ebene folgerichtig eine zweite Exklusion: die Abdrängung der "Immanenzapologetik". Diese verstand sich seit M. Blondel als ergänzende (und nicht als gegensätzliche), subjektzugewandte Methode der Fundamentaltheologie. Als "subjektive Apologetik" baute sie auf der metaphysischen Anthropologie auf und integrierte diese in ihren Modellen der Glaubensvermittlung. Mittlerweile wird es in der Fundamentaltheologie zur Selbstverständlichkeit, anthropologische Ansätze zu integrieren und in der theologischen Argumentation genauer auf den "Hörer des Wortes" zu hören.

Das fundamentaltheologische Angebot einer postmodernen "religiösen Lösung" anstelle der spätmodernen "romantischen Lösung" des Subjektivismus wird auf die einstmals verdrängte Immanenzapologetik reflektieren, ihr Grundanliegen neu aufgreifen und dekonstruktiv behandeln. Der Dekonstruktionsmethode folgend wurde in einem ersten Verfahrensschritt (im 4. Kapitel) die dialektische Gebundenheit und das Defizitäre der klassischen Apologetik ermittelt. Als zweiter Methodenschritt ist es jetzt angebracht, die Immanenzapologetik selbst zu befragen, inwiefern sie Vorgabe für eine postmoderne "religiöse Lösung" sein kann. Diese "religiöse Lösung" sollte sich in mehrfacher Hinsicht qualifizieren und mehrere Funktionen erfüllen: Sie soll das proprium christianum nicht prozeßtheologisch zersetzen, sondern im Rahmen der "anthropologischen Wende" derart argumentativ vertreten, daß es für den "heutigen", krisengefährdeten Menschen neuerlich zur Offenbarung (von Lebenssinn, Identität und Erlösung) werden kann. Sie soll weder "modernistisch" noch "prämodernistisch" sein, sondern auf der vorangegangenen Analyse der Postmoderne-Bewegungen aufbauen, das Anliegen des Dekonstruktivismus ermessen, theologisch transponieren und beantworten. Die gesuchte "religiöse Lösung" soll also einerseits human und subjektorientiert sein, andererseits kommt ihr der integrative Auftrag zu, ausmittelnde und weiterführende Antwort zu sein auf die Aporien der Postmoderne.

Nach dieser Grobziel- und Methodenangabe kann vom Standort der Gegenwart aus auf die Immanenzapologetik rückgeblendet werden. Der Zweck dieser Einblendung ist, eine Antwort zu ermitteln auf die Frage nach dem Aktualitätswert jener Apologetik, die lange im Schlagschatten der klassischen Fundamentaltheologie stand.

6.2.2. Die immanenzapologetische Ablösung des Offenbarungsextrinsezismus

6.2.2.1. Die anthropotheologische "Glaubensbegründung" der traditionellen Immanenzapologetik

Das "Werden neuzeitlicher Fundamentaltheologie" ist so untrennbar verquickt mit der säkularreligiösen Glaubenshaltung (vgl. 4.2.1.1.), daß man die Apologetik im 19. und frühen 20. Jahrhundert nachträglich mit M. Eliade und R. Schaeffler[10] als Antithese zu Säkularismus und bürgerlich-liberalem Kulturidealismus verstehen muß. Die autoritätsbetonte Apologetik der "ecclesia triumphans" und des "gehorsamen Subjekts" war in gewissem Sinn Anti-Effekt zur damaligen Offenbarungs- und Religionskritik (vgl. 4.2.1.2.). Die Zeitgeschichte drängte Theologie und Kirche des letzten Jahrhunderts in eine Defensive, die lange ein "aggiornamento" verhinderte. Die frühe Fundamentaltheologie schwankte eher zwischen Differenzsetzung und Differentismus (vgl. 4.2.2.1.) als daß sie verstärkt zu integrativen Argumentationsgängen tendiert hätte. Diese kritische Einschätzung ist unser theologiegeschichtliches Resumen der umfangreichen Vorstudien des 4. Kapitels (vgl. 4.1.-4.2.). Unter der religionswissenschaftlichen Perspektive der "Dialektik der Hierophanie" (M. Eliade) ermöglicht sie ein Vorverständnis für die schleichende Verdrängung der Immanenzapologetik als "subjektiver Apologetik" durch die ekklesiozentrische Fundamentaltheologie damaliger, "kulturkämpferischer" Zeit.

Zugleich muß gesagte sein, daß die subjektiven Faktoren beim Zustandekommen des Glaubens in der Theologie nie vergessen waren. Es gibt eine entsprechende Tradition, die über J.H. Newman und B. Pascal bis zu Augustin zurückreicht, dessen "Confessiones" ein einmaliger Beleg frühchristlicher, narrativer Apologetik sind. Auch wurde in den apologetischen Handbüchern zumeist herausgestellt,

> "daß die Glaubwürdigkeit der Offenbarung sich nicht mit metaphysischer, sondern bestenfalls mit moralischer Sicherheit erweisen lasse, daß hier Geneigtheit und Wollen des Menschen eine ganz entscheidende Rolle spielten."[11]

Die "Wege der Glaubensbegründung nach der sogenannten Immanenzapologetik"[12] wurden in E. Seiterichs Monographie übersichtlich dargestellt. In seiner Untersuchung "Die apologetische Methode des Kardinals Dechamps"[13] arbeitet E. Seiterich heraus, daß V.A. Dechamps schon vor M. Blondel auf zwei Hauptfaktoren der Apologetik insistierte: dem objektiven, äußeren *und* dem subjektiven, inneren Faktor. Dechamps war besonders um den Aufweis bemüht, daß es im Menschen ein tiefes Bedürfnis nach Belehrung durch Gott gebe. "Der laute Schrei des Gewissens und der Vernunft geht nach dem Licht von oben: Oriens ex alto."[14] Neben Kardinal Dechamps sollen die immanenzapologetischen Ansätze nicht unerwähnt bleiben, die von F. Brunetière, L. Ollé-Laprune, G. Fonsegrive-Lespinasse und G.K. Chesterton erstellt wurden. Sie sind erste und ernsthafte Versuche zu einem Paradigmenwechsel in der Glaubensbegründung: Daß zwischen den Gesetzen des Lebens und dem Christentum wunderbare Entsprechung herrsche, wollen Chesterton und Fonsegrive-Lespinasse demonstrieren. Brunetière ist bestrebt, die Notwendigkeit des Glaubens aus den Anforderungen des sozialen Lebens zu erweisen. Ollé-Laprunes Apologetik möchte die Wertfülle des christlichen Glaubens herausstellen. Seine Fundamentaltheologie war zu damaliger Zeit sicherlich darin pionierhaft, daß ihr Demonstrationsweg weniger auf das "verum" als auf das "bonum" der Offenbarung und des Glaubens abhob. G. K. Chestertons Werk "Orthodoxie" (1926) ist der meisterhafte Entwurf einer Zusammenschau von menschlicher Reifung, christlicher Glaubenswahrheit und Mystagogie.

Die Symbolfigur und der entscheidende Auktor der "Immanenzapologetik" ist allerdings Maurice Blondel mit seinem Hauptwerk "L'Action" (1893). Der Begriff "Immanenzapologetik" orientiert sich direkt an Blondels "Immanenzmethode" zum Auffinden der Idee des "Übernatürlichen" im Menschen. Methode und Zielsetzung der manigfaltigen immanenzapologetischen Ansätze faßt H. Bouillard unter dem Generaltitel "Logik des Glaubens" folgendermaßen zusammen:

> "Wenn es wahr ist, daß Christus für alle Menschen eine entscheiden de Bedeutung hat, muß sein Erscheinen einer angestammten Offenheit und einer dunklen Sehnsucht des Menschen entsprechen; andernfalls hätten wir gar nicht die Möglichkeit, ihn als Wort Gottes an uns gewahr zu werden. -

> Die Logik der menschlichen Existenz muß diese Offenheit ahnen lassen und sozusagen das formale Schema einer vernünftigen Zustimmung zur göttlichen Offenbarung entwerfen. Sicher wird nur jener dieses Schema sehen können, der in der christlichen Wirklichkeit bereits beheimatet ist. Er muß es aber nicht erst schaffen, sondern wird es in seiner Reflexion über das Sein des Menschen finden. Er wird entdecken, daß die Logik der menschlichen Existenz den konkreten Sinn der Botschaft des Evangeliums zwar noch nicht in sich birgt, wohl aber die erste Morgenröte ihrer Offenbarung darstellt."[15]

H. Bouillards Bilanz zur "Logik des Glaubens" ist als Vorgabe geeignet für eine kritische Nachfrage bezüglich des Aktualitätswertes und der Ergänzungsbedürftigkeit der traditionellen Immanenzapologetik. Zuvor jedoch soll M. Blondels Konzeption "subjektiver Apologetik" auch hinsichtlich ihrer Wirkungsgeschichte umrissen werden. Deren komprimierte Darstellung wird einen theologiegeschichtlichen Baustein liefern zur Erörterung der postmodernen "religiösen Lösung", die an die Stelle des "romantischen Subjektivismus", seiner Bewußtseins-, Emanzipations- und Geschichtsphilosophie treten könnte.

M. Blondels Apologetik geht von einem *apriorischen Mangel* aus, der sich in jeder "Action" je neu als Mißverhältnis zwischen gewolltem Tat-Ziel und wollendem Willen aktualisiert. In sorgfältiger Analyse entdeckt Blondel das Diskrepanzbeladene der menschlichen Lebens-Tat:

> Der Mensch "muß wollen und ein Ziel verfolgen. Und so bleibt nur noch die Frage, welches Ziel er seinen Taten setzen wird. Wie sehen diese Taten aus? Wohin führen sie: ins Nichts?"[16]

Das Mangel- und Mißverhältnis zwischen Ziel und Tat ist also gemäß Blondel eine Rahmenbedingung menschlichen Seins, das immer zugleich zielstrebiges Wollen und Aktion ist. Von der sinnlichen Wahrnehmung bis zur höchsten geistigen Leistung steigt der Mensch (in M. Blondels "L'Action") zu immer vollkommenerer Synthese auf (Sinnenwelt, Wissenschaft, Freiheit, Individualität, Gemeinschaft, Sittlichkeit, Metaphysik, Werteethik, natürliche Religion), ohne daß das Mißverhältnis zwischen dem Ziel und der Dynamik des Wollens aufgehoben würde. So gesehen bewegt sich das menschliche Leben in einem Gefüge von Handlungen,

Entfaltungen und Synthesen, die niemals ganz in (finale) Einheit übersetzbar und aufhebbar sind. Der von J. G. Fichte analysierten Aporie der Selbstsetzung des Ich steht in M. Blondels Anthropologie die Unvollkommenheit der menschlichen Tat zur Seite.

Freilich rechtfertigte bereits I. Kant das Prinzip der natürlichen Religion mit dem unvermeidlichen Selbstwiderspruch der Vernunft in ihrem praktischen Gebrauch (Akt). Die Reinheit der Gesinnung mit dem Erfolg der Tat zu vereinen, birgt für Kant eine (Mangel-)Erfahrung, die den Menschen belehrt, daß er sich bei aller Anstrengung bestenfalls auf dem Weg zur Sittlichkeit befindet und eines "Urteilsspruch[es] aus Gnade" bedarf, um den "Ankläger in uns" verstummen zu lassen (vgl. 4.1.2.). Gemäß Kant ist der religiöse Akt seiner Form nach ein Akt der Hoffnung in praktischer Absicht. Sowohl Kant als auch Blondel verstehen es, Religion aktphilosophisch nicht nur als das Ergebnis dialektischer Bewegung zu deuten, sondern als deren Vollzug. Konkret beinhaltet dies für Blondel das Postulat der apriorischen Idee des Übernatürlichen im Menschen. Dieses Postulat ermöglicht Blondel den Brückenschlag zur Offenbarung, ihrer Positivität und ihres Ungeschuldetseins. Ziel der Immanenzmethode ist das Auffinden der Idee des Übernatürlichen und ihre fundamentaltheologische Erörterung unter dem Aspekt der christlichen Offenbarung: "Absolut unerreichbar und absolut notwendig für den Menschen: das ist genau der Begriff der Übernatur". So definiert M. Blondel in "L'Action" (§ 77) jene apriorische Grundgröße menschlicher Tatverfaßung, die dem Subjekt gestattet, die Offenbarung des Übernatürlichen aufzunehmen, falls sie sich ihm zueignen sollte.

> "Wenn es sie gibt, dann muß sich die göttliche Offenbarung vom Menschen unabhängig erweisen. Sie muß einen Akt der Unterwerfung fordern, ein Sich-verdrängen-Lassen unseres Denkens und Wollens, ein Sich-geschlagen-Geben der ohnmächtigen Vernunft - so sehr, daß Vernunft sie für unecht erklären müßte, wenn sie dieses unumgängliche Opfer nicht von uns forderte[...] So muß sogar die Dynamik unseres Suchens, das uns Gott entgegenführt, in seinem tiefsten Grund ein Gnadengeschenk sein." (Action, § 77).

M. Blondels strikte Absage an jedwede Nähe zu dem, was Th. Carlyle als "naturalen Supernaturalismus" symbolisiert (vgl. 1.5.3.2.), läßt ihn für eine dialektische Theologie plädieren, die nicht unproblematisch ist, was die Spaltung des Subjekts anbelangt. Doch davon soll später gehandelt werden. Hier gilt es festzustellen, daß Blondel das Übernatürliche unter dem Doppelaspekt des Anthropo-Theologischen veranschlagt: Der apriorischen Idee des Übernatürlichen entspricht die christliche Offenbarung der konkreten Gestalt des Supernaturalen. Die Philosophie kann die Idee des "Übernatürlichen" entfalten und anthropologisch situieren *ohne* deren Realität zu erweisen. Der Inhalt der Offenbarung kommt also "von außen". Christlicher Glaube im Sinne M. Blondels

> "ist eine Entscheidung des Menschen in der Gnade Gottes, eine Entscheidung, die sich der Verkündigung unterwirft."[17]

M. Blondels "Immanenzapologetik" verstand sich als eher philosophische Ergänzung zum Beweisgang der "objektiven Apologetik". Indem sie Subjekt und Offenbarung gemeinsam und in Konvergenz zueinander denkt, ist sie ein frühes Beispiel für die "integrale Apologetik" der Gegenwartstheologie.

6.2.2.2. Die Weiterentwicklung der Immanenzmethode zur integralen Apologetik

Die Immanenzmethode Blondels wurde in der Folgezeit religionsphilosophisch[18] wie theologisch rezipiert, modifiziert und integrativ weiterentwickelt. Für die deutschsprachige Fundamentaltheologie sei hierzu exemplarisch auf K. Rahner und A. Lang verwiesen. Beide Theologen griffen schon Jahrzehnte vor dem II. Vaticanum die Immanenzapologetik auf und entwickelten sie - herkommend vom thomistischen Erbe - weiter zur integralen Apologetik.

In seiner "Fundamentaltheologie II: Der Auftrag der Kirche"[19] widmet sich A. Lang der Aufgeschlossenheit des Menschen für Offenbarung, seinen subjektiven Befindlichkeiten und seiner Glaubensbereitschaft. Lang akzentuiert in sich wandelnder Thematik den Menschen als aktiven Rezipienten der Offenbarung. Wie M. Blondel betont er das glaubenskonstitutive Moment der Entscheidung, die Gabe der Offenbarung als Aufgabe zu bejahen:

> "Außerdem ist der Mensch bei der Hinnahme der Offenbarung durchaus nicht rein passiv beteiligt. Die Glaubensentscheidung ist ein Akt, der aus den Tiefen des eigenen Selbst aufbrechen muß. Und die Offenbarungswahrheit ist ein Samenkorn, das sich entwickeln und Frucht bringen will. Wie jede Wahrheit, so ist besonders die von Gott mitgeteilte Wahrheit nicht nur eine Gabe, sondern auch eine Aufgabe. [...] Sie gibt nicht bloß fertige Lösungen, sondern immer auch neue Fragen auf [...]. Der Mensch ist das Wesen, das nach oben geöffnet ist."[20]

Auch K. Rahner reflektiert auf den Menschen als "Hörer des Wortes" (1940), d.h. als Adressaten und aktiven Rezipienten von (möglicher) Offenbarung. Herkommend vom Thomismus, in Weiterführung der Gedanken Blondels und unter Berücksichtigung von J. Maréchal erarbeitet Rahner ein zuverlässiges Konzept integraler Fundamentaltheologie. Es gibt dazu zahlreiche Untersuchungen in der mittlerweile fast unübersehbaren Literatur zu Rahners Werk. Eine treffliche Würdigung aus fundamentaltheologischer Sicht bietet H. Fries in seinem Aufsatz "Vom Hören des Wortes Gottes".[21] Wie Fries herausarbeitet, führt Rahner in "Hörer des Wortes" das Anliegen der Immanenzapologetik weiter, ohne deshalb in seinen Überlegungen zum apologetischen Problemkomplex die Bedeutung der "Zeichen" bzw. der historischen Methode zu bestreiten. In K. Rahners Analyse des Menschenmöglichen erweist sich der Mensch als ein notwendig auf die Offenbarung "Horchender". Ohne die Frage vorzuentscheiden, ob Gott sich offenbart, läßt sich sagen,

> "daß der Mensch [...] der auf eine Offenbarung dieses freien Gottes in einem menschlichen Wort Hörenmüssende ist."[22]

Scholastischer Metaphysik entsprechend erkennt Rahner den Menschen als jenes Geistwesen, das nicht nur nach Seiendem, sondern nach dem Sein schlechthin fragen kann. Der seinsweite Fragehorizont ist ihm überhaupt erst die Ermöglichungsbedingung für die Fragen nach den einzelnen Seienden.

> "Der Mensch ist die absolute Offenheit für Sein überhaupt, oder, um dieses in einem Wort zu sagen, der Mensch ist Geist."[23]

Weil der Mensch aber nicht absoluter, sondern endlicher Geist ist, deshalb können beim Menschen Sein und Geist nicht identisch sein. Essenz und Existenz des Menschen stehen also - laut K. Rahner - in keinem an sich ausgemittelten Einheitsverhältnis, sondern in einem Bruchverhältnis der Kontingenz. Erst im Bezug zum absoluten Sein Gottes könne die Differenz zwischen Essenz und Existenz ihre ergänzende Überhöhung erfahren. Deshalb sei der Mensch seinsmäßig hingeordnet auf die freiwillige, Beziehung stiftende Offenbarung Gottes.

> "Als endliches Geistwesen ist der Mensch Hörer des [...] Wortes Gottes, Horcher auf die [...] freie Offenbarung Gottes."[24]

Im fundamentaltheologischen Kontext der Kontingenzproblematik reformuliert K. Rahner die scholastische Anthropologie der potentia oboedientialis:

> "Eine metaphysische Anthropologie ist dann an ihrem Ende, wenn sie sich selbst begriffen hat als die Metaphysik einer potentia oboedientialis für die Offenbarung des überweltlichen Gottes."[25]

In seiner metaphysischen Anthropologie mit der These vom "übernatürlichen Existential" liefert Rahner seinen Lösungsbeitrag zu einem zentralen Thema der Fundamentaltheologie, das schon im Kontext der frühen Immanenzapologetik virulent war. Es ist das Zentralthema des Offenbarungsextrinsezismus und seiner Ablösung. K. Rahners Fundamentaltheologie ist gerade darin M. Blondels Immanenzapologetik nicht unähnlich, daß auch er das Übernatürliche und dessen freie Offenbarung unter dem integralen *Doppelaspekt* des Anthropo-Theologischen veranschlagt: Der potentia oboedientialis des freien und endlichen Geistwesens Mensch (bzw. dem "übernatürlichen Existential") entspricht die frei-willentliche Offenbarung Gottes. Der innersten Wesenskonstitution des Menschen kommt das Daß und das Wie der Offenbarung entgegen. In dem fundamentaltheologischen Standardwerk "Offenbarung. Prinzip neuzeitlicher Theologie" (München 1977) überschreibt Peter Eicher diese Grundgegebenheit im "Gott-Denken Karl Rahners"[26] mit dem Titel "Das Zu-uns-kommen

Gottes als das Zu-sich-selbst-kommen des Menschen". Ein solches Korrespondenz- und Identitätsereignis bedarf letztlich der christologischen Vermittlung:

> Der Mensch ist kraft seines durch das übernatürliche Existential bestimmten Wesens das Seiende, das auf ein Heilsereignis als möglicherweise zu erwartendes ausgerichtet ist, dieses hat gerade als absolutes und endgültiges Heilsereignis das zum Inhalt, was der christliche Glaube als endgültige Zusage Gottes in 'Jesus' und als 'Inkarnation' bzw. hypostatische Union bekennt."[27]

Die Immanenzapologetik des 19. und frühen 20. Jahrhunderts, die sich schon begrifflich von M. Blondels "Immanenzmethode" herleitet, fand also ihre Rezeption, Weiterentwicklung und *Korrektur* in Werken "integraler Apologetik". Im nächsten Arbeitsschritt soll der Zentralaspekt der Korrektur herausgestellt werden. Sodann ist nach dem Beitrag zu fragen, den die Immanenzapologetik leisten kann für die Konturierung einer "religiösen Lösung", die dem "heutigen" Menschen, dem Anliegen der Postmoderne-Bewegung(en) und dem proprium christianum gerecht wird.

6.2.3. Das vernünftig legitimierbare Verhältnis von Offenbarungsglaube und conditio humana

6.2.3.1. Immanenzapologetik in Differenz zur vernunftphilosophisch profundierten Apologetik

Die traditionelle Immanenzapologetik (als Methode der Glaubensbegründung durch den Rekurs auf das Subjekt selbst) ist ein fundamentaltheologischer Versuch vermittels metaphysischer Anthropologie der Offenbarungs- und Religionskritik der Aufklärung zu begegnen: Die immanenzapologetische Reflexion auf die konstitutiven Momente des menschlichen Seins, der subjektiven (Glaubens-)Tat und Wesenskonstitution soll dabei eine möglichst homogene Zusammenschau von Zweierlei ermöglichen: von conditio humana und Offenbarung. Der Glaube(nsakt) wird als verbindendes, dynamisches Element zwischen beiden interpretiert. Zur conditio humana gehört aus immanenzapologetischer Sicht, daß der Mensch der Offenbarung bedarf zur Aktualisierung und Vollentfaltung seines Menschseins. Zugleich ist er seinem geistigen Wesen nach auf Offenbarung hin konstituiert. Andererseits bemißt sich der Heilswert der positiven Offenbarung eben daran, daß sie - bei aller Ungeschuldetheit - nicht beliebig ist, sondern auf den Menschen hingeordnet und für ihn geschieht. Anliegen der Immanenzapologetik ist es, den christlichen Glauben an Offenbarung vernunft- *und* subjektgerecht auszuweisen. Das Besondere an der Immanenzmethode und ihrer metaphysischen Anthropologie ist also, daß sie den Offenbarungsglauben vernünftig, *nicht* aber an der autonomen Vernunft des Subjekts begründen will.

Diese ebenso einfache wie wesentliche Unterscheidung erlaubt eine Differenzierung zwischen der subjektzentrierten Immanenzapologetik und einer (bewußtseins-) philosophischen Apologetik, die über die Reflexion auf das Verhältnis von "vernünftigem Subjekt" und Offenbarung schließlich zur Abfassung einer Theorie der Offenbarung gelangt. F. D. Schleiermachers "Philosophische Theologie" und insbesonders J. S. Dreys "Apologetik" sind dazu renomierte Beispiele.

In der Auseinandersetzung mit der Bewußtseinsphilosophie des Deutschen Idealismus und mit I. Kants transzendentalphilosophischer Bestimmung der "Religion innerhalb der Grenzen der reinen Vernunft" wird die theologische Grundlagenbesinnung im 19. Jahrhundert dazu genötigt, das Verhältnis von Vernunft und Offenbarung zu überdenken. Eine dem entsprechende "Philosophische Theologie" legitimiert sich als

> "theologische Grundwissenschaft, die [...] das ganze Paradox des Offenbarungsgeheimnisses reflektiert, das Paradox der Transzendenz und gleichzeitiger Immanenz, der Faktizität und Nezessität, des Ereignisses und des Seins."[28]

Die allgemeine Verhältnisbestimmung von substantieller Vernunft und positiver Offenbarung schließt selbstverständlich das Subjekt nicht aus, sondern erstrebt einen Verdichtungsprozeß von der "abstrakten" zur "subjektiven" Vernunft. In "Theorie und Kritik der Offenbarung" ist die philosophisch orientierte Apologetik (z.B. bei J. N. Ehrlich und J.S. Drey) darum bemüht, "die Offenbarung mit der autonomen Vernunft und deren Struktur im menschlichen Subjekt zusammenzubringen."[29] Wie sehr die "Theorie der Offenbarung" (so der Titel von J.S. Dreys I. Band seiner dreiteiligen "Apologetik") damit zu einer "Philosophie der Offenbarung" (so der Untertitel zum I. Band) wird, das wird schon in Kants und Schleiermachers Religionsphilosophie vorgezeigt und in J.S. Dreys Pionierwerk der "Apologetik" wiedererkennbar. Der deduktive Weg von der substantiellen, allgemeinen Vernunft zur autonomen Vernunft des offenbarungsgläubigen Subjekts ist die via regia der Aufklärungstheologie und ihrer philosophischen Apologetik. Dieser Weg soll hier *nicht* weiter verfolgt werden. Es gilt hingegen anzumerken, daß diese apologetische Methode gerade in philosophischer (und dekonstruktiver) Hinsicht problematisch ist. Sie subsummiert nämlich das Subjekt unter den vorgefaßten Begriff der Vernunft. Nach Horkheimer/Adorno stellt dies einen "imperialen Akt" dar, der Spaltung generiert und die "Dialektik der Aufklärung" ihren geschichtlichen Lauf nehmen läßt: Es wird philosophischerseits so getan, als ob der Mensch in autonomer Weise den Gesetzen der Vernunft "gehorchen" würde; mehr noch, daß ihm dieser "Gehorsam" so absolut wesentlich sei, daß er ihn prinzipiell bestimmen und in das rechte Verhältnis zur Offenbarung setzen würde. Aus dem "gehorsamen Subjekt" der Offenbarung, das die klassische Apologetik verficht, wird das Subjekt der Vernunft. Als "vernünftiges Subjekt" darf es sich dann wieder selbstbewußt der Offenbarung(stheorie) zuwenden. Im Dreieck von Subjekt-Vernunft-Offenbarung übernimmt sodann der Glaube die Funktion der (Selbst-)Vergewisserung im Sinne der praktischen Vernunft. Auf diese Weise legitimiert sich Glaube als "vernünftiger" Akt.

Eine derartige, vernunftphilosophische Subjekttheorie wird allerdings kaum mit der tradierten christlichen Anthropologie kompatibel sein. Diesbezüglich ist auf unsere - im 4. Kapitel bereits ausführlich vorgetragene (vgl. 4.3.2.) - Revision der christlichen Aufklärungsanthropologie zu verweisen. Als deren Ergebnis galt es festzustellen, daß insbesonders die Ausgrenzung des "mysterium iniquitatis" (vgl. 4.3.2.2.) zu einer reduktionistischen, "eindimensionalen" Subjekttheorie führte. Deren metaphysische Anthropologie zentrierte sich im Rahmen der vernunftphilosophischen Apologetik exklusiv auf das Verhältnis der Offenbarung "zur [*unkorrumpierten*] geistigen und sittlichen Natur des Menschen". Zur Veranschaulichung dazu nochmals ein Zitat aus J.S. Dreys "Theorie und Kritik der Offenbarung":

> "Als die erste der Apologetik zuträgliche Wirkung der kritischen Philosophie muß das in das Bewußtseyn hervorgerufene Bedürfniß einer Theorie und Kritik der Offenbarung betrachtet werden; schon so lange hatte man gegen und für die Offenbarung gestritten, ohne von ihr und ihrem Verhältnis zur geistigen und sittlichen Natur des Menschen einen wissenschaftlich bestimmten Begriff zu besitzen, diesem für die Apologetik so nachtheiligen Uebelstand konnte nur durch eine Theorie der Offenbarung abgeholfen werden."[30]

Die geistige und sittliche Natur des Menschen, seine Vernunftwürde, Personalität und Gottesebenbildlichkeit sind freilich auch Leitthemen der Immanenzapologetik. Sie unterscheidet sich jedoch von der aufklärungsphilosophisch orientierten Apologetik hauptsächlich darin, daß sie - wie eingangs formuliert - den Offenbarungsglauben vernünftig, *nicht* aber an der autonomen Vernunft des Subjekt begründet.

Die Immanenzmethode forscht nach der inneren Bereitschaft im Menschen, die christliche Botschaft zu akzeptieren. Die Bedingungen, unter denen der Glaube im Menschen zustande kommt oder verweigert wird, sind zwar vernünftig erfragbar, sie sind aber deshalb noch lange nicht die Bedingungen der Vernunft.

> "Wenn die übernatürliche Offenbarung, die das Christentum verkündet, wirklich 'notwendig' ist, dann muß diese Notwendigkeit irgendwie im Sein des Menschen eingeschrieben sein [...]."[31]

Aber das "Sein des Menschen" reicht weiter als sein Vernünftig-Sein und es übertrifft jede eindeutige, ver-objektivierende Bestimmbarkeit.

6.2.3.2. Der Aktualitätswert der Immanenzapologetik nach der "Erschöpfung des Paradigmas der Bewußtseinsphilosophie"

Auf der Suche nach einer "religiösen Lösung" der spätmodernen Sinnkrise erweist sich die Reflexion auf die Immanenzapologetik als Einleitung eines subjekttheoretischen "Verwindungs"-Ansatzes. Die Immanenzmethode nimmt nämlich weniger auf das (autonome) "vernünftige Subjekt" als vielmehr auf das vernünftig legitimierbare Verhältnis von Offenbarung(sglaube) und conditio humana Bezug. Eben darin liegt wohl der bleibende Aktualitätswert der Immanenzapologetik, daß sie sich auf das *Existieren* des Gläubigen bezieht: auf dessen Existenzform als "Hörer des Wortes" (K. Rahner), als Sozialwesen (Fr. Brunetière), als Mensch, der "wollen und ein Ziel verfolgen [muß]" (M. Blondel); als Wesen, das selbst bei höchster geistiger Leistung sich niemals das Selbsterlebnis letzter Einheit und Harmonie verschaffen kann.

Die Immanenzapologetik zeigt in ihrer Subjekttheorie einen Weg der Mitte an: zwischen der apologetischen Doktrine vom "gehorsamen Subjekt" und einer (christlichen) Aufklärungsanthropologie (vgl. 4.3.2.), die sich dem bewußtseinsphilosophischen Paradigma vom "Vernunftwesen" Mensch vorrangig verpflichtet wußte. Mit dem Ende der "objektiven Apologetik" und mit der "Erschöpfung des Paradigmas der Bewußtseinsphilosophie" (vgl. 3.3.5.2.) kommt der Immanenzapologetik und ihrer anthropotheologischen Reflexion auf die conditio humana ein erneuter, postmoderner Aktualitätswert zu.
Der Aktualitätswert der Immanenzapologetik läßt sich philosophisch folgendermaßen erklären: Der romantische Subjektivismus ist in mehrfacher Hinsicht an sein postmodernes Ende geraten. Er bildet den modernistischen Gegensatz zum aufbrechenden Finitätsbewußtsein der Postmoderne (vgl. 2.2.), das sich einerseits aus der Grundlagenrevision der (Natur-)Wissenschaften (vgl. 2.2.2.) speist und andererseits aus der Krisensituation des "heutigen" Menschen herleitet (vgl. 4.3.4.). Die Diskreditierung und der Exitus des romantischen Subjektivismus vollziehen sich über dessen Extremisierung im anarcholiberalen Dekonstruktivismus (kontrastmythologischen Postmodernismus) bzw. in der radikalempanzipativen Prozeßtheologie (vgl. 5.2.3.). Während die Posthistoire-Literatur auf die trivialen Erfüllungspraktiken des popularisierten Subjektivismus verweist (vgl. 2.4.2.), versucht J. Habermas (vgl. 3.3.5.2.) dessen "Aufhebung" (Integration) in die (System-)Theorie der Intersubjektivität des "kommunikativen Handelns". Der Ablösung der subjektzentrischen Vernunft durch Systemrationalität widerspricht selbst die jüngere Generation der Frankfurter Schule (Welsch, Wellmer, Apel). Dem unter Utopieverdacht gerate-

nen Habermasschen Moderne-Projekt (vgl. 2.3.2.1.) stellt W. Welsch sein vielbeachtetes Projekt einer "postmodernen Moderne" entgegen. Die finitätsbewußte Ausmittlung von Rationalität und Pluralität soll vermittels "transversaler Vernunft" geleistet werden. Sie soll die neue Einheitsform praktizierbarer, postmoderner Vernünftigkeit gewährleisten und die "subjektphilosophische Erbmasse" integrativ in sich aufgehen lassen (vgl. 2.3.2. - 2.3.3.). Unsere kritische Revision des neorationalistischen Postmoderne-Projekts ergab jedoch, daß dieser Weltentwurf einer entteleologisierten Postmoderne (vgl. 2.3.3.2.) nur um den Preis der Reduktion des Subjekts und der Exklusion des "gespaltenen Subjekts" (vgl. 2.3.3.3.) konstruierbar ist.

Die Untersuchung des Projekts der "postmodernen Moderne", der philosophischen, neomythologistischen und (prozeß-)theologischen Postmoderne-Bewegungen legen schließlich - unter Zentrierung auf die subjekttheoretische Perspektive - folgendes Fazit nahe, das Vorgabe für einen anthropologischen "Verwindungs"-Ansatz ist: Die postmoderne Zuordnung der "subjektphilosophischen Erbmasse"(und die Überwindung des romantischen Subjektivismus) nach der "Erschöpfung des Paradigmas der Bewußtseinsphilosophie" ist dekonstruktiv auf anthropotheologischem Weg möglich. Weder die systemrationalistischen noch die regressiven (neomythologistischen, anarchostrukturalistischen, radikalemanzipativen) Über- bzw. Unterbietungen des subjektphilosophischen Paradigmas können Remedium sein für "das metaphysisch vereinsamte und strukturell überforderte Subjekt." Als Alternative zur Dialektik neorationalistischer und antirationalistischer Zueignung der "subjektphilosophischen Erbmasse" bietet sich eine "Verwindung" von dekonstruktiver Subjekttheorie und innovierter Immanenzapologetik an.

Die *vier* Konturen dieses "Verwindungs"-Projekts wurden schon weithin herausgearbeitet. Sie lauten im Stenogramm:

1. Dekonstruktive Wiederentdeckung des Menschen als Subjekt des Absoluten (vgl. 3.3.5.4.)
2. Postmoderne Orientierungssuche an der Grenze der religiösen Sinndimension (vgl. 4.3.4.)

3. Postmoderne Wiederkehr der Erlösungsbedürftigkeit (vgl. 5.1.) und Dramatisierung der Erlösungssuche (vgl. 5.1.2.)
4. Alternative Ansätze einer integrativen Fundamentaltheologie der Postmoderne (vgl. 5.2.5.3.)

Die themengerechte "Verwindung" der bereits vorgezeichneten Linien ist Aufgabe dieses synthetisierenden Schlußkapitels. Als nächster Schritt dazu dient die Reflexion auf die Erneuerung der Immanenzapologetik unter dem Doppelaspekt des "gespaltenen Subjekts" und der conditio humana des postmodernen Menschen: seines manque à être, seines Finitätsbewußtseins und seiner wiederkehrenden Erlösungsbedürftigkeit.

6.3. Immanenzapologetisches Konzept der relationalen Personalität des "gespaltenen Subjekts"

6.3.1. Die fundamentaltheologische Antwort zur Frage nach der Wahrheit des Menschen als "gespaltenes Subjekt"

6.3.1.1. Die binäre Argumentationsmethode der Immanenzapologetik

Die "anthropologische Wende" der zeitgenössischen Fundamentaltheologie geschieht in dem Bewußtsein, daß sich Offenbarungstheologie als *Glaubensvermittlung* unmöglich vom "Hörer des Wortes" dispensieren kann (beispielsweise indem sie ihn als "gehorsames Subjekt", als "Vernunftwesen" etc. einfach voraussetzt). Es ist schon lange das Anliegen integrativer Apologetik das Zueinander von Offenbarung, Offenbarungserfahrung und Subjektbefindlichkeit zu erforschen. Diese fundamentaltheologische Forschungsarbeit soll - wie das II. Vatikanum ausdrücklich hervorhebt - auch unter der Einbeziehung neuer Erkenntnisprinzipien geschehen.[32] Das Desiderat einer "religiösen Lösung" der gegenwärtigen Nihilismuskrise verlangt eine multifaktorielle Analyse von Sinnkrise, Subjekt und Sinnstiftung.

Das Ergebnis unserer Analyse läßt sich auf folgende Aussagen komprimieren: Die nihilistische Sinnkrise der Gegenwart ist einerseits Spätfolge der enttheologisierenden Aufklärung und andererseits bereits die Krise des Nihilismus (vgl. 4.3.1.). Am Ende seiner Frage "Was ist Metaphysik?" angelangt, wagt Heidegger den definitorischen Satz: "Das Nichts als das Andere zum Seienden ist der Schleier des Seins."[33] Aus dekonstruktiver Sicht läßt sich sagen: Die nihilistische Sinnkrise der Gegenwart ist "différance" zu einer epochalen "glaubensgeschichtlichen Wende" (vgl. 4.3.1.1.). Angesprochen ist damit die Wende von der nihilistischen Sinnkrise der Spätmoderne zur finitätsbewußten Suche nach einer religiösen Sinndimension der Postmoderne (vgl. 4.3.). Die postmoderne Orientierungs- und Erlösungssuche tastet nach einer "religiösen Lösung", die den status creaturae des "heutigen" Menschen nicht abstrahierend übergeht, sondern prinzipiell zum induktiven Ausgangs- und Adressort ihres soteriologischen Lösungsangebotes nimmt. Als pointiertes Ende des 4. Kapitels gelang uns die Formulierung von zehn anthropotheologischen Thesen zur conditio humana des "heutigen" Menschen an der krisenvollen Grenze zur Postmoderne (vgl. 4.3.4.1.). Diese zehn Schlußthesen des 4. Kapitels definieren unser Verständnis des postmodernen Subjekts, seiner zeitgeschichtlichen Exponiertheit, seiner "Grenz"-Erfahrung, seiner dekonstruktiven Selbstvergewisserung als "gespaltenes Subjekt" und seiner (Sinn-)Suche nach einer menschenfreundlichen und stabilisierenden Ordnungskraft einer geistigen Bewahrnis im Scheitern. Unsere (im 5. Kapitel unternommene) hermeneutische Strukturanalyse der "postmodernen (Prozeß-, Emanzipations,- Befreiungs-)Theologien" ergab deren Rückgebundenheit an die "Dialektik der Aufklärung", d.h. deren Gebundenheit an das Paradigma humanistisch-rationalistischer Nach-Aufklärung (vgl. 5.2.2.) bzw. an einen anarcholiberal tendierenden Romantizismus (vgl. 5.2.3.). Entsprechend unserer Analyse verbleiben somit nur wenige Ansätze zu einer integralen Fundamentaltheologie (vgl. 5.2.5.3.), die dem Anliegen der dekonstruktivistischen Postmoderne-Bewegung gesteigert Rechnung trägt, ohne sich des proprium christianum prozeßtheologisch zu entledigen.

Aufgabe der Synthesearbeit dieses Kapitels ist folglich die Konturierung einer "religösen Lösung", die der postmodernen Orientierungs- und Erlösungssuche eine zeitgemäße anthropologische Antwort gibt, die in ihrer Methode dekonstruktiv ist und sich zugleich alternativ verhält zu den Aporien des Dekonstruktivismus. Als konkreter Ansatz zu einer derart vorqualifizierten "religiösen Lösung" bot sich die Immanenzapologetik begründetermaßen an. Sie argumentiert in ihrer Glaubensvermittlung nämlich nicht von der autonomen Vernunft des Subjekts her, sondern sie reflektiert vielmehr auf ein vernünftig legitimierbares Verhältnis von Offenbarung(sglaube) und status creaturae bzw. conditio humana (vgl. 6.2.3.). Unter der Perspektive der "Erschöpfung des Paradigmas der Bewußtseinsphilosophie" kommt der Immanenzapologetik gesteigerter Aktualitätswert zu (vgl. 3.3.5.2. bzw. 6.2.3.2.).

Vom Standort der metaphysischen Anthropologie aus wies die Immanenzapologetik in ihrer "Logik des Glaubens"[34] stets auf *zwei* hauptsächlich Legitimationsfaktoren für die Angemessenheit der Offenbarung hin. Sie verwies - der thomistischen Tradition folgend - auf die *Wesenskonstitution* des Menschen als "homo finitus capax infiniti": auf seine geistige und sittliche Kraft; die Freiheit und Vernünftigkeit des Subjekts; auf seine potentia oboedientialis; seine absolute Offenheit für Sein; sein "übernatürliches Existential" und sein Bedürfnis nach klärender, göttlicher Belehrung. Die angemessene subjektive Rezeptionsfähigkeit gegenüber der ergangenen Offenbarung und die vernünftige Responsivität des Subjekts sollten positiv ausgewiesen werden. Dieser immanenzapologetische Ausweis operierte regelmäßig mit substantiellen metaphysischen Größen und unter Berufung auf die transzendentale Verfassung des Menschen als Geschöpf und Geistwesen. Den *anderen* (zweiten) Legitimationsfaktor in der binären "Glaubenslogik" der Immanenzapologetik liefert die Reflexion auf die *conditio humana*, auf die konkreten Bedinglichkeiten des menschlichen Existierens und Dasein-Müssens in einer kontingenten Welt (vgl. dazu M. Blondels "L'Action"). Offenbarung als Antwort auf die vernünftig erkennbaren, existentiellen Notwendigkeiten menschlichen In-der-Welt-Seins war in nuce immer schon Thema der traditionellen Immanenzapologetik. In "Logik des Glaubens" mißt H. Bouillard der "Logik der menschlichen Existenz" gewissermaßen einen natürlichen Offenbarungswert zu, wenn er schreibt:

> "Er [der Mensch] wird entdecken, daß die Logik der menschlichen Existenz den konkreten Sinn der Botschaft des Evangeliums zwar noch nicht in sich birgt, wohl aber die erste Morgenröte ihrer Offenbarung darstellt."[35]

Schließlich läßt sich sagen, daß schon die frühe Immanenzapologetik (M. Blondel, M. Maréchal, F. Brunetière, L. Ollé-Laprune, G.P. Fonsegrive-Lespinasse usw.) in ihrer metaphysischen Anthropologie sowohl auf die *Wesenskonstitution* des Menschen als auch auf die *condito humana* seines Existierens Bezug nahm, um das Daß und Wie der Offenbarung als Gottes angemessene Antwort an den Menschen zu legitimieren.

Die gesuchte "religiöse Lösung" kann also mit ihren Konturen der "Verwindung" auf die binäre Argumentationsstrategie der Immanenzapologetik zurückgreifen und diese - unter dem Vorzeichen postmoderner Existenzerfahrung - innovativ rekonstruieren. In diesem Sinn ist zuerst auf die *Wahrheit* des "gespaltenen Subjekts" zu reflektieren. Dieser Reflexion kommt eine Klammerstellung und Verbindungsfunktion zu für die Zusammenschau: von dekonstruktiver Subjekttheorie, postmoderner Erlösungssuche und anthropotheologischer Legitimation der Offenbarung als notwendiger, transzendentaler Voraussetzung für eine alternative, "essentielle Postmoderne".

6.3.1.2. Die postmodern wiederkehrende Suche nach der Wahrheit des "gespaltenen Subjekts" (Zusammenfassung)

Die traditionelle Immanenzapologetik ist in ihrer metaphysischen Anthropologie gerade darin modifizierungsbedürftig, daß sie die Wahrheit des Menschen als "gespaltenes Subjekt" noch weitaus intensiver veranschlagen und methodisch ausführen könnte. Die transzendentaltheologische Begründung für den Menschen als "gespaltenes Subjekt" ist aber die (Glaubens-)Wahrheit vom peccatum originale originans und seines untilgbaren Effektes: der concupiscentia.

Im Verlauf unserer Untersuchung wurde sukzessiv die Wirklichkeit des "gespaltenen Subjekts" eingeblendet (vgl. 2.3.3.3.; 2.4.2.3.; 3.3.5.3.; 4.3.2.2.; 4.3.3.). Methodisch geschah dies vermittels der dekonstruktivistischen Subjekttheorie, welche die vernunftgefaßte Einheit des Ich-Subjekts auf seine Uneigentlichkeit hin analysiert und hierbei die Verwiesenheit des Menschen auf das "ganz Andere" und Absolute wiederentdeckt (vgl. 3.3.5.; 5.1.2.4.). Der "Tod des Subjekts" als vielzitierte "condition postmoderne" ist postmoderne Metapher für die radikale Dekonstruktion des Subjekts (der Aufklärung) hinsichtlich seiner konstitutiven Verfaßtheit als "gespaltenes Subjekt". Ohne in eine Wiederholung der einzelnen Dekonstruktionsschritte eintreten zu wollen, sei hier nochmals an Horkheimers/Adornos und Heideggers Radikalkritik an der rationalistischen Subjekttheorie erinnert: Die "Dialektik der Aufklärung" wie die "Seinsvergessenheit" der Moderne sind demnach Folgen einer verfehlten Vernunft- und Subjekttheorie, die sich in Hegels Wahrheitsbegriff des "absoluten Subjekts" ihr bleibendes Symbol gesetzt hat. Doch die idealistische Aufklärungsanthropologie ist an ihr realgeschichtliches, epochales Ende gestoßen (vgl. 4.3.3.). Sie erfährt schon längst ihre triviale Extremisierung in einem popularisierten, romantischen Subjektivismus und Emanzipationssurrealismus, die auch keine "Kritische Theorie" der "diskursiven" bzw. "transversalen Vernunft" mehr ausmitteln kann. Gefragt ist eine neue christliche Anthropologie als dynamischer Legitimationsfaktor postmoderner Glaubensvermittlung.

Fundamentaltheologie wird als Glaubensvermittlung stets der "Dreieinheit" von Offenbarung, Subjekt und Geschichte eingedenk sein. Geschichte ist aber immer auch Zeitgeschichte und der "Hörer des Wortes" ist stets der zeitgenössische Mensch. Der Philosophie mag es - wie Hegel vorformulierte - gestattet sein, in ihrem "Belehren, wie die Welt sein soll" chronisch "zu spät[zu kommen]."[36] Die Fundamentaltheologie hat hingegen ihr Mandat darin, geschichtsbewußt, aktuell und realitätszugewandt zu sein. Nur so vermag sie dem "pilgernden Gottesvolk" der Kirche die aufkommenden "Zeichen der Zeit" glaubwürdig zu deuten. Die Postmoderne-Bewegungen, ob dekonstruktivistisch oder romantizistisch, die nihilistische Sinnkrise und die mancherorts gepflegte Posthistoire-Stimmung sind solche "Zeit-Zeichen". Sie sind Zeichen für ein Epochenende und einen "Geschichtsbruch" (E. Biser), die den "heutigen" Menschen, sein Selbst- und Kirchenverständnis, seine Ethik und (religiöse) Sinnsuche massiv affizieren. Die Gegenwart - und das ist die Krise der Moderne - stellt den "heutigen" Menschen auf die Probe einer neuartigen Grenzerfahrung der (Selbst-)Gefährdung, die in der Weltgeschichte einmalig und erkennbar ist, will man nur das Bewußtsein dafür zulassen (vgl. 4.3.). Der spätmoderne Mensch ist in eine Extremerfahrung mit sich selbst eingetreten: mit seinen humanistischen Idealen über die Vernunft-, Leistungs- und Selbstverwirklichungsfähigkeit des "freien", selbstbewußten Menschen. Die moderne Subjekttheorie, die sich bislang noch aus der Aufklärungsanthropologie herleitete, vermag keine überzeugenden Antworten mehr zu geben auf die Extremerfahrungen des zeitgenössischen Menschen mit sich selbst. Sie ist in dekonstruktivistischem Umbruch begriffen. Ihre holistischen Konstruktionsparameter (wie Selbsterhalt, -vervollkommnung, Autonomie, Vernunfteinheit) können der kritischen Anfrage und aktuellen Erfahrung kaum mehr standhalten. Das Paradigma der Bewußtseinsphilosophie ist - wie selbst J. Habermas eingesteht - "erschöpft". J.G. Herders "eindimensionale" Menschenkunde mag der modernen philosophischen Anthropologie als "exemplarischer Ausgangspunkt" (A. Gehlen) mehr als ein Jahrhundert lang gedient haben (vgl. 4.3.2.1.). Zur Klärung der conditio humana des "heutigen" Menschen an der krisenvollen Grenze zur Postmoderne (vgl. 4.3.4.) trägt sie nicht mehr ausreichend bei. Dies jedenfalls ist das - hier pauschaliert vorgetragene - Ergebnis unserer postmodernen Revision der (christlichen) Aufklärungsanthropologie (vgl. 4.3.2.). Die Insuffizienz dieser "Menschenkunde" läßt sich im Hinblick auf das "gespaltene Subjekt" mit S. Kierkegaards (An-)Klageformel symbolisieren: "es zu wissen, aber es nicht zu sein". Diese Formel verdichtet jenen existenziellen Zwie-spalt des Menschen, den die Aufklärungsanthropologien damit verdrängten, daß sie ihn durch "Bildung" aufhebbar wähnten. Eine geschichts- und realitätsbewußte "Theologie nach Auschwitz" und an der Grenze zu einem neuen Jahrtausend kann allerdings ebensowenig wie der zeitgenössische Mensch umhin, das Tragische am Menschen wiederzuentdecken, das einem 'mysterium iniquitatis" entspringt.

Die Aufklärungsanthropologie (Herder, Lessing, Basedow...), die klassische wie die (bewußtseins-)philosophisch orientierte Apologetik (J.S. Drey), legten bei aller Verschiedenheit voneinander den Akzent ihrer Menschen-, Glaubens- und Erziehungskunde so eindeutig auf Vernunftstreben, auf sittliche Bildung und "gehorsame" Tugendhaltung (vgl. 4.2.2.2.), daß eben dadurch das geoffenbarte religiöse Urwissen um das "mysterium iniquitatis" (2. Thess. 2,7) des erlösungsbedürftigen, "gespaltenen Subjekts" verdrängt wurde. Indem der Mensch als "Vernunftwesen", als moralisches Subjekt, als "gehorsames" (Tugend-)Subjekt "geoffenbarter Wahrheiten" fixiert wird, kommt es zur Verkennung seiner Wahrheit als "gespaltenes Subjekt". Rationalistische und idealistische Fehlinterpretationen (Überbewertungen) sind die fatale Folge. Die Aufklärungsanthropologien tendieren idealistisch übersteigert zur pelagianistisch-humanistischen Verkürzung des christlichen Menschenbildes, indem sie die Glaubenswahrheit von Erbsünde und Konkupiszenz ignorieren und das "mysterium iniquitatis" wie auch das Leiden der triebhaften und erlösungsbedürftigen Kreatur als annullierbare, defizitäre Modalitäten umdeuten. Herders Anthropologie der "Weltoffenheit und Gottesebenbildlichkeit" des Menschen ist exemplarisch für jenen Fortschrittsoptimismus der Selbstvervollkommnung, der sich aus heutiger Sicht als Ideologie zu erkennen gibt. Die traditionellen Apologien wie die "postmoderne Prozeßtheologie reflektieren hingegen zu wenig auf die insecuritas humana, die (Todes-)Gefährdung und den existentiellen Mangel, der dem menschlichen Leben wesentlich inhärent und deshalb *nicht* emanzipatorisch überwindbar ist.

So bleibt es die hermeneutische Aufgabe einer innovierten, postmodernen Immanenzapologetik eine transzendentaltheologische, geoffenbarte Begründung zu geben für die Wahrheit des "gespaltenen Subjekts". Vermittels dieser Wahrheit läßt sich das neu im zeitgenössischen Bewußtsein aufgebrochene, konstitutive Selbstzerwürfnis des Menschen, seine Extremgefährdung und -erfahrung, am ehesten glaubwürdig deuten.

6.3.1.3. Erbsünde und Konkupiszenz als schöpfungstheologische Begründung für den uranfänglichen Spaltungszustand menschlicher "Verfallenheit"

In seiner "Stellungnahme zu einer brennenden Frage", nämlich "Zur kirchlichen Erbsündenlehre" (Freiburg 1991) fragt Ch. Schönborn nach dem "Neuanfang eines Weges der Gottesnähe", den er religionsgeschichtlich im Sinne der Postmoderne situiert:

> "Dürfen wir, gewissermaßen am Ende des großen Zyklus der Ideologien, innehalten und fragen, ob nicht auf diesen Wegen, die oft von der Suche nach Alternativen zur christlichen Offenbarung bestimmt waren, ein tieferes Verstehen der Erbsündenlehre möglich geworden ist?"[37]

Mit "diesen Wegen" meint Schönborn ausdrücklich die "neuzeitlichen Denkwege" der Tiefenpsychologie und Psychoanalyse, die er - im Sinne des Vat. II - als neue Erkenntnisprinzipien zu einem "tieferen Verstehen der Erbsündenlehre" gelten läßt.

> "Die Tiefenpsychologie, die Psychoanalyse haben vielmehr neues Licht auf den erbsündlichen Zustand des Menschen geworfen. Die neuzeitliche Philosophie hat die Analyse des Bösen, der Entfremdung, der 'Uneigentlichkeit' um viele neue Aspekte bereichert. Doch zeigen [...] diese Analysen ihre ganze Prägnanz erst [...], wenn sie im Licht des Erbsündendogmas gelesen werden. Ohne dieses Licht

bleibt alles Wissen um das Böse gewissermaßen blind. Die Alternativen zum Erbsündendogma enden alle früher oder später im Naturalismus [...]."[38]

Die Heideggersche Existentialphilosophie mit ihrer Dekonstruktionsmethode, die philosophische Postmoderne-Bewegung und insbesonders die Posthistoire-Literatur zählen zu jenen "neuzeitlichen Philosophien", welche die weitläufige Thematik von Entfremdung und Simulation, von der "Abdankung des Menschen", seiner Depersonalisierung und Entzweiung bis hin zur Anthropodizeefrage (vgl. 3.3.5.1. bzw. 5.1.2.4.) verfolgen und die Erlösungsbedürftigkeit des postmodernen Subjekts (vgl. 5.1.1.) dramatisch offenlegen. In ihren Darlegungen gehen sie davon aus, daß der "große Zyklus der Ideologien" und die entelechial-evolutiven Aufklärungsanthropologien durch die realgeschichtlichen und soziokulturellen Ereignisse ihrer "utopischen Aufladung" verlustig gingen. Zum neuen Finitätsbewußtsein gehört die Demaskierung des "absoluten Subjekts" auf seine konstitutive, uranfängliche Spaltung *und* Relationalität hin. Die Wirklichkeit des "gespaltenen Subjekts" ist sicherlich das große, vielgewundene metapsychologische Zeitthema der Psychoanalyse und Tiefenpsychologie. Bemerkenswerte metaphysische Abhandlungen dazu sind J. Lacans "Écrits", aber auch Albert Görres' "Psychologische Bemerkungen über die Erbsünde und ihre Folgen" (1991). Die Spaltung bzw. "Bivalente Verwiesenheit des Subjekts" war auch das Zentralthema unserer Dissertationsarbeit, die mit dem Titel "Das Begehren" (1991) ediert wurde.

Die transzendentaltheologische Begründung der *Wahrheit* des "gespaltenen Subjekts" ist - über das Philosophische und Metapsychologische hinaus - einer der großen Klärungsbeiträge, die eine innovierte Immanenzapologetik dem erschütterten Selbstverständnis des postmodernen "Hörer[s] des Wortes" anbieten kann. All unser methodisches und darstellendes Bemühen im Aufbau dieser Untersuchung trachtet danach, eine alternative "religiöse Lösung" angemessen und plausibel einführen zu können. Diese "religiöse Alternativlösung" steht nicht zuletzt in erschließender Funktion: Sie soll dem "heutigen", nihilismus- und krisengefährdeten Menschen eine Antwort vom "ganz Anderen" her sein für sein Da-Sein und So-Sein. Zugleich soll sie die dekonstruktivistische Philosophie und Mystik auf die

Notwendigkeit der Offenbarung hin erschließen, die sich schon darin als entscheidende, absolute Bezugsgröße legitimieren kann, daß sie einen Rückfall der dekonstruktivistischen Postmoderne-Bewegung in die "Dialektik der Aufklärung" verhindert. Die folgenden Ausführungen zur (Glaubens-)Wahrheit vom "gespaltenen Subjekt" stehen also im Spannungsfeld eines weitgezogenen Kontextes, in dem sie sich dadurch zu bewähren haben, daß sie ihn "aufklären" und "lichten", ohne monistisch-reduktiv zu sein.

B. Pascals bekanntes Wort über die Erbsünde steht im Rahmen seiner "Pensées" in einem Begründungsverhältnis zu dem, was er zu sagen weiß "Vom Elend des Menschen"[39] und "Von der Schwäche des Menschen und der Unsicherheit seiner natürlichen Erkenntnis."[40] Pascals Dictum zur Erbsünde ist sein großes Vor-wort zu status creaturae und conditio humana. Es lautet:

> "Sicher befremdet uns nichts härter als diese Lehre; und doch bleiben wir ohne dieses unverständlichste aller Geheimnisse uns selber unverständlich. Der Knoten unserer Lage erhält seine Verwicklungen und Schlingen in diesem Abgrund; und so ist der Mensch ohne dieses Geheimnis noch unverständlicher, als dieses Geheimnis dem Menschen unverständlich ist."[41]

In der kongenialen Übersetzung H.U.v. Balthasars nimmt Pascals Text vom "unverständlichsten aller Geheimnisse", vom "Knoten" und "Abgrund", eine semantische Schwingung an, die dem literarischen Genre der "Postmodernen" ebenfalls zu eigen ist. Man denke diesbezüglich nur an die Stilistik Derridas', Lévinas' und an R.D. Laings Schrift "Knoten" (1983), mit welcher er seine in "Das geteilte Selbst" (1983) verschriftlichten Einsichten zum "gespaltenen Subjekt" weiterführt. Wie B. Pascal meint auch R. Spaemann "daß im Geheimnischarakter der Erbsünde der erste Grund für den Widerstand gegen diese Lehre zu suchen sei."[42] Dem läßt sich mit allem Respekt entgegenhalten, daß das Mysterium von je her ambivalenzerzeugend auf den Menschen wirkt: Es aktiviert zwar seinen verstandesmäßigen Widerstand, attrahiert und fasziniert ihn aber zugleich. Gerade dadurch, daß dem Mysterium niemals eine gänzlich adäquate Erfahrung zugeordnet werden kann, bleibt es als Faszinosum. Die Lehre von der Erbsünde gehört, wie Scheeben zurecht betonte, zu den "Mysterien des Christentums" im strikten Sinn. Es entzieht sich jeder empirischen Nachprüfbarkeit, weil nach katholischer Lehre die Folgen der Erbsünde nicht zugleich mit der Erbsünde getilgt werden. Zudem verhält sich dieses Mysterium konträr zu den Selbsterfahrungs- und Selbstvervollkommnungsmaximen der Aufklärungsanthropologie. Dennoch weisen die "Zeit-Zeichen" darauf hin, daß die Erbsündenlehre einen wiederkehrenden Erklärungswert für das menschliche Selbstverständnis und für die postmoderne Erlösungssuche besitzt.

Was hier mit "Zeit-Zeichen" apostrophiert ist, wurde als existentialphilosophische Leitidee dem 5. Kapitel vorangestellt. Gemeint ist die Wiederkehr des *manque à être* in das Bewußtsein, die Selbst- und Welterfahrung des postmodernen Subjekts (vgl. 5.1.1.2.). Mit der "Erschöpfung des Paradigmas der Bewußtseinsphilosophie" geht simultan und unter dem "Schleier" des Nihilismus ein Zweites und Anderes einher: die Emergenz und sukzessive (vom Vorbewußten in das Bewußte drängende) Wiederkehr des rationalistisch ausgegrenzten, "vergessenen" manque à être. Insbesonders der Posthistorismus mit seiner immanentisierten Eschatologie (vgl. 2.4.2.) und "Todesmystik" (vgl. 3.2.2.3.) erzählt von der "neuen Einsamkeit der Postmoderne"[43], vom "Ausdauern im Äußersten", was gemäß Heidegger die "Wahrheit des Seins" entbirgt und die "Seinsvergessenheit" der modernen Metaphysik womöglich postmodern redigiert. Im komprimierenden Rückgriff auf das vorausgehende Kapitel (vgl. 5.1.1.2.) darf hier unsere These wiederholt werden: Der "vergessene" manque à être kehrt postmodern zweifach wieder. Zum einen fällt er auf das Subjekt zurück als Leiden am verlorenen und (noch) nicht wiederhergestellten "Bezug des Seins zu seinem (des Menschen) Wesen" (M. Heidegger). Zum anderen entdeckt sich dem spätmodernen Menschen der manque à être neuartig in der lange latent gebliebenen "Krankheit zum Tode", verstanden als konstitutivem Selbstzerwürfnis des Menschen. Einem Zerwürfnis, das sich mit der Auszehrung des "proprium humanum" als residualer, existentieller Mangel-Zustand dekodiert. Dieser läßt sich transzendentaltheologisch mit den Glaubenswahrheiten der Erbsünde und Konkupiszenz (DS 174, 181, 191, 788 f, 793, 815) als "status naturae lapsae" letztbegründen.

An dieser Stelle mag ein Hinweis auf die zwei konstitutiven Momente des katholischen Erbsündendogmas das Verständnis dafür straffen, warum gerade der Erbsündenlehre solch hoher hermeneutischer Wert für die "Verwindung" von postmoderner Subjekttheorie und Fundamentaltheologie zukommt. Das Dogma handelt in nuce von der Gottesbeziehung des Menschen. Es spricht über den Verlust der ihm ursprünglich von Gott geschenkten Heiligkeit und vom Hineingeborenwerden in eine Existenzform, in welcher der Mensch seiner ursprünglichen Bestimmung bereits verlustig ist, so daß seine Existenz sich ohne göttliche Salvation kaum mehr lohnen würde, gelebt zu werden. "Umsonst wären wir geboren, hätte uns nicht der Erlöser gerettet", so lautet das Exsultet der Osternacht. Das zweite konstitutive Moment des Erbsündendogmas deutet die empirische Verfassung des (nachparadisischen) Menschen im Hinblick auf die Kluft zwischen dieser Verfassung und dem Vorwissen von Vollkommenheit und Glückseligkeit, das der Mensch weiterhin in sich trägt. Diese Kluft und Aufspaltung wird in der dogmatischen Anthropologie nicht als zur conditio humana gehörige Normalität akzeptiert, sondern sie wird kausal auf den Verlust der Heiligkeit durch die ursprüngliche, freie Tat des ersten Menschen(paares) zurückgeführt. Der die conditio humana entscheidend mitbestimmende manque à être wird hiermit transzendentaltheologisch als anhaltende Folge eines sich übertragenden Verlustereignisses begründet. Die *Wahrheit* des "gespaltenen Subjekts" ist eine religiöse. Sie ist A-letheia: ent-borgene, geoffenbarte Wahrheit mit Mysteriencharakter. Deshalb läuft sie dem common sense des modernen Lebensgefühls und der aufgeklärten Selbsteinschätzung des Menschen zuwider. Dazu bemerkt R. Spaemann:

> "Was gegen die Erbsündenlehre und ihre Relativierung unseres Normalitätsbegriffes spricht, sind ebenfalls nicht rationale Argumente, sondern der sich als gesunder Menschenverstand ausgebende neuzeitliche Common sense. Dieser aber beruht auf einer naturalistischen und szientistischen Vorentscheidung."[44]

Im selben Zusammenhang versucht R. Spaemann "vier Ursachen dieses Widerstandes zu benennen"[45], mit dem "sich das moderne Bewußtsein aus sehr tiefen Impulsen heraus"[46] gegen die religiöse Einsicht "sperrt"[47], daß "unsere Existenz vom Augenblick ihres Beginns an" gerade nicht durch eigene Verfehlung einer primordialen Entfremdung, dem manque à être und der Hoffnung auf Erlösung unterliegt. Der Mensch als "Subjekt des Mangels" (J. Lacan), diese vitalitätslose Hermeneutik, ruft den Widerspruch sowohl der Wohlstandsgesellschaft als auch der Befreiungstheologie hervor, die bislang doch in der egalitären "Verteilung der Beute" die Aufhebung des Mangels erhoffte. Die "vier Ursachen dieses Widerstandes" an der Erbsündenlehre benennt Spaemann im "Naturalismus, Spiritualismus, Individualismus" und dem "Postulat der Beherrschbarkeit aller menschlichen Lebensverhältnisse."[48]

Spaemanns Widerstandsanalyse hinsichtlich des "modernen Bewußtseins" und dessen ablehnendem Verhältnis zum Mysterium von Erbsünde und Konkupiszenz ist zwar an sich gültig, aber in der Spannweite ihrer Aussage begrenzt. Dem "modernen Bewußtsein" und seinen tragenden monistischen Pfeilern, wie Naturalismus, Szientismus etc. stehen mittlerweile andere (spät- bzw. postmoderne) Bewußtseinsformen gegenüber (z.B. Nihilismus, Neognostizismus, Mythologismus, Neomystik etc.). Sowohl die Bewußtseinsform als auch die Existenzform des geschichtlichen Menschen unterliegt ihren gleitenden Verschiebungen und epochalen Brüchen. Gerade aus dieser unleugbaren Geschichtsdynamik heraus, welche die Denkformen und den "common sense" von Generationen und Epochen gestaltet, ergibt sich die *Wiederkehr* (nicht Wiederholung) existentieller und religiöser Dispositionen. Der "heutige", postmoderne Mensch ist in eine extreme Daseins- und Selbsterfahrung eingetreten. "Geschichtsbruch" (E. Biser) und "Ende der Neuzeit" (R. Guardini) sind geschichtsmächtige Wirklichkeiten postmoderner Gegenwart. Wer, wie M. Heidegger, "Sein und Zeit" zusammendenkt, dem kann sich die Jetztzeit über die Phänomenologie der "Verfallenheit" als Wende-Zeit zur Metanoia erschließen. Die beginnt mit der Entdeckung der Verfallenheit *als* Verfallenheit und erschließt die kontingente, geschichtliche Verfassung des Menschen im soteriologischen Horizont. Der Wiederkehr des "vergessenen" manque à être im zeitgenössischen Bewußtsein ist eine natürliche Erschließungskraft inhärent hinsichtlich der Offenbarungswahrheit vom prolapsischen Entfremdungs-"Zustand" des Menschen. Umgekehrt bedarf es einer Interpretation der postmodernen Daseinsanalyse "im Licht des Erbsündendogmas" (Ch. Schönborn), um eine "religiöse Lösung" einzuleiten für die Orientierungssuche in "glaubensgeschichtlicher Wende"-Zeit.

6.3.2. Die alternativ theologische Zueignung der "subjektphilosophischen Erbmasse" vermittels der dekonstruktiven Subjekttheorie

Die transzendentaltheologische Reflexion auf die Wahreit des "gespaltenen Subjekts" kann bei dem Mysterium der Erbsünde und Konkupiszenz einsetzen, um eine ganzheitliche, schöpfungstheologische Antwort vorzubereiten auf die je neu aufbrechende Frage nach der ultimativen Wirklichkeit und Wahrheit des Subjekts. Es ist zwar im dogmatischen Sinn wahr, daß die "Verfallenheit" (M. Heidegger in "Sein und Zeit") des Subjekts in "Uneigentlichkeit" und "Entfremdung" ihren kontingenten Anfang in der Abspaltung des Menschen von seiner ursprünglichen Bestimmung nimmt, daß der Verlust des Heilen Urstandes mit der Erbsünde ein Grundmoment der Spaltung im Menschen setzt. Doch verweist dieses Mysterium bereits auf jene Wahrheit des geschöpflichen Menschen, die über Erbschuld, "Verfallenheit", Konkupiszenz und Spaltung hinausreicht. Diese Wahrheit ist die der *Personalität* des Menschen. Sie leitet sich aus seiner Kreatürlichkeit her und läßt seine Erlösbarkeit überhaupt erst zu einem (immanenzapologetisch) erörterbaren Thema werden. Die Grundelemente jeder christlich- metaphysischen Anthropologie sind schöpfungstheologischer Herkunft und erlauben ihre soteriologische Ausformung. Die Wahrheit des Subjekts ist die über den Verlust des Heilen Urstandes hinaus währende Personalität der menschlichen Kreatur im status lapsae. Der nachparadisische Mensch ist - wie das Tridentinum zu sagen versteht - "homo vulneratus, sed non totaliter corruptus".

Die soeben getroffenen dogmatischen Klarstellungen zur geschöpflichen Stellung des Menschen sind in Überleitungsfunktion zum nächsten Passus unserer Innovation der Immanenzapologetik: der Wiederentdeckung der personalen Relationalität des "gespaltenen Subjekts". Diese Innovation setzt aus Gründen der Systematik und im Sinn einer "anthropologischen Wende" bei der metaphysischen Anthropologie ein. Sie fragt nach der Geschöpflichkeit, der Erbsündigkeit und Personalität des Menschen. Der dekonstruktiven Methode und Subjekttheorie folgend forscht sie nach der Wahrheit des Subjekts, dessen Existenzform als "gespaltenes Subjekt" zunehmend in die philosophische, experimentelle und tiefenpsychologische

Wahrnehmung der Postmoderne gerät. In der Zeit "glaubensgeschichtlicher Wende", die sich zugleich als Wende-Zeit von der Moderne zur neuen Epoche der Postmoderne erweist, ist der säkulare Glaube an den Menschen (als autonomes "Vernunftwesen" und "absolutes Subjekt") in die Phase ambivalenter Aufspaltung eingetreten: Einerseits kulminiert er in einem popularisierten und zum common sense gewordenen "romantischen Subjektivismus", während sich andererseits (beispielsweise in der dekonstruktivistischen Postmoderne-Bewegung, in der Posthistoire-Literatur und nicht zuletzt über die Grundlagenrevision der (Natur-)Wissenschaften) ein radikaler Bewußtseinswandel vollzieht. Dieser ist unter dem Symbol des "postmodernen Finitätsbewußtseins" darstellbar und ermöglicht eine Revision der Realität des Subjekts, welche dessen "Verfallenheit" und Insekurität, dessen Endlichkeit und Grundmangel neu aufdeckt. Die einsetzende Wiederkehr des manque à être im zeitgenössischen Bewußtsein birgt die Chance zur Aktualisierung der Anthropologie und Offenbarungslehre. Einer immanenzapologetisch aktualisierten Erbsündenlehre kann aber nur im größeren Zusammenhang von metaphysischer Anthropologie, Soteriologie und Ekklesiologie ein postmoderner "Aufklärungs"-Wert zukommen. Für die methodische Durchführung dieser Gesamtperspektive eines "religiösen Lösungsangebotes" ist es hier geboten, zunächst auf das "sujet en fading" als "gespaltenes Subjekt" personaler Relationalität zu reflektieren. In inhaltlicher und systematischer Hinsicht wurde dazu im 3. Kapitel eine weitgehende propädeutische Vorarbeit geleistet (vgl. 3.3.5.). Sie ermöglicht es, über eine komprimierte Zusammenfassung die Dimension der personalen Grundbezüglichkeit des Subjekts einzuführen.

Die dekonstruktive Wiederentdeckung des Menschen als Subjekt des Absoluten (vgl. 3.3.5.4.) kennt verschiedene Phasen der Entdeckung und läßt sich im Kontext unserer Untersuchung gerafft so darstellen: Der neostrukturale Dekonstruktivismus (mit Vertretern wie M. Foucault, J. Lacan, J. Derrida, H. Lang, E. Lévinas usw.) versucht in seiner Positionsbestimmung des Subjekts eine dritte Argumentationsebene jenseits von Bewußtseinsphilosophie und Strukturalismus einzunehmen. Der Minimalkonsens der unterschiedlichen dekonstruktivistischen Subjekttheorien besteht in der Grundannahme einer neuzeitlichen Beherrschungsrationalität (die laut Horkheimer/Adorno die "Dialektik der Aufklärung" schafft) und deren

Zentrierung in der "Fiktion" des (autonomen Ich-)Subjekts. In der kritischen Analyse der "subjektzentristischen Vernunft" begegnet die postmoderne Subjektkritik derjenigen des Dekonstruktivismus. M. Frank spiegelt diese Kritik in dem Satz wieder:

> "Die Ausbildung des Gedankens der Subjektivität [...] sei der vorerst letzte und entscheidende Ausdruck einer Machtergreifung von Rationalität (über den 'Willen zur Macht' [Nietzsche], übers 'Sein' [Heidegger], über die 'différance' [Derrida], übers 'Nicht-Identische' [Adorno] oder über die 'Alterität' [Lévinas , Foucault])."[49]

In seinem "Philosophischen Diskurs der Moderne" (1985) unterscheidet J. Habermas zwischen einer rationalen und einer antirationalen Zueignung der "subjektphilosophischen Erbmasse". Hierbei attestiert er einer an Nietzsche und Heidegger orientierten, angeblich "antisubjektivistischen" Philosophie der "Postmoderne" folgendes Versagen: "Das metaphysisch vereinsamte und strukturell überforderte Subjekt"[50] (der Bewußtseinsphilosophie) werde hier zugunsten transsubjektiver Ursprungsmächte (wie des Willens, des Unbewußten, des Seins, der différance oder der anarchischen Gewalt) abgedankt, die unter gewandelten Vorzeichen die ursprungsphilosophische Grundorientierung weitertradieren würden. Wie unsere Analyse der philosophisch-literarischen Postmoderne-Bewegungen ergab, ist Habermas' Vorhaltung des postmodernen Antirationalismus nur eingeschränkt zutreffend. Sie gilt für die regressiven (neomythologistischen bzw. anarchostrukturalistischen) Unterbietungen des subjektphilosophischen Paradigmas (vgl. 3.2.1./3.3.4.). Was weder J. Habermas noch M. Frank anerkennen wollen, ist, daß es eine im Werden begriffene, neostrukturale Philosophie (und Mystik) des Dekonstruktivismus gibt (mit namhaften Vertretern und Werktiteln, die allerdings regelmäßig unerwähnt bleiben), auf die weder der Vorwurf des Regressiven noch des Antirationalistischen zutrifft. Dieser von uns (im 3. Kapitel) hinsichtlich seiner Subjekttheorie dargestellte Dekonstruktivismus bietet sich als postmoderne Alternative an. Sie transzendiert die Dialektik einer neorationalistischen (z.B. systemtheoretischen) und einer antirationalistisch-regressiven Zueignung der "subjektphilosophischen Erbmasse". Für die "Verwindungs"-Konturen der angefragten "religiösen Lösung" ziehen wir diesen postmodernen Dekonstruktivismus und seine Theorie vom "verworfenen Subjekt" heran.

Die Erörterung des (Einzel-)Subjekts als "sujet en fading" (vgl. 3.3.5.3.) ist das durchhaltende Thema der dekonstruktiven Frage nach dem "L'universel singulier".[51] Der Einspruch der Dekonstruktivisten gegen "das" Subjekt als ein Allgemeines erfolgt im Namen des ineffablen Einzelnen (vgl. 3.3.5.1.). Dieser Einspruch fragt mit neuer (sprachphilosophischer, psychoanalytischer) Dynamik nach der verdrängten, irreduziblen Singularität des Subjekts, das in keinem Begriff subsummierbar und in keiner Selbstdarstellung repräsentierbar ist. Der Dekonstruktivismus erstrebt in seiner beharrlichen Frage nach dem Subjekt die "Ent-bildung" (vgl. 3.2.2.1.) der unvergleichlichen Einzigartigkeit des "sujet véritable", um es jenseits des vorstellenden Denkens, d.h. jenseits des Imaginären neu zu er-örtern. Die dekonstruktive Subjekttheorie geht hierbei von der Grundgewißheit des manque à être und der Annahme eines "gespaltenen Subjekts" aus, das seine identitätsspendende Grundbestimmung über den responsorischen Bezug zum "grand Autre" transsubjektiver Ursprungsmacht erhält. Französischsprachige Dekonstruktivisten wie J. Lacan und M. Foucault unterscheiden in diesem Zusammenhang zwischen dem "moi" und dem "je" des Subjekts. Diese Differenzsetzung signalisiert, daß das "wahre Subjekt" *nicht* dort erörterbar ist, wo es die Bewußtseinsphilosophie, Erkenntnistheorie und Ichpsychologie zumeist suchen: im Spiegel der (Vernunft-)Reflexion.

Die dekonstruktivistische Subjekttheorie greift einen der tiefsten Impulse der "inneridealistischen Idealismuskritik"[52] auf, indem sie die Theorie der absoluten Abhängigkeit der Reflexion von etwas ihr Vorgängigem (und an sich selbst nicht Reflexivem) neu aufnimmt. Lacans, Foucaults und Lévinas' Subjekttheorien bewegen sich in gewisser Nähe zu Schleiermachers Hermeneutik eines absoluten Abhängigkeitsbewußtseins (vgl. 3.3.2.1.). Indem der Dekonstruktivismus die einfache und ganzheitliche Repräsentanz des "je" im "moi" negiert, "stellt er die exakte Perspektive der Exzentrizität des Subjekts im Verhältnis zum Ich wieder her."[53] Die "exzentrierende" Dekonstruktionsmethode versucht die Rekonstruktion "jenes dem Ich unbekannte[n], vom Ich verkannten Subjekt[s]." Die Asymmetrie zwischen dem "wahren Subjekt" und dem "Ich" selbstbewußter Identität hält J. Lacan in der Formel fest: "Der Kern unseres Wesens koinzidiert nicht mit dem Ich, das ist der Sinn der analytischen Erfahrung".[54] Die Exzentrizität und Asymmetrie des "wahren Subjekts" ist sowohl negativ darstellbar (als "sujet en fading") als auch durch seine Relation zur transsubjektiven Ursprungsinstanz (z.B. der Sprache, der symbolischen Ordnung, dem Unbewußten, dem Tod) positiv bestimmbar. Aus der Perspektive der Beherrschungs-Rationalität ist das "wahre Subjekt" ein "sujet en fading". Es ist Sein im Entzug und wesenhafte Differenz. Sein Wesen - so sagten wir im 3. Kapitel - entgleitet dem Positivismus des Begriffs, so daß es höchstens als "wesenhaft Unbestimmbares"[55] präzisierbar wird. Aus dekonstruktiver Sicht existiert das exzentrierte Subjekt unter der Rahmenbedingung der "Loi d'absence", auf die sich schon Heidegger in seiner "Überwindung der Metaphysik" grundsätzlich bezieht. Das dem rationalistischen Zugriff "verborgene", ineffable Subjekt bezieht seine Identität und Vernunft nicht autonom und substantiell aus sich selbst, sondern aus seinem dezentrierten Bezug zum "ganz Anderen" und Absoluten.

Aus der Dimension des "ganz Anderen" empfängt das Subjekt die inzipiente Antwort auf die Frage, die es sich bleibend selbst ist. Die Wahrheit seines Seins liegt nicht im Subjekt selbst, sondern kommt diesem zu aus der Dimension des Anderen. Die "andere Wirklichkeit" wird zur sinn- und identitätsspendenden, absoluten Bezugsgröße des ineffablen Subjekts (vgl. 3.3.5.4.). Diese Bezugsdimension rückt an die Stelle der Selbstsetzung des Subjekts im "anderen seiner selbst". Dadurch wird das idealistische Emanzipationsprogramm durch eine neue Relationalität des Subjekts abgelöst. Dem Ich-Subjekt, seiner Aporie und radikalemanzipatorisch-anarchischen Vanität, steht - sozusagen als "ganz Anderes seiner selbst" - das verworfene "sujet véritable" gegenüber.

Spätestens hier wird ein Vergleich und eine "Verwindung" des "sujet en fading" der Dekonstruktivisten mit dem "personalen Subjekt" christlicher Theologie statthaft. Die schöpfungstheologisch begründete Personalität des Menschen wird vernünftig vermittelbar über die personale Relationalität des "gespaltenen Subjekts" zum Anderen und Absoluten. Die Dimension des "ganz Anderen", welcher der Dekonstruktivismus und seine Neomystik (vgl. 3.2.2.) einen natürlichen Offenbarungswert zumißt, wird im Vollzug der "Verwindung" zur revelatorischen Größe, der selbst Personalität zukommt. "Nur wer Gott kennt, kennt den Menschen", schreibt R. Guardini und bezieht sich damit auf die Primärmethodik der Immanenzapologetik, d.h. auf die Konvergenzführung von subjekttheoretischer und offenbarungstheologischer Dimension. Der folgende Passus soll dazu seinen "Knoten" winden über einem "Abgrund" offener Fragen.

6.3.3. "Verwindung" von Dekonstruktivismus und Offenbarung unter dem Leitbegriff der Personalität

6.3.3.1. Die dekonstruktivistische Subjekttheorie vor der klassischen Frage nach der Freiheit des Menschen in seinem Verhältnis zum "grand Autre"

Über die Dimension des "ganz Anderen" legitimiert sich die dekonstruktivistische Subjekttheorie als vernünftige, aber antirationalistische Alternative zu Bewußtseinsphilosophie und Strukturalismus. Als solche steht sie im Widerspruch sowohl zur positivistischen, strukturalistischen und systemrationalistischen Subjektvergessenheit als auch zum regressiven Anarcholiberalismus und zur traditionellen Erkenntnislehre, welche Denken bzw. Begehren (vgl. 3.3.4.) und Sein konvergieren lassen. Andererseits ist diese postmoderne Subjekttheorie (wie sie von M. Foucault, J. Lacan, H. Lang, E. Lévinas usw. vertreten wird) offenständig für eine immanenzapologetische Weiterführung. Auch unter dem paritätischen (statt hierarchischen) Gesichtspunkt anthropotheologischer "Verwindung" ist eine solche Transposition in das Fundamentaltheologische möglich: Die dekonstruktivistische Subjekttheorie argumentiert *relational* (was die Grundbezüglichkeit des Subjekts, also seinen Bezug zum "ganz Anderen" anbelangt) und *existentiell* (hinsichtlich der conditio humana des Menschen als "gespaltenes Subjekt"). Diese beiden Argumentationsstränge sind die principia quibus ihrer Immanenzmethode, welche der conditio humana des "heutigen" Menschen in "glaubensgeschichtlicher Wende" - Zeit besonders adäquat ist. Die dekonstruktive Immanenzmethode ist also ihrer Qualität und Aktualität nach von hohem hermeneutischen Wert für die christliche Anthropologie. Sie kann ihr (im Rahmen der "anthropologischen Wende") eine postmoderne Subjekttheorie anbieten, welche die rationalistisch tendierende Aufklärungsanthropologie revidiert und zudem offenbarungstheologisch kompatibel ist. Dem Dekonstruktivismus und seiner Subjekttheorie kommt mithin ein gewisser postmoderner "Aufklärungswert" für die Theologie zu. Andererseits kann diese existentialmetaphysische Subjekttheorie vermittels theologischer Parameter (wie Erbsünde, Konkupiszenz und Personalität) in ein glaubensvermittelndes Begründungsverhältnis zur christlichen Offenbarung gebracht werden. Offenbarungstheologisch legitimierte Anthropologie und anthropologisch profundierte Offenbarungstheologie sind das anthropotheologische Ergebnis einer "Verwindung", die ihrerseits erst im soteriologischen Horizont ihre "Beglaubigung" findet.

Nach diesem methodischen Rund- und Ausblick wieder zurück zur inhaltlichen Untersuchung und ihres nächsten Methodenschrittes: Die *personale* Relationalität des "sujet véritable" dekonstruktiver "Entbildung" soll in einem letzten, entscheidenden Syntheseschritt erschlossen werden. Dasselbe gilt für die Dimension des "ganz Anderen" (bzw. des "grand autre") der in der sprachphilosophisch präparierten Ethik und Neomystik der Dekonstruktivisten solch entscheidender Bezugswert zugesprochen wird.

Alle, der dekonstruktiven Methode folgenden Autoren, bevorzugen die "negative Darstellung" der transsubjektiven anderen Wirklichkeit, deren Transparenz sich in "différance" bricht und deshalb niemals Totalpräsenz, sondern (Sinn-)Spur, Zeichen und "dunkles Wort" ist (vgl. 3.2.2.). So wie die "différance" das Andere als das radikal Andere ("grand Autre") sein läßt und jeden "naturalen Supernaturalismus" verunmöglicht, so gibt das Gesetz der "Loi d'absence" die Grunddimension von vermittelter Begegnung vor: von Sein im Entzug und von Existenz, die um humanspezifisch zu sein, immer schon vermittelte Existenz ist im Medium von Sprache (Symbol, Struktur), subsistierend im Hintergrund des Absoluten als dem aenigmatisch Anderen.
C. M. Taylors lyrische Darstellung des "Divine Milieu" zeichenhafter Verwiesenheit des postmodernen Subjekts in einer aenigmatisch-labyrintischen Weltwirklichkeit (vgl. 5.2.5.2.) ist ein (späthegelianischer) Abglanz des "grand Autre" dekonstruktiver Mystik (vgl. 3.2.2.4.). Die Dekonstruktion des Subjektbezugs zum unverfügbar Anderen (vgl. 3.2.2.5.) ist deren Leitthema. Auf I. Kants "Ästhetik des Erhabenen" beziehen sich sowohl J.-F. Lyotard als auch J. Lacan in ihrer Methode der "ent-bildnerischen" Destruktion zur Entdeckung jener "Leerstelle", welche die "negative Darstellung" als Ereignis der Differenz ermöglicht. Wie gesagt, ist auch das

Subjekt als Ereignis der Differenz ein "sujet en fading". Die "déhorizontage" (vgl. 3.2.2.1.) des Tatsächlichen, Zufälligen und Subjektiven meint die Aufhebung einer dispersiven Realität, nicht in die zwanghafte Allgemeinheit des Begriffs, sondern in die entbergende und zugleich evaneske "Wahrheit des Seins"[56]. M. Heideggers Verständnis der Aletheia als "Grund der Metaphysik"[57] hat den Dekonstruktivismus entscheidend vorgeprägt und kehrt beispielsweise wieder in J. Lacans Lehre vom "Anderen als Ort der Wahrheit". Das Moment des Evanesken als Aletheia-Ereignis ist nicht nur konstitutiv für die "Ästhetik des Erhabenen", sondern ebenfalls für das Verhältnis des "wahren Subjekts" zur "anderen Wirklichkeit" des "grand Autre". Diese wird zur sinn- und identitätsspendenden, absoluten Bezugsgröße des Subjekts. Der absolute Stellenwert des "grand Autre" verweist den Menschen buchstäblich auf den Platz des "sub-jectum": des Zu- und Untergeordneten, das selbst "in der Not der Seinsvergessenheit"[58] (M. Heidegger) dem anfänglichen Bezug des Anderen (des Seins, der Sprache, der Signifikantenordnung, der différance usw.) zu des Menschen Wesen und Existenz verhaftet bleibt.

Die absolute Dimension des "grand Autre" wird von den einzelnen Dekonstruktivisten inhaltlich verschieden veranschlagt. Wohl am entwickelsten ist J. Lacans Paradigma des transsubjektiven Unbewußten als "ordre symbolique et structural" (vgl. 3.3.5.4.). Die Signifikantenordnung ist dem Subjekt als transzendente Ordnung des Absoluten zur Sinnerfahrung und Ausmittlung seiner Identität vorgegeben. In Lacans Subjekttheorie - die starke Parallelen zu Derridas Sprach- und Heideggers Existentialphilosophie aufweist - ist der Mensch Sujekt des "grand Autre" der Sprache und ihres Anspruches, der vom "anderen Ort" her den Einzelnen betrifft. Weniger "bestimmt" als J. Lacan und im Anklang an L. Wittgenstein schreibt M. Foucault vom "ganz Anderen", das "sich zeigt" als "eschatologische Gestalten an den Grenzen der Welt, des Menschen und des Todes."[59] Sie sind Foucault Verweiser auf das unbezwingbar Andere und absolut Mächtige, dem das Subjekt und seine "Lebenswelt" unterliegen.

Es ist nicht zufällig, daß wir bei der Frage nach der formalen und inhaltlichen Bestimmung des "grand Autre" auf die Antworten Lacans und Foucaults einschwenken. Beide gelten uns als die Meisterdekonstruktivisten der philosophischen Postmoderne-Bewegung. Der allfällige Überschritt zur theologischen "Verwindung" und Erschließung der personalen Dimension (des Subjekts *und* des "grand Autre") soll mit Hilfe einer Kritik am Dekonstruktivismus geschehen, die von M. Foucault selbst angeregt wurde. In einem seiner letzten Interviews vor seinem Tod (1984) insistierte Foucault auf einer

> "allererst noch zu entwickelnden Konzeption von Subjekttivität [...], die das Subjekt zugleich als unterworfenes und als freies begreift, ohne diesen unlösbaren Widerspruch, dieses konstitutive Gedoppeltsein auflösen zu wollen."[60]

Diese "allererst noch zu entwickelnde Konzeption von Subjektivität" verlangt nach einer "religiösen Lösung" des "unlösbaren Widerspruchs" im Horizont christlicher Offenbarung und Soteriologie.

Ob die absolute Andersheit, verweisende Allmacht und "eschatologische Gestalt" des "ganz Anderen" nicht - im Sinne von "Herr und Knecht" - unvermeidbar die Totalunterwerfung und absolute Gefolgsamkeit des "entsubstantialisierten Subjekts" nach sich ziehe, das ist die große Anfrage an die Subjekttheorie des neostrukturalen Dekonstruktivismus geblieben. Der Tübinger Philosoph M. Frank griff dieses Kontroversthema kürzlich wieder auf in seiner Schrift "Die Unhintergehbarkeit von Individualität".[61] Daß seine Kritik der dekonstruktivistischen Subjekttheorie wiederum in bewußtseinsphilosophischen Argumenten ausläuft, rührt daher, daß er den metaphysischen Weg der "religiösen Lösung" nicht einmal in Erwägung zieht. Sobald aber der Dekonstruktivismus die (Subjekt-)Realität auf die vorsubjektive, transzendent-absolute Wirklichkeit des "grand autre" hin dekodiert hat, wird die Frage nach der Freiheit des Subjekts drängend.
Der Dekonstruktivismus ist dieser Frage bisher eher ausgewichen, als daß er sie beantwortet hätte. J. Lacan greift sie beispielsweise erst sehr spät auf. In seinem Seminar zur "Ethik der Psychoanalyse" setzt er zu einer Antwort an, die im Rekurs auf "Antigone" den ethischen Menschen als kompromißlos "gehorsames Subjekt" der Signifikantenordnung bestimmt. M.C. Taylor weicht vor Foucaults später Frage nach der Lösung des "konstitutiven Gedoppeltseins" des Subjekts in einen neostrukturalen Pantheismus aus (vgl. 5.2.5.2.). Diese beiden, zueinander konträr gelagerten Beispiele genügen,

um exemplarisch aufzuzeigen, wie unlösbar der postmodernen Subjekttheorie die klassische Frage nach der Freiheit des Menschen geblieben ist. Die Relation Subjekt - "grand Autre" bleibt inhärent widersprüchlich, wenn sie nicht in religiösen Begriffen neu formuliert wird. Genau hier stößt man - subjekttheoretisch gewendet - auf die entscheidende Aporie des Dekonstruktivismus, der ohne "religiöse Lösung" erwiesenermaßen zu zwei extremen Fehllösungen tendiert: zum einem zum ersatzreligiösen Pantheismus, in dem Subjekt und "grand Autre" ihre Differenz zueinander verlieren und zu undifferenzierten, transienten Einheiten verschmelzen (vgl. 5.2.5.2.). Zum anderen wird das dekonstruktive "sujet en fading" als Individuum von vernichtender Unterwerfung unter die Dimension des "ganz Anderen" bedroht. Insofern würde J. Habermas' Kritik schließlich doch zutreffen, daß das Subjekt im Sinn einer archaischen "Ursprungsphilosophie" transsubjektiven Mächten übereignet werde. Die innerweltlichen "Verfügungsmächte" würden dann in den "eschatologischen Gestalten" der postmodernen Transzendentalphilosophie wiederkehren, um in säkularisierter Apologetik dem Subjekt wiederum "absoluten Gehorsam" als sein Destinatum zuzudiktieren.

An der aporiebesetzten Grenze zum Transzendent-Religiösen angekommen und im Zeichen postmoderner Erlösungssuche, bietet sich dem Dekonstruktivismus die "religiöse Lösung" an, um dessen inhärente Widersprüche konstruktiv auszumitteln. Die Grundsätze solch "religiöser Lösung", die sowohl dem Dekonstruktivismus als insbesonders dessen "Subjekt" einen notwendigen Zugewinn an Identität einbrächten, sind die Wahr-nehmung der Personalität des "ganz Anderen" *und* des personalen Wesens des Subjekts. Die Relation zwischen Subjekt und "grand Autre" ist folglich ebenfalls mit "personal" bestimmbar. Die Annahme dieser (wiederum philosophisch formulierten) Grundsätze ermöglicht eine "Verwindung" von Dekonstruktivismus und christlicher Offenbarung. Letztlich ist es allein die Selbstoffenbarung Gottes und deren gläubige Annahme, die es erlauben, Personalität (personale Liebe und Freiheit) als konstitutives (Wesens-)Moment in den postmodernen Diskurs einzubringen.

6.3.3.2. Das "gespaltene Subjekt" als "sujet en fading" personaler Relationalität

Im Gegensatz zur sich "erschöpfenden", anarcholiberal extremisierten Postmoderne-Szene ist der hier diskutierte Dekonstruktivismus dafür aufgeschlossen, dem unverfügbar "ganz Anderen" eine offenbarende, identitätsausmittelnde und womöglich personale Qualität zuzuerkennen. Sowohl die Wiederkehr der (atheologischen) Mystik im Dekonstruktivismus (vgl. 3.2.2.), welche die gnostizistische Erlösungsintention durchbricht (vgl. 5.1.2.4.), als auch neuere Entwicklungen und begriffliche Neuformulierungen des Dekonstruktivismus zeigen dessen Offenheit für theologische Argumentation, verbunden mit der Möglichkeit seinerseits zu einer Innovation des religiösen Bewußtseins beizutragen.

Daniel Bells Soziologie der Postmoderne gipfelt in der Feststellung, daß "Die Zukunft der westlichen Welt" entscheidend davon abhänge, ob die große Erneuerung: Religion und Kultur im nachindustriellen Zeitalter" verwirklichbar ist. E. Lévinas jüngste "Diskurse über die Betroffenheit von Transzendenz"[62] aspirieren ausdrücklich eine "Wiederkehr von Religion"[63]. Seine "Meditationen über Religion und Philosophie"[64] (1991) sind Avantgard-Schriften des transzendent-religiös akzentuierten Dekonstruktivismus. Einer der letzten Werktitel Lévinas' lautet: "Wenn Gott ins Denken einfällt."[65] Lévinas versteht darunter ein verlebendigendes "Ereignis der Differenz", das dem postmodernen Menschen Erlösung und Trost ("Das Trösten [...] ist eine religiöse Funktion"[66]) stiftet. Während sich Adorno vor der Gefahr des Obskurantismus, die jeweils mit der religiösen Frage einherginge, auf die Position der ästhetischen Erfahrung moderner Kunst zurückzog, bewährte sich Horkheimer gerade darin als postmoderner Dekonstruktivist, daß er sich der Darstellungsproblematik des Religiösen entschieden gestellt hat (vgl. 3.2.2.). Horkheimer war davon überzeugt,

> "daß es ohne 'das ganz Andere', ohne 'Theologie', ohne den Glauben an Gott keinen die pure Selbsterhaltung transzendierenden Sinn im Leben gibt."[67]

Daß auch die "negative Offenbarung" in Verweisfunktion auf die religiöse Wahrheit des Subjekts, des Absoluten und seiner Offenbarung stehen kann, das beweist J. Lacan in seinen "Écrits". Im Rahmen unserer Dissertationsarbeit und wiederkehrend in unserer Analyse des Dekonstruktivismus (vgl. 3.) konnten wir zu Lacans höchst differenzierter Kernaussage über die Beziehung von "gespaltenem Subjekt", Sprache und Absolutem hinfinden. Sie läßt sich unter offenbarungstheologischem Aspekt rezipieren und weiterführen (vgl. 3.3.5.4.): Die Verabsolutierung des "ordre signifiant" als ursprüngliche und unhintergehbare transzendente Ordnung, in der - gemäß Lacan - das Wesen des Menschen ex-istiert und die sich diesem über (bzw. als) die Sprache des Unbewußten mitteilt, kann theologisch mit letzter Radikalität auf die personale Wirklichkeit Gottes hin befragt werden: Sprache als "grand autre" ist in offenbarungstheologischer Lesart nicht mehr absolute Letztinstanz der Verwiesenheit des Subjekts. Sie wird vielmehr zum notwendigen Vermittler des sinn- und heilspendenden An-Spruches des "göttlichen Anderen" an das Subjekt. Dieser substantiellen und personalen Instanz, nämlich *Gott*, kommt sodann auch die Vollmacht zu, finale Instanz für die Lösung der Identitätsfrage des Subjekts zu sein.

Sobald jedenfalls in den dekonstruktiven "Entbildungen" vermittels der christlichen Offenbarung das personale, trinitarische Wesen des "ganz Anderen" erkennbar wird, ergibt sich ein Prozeß wechselseitiger Konvergenz und Reinterpretation zwischen dekonstruktiver Subjekttheorie und christlicher Anthropologie. Entziffert im Licht der Offenbarung wird das "gespaltene Subjekt" in seiner transzendentalen, kreatürlichen Verfassung als Person verstehbar. Dessen ontische und dialogale Relation zum "grand Autre" wird sodann nicht mehr länger als Problem konkurrierender Freiheit handelbar. Die seitens des Dekonstruktivismus vorangetriebene Ablösung des modern-emanzipativen Paradigmas der "Selbstverwirklichung" bleibt somit nicht länger auf die Existentialphilosophie des manque à être fixiert, sondern findet ihre positive Alternative in der Schöpfungs- und Heilsoffenbarung des kreatürlichen Menschen: Das relational zum "grand Autre" situierte "gespaltene Subjekt" ist zuallererst Person, im Bild und Gleichnis Gottes ex nihilo und aus Liebe geschaffene Kreatur, die bei allem Verlust des Heilen Urstandes und im Spaltungszustand des status naturae lapsae, weiterhin seinem An-spruch zugehörig ist. Ontische und dialogale

Verfaßung des Subjekts als Person bedingen und ergänzen einander. Die relationale und dialogale Deutung des auf sein personales Wesen hin dekonstruierten "sujet en fading" kann im Licht der Heilsoffenbarung weiter fragen: nach der Bestimmung des "gespaltenen" und personalen Subjekts und der eschatologischen Überwindung seiner Heilsdifferenz. In seiner Selbstoffenbarung erweist sich Gott als das wirkliche Gegenüber und innere Eschaton des Menschen, als dessen essentiell "letzte" anthropologische Bestimmung. Der Mensch ist Subjekt dieser Bestimmung und als solches - in "konstitutivem Gedoppeltsein" (M. Foucault) - zugleich frei in seiner reponsorischen Haltung oder Verweigerung. Wie auch immer wird sich die Aktuierung seiner Identität daran messen und seine Suche nach geistgeborgener Selbstverwirklichung daran entscheiden, ob er sich je neu als Subjekt dieser Bestimmung erkennen und in weltbezogenen Taten als solches einbringen kann. Eben hierin unterscheidet sich die romantische Lösung des Subjektivismus von der religiös-relationalen: Daß sie der responsorischen Ausmittlung der Subjekt-Identität vom "ganz Anderen" her das Systemprogramm der Selbstausmittlung (durch Transgreß zum "anderen seiner selbst") entgegensetzt.

Identität und Zugewinn an Identität, Bewältigung des Kontingenzproblems, der "Begriff der Angst" und deren Erfahrung in Entfremdung und Entlegitimierung individueller Existenz, sind die großen eschatologischen Themen unserer postmodernen, "postsäkularistischen Zeit". Sie sind auch Gegenstand unserer Reflexion und Anfrage nach einer "religiösen Lösung", die neue "Wege aus der Moderne" fundamentaltheologisch sondiert und dazu streckenweise immanenzmethodisch verfährt. Nach der "Erschöpfung des Paradigmas der Bewußtseinsphilosophie" (J. Habermas) und angesichts eines verstärkt aufbrechenden "personalen Defizits" (E. Biser) liefert die Frage nach der Identität des Subjekts den aktuellen Drehpunkt für eine immanenzapologetische, anthropologische "Verwindung" dekonstruktivistischer Sinnsuche und christlicher Offenbarung. Im modernen Denken hat sich die Auslegung der Identitätsfrage vorwiegend an den Begriffen des Subjekts und der Subjektivität orientiert. Wenn jedoch die Einheit des Subjekts selbst kritisch befragt werden soll, empfiehlt es sich, die Dekonstruktionsmethode anzusetzen. Über die Aufdeckung der Spaltung und des konstitutiven Selbstzerwürfnisses des Subjekts zeigt sich dekonstruktiv jene relational begründeten Einheit, die im Begriff der Person Offenbarungswert annimmt.

6.3.3.3. Die Er-örterung des Subjekts als Person im Kontext zeitgenössischer Fundamentaltheologie

Wenn es auch nicht Sache unseres Themas ist, den christlichen Personbegriff theologiegeschichtlich zu untersuchen, so ist es doch angebracht, die personale Relationalität des Subjekts in den Kontext zeitgenössischer Theologie einzubinden. Dazu sollen zunächst Grundformen des Personbegriffs der Gegenwartstheologie vorgestellt werden. Welche unterschiedlichen Akzentsetzungen hierbei bestehen, läßt sich über einen Vergleich des Personbegriffs in der "postmodernen Emanzipationstheologie", der Theologie Karl Rahners, Hans Urs v. Balthasars und Wolfhart Pannenbergs verdeutlichen.

K. Rahner faßt den Personbegriff als eine der großen Offenbarungsgaben des Christentums an die Menschheit auf. Demgemäß ist für Rahner die menschliche Personalität die "Voraussetzung der christlichen Botschaft"; denn:

> "Als erstes ist vom Menschen hinsichtlich der Voraussetzungen für die Offenbarungsbotschaft des Christentums zu sagen: Er ist Person, Subjekt."[68]

Folgt man K. Rahners "Grundkurs des Glaubens", so be-deutet die mit dem "Vorgriff auf das Sein"[69] vollzogene Transzendenzbewegung den Menschen bereits als Person, die in Selbstsein existiert. Ihr Streben nach Zugewinn an Identität ist also nicht Streben nach (noch ausstehender) Personalität, sondern bereits in der menschlichen Person grundgelegt.

H.U.v. Balthasar möchte - anders als K. Rahner - den Personbegriff für den "Menschensohn" Jesus Christus reservieren, der seinem - von R. Guardini übernommenen - Ansatz zufolge die Bedingungen des Personseins als einziger ganz erfüllt. Auch die Einsicht in die "Komplementarität von allgemeiner und individueller Geistnatur" im Menschen ist für Balthasar noch kein hinreichender Grund, den Begriff "Person" einzuführen. Dieser ist gemäß Balthasars "Theodramatik" im strengen Sinn nur zutreffend auf den in der "vollkommenen Identität zwischen Ich und Sendung" existierenden Gottmenschen. Jeder, der "neben Jesus noch Anspruch auf die Bezeichnung Person verdient", kann diesen Anspruch immer nur aufgrund seiner Beziehung zu Christus und seiner "Abkünftigkeit von ihm erheben."[70] Von der Ursprünglichkeit Gottes gehalten, wird der Mensch, wie Balthasar mit einem Wort des Hegelianers Marheineke betont, "erst wahrhaft persönlich". Für Balthasar ist der Personbegriff also ein *Zielbegriff* göttlicher Heilsdramatik, während er für Rahner ein schöpfungstheologischer *Grundbegriff* kreatürlichen Seins ist.

Mit Hilfe unserer hermeneutischen Strukturanalyse der "postmodernen (Prozeß-)Theologien" (vgl. 5.2.) wird verstehbar, wie sehr die "postmodernen Befreiungstheologien" den Personbegriff im Rahmen einer säkularisierten Heilsdramatik veranschlagen. Er wird zum *Kampfbegriff* für legitimen Selbsterhalt über Radikalemanzipation. Damit geht der Personbegriff seines relationalen Bestimmungs-Kerns verlustig, den W. Pannenberg in seiner "Anthropologie aus theologischer Perspektive" (1983) von der Position eines "theologischen Aktualismus" her entfaltet.

In W. Pannenbergs Sicht ist die

> "Person [...] das Ich als das 'Antlitz', durch das hindurch sich das Geheimnis der noch unabgeschlossenen Geschichte eines Individuums auf dem Wege zu sich selbst, zu seiner Bestimmung bekundet."[71]

W. Pannenbergs Position hinsichtlich des Personbegriffs signalisiert eine gewisse "Mitte" zwischen Rahner und Balthasar: In seinem Artikel "Person und Subjekt" (1980) nimmt er zur Frage des "Ursprungs der Personalität" folgendermaßen Stellung:

> "Wie Jesus sein menschliches Personsein, das in seinem besonderen Falle das des Sohnes Gottes ist, aus seinem Verhältnis zum Vater gewann, so ist menschliches Personsein allgemein in der Beziehung zum personhaft erfahrenen Gott begründet. Wenn man das Material zur Geschichte des Selbstverständnisses des Menschen als Person

überblickt, so sieht es nicht so aus, als ob der Mensch zunächst sich selbst als Person verstanden hätte, [...]."

Über die Gotteserfahrung als christliche Heilserfahrung wird dem Menschen sein Personsein geoffenbart. Diese Offenbarungserfahrung ist laut Pannenberg konstitutiv für Personalität, verstanden als personales Verhältnis des Menschen zu Gott. Aber auch darin, daß Pannenberg das menschliche Personsein "auf eine noch offene Bestimmung und damit auf Gott bezogen" sieht, bewegt er sich eher von Rahner weg und auf Balthasar zu. Denn die personale Optimierung erreicht der Mensch dieser Konzeption zufolge nur in seiner aktuellen Hinordnung auf Gott. Falls er sie aufgibt, stellt er sich damit als Person in Frage:

> "So stellt sich das Personsein des Menschen dar als ein Abglanz seiner Bestimmung zur Gemeinschaft mit Gott, nicht als Ausdruck einer Subjektivität, die der Mensch für sich selbst immer schon hätte [...]. So ist Subjektivität aufgehoben in das Personsein, als ein Moment der Personalität.
>
> Die Personalität des Menschen bleibt dabei bezogen auf das ihr vorgegebene Geheimnis des göttlichen Wesens, das das Geheimnis des menschlichen Wesens, seine Bestimmung zur Gemeinschaft mit Gott, umschließt [...]."[72]

Personsein als ontischer Grundwert menschlicher Geschöpflichkeit und Personalität als Zielwert christologisch-soteriologischer Bestimmung des Subjekts sind - so läßt sich zusammenfassend feststellen - zwei einander komplementäre Wahrheiten zu Wesen und Würde, zur Ursprünglichkeit und Individualität des Menschen. Die Würde der menschlichen Person ist begründet im göttlichen Mysterium ihres geschöpflichen Ursprungs und im Geheimnis ihrer noch unabgeschlossenen, nach "vorne hin" offenen Geschichte, in der sie auf dem Weg ist zur Verwirklichung ihrer einmaligen Bestimmung vor Gott.
Die christliche Schöpfungs- und Heilswahrheit bezüglich des Subjekts als Person ist mit der dekonstruktivistischen Subjekttheorie kompatibel und "verwindbar". Sie bringt ihr insofern die notwendige "religiöse Lösung", als sie die transzendentale Begründung für die Wiederentdeckung des ineffablen "wahren Subjekts" gibt. Das "wahre Subjekt", von dem dekonstruktives Forschen verhalten zu sagen weiß, daß es das "verworfene Sub-

jekt" moderner Rationalität sei, wird erkennbar als Person mit jenseitigem "Antlitz". Als solche steht das Subjekt unter einem vielschichtigen mysterium sub contrario. J.G. Fichte bringt das Paradoxale der geheimnishaften Personalität in Wort und Symbol, wenn er das Subjekt sprechen läßt: "Ich bin es selbst und doch ist es ein ganz Anderer". Was M. Foucault als "unlösbaren Widerspruch" des "konstitutiven Gedoppeltsein" des Subjekts anerkennt, ist das *Subjekt als Person*. Deren Relation zur transsubjektiven Ursprungsmacht, d.h. zum personalen Gott, ist bestimmt durch Zuordnung und Freiheit. Als Person ist der Mensch Subjekt göttlichen Anspruches: seiner Liebe, Wahrheit und Heilsoffenbarung. Zugleich existiert das personale Subjekt in der Freiheit von Selbstbewußtsein und Selbstverwirklichung. Letztere bedarf nicht mehr der romantischen Ersatzlösung und Selbstermächtigung, sondern wird über die Dimension des personalen "ganz Anderen" erschließbar als emanzipatives Berufungsgeschehen. Hineingenommen in eine heilsgeschichtliche "Theodramatik" ist das Individuum zur Emanzipation seiner Personalität berufen. Als Person transzendiert der Mensch seine Existenzform als "gespaltenes Subjekt" und "trägt" seine conditio humana dennoch unaufgebbar mit sich. "Hypo-manein" ist das griechisch-paulinische Wort für die kreatürliche Verfassung des status naturae lapsae et elevatae. Es meint wörtlich ein "Darunterbleiben" und wird regelmäßig mit "Geduld" übersetzt. Geduld gehört zur pati divina des personalen Subjekts in statu viatoris.

Das ineffable, "wahre Subjekt" entzieht sich - wie die dekonstruktivistische Sprach- und Subjekttheorie stets hervorhebt - dem verobjektivierenden wie dem abstrahierenden Zugriff rationalistischer Operationen. Das Subjekt als Person ist "sujet en fading", weil es in der Würde der "Gottesebenbildlichkeit" steht. Deshalb ist es in keinem innerweltlichen simulacrum faßbar und zu keiner Totalprägung zwingbar. Es unterliegt der "Loi d'Absence", weil es wesentlich aus der Gottesebenbildlichkeit heraus existiert. Dazu W. Pannenberg:

> "Es wird so auch deutlich, weshalb die Person des Menschen sich aller Verfügung entzieht, obwohl über die Individuen, sosehr sie jeder für sich ein Ich sind, leider sehr wohl verfügt werden kann [...]. Die Person des Menschen entzieht sich insbesondere deshalb aller Verfügung durch andere, weil das offene Vertrauen, das den Lebensvollzug des Menschen trotz aller Entstellungen und Verküm-

merungen doch immer wieder trägt und auf seine Identität zielt, damit implizit auf Gott gerichtet ist und der Mensch darum in seiner Frage nach sich selbst auf Gott bezogen, zu Gott hin unterwegs ist [...]. Die Bibel hat die Bestimmung des Menschen durch den Begriff der Gottebenbildlichkeit bezeichnet, und sie hat damit die eigentümliche Würde des Menschen [...] begründet (Gen. 9,6)".[73]

Zur rationalistischen "Entzauberung" der aufgeklärten Welt gehört es, daß dem "heutigen" Menschen der "Charme" (und das meint ethymologisch: der "Schutz") seiner "Inständigkeit" im Mysterium der Gottesebenbildlichkeit abgesprochen wird. Das unverzichtbare Recht der Person auf Ineffabilität (vgl. 3.3.5.1.) zeigt sich alsdann, postmodern verzerrt wiederkehrend, im provokant eingeforderten Recht auf Anonymität und Afunktionalität. "Person" ist aber jenes "Zauberwort" zur Reanimierung des "Anderen und Ungesagten" das schon in Joseph von Eichendorfs Vierzeiler "Wünschelrute" romantisch überhöht wird und ungesagt bleibt:

"Schläft ein Lied in allen Dingen,
Die da träumen fort und fort,
Und die Welt hebt an zu singen,
Triffst du nur das Zauberwort."[74]

Die romantische Wendung zur "Person" als ungesagtem "Zauberwort" erweckender, sinnspendender Kraft führt wieder hin zur Frage nach der christlichen Alternative zur "Dialektik der Aufklärung", die sich nicht zuletzt über das Fehlen einer ausgemittelten metaphysischen Anthropologie chronifizierte und in eine Dialektik der Postmoderne umzuschwenken droht. Unser "Lösungs"-Weg mühte sich um eine "Verwindung" von dekonstruktivistischer Subjekttheorie ("sujet en fading, "gespaltenes Subjekt") und christlicher Anthropologie ("Erbsünde", "Personalität"). Die "Verwindung" soll zum Ansatz einer aktuellen Anthropologie hinführen, die sowohl christlich-metaphysisch als auch dekonstruktiv-postmodern ist. Eine derart immanenzapologetisch qualifizierte, christlich-dekonstruktive Subjekttheorie kann sich als Alternative zur "romantizistischen Lösung" des Subjektivismus anbieten.

Aufbauend auf dem Konzept der (relationalen) Personalität des "gespaltenen Subjekts", ist eine soteriologisch-ekklesiologische Vertiefung des

Themas möglich, die auch den dekonstruktivistischen Optionen und postmodernen Desideraten entgegenkommt. Insbesonders gilt es, der postmodern wiederkehrenden Erlösungssuche (vgl. 5.1.) ein Angebot zu entwikkeln, das sich alternativ zu den neognostizistischen "Lösungen" (vgl. 5.1.2.2.) verhält.

6.4. Die christliche Offenbarungs-Alternative zur postmodernen Sinn- und Erlösungssuche

6.4.1. Die postmoderne Legitimation der wiederkehrenden Gottesfrage

6.4.1.1. Der "Umkehrschluß" von der Anthropodizee zur Gottesfrage

In seiner programmatischen Rede "Wider die zweite Unmündigkeit"[75] (1989) bezieht J.B. Metz Position "Zum Verhältnis von Aufklärung und Christentum." Dabei verweist er auf die "klare Alternative"[76], die das Christentum zur Lösung für jenen Spaltungsprozeß anbieten kann, den Horkheimer und Adorno mit "Dialektik der Aufklärung" definierten. Unsere Analyse dieses Prozesses, der sich in eine Dialektik der Postmoderne zu perpetuieren droht, konvergiert in wesentlichen Auswertungen und Schlußfolgerungen mit denen von J.B. Metz.

Mit E. Biser, P. Koslowski und J.B. Metz halten wir es für zutreffend, im eigentlichen Wortsinn von einer "Krise" der (Aufklärungs-)Moderne zu sprechen. Allein dieser Begriff bezeichnet die zeitgeschichtliche, kulturelle Dynamik hinlänglich, die durch "Geschichtsbruch" (E. Biser), nihilistische Sinnkrise (vgl. 4.3.1.) und extremisierte Gefährdung des Humanums (vgl. 4.3.4.) gekennzeichnet ist. J.B. Metz faßt diese globalen Krisenmomente in seiner Feststellung zusammen:

> "Mündigkeit durch öffentlichen Vernunftgebrauch kennzeichnet - nach Kant - Aufklärung als kulturellen und politischen Prozeß. Als solcher ist er heute gefährdet durch das, was ich die zweite Unmündigkeit und eine mit ihr heraufziehende tiefe Politiklosigkeit nennen möchte. Diese Gefährdung hat substantiellen Charakter [...]".[77]

Die besagte substantielle "Gefährdung" der Aufklärung pointiert Metz mit den Stichworten "Remythologisierungsprozesse"[78] und "Systemtheorie". Daß die dialektisch gewordene Aufklärung ihre extremisierte Aufspaltung in Neomythologismus und Neorationalismus erfährt, ist ebenfalls das sich durchhaltende Thema unserer Zeit- und Kulturanalyse. Diese ging (im 4. Kapitel) systematisch unter dem Leitmotiv der "Dialektik der Hierophanie" (M. Eliade) auf die modernen Säkularisierungsprozesse ein, um schließlich methodisch eine subjekttheoretische Wendung zu nehmen. Diese "anthropologische Wende" stieß zunächst auf die conditio humana des "heutigen Menschen" an der krisenhaften Grenze zur Postmoderne (vgl. 4.3.4.), um sodann (im 5. Kapitel) die postmoderne Wiederkehr der Erlösungsbedürftigkeit (vgl. 5.1.) zu untersuchen und ihr Verhältnis zur "postmodernen Theologie" zu hinterfragen (vgl. 5.2.).

Das Ergebnis dieser anthropologischen Untersuchung läßt sich hier im Hinblick auf J. B. Metz exakt folgendermaßen synthetisieren:

1. "Die die europäische Aufklärung begleitenden Säkularisierungsprozesse sind nicht nur Prozesse der gesellschaftlichen Entmächtigung und Auflösung traditioneller Religionsformen, sie entpuppen sich immer mehr auch als Prozesse der Entmächtigung und Auflösung des Menschen, wie er uns bisher vertraut und anvertraut war und wie ihn die Aufklärung unbeschädigt unterstellen konnte. Immer weniger [...] ist dieser Mensch noch sein eigenes Gedächtnis, immer mehr nur noch sein eigenes Experiment."[79]

2. "Alles hängt davon ab, in welchem Horizont die Aufklärung sich über sich selbst, über ihren eigenen Zustand aufklärt. Es gibt da [...] eine klare Alternative"[80] (J.B. Metz). Diese *Alternative* liegt nicht in einer philosophisch-reflexiven Nach-Aufklärung der Post-Moderne, sondern in dem Angebot einer postmodernen "religiösen Lösung".

Die alternative "religiöse Lösung" soll ihrerseits wirkungsvoll, integrativ und christlich sein. Deshalb setzt sie als propädeutische Vorarbeit die (Struktur-)Analyse der (philosophisch-literarischen und theologischen) Postmoderne-Bewegungen voraus. Sie setzt bei der postmodern wiederkehrenden Erlösungssuche ein, um sie durch eine christliche Hermeneutik "aufzuklären", d.h. sie hinsichtlich ihrer Bezüge, Motivation und Tragweite zu identifizieren.

Im ersten anthropotheologischen "Lösungs"-Schritt wurde die fundamentaltheologische Antwort gewagt zur Frage nach der Wahrheit des Menschen als "gespaltenes Subjekt" (vgl. 6.3.1.). Als Alternative zur "romantischen Lösung" des Subjektivismus wurde eine christlich-dekonstruktive Subjekttheorie grundgelegt, welche die abgründige Gespaltenheit des Subjekts nicht ausklammert, sondern Erbsünde und Konkupiszenz als schöpfungstheologische Begründung für den uranfänglichen Spaltungszustand anerkennt. Im Rekurs auf die Immanenzmethode kam es zu einer ersten "Verwindung" von Dekonstruktivismus und Offenbarung unter dem Leitbegriff der *Personalität*. Gerade wegen der postmodernen Diskreditierung der Aufklärungsanthropologie und infolge der "Erschöpfung des Paradigmas der Bewußtseinsphilosophie" ist die alternative theologische Zueignung der "subjektphilosophischen Erbmasse" (vgl. 6.3.2.) von entscheidender Bedeutung für eine integrative "religiöse Lösung". Die zu Beginn dieses Kapitels (vgl. 6.1.3.) angesprochene anthropotheologische "Lösungs"-Möglichkeit der postmodernen Sinn- und Erlösungssuche fand damit ihre erste Konkretisierung auf der Ebene der christlichen Anthropologie: Im Kontext dekonstruktivistischer Subjekttheorie und zeitgenössischer Fundamentaltheologie wurde das Subjekt als Person neu erörterbar.

Der folgende, zweite anthropotheologische "Lösungs"-Schritt soll jene soteriologische Öffnung bewirken, welche die postmoderne Sinn- und Erlösungssuche in den christlichen Heilshorizont eintauchen läßt. Die soteriologische Dimension der Offenbarung entbirgt heilsame, identitätsspendende (Legitimations-)Kraft und Sinnpotentialität für den "heutigen Menschen" und allgemein für die Postmoderne. Im Sinn einer *integralen* Apologetik darf für den Wechselschritt von der metaphysischen Anthropologie zur Soteriologie folgende Analogiemethode geltend gemacht werden: So wie die dekonstruktivistische Subjekttheorie allererst durch die schöpfungstheologischen Wahrheiten der Personalität und Erbsündigkeit ihr transzendental begründetes Selbstverständnis gewinnt, ebenso erfahren Sinn- und Erlösungssuche der Postmoderne ihre Ausmittlung und Transzendenz erst im Licht der geoffenbarten Heilswahrheit. Die Wendekreise des "romantischen Subjektivismus" wie der "Dialektik der Aufklärung" bedürfen zu ihrer Transzendenz der christlichen Offenbarung. Die angefragte Alternative zum "romantischen Subjektivismus" wie zur Dialektik der Postmoderne liegt vornehmlich in der geoffenbarten Personalität: der personalen Relationalität des "gespaltenen Subjekts" und der Personalität des "ganz Anderen", der sich in Jesus Christus selbst geoffenbart hat und den die Kirche als dreifaltig-ewigen Gott bekennt.

Wenn - wie J.B. Metz bekennt - "alles [...] davon [abhängt], in welchem Horizont die Aufklärung sich über sich selbst, über ihren eigenen Zustand aufklärt",[81] dann bietet sich dazu die religiöse Alternative als "andere" hermeneutische Größe besonders an. Warum? Die Begründung läßt sich im Rekurs auf Nietzsche und im Rückblick auf das Anfangskapitel dieses Traktates geben: F. Nietzsche schlug als erster vor, Aufklärung und Moderne konsequent der Metapher vom "Tod Gottes" zu unterstellen. Gemäß Nietzsche beinhaltet der enttheologisierende "Tod der Metaphysik" folgerichtig die Abdankung jenes Menschen, den die Aufklärung selbst noch naiv unterstellt und mit ihrem Emanzipations- und Mündigkeitsideal ausgestattet hatte. Nietzsches Hintergrundannahme für den Tod des Menschen und die einbrechende Anthropodizeefrage ist also der "Tod Gottes". Nietzsche kennt das Echo auf den Schrei des "tollen Menschen" (vgl. 1.2.2.2.): "Wohin ist Gott?" Es lautet: Wohin ist der Mensch? Hier nun, an der Grenzfrage zwischen Gott und Mensch wird die Alternative deutlich aussprechbar: Entweder nimmt man mit Nietzsche - dem Stammvater der (anarcholiberalen) Postmoderne - den "Weg aus der Moderne" in das kontrastmythologische Reich des Übermenschen (und seiner Projekte einer totalemanzipativen "postmodernen Moderne") oder man rückt die Anthropodizeefrage mitsamt der Aufklärung "in den Horizont des Gottesgedächtnisses". Wir entscheiden uns für Letzteres und riskieren in diesem Schlußkapitel den "Umkehrschluß" gegenüber Nietzsche. In drastischer Verkürzung läßt sich dieser "Umkehrschluß" mit J.B. Metz folgendermaßen ansagen:

> "Wer dem Dahinschwinden des Menschen widerstehen will, wer seine subjekthafte Identität [...] retten will, der kann das, wenn es denn zum Schwure kommt, nur in Verbindung mit diesem Gottesgedächtnis, das schließlich nicht einem polymythischen Reichtum im Geiste entstammt, sondern jener biblischen 'Armut im Geiste' zugehört, die unfähig ist, sich von geschichtsfernen Mythen trösten zu lassen. Und was die auf den Tod des Menschen und seiner Geschichte bereits mythisch eingeschworene Noch- oder Nachmoderne in Rechnung zu stellen hätte, wäre die Subversion dieses Gottesgedächtnisses [...]."[82]

Die inhaltlich plausible Durchführung dieses "Umkehrschlusses" von der Anthropodizee zur Gottesfrage wurde in unserer Untersuchung methodisch vorbereitet. Insbesonders galt es, die postmoderne Wiederkehr der

Erlösungssuche hinsichtlich ihrer Motivation und Motivverschränkungen zu analysieren (vgl. 5.1.2.). Die Notwendigkeit der soteriologischen Erfüllung des Erlösungsbedürfnisses wurde als *theologische* "condition postmoderne" erkennbar (vgl. 5.1.2.1.). Im nächsten Reflexionsschritt soll dem entsprechend die christliche (Offenbarungs-)Alternative unter soteriologischer Zentrierung eingeführt werden.

6.4.1.2. Die Not-wendigkeit der offenbarungstheologischen Erschließung postmoderner (Sinn-)Optionen

Die "Subversion des Gottesgedächtnisses"[83], die J.B. Metz den modernen "Säkularisierungsprozessen" und den postmodernen "Remythologisierungsprozessen" als Effekt zuordnet, bewirkt - wie schon Nietzsche prophezeite - die radikale Infragestellung des Subjekts bis hin zur akuten Gefahr der "Abschaffung des Menschen" (F.H.Tenbruck): Zur Tragweite der gegenwärtigen Nihilismuskrise gehört vorrangig die Gefährdung der Substanz des Humanen. So scheint es, als ob Gottes- und "Seinsvergessenheit" im Verlust des proprium humanum und in der Anthropodizee gipfelten. Zur hinlänglich analysierten Ambiguität der Postmoderne-Bewegungen gehört, daß sie einerseits anarcholiberal übersteigerter Ausdruck nihilistischer Orientierungslosigkeit sind, während der postmoderne Dekonstruktivismus seinerseits "Wege aus der Moderne" anbahnt, die vorsichtig eine Wiederkehr des Transzendent-Religiösen eröffnen. Für unseren Traktatsverlauf ist es kennzeichnend, daß er der "Spur" der dekonstruktivistischen Mystik, Vernunft- und Subjekttheorie gefolgt ist. Unter dem Leitbegriff der Personalität war eine erste "Verwindung" der dekonstruktivistischen Subjekttheorie mit christlich-metaphysischer Anthropologie möglich (vgl. 6.3.3.).

In einem zweiten Akt der "Verwindung" soll der postmodernen Sinnsuche, die ihren Tiefpunkt in der Dramatisierung der Erlösungsbedürftigkeit (vgl. 5.1.2.) verhalten zu erkennen gibt, eine soteriologische Antwort angeboten werden. Zur alternativen Qualität der "religiösen Lösung" gehört es wesentlich, daß sie ihren Zuspruch aus einer anderen Dimension bezieht als der des Neognostizistischen oder Apokalyptischen, in deren Aporetik sich die postmoderne Erlösungssuche zumeist verfängt (vgl. 5.2.).

Die religiöse Alternativ-Lösung zur postmodernen Orientierungssuche und Erlösungsbedürftigkeit ist eine offenbarungstheologische und soteriologische. Die christliche Alternative formuliert sich differenzbewußt vom "ganz Anderen" her, erschließt dem postmodernen Subjekt seine Identität über seine Personalität, seine Orientierungssuche über seinen Transzendenzbezug und seine Erlösungsbedürftigkeit vermittels des mysterium salutis. Sowohl für die dekonstruktivistische Subjekttheorie als auch insgesamt für das geistige und kulturelle Milieu der Postmoderne ist die christliche Option entscheidend. Ihre Annahme entscheidet paradoxerweise darüber, ob die postmodernen Grundoptionen verwirklichbar werden oder nicht. Dies gilt sowohl für die Parolen von der Singularität und Ineffabilität (Heterogenität) des "sujet en fading" als auch für das neostrukturale Text-, Gesellschafts- und Wirklichkeitsinterpretament der Decodage, "différance" und "dissémination". Allein die wirkliche Wirklichkeit des "ganz Anderen" bewahrt den Dekonstruktivismus vor dem Verfall in einen anarchischen Destruktivismus und schützt das postmoderne Subjekt vor seiner Nichtung durch seine Absurdsetzung in autonomistische Willkürfreiheit. Das vielzitierte Durchbrechen der neuzeitlichen "Beherrschungsrationalität" wie die postmoderne Reformulierung von Subjektivität werden schließlich doch wieder nur nihilistische Unternehmungen, falls sie nicht aus der Beziehung zur Dimension des "ganz Anderen" motiviert und getragen werden. Das neostrukturalistische Aufbegehren gegen die Taxonomie der Repräsentationsmodelle, gegen sekundäre, weil von menschlicher Rationalität entworfene Kodes und Verfassungen, verfällt dann der sinnlos entgrenzten Decodage, wenn es das Bewußtsein für die Vorgegebenheit der absoluten, transzendenten Ordnung verliert. Der "Tod des Subjekts" als condition postmoderne wird dann zum Mord am Menschen, wenn der Dekonstruktivismus auf halbem Wege anarchisch stagniert und die wesentliche Einmaligkeit des Subjekts nicht vom "ganz Anderen" her als personale Relation erschließt.

Die Sicherung und Verwirklichung der postmodernen Option, die wegweisende Antwort auf die Gefährdung, Identitäts- und Erlösungssuche des "heutigen" Menschen, die "Rettung der Substanz des Humanen" und die Überwindung der dekonstruktivistischen Aporie (ihrer fehlenden kriteriologischen Abgrenzung zu Destruktivismus und Nihilismus) sind letztlich nur möglich und legitimierbar über die Dimension des "ganz Anderen". Im

"Umkehrschluß" wird der "Tod der Metaphysik" zur finitätsbewußten "condition postmoderne" für die Alternative der Offenbarungstheologie. Allein vermittels der Offenbarung ist die positive inhaltliche Bestimmung des "ganz Anderen" möglich. Die offenbarungstheologische Subversion der "Gottesvergessenheit" erschließt die Dimension des "ganz Anderen" hinsichtlich seiner Personalität, seiner Schöpfungsmächtigkeit und seines Heilswillens. Die Offenbarung dekodiert das Neutrum des "grand Autre" als liebende, an seiner Schöpfung heilshandelnde Person. Das Subjekt als Person und die Welt als Schöpfung finden die unüberbietbare "Beglaubigung" ihrer Wirklichkeit und die Grenzen ihrer Transformierbarkeit im Schöpfer selbst. Subjekt und Welt bleiben damit zwar kontingente Größen, gewinnen aber die Wahrheit ihrer Identität aus der Schöpfungswirklichkeit der creatio continua. Sie hören auf, beliebige und beliebig postulierbare Größen zu sein. In ihrer wesentlichen Hinordnung auf ihren Schöpfer unterliegen sie einer absoluten transzendenten Ordnung. Insofern sind sie "Subjekt" göttlicher Liebe und schöpfungsmächtiger Weisheit.

Um fast ein Jahrhundert verschoben haben die beiden vatikanischen Konzile unter schöpfungstheologischer Perspektive (Vat. I) und soteriologisch-heilsgeschichtlicher Zentrierung (Vat. II) das Gottesverhältnis von Schöpfung und Mensch zur aussagekräftigen Darstellung gebracht. Wie im 4. Kapitel (vgl. 4.1.3.) dargelegt, läßt sich die Offenbarungslehre des Vat. I unter dem neostrukturalen Kontrastaspekt von "différence" und Andersheit/Heterogenität interpretieren. Der Aktualitätswert und das fundamentaltheologische Hauptanliegen dieses Konzils zentrieren sich in Folgendem: Indem die Offenbarungslehre des I. Vat. den "hierophantischen Akzent" auf die Transzendenz des offenbarenden (Schöpfer-)Gottes (DS 3001-3005, 3021-3025) und auf die seins- und erkenntnismäßige Unterscheidung von natürlicher und übernatürlicher Ordnung (DS 3015; 3028) legt, bringt sie ein notwendiges Moment der Differenz ein. Die "différence" zwischen Schöpfer und Schöpfung (bzw. Geschöpf) ist die kreative Ermöglichungsbedingung von Offenbarung. Die Unüberwindbarkeit der Differenz als sinn- und lebensgenerativer "différence" schafft den Wert der Offenbarung als gnadenhafter, erlösender Selbstmitteilung Gottes an seine Kreatur. Das Vat. II entfaltet und ergänzt die theologischen Grundsätze dieser Offenbarungslehre in einer entscheidenden, soteriologisch-anthropologischen Wende. Die vom trinitarischen Gott als Urheber getragene Offenbarung wird als heilsgeschichtliches, personales Begegnungsgeschehen verstanden, das Realität und Verbalität vereint. Die Unhintergehbarkeit der Differenz zwischen Schöpfer und Geschöpf wird dem Vat. II zur kreativen Vorgabe für die freiwillentliche göttliche Selbsterschließung, d.h. für die in Christus kulminierende, erlösungsträchtige Offenbarung als freier Selbstmitteilung Gottes.

Die soteriologisch zentrierte und heilsgeschichtlich-ekklesiologisch dargestellte Offenbarungslehre des II. Vat. beinhaltet die theologische Alternative zur Dialektik der Postmoderne und birgt die "religiöse Lösung" für die dramatisch wiederkehrende Erlösungssuche. Wie E. Biser zurecht betont, ist der krisengefährdete Mensch zwischen Spät- und Postmoderne Subjekt und Akteur der epochalen "glaubensgeschichtliche Wende". Deren Vollzug stellt den "heutigen" Menschen in ein plurales Feld von Glaubensmöglichkeiten. Vor dem postmodernen Hintergrund der "Dialektik der Aufklärung" postiert sich eine "Alternative Liste" von Glaubensangeboten, die vom Esoterisch-Imaginativen, Okkultistischen, Fundamentalistischen und Neomythologistischen bis zum Neognostizismus reicht, der u.a. den Glauben an ein "technologisches Pfingsten" (vgl. 5.1.2.2.) propagiert. Die christliche Alternative ist aber sicherlich kein weiteres Angebot unter zahllos anderen. Um jedoch dem "heutigen" Menschen als Alternative wahrnehmbar zu sein, bedarf es der *integrativen Glaubensvermittlung*. Deren Qualitätsmerkmal ist es, daß sie anthropotheologisch spricht und dazu den status creaturae des "heutigen" "Hörer[s] des Wortes" wie die "Zeichen der Zeit" glaubensbegründend integriert. Die propädeutische Funktion, "die dem Erfahrungsmoment in der gegenwärtigen Form der Glaubensanbahnung zukommt",[84] ist ebenso unleugbar wie entscheidend. Die Lebens-, Erfahrungs- und Leidensbedingungen des spätmodernen Menschen demonstrieren ihm - über den verschärft ins Zeitbewußtsein aufgebrochenen manque à être - seine Erlösungsbedürftigkeit. Im anschließenden Passus soll deshalb eine "Verwindung" von postmoderner Erlösungssuche und offenbarungstheologischer Alternative auf dem Hintergrund der *Offenbarungshermeneutik des Vat. II* entworfen werden.

6.4.2. "Verwindung" von postmoderner Erlösungssuche und christlicher Heilsoffenbarung auf dem Hintergrund des II. Vatikanums

6.4.2.1. Die "kupierte" postmoderne Erlösungshermeneutik in Verweisfunktion auf die existentielle Notwendigkeit der Heilsoffenbarung

Unsere Untersuchung der postmodern wiederkehrenden Erlösungsbedürftigkeit (vgl. 5.1.1.) und deren Dramatisierung als Erlösungssuche brachte im Ergebnis folgende Differenzierung:

Im Sinne einer sich perpetuierenden "Dialektik der Aufklärung" schwankt die postmoderne Erlösungssuche zwischen neorationalistischen "Lösungs"-Modellen und kontrastmythologischen (irrationalen) Befreiungshoffnungen, zwischen einem "kupierten Gnostizismus" und einer "kupierten Apokalyptik". Die "Posthistoire"-Inszenierung von Verdammnis als andauernder Abwesenheit der Erlösung (vgl. 5.1.2.3.) folgt konsequent der Regieanweisung der "kupierten Apokalyptik" und ihrer Todesmystik: Das Erlösungsbedürfnis wird maximal geschärft in das Bewußtsein gehoben, so daß welt- und vernunftimmanente "Lösungs"-Wege als unzureichend verworfen werden. Die Notwendigkeit einer "religiösen Lösung" im Sinn von Vergebung und heilsamer Erlösung wird kompromißlos verdeutlicht, aber nicht positiv aufgegriffen. So bleibt es bei einer säkularisierten Gerichtseschatologie und bei der postmodernen "Eskalation der Ernüchterung", daß die "moderne Welt" Opfer ihrer eigenmächtigen Kulturschöpfungen geworden sei.

Der posthistoristischen Todesmystik der "kupierten Apokalypse" steht ein Neognostizismus mit seinen neorationalistisch-futuristischen bzw. kontrastmythologischen "Lösungs"-Modellen gegenüber. Dieser, in sich dialektisch gelagerte, "new gnosticism" ist insofern als "kupierter Gnostizismus" interpretierbar, als er in einem "naturalen Supernaturalismus" verbleibt und die Parusie der Modell-"Lösungen" als Erlösung proklamiert. Der anarcholiberal-gnostizistischen "Hybridisierung" der Erlösungssuche (vgl. 5.1.2.4.) im Vitalismus des "wilden Begehrens" steht das heilsutopische Modell der "postmodernen Moderne" dialektisch gegenüber, das die "Erlösung" durch die "Lösung" defizitärer Verhältnisse schaffen möchte. Diese Lösungshoffnungen sind allerdings - wie im 5. Kapitel dargestellt - soteriologisch konzipiert: ihr "Erlösungs"charakter ist unverkennbar. Allein im mystisch orientierten Dekonstruktivismus wird die gnostizistische und verkürzte Erlösungsintention durchbrochen (vgl. 5.1.2.4.).

Das Aporetische, weltimmanent Verkürzte und Drängende der nachmodernen Sinn- und Erlösungssuche wird an den Postmoderne-Bewegungen besonders deutlich. Die aporetischen Formen der "kupierten Apokalypse" und des "kupierten Gnostizismus" sind allerdings Anderes als säkularreligiöse Endzustände abendländischer Geisteskultur. Sie sind fundamentaltheologisch interpretierbar als signifikante Vorformen von Erlösungshermeneutik und als Verweiser auf die existentielle Notwendigkeit christlicher Heilsoffenbarung. Sowohl die anarcholiberale als auch die neorationalistische "Gnosis" "erschöpfen" sich extremistisch an den Grenzen des Menschenmöglichen und Machbaren. Sie markieren eine via negativa der "glaubensgeschichtlichen Wende", aus der ex contrario folgende Wahrheit erfahrbar und "glaubhaft" wird: Nach dem Scheitern des "Projekts der Moderne" können weder Neognostizismus noch Neomythologismus den postmodernen Menschen aus der "Eindimensionalität" herausführen. Sie können den in das zeitgenössische Bewußtsein wiederkehrenden manque à être weder neorationalistisch annullieren noch durch eine regressive Emanzipationsmythologie auf Dauer befrieden. Die ersehnte Parusie der erlösenden Sinnerfüllung des manque à être bleibt aus. Die säkulare Naherwartung bleibt nachhaltig enttäuscht. Anders gesagt: Neognostizismus wie Neomythologismus vermögen weder dem Einzelsubjekt noch der Postmoderne als anbrechender Kulturepoche jene Transzendenz zu vermitteln, die lebens- und kulturnotwendig wäre. Diese Gewißheit aber hat die Fundamentaltheologie mit M. Horkheimer und mit Dekonstruktivisten wie E. Lévinas, J. Lacan, M. Foucault u.a. gemeinsam, daß ein "Transzendieren ohne Transzendenz" (E. Bloch), ein "Prinzip Hoffnung" ohne letzten Grund und Radikalemanzipation nach dem Prinzip der "égalité à tout prix" leer und willkürlich bleiben.
Die postmoderne Verabschiedung des aufklärerischen Emanzipationsbegriffes und die Neuformulierung des ("Er-)"Lösungs"-Begriffes sind ent-

scheidend für die Transzendenz- und Identitätsvermittlung in "postsäkularistischer Zeit". Transzendenz unter dem Vorzeichen der Erlösung ist das desiderium naturale der Postmoderne nach dem Scheitern des Moderneprojekts und dem Verblassen seiner utopischen Heilsdimensionen. Die soteriologische Erfüllung dieses Erlösungsbedürfnisses ist die *theologische* condition postmoderne. Sie ist die große Herausforderung an das zeitgenössische Christentum und den "heutigen" Menschen. So wie über die "Verwindung" dekonstruktivistischer Subjekttheorie mit christlicher Menschenkunde das "sujet en fading" als Person und die Dimension des "grand Autre" als personaler Gott erschließbar wurden, ebenso läßt sich über die Erlösungssuche des "gespaltenen Subjekts" die soteriologische Dimension der christlichen Offenbarung hermeneutisch erschließen. Der Offenbarungslehre des Vat. II kommt dafür besondere Aussage- und Erschließungskraft zu, da sie das ganze, in Jesus Christus kulminierende Heilsgeschehen, seinem Grund und seiner Substanz nach, dem Offenbarungsbegriff unterstellt und als Selbstoffenbarung Gottes begreift. Dadurch wird - wie M. Seckler betont - der Offenbarungsbegriff "zur umfassenden Bezeichnung der Wirklichkeit, auf die der christliche Glaube sich bezieht".[85] Damit kann dem postmodernen Dekonstruktivismus ein neues Wirklichkeitsinterpretament angeboten werden, das sich *alternativ* (und nicht antagonistisch-antithetisch) zu "Beherrschungsrationalität" und Mythologismus verhält und der Daseinserfahrung bzw. -gefährdung des "heutigen" Menschen entspricht. Umgekehrt findet die Offenbarungslehre des II. Vat. ihre Erschließungssituation in der Postmoderne vor, deren Finitätsbewußtsein den postsäkularen Glauben an transzendentale Heilsbedingungen und Erlösungstranszendenz zu akzeptieren lernt.

6.4.2.2. Die anthropotheologische Vertiefung des Offenbarungsbegriffes durch das II. Vaticanum

Die Offenbarungslehre des Zweiten Vatikanischen Konzils versteht sich selbst ausdrücklich in der Tradition des Trienter und des Ersten Vatikanischen Konzils:

> "Darum will die Synode in Nachfolge des Trienter und des Ersten Vatikanischen Konzils die echte Lehre über die göttliche Offenbarung und deren Weitergabe vorlegen, damit die ganze Welt im Hören auf die Botschaft des Heils glaubt, im Glauben hofft und in der Hoffnung liebt." (DV 1)

Die bereits im Vorwort zu "Dei Verbum" formulierte pastorale Zielsetzung, nämlich Glaube, Hoffnung und Liebe für die "ganze Welt" durch die "Weitergabe" der Offenbarungslehre zu bewirken, verweist schon auf eine anthropotheologische Reformulierung und Vertiefung des Offenbarungsbegriffs. Der Offenbarungsbegriff des II. Vat. darf mit M. Seckler als "kommunikationstheoretisch-partizipativ"[86] bezeichnet werden. Er löst das "Instruktionsmodell" des Vat. I ab, indem er die Offenbarungslehre dieses Konzils entscheidend vertieft. Offenbarung als Aletheia-Ereignis der Erschließung subjektiver Existenz und weltimmanenter "Sachverhalte" vom "ganz Anderen" her (vgl. 4.1.3.3.), das ist die große, antimonistische Thematik des Ersten Vatikanischen Konzils, die grundsätzliche Optionen mit dem (atheologischen) Dekonstruktivismus gemeinsam hat. Offenbarung als revelatorisches, entbergendes Handeln Gottes ist als Aletheia-Ereignis mehr als "Information" bzw. "Instruktion". Es ist Wahrheitsmit-teilung. Dies besagt übrigens, wenn auch "instruktionstheoretisch" formuliert, in nuce schon das I. Vat.: Was dem erbsündigen Menschen verborgen und natürlicherweise nicht wahrnehmbar ist, das offenbart ihm Gott "aus Weisheit und Güte" ("placuisse eius sapientiae et bonitati"). Das I. Vat. erklärt bereits, daß Gott nicht irgendwelche ungewußten Faktizitäten offenbarte, sondern "se ipsum et aeterna volutatis suae decreta".[87]

Revelation als ungeschuldetes, freiwillentliches Aletheia-Ereignis höchster ontischer Valenz und singulärer (Geschichts-)Größe wird im Vat. II in erkennbarer "Nachfolge" zum Ersten Vatikanischen Konzil profundiert im Modell der Offenbarung als heilvoller Selbstmitteilung Gottes. Weit eindeutiger als das vorangegangene Konzil, betont das II. Vat., daß Gott in seiner Offenbarung - kulminant in Christus (DV 4) - letztlich sich selbst offenbart. Als Eröffnungsformel des 1. Kapitels von "Dei Verbum" heißt es:

> "Gott hat in seiner Güte und Weisheit beschlossen, sich selbst zu offenbaren und das Geheimnis seines Willens kundzutun."

Mit P. Eicher stellt sich hier affirmativ "die Frage, ob das Konzil das Offenbarungsdenken durch die Verbindung des Ansatzes bei Verbum Dei, das in Christus Gott offenbart, mit einer hermeneutischen Besinnung auf das Neue Testament nicht auf eine neue Ebene gehoben hat, welche das apologetische und dialektische Offenbarungsdenken hinter sich läßt Offenbarung als Selbstmitteilung Gottes kann hinfort nicht mehr rationalistisch als bloße Mitteilung von Sätzen "über" Gott und seine Heilsabsichten mißverstanden werden. "Selbstoffenbarung Gottes aber heißt nun nicht nur Selbst-Erschließung (für das Erkennen), sondern Selbst-Mitteilung, d.h. reale, seinshafte Teilhabegewährung an der Erlösungswirklichkeit Gottes selbst."[89] Heilsgeschehen, "Erlösungswirklichkeit" und Offenbarungsgeschehen interpretieren einander wechselseitig. Das Konzil integriert dem Offenbarungsbegriff das Heilsgeschehen in seiner ganzen Inhaltlichkeit, Erlösungsfülle und Wesensnatur. Für den Reflexionsbegriff "Offenbarung" ist somit kennzeichnend, daß das Heilshandeln im Ganzen als Offenbarung denkbar wird, "daß das Heilsgeschehen im christlichen Sinn im ganzen wie im einzelnen als Selbstentäußerung und Selbstmitteilung Gottes zu denken ist."[90]

Der Begriff der "Selbstoffenbarung Gottes" ist in seiner Seinstiefe eng mit dem Wesen Gottes und den Mysterien der Erlösung verbunden. Das Erlösungsgeschehen gründet im dreifaltigen Wesen Gottes:

> "Wenn man nämlich die Wirklichkeit Gottes trinitarisch schon als ewiges innergöttliches Mitteilungsgeschehen zu denken hat und damit Gott in seinem Sein Offenbarung ist (K. Barth), dann ist auch die freie Tat der göttlichen Liebe, in der Gott selbst in seinem heiligen Sein sich zur seligen Bestimmung des Geschöpfes macht, ihrem eigentlichen Wesen nach Offenbarung im Sinne von Selbstmitteilung."[91]

Selbstoffenbarung Gottes als dessen Selbst-Mitteilung ist für Mensch und Schöpfung die "reale, seinshafte Teilhabegewährung an der Erlösungswirklichkeit Gottes selbst."[92] Wie vorhin vermerkt, bezeichnet M. Seckler den Offenbarungsbegriff des II. Vat. mit "kommunikationstheoretisch-partizipativ". Diese zweiteilige Bezeichnung verweist auf die vom Vaticanum betonte Einheit von Tat- und Wortoffenbarung, von Schöpfungs- und Heilsoffenbarung als Handeln Gottes am Menschen, zu dem das dem

Glauben gesagte Wort als inneres Wesensmoment gehört. Der communio-Aspekt zielt hierbei eher auf die personale Beziehung, so wie sie durch Gottes Selbstoffenbarung ermöglicht wird, während im Partizipationsgedanken die Teilhabegewährung an den "bona divina" (Wahrheit, Gerechtigkeit, Liebe, Friede etc.) zum Ausdruck kommt.

Die "Dogmatische Konstitution über die göttliche Offenbarung" geht im 5. Artikel zum Glauben des Menschen über. Glaube wird im Sinne des Römerbriefes als Gehorsam, als personale Begegnung mit Gott und als Übereignung des ganzen Menschen verstanden.

> "Dem offenbarenden Gott ist der 'Gehorsam des Glaubens' (Röm 16, 26; vgl. Röm 1,5; 2 Kor 10, 5-6) zu leisten. Darin überantwortet sich der Mensch Gott als ganzer in Freiheit, [...]." (DV 5)

Der "Hörer des Wortes" und Rezipient der Offenbarung wird hier in seinem Glaubensvollzug nicht (mehr) unter dem "Tugend"-Aspekt angegangen (vgl. 4.2.2.2.). Vielmehr wird er unter dem Erlösungs- und Heilsmysterium der "zuvorkommende[n] und helfende[n] Gnade Gottes" (DV 5) und des "inneren Beistand[es] des Heiligen Geistes" (DV5) interpretiert. Glaube als "Gehorsam" und als freie Antwort des angesprochenen Subjekts wird in "Dei Verbum" nicht dem Paradigma von Ratio und Tugend zugeordnet, sondern in seiner Unableitbarkeit dem Mysterium göttlichen Gnadenwirkens unterstellt. *Glaubensgewißheit* verliert ihren statischen Charakter des Definitiven und Finalen, das durch "Beweisgänge" erzeugbar wäre. Sie wird entsprechend dem menschlichen und kirchlichen status viatoris als *Gnadengabe* verstanden, die je neu auf geistgewirkte Veränderung im Sinn von "Vervollkommnung" angelegt ist:

> "Dieser Geist vervollkommnet den Glauben ständig durch seine Gaben, um das Verständnis der Offenbarung mehr und mehr zu vertiefen." (DV 5)

Die Offenbarungslehre des II. Vat. hat nicht nur im 5. Artikel von "Dei Verbum", sondern insgesamt in ihrer "Dogmatischen Konstitution" die "anthropologische Wende" soteriologisch vollzogen. Die offenbarungstheologische Alternative zum Dekonstruktivismus wie zur postmodernen Sinn- und Erlösungssuche entfaltet sich notwendigerweise auf dem vom

Vat. II gelegten Grund: dem soteriologisch zentrierten und heilsgeschichtlich ausgerichteten Offenbarungsbegriff. Diesen "fundamentalsten" Begriff (K. Rahner) der theoretischen Selbstbestimmung des Christentums galt es im Sinne der Offenbarungslehre beider Vatikanischer Konzilien (vgl. 4.1.3.) komprimiert vorzustellen. "Offenbarung" als theologischer Erfahrungs- und Reflexionsbegriff ermöglicht die "Verwindung" zwischen dem christlichen (Er-)Lösungsangebot und jener Erfahrungs- und Theorievorgabe, welche die Postmoderne-Bewegung einbringen kann, um sie im Licht einer "anderen" Hermeneutik zu revidieren. Methodisch transponiert besagt dies: Im Sinne einer immanenzmethodisch orientierten (vgl. 6.2.-6.3.), integralen Apologetik kann hier als zweiter Lösungs-Schritt der postmodernen Erlösungssuche das Realangebot einer offenbarungstheologischen Antwort vermittelt werden. "Die Entzweiung von Erfahrung und Glaube in der Neuzeit"[93] (H. J. Pottmeyer, 1983) ist über die Nihilismuskrise und durch das Scheitern des "Projekts der Moderne" in eine "glaubensgeschichtliche Wende" eingetreten, welche die christliche Alternative "secundum revelationem"[94], d.h. in Nachfolge und Entsprechung zur Selbstoffenbarung Gottes, erneut "spruchreif" werden läßt.

6.4.2.3. Die postmoderne Remémoration der (eschatologischen) Heils-Differenz im Licht der heilvollen Selbstoffenbarung Gottes

Die christliche Offenbarungs-Alternative im Licht der Vatikanischen Konzilien und ihre Kompatibilität mit der postmodernen Sinn- und Erlösungssuche läßt sich schließlich komprimiert und auf den soteriologischen "Punkt" bringen.

Unsere fundamentaltheologische Untersuchung erbrachte dazu folgende Ergebnisse:
Die postmoderne Sinnsuche ist ihrem innersten Wesen nach Erlösungssuche. Die postmoderne Wiederkehr der Erlösungsbedürftigkeit (vgl. 5.1.) ereignet sich - aus phänomenologischer Sicht - in deren wechselvoll szenischer Dramatisierung (vgl. 5.1.2.). Der Signifikant "Erlösung" bleibt dabei zumeist ungenannt und verworfen, wird aber zugleich sze-

nisch-symptomhaft in den Postmoderne-Bewegungen dargestellt. Dargestellt werden Aporien. Die aporetischen Formen der "kupierten Apokalypse" und des "kupierten Gnostizismus" sowie die dialektische Schwankung zwischen neorationalistischen und kontrastmythologistischen Lösungs-Modellen sind Folgephänomene eines "verkürzten", inversiven Parusie- bzw. Heilsverständnisses. Dieses bleibt auf die Ebene des "naturalen Supernaturalismus" fixiert und exkludiert das Supernaturale und "ganz Andere" ohne es als Instanz erlösender Heils-Mitteilung gelten zu lassen. Die ersatzweise angebotenen Lösungs-Modelle sind postmodern allerdings nicht mehr als Heilsäquivalente legitimierbar, sind sie doch durchsichtig geworden hinsichtlich ihrer Vorläufigkeit und Aporetik. Das gilt für die "romantische Lösung" des Subjektivismus ebenso wie für die neorationalistischen bzw. neomythologistischen Lösungs-Modelle des "new gnosticism". Andererseits aber wird der "heutige" Mensch über Leiden, Sinndruck und extremisierte Selbstgefährdung nachhaltig mit dem manque à être konfrontiert. Die Erlösungsbedürftigkeit des "gespaltenen Subjekts" kehrt als Urmovens seiner Sinnsuche wieder, ohne daß die alten Antworten der säkularen Aufklärungsmoderne diese Suche befriedigen könnten. Weil die (Heils-)Suche nicht zuletzt deshalb bleibt und die besagten "neuen" Lösungs-Modelle zu kurz greifen, droht die post-moderne Fixierung der "Dialektik der Aufklärung".

Der mystisch orientierte Dekonstruktivismus versucht die postmoderne Erlösungsintention aufzugreifen und die Dialektik von Neognostizismus-Neomythologismus zu überschreiten. Genau hier ergibt sich die direkte Naht- und "Verwindungs"-Stelle zwischen der dekonstruktivistischen Postmoderne-Bewegung und dem Christentum als Offenbarungsreligion. Das Zentrum der "Verwindung" ist der Begriff der Personalität des Subjekts und des "grand Autre". Daß der/das "ganz Andere" als trinitarischer Gott Person ist; daß der Mensch zu diesem in einem realen communio - und Teilhabeverhältnis der Personalität und gnadenhaften Erlösung existiert; daß die gesuchte "Lösung" in der Parusie der Erlösung durch Jesus Christus schon vor-gegeben ist, all dies sind Offenbarungswahrheiten. Sie werden im II. Vat. derart anthropotheologisch "konstituiert", daß sie gerade der Sinn- und Erlösungssuche des "postmodernen" Menschen als Antwort entsprechen. Dieser ist hinsichtlich seiner Selbsteinschätzung in einem epochalen Paradigmenwechsel begriffen (vgl. 5.1.1.2.): Die radikalemanzipatorische Selbstverwirklichungsprogrammatik des "absoluten Subjekts" weicht einem postmodernen (Finitäts-)Bewußtsein der Relationalität. Der beherrschungsrationalistische Machtanspruch wird dechiffrierbar auf die Ohnmacht, "Verfallenheit" (M. Heidegger) und Entfremdung des zeitgenössischen Menschen, aus der er sich nicht selbst befreien kann, sondern nur - durch Metanoia - erlösbar ist. Zugleich wird über die nihilistische Verschärfung der Anthropodizeefrage eine offenbarungstheologisch fundierte Anthropologie notwendig, um die Singularität des Subjekts als Individuum vor dem "Dahinschwinden" zu bewahren.

> "Wer dem Dahinschwinden dieses Menschen widerstehen will, wer seine subjekthafte Identität [...] retten will, der kann das [...] nur in Verbindung mit diesem Gottesgedächtnis [...]."[95]

Die "Verbindung mit diesem Gottesgedächtnis", die den Menschen in seiner "subjekthaften Identität" rettet, indem sie das ewige Mysterium Gottes, seine Präsenz und Erlösungskraft wiederentdeckt, ist durch die Offenbarung gegeben. Dadurch, daß das II. Vat. seine Offenbarungs- bzw. Heils- und Erlösungslehre als Glaubensgewißheit und nicht im beherrschungsrationalistischen Stil als fixiertes Wissen "dogmatisch konstituiert", ist es mit dem "Postmodernen Wissen" (vgl. 2.2.) und seinem Grenzbewußtsein kompatibel.

Der "kupierte Gnostizismus" wie die "kupierte Apokalypse" sind letztlich postmoderne "Heils"modelle an der Grenze zur christlichen Offenbarung. Sie sind säkulare Antworten auf jene Schöpfungsgegebenheit, die theologisch mit dem Begriff der "eschatologischen Heilsdifferenz" bezeichenbar ist:

> "Im Horizont der Heilsfrage und im Rahmen einer eschatologischen Anthropologie bezeichnet der Begriff der Offenbarung diejenige Wirklichkeit, die zur definitiven Überwindung der menschlichen Heilsdifferenz schlechthin notwendig und zugleich absolut unverfügbar ist. Die Selbstoffenbarung Gottes bedeutet deshalb für das menschliche Dasein im Blick auf sein Letztes das erlösende Nahekommen und geschichtliche Wirklichwerden dieses Letzten."[96]

Mit dieser synthetisierenden Formulierung M. Secklers läßt sich die christliche Offenbarungs-Alternative exakt auf den soteriologischen "Punkt" bringen. Zum postmodern-dekonstruktiven Bewußtsein um den Primat und die Unhintergehbarkeit der Differenz (vgl. 3.1.3.) gehört als anthropologische und sozial-sachhafte Komponente die remémoration der Heilsdifferenz. Ihre Unüberwindbarkeit bricht nach dem offenkundigen Scheitern der utopischen Heilsprojekte der Moderne in das Bewußtsein der Postmoderne ein und sensibilisiert es für die christliche Heilsoffenbarung. Erst vermittels des vom II. Vat. soteriologisch gefaßten Offenbarungsbegriffes, der "zur umfassenden Bezeichnung der Wirklichkeit"[97] wird, kann die Heilsdifferenz als *Heils-Différance* alternativ erschlossen werden: Differenz als "différance" ist nicht die Grenzbezeichnung für ein Nichts, das den Objektbeziehungen subsistieren würde, sondern die Ermöglichungsbedingung für Sinn, Heil und Erlösung vom "ganz Anderen", d.h. von Gott her. Im Licht der Offenbarung und im Kontext neostrukturaler Semantik ist die Heilsdifferenz weder Makel noch Mangel, sondern schöpfungsmäßige (Vor-)Gegebenheit für das heilvolle Beziehungsangebot vom "ganz Anderen" her. Was also zur Überwindung der dekonstruktivistischen Aporien wie der menschlichen Heilsdifferenz "schlechthin notwendig und zugleich absolut unverfügbar ist", das ist die "andere" Wirklichkeit Gottes.

Eben darin übersteigt die christliche Offenbarung jede natürliche Religion und Vernunftreligion, daß sie Enthüllung des *mysterium salutis* ist. Konstitutiv für die Beziehung des Mysteriums zur menschlichen Erfahrung ist die Differenz des "semper maius". Weil das Mysterium niemals gänzlich erfahrbar und erfahrungs-"gemäß" rekonstruierbar ist, deshalb bleibt es Symbolort der "différance" und Hintergrund seiner Revelation, die niemals objektivierbare Totalpräsenz ist. Das dem Christentum geoffenbarte Mysterium ist ein mysterium salutis. Seine unüberbietbare Besonderheit, Einmaligkeit und Allgemeingültigkeit liegt darin, daß es die Heilsdifferenz als Heilsdifférance vom "ganz Anderen" Gottes her für den Menschen als Erlösungswirklichkeit offenbart. Das Eschaton der Wirklichkeit, auch der anthropologischen und aporetisch "kupierten", ist, daß sie parusiale Heilswirklichkeit ist: in der Selbstoffenbarung Gottes "zeigt sich" der Heilswille Gottes als Heilstat, das erhoffte Heil als heilsame Erlösung. Dem Kenoma gnostisch-nihilistischen Demiurgentums steht die Wahrheit vom Pleroma alternativ zur Seite. Der auferstandene und "kommende Herr" ist bereits nach urchristlicher (Konzilien-)Aussage zugleich der immer schon anwesende Herr, durch den wir "im Heiligen Geist Zugang zum Vater haben und teilhaftig werden der göttlichen Natur" (DV 2). Von der Offenbarung Gottes sagt das II. Vat., daß sie abgeschlossen und erfüllt ist, daß sie aber dadurch immerfort neu wirkt, "daß Gott mit uns ist" (DV 4). Das griechische Wort für solche Anwesenheit ist "Parousia". Die Heilswirklichkeit ist eine "parousiale". Der trinitäre Gott ist der "Herr" und Leiturgos einer sich auf seine Wahrheit hin erfüllenden Welt-Zeit und Heilsgeschichte. Die alttestamentliche Gebetsgewißheit des "Meine Zeit in Deinen Händen" (Ps. 10,14) ist die auch dem postmodernen Menschen mögliche Heilsgewißheit der parusialen Gegenwart Gottes in der Vergänglichkeit alles Lebendigen.

Die soteriologische Erfüllung des postmodern wiederkehrenden Erlösungsbedürfnisses ist - so betonten wir - die *theologische* "condition postmoderne". Ihre Besonderheit und Heterogenität zu den anderen vorgeführten "conditions postmodernes" besteht darin, daß sie eine *Alternative* einführt, welche die postmodernen Optionen vor Aporetik und Absurdsetzung, den "heutigen" Menschen und den Dekonstruktivismus vor destruktiv-nihilistischer Selbstzerstörung bewahrt. Schließlich und als Schlußthese dieses Traktates darf gesagt sein: Erst durch das Einbringen der christlichen Offenbarungs-Alternative kann die *Post-Moderne* zu ihrer epochalen Identität als *"Postmoderne"* finden.

6.4.3. Anstelle eines "Schluß"-Wortes: Die Prospektive der postmodernen Kirche als "Exodusgemeinde"

Zur postmodernen Option für ein neostrukturales Text- und Wirklichkeitsverständnis gehört das gesteigerte Bewußtsein für die "Beherrschungsrationalität" der "clôiture": des "Ab-schlußes". Der Heuristik der "Dissémination" folgend ist jede Zäsur vorläufig und jeder "Abschluß" ebenso eigenmächtig wie fiktiv: Jeder Text ist potentiell eine "unendliche Geschichte" und jede strukturelle Gliederung verläuft in endloser Transformation ihrer Bahnungen. Andererseits weiß die dekonstruktive Semantik sehr wohl um die sinnkonstitutive Wichtigkeit der "points de capiton", der texturalen Stepp- und Knotenpunkte, deren Setzung überhaupt erst verstehbare Aussagen ermöglicht. In formaler Entsprechung zu dieser Hermeneutik, die uns über sechs Kapitel hin herausfordernder Dialogpartner war, ist für unsere Untersuchung wohl weniger ein "Schluß"-Wort als eine bewußt gesetzte *Prospektive* adäquat. Diese symbolisiert auch am ehesten die Eigenart unseres Themas und die Methode der anthropotheologischen "Verwindung", die immanenzapologetisch ansetzte, um offenbarungstheologisch eine Heilsalternative zu eröffnen, die das dialektisch gepolte Spannungsfeld unseres Themas in den offenen Horizont der Heilsparusie aufrückte. An Stelle eines "abschließenden" Rückblicks mag deshalb eine Prospektive angemessen sein, die unter ekklesiologischem Gesichtspunkt gestaltet sein soll.

Wenn von "Offenbarungsalternative" die Rede ist, dann soll auch der Begriff der Kirche zumindest prospektivisch veranschlagt werden. Der Kirche nämlich ist "Die Weitergabe der göttlichen Offenbarung" (DV 7f.) aufgetragen. Als pastoralen Auftrag leitet das II. Vat. daraus für "Die Kirche in der Welt von heute" (Pastoralkonstitution) den Dienst ab, "unter Führung des Geistes, des Trösters, das Werk Christi selbst weiterzuführen" ("Gaudium et spes", § 3).Welcher Stellenwert, welcher spezifische Auftrag und welche alternative Position kommt der Kirche dann zu in einer Zeit des "Geschichtsbruches" (E. Biser), der "glaubensgeschichtlichen Wende" und der anbrechenden Post-Moderne? Diese ebenso drängenden wie weitläufigen Fragen entwerfen die prospektivischen Linien zur Diskussion des postmodernen Kirchenverständnisses. Unterschiedliche Akzentsetzungen sind dazu von verschiedenen theologischen Denkern und nicht zuletzt bereits vom II. Vat. selbst vorgetragen worden.

Im Verlauf dieser Untersuchung wurde unter der propädeutischen Leitperspektive der "Dialektik der Aufklärung" bzw. der "Dialektik der Hierophanie" das Verhältnis von Fundamentaltheologie und kirchlichem Selbstverständnis wiederholt angefragt: "Das Werden neuzeitlicher Fundamentaltheologie" angesichts der Säkularisation (vgl. 4.2.) ist bis in das 20. Jahrhundert hinein geprägt von einem antithetisch-antagonistischen Verhältnis zwischen säkularer Aufklärungsmoderne und kirchlicher Selbstbehauptung, die den "hierophantischen Akzent" in der "kulturkämpferischen" Auseinandersetzung mit den damaligen Monismen auf das "unterscheidend Christliche" legte. Dieses "restaurative" und defensive Kirchenverständnis erfuhr spätestens über das Zweite Vatikanische Konzil seine Erneuerung und sein "aggiornomento". Mit dem Aufkommen einer "postmodernen (Prozeß-, Befreiungs-, Emanzipations-)- Theologie" (vgl. 5.2.) wird selbstverständlich auch ein "postmodernes" Kirchenverständnis diskutabel. Unsere hermeneutische Strukturanalyse "postmoderner Theologien" zentrierte sich zwar nicht auf deren ekklesiologische Dimension, ließ allerdings erkennbar werden, daß diese Modelle "postmoderner Kirche" in mehrfacher Hinsicht unausgewogen und defizitär sind: Sie folgen einerseits (vgl. 5.2.2.) einem humanistischen Funktionsmodell theologischer Nach-Aufklärung (z.B. H. Küng, D. Tracy usw.), während sie andererseits (vgl. 5.2.3.) dem Sog eines anarcholiberalen Romantizismus verfallen (z.B. H. Cox, C. West). Die Folge ist eine prozeßtheologisch verkürzte Soteriologie, die im Extrem zwangsläufig zu einer utopischen Ekklesiologie der pluralistischen Weltökumene oder der emanzipationspolitischen Gemeinde "vor Ort" wird. In beiden Fällen droht der Verlust des proprium Christianum. Aus den pluralen Ansätzen "postmoderner Theologie" lassen sich aber gewisse alternative Konzepte einer integralen Fundamentaltheologie der Postmoderne herausfiltrieren, die auch in ekklesiologischer Hinsicht relevant sind (vgl. 5.2.5.). Namentlich sind es E. Biser und P. Koslowski, die in mehreren neuen Werktiteln u.a. die Perspektive einer postmodernen Kirche entwerfen. Unser prospektivischer Aufriß ist dieser Vorgabe eingedenk und möchte sie unter dem Titel "Postmoderne Kirche als Exodusgemeinde" selbständig zum Tragen bringen.

J.B. Metz tangiert in seiner programmatischen Rede "Wider die zweite Unmündigkeit" auch die Frage nach der postmodernen Kirche. Das folgende Zitat gibt eine plausible zeitgeschichtliche Positionsbestimmung:

> "Die katholische Kirche steht vor einer Zäsur ihrer Geschichte, der vielleicht tiefgreifendsten seit urkirchlicher Zeit. Sie ist auf dem Wege von einer kulturell monozentrischen Kirche Europas (und Nordamerikas) zu einer kulturell vielfach verwurzelten und in diesem Sinn kulturell polyzentrischen Weltkirche. Diese Situation fordert ihr eine Lernbereitschaft ab, die sie gleichzeitig in ein neues Verhältnis zum europäischen Aufklärungserbe bringt."[98]

Weil Profan-, Zeit- und Heilsgeschichte ineinander verwoben sind, deshalb ereignen sich der epochale Umbruch zur Postmoderne und die derzeitige Geschichts-"Zäsur" der Kirche trotz gewisser Phasenverschiebungen in etwa gleichzeitig. Wende, Zäsur und Umbruch beinhalten stets das Gefahrenmoment der Identitätskrise. Erstarrung in Selbstverschließung und Selbstauflösung in dispersiver Anpassung sind die beiden Extremtypen von Identitätsverlust, die zumeist in einem dialektischen Reaktivverhältnis zueinander stehen. Deshalb ist es für den identitätsgefaßten Fortbestand einer "kulturell polyzentrischen Weltkirche" der Postmoderne unabdingbar, vor jenem "Verlust der Mitte" bewahrt zu bleiben, der Effekt einer dialektischen Spaltung und Auszährung wäre. Nur eine Kirche, die bei aller kreativen inneren Spannung diese Qualität der Mitte je neu austariert und ihre "irdische Pilgerschaft" jenseits des dialektischen Gefälles vollführt, kann glaubwürdige Alternative sein "in der Welt von heute". Der paulinische Doppelimperativ "Et nolite conformari huic saeculo, sed reformamini in novitate sensus vestri" (Röm. 12,2a) wird in diesem ekklesiologischen und zeitgeschichtlichen Kontext interpretierbar als Aufruf zu einem identitätsspendenden "dritten Weg", alternativ zum Dialektischen. Was Paulus "saeculum" nennt, ist kein bloßes Zeitmaß, sondern eine Qualität des tautologisch Unerlösten, unter dem dialektischen Diktat der "ewigen Wiederkehr des Gleichen".

Diese Epochen prägende "Wiederkehr des Gleichen" wurde in unserem Traktat unter dem Leitmotiv der Dialektik von Logos (als Ratio!) und Mythos untersucht. Im Ergebnis läßt sich sagen: So wie die christliche Offenbarungslehre (insbesonders in ihrer Prägung durch das II. Vat.) die notwendige Alternative zur dekonstruktivistischen Aporetik, zu postmodernem Neognostizismus und Neomythologismus bereit hält, ebenso ist es Auftrag der Kirche, alternative Bezugsdimension zu bleiben. Als solche kann sie heilsam korrigierend auf Entfremdungsprozeße einwirken und das Ihre daran setzen, die "Substanz des Humanen" christlich zu bewahren. Kirche als "Der Raum der aufgehobenen Entfremdung"[99] ist E. Bisers "neues Kirchenbild" für den Stellenwert der Kirche in postmoderner Krisenzeit. Genauer gesagt "prognostiziert" Biser die nachmoderne Kirche als "den befreienden Gegenentwurf".

> "Jenseits aller Zwecksetzungen erscheint sie [i.e. die Kirche] so als die Erfüllung dessen, was der 'unbehauste' (Holthusen), verunsicherte und geängstete Mensch aus innerstem Heilsverlangen in ihr sucht: als der Raum der aufgehobenen Entfremdung.[...] Vor allem aber stimmt sie sich auf den Ruf ein, den Kierkegaard im Zentrum der christlichen Botschaft vernahm und der den Bedrückten und Geängsteten die 'Ruhe' des erlösten Menschseins verheißt."[100]

Während E. Biser den alternativen Stellenwert und Auftrag der postmodernen Kirche vorrangig auf die Entfremdungssituation und das Heilsverlangen des "heutigen" Menschen zentriert, läßt sich mit P. Koslowski die Kirche als Ort und Gemeinschaft verstehen, die sich der aktualisierten Weitergabe der mysteria fidei et salutis verpflichtet weiß. Eine theosophisch geprägte, postmoderne Kirche als Heilsort alternativer Orientierung in orientierungsloser Zeit ist Koslowskis Desiderat von Kirche, die "die Einwohnung Gottes (Schechina) in der Welt"[101] verkörpert darstellt.

E. Bisers und P. Koslowskis Desiderate einer Kirche der Postmoderne sind zwei Beispiele aus der zahlreich gewordenen Literatur zur Frage der zukünftigen Kirche. Beiden Entwürfen kommt allerdings signifikanter Aussagewert zu, da sie die Thematik "Postmoderne" entschieden aufgreifen und unter systematischem Aspekt integrativ bearbeiten. Wenn also angenommen werden darf, daß die postmoderne Kirche nur um den Preis des Nicht-Dialektischen vor dem "Verlust der Mitte" bewahrt bleibt, um ihren alternativen Stellenwert und Auftrag in der Postmoderne erfüllen zu können, so ist damit die positive Ermöglichungsbedingung für ein derartiges medium tenere angefragt.

Daß die Kirche nicht eigenständiger Selbstzweck, sondern gottgewolltes und von Menschen geprägtes (Heils-)Mittel ist, diese globale Funktionsbestimmung gehört seit je zu den fundamentalen, ekklesiologischen Selbstverständlichkeiten. Allerdings benötigen sie je neu ihr aggiornamento und ihre Umsetzung in eine christliche Glaubenspraxis. Dem entsprechend bezeichnet das II. Vat. die Kirche als Sakrament einer zweifach-einen communio:

> "Die Kirche ist in Christus gleichsam das Sakrament, das heißt Zeichen und Werkzeug für die innigste Vereinigung mit Gott wie für die Einheit der ganzen Menschheit." (LG 1).

Die Kirche ist also "Zeichen und Werkzeug" eines umfassenden (universalis Ecclesia), dynamischen Prozesses der "Vereinigung". Dabei ist die Kirche sacramentum und res sacramenti zugleich. Der Weg der Kirche, ihre Mittel und ihre Geschichte haben als Ziel die communio von Mensch und Schöpfung mit Gott. Wird die "pilgernde Kirche" von diesem Ziel der communio her finitätsbewußt thematisiert, so wird jene eschatologische Spannung erkennbar, die zu ihrem Wesen gehört: Einerseits ist die Kirche als Sakrament in gewissem Sinn selbst dieses Ziel. Andererseits ist sie vorläufig und relativ, insofern als sie Mittel zum Ziel der universalen communio ist. Im 7. Kapitel der "Dogmatischen Konstitution über die Kirche" wird betont:

> "Bis es einen neuen Himmel und eine neue Erde geben wird, in denen die Gerechtigkeit wohnt (vgl. 2 Petr. 3,13), trägt die Kirche in ihren Sakramenten und Einrichtungen, die noch zu dieser Weltzeit gehören, die Gestalt dieser Welt, die vergeht, und zählt selbst so zu der Schöpfung, die bis jetzt noch seufzt und in Wehen liegt und die Offenbarung der Kinder Gottes erwartet (vgl. Römer 8, 19-22)" (LG 48, 3b).

In der finitätsbewußten eschatologischen Schau des II. Vat. ist Kirche das Volk Gottes unterwegs. Sie ist *"Exodusgemeinde"*, die dem Wort des Hebräerbriefes folgt:

> "Denn wir haben hier keine bleibende Stadt, sondern die zukünftige suchen wir." (Hebr. 13,14)

Als "Exodusgemeinde" ist die Kirche auf ihrem Weg ebensowenig der Kontingenz der Selbstbefreiung preisgegeben, wie ehedem das "auserwählte Volk" des Alten Bundes. Sie ist hingegen hineingenommen in die Auferstehung Christi, in die Selbstoffenbarung und Parusie des trinitarischen Gottes. Kirche ist Grundvektor der göttlichen Heilsökonomie und Versöhnungsgeschichte, die gerade den Menschen als erlösungsbedürftiges, "gespaltenes Subjekt" herausruft zu jener Nachfolge, deren Wesen die "Freiheit der Kinder Gottes" ist.

Unsere Prospektive für die postmoderne Kirche ist also die der "Exodusgemeinde". Diese alttestamentliche Metapher soll das viatorische

Heilsmysterium und Wesen der Kirche in einem eschatologischen Spannungsverhältnis orten, dessen Dynamik eine dialektische Komponente beinhaltet. Für das Identitäts- und Mittlerverhältnis der Kirche ist deshalb die je neue, prozessuale Aktuierung jener primordialen Synchronizität entscheidend, welche die Kirche zugleich als sacramentum *und* als res sacramenti sein läßt. Dieses - vorhin angesprochene - medium tenere ist die transdialektische Methode für den Weg der "Exodusgemeinde" Kirche in die Postmoderne. Indem die Kirche nicht der dialektischen Aufspaltung verfällt, sondern sich der eschatologischen Zugkraft des Heilsmysteriums zugeordnet erlebt, verwirklicht sich in ihr eine Heilskraft, deren die Postmoderne notwendig als "Offenbarungserfahrung" bedarf.

Die Entstehung einer postmodernen Orientierung

1 So die These von Habermas' Adorno-Preis-Rede 'Die Moderne ein unvollendetes Projekt', in: ders., Kleine politische Schriften I-IV, Frankfurt a. M. 1981, S. 444-464.

2 Ebd., S. 448.

3 Ders., Die neue Unübersichtlichkeit, Frankfurt a. M. 1985.

4 M. Horkheimer/Th. W. Adorno, Dialektik der Aufklärung. Philosophische Fragmente, Frankfurt a. M. 1989, S. 128-176.

5 D. Bell, The Winding Passage. Essays and Sociological Journeys 1960-1980, Cambridge (Mass.) 1980, S. 329f.

6 H. Sedlmayr, Verlust der Mitte. Die bildende Kunst des 19. und 20. Jahrhunderts als Symptom und Symbol der Zeit, Frankfurt a. M./ Berlin 1966.

7 M. Frank, Was ist Neostrukturalismus, Frankfurt a. M. 1984, S. 446f.

8 G. Deleuze, Différence et répétition, Paris 1968.

9 Ebd., S. 161.

10 Ebd., S. 342.

11 G. W. F. Hegel, Phänomenologie des Geistes, G. W. F. Hegel, Werke in 20 Bänden. Auf der Grundlage der Werke von 1832-1845 hg. von E. Moldenhauer und K. M. Michel, Frankfurt a. M. 1986 [zit.: Werke], hier: Werke 3, S. 102-136; vgl. besonders S. 115: "Die übersinnliche Welt ist hiermit ein ruhiges Reich von Gesetzen, zwar jenseits der wahrgenommenen Welt, denn diese stellt das Gesetz nur durch beständige Veränderung dar, aber in ihr ebenso gegenwärtig und ihr unmittelbares stilles Abbild."

12 G. Deleuze/F. Guattari, L'Anti-Oedipe, Capitalisme et schizophrénie, Paris 1972 (dt.: Anti-Ödipus. Kapitalismus und Schizophrenie I, Frankfurt a. M. 1974); dies., Mille Plateaux, Capitalisme et schizophrénie, Paris 1980 (dt.: Mille Plateaux. Kapitalismus und Schizophrenie II, Frankfurt a. M. 1980).

13 R. Barthes, Die strukturalistische Tätigkeit, in: Essays critiques, Paris 1964, deutsche Übersetzung von E. Moldenhauer, in: Kursbuch 5, S. 190-196.

14 J. Derrida, Positions, Paris 1972, S. 82.

15 R. Brütting, "Texte" und "écriture" in der französischen Literaturwissenschaft nach dem Strukturalismus, Bonn 1976.

16 F. de Saussure, Cours de linguistique générale, hg. von T. de Mauro, Paris 1970.

17 Vgl. R. Amacker, Lingustique saussurienne, Genéve 1975 und L. Jäger, F. de Saussures historisch-hermeneutische Idee der Sprache. Ein Plädoyer für die Rekonstruktion des Saussureschen Denkens in seiner authentischen Gestalt, in: LuD 27 (1976), S. 210-244.

18 E. Möde, Das Begehren. Das Identitätsproblem in der Ethik der analytischen Psychotherapie, München 1991, S. 240-248.

19 J. Derrida, Marges de la philosophie, Paris 1972, S. 378.

20 J. Derrida, Limited Inc abc..., in: Glyph 2. The Johns Hopkins Textual Studies, Baltimore 1977, S. 162-254.

21 Vgl. M. Frank, Was ist Neostrukturalismus, S. 39.

22 J. Poulain, Die pragmatische Dekonstruktion des Menschen, in: M. Frank/G. Raulet/W. v. Reijen (Hg.), Die Frage nach dem Subjekt, Frankfurt a. M. 1988, S. 247-266, hier: S. 247.

23 J. Habermas, Der philosophische Diskurs der Moderne, Frankfurt 1985.

24 Ebd., S. 240f.

25 H. Kimmerle, Ist Derridas Denken Ursprungsphilosophie? Zu Habermas' Deutung der philosophischen "Postmoderne", in: M. Frank/G. Raulet/W. v. Reijen (Hg.), Die Frage nach dem Subjekt, Frankfurt a. M. 1988, S. 267-282, hier: S. 276.

26 W. Pannenberg, Grundfragen systematischer Theologie. Gesammelte Aufsätze Bd. 2, Göttingen 1980, S. 80-95.

27 J. Derrida, Glas, Paris 1974.

28 G. W. F. Hegel, Grundlinien der Philosophie des Rechts, Werke 7, S. 27f.

29 Ders., Wissenschaft der Logik II, Werke 6, S. 13.

30 F. W. J. Schelling, Sämtliche Werke, hg. von K. F. A. Schelling, I. Abt. Bde. 1-10; II. Abt. Bde. 1-4, Stuttgart 1856-1861 [zit.: Schelling, Werke], hier: Bd. I/3, S. 628.

31 Hegel, Vorlesungen über die Geschichte der Philosophie, zit. nach: M. Frank, Was ist Neostrukturalismus?, S. 25.

32 Hegel, Jenaer Schriften 1801-1807, Werke 2, S. 432.

33 Vgl. F. Wagner, Der Gedanke der Persönlichkeit Gottes bei Fichte und Hegel, Gütersloh 1971, S. 20-96.

34 B. Pascal, Pensées, zit. bei Hegel, in: Werke 2, S. 432.

35 W. Pannenberg, Grundfragen systematischer Theologie, S. 85.

36 L. Watzal, Das Politische bei Romano Guardini, Starnberg 1987, S. 72.

37 F. Nietzsche, Werke in 3 Bänden, hg. von K. Schlechta, München 1954-1956, [zit.: Nietzsche, Werke], hier: Bd. II, S. 127.

38 Vgl. L. Kolakowski, Die Gegenwärtigkeit des Mythos, Paris 1972, aus dem Polnischen von P. Lachmann, München 1973, passim.

39 Nietzsche, Werke, Bd. III, S. 424.

40 Nietzsche, Werke, Bd. II, S. 205.

41 Nietzsche, Werke, Bd. III, S. 881.

42 J.-F. Lyotard, La condition postmoderne. Rapport sur le savoir, Paris 1979.

43 Vgl. ebd., S. 67f.

44 Hegel, Werke 7, S. 27f.

45 H. Rauschning, Die Revolution des Nihilismus, neu hg. und mit einer Einl. von G. Mann, Zürich 1964.

46 R. zur Lippe, Naturbeherrschung am Menschen, 2 Bde., Frankfurt a. M. 1974.

47 M. Frank, Der kommende Gott. Vorlesungen über die Neue Mythologie, I. Teil, Frankfurt a. M. 1982, S. 108.

48 D. Sperber, Über Symbolik, aus dem Französischen von E. Moldenhauer, Frankfurt a. M. 1975.

49 M. Frank, Der kommende Gott, S. 109.

50 Ebd., S. 110f.

51 Siehe oben Anm. 38.

52 L. Kolakowski, Die Gegenwärtigkeit des Mythos, S. 9.

53 Ebd., S. 9f.

54 Ebd., S. 13/14.

55 Ebd., S. 13.

56 C. Lévi-Strauss, Einleitung in das Werk von Marcel Mauss, in: M. Mauss, Soziologie und Anthropologie, Bd. 1: Theorie der Magie. Soziale Morphologie, aus dem Französischen von H. Ritter, Frankfurt a.M. 1974, S. 7-41, hier: S. 21.

57 Ebd., S. 25.

58 J. Lacan, Seminaire I, Paris 1966, S. 204.

59 J. Lacan, Écrits, Paris 1966, passim.

60 C. Lévi-Strauss, Einleitung in das Werk von Marcel Mauss, a.a.O., S. 25.

61 C. Lévi-Strauss, Strukturale Anthropologie, Frankfurt a.M. 1967, S. 48.

62 L. Kolakowski, Die Gegenwärtigkeit des Mythos, S. 13.

63 H. Blumenberg, Arbeit am Mythos, Frankfurt a. M. 1979.

64 Ders., Die Legitimität der Neuzeit, Frankfurt a. M.1966.

65 Ders., Die Genesis der kopernikanischen Welt, Frankfurt a. M. 1975.

66 Ders., Arbeit am Mythos, S. 34.

67 Ders., Wirklichkeitsbegriff und Wirkungspotential des Mythos, in: M. Fuhrmann (Hg.), Terror und Spiel. Probleme der Mythenrezeption, hg. von M. Fuhrmann, München 1971 (= Poetik und Hermeneutik IV), S. 11-66, hier: S. 58.

68 Ebd., S. 62.

69 Ebd., S.63.

70 J. Habermas, Können komplexe Gesellschaften eine vernünftige Identität ausbilden? Rede aus Anlaß der Verleihung des Hegel-Preises, Frankfurt a. M. 1974, S. 44.

71 Ebd., 44f.

72 J. Habermas, Die Moderne - ein unvollendetes Projekt, in: W. Welsch (Hg.), Wege aus der Moderne. Schlüsseltexte der Postmoderne-Diskussion, Weinheim 1988, S. 177-192.

73 J. Habermas, Festrede zu G. Scholems 80. Geburtstag, zit. in: M. Frank, Der kommende Gott, S. 51.

74 Vgl. R. May, Freiheit und Schicksal. Anatomie eines Widerspruchs, aus dem Amerikanischen von Th. M. Höpfner, Frankfurt a. M. 1985, S. 190-222, 252-267 und K. Graf Dürckheim, Vom doppelten Ursprung des Menschen. Als Verheißung, Erfahrung, Auftrag, Freiburg/Basel/Wien ^{4}1978.

75 Vgl. A. Schorr, Die Verhaltenstherapie. Ihre Geschichte von den Anfängen bis zur Gegenwart, Weinheim/Basel 1984, S. 192-223.

76 C. F. von Weizsäcker, Die Wissenschaft ist noch nicht erwachsen, in: Die Zeit, Nr. 42, 10. Okt. 1980, S. 34.

77 M. Frank/G. Kurz (Hg.), Materialien zu Schellings philosophischen Anfängen, Frankfurt a. M. 1975, S. 112.

78 F. Hölderlins Sämtliche Werke (= Große Stuttgarter Ausgabe), hg. von F. Beissner, Tübingen 1946ff [zit.: Hölderlin, Werke], hier: II, S. 91, v. 54.

79 Siehe dazu das dreibändige Werk von A. Banier, La mythologie et les fables expliquées par l'histoire, Paris 1738; desweiteren: B. le Bovier de Fontenelle, De l'origine des fables, Paris 1724. R.- J. de Tournemines, Projet d'un ouvrage sur l'origine des fables, in: Mémoires pour l'Histoire des Sciences et des beaux Arts, Nov.- Déc. 1702 u. Jan.-Fév. 1703, S. 1-22.

80 Vgl. oben Anm. 79.

81 Herders Sämtliche Werke, hg. von B. Suphan, Berlin 1877ff., Bd. 1.

82 M. Frank, Der kommende Gott, S. 11.

83 Ebd., S. 12.

84 Novalis, Schriften. Die Werke Friedrich von Hardenbergs, hg. von P. Kluckhohn u. R. Samuel, Stuttgart ^{2}1960ff [zit.: Novalis, Schriften], hier: I, S. 145.

85 Diesen Begriff entlehnen wir hier Martin Heidegger. Siehe M. Heidegger, Identität und Differenz, Pfullingen 1957, S. 29.

86 M. Frank, Der kommende Gott, S. 15.

87 A. Gehlen, Über kulturelle Kristallisation, in: W. Welsch (Hg.), Wege aus der Moderne. Schlüsseltexte der Postmoderne-Diskussion, Weinheim 1988, S. 133-143, hier: S. 135.

88 M. Frank, Der kommende Gott, S. 14.

89 Vgl. H.-O. Rebstock, Hegels Auffassung des Mythos in seinen Frühschriften, Freiburg/München 1971, S. 106.

90 Hölderlin, Werke II, S. 94, v. 125ff.

91 Dieses geflügelte Wort stammt von Friedrich Nietzsche.

92 Vgl. oben Anm. 73.

93 Vgl. 1.4.2.1 dieser Arbeit.

94 H. Nohl (Hg.), Hegels theologische Jugendschriften, Tübingen 1907, Nachdruck Frankfurt a. M. 1966, S. 214-231.

95 Ebd., S. 14 und 357.

96 Ebd., S. 5, Z. 22; S. 11, Z. 6; S. 10, Z. 27, S. 14, Z. 3.

97 Vgl. K. Peter, Stadien der Aufklärung. Moral und Politik bei Lessing, Novalis und Friedrich Schlegel, Wiesbaden 1980.

98 M. Frank, Der kommende Gott, S. 13f.

99 Siehe dazu: W. F. Otto, Dionysos. Mythos und Kultus, Frankfurt a. M. 1933.

100 G. W. F. Hegel, Phänomenologie des Geistes, Werke 3, S. 46.

101 Ebd.

102 Vgl. Schelling, Werke I/4, S. 403.

103 Novalis, Schriften I, S. 133-139.

104 So nennt ihn Hölderlin, in: Brod und Wein; vgl. dazu E. Petzold, Hölderlins Brot und Wein. Ein exegetischer Versuch, Sambor 1896, Neudruck durchges. von F. Beissner, Darmstadt 1967.

105 Novalis, Schriften III, S. 520.

106 I. Hassan, Postmoderne heute, a.a.O., S. 52.

107 Ebd.

108 Novalis, Schriften, I, S. 168.

109 E. Becker, Die Überwindung der Todesfurcht. Dynamik des Todes, aus dem Englischen von E. Bornemann, Olten 1976 (Titel der englischen Orginalausgabe: The Denial of Death).

110 H. Nohl (Hg.), Hegels theologische Jugendschriften, S. 357.

111 G. Vattimo, Nihilismus und Postmoderne in der Philosophie, in W. Welsch (Hg.), Wege aus der Moderne. Schlüsseltexte der Postmoderne-Diskussion, Weinheim 1988, S. 233-246, hier: S. 240.

112 Siehe dazu R. Durands Verteidigung des Performanzprinzips postmoderner Kunst - gegen Michael Fried - in seinem Beitrag: Theatre/SIGNS/Performance, in: I. Hassan/S. Hassan (Hg.), Innovation/Renovation. New Perspectives on the Humanities, Madison (WI) 1983, S. 213-217; vgl. auch R. Schechner, News, Sex and Performance Theory, in: I. Hassan/S. Hassan (Hg.), Innovation/ Renovation. New Perspectives on the Humanities, Madison (WI) 1983, S. 189-210.

113 Vgl. M. Frank, Der kommende Gott, S. 33.

114 Vgl. die Darstellung der Kosmischen Runde, in: M. Frank, Gott im Exil. Vorlesungen über die Neue Mythologie, II. Teil, Frankfurt a. M. 1988, S. 212-256.

115 G. Vattimo, Nihilismus und Postmoderne in der Philosophie, a.a.O., S. 233.

116 Ebd., S. 236.

117 F. Nietzsche, Morgenröte, in: Nietzsche, Werke I, S. 1044, Aphorismus 44.

118 G. Vattimo, Nihilismus und Postmoderne in der Philosophie, a.a.O., S. 237.

119 Nietzsche, Werke I, S. 1044, Aphorismus 44.

120 G. Vattimo, Nihilismus und Postmoderne in der Philosophie, a.a.O., S. 238.

121 H.-E. Richter, Der Gotteskomplex. Die Geburt und die Krise des Glaubens an die Allmacht der Menschen, Reinbek bei Hamburg 1979, S. 35.

122 Vgl. dazu K. Stierles materialreichen Beitrag 'Die Friedensfeier - Sprache und Fest im revolutionären und nachrevolutionären Frankreich und bei Hölderlin', in: Das Fest, hg. von W. Haug u. R. Warning, München 1989, S. 481-525 (= Poetik und Hermeneutik 14).

123 Siehe vor allem die Werke von M. Frank 'Der kommende Gott' und 'Gott im Exil'.

124 M. Frank, Gott im Exil, S. 9.

125 Ders., Dionysos und die Renaissance des kultischen Dramas (Nietzsche, Wagner, Johst), ebd., S. 9-104.

126 Ebd., S. 9.

127 J. H. W. Rosteutscher, Die Wiederkehr des Dionysos. Der naturmystische Irrationalismus in Deutschland, Bern 1947.

128 K. Jaspers, Die geistige Situation der Zeit, Berlin 1931, S. 128.

129 M. Frank, Gott im Exil, S. 10.

130 Vgl. ebd. S. 9.

131 Vgl. dazu die Ausgaben der nazionalsozialistischen Wochenzeitung 'Auf gut deutsch. Wochenschrift für Ordnung und Recht', hg. von D. Eckart, der nachweislich großen Einfluß auf Hitler hatte. Bei Eckart begegnet Alfred Rosenberg erstmals Adolf Hitler und der nationalsozialistischen Bewegung.

132 M. Frank, Der kommende Gott, S. 33.

133 L. Curtius, Deutsche und antike Welt. Lebenserinnerungen, Stuttgart 1950.

134 Robert Musil, Der Mann ohne Eigenschaften, Gesammelte Werke in Einzelausgaben Bd. 1, hg. von A. Frisé, Hamburg 1952.

135 Vgl. die Werke von M. Frank, Der kommende Gott. Frankfurt a. M. 1982 und Gott im Exil, Frankfurt a. M. 1988, die als I. und II. Teil seiner Vorlesungen über die Neue Mythologie erschienen sind.

136 M. Frank, Gott im Exil, S. 12.

137 E. Bloch, Erbschaft dieser Zeit, Neudruck Frankfurt a. M. 1973, S. 336.

138 Das bleibende Zerwürfnis zwischen Stephan Georges und Ludwig Klages resultiert daraus; vgl. L. Curtius, Deutsche und antike Welt, S. 250ff.

139 E. Bloch, Erbschaft dieser Zeit, S. 341.

140 Ders., Zerstörung, Rettung des Mythos durch Licht, in: Literarische Aufsätze, Gesamtausgabe Bd. 9, Frankfurt a. M. 1965, S. 347.

141 Ders., Das Prinzip Hoffnung, Frankfurt a. M. 1973, Bd. 3, S. 1115.

142 Ders., Erbschaft dieser Zeit, S. 336.

143 Ebd., S. 360.

144 Ebd., S. 359.

145 Ebd., S. 361.

146 Ebd.

147 Ebd.

148 Vgl. 1.5.2.1 dieser Arbeit.

149 E. Bloch, Erbschaft dieser Zeit, S. 336.

150 Ebd., S. 361.

151 G. Landauer (Hg.), Blaubuch, Jg. 1, Nr. 48, 1906, S. 1915.

152 Ebd.

153 Ebd.

154 M. Frank, Gott im Exil, S. 133.

155 Ebd., S. 139.

156 G. Landauer (Hg.), Blaubuch, S. 1915.

157 Brot, in: ders., Der Sozialist, 3. Jg., Nr. 11, 1. Juni 1911, S. 83.

158 Vgl. zu G. Landauers Leben und Werk u. a. E. Lunn, Prophet of Community. The Romantic Socialism of G. Landauer, Berkeley/ Los Angeles/London 1973.

159 G. Landauer, Aufruf zum Sozialismus, hg. von M. Buber, Köln [4]1923, S. 147.

160 Ders., Der werdende Mensch. Aufsätze zur Literatur, Leipzig 1980.

161 Ders., Aufruf zum Sozialismus, S. 147.

162 Ders., Der werdende Mensch, S. 363.

163 Ders., "Ansprache an die Dichter", in: ders., Der werdende Mensch, S. 360ff.

164 Ders., Skepsis und Mystik. Versuche im Anschluß an Mauthners Sprachkritik, Berlin 1903, S. 73.

165 Siehe oben Anm. 165.

166 G. Landauer, Skepsis und Mystik, S. 73.

167 Zur Kosmischen Runde siehe M. Frank, Gott im Exil, S. 212-256.

168 L. Klages, Vom kosmogonischen Eros, Jena [3]1930, S. 67.

169 Ebd., S. 65.

170 Ebd., passim.

171 Ebd., S. 65.

172 M. Frank, Der kommende Gott, S. 33.

173 Ebd., S. 36.

174 L. Klages, Vom kosmogonischen Eros, S. 63f.

175 L. Klages, Der Geist als Widersacher der Seele, 1929-32, München [4]1960.

176 L. Klages, Vom kosmogonischen Eros, S. 64.

177 Vgl. oben Anm. 42.

178 L. Klages, Vom kosmogonischen Eros, S. 67.

179 Ebd., S. 56.

180 Ebd., S. 65.

181 Siehe oben Anm. 138.

182 Vgl. J. Habermas, Die Moderne - ein unvollendetes Projekt, a.a.O., S. 178.

183 P. Koslowski, Die Prüfungen der Neuzeit. Über Postmodernität. Philosophie der Geschichte, Metaphysik, Gnosis, hg. von P. Engelmann, Wien 1989, S. 66.

184 J. Habermas, Die Moderne - ein unvollendetes Projekt, a.a.O., S. 178.

185 Vgl. F. Nietzsche, Die Fröhliche Wissenschaft, Aphorismus 125, Nietzsche Werke II, S. 126-128.

186 G. Vattimo, Nihilismus und Postmoderne in der Philosophie, a.a.O., S. 233.

187 Ebd., S. 237.

188 F. Nietzsche, Götzen-Dämmerung, Nietzsche, Werke II, S. 939-1033.

189 F. Nietzsche, Menschliches, Allzumenschliches, Nietzsche, Werke I. S. 939-1033.

190 Ebd., S. 731.

191 Vgl. Nietzsche, Werke I, S. 1044, Aphor. 44.

192 Vgl. W. Linden, Umwertung der deutschen Romantik, in: Zeitschrift für Deutschkunde Jg. 47, Heft 2 (1933), S. 65-91.

193 E. Bloch, Zerstörung, Rettung des Mythos durch Licht, a.a.O., S. 347.

194 Th. Carlyle, Sartor Resartus. The Life and Opinions of Herr Teufelsdröckh (1838), London 1903, bes. S. 220-230; vgl. dazu auch M. H. Abrams, Natural Supernaturalism. Tradition and Revolution in Romantic Literature, New York 1971.

195 P. Koslowski, Die Prüfungen der Neuzeit, S. 41.

Das Verhältnis der Postmoderne zu Aufklärung, Nihilismus und Neomythologie

1 Koslowski, Die Prüfungen der Neuzeit. Über Postmodernität, Philosophie der Geschichte, Metaphysik, Gnosis, hg. von P. Engelmann, Wien 1989, S. 46.

2 A. M. K. Müller, Die präparierte Zeit. Der Mensch in der Krise seiner eigenen Zielsetzungen, Stuttgart [2]1973, passim.

3 M. Frank, Was ist Neostrukturalismus?, Frankfurt a. M. 1984.

4 Ebd., S. 20.

5 Ebd.

6 W. Welsch, Einleitung, in: ders. (Hg.), Wege aus der Moderne. Schlüsseltexte der Postmoderne-Diskussion, Weinheim 1988, S. 1-43, hier: S. 7-13.

7 Ders., Unsere postmoderne Moderne, 3., durchges. Aufl., Weinheim 1991.

8 Ebd., S. 82.

9 J.-F. Lyotard, Le Postmoderne expliqué aux enfants, Paris 1986, Umschlagrücken.

10 W. Welsch, Unsere postmoderne Moderne, S. 82.

11 Ebd.

12 Ebd.

13 So der Untertitel von Ch. Jencks, Die Sprache der postmodernen Architektur. Die Entstehung einer alternativen Tradition, Stuttgart [2]1980.

14 W. Welsch, Unsere postmoderne Moderne, S. 83.

15 Ebd.

16 A. Wellmer, Zur Dialektik von Moderne und Postmoderne. Vernunftkritik nach Adorno, Frankfurt a. M. 1985.

17 W. Welsch, Unsere postmoderne Moderne, S. 80.

18 Ebd., S. 85.

19 Ebd.

20 Ebd., S. 84, Anm. 54; vgl. auch die Adorno-Preis-Rede "Die Moderne - ein unvollendetes Projekt", in: J. Habermas, Kleine politische Schriften I-IV, Frankfurt a. M. 1981, S. 444-464, hier: S. 452.

21 W. Welsch, Unsere postmoderne Moderne, S. 84.

22 siehe oben Anm. 1.

23 So der Untertitel von H. Ebeling (Hg.), Subjektivität und Selbsterhaltung. Beiträge zur Diagnose der Moderne, Frankfurt a. M. 1976.

24 A. Koyré, Von der geschlossenen Welt zum unendlichen Universum, Frankfurt 1969 (Orginal: From the Closed World to the Infinite Universe, Baltimore 1957).

25 Siehe oben Anm. 23.

26 P. Koslowski, Die Prüfungen der Neuzeit, S. 22.

27 N. Georgescu-Roegen, Energy and Economic Myths. Institutional and Analytical Essays, New York 1976.

28 D. Meadows/D. Meadows/E. Zahn/P. Milling, Die Grenzen des Wachstums. Bericht des Club of Rome zur Lage der Menschheit, Stuttgart 1972.

29 G. Vattimo, Nihilismus und Postmoderne in der Philosophie, in: W. Welsch (Hg.), Wege aus der Moderne. Schlüsseltexte der Postmoderne-Diskussion, Weinheim 1988, S. 233-246, hier: S. 233.

30 Ebd.

31 W. Welsch, Unsere postmoderne Moderne, S. 137.

32 Ebd., S. 138.

33 Siehe ebd.

34 Ebd.

35 G. Vattimo, Le futur passé, in: Lettre Internationale, Nr. 9 (1986), S. 50-52.

36 Ders., Jenseits vom Subjekt, Nietzsche, Heidegger und die Hermeneutik, Graz/ Wien 1986, S. 33.

37 Ebd., S. 34.

38 Ebd., S. 10 bzw. 32.

39 J. Baudrillard, in: Der Tod der Moderne. Eine Diskussion, Tübingen 1983 (geführt von J. Baudrillard, G. Bergfleth u. a.).

40 Ebd., S. 103.

41 B. Kimura, Zeit und Psychose, in: W. Janzarik (Hg.), Psychoanalytische Konzepte der Gegenwart, Stuttgart 1982, S. 47-52, bes. S. 48.

42 J. Baudrillard, Les stratégies fatales, Paris 1983, dt.: Die fatalen Strategien, München 1985.

43 Vgl. ders., Agonie des Realen, Berlin 1978.

44 W. Welsch, Unsere postmoderne Moderne, S. 151.

45 Ebd., S. 150.

46 J. Baudrillard, Die fatalen Strategien, S. 85.

47 J. Habermas, "Die Krise des Wohlfahrtsstaates und die Erschöpfung utopischer Energien". Rede auf Einladung des Präsidenten des spanischen Parlaments vor den Cortes am 26. November 1984, in: ders., Die Neue Unübersichtlichkeit, Frankfurt a. M. 1985, S. 141-163.

48 Ebd., S. 161.

49 Ebd., S. 145.

50 Ebd., S. 143.

51 W. Welsch, Unsere postmoderne Moderne, S. 31.

52 Siehe oben Anm. 24.

53 P. Koslowski, Die Prüfungen der Neuzeit, S. 17.

54 Ebd., S. 41.

55 Ebd., S. 23.

56 Siehe ebd., S. 69.

57 Siehe ebd.

58 Vgl. 1.2.1.2 dieser Arbeit.

59 W. Welsch, Unsere postmoderne Moderne, S. 79.

60 Vgl. P. Schütz, Freiheit - Hoffnung - Prophetie. Von der Gegenwärtigkeit des Zukünftigen, Gesammelte Werke Bd. III, Hamburg 1974, insb. S. 155.

61 So der Untertitel des Werkes von A. M. K. Müller, Die präparierte Zeit; siehe oben Anm. 2.

62 Vgl. W. A. de Pater, Rede von Gott, in: K. Krenn (Hg.), Die wirkliche Wirklichkeit Gottes. Gott in der Sprache heutiger Probleme, Paderborn 1974, S. 93-122, insbes. S. 105-117.

63 Siehe oben Anm. 13.

64 P. Koslowski, Die Prüfungen der Neuzeit, S. 22.

65 Vgl. R. Koselleck, Vergangene Zukunft. Zur Semantik geschichtlicher Zeiten, Frankfurt a. M. 1979, S. 50ff.

66 W. Welsch, Unsere postmoderne Moderne, S. 70.

67 Vgl. H. Günther, Artikel "Neuzeit, Mittelalter, Altertum", in: Historisches Wörterbuch der Philosophie, hg. von J. Ritter u. K. Gründer, Bd. 6, Basel/Stuttgart 1984, Sp. 795.

68 Bacon's Novum Organum, ed. with introd., notes etc. by Thomas Fowler, Oxford [2]1889.

69 Vgl. R. Descartes, Meditationes de prima philosophia, in: OEuvres, hg. von Adam und Tannery, Paris 1897-1913, VII, S. 17.

70 E. Husserl, Die Krisis der europäischen Wissenschaften und die transzendentale Phänomenologie. Eine Einleitung in die phänomenologische Philosophie, hg., eingel. u. mit Reg. vers. von E. Ströker, 2., verb. Aufl, Hamburg 1982 (= Philosophische Bibliothek 292), S. 80.

71 Ebd., S. 82.

72 G. W. F. Hegel, Vorlesungen über die Geschichte der Philosophie III, G. W. F. Hegel, Werke in 20 Bänden. Auf der Grundlage der Werke von 1832-1845, hg. von F. Moldenhauer und K. M. Michel, Frankfurt a. M. 1986 [zit.: Werke], hier: Werke 20, S. 120.

73 W. Welsch, Unsere postmoderne Moderne, S. 69.

74 Siehe oben Fußnote 70.

75 E. Husserl, Die Krisis der europäischen Wissenschaften, S. 20.

76 M. Foucault, Die Ordnung der Dinge. Eine Archäologie der Humanwissenschaften, Frankfurt a. M. 1971 (Orginal: Les mots et les choses, Paris 1966).

77 Vgl. G. Seubold, Heideggers Analyse der neuzeitlichen Technik, Freiburg/München 1986.

78 M. Horkheimer/Th. W. Adorno, Dialektik der Aufklärung. Philosophische Fragmente, Frankfurt a. M. 1989, S. 10.

79 W. Dilthey, Weltanschauung und Analyse des Menschen seit Renaissance und Reformation, Göttingen 1970, S. 259.

80 Bacon's Novum Organum, S. 186.

81 R. Descartes, Discours de la Méthode, in: OEuvres VI, S. 62.

82 M. Horkheimer/Th. W. Adorno, Dialektik der Aufklärung. S. 33.

83 Vgl. W. Röd (Hg.), Geschichte der Philosophie, Bd. VII. Die Philosophie der Neuzeit 1. Von Francis Bacon bis Spinoza, von W. Röd, München 1978, S. 9.

84 W. Welsch, Unsere postmoderne Moderne, S. 69.

85 M. Horkheimer/Th. W. Adorno, Dialektik der Aufklärung, S. 10.

86 G. Bachelard, Die Bildung des wissenschaftlichen Geistes. Beitrag zu einer Psychoanalyse der objektiven Erkenntnis (frz. Orginalausgabe Paris 1938), Frankfurt a. M. 1978, S. 49.

87 Vgl. F. Furet, Penser la Révolution française, Paris 1978, S. 51.

88 Vgl. W. Röd (Hg.), Geschichte der Philosophie, S. 9.

89 J.-J. Rousseau, Schriften zur Kulturkritik, eingel., übers. und hg. von K. Weigand, frz.-dt., Hamburg ^{2}1971.

90 M. Horkheimer/Th. W. Adorno, Dialektik der Aufklärung, S. 15.

91 Ebd.

92 Vgl. 1.2.2.1 dieser Arbeit.

93 Vgl. ebd.

94 Th. W. Adorno, Negative Dialektik, Frankfurt a. M. 1975, S. 192.

95 Vgl. W. Welsch, Unsere postmoderne Moderne, S. 80.

96 H. Sedlmayr, Verlust der Mitte. Die bildende Kunst des 19. und 20. Jahrhunderts als Symptom und Symbol der Zeit, Frankfurt a. M./ Berlin 1966.

97 K. Jaspers, Der philosophische Glaube angesichts der Offenbarung, München 1963, S. 261.

98 Siehe oben Anm. 43.

99 K. Jaspers, Der philosophische Glaube, S. 261.

100 W. Welsch, Unsere postmoderne Moderne, S. 150.

101 K. Jaspers, Der philosophische Glaube, S. 262; Hervorhebung des Verfassers dieser Arbeit.

102 Ebd.

103 Ebd.

104 M. Horkheimer/Th. W. Adorno, Dialektik der Aufklärung, S. 31.

105 E. Husserl, Die Krisis der europäischen Wissenschaften, S. 21f.

106 L. Wittgenstein, Philosophische Untersuchungen, in: ders., Tractatus logico-philosophicus. Tagebücher 1914-1916. Philosophische Untersuchungen, Werkausgabe Bd. 1, Frankfurt a.M. 1984, S. 231.

107 M. Horkheimer/Th. W. Adorno, Dialektik der Aufklärung, S. 31f.

108 Ebd., S. 32.

109 Stellvertretend sei verwiesen auf K. Hübner, Kritik der wissenschaftlichen Vernunft, Freiburg/München 1978 sowie auf P. Feyerabend, Wider den Methodenzwang. Skizze einer anarchistischen Erkenntnistheorie, Frankfurt a. M. 1983.

110 W. Welsch, Unsere postmoderne Moderne, S. 78.

111 B. Russel, Das ABC der Relativitätstheorie, aus dem Englischen von U. Dobl und E. Seiler, neu hg. von F. Pirani, Frankfurt a. M. 1989, S. 60.

112 K. Jaspers, Der philosophische Glaube, S. 262.

113 Vgl. 2.2.1 dieser Arbeit.

114 K. Jaspers, Der philosophische Glaube, S. 262.

115 J. Prigogne/J. Stengers, Dialog mit der Natur. Neue Wege naturwissenschaftlichen Denkens, München 1981.

116 L. Ciompi, Außenwelt - Innenwelt. Die Entstehung von Zeit, Raum, psychischen Strukturen, Göttingen 1988.

117 C. G. Jung, Praxis der Psychotherapie, Gesammelte Werke, Bd. 16, Olten u.a. 1958.

118 P. Koslowski, Die Prüfungen der Neuzeit, S. 21.

119 Ebd., S. 22.

120 Ebd., S. 23.

121 Siehe D. Meadows/E. Zahn/P. Milling, Die Grenzen des Wachstums, bes. S. 36-74.

122 W. Welsch, Unsere postmoderne Moderne, S. 78.

123 J.-F. Lyotard, "Grundlagenkrise", Neue Hefte für Philosophie, Heft 26 (1986) S. 1-33, hier: S. 2.

124 J: F. Lyotard, in: Philosophien. Gespräche mit Michel Foucault, K. Axelos, J. Derrida, V. Descombes, A. Glucksmann, E. Lévinas, J.-F. Lyotard, J. Rancirè, P. Ricoeur und M. Serres, hg. von P. Engelmann, Graz/Wien 1985, S. 122.

125 W. Welsch, Unsere postmoderne Moderne, S. 187.

126 Ebd. Anm. 4.

127 A. Wellmer, Kunst und industrielle Produktion. Zur Dialektik von Moderne und Postmoderne, in: W. Welsch (Hg.), Wege aus der Moderne. Schlüsseltexte der Postmoderne-Diskussion, Weinheim 1988, S. 247-261..

128 W. Welsch, Unsere postmoderne Moderne, S. 185.

129 Ebd., S. 80.

130 Siehe oben Anm. 24.

131 A. Wellmer, Kunst und industrielle Produktion, a.a.O., S. 255.

132 Vgl. K. Frampton, Modern architecture, New York 1980, S. 293 (dt.: Die Architektur der Moderne, Stuttgart 1983).

133 J. Habermas, Moderne und postmoderne Architektur, in: W. Welsch (Hg.), Wege aus der Moderne. Schlüsseltexte der Postmoderne-Diskussion, Weinheim 1988, S. 110-120.

134 A. Wellmer, Kunst und industrielle Produktion, a.a.O., S. 253.

135 W. Welsch, Unsere postmoderne Moderne, S. 188.

136 Vgl. M. Weber, Vom inneren Beruf zur Wissenschaft, in: ders., Soziologie - Universalgeschichtliche Analysen - Politik, mit einer Einl. von E. Baumgarten hg. u. erläut. von J. Winckelmann, Stuttgart ^{5}1973, S. 311-339, hier: S. 328; ähnlich: ders., Zwischen zwei Gesetzen, in: Gesammelte Politische Schriften, Tübingen ^{4}1980, S. 142-145, hier: 145.

137 P. Feyerabend, Wider den Methodenzwang, S. 12.

138 W. Welsch, Unsere postmoderne Moderne, S. 188.

139 Ebd., S. 80.

140 Vgl. J. Habermas, Die Einheit der Vernunft in der Vielheit der Stimmen, in: Merkur 42 (1988), S. 1-14; A. Gehlen, Über kulturelle Kristallisation, in: ders., Studien zur Anthropologie und Soziologie, Neuwied/Berlin 1963, S. 311-328; D. Bell, Die nachindustrielle Gesellschaft, Frankfurt a. M/New York 1975.

141 H. Lenk, Postmodernismus, Postindustrialismus, Postszientismus. Wie epigonal oder rational sind Post(modern)ismen?, Vortrag bei der Tagung des Engeren Kreises der Allgemeinen Gesellschaft für Philosophie in Deutschland, Braunschweig, September 1986, Manuskript S. 4.

142 W. Welsch, Unsere postmoderne Moderne, S. 271.

143 H. Lenk, Postmodernismus, S. 4.

144 G. W. F. Hegel, Differenz des Fichte'schen und Schelling'schen Systems der Philosophie, Hamburg 1962, S. 12.

145 Siehe oben Anm. 65.

146 U. Beck, Risikogesellschaft. Auf dem Weg in eine andere Moderne, Frankfurt a. M. 1974.

147 N. Goodman, Weisen der Welterzeugung, Frankfurt a. M. 1984.

148 Ebd., S. 10.

149 Vgl. J. Habermas, Die Neue Unübersichtlichkeit, Frankfurt a. M. 1985.

150 Ders., Moderne und postmoderne Architektur, a.a.O., S. 112.

151 Siehe oben Anm. 146.

152 J. Habermas, Die Philosophie als Platzhalter und Interpret, in: ders., Moralbewußtsein und kommunikatives Handeln, Frankfurt a. M. 1983, S. 9-28, hier: S. 27.

153 Ders., Die Moderne - ein unvollendetes Projekt, in: W. Welsch (Hg.), Wege aus der Moderne. Schlüsseltexte der Postmoderne-Diskussion, Weinheim 1988, S. 177-192, hier: S. 177.

154 Ebd., S. 184.

155 Ebd., S. 185.

156 Ders., Die Philosophie als Platzhalter und Interpret, a.a.O., S. 26.

157 Ders., Die Moderne - ein unvollendetes Projekt, a.a.O., S. 184.

158 Ebd., S. 185.

159 Ebd., S. 184.

160 Ebd., S. 188.

161 Ebd., S. 191.

162 Vgl. ebd., S. 188.

163 J. Mittelstraß, Wissenschaft als Kultur, in: Heidelberger Jahrbücher 30 (1986), S. 51-71, hier: S. 54.

164 J. Habermas, Die Moderne - ein unvollendetes Projekt, a.a.O., S.177.

165 H. Klotz, Moderne und Postmoderne, in: W. Welsch (Hg.), Wege aus der Moderne. Schlüsseltexte der Postmoderne-Diskussion, Weinheim 1988, S. 99-109, hier: S. 105.

166 Siehe oben Anm. 165.

167 B. Waldenfels, In den Netzen der Lebenswelt, Frankfurt a. M. 1985, S. 113.

168 Siehe oben Anm. 149.

169 A. Wellmer, Zur Dialektik von Moderne und Postmoderne. Vernunftkritik nach Adorno, Frankfurt a. M. 1985.

170 Ebd., S. 105; vgl. dazu näherhin ders., Ethik und Dialog. Elemente des moralischen Urteils bei Kant und in der Diskursethik, Frankfurt a. M. 1986.

171 Ders., Zur Dialektik von Moderne und Postmoderne, S. 107.

172 K.-O. Apel, Das Problem einer philosophischen Theorie der Rationalitätstypen, in: Rationalität. Philosophische Beiträge, hg. von H. Schnädelbach, Frankfurt a. M. 1984, S. 15-31, hier: S. 20.

173 W. Welsch, Unsere postmoderne Moderne, S. 274.

174 Ebd., S. 275.

175 J.-F. Lyotard u. a., Immaterialität und Postmoderne, Berlin 1985.

176 W. Welsch, Unsere postmoderne Moderne, S. 272.

177 Vgl. B. Waldenfels, Ordnung im Zwielicht, Frankfurt a. M. 1987, S. 209.

178 M. Merleau-Ponty, Signes, Paris 1960, S. 150.

179 W. Welsch, Unsere postmoderne Moderne, S. 314, Anm. 13.

180 H. Poser (Hg.), Wandel des Vernunftbegriffs, Freiburg/München 1981.

181 Siehe oben Anm. 169.

182 W. Welsch, Unsere postmoderne Moderne, S. 313.

183 Ebd., S. 312.

184 Ebd., S. 295.

185 Ebd.

186 Ebd.

187 Ebd.

188 Ebd., S. 296.

189 Ebd.

190 Ebd., 297.

191 Ebd., S. 305.

192 Vgl. A. M. K. Müller, Erkenntnis, Deutung, Abblendung, in: ders., Die präparierte Zeit, S. 181-223.

193 E. Möde, Der Streit um den Menschen. Christliche Anthropologie und Psychotherapie, in: ders., Die neue Einsamkeit der Postmoderne, München 1991, S. 59-82.

194 W. Welsch, Unsere postmoderne Moderne, S. 304.

195 Ebd.

196 Ebd., S. 307.

197 Ebd., S. 305f.

198 Ebd., S. 306.

199 Ebd., S. 316.

200 Ebd.

201 Ebd., S. 317.

202 Ebd., S. 324.

203 Vgl. ebd., S. 326.

204 Ebd.

205 Ebd., S. 325.

206 Zur transversalen Vernunft, vgl. ebd., S. 295-318.

207 Siehe oben Anm. 180.

208 Vgl. W. Welsch, Unsere postmoderne Moderne, S. 177.

209 P. Koslowski, Die Prüfungen der Neuzeit, S. 18.

210 Ebd., S. 16f.

211 I. Kant, Beantwortung der Frage: Was ist Aufklärung?, Kant's gesammelte Schriften, hg. von der Königlich Preußischen Akademie der Wissenschaften, Erste Abtheilung: Werke, 9 Bände, Berlin/ Leipzig 1902-1923 [zit.: Kants Werke], VIII, S. 33-42, hier: S. 35.

212 Ders., Kritik der reinen Vernunft, Kants Werke III, S. 1-552, hier: S. 427.

213 Ebd.

214 M. Horkheimer/Th. W. Adorno, Dialektik der Aufklärung, S. 91.

215 P. Koslowski, Die Prüfungen der Neuzeit, S. 18.

216 Vgl. W. Schirmacher, Post-Moderne - ein Einspruch, in: Kursbuch 2, 1983, S. 9-13 und die Diskussion um den 'Tod der Moderne', geführt von J. Baudrillard, G. Bergfleth; vgl. dazu oben Anm. 39.

217 W. Fach, Tod und Verklärung. Über die elitäre Konstruktion der Wirklichkeit, Wien 1989.

218 P. Koslowski, Die Prüfungen der Neuzeit, S. 16.

219 W. Welsch, Unsere postmoderne Moderne, S. 316.

220 Ebd.

221 Ebd.

222 F. Nietzsche, Aus dem Nachlaß der Achtzigerjahre, Werke in drei Bänden, hg. von K. Schlechta, München 1954-1956, [zit.: Nietzsche, Werke], III, S. 415-925, hier: S. 534.

223 E. Möde, Das Subjekt in J. Lacans psychoanalytischer Sprachphilosophie, in: ders., Das Begehren. Das Identitätsproblem in der Ethik der analytischen Psychotherapie, München 1991, S. 367-418; J. Lacan, L'Éthique de la psychoanalyse, Paris 1986, Chap. XIII. 2, S. 201.

224 M. Frank, Was ist Neostrukturalismus, S. 494.

225 Vgl. M. Horkheimer/Th. W. Adorno, Dialektik der Aufklärung, S. 89.

226 W. Pannenberg, Grundfragen systematischer Theologie. Gesammelte Aufsätze Bd. 2, Göttingen 1980, S. 67.

227 I. Kant, Metaphysische Anfangsgründe der Tugendlehre, Kants Werke VI, S. 373-493, hier: S. 449.

228 H. Rombach, Substanz, System, Struktur. Die Ontologie des Funktionalismus und der philosophische Hintergrund der modernen Wissenschaft, 2 Bde., Freiburg/München [2]1981.

229 Siehe oben Anm. 163.

230 H. Lenk, Eigenleistung. Plädoyer für eine positive Leistungskultur, Zürich 1983.

231 W. Welsch, Unsere postmoderne Moderne, S. 304.

232 Ebd., S. 307.

233 M. Horkheimer/Th. W. Adorno, Dialektik der Aufklärung, S. 94; Hervorhebung des Verfassers dieser Arbeit.

234 Ebd.

235 D. Bell, Immagini del Postmoderno. Il dibattito sulla società post-industriale e l'architetura, Venedig 1983.

236 Vgl. W. Welsch, Unsere postmoderne Moderne, S. 316.

237 J.-F. Lyotard, Das postmoderne Wissen. Ein Bericht, aus dem Französischen von O. Pfersmann, vollst. überarb. Fassung, hg. von P. Engelmann, Graz/Wien 1986, S. 49.

238 Vgl. W. Welsch, Unsere postmoderne Moderne, S. 180.

239 R. Musil, Der Mann ohne Eigenschaften, Gesammelte Werke in Einzelausgaben, Bd. 1, hg. von A. Frisé, Hamburg 1952, S. 464.

240 Vgl. P. Koslowski, Die Prüfungen der Neuzeit, S. 106.

241 Siehe oben Anm. 39.

242 Vgl. W. Benjamin, Über den Begriff der Geschichte, Gesammelte Schriften, hg. von R. Tiedemann u. H. Schweppenhäuser, Werkausgabe, Bd. 2, Frankfurt a. M. 1980, S. 691-704.

243 Ebd., S. 697f.

244 Ebd.

245 P. Schütz, Das Mysterium der Geschichte. Von der Anwesenheit des Heilenden in der Zeit, Sonderausgabe Gesammelte Werke Bd. II, Hamburg 1975; vgl. ders., Evangelium. Sprache und Wirklichkeit der Bibel in der Gegenwart, Gesammelte Werke Bd. I, Hamburg 1966, S. 560 und 563; vgl. zudem: E. Benz, Nietzsches Ideen zur Geschichte des Christentums, in: Zeitschrift für Kirchengeschichte, Bd. LVI, Heft 2,3 (1937), S. 195ff.

246 D. Kamper, Die kupierte Apokalypse. Eschatologie und Posthistoire, in: Ästhetik und Kommunikation, H. 60, 16 (1985), S. 83-90, hier: S. 83.

247 E. Möde, Das Anderssein der Antigone, in: ders., Die neue Einsamkeit der Postmoderne, München 1991, S. 47-58.

248 D. Kamper, Die kupierte Apokalypse, a.a.O., S. 83.

249 Ebd.

250 Ebd., S. 87.

251 Vgl. oben Anm. 149.

252 Siehe oben Anm. 42.

253 J. Baudrillard, Agonie des Realen, passim.

254 Dies gilt insbesonders für die Werke J. Baudrillards.

255 A. Altmann, Inselfieber, in: Merian - das Monatsheft der Städte und Landschaften, 43. Jhg., Heft 9 (1991), S. 108-115.

256 W. Welsch, Unsere postmoderne Moderne, S. 152 Anm. 49.

257 P. Sloterdijk, Nach der Geschichte, in: W. Welsch (Hg.), Wege aus der Moderne. Schlüsseltexte der Postmoderne-Diskussion, S. 262-273, hier: S. 262.

258 P. Koslowski, Die Prüfungen der Neuzeit, S. 106.

259 J. Baudrillard, Die fatalen Strategien, S. 85.

260 P. Sloterdijk, Nach der Geschichte, a.a.O., S. 265.

261 Vgl. J. W. v. Goethe, Faust, der Tragödie zweiter Teil (1833).

262 Z.B. D. Kamper, J. Baudrillard, M. Sonntag, L. Mumford.

263 D. Kamper, Die kupierte Apokalypse, a.a.O., S. 83.

264 P. Sloterdijk, Nach der Geschichte, a.a.O., S. 267.

265 Vgl. ebd., S. 269.

266 Ebd., S. 270.

267 Ebd., S. 268.

268 E. Becker, Die Überwindung der Todesfurcht. Dynamik des Todes, Olten 1976, passim.

269 J. Poulain, Die pragmatische Dekonstruktion des Menschen, in: M. Frank/G. Raulet/W. v. Reijen (Hg.), Die Frage nach dem Subjekt, Frankfurt a. M. 1988, S. 247-266.

270 Ebd., S. 247.

271 Siehe D. Kamper, Nach der Moderne. Umrisse einer Ästhetik der Posthistoire, in: W. Welsch (Hg.), Wege aus der Moderne. Schlüsseltexte der Postmoderne-Diskussion, Weinheim 1988, S. 163-174.

272 M. Horkheimer/Th. W. Adorno, Dialektik der Aufklärung, S. 94.

273 G. Benedetti, Todeslandschaften der Seele. Psychopathologie, Psychodynamik und Psychotherapie der Schizophrenie, Göttingen 1983.

274 D. Kamper, Nach der Moderne, a.a.O., S. 164.

275 G. Treusch-Dieter, Religionskrieg der Vernunft. Ruin und Restauration der "Aufklärung", in: Ästetik und Kommunikation, H. 60, 16 (1985), S. 66-82.

276 D. Kamper, Die kupierte Apokalypse, a.a.O., S. 83-90.

277 P. Koslowski, Die Prüfungen der Neuzeit, S. 106.

Der Dekonstruktivismus als zwiespältige Postmoderne-Bewegung

1 M. Heidegger, Sein und Zeit, Tübingen [15]1984, S. 19-27.

2 Ebd., S. 22.

3 Ebd., S. 22f.

4 Siehe M. Foucault, Les mots et les choses. Une archéologie des sciences humaines, Paris 1966 (dt.: Die Ordnung der Dinge. Eine Archäologie der Humanwissenchaften, Frankfurt a. M. 1971), S. 53, passim.

5 Siehe ebd., passim.

6 Vgl. 1.2.1.2 dieser Arbeit.

7 M. Foucault, L'ordre du discours, Paris 1971 (dt.: Die Ordnung des Diskurses, München 1974).

8 G. Deleuze, Différence et répétition, Paris 1968.

9 C. Lévi-Strauss, Strukturale Anthropologie I, Frankfurt a. M. [2]1981.

10 W. Welsch, Unsere postmoderne Moderne, 3., durchges. Aufl., Weinheim 1991, S. 141; vgl. auch C. Lévi-Strauss, Die Struktur der Mythen, in: ders., Strukturale Anthropologie I, S. 226-254, hier: S. 251.

11 M. Frank, Was ist Neostrukturalismus?, Frankfurt a. M. 1984, S. 235f.

12 P. Koslowski, Die Prüfungen der Neuzeit. Über Postmodernität, Philosophie der Geschichte, Metaphysik, Gnosis, hg. von P. Engelmann, Wien 1989, S. 46.

13 Vgl. Nietzsche, Werke in 3 Bänden,hg. von K. Schlechta, München 1954-1956 [zit.: Nietzsche, Werke] hier: III, S. 126, 534, 540, 751, passim.

14 Vgl. Zur Genealogie der Moral, Nietzsche, Werke II, S. 861.

15 Nietzsche, Werke III, S. 667; vgl. Nietzsche, Werke II, S. 221, passim.

16 M. Horkheimer/Th. W. Adorno, Dialektik der Aufklärung. Philosophische Fragmente, Frankfurt a. M. 1989, S. 91.

17 R. Guardini, Das Ende der Neuzeit, Basel 1950, Neuausgabe Würzburg 1986, S. 94.

18 P. Koslowski, Die Prüfungen der Neuzeit, S. 47.

19 Ebd.

20 M. Horkheimer/Th. W. Adorno, Dialektik der Aufklärung, S. 91.

21 R. Guardini, Das Ende der Neuzeit, S. 107.

22 Vgl. oben Anm. 7.

23 A. Huxley, Brave new world, Stockholm 1945.

24 M. Horkheimer/Th. W. Adorno, Dialektik der Aufklärung, S. 100.

25 R. Guardini, Das Ende der Neuzeit, S. 101.

26 P. Koslowski, Die Prüfungen der Neuzeit, S. 48.

27 R. Musil, Der Mann ohne Eigenschaften, Gesammelte Werke in Einzelausgaben Bd. 1 hg. von A. Frisé, Hamburg 1952, S. 464; vgl. dazu: M. Frank, Über die Suche nach dem Grund. Über den Umschlag von Erkenntniskritik in der Mythologie bei Robert Musil, in: K. H. Bohrer (Hg.), Mythos und Moderne. Begriff und Bild einer Rekonstruktion, Frankfurt a. M. 1983, S. 317-361.

28 J. Derrida/E. Meyer, Labyrinth und Archi/Textur, in: Das Abenteuer der Ideen. Architektur und Philosophie seit der industriellen Revolution, Ausstellungskatalog Berlin 1984, S. 95-106, hier: S. 101.

29 Ebd., S. 103.

30 Vgl. J.-F. Lyotard, Tombeau de l'intellectuel et autres papiers, Paris 1984, S. 85 sowie ders., Grundlagenkrise, in: Neuere Hefte für Philosophie, H. 26 (1986), S. 1-33, hier: S. 28f.

31 J. Derrida/E. Meyer, Labyrinth und Archi/Textur, a.a.O., S. 105.

32 J. Derrida, Les fins de l'homme, in: ders., Marges de la philosophie, Paris 1972, S. 129-164.

33 W. Welsch, Unsere postmoderne Moderne, S. 143, Anm. 24.

34 Zum 'Liber de duobus principibus', dem Hauptwerk der Katharer, vgl. C. Thouzellier, Livre des deux principes, Paris 1973.

35 G. Bachelard, Die Bildung des wissenschaftlichen Geistes. Beitrag zu einer Psychoanalyse der objektiven Erkenntnis (frz. Orginalausgabe Paris 1938), Frankfurt a. M. 1978.

36 W. Welsch, Unsere postmoderne Moderne, S. 140.

37 G. Bachelard, Le Nouvel Esprit scientifique, Paris 1934.

38 Siehe oben Anm. 4.

39 J. R. Searle, Reiterating the Differences. A. Reply to Derrida, in: Glyph. The Johns Hopkins Textual Studies, Nr. 1, Baltimore 1977, S. 199.

40 "Any conventional act involves the notion of the repetition of the same." Ebd., S. 207.

41 D. Bell, Die nachindustrielle Gesellschaft, in: W. Welsch (Hg.), Wege aus der Moderne. Schlüsseltexte der Postmoderne-Diskussion, Weinheim 1988, S. 144-152.

42 Ebd., S. 145.

43 G. Deleuze, Différence et répétition, S. 36

44 W. Welsch, Unsere postmoderne Moderne, S. 142.

45 M. Frank, Was ist Neostrukturalismus?, S. 471.

46 W. Welsch, Unsere postmoderne Moderne, S. 141.

47 G. Deleuze, Différence et répétition, S. 36.

48 Vgl. W. Welsch, Unsere postmoderne Moderne, S. 142.

49 G. Deleuze/F. Guattari, Mille Plateaux, Capitalisme et schizophrénie, Paris 1980 (dt.: Mille Plateaux. Kapitalismus und Schizophrenie II, Frankfurt a. M. 1980), S. 11.

50 F. Nietzsche, Die fröhliche Wissenschaft, Aphorismus 125, Nietzsche, Werke II, S. 7-724, hier: S. 127.

51 Descartes, Principia Philosophiae Opp. ed. Ad. et Ta. IX, S. 14.

52 "plagiotrop" = schräg zum Sproß verlaufend.

53 M. Frank, Was ist Neostrukturalismus?, S. 443.

54 W. Welsch, Unsere postmoderne Moderne, S. 142, Anm. 20.

55 J. Derrida, Marges de la philosophie, Paris 1972, S. 129-164.

56 Siehe M. Frank, Was ist Neostrukturalismus?, S. 498.

57 G. Deleuze/F. Guattari, Mille Plateaux, S. 101.

58 Ebd., S. 106.

59 Ebd., S. 105.

60 B. Waldenfels, Phänomenologie in Frankreich, Frankfurt a. M. 1983, S. 539.

61 W. Welsch, Unsere postmoderne Moderne, S. 144.

62 J. Derrida, Die Schrift und die Differenz, Frankfurt a. M. 1972, S. 422.

63 Ebd., S. 425.

64 J. Derrida, La Dissémination, Paris 1972, S. 336.

65 J. Derrida/E. Meyer, Labyrinth und Archi/Textur, a.a.O., S. 103.

66 Vgl. J. Derrida, La Dissémination, S. 349f.

67 Mit "transzendentaler Poesie" bezeichnen Novalis und Schlegel - ähnlich wie Mallarmé mit dem Begriff der "reflexiven Poesie" - den Rückverweis auf die Ermöglichungsbedingung eines vieldeutigen Sprechens.

68 M. Frank, Was ist Neostrukturalismus?, S. 601.

69 Man denke hierbei besonders an J. Lacan, M. Foucault, E. Lévinas u.a.

70 Vgl. W. Linden, Umwertung der deutschen Romantik, in: Zeitschrift für Deutschkunde, H. 2, 47 (1933), S. 65-91.

71 Vgl. Blochs Metapher vom Teilen der "Beute" in: E. Bloch, Erbschaft dieser Zeit, Neudruck Frankfurt a. M. 1973, S. 359.

72 Vgl. 1.4.1 dieser Arbeit.

73 L. Klages, Vom kosmogonischen Eros, Jena ^{3}1930, S. 67.

74 Ebd., S. 65.

75 G. Deleuze/F. Guattari, L'Anti-Oedipe, Capitalisme et schizophrénie, Paris 1972 (dt.: Anti-Ödipus. Kapitalismus und Schizophrenie I, Frankfurt a. M. 1974), S. 297.

76 Vgl. dazu Hegels Geschichtsphilosophie mit ihrem Drei-Schritte-System von Antike, Mittelalter und Neuzeit.

77 G. Bataille, Les Larmes d'Éros, Paris 1961, dt.: Die Tränen des Eros, München 1981, S. 85-195.

78 L. Klages, Vom kosmogonischen Eros, S. 65.

79 Ebd.

80 Ebd., S. 64.

81 Ebd., S. 56.

82 Ebd.

83 Vgl. ebd., S. 67.

84 S. Kierkegaard, Die Krankheit zum Tode, hg. von L. Richter, Frankfurt a. M. 1984, S. 48-65.

85 M. Frank, Was ist Neostrukturalismus?, S. 424.

86 G. Deleuze/F. Guattari, L'Anti-Oedipe, S. 455.

87 Ebd., S. 365.

88 P. Klossowski, Nietzsche et le cercle vicieux, Ed. rev. et cor., Paris 1978, S. 441.

89 E. Bloch, Erbschaft dieser Zeit, S. 360.

90 Ebd., S. 361.

91 Ebd., S. 336;. vgl. ders., Das Prinzip Hoffnung, Frankfurt a. M. 1973, Bd. 3, S. 1115.

92 M. Frank, Der kommende Gott. Vorlesungen über die Neue Mythologie, I. Teil, Frankfurt a. M. 1982, S. 36.

93 J. Habermas, Die Moderne - ein unvollendetes Projekt, in: W. Welsch (Hg.), Wege aus der Moderne. Schlüsseltexte der Postmoderne- Diskussion, Weinheim 1988, S. 177-192, hier: S. 192.

94 I. Hassan, Postmoderne heute, in: W. Welsch (Hg.), Wege aus der Moderne. Schlüsseltexte der Postmoderne-Diskussion, Weinheim 1988, S. 47-56, hier: S. 52.

95 R. Durand, Theatre/SIGNS/Performance, in: I. Hassan/S. Hassan (Hg.), Innovation/Renovation. New Perspectives on the Humanities, Madison (WI) 1983, S. 213-217.

96 M. M. Bachtin, Rabelais and His World, Cambridge (MA) 1968, S. 10f.

97 G. Bataille, La littérature et le mal, Paris 1957, S. 228.

98 P. Koslowski, Die Prüfungen der Neuzeit, S. 83.

99 Ebd.

100 E. Möde, Leidensverweigerung durch Spaltung: ein religiöses und klinisches Phänomen, in: ders., Zwischen Pastorale und Psychologie, München 1992, S. 139-154.

101 P. Koslowski, Die Prüfungen der Neuzeit, S. 86.

102 Ebd., passim.

103 Vgl. M. Klein, Die schizo-paranoide Position, in: dies., Das Seelenleben des Kleinkindes, Stuttgart 1966. Melanie Klein analysiert hierbei einen agressiven Spaltungszustand, der sowohl das infantile Seelenleben als auch gewisse Schichtungen des gesellschaftlichen Lebens bezeichnet.

104 N. Goodman, Ways of Worldmaking, Indianapolis/Cambridge (England) 1978, S. 10.

105 Ebd.

106 F. Nietzsche, Aus dem Nachlaß der Achtzigerjahre, Nietzsche, Werke III, S. 730.

107 W. Welsch, Unsere postmoderne Moderne, S. 101.

108 P. Koslowski, Die Prüfungen der Neuzeit, S. 84.

109 Vgl. Theresa von Avila "Herr gib mir neue Worte".

110 J.-F. Lyotard, Beantwortung der Frage: Was ist postmodern?, in: W. Welsch (Hg.), Wege aus der Moderne. Schlüsseltexte der Postmoderne-Diskussion, Weinheim 1988, S. 193-214, hier: S. 200.

111 Ebd., S. 202.

112 Ch. Schütz, Praktisches Lexikon der Spiritualität, Freiburg/Basel/Wien 1988, S. 903.

113 M. Heidegger, Was ist Metaphysik, Frankfurt a. M. ^{9}1965, S. 9.

114 Ebd.

115 Ebd.

116 E. Lévinas, Außer sich. Meditationen über Religion und Philosophie, hg. u. aus d. Französischen von F. Miething, München/Wien 1991, S. 94.

117 Vgl. G. Deleuze/F. Guattari, L'Anti-Oedipe, S. 297 und 3.2.1.1 dieser Arbeit.

118 P. Koslowski, Die Prüfungen der Neuzeit, S. 84.

119 Ebd.

120 J.-F. Lyotard, Der Widerstreit, München 1987.

121 Ebd., S. 233.

122 G. Deleuze/F. Guattari, L'Anti-Oedipe, S. 227.

123 Ebd., S. 34.

124 Vgl. 2.4 dieser Arbeit.

125 L. Wittgenstein, Tagebücher 1914-1916, in: ders., Tractatus logico-philosophicus. Tagebücher 1914-1916. Philosophische Untersuchungen, Werkausgabe Bd. 1, Frankfurt a. M. 1984, S. 122.

126 Ebd., S. 122.

127 Ders., Tractatus logico-philosophicus, in: ders., Tractatus logico-philosophicus. Tagebücher 1914-1916. Philosophische Untersuchungen, Werkausgabe Bd. 1, Frankfurt a. M. 1984, S. 85.

128 Ebd., S. 67.

129 Vgl. ebd.

130 Ch. Schütz, Praktisches Lexikon der Spiritualiät, S. 906-910.

131 Ebd., S. 907.

132 L. Wittgenstein, Tractatus logico-philosophicus, a.a.O., S. 84.

133 Ebd.

134 Ebd.

135 P. Koslowski, Die Prüfungen der Neuzeit, S. 104.

136 Siehe hierzu: A. Sagardoy (Hg.), Gott hat mich überwältigt. Autobiographie der hl. Teresa von Avila, Wien 1981; O. Steggin, Erfahrung und Realismus bei Teresa v. Avila und Johannes v. Kreuz, Düsseldorf 1976; L. Cognet, Gottes Geburt in der Seele. Einführung in die deutsche Mystik, Freiburg/Basel/Wien 1980.

137 J.-F. Lyotard, Beantwortung der Frage, a.a.O., S. 201.

138 P. Koslowski, Die Prüfungen der Neuzeit, S. 87.

139 Ebd.

140 J.-F. Lyotard, Beantwortung der Frage, a.a.O, S. 201.

141 Ebd., S. 206.

142 P. Koslowski, Die Prüfungen der Neuzeit, S. 86.

143 Ebd., S. 85.

144 L. Wittgenstein, Tractatus logico-philosophicus, a.a.O., S. 76.

145 Vgl. ebd. 6.3., S. 78.

146 M. C. Taylor, ERRING. A Postmodern A/theology, Chicago 1984, passim.

147 J.-F. Lyotard, Beantwortung der Frage, a.a.O., S. 201.

148 Ebd.

149 J. Lacan, L'Éthique de la psychoanalyse, Paris 1986. Die Ver-'Dinglichung' des Verobjektivierten ist Grundthema in diesem Werk Lacans; vgl. dazu: E. Möde, Das Begehren. Das Identitätsproblem in der Ethik der analytischen Psychotherapie, München 1991, S. 225-229.

150 Siehe die Darstellung des Ethischen im Bilde Antigones, in: E. Möde, Das Begehren, S. 396-418.

151 M. Frank, Was ist Neostrukturalismus?, S. 593.

152 L. Wittgenstein, Tractatus logico-philosophicus, a.a.O., S. 11.

153 Vgl. E. Möde, Das Begehren, S. 60f.

154 Ch. Schütz, Praktisches Lexikon der Spiritualiät, S. 907.

155 L. Wittgenstein, Tractatus logico-philosophicus, a.a.O., S. 85.

156 Ebd., S. 75.

157 J. Derrida, Marges de la philosophie, S. 15.

158 Vgl. D. Kamper, Die kupierte Apokalypse. Eschatologie und Posthistoire, in: Ästhetik und Kommunikation, H. 60, 16 (1985), S. 83-90, hier: S. 88.

159 J.-F. Lyotard, Beantwortung der Frage, a.a.O., S. 199.

160 Vgl. ebd., S. 193-214.

161 Ebd., S. 200.

162 J. Castaneda, Die Lehren des Don Juan, Frankfurt a. M. 1972, S. 151.

163 J. Lacan, Encore. Seminaire X, Weinheim/Berlin 1986, S. 50.

164 M. Heidegger, Die Zeit des Weltbildes (1938), in: M. Heidegger, Holzwege, Frankfurt [5]1972, S. 69-104.

165 M. Frank/G. Raulet/W. v. Reijen (Hg.), Die Frage nach dem Subjekt, Frankfurt a. M. 1988.

166 W. Pannenberg, Grundfragen systematischer Theologie. Gesammelte Aufsätze Bd. 2, Göttingen 1980, S. 84.

167 Ebd., S. 85.

168 K. Krenn, Der springende Punkt. Kann das vernünftige Denken zur Gotteserkenntnis angehalten werden?, in: ders. (Hg.), Die wirkliche Wirklichkeit Gottes. Gott in der Sprache heutiger Probleme, München/Paderborn/Wien 1974, S. 159-185.

169 D. Henrich, Fichtes ursprüngliche Einsicht, Frankfurt a. M. 1967.

170 M. Seckler/M. Kessler, Die Kritik der Offenbarung, in: Handbuch der Fundamentaltheologie Bd. 2: Traktat Offenbarung, hg. von W. Kern/H. J. Pottmeyer/M. Seckler, Freiburg/Basel/Wien 1985, S. 29-59, hier: S. 33.

171 W. Pannenberg, Grundfragen systematischer Theologie, S. 87.

172 Vgl. hierzu die allegorische Figur des Knaben Euphorion in Arkadien in Goethes Faust, der Tragödie zweiter Teil (1833).

173 J. Lacan, L'Éthique de la psychoanalyse, Chap. XIII. 2: Le mort de Dieu, S. 201; Übersetzung des Verfassers dieser Arbeit.

174 G. K. Chesterton, Ortodossia, Brescia (1926) 1980, S. 112-139.

175 M. Seckler/M. Kessler, Die Kritik der Offenbarung, a.a.O., S. 30.

176 W. Pannenberg, Grundfragen systematischer Theologie, S. 80.

177 M. Heidegger, Was ist Metaphysik, S. 15.

178 Ebd.

179 M. Frank, Was ist Neostrukturalismus?, S. 119.

180 Vgl. Fichtes Werke, hg. von I. H. Fichte, Berlin 1845, Bd. II, S. 19 und XI, S. 18 [zit.: Fichtes Werke].

181 Fichtes Werke II, S, 62.

182 F. Schleiermacher, Der christliche Glaube. Nach den Grundsätzen der evangelischen Kirche im Zusammenhange dargestellt, 1. Bd., aufgrund der 2. Aufl. und kritischer Prüfung des Textes neu hg. und mit Einl., Erl. und Reg. versehen von M. Redeker, Berlin [7]1960, § 3 (3) S. 16, § 3,3.

183 Ebd.

184 Ebd. § 4.

185 F. Schleiermacher, Dialektik. ed. L. Jonas, Schleiermacher Werke III/4.2, Berlin 1839, S. 430.

186 Vgl. P. Koslowski, Die Prüfungen der Neuzeit, S. 33.

187 Ebd.

188 K. Krenn, Der springende Punkt, a.a.O., S. 170.

189 Ebd., S. 171.

190 E. Becker, Die Überwindung der Todesfurcht. Dynamik des Todes, Olten 1976, passim.

191 Dieser Ausdruck stammt von dem italienischen Philosophen Augusto del Noce; vgl. P. Koslowski, Die Prüfungen der Neuzeit, S. 33.

192 H. Heine, Geständnisse, Werke und Briefe 7, Textrev. und Erl. von G. Erler, Berlin/Weimar ^{2}1972, S. 127.

193 K. Krenn, Der springende Punkt, a.a.O., S. 179.

194 W. Pannenberg, Grundfragen systematischer Theologie Bd. 2, S. 87.

195 Vgl. L. Watzal, Romano Guardinis Kritik der Neuzeit und deren Überwindung, in: ders., Das Politische bei Romano Guardini, Starnberg 1987, S. 41-116.

196 F. Strich, Die Mythologie in der deutschen Literatur von Klopstock bis Wagner, 2 Bde., Halle an der Saale 1910, Neudruck Tübingen 1970.

197 Vgl. 1.4.2 dieser Arbeit.

198 M. Frank, Der kommende Gott, S. 14.

199 Vgl. M. Frank, Gott im Exil. Vorlesungen über die Neue Mythologie, II. Teil, Frankfurt a. M. 1988, S. 37.

200 Vgl. W. v. Reijen, Das unrettbare Ich, in: M. Frank/G. Raulet/W. v. Reijen, Die Frage nach dem Subjekt, Frankfurt a. M. 1988, S. 373-400, hier: S. 376.

201 Vgl. P. Koslowski, Die Prüfungen der Neuzeit, S. 101.

202 R. Guardini, Erscheinung und Wesen der Romantik, in: Romantik. Ein Zyklus Tübinger Vorlesungen, hg. von Th. Steinbüchel, Tübingen 1948, S. 237.

203 M. Frank, Der kommende Gott, S. 11.

204 Fr. D. E. Schleiermacher, Ueber die Religion. Reden an die Gebildeten unter ihren Verächtern, Berlin 1799.

205 Fr. D. E. Schleiermachers sämtliche Werke, Berlin 1843, Bd. I/I, S. 438.

206 Vgl. dazu F. Strich, Die Mythologie in der deutschen Literatur, Bd. I, S. 27 u. 50.

207 H.-O. Rebstock, Hegels Auffassung des Mythos in seinen Frühschriften, Freiburg/München 1971.

208 K. P. Moritz, Götterlehre oder mythologische Dichtungen der Alten, Berlin ^{2}1795, S. XCIII.

209 Vgl. W. Pannenberg, Grundfragen systematischer Theologie, S. 24.

210 A. Rosenberg, Der Mythos des 20. Jahrhunderts, München 1943.

211 M. Frank. Gott im Exil, S. 109.

212 G. F. Creuzer, Symbolik und Mythologie der alten Völker, besonders der Griechen, Heidelberg ^{2}1819, Bd. I, S. 93.

213 M. Frank, Gott im Exil, S. 109.

214 Alfred Bäumler, geb 1887, seit 1929 Professor für Philosophie in Dresden, erhielt 1933 einen Lehrstuhl für politische Pädagogik in Berlin. 1942 wird er Leiter des Amtes 'Wissenschaft' in A. Rosenbergs Dienststelle für die Überwachung der gesamten geistigen und weltanschaulichen Schulung der NSDAP.

215 G. W. Hegel, Philosophie des Rechts, G. W. F. Hegel, Werke in 20 Bänden. Auf der Grundlage der Werke von 1832-1845, hg. von E. Moldenhauer und K. M. Michel, Frankfurt a. M. 1986 [zit.: Werke], hier: Werke 7, S. 27.

216 Vgl. G. W. F. Hegel, Einleitung zu: Phänomenologie des Geistes, Werke 3.

217 C. Lévi-Strauss, Strukturale Anthropologie, Frankfurt a. M. 1967, S. 46.

218 Siehe M. Frank, Der kommende Gott, S. 36.

219 M. Frank, Was ist Neostrukturalismus?, S. 336.

220 Vgl. 3.2.1.2 dieser Arbeit.

221 M. Eliade, Das Heilige und das Profane. Vom Wesen des Religiösen, Freiburg/Basel/Wien 1957, S. 56f.

222 Siehe dazu: I. Hassan, Postmoderne heute, a.a.O., S. 54f.

223 So z. B. bei G. Deleuze, F. Guattari, C. Karpenstein-Eßbach, G. Bataille.

224 G. Deleuze/F. Guattari, L'Anti-Oedipe, S. 34.

225 Ebd., S. 352f.

226 M. Frank, Was ist Neostrukturalismus?, S. 411.

227 F. Nietzsche, Zur Genealogie der Moral, Nietzsche, Werke II, S. 782, passim.

228 G. Deleuze/F. Guattari, Mille Plateaux, S. 95-139.

229 Ebd., S. 140-184.

230 E. Möde, Das Grundverhältnis von Sprache und Begehren, in: ders., Das Begehren, S. 278-313.

231 M. Frank, Was ist Neostrukturalismus?, S. 412.

232 G. Deleuze/F. Guattari, L'Anti-Oedipe, S. 209.

233 J. P. Sartre, Situations II. Qu' est-ce que la littérature?, Paris 1968, S. 222.

234 P. Koslowski, Die Prüfungen der Neuzeit, S. 42f.

235 E. M. Cioran, Der Absturz in die Zeit, Stuttgart 1972, S. 84.

236 L. Feuerbach, Das Wesen des Christentums, STW Bd. 5, 1976, S. 19.

237 Ebd.

238 Nomadisieren ('Großstadtnomade') erscheint als Chiffre für Anonymität bei G. Deleuze und F. Guattari.

239 Siehe dazu: W. Janzarik (Hg.), Psychopathologische Konzepte der Gegenwart, Stuttgart 1982; A. Kraus, Sozialverhalten und Psychose Manisch-Depressiver, Stuttgart 1976.

240 M. Holzleitner, Der Tod als Verstehen, in: Archiv für Religionspsychologie. Organ der Internationalen Gesellschaft für Religionspsychologie und Religionswissenschaft, hg. von K. Krenn/H. Petri/St. Hirschlehner, Bd. 19 , Göttingen 1990, S. 44-58, hier: S. 50.

241 Siehe oben Anm. 94.

242 A. Wilde, Horizons of Assent: Modernism, Postmodernism, and the Ironic Imagination, Baltimore (MD) 1981, S. 10.

243 O. Marquard, Abschied vom Prinzipiellen, Stuttgart 1981, S. 31.

244 Vgl. dazu Hegels Programm des Verstehens in seiner "Logik": die Entsprechung von absolut unterschiedener Ununterschiedenheit und der unbestimmten Unmittelbarkeit.

245 Vgl. H. Mühlen, Der Heilige Geist als Person. Beitrag zur Frage nach der dem Heiligen Geiste eigentümlichen Funktion in der Trinität, bei der Inkarnation und im Gnadenbund, Münster [2]1967, S. 33f.

246 O. Marquard, Abschied vom Prinzipiellen, S. 50.

247 W. Percy, Lancelot, New York 1977 (dt. von G. Stege, München 1978).

248 Ders., The Last Gentleman, New York 1966 (dt. von P. Handke, Der Idiot des Südens, Frankfurt a. M. 1985).

249 I. Hassan, Postmoderne heute, a.a.O., S. 52.

250 Z.B. D. Kamper/J. Taubes, Nach der Moderne. Umrisse einer Ästhetik der Posthistoire, Frankfurt a. M. 1985; D. Kamper, Aufklärung - was sonst, in: Merkur, 436 (1985), S. 535-540; D. Kamper/ W. v. Reijen (Hg.), Die unvollendete Vernunft. Moderne versus Postmoderne, Frankfurt a. M. 1987: D. Kamper (Hg.), Das Schwinden der Sinne, Frankfurt a. M. 1984; ders./Ch. Wulf (Hg.), Die sterbende Zeit. Zwanzig Diagnosen, Darmstadt/Neuwied 1987.

251 M. Frank, Die Unhintergehbarkeit von Individualität. Reflexionen über Subjekt, Person und Individuum aus Anlaß ihrer 'postmodernen' Toterklärung, Frankfurt a. M. 1986, S. 7f.

252 Ebd., S. 8.

253 Nietzsche, Werke III, S. 534; vgl. auch S. 534.

254 F. Nietzsche, Jenseits von Gut und Böse, Aphorismus 19, Nietzsche, Werke II, S. 581.

255 Nietzsche, Werke III, S. 667. Vgl. II, 220f.

256 Nietzsche, Werke III, S. 489.

257 Nietzsche, Werke I, S. 1095.

258 A. Honneth, Kritik der Macht. Reflexionsstufen einer kritischen Gesellschaftstheorie, Frankfurt a. M. 1985.

259 J. Bouveresse, La vengeance de Spengler, in: Le temps de la refléxion, 1983, Paris 1983, S. 371-401. Vgl. ders., Le philosophe chez les autophages, Paris 1984, S. 117ff.

260 M. Frank, Die Unhintergehbarkeit von Individualität, S. 10.

261 Ebd., S. 11.

262 J. Bouveresse, La vengeance de Spengler, a.a.O., S. 371-401.

263 J. Habermas, Der philosophische Diskurs der Moderne, Frankfurt a. M. 1985, S. 427.

264 Ebd., S. 444.

265 J. Habermas, Der philosophische Diskurs der Moderne, S. 346.

266 H. Kimmerle, Ist Derridas Denken Ursprungsphilosophie? Zu Habermas' Deutung der philosophischen "Postmoderne", in: M. Frank/G. Raulet/W. v. Reijen (Hg.), Die Frage nach dem Subjekt, Frankfurt a. M. 1988, S. 267-282.

267 Ebd., S. 274.

268 Ebd., S. 275.

269 M. Frank, Die Unhintergehbarkeit von Individualität, S. 12.

270 J. Habermas, Der philosophische Diskurs der Moderne, S. 346.

271 J. P. Sartre, L'Universel singulier, in: Situations IX, Paris 1972.

272 M. Foucault, Introduction, in: L. Binswanger, Le rêve et l'existence, Paris 1954, S. 49.

273 J. Lacan, Écrits, Paris 1966, S. 437.

274 M. Frank, Was ist Neostrukturalismus?, S. 401.

275 J. Lacan, Écrits, S. 417f.

276 M. Frank, Was ist Neostrukturalismus?, S. 376

277 J. Lacan, Écrits, S. 417f.

278 M. Foucault, Archäologie des Wissens, aus dem Französischen von U. Köppen, Frankfurt a. M. 1973, S. 199.

279 Ebd., S. 115.

280 J. Lacan, Écrits, S. 832.

281 Ebd., S. 808.

282 M. Rüb, Das Subjekt und sein Anderes. Zur Konzeption von Subjektivität beim frühen Foucault, in: E. Erdmann/R. Forst/A. Honneth (Hg.), Ethos der Moderne. Foucaults Kritik der Aufklärung, New York 1990, S. 187-201, hier: S.192.

283 J. Lacan, Seminaire II, Olten 1980, S. 59f.

284 M. Frank, Was ist Neostrukturalismus?, S. 378.

285 Vgl. H. Lang, Die Sprache und das Unbewußte, Jacques Lacans Grundlegung der Psychoanalyse, Frankfurt a. M. 1973.

286 E. Möde, Das Subjekt in J. Lacans psychoanalytischer Sprachphilosophie, in: ders., Das Begehren. Das Identitätsproblem in der Ethik der analytischen Psychotherapie, München 1991, S. 367-391.

287 M. Foucault, Die Sorge um sich, Frankfurt a. M. 1986 (= Sexualität und Wahrheit 3), S. 317.

288 M. Foucault, Von der Freundschaft als Lebensweise. Michel Foucault im Gespräch, Berlin 1984.

289 M. Rüb, Das Subjekt und sein Anderes, a.a.O., S. S. 199.

290 Vgl. H. Lang, Die Sprache und das Unbewußte, S. 275f.

291 M. Heidegger, Was ist Metaphysik, S. 9.

292 M. Foucault, Wahnsinn und Gesellschaft. Eine Geschichte des Wahns im Zeitalter der Vernunft, Frankfurt a. M. 1969, S. 356.

293 Vgl. ebd., S. 65.

294 Ebd.

295 J. Lacan, L'Éthique de la psychoanalyse, S. 205.

296 Ders., Encore. Seminaire X, S. 50.

297 W. Pannenberg, Grundfragen systematischer Theologie, S. 94.

298 W. Pannenberg, Anthropologie in theologischer Perspektive, Göttingen 1983, S. 235.

299 Ebd., S. 234.

Von der "Dialektik der Hierophanie" und ihrer Apologetik zur postmodernen Inauguration der "religiösen Lösung"

1 H. Sedlmayr, Verlust der Mitte. Die bildende Kunst des 19. und 20. Jahrhunderts als Symptom und Symbol der Zeit, Frankfurt a. M./Berlin1966.

2 E. Biser, Die glaubensgeschichtliche Wende. Eine theologische Positionsbestimmung, Graz/Wien/Köln [2]1987, S. 87.

3 R. Schaeffler, Religiöse Kreativität und Säkularisierung in Europa seit der Aufklärung, in: M. Eliade, Geschichte der religiösen Ideen, Bd. III 3/2 hg. v. I. P. Culianu: Vom Zeitalter der Entdeckung bis zur Gegenwart, Freiburg/ Basel/Wien 1991, S. 410-447, hier: S. 410.

4 Vgl. dazu: ebd., S. 410-447. R. Schaeffler führt hier Eliades ursprüngliche Absicht weiter, die Eliade zu Beginn des III. Bandes der Ideen folgendermaßen umreißt: "Im letzten Kapitel schließlich will ich den Versuch einer Analyse der religiösen Kreativität in den modernen Gesellschaften unternehmen." M .Eliade, Geschichte der religiösen Ideen, 3 Bd., Freiburg/ Basel/Wien 1978-1983 [zit.: Eliade, Ideen], hier: III/I: Von Mohammed bis zum Beginn der Neuzeit, S. 5.

5 M. Eliade, Die Religionen und das Heilige. Elemente der Religionsgeschichte, Frankfurt a. M. [2]1986, S. 54.

6 Ebd., S. 55.

7 Ebd., S. 35.

8 Ebd., S. 518.

9 Vgl. J. Schmitz, Offenbarung, Düsseldorf 1988, S. 16-44.

10 I. Kant, Die Religion innerhalb der Grenzen der bloßen Vernunft, Kant's gesammelte Schriften, hg. von der Königlich Preußischen Akademie der Wissenschaften, Erste Abteilung: Werke, 9 Bände, Berlin/Leipzig 1902-1923 [zit.: Kants Werke], VI, S. 1-202, hier: S. 153.

11 Vgl. ebd. 75 f.

12 Vgl. I. Kant, Kritik der praktischen Vernunft, Kants Werke V, S. 1-163, hier: S. 113f.

13 R. Schaeffler, Religiöse Kreativität und Säkularisierung, a.a.O, S. 423.

14 Ebd., S. 424.

15 Ebd., S. 425.

16 Vgl. A. Meier, Die Vorläufer Galileis im 14. Jahrhundert, Rom 1949.

17 R. Schaeffler, Religiöse Kreativität und Säkularisierung, a.a.O., S. 424.

18 Ebd., S. 410.

19 Ebd., S. 427.

20 Ebd., S. 429.

21 M. Eliade, Die Religionen und das Heilige, S. 54.

22 Siehe oben Anm. 4.

23 R. Schaeffler, Religiöse Kreativität und Säkularisierung, a.a.O., S. 410-447.

24 J. Lacan, L'Éthique de la psychoanalyse, Paris 1986.

25 E. Biser, Glaubensprobleme, Augsburg 1970, S. 26.

26 Eliade, Ideen I, S. 10.

27 W. Pannenberg, Grundfragen systematischer Theologie. Gesammelte Aufsätze Bd. 2, Göttingen 1980, S. 67; siehe auch 5.2.4.1 dieser Arbeit.

28 G. W. F. Hegel, Phänomenologie des Geistes, G. W. F. Hegel, Werke in 20 Bänden. Auf der Grundlage der Werke von 1832-1845 hg. von E. Moldenhauer und K. M. Michel, Frankfurt a. M. 1986 [zit.: Werke], hier: Werke 3, S. 24.

29 Eliade, Ideen I, S. 10.

30 DS 3004-3045; NR 27-57; siehe auch: H. J. Pottmeyer, Der Glaube vor dem Anspruch der Wissenschaft. Die Konstitution über den

katholischen Glauben "Dei Filius" des 1. Vatikanischen Konzils und die unveröffentlichen Quoten der vorbereitenden Kommission, Freiburg 1968.

31 Th. Pröpper, Erlösungsglaube und Freiheitsgeschichte. Eine Skizze zur Soteriologie, München [3]1991, S. 107f.

32 F.W. J. Schelling, Philosophie der Offenbarung, Bd. 1, Darmstadt 1966, S. 242.

33 P. Koslowski, Die Prüfungen der Neuzeit. Über Postmodernität, Philosophie der Geschichte, Metaphysik, Gnosis, hg. v. P. Engelmann, Wien 1989, S. 46-49.

34 J. Schmitz, Das Christentum als Offenbarungsreligion im kirchlichen Bekenntnis, in: Handbuch der Fundamentaltheologie Bd. 2: Traktat Offenbarung, hg. v. W. Kern/ H. J. Pottmeyer/M. Seckler, Freiburg/Basel/Wien 1985, S. 15-28, hier: S. 20.

35 Vgl. H. Pfeiffer, Gott offenbart sich. Das Reifen und Entstehen des Offenbarungsverständnisses im ersten und zweiten vatikanischen Konzil, Frankfurt a. M. 1982, S. 44-46.

36 Vgl. dazu. R. M. Schmitz, Aufbruch zum Geheimnis der Kirche Jesu Christi. Aspekte der katholischen Ekklesiologie des deutschen Sprachraumes von 1918-1943, St. Ottilien 1991, S. 326.

37 R. Schaeffler, Religiöse Kreativität und Säkularisierung, a.a.O., S. 436.

38 Th. Pröpper, Erlösungsglaube und Freiheitsgeschichte, S. 118.

39 F. Gogarten, Illusionen. Eine Auseinandersetzung mit dem Kulturidealismus, Jena 1926, S. 241.

40 K. Barth, Die Kirche und die Kultur, in: Gesammelte Aufsätze II, S. 377.

41 R. Schaeffler, Religiöse Kreativität und Säkularisierung, a.a.O., S. 436.

42 Siehe oben Anm. 36.

43 O. Casel, Die Liturgie als Mysterienfeier, Freiburg i. Br. 1923 (= Ecclesia orans 9); ders., Liturgische Bewegung in der katholischen Kirche, in: RGG III [2]1929, Sp. 1698-1701; ders., Das christliche Kultmysterium, Regensburg 1932; R. Guardini, Vom Geist der Liturgie,

Freiburg i. Br. ^{5}1920; ders., Von heiligen Zeichen, Mainz 1936; Papst Pius XII., Mediator Dei. Rundschreiben über die heilige Liturgie. Offizielle deutsche Übersetzung, Luzern ^{4}1961.

44 I. Herwegen, Kirche und Seele, Die Grundhaltung des Mysterienkultes und ihr Wandel im Mittelalter, Münster 1928.

45 R. M. Schmitz, Aufbruch zum Geheimnis der Kirche, S. 100.

46 Vgl. für Deutschland z.B.: W. Birnbaum, Die katholische liturgische Bewegung. Darstellung und Kritik, Gütersloh 1926 (= Beitrag zur Föderung der christlichen Theologie XXX, 1); O. Casel, Liturgische Bewegung in der katholischen Kirche, in: RGG III ^{2}1929, Sp. 1698-1701; W. Gruber, Der Beitrag der Dogmatik zur Liturgischen Bewegung, Graz 1959; F. Kolbe, Die liturgische Bewegung, Aschaffenburg 1964; Th. Maas-Ewerd, Die Krise der Liturgischen Bewegung in Deutschland und Österreich. Zu den Auseinandersetzungen um die "liturgische Frage" in den Jahren 1939 bis 1944, Regensburg 1981 (= SEPL 3); O. Rousseau, Histoire du mouvement liturgique. Esquisse historique depuis le début du XIXe siècle jusqu'au pontificat de Pie X, Paris 1945 (= Lex orandi 3); ders., Le mouvement liturgique du XIXe siècle, in: A. Kerkvoorde/O. Rousseau, Le mouvement théologique dans le monde contemporain. Liturgie - Dogme - Philosophie - Exégèse, Paris 1969 (= Histoire du Christianisme), S. 9-30; A. Schilson, Theologie als Sakramententheologie. Die Mysterientheologie Odo Casels, Mainz 1982 (= TTS 18), S. 58-98; W. Trapp, Vorgeschichte und Ursprung der liturgischen Bewegung vorwiegend in Hinsicht auf das deutsche Sprachgebiet, Regensburg 1940 (Nachdruck Münster 1979), bes. 350-361; J. Wagner, Artikel "Liturgische Bewegung", in: LThK2 VI, Sp. 1097-1099.

47 R. Schaeffler, Religiöse Kreativität und Säkularisierung, a.a.O., S. 438.

48 Vgl. E. Przywara, Neue Religiosität, in: StdZ 109 (1925), S. 18-35, bes. 23f.; I. Herwegen, Der Verklärungsgedanke in der Liturgie, in: ders., Alte Quellen neuer Kraft. Gesammelte Aufsätze, Düsseldorf ^{2}1922, S. 22-48.

49 Vgl. M. Kassiepe, Irrwege und Umwege im Frömmigkeitsleben der Gegenwart, Würzburg ^{2}1940.

50 O. Casel, Das Mysterium der Einheit von Haupt und Leib. Der eine Christus, in: ders., Mysterium der Ekklesia. Von der Gemeinschaft aller Erlösten in Christus Jesus. Aus Schriften und Vorträgen, hg. v. Th. Schneider, Mainz 1961, S. 128.

51 R. M. Schmitz, Aufbruch zum Geheimnis der Kirche, S. 101f.

52 I. Herwegen, Die Formung des Geistes durch den Geist Christi, in: ders., Vom christlichen Sein und Leben. Gesammelte Vorträge, Berlin 1931, S. 12.

53 F. X. Arnold, Das Prinzip des Gottmenschlichen und seine Bedeutung für die Seelsorge, in: ThQ 123 (1942), S. 145-176.

54 R. Schaeffler, Religiöse Kreativität und Säkularisierung, a.a.O., S. 436-438.

55 A. Franzen, Kleine Kirchengeschichte, Freiburg i. Br. [9]1980, S. 355.

56 K. Hoeber (Hg.), Die Rückkehr aus dem Exil, Düsseldorf 1926.

57 Vgl. hierzu: R. M. Schmitz, Aufbruch zum Geheimnis der Kirche, S. 105-111.

58 Hier ist vor allem an Edmund Husserl und Max Scheler zu denken. Vgl. dazu auch: R. M. Schmitz, Aufbruch zum Geheimnis der Kirche, S. 21-24.

59 J. Schmitz, Offenbarung, S. 174-197.

60 Z.B. in der Immanenzapologetik, der "phänomenologischen Bewegung", in Ansätzen christlicher Sozialarbeit.

61 Vgl. hierzu: H. Wagner, Einführung in die Fundamentaltheologie, Darmstadt 1981, S. 12-17.

62 Ebd., S. 12f.

63 Überblicke bei A. Kolping, Fundamentaltheologie. Theorie der Glaubwürdigkeitserkenntnis der Offenbarung, Münster 1967, S. 35ff.; C. Geffré, Die neuere Geschichte der Fundamentaltheologie, in: Concilium 5 (1969), S. 418-429; J. Schmitz, Die Fundamentalthologie im 20. Jahrhundert, in: H. Vorgrimler/R. v. d. Gucht (Hg.), Bilanz der Theologie im 20. Jahrhundert II, Freiburg i. Br. 1969, S. 197-245; H. Stirnimann, Erwägungen zur Fundamentaltheologie. Problematik, Grundfragen, Konzepte, in: FZPhTh 24 (1977), S. 291-365. Von nichtkatholischer Seite vgl. bes. G. Ebeling, Erwägungen zu einer evangelischen Fundamentaltheologie, in: ZThK 67 (1970), S. 429-524.

64 H. Wagner, Einführung in die Fundamentaltheologie, S. 12.

65 Vgl. oben Anm. 63.

66 M. Seckler, Die Aufklärung - eine Herausforderung für das Christentum als Offenbarungsreligion, in: ThQ 159 (1979), S. 82-92; ders., Aufklärung und Offenbarung, in: F. Böckle u.a. (Hg.), Christlicher Glaube in moderner Gesellschaft, Bd. 21, Freiburg/ Basel/ Wien 1980, S. 5-78; ders., Die Kritik der Offenbarung, in: HFTh II, 1985, S. 29-59; G. Heinz, Divinam christianae religionis originem probare, Mainz 1984, S. 80-110; M. Kessler, Kritik aller Offenbarung. Untersuchung zu einem Forschungsprogramm Johann Gottlieb Fichtes und zur Entstehung und Wirkung seines 'Versuchs' von 1792, Mainz 1986 (= Tübinger theologische Studien 26), S. 155-171.

67 H. Wagner, Einführung in die Fundamentaltheologie, S. 12.

68 M. Seckler, Aufklärung und Offenbarung, a.a.O., 5-78.

69 Siehe R. Schaeffler, Religiöse Kreativität und Säkularisierung, a.a.O., S. 410-447; H. Zirker, Religionskritik, Düsseldorf 1982, S. 69-142.

70 J. Schmitz, Offenbarung, S. 155-163.

71 Ebd., S.162.

72 Vgl. M. Seckler, Aufklärung und Offenbarung, a.a.O., S. 32ff.

73 J. Schmitz, Offenbarung, S. 159.

74 Ebd., S. 163.

75 Siehe G. Heinz, Divinam christianae religionis originem probare. Untersuchung zur Entstehung des fundamentaltheologischen Offenbarungstraktates der katholischen Schultheologie, Mainz 1984 (= Tübinger Theologische Studien 25).

76 Vgl. E. Biser, Grundriß einer hermeneutischen Fundamentaltheologie, Freiburg/Basel/Wien 1975, S. 26f.

77 M. Seckler, Aufklärung und Offenbarung, S. 54.

78 J. Schmitz, Offenbarung, S. 163.

79 Siehe oben Anm. 75.

80 J. Trütsch, der Glaube, in: MySal I (1965), S. 791-903

81 J. Schmitz, Offenbarung, S. 164f.

82 Ebd., S. 166.

83 G. Thils, Les Notes de l'Eglise dans l'apologétique catholique dépuis la réforme, Gemblox 1937.

84 J. Dantine, Die Kirche vor der Frage nach ihrer Wahrheit. Die reformatorische Lehre von den "notae ecclesiae" und der Versuch ihrer Entfaltung in der kirchlichen Situation der Gegenwart, Göttingen 1980 (= Kirche und Konfession 23).

85 Vgl. H. Wagner, Einführung in die Fundamentaltheologie, S. 17.

86 Ebd., S. 15.

87 M. Seckler, Ein Tübinger Entwurf. Johann Sebastian Drey und die Theologie, in: ders., Im Spannungsfeld von Wissenschaft und Kirche. Theologie als schöpferische Auslegung der Wirklichkeit, Freiburg i. Br. 1980, S. 178-198.

88 R. Stalder, Grundlinien der Theologie Schleiermachers. I. Zur Fundamentaltheologie, Wiesbaden 1969.

89 H. Wagner, Einführung in die Fundamentaltheologie, S. 48.

90 Ebd., S. 24.

91 Ebd.

92 F. D. Schleiermacher, Über die Religion. Reden an die Gebildeten unter ihren Verächtern, Berlin 1799.

93 J. Schmitz, Offenbarung, S. 167.

94 H. Wagner, Einführung in die Fundamentaltheologie, S. 25.

95 P. Eicher, Offenbarung. Zur Präszisierung einer überstrapazierten Kategorie, in: G. Bitter/G. Miller (Hg.), Konturen heutiger Theologie. Werkstattberichte, München 1976, 108-134, hier: S. 112.

96 P. Eicher, Offenbarung. Zur Präzisierung, S. 113.

97 Th. Pröpper, Erlösungsglaube und Freiheitsgeschichte, S. 118.

98 Zu H. Fries siehe: H. Fries, Fundamentaltheologie, Graz/ Wien/Köln ^{2}1985.

99 J. Schmitz, Offenbarung, S. 167.

100 E. Biser, Grundriß einer hermeneutischen Fundamentaltheologie, S. 32f.

101 E. Möde, Zwischen Pastorale und Psychologie, München 1992, S. 45-80.

102 Th. W. Adorno, Vernunft und Offenbarung, in: Kulturkritik und Gesellschaft II, Gesammelte Schriften 10/2, hg. von R. Tiedemann, Frankfurt a. M. 1977, S. 608-616.

103 Ebd. S. 347

104 P. Koslowski, Die Prüfungen der Neuzeit, S. 69.

105 W. Welsch (Hg.), Wege aus der Moderne. Schlüsseltexte der Postmoderne-Diskussion, Weinheim 1988.

106 J. Habermas, Die Moderne - ein unvollendetes Projekt, in: ders., Kleine politische Schriften I-IV, Frankfurt a. M. 1981.

107 J. Habermas, Der Eintritt in die Postmoderne, in: Merkur 421 (1983), S. 752;. zur Kritik an Habermas vgl. H. Hesse, Widersprüche der Moderne. Einwände gegen Habermas' Konzept kommunitativer Rationalität, in: G. Gamm (Hg.), Angesichts objektiver Verblendung über die Paradoxien Kritischer Theorie, Tübingen 1985, S. 252ff.

108 P. Koslowski, Die Prüfungen der Neuzeit, S. 24.

109 Siehe oben Anm. 2.

110 Z.B. J. Baudrillard u. G. Bergfleth.

111 A. N. Whitehead, Religion in the Making, 1926 (dt.: Wie entsteht Religion?, Frankfurt a. M. 1985).

112 E. Biser, Die glaubensgeschichtliche Wende, S. 21.

113 A. N. Whitehead, Wie entsteht Religion?, S. 36

114 M. Blondel, Logik der Tat. Aus der 'Action' von 1893 ausgewählt und übertragen von P. Henrici, Einsiedeln 1957, S. 24 (8). Die Übersetzung ist gefertigt nach: L'Action (1983) Essai d'une critique de la vie et d'une science de la pratique, Neudruck Paris 1950. Auf dieses Werk bezieht sich auch die in Klammern angegebene Zahl.

115 E. Biser, Die glaubensgeschichtliche Wende, S. 31.

116 F. H. Tenbruck, Die unbewältigten Sozialwissenschaften oder die Abschaffung des Menschen, Graz/Wien/Köln 1984 (= Herkunft und Zukunft 2).

117 W. Janzarik (Hg.), Psychopathologische Konzepte der Gegenwart, Stuttgart 1982.

118 Vgl. D. T. Lykken/H. M. Cleckley/R. D. Hare, in: W. S. Sahakian (Hg.), Psychopathology today. The current status of abnormal psychology, Itasca (Ill.) [2]1980, S. 321-344; P. Steck, Merkmalscluster bei Mordhandlungen. Ergebnisse einer clusteranalytischen Studien, in: Monatsschrift für Kriminologie und Strafrechtsreform 73 (1990), S. 384-398.

119 Vgl. R. Egg, Sozialtherapeutische Behandlung und Rückfälligkeit im längerfristigen Vergleich, in: Monatsschrift für Kriminologie und Strafrechtsreform 73 (1990), S. 358-368.

120 Aus dem Bewußtsein um die schwere Problematik von Schuld, Sühne, Buße und Versöhnung hat Papst Johannes Paul II. das Apostolische Schreiben 'Reconciliatio et paenitentia' über Versöhnung und Buße in der Sendung der Kirche heute verfaßt (vom 2. Dezember 1984, hg. vom Sekretariat der Deutschen Bischofskonferenz, Bonn 1984, = Verlautbarungen des Apostolischen Stuhls 60). Dieses Anliegen taucht immer wieder auf und durchzieht das gesamte Schaffen des Papstes. Wichtig ist, daß es hierbei um die Wirklichkeit des Menschen im Lichte der Wirklichkeit Gottes geht, der der Mensch in der Sünde zu entfliehen droht. In dieser Sicht ist das Schwinden des allgemeinen Schuld- und Sündenbewußtseins ein Problem, inwieweit der Mensch der Wirklichkeit Gottes in seinem Leben Platz gewährt.

121 E. Möde, Der 'Tod des Individuums' aus psychologischer Perspektive, in: ders., Zwischen Pastorale und Psychologie, S. 67-80.

122 Hier sei vor allem auf die beiden letzten Sozialenzykliken von Johannes Paul II. verwiesen: 'Laborem Exercens' über die menschliche Arbeit zum neunzigsten Jahrestag der Enzyklika 'Rerum novarum' vom 14. September 1981, hg. vom Sekretariat der Deutschen Bischofskonferenz, Bonn 1981 (= Verlautbarungen des Apostolischen Stuhls 32) und 'Sollicitudo rei socialis'. Zwanzig Jahre nach der Enzyklika 'Populorum Progressio' vom 30. Dezember 1987, hg. vom Sekretariat der Deutschen Bischofskonferenz, Bonn 1988 (= Verlautbarungen des Apostolischen Stuhls 82).

123 M. Heidegger, Was ist Metaphysik, Frankfurt a. M. ^{9}1965, S. 15.

124 Siehe dazu: E. Biser, Menschsein und Sprache, Salzburg 1984, S. 16ff, 47f.

125 D. Meadows/E. Zahn/P. Milling, Die Grenzen des Wachstums. Bericht des Club of Rome zur Lage der Menschheit, Stuttgart 1972.

126 Vgl. E. Biser, Die glaubensgeschichtliche Wende, S. 31.

127 Ebd., S. 19.

128 H. Ebeling (Hg.), Subjektivität und Selbsterhaltung. Beiträge zur Diagnose der Moderne, Frankfurt a. M. 1976.

129 Dies ist die Grundthese J. Baudrillards in seinem Werk Les stratégies fatales, Paris 1983, dt. München 1985.

130 W. Pannenberg, Anthropologie in theologischer Perspektive, Göttingen 1983, S. 40-76.

131 Ebd., S. 40-43.

132 A. Gehlen, Der Mensch. Seine Natur und seine Stellung in der Welt, 7., durchges. Aufl., Frankfurt a. M./Bonn 1962, S. 84.

133 S. H. Sunnus, Die Wurzeln des modernen Menschenbildes bei J. G. Herder, Nürnberg 1971.

134 W. Pannenberg, Anthropologie in theologischer Perspektive, S. 50.

135 G. Buck, Selbsterhaltung und Historizität, in: Poetik und Hermeneutik V. Geschichte - Ereignis und Erzählung, hg. v. R. Kosseleck/ W. D. Stempel, München 1973, S. 29-94.

136 J. G. Herder, Ideen zur Philosophie der Geschichte der Menschheit, 1784, IX, S. 5 (ed. H. Stolpe, Berlin/Weimar 1965, Bd. 1, S. 377).

137 H. Stolpe I, S. 339.

138 W. Pannenberg, Anthropologie in theologischer Perspektive, S. 42.

139 J. G. Herder, Ideen IX, S. 1; H. Stolpe I, S. 335.

140 H. Stolpe I, S. 337.

141 G. E. Lessing, Erziehung des Menschengeschlechts. Gespräche über Freimaurer (1777), Hamburg 1948, § 92, S. 59.

142 W. Pannenberg, Anthropologie in theologischer Perspektive, S. 47.

143 L. Ott, Grundriß der katholischen Dogmatik, Freiburg/ Basel/ Wien [10]1981, S. 136.

144 Vgl. ebd., S. 137f.

145 H. Fries, Handbuch theologischer Grundbegriffe, München 1962, S. 848.

146 Ebd., S. 847.

147 Ebd.

148 W. Pannenberg, Anthropologie in theologischer Perspektive, S. 40-43.

149 A. Gehlen, Der Mensch, S. 84.

150 Siehe oben Anm. 24.

151 Ch. Menke, Zur Kritik der hermeneutischen Utopie. Habermas und Foucault, in: E. Erdmann/R. Forst/A. Honneth (Hg.), Ethos der Moderne. Foucaults Kritik der Aufklärung, Frankfurt/New York 1990, S. 101-129, hier: S. 119.

152 W. Welsch, Unsere postmoderne Moderne, 3., durchges. Aufl., Weinheim 1991, S. 316.

153 A. Gehlen, Der Mensch, S. 84.

154 M. Frank/G. Raulet/W. v. Reijen (Hg.), Die Frage nach dem Subjekt, Frankfurt a. M. 1988.

155 A. Huxely, Schöne neue Welt. Ein Roman der Zukunft, Frankfurt a. M. 1961.

156 Leibniz, Principes de la nature et de la grace (1714), n. 9: "quelque perfection".

157 Zu diesem Begriff siehe G. Buck, Selbsterhaltung und Historizität, a.a.O., S. 37f.

158 Siehe dazu: Psychoanalyse und Religion: Wie sieht ein Held aus?, in: E. Becker, Die Überwindung der Todesfurcht. Dynamik des Todes (Orginal: The Denial of Death), Olten 1976, S. 371-414.

159 P. Koslowski, Die Prüfungen der Neuzeit, S. 21-24.

160 Ebd., S. 23.

161 J.-F. Lyotard, Das postmoderne Wissen. Ein Bericht, aus dem Französischen von O. Pfersmann, vollst. überarb. Fassung, hg. von P. Engelmann, Graz/Wien 1986, S. 45f.

162 Ch. Menke, Zur Kritik der hermeneutischen Utopie, a.a.O., S. 103.

Postmoderne Erlösungsbedürftigkeit und "postmoderne Theologie(en)"

1 B. Pascal, Gedanken, mit den Anmerkungen Voltaires aus dem Französischen v. H. Hesse, München o. Jg., S. 109.

2 Vgl. Th. Mann, Doktor Faustus, Frankfurt a. M. ^{3}1974, S. 238.

3 Vgl. G. K. Chesterton, Ortodossia, (1908) Neudruck Brescia 1980, S. 25.

4 Vgl. W. Pannenberg, Anthropologie in theologischer Perspektive, Göttingen 1983, S. 40-76.

5 Ebd., S. 40-43.

6 J. G. Herder, Ideen zur Philosophie und Geschichte der Menschheit, 1784, ed. H. Stolpe, Berlin/Weimar 1965, IX, 5 (Stolpe 1, 377).

7 J. Habermas, Der philosophische Diskurs der Moderne, Frankfurt a. M. 1985.

8 Vgl. 3.3.5.2 dieser Arbeit.

9 J. Habermas, Der philosophische Diskurs der Moderne, S. 346.

10 E. Biser, Glaubensprognose. Orientierung in postsäkularistischer Zeit, Graz/Wien/Köln 1991.

11 Ebd., S. 235.

12 M. Heidegger, Was ist Metaphysik?, Frankfurt a. M. ^{9}1965, S. 15.

13 Ebd., S. 12

14 E. Möde, Die neue Einsamkeit der Postmoderne, München 1991.

15 Vgl. E. Biser, Glaubensprognose, S. 355.

16 Ders., Glaubensprognose, S. 355.

17 Ders., Provokationen der Freiheit. Antriebe und Ziele des emanzipierten Bewußtseins, München/Salzburg 1974.

18 Ders., Glaubensprognose, S. 354-362.

19 M. Seckler/M. Kessler, Die Kritik der Offenbarung, in: Handbuch der Fundamentaltheologie Bd. 2: Traktat Offenbarung, hg. v. W. Kern/H. J. Pottmeyer/M. Seckler, Freiburg/Basel/Wien 1985, S. 29-59, hier: S. 50.

20 Th. W. Adorno, zit. ebd.

21 W. Pannenberg, Grundfragen systematischer Theologie. Gesammelte Aufsätze Bd. 2, Göttingen 1980, S. 66-79.

22 G. Rohrmoser, Religion und Politik in der Krise der Moderne, Graz/Wien/Köln 1989, S. 96-103.

23 Vgl. W. Welsch, Unsere postmoderne Moderne, 3., durchges. Aufl., Weinheim 1991, S. 223-225.

24 Vgl. 2.3.2.2 dieser Arbeit.

25 H. Lenk, Plädoyer für eine positive Leistungskultur, Zürich 1983.

26 O. Marquard, Abschied vom Prinzipiellen, Stuttgart 1981.

27 Vgl. D. Kamper, Nach der Moderne. Umrisse einer Ästhetik der Posthistoire, in: W. Welsch (Hg.), Wege aus der Moderne. Schlüsseltexte der Postmoderne-Diskussion, Weinheim 1988, S.163-174, hier: S. 163f.

28 A. Huyssen/K. R. Scherpe (Hg.), Postmoderne. Zeichen eines kulturellen Wandels, Reinbek 1986.

29 Vgl. D. Bell, The Cultural Contradictions of Capitalism, New York 1976 (dt.: Die Zukunft der westlichen Welt. Kultur und Technologie im Widerstreit, Frankfurt 1976).

30 Vgl. I. Hassan, The New Gnosticism. Speculations on an Aspect of the Postmodern Mind, in: ders., Paracriticisms. Seven Speculations of the Times, Urbana (Ill.) 1975, S. 121-150.

31 Siehe oben Anm. 30.

32 Vgl. I. Hassan, The New Gnosticism, a.a.O., S. 122.

33 Ders., The question of postmodernism, in: Bucknell Review 25 (1980), S. 117-126.

34 Ders., The New Gnosticism, a.a.O, S. 122.

35 Ders., Postmoderne heute, in: W. Welsch (Hg.), Wege aus der Moderne. Schlüsseltexte der Postmoderne-Diskussion, Weinheim 1988, S. 47-56, hier: S. 55.

36 Ebd., S. 47-56.

37 Ebd., S. 55.

38 Ebd., S. 54.

39 Ders., The Right Promethean Fire, in: ders., Paracriticisms. Seven Speculations of the Times, Urbana (Ill.) 1975, S. 139-172.

40 Vgl. ders., Postmoderne heute, a.a.O, S. 54.

41 W. James, Pragmatism, New York 1955, S. 166.

42 Ebd., S. 105.

43 J. Ortega y Gasset, The Dehumanization of Art, Princeton (NJ) 1968, S. 184.

44 Siehe N. Goodman, Ways of Worldmaking, Indianapolis (IN)/Cambridge (England) 1978.

45 Zur antiken Gnosis vgl.: RAC 11 (1981), S. 446-659; R. Bianchi (Hg.), Le origini dello gnosticismo, Leiden 1967; K. Rudolph, Die Gnosis, Göttingen 1978.

46 S. Beckett, Le dépeupleur. Der Verwaiser. Französisch und deutsch. Deutsche Übertragung E. Tophoven, Frankfurt a. M. 1972 (Orginal: Paris 1970).

47 Vgl. Ebd., S. 4.

48 Ebd., S. 130.

49 K. Vondung, Inversion der Geschichte. Zur Struktur des apokalyptischen Geschichtsdenkens, in: D. Kamper/Ch. Wulf (Hg.), Das Heilige. Seine Spur in der Moderne, Frankfurt a. M. 1987, S. 600-623.

50 Vgl. D. Kamper, Die kupierte Apokalypse. Eschatologie und Posthistoire, in: Ästhetik und Kommunikation Heft 60 (1985), S. 87.

51 M. Buber, Werke. Erster Bd.: Schriften zur Philosophie, München/Heidelberg 1962, S. 596.

52 Vgl. 3.2.1.2 dieser Arbeit.

53 H. Timmerberg, Die Gegenwelt. Der lange Abschied der Aussteiger, in: Merian Extra (Hauptstadt Berlin) - das Monatsheft der Städte und Landschaften, 44. Jhg. (1991), S. 42-51.

54 M. Holzleitner, Der Tod als Verstehen, in: Archiv für Religionspsychologie. Organ der Internationalen Gesellschaft für Religionspsychologie und Religionswissenschaft, hg. von K. Krenn/H. Petri/St. Hirschlehner, Bd. 19 , Göttingen 1990, Bd. 19 (1990), S. 44- 58, hier: S. 48.

55 Zu W. Percys Werken siehe: The Last Gentleman, New York 1966 (dt. v. P. Handke unter dem Titel 'Der Idiot des Südens', Frankfurt a. M. 1985); The Second Coming, New York 1980; Love in the Ruins. The Adventures of a Bad Catholic at a Time Near the End of the World, New York 1971 (dt. v. H. Muschig unter dem Titel 'Liebe in Ruinen. Die Abenteuer eines schlechten Katholiken kurz vor dem Ende der Welt', Frankfurt 1974); Lancelot, New York 1977 (dt. v. G. Stege unter gleichem Titel, München 1978); The Moviegoer, New York 1960 (dt. v. P. Handke unter dem Titel 'Der Kinogeher', Frankfurt 1980); Lost in the Cosmos. The Last Self-Help Book, New York 1983.

56 O. Marquard, Abschied vom Prinzipiellen, S. 31.

57 Ebd., S. 50.

58 Vgl. E. Lévinas, Außer sich. Meditationen über Religion und Philosophie, München/Wien 1991; ders., De Dieu qui vient à l'idée, Paris 1982 (dt.: Wenn Gott ins Denken einfällt. Diskurse über die Betroffenheit von Transzendenz, Freiburg/München 1985); J. Lacan, L'Éthique de la Psychoanalyse, Paris 1986; M. Horkheimer, Die Sehnsucht nach dem ganz Anderen. Ein Interview mit Kommentar v. H. Gumnior, Hamburg 1970.

59 N. Luhmann, Society, Meaning, Religion Based on Self-Reference, in: Sociological Analysis Vol. 46 (1985), S. 5-20.

60 D. Bell, The Cultural Contradictions of Capitalism, New York 1976 (dt.: Die Zukunft der westlichen Welt. Kultur und Technologie im Widerstreit, Frankfurt a. M. 1976).

61 Siehe oben Anm. 58.

62 Vgl. W. Oelmüller (Hg.), Wiederkehr von Religion? Perspektiven, Argumente, Fragen, Paderborn 1984; P. Koslowski (Hg.), Die religiöse Dimension der Gesellschaft. Religionen und ihre Theorien, Tübingen 1985.

63 Vgl. J. Schmitz, Offenbarung, Düsseldorf 1988, S. 16-25.

64 H. Küng, Theologie im Aufbruch. Eine ökumenische Grundlegung, München 1987, S. 25; siehe auch M. Horkheimer, Die Sehnsucht nach dem ganz Anderen.

65 Siehe oben Anm. 58.

66 E. Lévinas, Wenn Gott ins Denken einfällt, S. 107.

67 B. Neddleman, Understanding the New Religions, Seabury Press 1978; G. Cereti, I Nuovi Movimenti Religiosi, le sette, e i nuovi culti, Roma 1983; J. R. Gascard, Neue Jugendreligionen. Zwischen Sehnsucht und Sucht, Freiburg i. Br. 1984.

68 Th. S. Kuhn, The Structure of Scientific Revolutions, Chicago 1962 (dt.: Die Strukturen wissenschaftlicher Revolutionen, Frankfurt a. M. a:[2]1976).

69 Ders., Die Entstehung des Neuen, in: L. Krüger (Hg.), Studien zur Struktur der Wissenschaftsgeschichte, Frankfurt a. M. 1978, S. 392f.

70 Ders., Postscriptum, in: ders., The Structure of Scientific Revolutions, Chicago 1969, S. 175.

71 St. Toulmin, Human Understanding. The Collective Use and Evolution of Concepts, Princeton 1972, dt.: Menschliches Erkennen, Bd. I: Kritik der kollektiven Vernunft, Frankfurt a. M. 1978, S. 131f.

72 Ebd., S. 142.

73 Ebd.

74 Zur Diskussion zwischen Kuhn und den Popper'schen Kritikern erschien der Sammelband von L. Lakatos/A. Musgrave, Criticism and the Growth of Knowledge, London 1970.

75 Vgl. Kuhn, Die Strukturen wissenschaftlicher Revolutionen, S. 25.

76 Ebd., S. 181.

77 Siehe oben Anm. 28.

78 H. Küng, Theologie im Aufbruch, S. 17.

79 Siehe oben Anm. 64.

80 D. R. Griffin/W. A. Beardslee/J. Holland, Varieties of Postmodern Theology, Albany 1989.

81 H. Küng, Theologie im Aufbruch, S. 16-20.

82 Ebd., S. 16.

83 Siehe dazu oben Anm. 80.

84 Z. B. Conference "Toward a Postmodern World", Santa Barbara, Januar 1987 (gesponsert durch das "Center for a Postmodern World" und durch das "Center for Process Studies". Konferenz zum Thema: Postmoderne Theologie als Prozeß-Theologie im "Center für Process Studies", Claremont, März 1986.

85 Zu diesem Thema fand 1983 ein internationales Ökumenisches Symposion in Tübingen statt.

86 Vgl. D. R. Griffin/W. A. Beardslee/J. Holland, Varieties of Postmodern Theology, S. IX.

87 D. R Griffin, (Hg.), Spirituality ad Society. Postmodern Visions, Albany 1988; ders., God and Religion in the Postmodern World. Essays in Postmodern Theology, Albany 1989; ders./W. A. Beardslee/J. Holland, Varieties of Postmodern Theology, Albany 1989.

88 Die in Anm. 87 genannten Werke sind in der von D. R. Griffin herausgegebenen Reihe 'Suny series in constructice postmodern thought' erschienen.

89 Vgl. D. R. Griffin (Hg.), The Reenchantment of Science. Postmodern Proposals, Albany 1987.

90 C. Keller, Toward a Postpatriarchal Postmodernity, in: D. R. Griffin (Hg.), Spirituality and Society. Postmodern Visions, Albany 1988, S. 63-80.

91 C. D. Freudenberger, Agriculture in a Postmodern World, in: D. R. Griffin (Hg.), Spirituality and Society. Postmodern Visions, Albany 1988, S. 123-132.

92 D. R. Griffin, Liberation Theology and Postmodern Philosophy. A Response to Cornel West, in: ders./W. A. Beardslee/J. Holland, Varieties of Postmodern Theology, Albany 1989, S. 129-148.

93 J. Holland, The Cultural Vision of Pope John Paul II. Toward a Conservative/Liberal Postmodern Dialogue, in: D. R. Griffin/W. A. Beardslee/J. Holland, Varieties of Postmodern Theology, Albany 1989, S. 95-128.

94 H. Küng, Die Hoffnung bewahren. Schriften zur Reform der Kirche, Zürich [2]1990.

95 Die Vorbereitungsarbeiten für dieses Symposion sind zugänglich in: ders./D. Tracy, Theologie wohin? Auf dem Weg zu einem neuen Paradigma, Zürich/Gütersloh 1984, die auf dem Symposion selbst vorgelegten Papiere sind veröffentlicht in: H. Küng/D. Tracy (Hg.), Das neue Paradigma von Theologie. Strukturen und Dimensionen, Zürich/Gütersloh 1986.

96 H. Küng/D. Tracy, Theologie wohin?, S. 37-75; dies. (Hg.), Das neue Paradigma von Theologie, S. 205-216.

97 H. Küng, Theologie im Aufbruch, S. 242-245.

98 Ebd., S. 16.

99 Vgl. ebd., S. 24.

100 D. R. Griffin, Introduction. Varieties of Postmodern Theology, in: Varieties, S. 3.

101 Ebd.

102 Vgl. H. Küng, Theologie im Aufbruch, S. 16-28 und E. Biser, Glaubensprognose, S. 17-21.

103 H. Küng, Theologie im Aufbruch, S. 208-221.

104 Ebd., S. 216-221.

105 Ebd., S. 216.

106 Ebd., S. 257-260.

107 Ebd., S. 17.

108 Ebd., S. 19.

109 Ebd., S. 21.

110 Ebd., S. 20.

111 Ebd.

112 Ebd.

113 Vgl. ebd.

114 Ebd., S. 21.

115 Ebd.

116 F. Nietzsche, Morgenröte, Werke in 3 Bänden, hg. v. K. Schlechta, München 1954-1956, I, Aphorismus 44, S. 1044.

117 W. Welsch, Unsere postmoderne Moderne, S. 295; vgl. zudem 2.3.2.2 dieser Arbeit.

118 W. Welsch, Unsere postmoderne Moderne, S. 296.

119 Ebd., S. 297-307.

120 Vgl. insbes. H. Küng, Theologie im Aufbruch, S. 24.

121 Ebd., S. 22.

122 Ebd.

123 Ebd., S. 21-27.

124 Ebd., 16-27.

125 Ebd., S. 22.

126 W. Welsch, Unsere postmoderne Moderne, S. 317.

127 Ebd., S. 326.

128 Ebd., S. 325.

129 H. Küngs "Theologie im Aufbruch" (1987) erschien fast zeitgleich mit W. Welsch's "Unsere postmoderne Moderne" (1988).

130 Siehe oben Anm. 94.

131 H. Küng, Theologie im Aufbruch, S. 251-306.

132 Siehe dazu die Werkefolge von H. Küng: I: Konzil und Wiedervereinigung. Erneuerung als Ruf in die Einheit, Freiburg i. Br. 1960; Strukturen der Kirche, Freiburg i. Br. 1962; Kirche im Konzil, Freiburg i. Br. 1963; Die Kirche, Freiburg i. Br. 1967; Wahrhaftigkeit. Zur Zukunft der Kirche, Freiburg i. Br. 1968; Was ist Kirche, Freiburg i. Br. 1970; Unfehlbar? Eine Anfrage, Zürich 1970; Menschwerdung Gottes. Eine Einführung in Hegels theologisches Denken als Prolegomena zu einer künftigen Christologie, Freiburg i. Br. 1970; Christ sein, München 1974. II: Zwanzig Thesen zum Christsein, München 1975.; Vierundzwanzig Thesen zur Gottesfrage, München 1979; H. Küng/J. v. Ess/H. v. Stietencron/H. Bechert, Christentum und Weltreligionen. Hinführung zum Dialog mit Isalm, Hinduismus und Buddhismus, München1984. III: H. Küng/D. Tracy, Theologie wohin? Auf dem Weg zu einem neuen Paradigma, Gütersloh 1984; H. Küng, Theologie auf dem Weg zu einem neuen Paradigma, in: J. B. Bauer (Hg.), Entwürfe der Theologie, Graz/ Wien/ Köln 1985, S. 181-207; H. Küng, Was ist wahre Religion? Versuch einer ökumenischen Kriteriologie, in: H. Deuser/G.M. Martin/K. Stock/M. Welker (Hg,), Gottes Zukunft - Zukunft der Welt. Festschrift für Jürgen Moltmann zum 60. Geburtstag, München 1986, S. 536-558.

133 Ders., Die Hoffnung bewahren, S. 201-207.

134 Ders., Theologie im Aufbruch, S. 274-306.

135 Ebd., S. 283.

136 Ebd., S. 284.

137 Ebd.

138 Vgl. ebd.

139 Ebd., S. 288-294.

140 Ebd., S. 293.

141 Ebd.

142 Ebd.

143 Siehe ebd., S. 24.

144 Vgl. ebd.

145 Ebd., S. 24f.

146 Ebd., S. 21.

147 Ebd., S. 219.

148 Ebd., S. 216-221.

149 Ebd., S. 219.

150 Vgl. ebd., S. 22.

151 Vgl. 3.2.2.4 dieser Arbeit.

152 W. A. Beardslee, Cornel West's Postmodern Theology, in: Varieties of Postmodern Theology, Albany 1989, S. 149-155, hier: S. 152; vgl. dazu: J. B. Cobb, Jr., God and the World, Philadelphia 1969; ders./ D. R. Griffin, Process Theology. An Introductory Exposition, Philadelphia 1976, bes. Kap. 3. J. B. Cobb, Jr., Process Theology as Political Theology, Philadelphia 1982.

153 Vgl. W. A. Beardslee, Cornel West's Postmodern Theology, a.a.O., S. 152.

154 "negative postmodernism": ebd.

155 C. West, The Historicist Turn in Philosophy of Religion, in: L. S. Rouner (Hg.), Knowing Religiously, Notre Dame (Ind.) 1985, S. 36-51, hier: S. 45; West bezieht sich hierbei auf O. Schubert, Faith and Freedom. Toward a Theology of Liberation, Nashville 1979.

156 Siehe dazu H. Küng, Theologie im Aufbruch, S. 219f und J. B. Metz, Glaube in Geschichte und Gesellschaft. Studien zu einer praktischen Fundamentaltheologie, Mainz ^{4}1984, S. 104-119.

157 Vgl. H. Küng, Theologie im Aufbruch, S. 219.

158 W. A. Beardslee, Cornel West's Postmodern Theology, a.a.O., S. 153.

159 Gerade dieser Abfall von Ganzheitsvisionen ist der lateinamerikanischen Befreiungstheologie systemimmanent, die sich selbst auch bewußt gerade als regionale und dezidiert lateinamerikanische Befreiungstheologie begreift und sich somit von den alten europäischen 'Ganzheiten' abkoppelt. "Theologie beschränkt sich dann nicht mehr darauf, die Welt gedanklich zu ergründen, sondern versucht, sich als ein Moment in dem Prozeß zu verstehen, mittels

dessen die Welt verändert wird". G. Gutiérrez, Theologie der Befreiung, Mainz 91986, S. 21.

160 D. Biancucci, Einführung in die Theologie der Befreiung, München 1987.

161 C. Boff, Theorie und Praxis. Die erkenntnistheoretischen Grundlagen der Theologie der Befreiung, München/Mainz 1983.

162 Ders./J. Pixley, Die Option für die Armen, Düsseldorf 1987 (= Bibliothek der Befreiung: Gotteserfahrung und Gerechtigkeit). L. und C. Boff, Wie treibt man Theologie der Befreiung, Düsseldorf 1986.

163 Instruktion der Kongregation für die Glaubenslehre über einige Aspekte der "Theologie der Befreiung" (Libertatis nuntius) vom 6. August 1984, hg. v. Sekretariat der Deutschen Bischofskonferenz, Bonn 1984 (= Verlautbarungen des Apostolischen Stuhls 57); Instruktion für die Kongregation für die Glaubenslehre über die christliche Freiheit und Befreiung (Libertatis conscientia) vom 22. März 1986, hg. vom Sekretariat der Deutschen Bischofskonferenz, Bonn 1986 (= Verlautbarungen des Apostolischen Stuhls 70).

164 G. Gutierrez, Die historische Macht der Armen, München/Mainz 1984; ders., Theologie der Befreiung. München/Mainz 91986.

165 J. Kard. Ratzinger, Freiheit und Befreiung. Die anthropologische Vision der Instruktion "Libertatis conscientia", in: IkaZ 15 (1986), S. 409-439; ders., Theologische Prinzipienlehre. Bausteine zur Fundamentaltheologie, München 1982.

166 H. Küng, Theologie im Aufbruch, S. 216-221.

167 Ebd., S. 218.

168 W. Pannenberg, Grundfragen systematischer Theologie, S. 66.

169 F. B. Burnham (Hg.), Postmodern Theology. Christian Faith in a Pluralist World, New York 1989.

170 G. A. Lindbeck, The Church's Mission to a Postmodern Culture, in: F. B. Burnham (Hg.), Postmodern Theology. Christian Faith in a Pluralist World, New York 1989, S. 37-55.

171 W. A. Beardslee, Cornel West's Postmodern Theology, a.a.O., S. 151.

172 H. Küng, Theologie im Aufbruch, S. 217.

173 D. R. Griffin, Postmodern Theology as Liberation Theology. A Response to Harvey Cox, in: Varieties of Postmodern Theology, Albany 1989, S. 81-94, hier: S. 83.

174 Vgl. H. Cox, Religion in the Secular City. Towards a Postmodern Theology, New York 1984, S. 82, 198, 202.

175 Vgl. ebd., S. 164, 212.

176 C. West, Frederick Jameson's Marxist Hermeneutics, in: J. Arag, ed., Postmodernism, Marxism and Politics, Minneapolis 1986, S. 177-200.

177 Ders., in: Art Papers 10/1 (Jan./Febr. 1986), S. 54.

178 D. R. Griffin, Postmodern Theology as Liberation Theology, a.a.O., S. 85; vgl. H. Cox, Religion in the Secular City, S. 183-190.

179 Vgl. C. West, Prophesy Deliverance! An Afro-American Revolutionary Christianity, Philadelphia 1982, S. 53-59.

180 Vgl. ders., Dispensing with Metaphysics in Religious Thought, in: Religion an Intellectual Life 3/3 (Spring 186), S. 82.

181 Vgl. H. Cox, Religion in the Secular City, S. 234.

182 C. Keller, Towards a Postpatriarchal Postmodernity, in: D. R. Griffin (Hg.), Spirituality and Society. Postmodern Visions, New York 1988, S. 63-80.

183 H. Cox, Religion in the Secular City, S. 152.

184 Vgl. D. R. Griffin, Creativity and Postmodern Religion, in: ders. God and Religion in the Postmodern World. Essays in Postmodern Theology, Albany 1989, S. 29-49.

185 A. Rauscher, Liberalismus und Sozialismus in christlicher Sicht, Köln 1977 (= Katholische Soziallehre in Text und Kommentar 8).

186 G. Gutierrez, Theologie der Befreiung, S. 2.

187 W. Pannenberg, Grundfragen systematischer Theologie, S. 67.

188 Vgl. Ch. Lasch, Das Zeitalter des Narzismus, München 1986 (Original: The Culture of Narcissism. American Life in an Age of Dimishing Expectations, 1979), S. 11.

189 W. Pannenberg, Grundfragen systematischer Theologie, S. 67.

190 J. R. Gascard, Neue Jugendreligionen. Zwischen Sehnsucht und Sucht, Freiburg i. Br. 1984; D. Anthony u.a., The New Religious Movements. Conversion, Coercion and Committment, New York 1983; W. Appel, Cults in America. Programmed for paradise, New York 1983; S. Stipelman, Coping with Cults. Hewish Education Council of Montreal 1982; oben Anm. 188.

191 D. R. Griffin, Postmodern Theology as Liberation Theology, a.a.O., S. 82.

192 Vgl. H. Cox, Religion in the Secular City, S. 213.

193 Ebd., S. 152.

194 Vgl. ebd., S. 155, 266.

195 Vgl. ebd., S. 164, 212, 242.

196 Vgl. ebd., S. 240, 258.

197 W. A. Beardslee, Cornel West's Postmodern Theology, a.a.O., S. 150f.

198 F. Bird/B. Reimer, A Sociological Analysis of New Religions and Para-Religious Movements in the Montreal Area, Canadian Journal, 1976.

199 J. Derrida, in: R. Cheatham, Interview Jacques Derrida, Art Papers 10/1 (Jan./Febr. 1986), S. 34.

200 H. E. Daly, The Steady-State Economy. Postmodern Alternative to Growthmania, New York 1988.

201 C. D. Freudenberger, Agriculture in a Postmodern World, a.a.O., S. 123-132.

202 D. R. Griffin (Hg.), Spirituality and Society. Postmodern Visions, Albany 1988; C. West, Prophesy Deliverance! An Afro-American Revolutionary Christianity, Philadelphia 1982.

203 S. M. Schneiders, Does the Bible Have a Postmodern Message, in: F. B. Burnham (Hg.), Postmodern Theology. Christian Faith in a Pluralist World, New York/San Francisco 1989, S. 56-73; C. Keller, Toward a Postpatriarchal Postmodernity, a.a.O., S. 63-80; O. Rinne

(Hg.), Der neue Entwurf der Welt, Darmstadt/Neuwied 1985; dies., Der verlorene Himmel, Darmstadt/Neuwied 1985.

204 Hierbei handelt es sich um ein durchgängiges und wesentliches "Praxis"-Motiv der nord- und südamerikanischen Befreiungs-Theologie.

205 Vgl. 3.2.1.1 dieser Arbeit.

206 Vgl. J. B. Miller, The Emerging Postmodern World, in: F. B. Burnham (Hg.), Postmodern Theology. Christian Faith in a Pluralist World, New York 1989, S. 1-19; W. Pannenberg, Eschatologie und Sinnerfahrung, in: ders, Grundfragen systematischer Theologie, S. 66- 80.

207 Vgl. oben Anm. 203.

208 Eine gute Übersicht und Zuammenfassung zu diesem weitläufigen Thema leistet D. R. Griffin in seinem Aufsatz 'Creativity and Postmodern Religion', a.a.O., S. 29-49.

209 D. Anthony, The New Religious Movements. Conversion, Coercion and Committment, New York 1983.

210 Vgl. 3.3.4.2 dieser Arbeit.

211 Siehe oben Anm. 208.

212 W. Pannenberg, Grundfragen systematischer Theologie, S. 67.

213 J.-F. Lyotard, Beantwortung der Frage: Was ist postmodern?, in: W. Welsch (Hg.), Wege aus der Moderne. Schlüsseltexte der Postmoderne-Diskussion, Weinheim 1988, S. 193-203, hier: S. 201.

214 M. C. Taylor, ERRING. A postmodern A/theology, Chicago/London 1987, S. 13.

215 Ebd., S. 14.

216 M. Frank, Was ist Neostrukturalismus?, Frankfurt a. M. 1984, S. 336.

217 Ebd.

218 Ebd.

219 Ebd., S. 337.

220 M. C. Taylor, ERRING, S. 99.

221 Ebd., S. 17.

222 Ebd., S. 6.

223 Ebd., S. 97-120.

224 Ebd., S. 112f.

225 Ebd., S. 112.

226 G. W. F. Hegel, Phänomenologie des Geistes, G. W. F. Hegel, Werke in 20 Bänden. Auf der Grundlage der Werke von 1832-1845, hg. von E. Moldenhauer und K. M. Michel, Frankfurt a. M. 1986 [zit: Werke], hier: Werke 3, S. 29.

227 Vgl. M. C. Taylor, ERRING, S. 108.

228 Ebd., S. 104.

229 M. Frank, Was ist Neostrukturalismus?, S. 336-355.

230 M. C. Taylor, ERRING, S. 119.

231 Vgl. ebd., S. 118.

232 Vgl. ebd.

233 J. Derrida, Writing and Difference, Chicago 1978, S. 280.

234 M. C. Taylor, ERRING, S. 104.

235 Ebd., S. 149-158.

236 Ebd., S. 170-182.

237 J. Bunyan, Pilgerreise zur seligen Ewigkeit, Lahr-Dinglingen ^{8}1975.

238 M. C. Taylor, ERRING, S. 172.

239 Ebd., S. 171.

240 Ebd., S. 110.

241 Vgl. ebd., S. 104.

242 Ebd., S. 118.

243 Ebd., S. 145-148.

244 Ebd., S. 168f.

245 H. Bürkle/G. Becker (Hg.), Communicatio Fidei. Festschrift für Eugen Biser zum 65. Geburtstag, Regensburg 1983, darin bes. F. J. Fuchs/A. Kreiner, "Ich glaube, darum rede ich" (2 Kor 4,13) - Eugen Bisers hermeneutische Theologie, S. 399-414.

246 P. Koslowski, Die Prüfungen der Neuzeit. Über Postmodernität, Philosophie der Geschichte, Metaphysik, Gnosis, hg. v. P. Engelmann, Wien 1989, S. 150.

247 Ebd., S. 109-121.

248 Ders./R. Spaemann/R. Löw (Hg.), Moderne oder Postmoderne? Zur Signatur des gegenwärtigen Zeitalters, Weinheim 1986.

249 Vgl. E. Biser, Die glaubensgeschichtliche Wende. Eine theologische Positionsbestimmung, Graz/Wien/Köln ^{2}1987, S. 31.

250 Ebd.

251 Ebd., S. 24.

252 Ders., Glaubensprognose, S. 242.

253 Ders., Die glaubensgeschichtliche Wende, S. 24.

254 Ebd., S. 19-40.

255 Ders., Glaubensprognose, S. 47-51.

256 Ebd., S. 12.

257 Ebd., S. 23-33, bes. S. 29.

258 Ebd., S. 24.

259 Ebd., S. 383f.

260 R. Guardini, Das Ende der Neuzeit (1950), Neuausgabe Würzburg 1986; ders., Die Macht. Der Versuch einer Wegweisung (1951), Neuausgabe Würzburg 1986, siehe bes. S. 97.

261 E. Biser, Glaubensprognose, S. 160-168.

262 Vgl. ebd., S. 247-252.

263 Ebd., S. 293-325.

264 Ebd., S. 325-338.

265 Ebd., S. 354-362.

266 Ebd., S. 265-276.

267 Ebd., S. 265-338.

268 P. Koslowski, Die Prüfungen der Neuzeit, S. 85.

269 H. Wagner, Einführung in die Fundamentaltheologie, Darmstadt 1981, S. 75.

Konturen einer fundamentaltheologischen Alternative zur Dialektik der (Post-)Moderne

1 Eben dieser Aspekt des heilsgeschichtlich-personalen Begegnungsgeschehens ist ein möglicher Ansatzpunkt für die Offenbarungsvermittlung in einer anthropologisch gewendeten Theologie, die "die menschliche Erfahrung der Welt wie auch des eigenen Daseins [...] zum Ausgangspunkt der Frage nach der Wirklichkeit Gottes" macht. W. Pannenberg, Anthropologie in theologischer Perspektive, Göttingen 1983, S. 11.

2 Erzbischof Florit, Relatio zum 1. Kapitel, in: Acta Synodalia Sacrosancti Concilii Oecumenici Secundi, Bd. I-XXV, Rom 1970-1978, hier: III/3, S. 134.

3 E. Biser, Die glaubensgeschichtliche Wende. Eine theologische Positionsbestimmung, Graz/Wien/Köln [2]1987, S. 80f.

4 E. Möde, Die neue Einsamkeit der Postmoderne, München 1991.

5 Siehe P. Koslowski, Wirtschaft als Kultur. Wirtschaftskultur und Wirtschaftsethik in der Postmoderne, Wien 1989.

6 Vgl. M. Heidegger, Sein und Zeit, 15., durchges. Aufl., Tübingen 1984, § 6, S. 19-27.

7 Siehe hierzu: P. Koslowski, Die Prüfungen der Neuzeit. Über Postmodernität, Philosophie der Geschichte, Metaphysik, Gnosis, hg. von P. Engelmann, Wien 1989, S. 122-129.

8 H. Wagner, Einführung in die Fundamentaltheologie, Darmstadt 1981, S. 27f.

9 J. Schmitz, Offenbarung, Düsseldorf 1988 (= Leitfaden Theologie 19), S. 167.

10 Vgl. M .Eliade, Geschichte der religiösen Ideen, 3 Bd., Freiburg/Basel/Wien 1978-1989; R. Schaeffler, Religiöse Kreativität und Säkularisierung in Europa seit der Aufklärung, in: M. Eliade, Geschichte der religiösen Ideen, Bd. III/2: Vom Zeitalter der Entdekkung bis zur Gegenwart, hg. v. I. P. Culianu, Freiburg/Basel/Wien 1991, S. 410-447.

11 H. Wagner, Einführung in die Fundamentaltheologie, S. 29.

12 E. Seiterich, Wege der Glaubensbegründung nach der sogenannten Immanenzapologetik, Freiburg i. Br. 1938 (= Freiburger Theologische Studien 49).

13 Ebd., § 1, S. 1-8.

14 Ebd., S. 4.

15 H. Bouillard, Logik des Glaubens, Freiburg/Basel/Wien 1966 (= Quaestiones disputatae 29), S. 10f.

16 M. Blondel, Logik der Tat. Aus der 'Action' von 1893 ausgewählt und übertragen von P. Henrici, Einsiedeln 1957, S. 24 (8). Die Übersetzung ist gefertigt nach: L'Action (1983). Essai d'une critique de la vie et d'une science de la pratique, Neudruck Paris 1950. Auf dieses Werk bezieht sich auch die in Klammern angegebene Zahl.

17 H. Wagner, Einführung in die Fundamentaltheologie, S. 32.

18 Eine mehr von der philosophischen Phänomenologie herkommende Lösung der von der subjektiven Apologetik gestellten Aufgaben (zum Thema Offenbarungsextrinsezismus) hat in einer beachtlichen Reihe von Untersuchungen B. Welte vorgelegt.

19 A. Lang, Fundamentaltheologie II. Der Auftrag der Kirche, München ^{2}1957.

20 Ders., Fundamentaltheologie I. Die Sendung Christi, München ^{2}1957, S. 76f.

21 H. Fries, Vom Hören des Wortes Gottes. Eine fundamentaltheologische Überlegung, in: J. Ratzinger/H. Fries (Hg.), Einsicht und Glaube. Festschrift für Gottlieb Söhngen zum 70. Geburtstag, Freiburg/Basel/Wien 1962, S. 15-27.

22 K. Rahner, Hörer des Wortes. Zur Grundlegung einer Religionsphilosophie, neu bearb. von J. B. Metz, München 1963, S. 191.

23 Ebd., S. 71.

24 H. Fries, Vom Hören des Wortes Gottes, a.a.O., S. 16.

25 K. Rahner, Hörer des Wortes, S. 200.

26 P. Eicher, Offenbarrung. Prinzip neuzeitlicher Theologie, München 1977, S. 347.

27 K. Rahner, Jesus Christus II, III, in: SM II, S. 920-957 (1968).

28 R. Stalder, Grundlinien der Theologie Schleiermachers. I. Zur Fundamentaltheologie, Wiesbaden 1969, S. 63.

29 H. Wagner, Einführung in die Fundamentaltheologie, S. 111.

30 J. S. Drey, Die Apologetik als wissenschaftliche Nachweisung der Göttlichkeit des Christentums und seiner Erscheinung, 3 Bde., Mainz 1838-47, unveränderter Nachdruck Frankfurt a. M. 1967, hier: Bd. I. Philosophie der Offenbarung, S. 63.

31 H. Wagner, Einführung in die Fundamentaltheologie, S. 29.

32 Das II. Vatikanische Konzil weist darauf in seiner Pastoralkonstitution über die Kirche in der Welt von heute Gaudium et Spes verschiedentlich hin. Unter den modernen Wissenschaften wird besonders auch die Psychologie erwähnt: "die neueren Forschungen der Psychologie bieten eine tiefere Erklärung des menschlichen Tuns" (GS 54). "In der Seelsorge sollen nicht nur die theologischen Prinzipien, sondern auch die Ergebnisse der profanen Wissenschaften, vor allem der Psychologie und der Soziologie, wirklich beachtet und angewendet werden" (GS 62); siehe auch GS 5 und 52.

33 M. Heidegger, Was ist Metaphysik, Frankfurt a. M. ^{9}1965, S. 51.

34 Siehe oben Anm. 15.

35 Bouillard, Logik des Glaubens, S. 10f.

36 Vgl. G. W. F. Hegel, Grundlinien der Philosophie des Rechts, G. W. F. Hegel, Werke in 20 Bänden. Auf der Grundlage der Werke von 1832-1845, hg. von E. Moldenhauer und K. M. Michel, Frankfurt a. M. 1986 [zit.: Werke], hier: 7, S. 27f.

37 Ch. Schönborn, Vorwort, in: ders./A. Görres/R. Spaemann, Zur kirchlichen Erbsündenlehre. Stellungnahmen zu einer brennenden Frage, Freiburg 1991, S. 7-10, hier: S. 9.

38 Ebd., S. 9f.

39 B. Pascal, Gedanken, mit den Anmerkungen Voltaires aus dem Französischen v. H. Hesse, München o. Jg., 7. Artikel, S. 71-81.

40 Ebd., 6. Artikel, S. 57-71.

41 B. Pascal, Ed. Brunschvicg, S. 434; übersetzt von H. U. v. Balthasar, Blaise Pascal, Schriften zur Religion, Einsiedeln 1982 (= Christliche Meister 17), S. 218.

42 Ch. Schönborn, Vorwort, a.a.O., S. 7.

43 Siehe oben Anm. 4.

44 R. Spaemann, Über einige Schwierigkeiten in der Erbsündenlehre, in: Ch. Schönborn/A. Görres/R. Spaemann, Zur kirchlichen Erbsündenlehre. Stellungnahmen zu einer brennenden Frage, Freiburg 1991, S. 37-66, hier: S. 46.

45 Ebd., S. 43.

46 Ebd.

47 Ebd.

48 Ebd.

49 M. Frank, Die Unhintergehbarkeit von Individualität. Reflexionen über Subjekt, Person und Individuum aus Anlaß ihrer 'postmodernen' Toterklärung, Frankfurt a. M. 1986, S. 10.

50 J. Habermas, Der philosophische Diskurs der Moderne, Frankfurt 1985, S. 346.

51 J. P. Sartre, L'Universel singulier, in: Situations IX, Paris 1972.

52 M. Frank, Was ist Neostrukturalismus?, Frankfurt a. M. 1984, S. 401.

53 Vgl. 3.3.5.3 dieser Arbeit.

54 J. Lacan, Seminaire II, Olten 1980, S. 59f.

55 Vgl. H. Lang, Die Sprache und das Unbewußte. Jacques Lacans Grundlegung der Psychoanalyse, Frankfurt a. M. 1973, S. 275f.

56 M. Heidegger, Was ist Metaphysik, S. 9.

57 Ebd.

58 Ebd., S. 13.

59 M. Foucault, Wahnsinn und Gesellschaft. Eine Geschichte des Wahns im Zeitalter der Vernunft, Frankfurt a. M. 1969, S. 65.

60 M. Rüb, Das Subjekt und sein Anderes. Zur Konzeption von Subjektivität beim frühen Foucault, in: E. Erdmann/R. Forst/A. Honneth (Hg.), Ethos der Moderne. Foucaults Kritik der Aufklärung, New York 1990, S. 187-201, hier: S.199.

61 Siehe oben Anm. 49.

62 E. Lévinas, De Dieu qui vient à l'idée, Paris 1982, dt.: Wenn Gott ins Denken einfällt. Diskurse über die Betroffenheit von Transzendenz, Freiburg/München 1985.

63 W. Oelmüller, (Hg.), Wiederkehr von Religion? Perspektiven, Argumente, Fragen, Paderborn 1984.

64 E. Lévinas, Außer sich. Meditationen über Religion und Philosophie, München/Wien 1991.

65 Siehe oben Anm. 62.

66 E. Lévinas, Wenn Gott ins Denken einfällt, S. 107.

67 H. Küng, Theologie im Aufbruch. Eine ökumenische Grundlegung, München 1987, S. 25.

68 K. Rahner, Grundkurs des Glaubens. Einführung in den Begriff des Christentums, Freiburg/Basel/Wien [4]1976, S. 37; siehe dazu L. Scheffczyk, Die Anthropogenese in theologischer Sicht, in: E. Klinger/K. Wittstadt (Hg.), Glaube im Prozeß. Christsein nach dem II. Vatikanum Freiburg/ Basel/Wien 1984, S. 580-596.

69 K. Rahner, Grundkurs des Glaubens, S. 44f.

70 H. U. v. Balthasar, Theodramatik II/2: Die Personen in Christus, Einsiedeln 1978, S. 188f.

71 W. Pannenberg, Anthropologie in theologischer Perspektive, S. 234.

72 W. Pannenberg, Grundfragen systematischer Theologie. Gesammelte Aufsätze Bd. 2, Göttingen 1980, S. 94f.

73 Ebd., S. 92.

74 J. v. Eichendorff, Wünschelrute, in: Werke (Tempel-Klassiker), S. 103.

75 J. B. Metz, Wider die zweite Unmündigkeit. Zum Verhältnis von Aufklärung und Christentum, in: J. Rüsen/E. Lämmert/P. Glotz (Hg.), Die Zukunft der Aufklärung, Frankfurt a. M. 1988, S. 81-87.

76 Ebd., S. 84.

77 Ebd., S. 81.

78 Ebd., S. 82.

79 Ebd., S. 81.

80 Ebd., S. 84.

81 Ebd.

82 Ebd., S. 85.

83 Ebd.

84 E. Biser, Glaubensprognose. Orientierung in postsäkularistischer Zeit, Graz/Wien/Köln 1991, S. 239.

85 M. Seckler, Der Begriff der Offenbarung, in: Handbuch der Fundamentaltheologie Bd. 2: Traktat Offenbarung, hg. v. W. Kern/H. J. Pottmeyer/M. Seckler, Freiburg/Basel/Wien 1985, S. 60-83, hier: S. 66.

86 Ebd., S. 67.

87 DS 3004.

88 P. Eicher, Offenbarung, S. 488f.

89 M. Seckler, Der Begriff der Offenbarung, a.a.O., S. 67.

90 Ebd., S. 69f.

91 Ebd., S. 70.

92 Ebd., S. 67.

93 H. J. Pottmeyer, Die Entzweiung von Erfahrung und Glaube in der Neuzeit, in: G. Kaufmann (Hg.), Lebenserfahrung und Glaube, Düsseldorf 1983, S. 25-42.

94 Thomas von Aquin, S. Th. I 1,1.

95 J. B. Metz, Wider die zweite Unmündigkeit, a.a.O., S. 85.

96 M .Seckler, Der Begriff der Offenbarung, a.a.O., S. 81.

97 Ebd., S. 66.

98 J. B. Metz, Wider die zweite Unmündigkeit, a.a.O., S. 86.

99 E. Biser, Glaubensprognose, S. 354-362.

100 E. Biser, Glaubensprognose, S. 356f.

101 P. Koslowski, Die Prüfungen der Neuzeit, S. 112.

Abrams, M. H., Natural Supernaturalism. Tradition and Revolution in Romantic Literature, New York 1971.

Acta Synodalia Sacrosancti Concilii Oecumenici Secundi, Bd. I-XXV, Rom 1970-1978.

Adorno, Th. W., Negative Dialektik, Frankfurt a. M. 1975.

Adorno, Th. W., Vernunft und Offenbarung, in: Kulturkritik und Gesellschaft II, Gesammelte Schriften 10/2, hg. von R. Tiedemann, Frankfurt a. M. 1977, S. 608-616.

Altmann, A., Inselfieber, in: Merian - das Monatsheft der Städte und Landschaften, 43. Jhg., Heft 9 (1991), S. 108-115.

Amacker, R., Lingustique saussurienne, Genéve 1975.

Andersen, C./Denzler, G., Wörterbuch der Kirchengeschichte, München 1982.

Anthony, D. u.a., The New Religious Movements. Conversion, Coercion and Committment, New York 1983.

Apel, K.-O., Das Problem einer philosophischen Theorie der Rationalitätstypen, in: Rationalität. Philosophische Beiträge, hg. von H. Schnädelbach, Frankfurt a. M. 1984, S. 15-31.

Appel, W., Cults in America. Programmed for paradise, New York 1983.

Arnold, F. X., Das Prinzip des Gottmenschlichen und seine Bedeutung für die Seelsorge, in: ThQ 123 (1942), S. 145-176.

Auf gut deutsch. Wochenschrift für Ordnung und Recht, hg. von D. Eckart.

Bachelard, G., Die Bildung des wissenschaftlichen Geistes. Beitrag zu einer Psychoanalyse der objektiven Erkenntnis (frz. Orginalausgabe Paris 1938), Frankfurt a. M. 1978.

Bachelard, G., Le Nouvel Esprit scientifique, Paris 1934.

Bachtin, M. M., Rabelais and His World, Cambridge (MA) 1968.

Bacon's Novum Organum, ed. with introd., notes etc. by Thomas Fowler, Oxford ^{2}1889.

Balthasar, H. U. v., Theodramatik II/2, Einsiedeln 1978.

Banier, A., La mythologie et les fables expliquées par l'histoire, Paris 1738.

Barth, K., Die Kirche und die Kultur, in: Gesammelte Aufsätze II.

Barthes, R., Die strukturalistische Tätigkeit, in: Essays critiques, Paris 1964, deutsche Übersetzung v. E. Moldenhauer, in: Kursbuch 5, S. 190-196.

Bataille, G., Die Tränen des Eros, München 1981 (Orginaltitel: Les Larmes d'Éros, Paris 1961).

Bataille, G., La littérature et le mal, Paris 1957.

Baudrillard, J., Agonie des Realen, Berlin 1978.

Baudrillard, J., Les stratégies fatales, Paris 1983, dt.: Die fatalen Strategien, München 1985.

Beardslee, W. A., Cornel West's Postmodern Theology, in: Griffin, D. R./ Beardslee, W. A./Holland, J., Varieties of Postmodern Theology, State University of New York, Albany 1989, S. 149-155.

Beck, U., Risikogesellschaft. Auf dem Weg in eine andere Moderne, Frankfurt a. M. 1974.

Becker, E., Die Überwindung der Todesfurcht. Dynamik des Todes, aus dem Englischen von E. Bornemann, Olten 1976 (Orginaltitel: The Denial of Death).

Beckett, S., Le dépeupleur. Der Verwaiser. Französisch und deutsch. Deutsche Übertragung E. Tophoven, Frankfurt a. M. 1972 (Orginal: Paris 1970).

Bell, D., Die nachindustrielle Gesellschaft, Frankfurt a. M./New York 1975.

Bell, D., Die nachindustrielle Gesellschaft, in: Welsch, W. (Hg.), Wege aus der Moderne, Schlüsseltexte der Postmoderne-Diskussion, Weinheim 1988, S. 144-152.

Bell, D., Immagini del Postmoderno. Il dibattito sulla società post-industriale e l'architetura, Venedig 1983.

Bell, D., The Cultural Contradictions of Capitalism, New York 1976 (dt.: Die Zukunft der westlichen Welt. Kultur und Technologie im Widerstreit, Frankfurt a. M. 1976).

Bell, D., The Winding Passage. Essays and Sociological Journeys 1960-1980, Cambridge (Mass.) 1980.

Benedetti, G., Todeslandschaften der Seele. Psychopathologie, Psychodynamik und Psychotherapie der Schizophrenie, Göttingen 1983.

Benjamin, W., Über den Begriff der Geschichte, Gesammelte Schriften, hg. von R. Tiedemann u. H. Schweppenhäuser, Werkausgabe Bd. 2, Frankfurt a. M. 1980, S. 691-704.

Benz, E., Nietzsches Ideen zur Geschichte des Christentums, in: Zeitschrift für Kirchengeschichte, Bd. LVI, Heft 2,3 (1937), S. 195ff.

Bianchi, R. (Hg.), Le origini dello gnosticismo, Leiden 1967.

Biancucci, D., Einführung in die Theologie der Befreiung, München 1987.

Birnbaum, W., Die katholische liturgische Bewegung. Darstellung und Kritik, Gütersloh 1926 (= Beitrag zur Föderung der christlichen Theologie XXX, 1).

Biser, E., Die glaubensgeschichtliche Wende. Eine theologische Positionsbestimmung, Graz/Wien/Köln [2]1987.

Biser, E., Glaubensprobleme, Augsburg 1970.

Biser, E., Glaubensprognose. Orientierung in postsäkularistischer Zeit, Graz/Wien/Köln 1991.

Biser, E., Glaubensverständnis. Grundriß einer hermeneutischen Fundamentaltheologie, Freiburg/Basel/Wien 1975.

Biser, E., Grundriß einer hermeneutischen Fundamentaltheologie, Freiburg/ Basel/Wien 1975.

Biser, E., Menschsein und Sprache, Salzburg 1984.

Biser, E., Provokationen der Freiheit. Antriebe und Ziele des emanzipierten Bewußtseins, München/Salzburg 1974.

Bloch, E., Das Prinzip Hoffnung, Frankfurt a. M. 1973.

Bloch, E., Erbschaft dieser Zeit, Neudruck Frankfurt a. M. 1973.

Bloch, E., Literarische Aufsätze, Gesamtausgabe Bd. 9, Frankfurt a. M. 1965.

Blondel, M., L'Action (1983). Essai d'une critique de la vie et d'une science de la pratique, Neudruck Paris 1950.

Blondel, M., Logik der Tat. Aus der 'Action' von 1893 ausgewählt und übertragen von P. Henrici, Einsiedeln 1957.

Blumenberg, H., Arbeit am Mythos, Frankfurt a. M. 1979.

Blumenberg, H., Die Genesis der kopernikanischen Welt, Frankfurt a. M. 1975.

Blumenberg, H., Die Legitimität der Neuzeit, Frankfurt a. M. 1966.

Blumenberg, H., Wirklichkeitsbegriff und Wirkungspotential des Mythos, in: M. Fuhrmann (Hg.), Terror und Spiel. Probleme der Mythenrezeption, hg. von M. Fuhrmann, München 1971 (= Poetik und Hermeneutik IV), S. 11-66.

Boff, C., Theorie und Praxis. Die erkenntnistheoretischen Grundlagen der Theologie de Befreiung, München/Mainz 1983.

Boff, C./Pixley, J., Die Option für die Armen, Düsseldorf 1987 (= Bibliothek der Befreiung: Gotteserfahrung und Gerechtigkeit).

Boff, L. u. C., Wie treibt man Theologie der Befreiung, Düsseldorf 1986.

Bouillard, H., Logik des Glaubens, Freiburg/Basel/Wien 1966 (= Quaestiones disputatae 29).

Bouveresse, J., La vengeance de Spengler, in: Le temps de la refléxion, 1983, Paris 1983, S. 371-401.

Bouveresse, J., Le philosophe chez les autophages, Paris 1984.

Brütting, R., "Texte" und "écriture" in der französischen Literaturwissenschaft nach dem Strukturalismus, Bonn 1976.

Buber, M., Werke. Erster Band: Schriften zur Philosophie, München/Heidelberg 1962.

Buck, G., Selbsterhaltung und Historizität, in: Poetik und Hermeneutik V. Geschichte - Ereignis und Erzählung, ed. R. Kosseleck/W. D. Stempel, München 1973, S. 29-94.

Bunyan, J., Pilgerreise zur seligen Ewigkeit, 8. Aufl., Lahr-Dinglingen o. Jg.

Bürkle, H./Becker, G. (Hg.), Communicatio Fidei. Festschrift für Eugen Biser zum 65. Geburtstag, Regensburg 1983.

Burnham, F. B. (Hg.), Postmodern Theology. Christian Faith in a Pluralist World, New York 1989.

Carlyle, Th., Sartor Resartus. The Life and Opinions of Herr Teufelsdröckh (1838), London 1903.

Casel, O., Das christliche Kultmysterium, Regensburg 1932.

Casel, O., Die Liturgie als Mysterienfeier, Freiburg i. Br. 1923 (= Ecclesia orans 9).

Casel, O., Liturgische Bewegung in der katholischen Kirche, in: Die Religion in Geschichte und Gegenwart. Handwörterbuch für Geschichte und Religionswissenschaft III, hg. v. H. Gunkel u. L. Zscharnack, Tübingen [2]1929, S. 1698-1701.

Casel, O., Mysterium der Ekklesia. Von der Gemeinschaft aller Erlösten in Christus Jesus. Aus Schriften und Vorträgen, hg. v. Th. Schneider, Mainz 1961.

Castaneda, J., Die Lehren des Don Juan, Frankfurt a. M. 1972.

Cheatham, R., Interview Jacques Derrida, Art Papers 10/1 (January-February 1986).

Chesterton, G. K., Ortodossia, (1926) Neudruck Brescia 1980.

Ciompi, L., Außenwelt - Innenwelt. Die Entstehung von Zeit, Raum, psychischen Strukturen, Göttingen 1988.

Cioran, E. M., Der Absturz in die Zeit, Stuttgart 1972.

Cobb, J. B., Jr., God and the World, Philadelphia: Westminster 1969.

Cobb, J. B., Jr., Process Theology as Political Theology, Philadelphia: Westminster 1982.

Cobb, J. B., Jr./Griffin, D. R., Process Theology. An Introductory Exposition, Philadelphia: Westminster 1976.

Cognet, L., Gottes Geburt in der Seele. Einführung in die deutsche Mystik, Freiburg/Basel/Wien 1980.

Cox, H., Religion in the Secular City. Towards a Postmodern Theology, New York 1984.

Creuzer, G. F., Symbolik und Mythologie der alten Völker, besonders der Griechen, Bd. I, Heidelberg [2]1819.

Curtius, L., Deutsche und antike Welt. Lebenserinnerungen, Stuttgart 1950.

Daly, H. E., The Steady-State Economy. Postmodern Alternative to Growthmania, New York 1988.

Danis, J., Todestrieb, München 1984.

Danis, J., Psychosymbolik I. Das Ödipale Triangulum, München 1989.

Danis, J., Psychosymbolik II. Das Strukturfeld der Psychotherapie, München 1990

Dantine, J., Die Kirche vor der Frage nach ihrer Wahrheit. Die reformatorische Lehre von den "notae ecclesiae" und der Versuch ihrer Entfaltung in der kirchlichen Situation der Gegenwart, Göttingen 1980 (= Kirche und Konfession 23).

Deleuze, G., Différence et répétition, Paris 1968.

Deleuze, G./Guattari, F., L'Anti-Oedipe, Capitalisme et schizophrénie, Paris 1972 (dt.: Anti-Ödipus. Kapitalismus und Schizophrenie I, Frankfurt a. M. 1974).

Deleuze, G./Guattari, F., Mille Plateaux, Capitalisme et schizophrénie, Paris 1980 (dt.: Mille Plateaux. Kapitalismus und Schizophrenie II, Frankfurt a. M. 1980).

Der Tod der Moderne. Eine Diskussion, Tübingen 1983.

Derrida, J., Die Schrift und die Differenz, Frankfurt a. M. 1972 (Writing and Difference, Chicago 1978).

Derrida, J., Glas, Paris 1974.

Derrida, J., La Dissémination, Paris 1972.

Derrida, J., Les fins de l'homme, in: ders., Marges de la philosophie, Paris 1972, S. 129-164.

Derrida, J., Limited Inc abc., in: Glyph 2. The Johns Hopkins Textual Studies, Baltimore 1977, S. 162-254.

Derrida, J., Marges de la philosophie, Paris 1972.

Derrida, J., Positions, Paris 1972.

Derrida, J./Meyer, E., Labyrinth und Archi/Textur, in: Das Abenteuer der Ideen. Architektur und Philosophie seit der industriellen Revolution, Ausstellungskatalog Berlin 1984, S. 95-106.

Descartes, R., Discours de la Méthode, OEuvres VI, hg. von Adam und Tannery, Paris 1897-1913.

Descartes, R., Meditationes de prima philosophia, OEuvres VII, hg. von Adam und Tannery, Paris 1897-1913.

Dilthey, W., Weltanschauung und Analyse des Menschen seit Renaissance und Reformation, Göttingen 1970.

Drey, J. S., Die Apologetik als wissenschaftliche Nachweisung der Göttlichkeit des Christentums und seiner Erscheinung, 3 Bde., Mainz 1838-47, unveränderter Nachdruck Frankfurt a. M. 1967.

Durand, R., Theatre/SIGNS/Performance, in: Hassan, I./Hassan, S. (Hg.), Innovation/Renovation. New Perspectives on the Humanities, Madison (WI) 1983, S. 213-217.

Dürckheim, K. Graf, Vom doppelten Ursprung des Menschen. Als Verheißung, Erfahrung, Auftrag, Freiburg/Basel/Wien [4]1978.

Ebeling, G., Erwägungen zu einer evangelischen Fundamentaltheologie, in: ZThK 67 (1970), S. 429-524.

Ebeling, H. (Hg.), Subjektivität und Selbsterhaltung. Beiträge zur Diagnose der Moderne, Frankfurt a. M. 1976.

Egg, R., Sozialtherapeutische Behandlung und Rückfälligkeit im längerfristigen Vergleich, in: Monatsschrift für Kriminologie und Strafrechtsreform 73 (1990), S. 358-368.

Eicher, P., Offenbarrung. Prinzip neuzeitlicher Theologie, München 1977.

Eicher, P., Offenbarung. Zur Präszisierung einer überstrapazierten Kategorie, in: Bitter, G./Miller, G. (Hg.), Konturen heutiger Theologie. Werkstattberichte, München 1976, 108-134.

Eliade, M., Das Heilige und das Profane. Vom Wesen des Religiösen, Freiburg/Basel/Wien 1957.

Eliade, M., Die Religionen und das Heilige. Elemente der Religionsgeschichte, Frankfurt a. M. [2]1986.

Eliade, M., Geschichte der religiösen Ideen, 3 Bd., Freiburg/Basel/Wien 1978-1983.

Enchiridion Symbolorum, Definitionum et Declarationum de rebus fidei et morum, quod primum edidit Henricus Denzinger, et quod funditus retractavit auxit notulis ornavit Adolphus Schönmetzer S. I., Barcionone-Friburgi/Brisgovie-Romae-neo-Eboraci ^{36}1979.

Engelmann, P., Philosophien. Gespräche mit Michel Foucault, Graz/Wien 1985.

Erdmann, E./ Forst, R./ Honneth, A. (Hg.), Ethos der Moderne. Foucaults Kritik der Aufklärung, Frankfurt/New York 1990.

Fach, W., Tod und Verklärung. Über die elitäre Konstruktion der Wirklichkeit, Wien 1989.

Feuerbach, L., Das Wesen des Christentums, STW Bd. 5, 1976.

Feyerabend, P., Wider den Methodenzwang. Skizze einer anarchistischen Erkenntnistheorie, Frankfurt a. M 1983.

Fichtes Nachgelassene Schriften, hg. v. H. Jacob, Berlin 1937.

Fichtes Werke, hg. v. I. H. Fichte, Berlin 1845f.

Foucault, M., Archäologie des Wissens, aus dem Französischen von U. Köppen, Frankfurt a. M. 1973.

Foucault, M., Die Sorge um sich, Frankfurt a. M. 1986 (= Sexualität und Wahrheit 3).

Foucault, M., Introduction, in: Binswanger, L., Le rêve et l'existence, Paris 1954.

Foucault, M., L'ordre du discours, Paris 1971 (dt.: Die Ordnung des Diskurses, München 1974).

Foucault, M., Les mots et les choses. Une archéologie des sciences humaines, Paris 1966 (dt.: Die Ordnung der Dinge. Eine Archäologie der Humanwissenschaften, Frankfurt a. M. 1971).

Foucault, M., Von der Freundschaft als Lebensweise. Michel Foucault im Gespräch, Berlin 1984.

Foucault, M., Wahnsinn und Gesellschaft. Eine Geschichte des Wahns im Zeitalter der Vernunft, Frankfurt a. M. 1969.

Frampton, K., Modern architecture, New York 1980, dt.: Die Architektur der Moderne, Stuttgart 1983.

Frank, M., Der kommende Gott. Vorlesungen über die Neue Mythologie I. Teil, Frankfurt a. M. 1982.

Frank, M., Die Unhintergehbarkeit von Individualität. Reflexionen über Subjekt, Person und Individuum aus Anlaß ihrer 'postmodernen' Toterklärung, Frankfurt a. M. 1986.

Frank, M., Gott im Exil. Vorlesungen über die Neue Mythologie II. Teil, Frankfurt a. M. 1988.

Frank, M., Über die Suche nach dem Grund. Über den Umschlag von Erkenntniskritik in der Mythologie bei Robert Musil, in: Bohrer, K. H. (Hg.), Mythos und Moderne. Begriff und Bild einer Rekonstruktion, Frankfurt a. M. 1983, S. 317-361.

Frank, M., Was ist Neostrukturalismus?, Frankfurt a. M. 1984.

Frank, M./Kurz, G. (Hg.), Materialien zu Schellings philosophischen Anfängen, Frankfurt a. M. 1975.

Frank, M./Raulet, G.,/Reijen, W. v. (Hg.), Die Frage nach dem Subjekt, Frankfurt a. M. 1988.

Franzen, A., Kleine Kirchengeschichte, Freiburg i. Br. ^{9}1980.

Freudenberger, C. D., Agriculture in a Postmodern World, in: Griffin, D. R. (Hg.), Spirituality and Society. Postmodern Visions, State University of New York Press, Albany 1988, S. 123-132.

Fries, H., Fundamentaltheologie, Graz/Wien/Köln ^{2}1985.

Fries, H., Handbuch theologischer Grundbegriffe, München 1962.

Fries, H., Mythos und Offenbarung, in: Feiner, J./Trütsch, J./Böckle, F. (Hg.), Fragen der Theologie heute, Zürich/Köln 1958, S. 11-43.

Fries, H., Vom Hören des Wortes Gottes. Eine fundamentaltheologische Überlegung, in: Ratzinger, J./Fries, H. (Hg.), Einsicht und Glaube. Festschrift für Gottlieb Söhngen zum 70. Geburtstag, Freiburg/Basel/Wien 1962, S. 15-27.

Fuchs, F. J./Kreiner, A., "Ich glaube, darum rede ich" (2 Kor 4,13) - Eugen Bisers hermeneutische Theologie, in: Bürkle, H./Becker, G. (Hg.), Communicatio Fidei, Regensburg 1983, S. 399-414.

Furet, F., Penser la Révolution française, Paris 1978.

Gamm, G. (Hg.), Angesichts objektiver Verblendung über die Paradoxien Kritischer Theorie, Tübingen 1985.

Gascard, J. R., Neue Jugendreligionen. Zwischen Sehnsucht und Sucht, Freiburg i. Br. 1984.

Geffré, C., Die neuere Geschichte der Fundamentaltheologie, in: Concilium 5 (1969), S. 418-429.

Gehlen, A., Der Mensch. Seine Natur und seine Stellung in der Welt, 7., durchges. Aufl., Frankfurt a. M./Bonn 1962.

Gehlen, A., Über kulturelle Kristallisation, in: Gehlen, A., Studien zur Anthropologie und Soziologie, Neuwied/Berlin 1963, S. 311-328.

Gehlen, A., Über kulturelle Kristallisation, in: Welsch, W. (Hg.), Wege aus der Moderne. Schlüsseltexte der Postmoderne-Diskussion, Weinheim 1988, S. 133-143.

Georgescu-Roegen, N., Energy and Economic Myths. Institutional and Analytical Essays, New York 1976.

Goethe, J. W. v., Faust, der Tragödie zweiter Teil (1833).

Gogarten, F., Illusionen. Eine Auseinandersetzung mit dem Kulturidealismus, Jena 1926.

Goodman, N., Ways of Worldmaking, Indianapolis (IN)/Cambridge (England) 1978.

Goodman, N., Weisen der Welterzeugung, Frankfurt a. M. 1984.

Görres, A., Psychologische Bemerkungen über die Erbsünde und ihre Folgen, in: Schönborn, Ch./Görres, A./Spaemann, R., Zur kirchlichen Erbsündenlehre. Stellungnahmen zu einer brennenden Frage, Freiburg 1991, S. 11-35.

Griffin, D. R. (Hg.), Spirituality and Society. Postmodern Visions, State University of New York Press, Albany 1988.

Griffin, D. R. (Hg.), The Reenchantment of Science. Postmodern Proposals, State University of New York Press, Albany 1987.

Griffin, D. R., Creativity and Postmodern Religion, in: ders., God and Religion in the Postmodern World. Essays in Postmodern Theology, State University of New York Press, Albany 1989, S. 29-49.

Griffin, D. R., God and Religion in the Postmodern World. Essays in Postmodern Theology, State University of New York Press, Albany 1989.

Griffin, D. R., Introduction. Varieties of Postmodern Theology, in: Griffin, D. R./Beardslee, W. A./Holland, J., Varieties of Postmodern Theology, State University of New York, Albany 1989, S. 1-7.

Griffin, D. R., Liberation Theology and Postmodern Philosophy. A Response to Cornel West, in: Griffin, D. R./Beardslee, W. A./Holland, J., Varieties of Postmodern Theology, S. 129-148.

Griffin, D. R., Postmodern Theology as Liberation Theology. A Response to Harvey Cox, in: Griffin, D. R./Beardslee, W. A./Holland, J., Varieties of Postmodern Theology, State University of New York, Albany 1989, S. 81-94.

Griffin, D. R./Beardslee, W. A./Holland, J., Varieties of Postmodern Theology, State University of New York, Albany 1989.

Gruber, W., Der Beitrag der Dogmatik zur Liturgischen Bewegung, Graz 1959.

Guardini, R., Das Ende der Neuzeit, Basel 1950, Neuausgabe Würzburg 1986.

Guardini, R., Die Macht. Der Versuch einer Wegweisung (1951), Neuausgabe Würzburg 1986.

Guardini, R., Romantik. Ein Zyklus Tübinger Vorlesungen, hg. von Th. Steinbüchel, Tübingen 1948.

Guardini, R., Vom Geist der Liturgie, Freiburg i. Br. ^{5}1920.

Guardini, R., Von heiligen Zeichen, Mainz 1936.

Günther, H., Artikel "Neuzeit, Mittelalter, Altertum", in: Historisches Wörterbuch der Philosophie, hg. von J. Ritter u. K. Gründer, Bd. 6, Basel/Stuttgart 1984.

Gutierrez, G., Die historische Macht der Armen, München/Mainz 1984.

Gutierrez, G., Theologie der Befreiung. München/Mainz ^{9}1986.

Habermas, J., "Die Krise des Wohlfahrtsstaates und die Erschöpfung utopischer Energien", Rede auf Einladung des Präsidenten des spanischen Parlaments vor den Cortes am 26. November 1984, in: ders., Die Neue Unübersichtlichkeit, Frankfurt a. M. 1985, S. 141-163.

Habermas, J., Der philosophische Diskurs der Moderne, Frankfurt a. M. 1985.

Habermas, J., Die Einheit der Vernunft in der Vielheit der Stimmen, in: Merkur 42 (1988), S. 1-14.

Habermas, J., Die Moderne - ein unvollendetes Projekt, in: ders., Kleine politische Schriften I-IV, Frankfurt a. M. 1981, S. 444-464.

Habermas, J., Die Moderne - ein unvollendetes Projekt, in: Welsch, W. (Hg.), Wege aus der Moderne. Schlüsseltexte der Postmoderne-Diskussion, Weinheim 1988, S. 177-192.

Habermas, J., Die Neue Unübersichtlichkeit, Frankfurt a. M. 1985.

Habermas, J., Die Philosophie als Platzhalter und Interpret, in: ders., Moralbewußtsein und kommunikatives Handeln, Frankfurt a. M. 1983, S. 9-28.

Habermas, J., Können komplexe Gesellschaften eine vernünftige Identität ausbilden? Rede aus Anlaß der Verleihung des Hegel-Preises, Frankfurt a. M. 1974.

Habermas, J., Moderne und postmoderne Architektur, in: Welsch, W. (Hg.), Wege aus der Moderne. Schlüsseltexte der Postmoderne-Diskussion, Weinheim 1988, S. 110-120.

Habermas, J., Moralbewußtsein und kommunikatives Handeln, Frankfurt a. M. 1983.

Hassan, I., Paracriticisms. Seven Speculations of the Times, Urbana (Ill.) 1975.

Hassan, I., Postmoderne heute, in: Welsch, W. (Hg.), Wege aus der Moderne. Schlüsseltexte der Postmoderne-Diskussion,Weinheim 1988, S. 47-56.

Hassan, I., The New Gnosticism. Speculations on an Aspect of the Postmodern Mind, in: Hassan, I., Paracriticisms. Seven Speculations of the Times, Urbana (Ill.) 1975, S. 121-150.

Hassan, I., The question of postmodernism, in; Bucknell Review 25 (1980), S. 117-126.

Hassan, I., The Right Promethean Fire, in: Hassan, I., Paracriticisms. Seven Speculations of the Times, Urbana (Ill.) 1975, S. 139-172.

Hegel, G. W, F., Werke in 20 Bänden. Auf der Grundlage der Werke von 1832-1845 hg. von E. Moldenhauer und K. M. Michel, Frankfurt a. M. 1986.

Hegel, G. W. F., Differenz des Fichte'schen und Schelling'schen Systems der Philosophie, Hamburg 1962.

Heidegger, M., Holzwege, Frankfurt ^{5}1972.

Heidegger, M., Identität und Differenz, Pfullingen 1957.

Heidegger, M., Sein und Zeit, 15., durchges. Aufl., Tübingen 1984.

Heidegger, M., Was ist Metaphysik, Frankfurt a. M. ^{9}1965.

Heine, H., Geständnisse, Werke und Briefe 7, Textrev. und Erl. von G. Erler, Berlin/Weimar ^{2}1972.

Heinz, G., Divinam christianae religionis originem probare. Untersuchung zur Entstehung des fundamentaltheologischen Offenbarungstraktates der katholischen Schultheologie, Mainz 1984 (= Tübinger Theologische Studien 25).

Henrich, D., Fichtes ursprüngliche Einsicht, Frankfurt a. M. 1967.

Herder, J. G., Ideen zur Philosophie und Geschichte der Menschheit, 1784, ed. H. Stolpe, Berlin/Weimar 1965.

Herders Sämtliche Werke, hg. von B. Suphan, Berlin 1877.

Herwegen, I., Der Verklärungsgedanke in der Litrugie, in: Herwegen, I., Alte Quellen neuer Kraft. Gesammelte Aufsätze, Düsseldorf [2]1922, S. 22-48.

Herwegen, I., Die Formung des Geistes durch den Geist Christi, in: ders., Vom christlichen Sein und Leben. Gesammelte Vorträge, Berlin 1931.

Herwegen, I., Kirche und Seele, Die Grundhaltung des Mysterienkultes und ihr Wandel im Mittelalter, Münster 1928.

Hesse, H., Widersprüche der Moderne. Einwände gegen Habermas' Konzept kommunitativer Rationalität, in: Gamm, G. (Hg.), Angesichts objektiver Verblendung über die Paradoxien Kritischer Theorie, Tübingen 1985, S. 252ff.

Hoeber, K. (Hg.), Die Rückkehr aus dem Exil, Düsseldorf 1926.

Höfer, J./Rahner, K. (Hg.), Lexikon für Theologie und Kirche, 2., völlig neu bearbeitete Auflage, Freiburg 1957-1967.

Hölderlin, F., Sämtliche Werke (= Große Stuttgarter Ausgabe), hg. von F. Beissner, Tübingen 1946.

Holland, J., The Cultural Vision of Pope John Paul II. Toward a Conservative/Liberal Postmodern Dialogue, in: Griffin, D. R./Beardslee, W. A./ Holland, J., Varieties of Postmodern Theology, State University of New York, Albany 1989, S. 95-128.

Holzleitner, M., Der Tod als Verstehen, in: Archiv für Religionspsychologie. Organ der Internationalen Gesellschaft für Religionspsychologie und Religionswissenschaft, hg. von K. Krenn/H. Petri/St. Hirschlehner, Bd. 19, Göttingen 1990, S. 44-58.

Honneth, A., Kritik der Macht. Reflexionsstufen einer kritischen Gesellschaftstheorie, Frankfurt a. M. 1985.

Horkheimer, M., Die Sehnsucht nach dem ganz Anderen. Ein Interview mit Kommentar v. H. Gumnior, Hamburg 1970.

Horkheimer, M./Adorno, Th. W., Dialektik der Aufklärung. Philosophische Fragmente, Frankfurt a. M. 1989.

Hübner, K., Kritik der wissenschaftlichen Vernunft, Freiburg/München 1978.

Husserl, E., Die Krisis der europäischen Wissenschaften und die transzendentale Phänomenologie. Eine Einleitung in die phänomenologische Philosophie, hg., eingel. u. mit Reg. vers. von E. Ströker, 2., verb. Aufl, Hamburg 1982 (= Philosophische Bibliothek 292).

Huxely, A., Schöne neue Welt. Ein Roman der Zukunft, Frankfurt a. M. 1961.

Huxley, A., Brave new world, Stockholm 1945.

Huyssen, A./Scherpe, K. R. (Hg.), Postmoderne, Zeichen eines kulturellen Wandels, Reinbek 1986.

Instruktion für die Kongregation für die Glaubenslehre über die christliche Freiheit und Befreiung (Libertatis conscientia) vom 22. März 1986, hg. vom Sekretariat der Deutschen Bischofskonferenz, Bonn 1986 (= Verlautbarungen des Apostolischen Stuhls 70).

Instruktion der Kongregation für die Glaubenslehre über einige Aspekte der "Theologie der Befreiung" (Libertatis nuntius) vom 6. August 1984, hg. v. Sekretariat der Deutschen Bischofskonferenz, Bonn 1984 (= Verlautbarungen des Apostolischen Stuhls 57).

Jäger, L., F. de Saussures historisch-hermeneutische Idee der Sprache. Ein Plädoyer für die Rekonstruktion des Saussureschen Denkens in seiner authentischen Gestalt, in: LuD 27 (1976), S. 210-244.

James, W., Pragmatism, New York 1955.

Janzarik, W. (Hg.), Psychopathologische Konzepte der Gegenwart, Stuttgart 1982 (= Klinische Psychologie und Psychopathologie 22).

Jaspers, K., Der philosophische Glaube angesichts der Offenbarung, München 1963.

Jaspers, K., Die geistige Situation der Zeit, Berlin 1931.

Jencks, Ch., Die Sprache der postmodernen Architektur. Die Entstehung einer alternativen Tradition, Stuttgart ^{2}1980.

Johannes Paul II., 'Laborem Exercens' über die menschliche Arbeit zum neunzigsten Jahrestag der Enzyklika 'Rerum novarum' vom 14. September 1981, hg. vom Sekretariat der Deutschen Bischofskonferenz, Bonn 1981 (= Verlautbarungen des Apostolischen Stuhls 32).

Johannes Paul II., 'Sollicitudo rei socialis'. Zwanzig Jahre nach der Enzyklika Populorum Progressio vom 30. Dezember 1987, hg. vom Sekretariat der Deutschen Bischofskonferenz, Bonn 1988 (= Verlautbarungen des Apostolischen Stuhls 82).

Johannes Paul II., 'Reconciliatio et paenitentia'. Apostolisches Schreiben über Versöhnung und Buße in der Sendung der Kirche heute vom 2. Dezember 1984, hg. vom Sekretariat der Deutschen Bischofskonferenz, Bonn 1984 (= Verlautbarungen des Apostolischen Stuhls 60).

Jordan, P., Der Naturwissenschaftler vor der religiösen Frage. Abbruch einer Mauer, Oldenburg/Hamburg ^{3}1965.

Jung, C. G., Praxis der Psychotherapie, Gesammelte Werke, Bd. 16, Olten u.a. 1958.

Kamper, D. (Hg.), Das Schwinden der Sinne, Frankfurt a. M. 1984.

Kamper, D. (Hg.), Die sterbende Zeit. 20 Diagnosen, Darmstadt u. a. 1987.

Kamper, D., Aufklärung - was sonst, in: Merkur, 436 (1985), S. 535-540.

Kamper, D., Die kupierte Apokalypse. Eschatologie und Posthistoire, in: Ästhetik und Kommunikation, H. 60, 16 (1985), S. 83-90.

Kamper, D., Nach der Moderne. Umrisse einer Ästhetik der Posthistoire, in: Welsch, W. (Hg.), Wege aus der Moderne. Schlüsseltexte der Postmoderne-Diskussion, Weinheim 1988, S. 163-174.

Kamper, D./Reijen, W. v. (Hg.), Die unvollendete Vernunft. Moderne versus Postmoderne, Frankfurt a. M. 1987.

Kamper, D./Taubes, J., Nach der Moderne. Umrisse einer Ästhetik der Posthistoire, Frankfurt a. M. 1985.

Kant's gesammelte Schriften, hg. von der Königlich Preußischen Akademie der Wissenschaften, Erste Abtheilung: Werke, 9 Bände, Berlin/ Leipzig 1902-1923.

Kassiepe, M., Irrwege und Umwege im Frömmigkeitsleben der Gegenwart, Würzburg ^{2}1940.

Keller, C., Toward a Postpatriarchal Postmodernity, in: Griffin, D. R. (Hg.), Spirituality and Society. Postmodern Visions, State University of New York Press, Albany 1988, S. 63-80.

Kern, W./Pottmeyer, H. J./Seckler, M. (Hg.), Handbuch der Fundamentaltheologie Bd. 2: Traktat Offenbarung, Freiburg/Basel/Wien 1985.

Kessler, M., Kritik aller Offenbarung. Untersuchung zu einem Forschungsprogramm Johann Gottlieb Fichtes und zur Entstehung und Wirkung seines 'Versuchs' von 1792, Mainz 1986 (= Tübinger theologische Studien 26).

Kierkegaard, S., Die Krankheit zum Tode, hg. von L. Richter, Frankfurt a. M. 1984.

Kimmerle, H., Ist Derridas Denken Ursprungsphilosophie? Zu Habermas' Deutung der philosophischen "Postmoderne", in: Frank, M./Raulet, G./

Reijen, W. v. (Hg.), Die Frage nach dem Subjekt, Frankfurt a. M. 1988, S. 267-282.

Kimura, B., Zeit und Psychose, in: Janzarik, W. (Hg.), Psychoanalytische Konzepte der Gegenwart, Stuttgart 1982, S. 47-52.

Klages, L., Der Geist als Widersacher der Seele, 1929-32, München [4]1960.

Klages, L., Vom kosmogonischen Eros, Jena [3]1930.

Klein, M., Das Seelenleben des Kleinkindes, Stuttgart 1966.

Klossowski, P., Nietzsche et le cercle vicieux, Ed. rev. et cor., Paris 1978.

Klotz, H., Moderne und Postmoderne, in: Welsch, W. (Hg.), Wege aus der Moderne. Schlüsseltexte der Postmoderne-Diskussion, Weinheim 1988, S. 99-109.

Kolakowski, L., Die Gegenwärtigkeit des Mythos, Paris 1972, aus dem Polnischen von P. Lachmann, München 1973.

Kolbe, F., Die liturgische Bewegung, Aschaffenburg 1964.

Kolping, A., Fundamentaltheologie. Theorie der Glaubwürdigkeitserkenntnis der Offenbarung, Münster 1967.

Koselleck, R., Vergangene Zukunft. Zur Semantik geschichtlicher Zeiten, Frankfurt a. M. 1979.

Koslowski, P. (Hg.), Die religiöse Dimension der Gesellschaft. Religionen und ihre Theorien, Tübingen 1985.

Koslowski, P., Die Prüfungen der Neuzeit. Über Postmodernität, Philosophie der Geschichte, Metaphysik, Gnosis, hg. von P. Engelmann, Wien 1989.

Koslowski, P., Wirtschaft als Kultur. Wirtschaftskultur und Wirtschaftsethik in der Postmoderne, Graz/Wien 1989.

Koslowski, P./Spaemann, R./Löw, R. (Hg.), Moderne oder Postmoderne? Zur Signatur des gegenwärtigen Zeitalters, Weinheim 1986 (= Civitas-Resultate 10).

Koyré, A., Von der geschlossenen Welt zum unendlichen Universum, Frankfurt a. M. 1969 (Orginal: From the Closed World to the Infinite Universe, Baltimore 1957).

Kraus, A., Sozialverhalten und Psychose manisch Depressiver, Stuttgart 1976.

Krenn, K., Der springende Punkt. Kann das vernünftige Denken zur Gotteserkenntnis angehalten werden?, in: Krenn, K., (Hg.), Die wirkliche Wirklichkeit Gottes. Gott in der Sprache heutiger Probleme, München/ Paderborn/ Wien 1974, S. 159-185.

Kuhn, Th. S., Die Entstehung des Neuen, in: Krüger, L. (Hg.), Studien zur Struktur der Wissenschaftsgeschichte, Frankfurt a. M. 1978, S. 392f.

Kuhn, Th. S., The Structure of Scientific Revolutions, Chicago 1962 (dt.: Die Strukturen wissenschaftlicher Revolutionen, Frankfurt a. M. ^{2}1976).

Küng, H., Christ sein, München 1974.

Küng, H., Die Hoffnung bewahren. Schriften zur Reform der Kirche, Zürich ^{2}1990.

Küng, H., Die Kirche, Freiburg i. Br. 1967.

Küng, H., Kirche im Konzil, Freiburg i. Br. 1963.

Küng, H., Konzil und Wiedervereinigung. Erneuerung als Ruf in die Einheit, Freiburg i. Br. 1960.

Küng, H., Menschwerdung Gottes. Eine Einführung in Hegels theologisches Denken als Prolegomena zu einer künftigen Christologie, Freiburg i. Br. 1970.

Küng, H., Strukturen der Kirche, Freiburg i. Br. 1962.

Küng, H., Theologie auf dem Weg zu einem neuen Paradigma, in: Bauer, J. B. (Hg.), Entwürfe der Theologie, Graz/Wien/Köln 1985, S. 181-207.

Küng, H., Theologie im Aufbruch, Eine ökumenische Grundlegung, München 1987.

Küng, H., Unfehlbar? Eine Anfrage, Zürich 1970.

Küng, H., Vierundzwanzig Thesen zur Gottesfrage, München 1979.

Küng, H., Wahrhaftigkeit. Zur Zukunft der Kirche, Freiburg i. Br. 1968.

Küng, H., Was ist Kirche, Freiburg i. Br. 1970.

Küng, H., Was ist wahre Religion? Versuch einer ökumenischen Kriteriologie, in: Deuser, H./Martin, G. M./Stock, K./Welker, M. (Hg,), Gottes Zukunft - Zukunft der Welt. Festschrift für Jürgen Moltmann zum 60. Geburtstag, München 1986, S. 536-558.

Küng, H., Zwanzig Thesen zum Christsein, München 1975.

Küng, H./Ess, J. v./Stietencron, H. v./Bechert, H., Christentum und Weltreligionen. Hinführung zum Dialog mit Isalm, Hinduismus und Buddhismus, München 1984.

Küng, H./Tracy, D. (Hg.), Das neue Paradigma von Theologie. Strukturen und Dimensionen, Zürich/Gütersloh 1986.

Küng, H./Tracy, D., Theologie wohin? Auf dem Weg zu einem neuen Paradigma, Zürich/Gütersloh 1984.

Lacan, J., Écrits, Paris 1966.

Lacan, J., Encore. Seminaire X, Weinheim/Berlin 1986.

Lacan, J., L'Éthique de la psychoanalyse, Paris 1986.

Lacan, J., Seminaire II, Olten 1980.

Lacan, L., Seminaire I, Paris 1966, S. 204.

Laing, R. D., Das geteilte Selbst. Eine existentielle Studie über geistige Gesundheit und Wahnsinn, aus dem Englischen von Ch. Tansella-Zimmermann, Köln 1983.

Lakatos, L./Musgrave, A., Criticism and the Growth of Knowledge, London 1970.

Landauer, G. (Hg.), Blaubuch, Jg. 1, Nr. 48, 1906.

Landauer, G., Aufruf zum Sozialismus, hg. von M. Buber, Köln [4]1923.

Landauer, G., Der Sozialist, 3. Jg., Nr. 11, 1. Juni 1911.

Landauer, G., Der werdende Mensch. Aufsätze zur Literatur, Leipzig 1980.

Landauer, G., Skepsis und Mystik. Versuche im Anschluß an Mauthners Sprachkritik, Berlin 1903.

Lang, A., Fundamentaltheologie. Bd. I: Die Sendung Christi. Bd. II: Der Auftrag der Kirche, München [2]1957.

Lang, H., Die Sprache und das Unbewußte. Jacques Lacans Grundlegung der Psychoanalyse, Frankfurt a. M. 1973.

Lasch, Ch., Das Zeitalter des Narzismus, aus dem Amerikanischen von G. Burmundt, München 1986 (Orginal: The Culture of Narcissism. American Life in an Age of Dimishing Expectations, 1979).

Le Bovier de Fontenelle, B., De l'origine des fables, Paris 1724.

Lenk, H., Eigenleistung. Plädoyer für eine positive Leistungskultur, Zürich 1983.

Lenk, H., Postmodernismus, Postindustrialismus, Postszientismus. Wie epigonal oder rational sind Post(modern)ismen?, Vortrag bei der Tagung des Engeren Kreises der Allgemeinen Gesellschaft für Philosophie in Deutschland, Braunschweig, September 1986.

Lessing, G. E., Erziehung des Menschengeschlechts. Gespräche über Freimaurer, Hamburg 1948.

Lévi-Strauss, C., Die Struktur der Mythen, in: Lévi-Strauss, C., Strukturale Anthropoloie I, Frankfurt a. M. [2]1981, S. 226-254.

Lévi-Strauss, C., Einleitung in das Werk von Marcel Mauss, in: Mauss, M. Soziologie und Anthropologie. Bd 1: Theorie der Magie. Soziale Morphologie, aus dem Französischen von H. Ritter, Frankfurt a. M. 1974, S. 7-41.

Lévi-Strauss, C., Strukturale Anthropologie I, Frankfurt a. M. [2]1981.

Lévi-Strauss, C., Strukturale Anthropologie, Frankfurt a. M. 1967.

Lévinas, E., Außer sich. Meditationen über Religion und Philosophie, hg. u. aus d. Französischen v. F. Miething, München/Wien 1991.

Lévinas, E., De Dieu qui vient à l'idée, Paris 1982 (dt.: Wenn Gott ins Denken einfällt. Diskurse über die Betroffenheit von Transzendenz, Freiburg/München 1985).

Lindbeck, G. A., The Church's Mission to a Postmodern Culture, in: Burnham, F. B. (Hg.), Postmodern Theology, S. 37-55.

Linden, W., Umwertung der deutschen Romantik, in: Zeitschrift für Deutschkunde Jg. 47, Heft 2 (1933), S. 65-91.

Luhmann, N., Society, Meaning, Religion Based on Self-Reference, in: Sociological Analysis Vol. 46 (1985), S. 5-20.

Lunn, E., Prophet of Community. The Romantic Socialism of G. Landauer, Berkeley/Los Angeles/London 1973.

Lyotard, J.-F. u. a., Immaterialität und Postmoderne, Berlin 1985.

Lyotard, J.-F., Beantwortung der Frage: Was ist postmodern, in: Welsch, W. (Hg.), Wege aus der Moderne. Schlüsseltexte der Postmoderne-Diskussion, Weinheim 1988, S. 193-214.

Lyotard, J.-F., Das postmoderne Wissen. Ein Bericht, aus dem Französischen von O. Pfersmann, hg. von P. Engelmann, vollst. überarb. Fassung, Graz/Wien 1986.

Lyotard, J.-F., Der Widerstreit, München 1987.

Lyotard, J.-F., Grundlagenkrise, in: Neue Hefte für Philosophie, Heft 26, 1986, S. 1-33.

Lyotard, J.-F., La condition postmoderne. Rapport sur le savoir, Paris 1979.

Lyotard, J.-F., Le Postmoderne expliqué aux enfants, Paris 1986.

Lyotard, J.-F., Tombeau de l'intellectuel et autres papiers, Paris 1984.

Maas-Ewerd, Th., Die Krise der Liturgischen Bewegung in Deutschland und Österreich. Zu den Auseinandersetzungen um die "liturgische Frage" in den Jahren 1939 bis 1944, Regensburg 1981 (= SEPL 3).

Mann, Th., Doktor Faustus, Frankfurt a. M. ^{3}1974.

Marquard, O., Abschied vom Prinzipiellen, Stuttgart 1981.

Mauss, M., Soziologie und Anthropologie Bd 1: Theorie der Magie. Soziale Morphologie, aus dem Französischen von H. Ritter, Frankfurt a. M. 1974.

May, R., Freiheit und Schicksal. Anatomie eines Widerspruchs, aus dem Amerikanischen von Th. M. Höpfner, Frankfurt a. M. 1985.

Meadows, D./Zahn, E./Milling, P., Die Grenzen des Wachstums. Bericht des Club of Rome zur Lage der Menschheit, Stuttgart 1972.

Meier, A., Die Vorläufer Galileis im 14. Jahrhundert, Rom 1949.

Menke, Ch., Zur Kritik der hermeneutischen Utopie. Habermas und Foucault, in: Erdmann, E./ Forst, R./ Honneth, A. (Hg.), Ethos der Moderne. Foucaults Kritik der Aufklärung, Frankfurt/New York 1990, S. 101-129.

Merleau-Ponty, M., Signes, Paris 1960.

Metz, J. B., Glaube in Geschichte und Gesellschaft. Studien zu einer praktischen Fundamentaltheologie, Mainz ^{4}1984.

Metz, J. B., Wider die zweite Unmündigkeit. Zum Verhältnis von Aufklärung und Christentum, in: Rüsen, J./Lämmert, E./Glotz, P. (Hg.), Die Zukunft der Aufklärung, Frankfurt a. M. 1988, S. 81-87.

Miller, J. B., The Emerging Postmodern World, in: Burnham, F. B. (Hg.), Postmodern Theology, S. 1-19.

Mittelstraß, J., Wissenschaft als Kultur, Heidelberger Jahrbücher 30 (1986), S. 51-71.

Möde, E., Das Begehren. Das Identitätsproblem in der Ethik der analytischen Psychotherapie, München 1991.

Möde, E., Der Streit um den Menschen. Christliche Anthropologie und Psychotherapie, in: Möde, E., Die neue Einsamkeit der Postmoderne, München 1991, S. 59-82.

Möde, E., Die neue Einsamkeit der Postmoderne, München 1991.

Möde, E., Zwischen Pastorale und Psychologie, München 1992.

Moritz, K. P., Götterlehre oder mythologische Dichtungen der Alten, Berlin ^{2}1795.

Mühlen, H., Der Heilige Geist als Person. Beitrag zur Frage nach der dem Heiligen Geiste eigentümlichen Funktion in der Trinität, bei der Inkarnation und im Gnadenbund, Münster ^{2}1967.

Müller, A. M. K., Die präparierte Zeit. Der Mensch in der Krise seiner eigenen Zielsetzungen, Stuttgart ^{2}1973.

Musil, R., Der Mann ohne Eigenschaften, Gesammelte Werke in Einzelausgaben Bd. 1, hg. von A. Frisé, Hamburg 1952.

Nietzsche, F., Werke in 3 Bänden, hg. von K. Schlechta, München 1954-1956.

Nohl, H. (Hg.), Hegels theologische Jugendschriften, Tübigen 1907, Nachdruck Frankfurt a. M. 1966.

Novalis, Schriften. Die Werke Friedrich von Hardenbergs, hg. von P. Kluckhohn u. R. Samuel, Stuttgart ^{2}1960.

Oelmüller, W. (Hg.), Wiederkehr von Religion? Perspektiven, Argumente, Fragen, Paderborn 1984.

Ortega y Gasset, J., The Dehumanization of Art, Princeton (NJ) 1968.

Ott, L., Grundriß der katholischen Dogmatik, Freiburg/Basel/Wien ^{10}1981

Otto, W. F., Dionysos. Mythos und Kultus, Frankfurt a. M. 1933.

Pannenberg, W., Anthropologie in theologischer Perspektive, Göttingen 1983.

Pannenberg, W., Grundfragen systematischer Theologie. Gesammelte Aufsätze Bd. 2, Göttingen 1980.

Pascal, B., Gedanken, mit den Anmerkungen Voltaires aus dem Französischen v. H. Hesse, München o. Jg.

Pascal, B., Schriften zur Religion, übersetzt von H. U. v. Balthasar, Einsiedeln 1982 (= Christliche Meister 17).

Pastoralkonstitution über die Kirche in der Welt von heute 'Gaudium et spes', in: Rahner, K./Vorgrimmler, H., Kleines Konzilskompendium. Sämtliche Texte des Zeiten Vatikanums mit Einführungen und ausführlichem Sachregister, Freiburg/Basel/Wien [14]1980, 423-552.

Pater, W. A. de, Rede von Gott, in: Krenn, K. (Hg.), Die wirkliche Wirklichkeit Gottes. Gott in der Sprache heutiger Probleme, Paderborn 1974, S. 93-122.

Percy, W., Lancelot, New York 1977 (dt. von G. Stege, München 1978).

Percy, W., Lost in the Cosmos. The Last Self-Help Book, New York 1983.

Percy, W., Love in the Ruins. The Adventures of a Bad Catholic at a Time Near the End of the World, New York 1971 (dt. v. H. Muschig unter dem Titel Liebe in Ruinen. Die Abenteuer eines schlechten Katholiken kurz vor dem Ende der Welt, Frankfurt a. M. 1974).

Percy, W., The Last Gentleman, New York 1966 (dt. von P. Handke, Der Idiot des Südens, Frankfurt a. M. 1985).

Percy, W., The Moviegoer, New York 1960 (dt. v. P. Handke unter dem Titel Der Kinogeher, Frankfurt a. M. 1980).

Percy, W., The Second Coming, New York 1980.

Peter, K., Stadien der Aufklärung. Moral und Politik bei Lessing, Novalis und Friedrich Schlegel, Wiesbaden 1980.

Petzold, E., Hölderlins Brot und Wein. Ein exegetischer Versuch, Sambor 1896, Neudruck durchges. von F. Beissner, Darmstadt 1967.

Pfeiffer, H., Gott offenbart sich. Das Reifen und Entstehen des Offenbarungsverständnisses im ersten und zweiten vatikanischen Konzil, Frankfurt a. M. 1982.

Philosophien. Gespräche mit M. Foucault, K. Axelos, J. Derrida, V. Descombes, A. Glucksmann, E. Lévinas, J.-F. Lyotard, J. Rancirè, P. Ricoeur und M. Serres, hg. von P. Engelmann, Graz/Wien 1985.

Pius XII., Mediator Dei. Rundschreiben über die heilige Liturgie. Offizielle dt. Übersetzung, Luzern 4 1961.

Poser, H. (Hg.), Wandel des Vernunftbegriffs, Freiburg/München 1981.

Pottmeyer, Die Entzweiung von Erfahrung und Glaube in der Neuzeit, in: Kaufmann, G. (Hg.), Lebenserfahrung und Glaube, Düsseldorf 1983, S. 25-42.

Pottmeyer, H. J., Der Glaube vor dem Anspruch der Wissenschaft. Die Konstitution über den katholischen Glauben "Dei Filius" des 1. Vatikanischen Konzils und die unveröffentlichen Quoten der vorbereitenden Kommision, Freiburg 1968.

Poulain, J., Die pragmatische Dekonstruktion des Menschen, in: Frank, M./Raulet, G./Reijen, W. v. (Hg.), Die Frage nach dem Subjekt, Frankfurt a. M. 1988, S. 247-266.

Prigogne, J./Stengers, J., Dialog mit der Natur. Neue Wege naturwissenschaftlichen Denkens, München 1981.

Pröpper, Th., Erlösungsglaube und Freiheitsgeschichte. Eine Skizze zur Soteriologie, München 3 1991.

Przywara, E., Neue Religiosität, in: StdZ 109 (1925), S. 18-35.

Rahner, K., Grundkurs des Glaubens. Einführung in den Begriff des Christentums, Freiburg/Basel/Wien 4 1976.

Rahner, K., Hörer des Wortes. Zur Grundlegung einer Religionsphilosophie, neu bearb. von J. B. Metz, München 1963.

Rahner, K., Jesus Christus II, III, in: SM II, S. 920-957 (1968).

Rahner, K./Vorgrimmler, H., Kleines Konzilskompendium. Sämtliche Texte des Zeiten Vatikanums mit Einführungen und ausführlichem Sachregister, Freiburg/Basel/Wien 14 1980.

Ratzinger, J. Kard., Freiheit und Befreiung. Die anthropologische Vision der Instruktion "Libertatis conscientia", in: IkaZ 15 (1986), S. 409-439.

Ratzinger, J. Kard., Theologische Prinzipienlehre. Bausteine zur Fundamentaltheologie, München 1982.

Rauscher, A., Liberalismus und Sozialismus in christlicher Sicht, Köln 1977 (= Katholische Soziallehre in Text und Kommentar 8).

Rauschning, H., Die Revolution des Nihilismus, neu hg. und mit einer Einl. von G. Mann, Zürich 1964.

Reallexikon für Antike und Christentum, hg. von Th. Klausner, Stuttgart (1981), Bd. 11, S. 446-659.

Rebstock, H.-O., Hegels Auffassung des Mythos in seinen Frühschriften, Freiburg/München 1971.

Reijen, W. v., Das unrettbare Ich, in: Frank, M./Raulet, G./Reijen, W. v. (Hg.), Die Frage nach dem Subjekt, Frankfurt a. M. 1988, S. 373-400.

Richter, H.-E., Der Gotteskomplex. Die Geburt und die Krise des Glaubens an die Allmacht der Menschen, Reinbek bei Hamburg 1979.

Rinne, O., (Hg.), Der neue Entwurf der Welt, Darmstadt/Neuwied 1985.

Rinne, O., Der verlorene Himmel, Darmstadt/Neuwied 1985.

Röd, W. (Hg.), Geschichte der Philosophie Bd. VII: Die Philosophie der Neuzeit 1. Von Francis Bacon bis Spinoza, von W. Röd, München 1978.

Rohrmoser, G., Religion und Politik in der Krise der Moderne, Graz/ Wien/Köln 1989.

Rombach, H., Substanz, System, Struktur. Die Ontologie des Funktionalismus und der philosophische Hintergrund der modernen Wissenschaft, 2 Bde., Freiburg/München ^{2}1981.

Rosenberg, A., Der Mythos des 20. Jahrhunderts, München 1943.

Rosteutscher, J. H. W., Die Wiederkehr des Dionysos. Der naturmystische Irrationalismus in Deutschland, Bern 1947.

Rousseau, J.-J., Schriften zur Kulturkritik, eingel., übers. und hg. von Weigand, K., frz.-dt., Hamburg ²1971.

Rousseau, O., Histoire du mouvement liturgique. Esquisse historique depuis le début du XIXe siècle jusqu'au pontificat de Pie X, Paris 1945 (= Lex orandi 3).

Rousseau, O., Le mouvement liturgique du XIXe siècle, in: Kerkvoorde, A./Rousseau, O., Le mouvement théologique dans le monde contemporain. Liturgie - Dogme - Philosophie - Exégèse, Paris 1969 (= Histoire du Christianisme), S. 9-30.

Rüb, M., Das Subjekt und sein Anderes. Zur Konzeption von Subjektivität beim frühen Foucault, in: Erdmann, E./Forst, R./Honneth, A. (Hg.), Ethos der Moderne. Foucaults Kritik der Aufklärung, New York 1990, S. 187-201.

Rudolph, K., Die Gnosis, Göttingen 1978.

Rüsen, J./Lämmert, E./Klotz, P. (Hg.), Die Zukunft der Aufklärung, Frankfurt a. M. 1988.

Russel, B., Das ABC der Relativitätstheorie, aus dem Englischen von U. Dobl und E. Seiler, neu hg. von F. Pirani, Frankfurt a. M. 1989.

Sagardoy A.(Hg.), Gott hat mich überwältigt. Autobiographie der hl. Teresa von Avila, Wien 1981.

Sahakian, W. S. (Hg.), Psychopathology today. The current status of abnormal psychology, Itasca (Ill.) ²1980.

Sartre, J. P., L'Universel singulier, in: Situations IX, Paris 1972.

Sartre, J. P., Situations II. Qu' est-ce que la littérature?, Paris 1968.

Saussure, F. de, Cours de linguistique générale, hg. von T. de Mauro, Paris 1970.

Schaeffler, R., Religiöse Kreativität und Säkularisierung in Europa seit der Aufklärung, in: Eliade, M., Geschichte der religiösen Ideen, Bd. III/2: Vom Zeitalter der Entdeckung bis zur Gegenwart, hg. v. I. P. Culianu, Freiburg/Basel/Wien 1991, S. 410-447.

Schechner, R., News, Sex and Performance Theory, in: Hassan, I./Hassan, S. (Hg.), Innovation/Renovation. New Perspectives on the Humanities, Madison (WI) 1983, S. 189-210.

Scheffczyk, L., Die Anthropogenese in theologischer Sicht, in: Klinger, E./Wittstadt, K. (Hg.), Glaube im Prozeß. Christsein nach dem II. Vatikanum Freiburg/Basel/Wien 1984, S. 580-596.

Schelling, F. W. J., Philosophie der Offenbarung, Bd. 1, Darmstadt 1966.

Schelling, F. W. J., Sämtliche Werke, hg. von K. F. A. Schelling, I. Abt. Bde. 1-10, II. Abt. Bde. 1-4, Stuttgart 1856-1861.

Schilson, A., Theologie als Sakramententheologie. Die Mysterientheologie Odo Casels, Mainz 1982 (= Tübinger Theologische Studien 18).

Schirmacher, W., Post-Moderne - ein Einspruch, in: Kursbuch 2, 1983, 9-13.

Schleiermacher, F. D., Über die Religion. Reden an die Gebildeten unter ihren Verächtern, Berlin 1799.

Schleiermacher, F., Der christliche Glaube. Nach den Grundsätzen der evangelischen Kirche im Zusammenhange dargestellt, 1. Bd., aufgrund der 2. Aufl. und kritischer Prüfung des Textes neu hg. und mit Einl., Erl. und Reg. versehen von M. Redeker, Berlin ^{7}1960.

Schleiermacher, F., Dialektik, ed. L. Jonas, Schleiermacher Werke III/4.2, Berlin 1839.

Schleiermachers, Fr. D. E. sämtliche Werke, Bd. I/I Berlin 1843.

Schmitz, J., Das Christentum als Offenbarungsreligion im kirchlichen Bekenntnis, in: Handbuch der Fundamentaltheologie Bd. 2: Traktat Offenbarung, hg. v. W. Kern/H. J. Pottmeyer/M. Seckler, Freiburg/Basel/Wien 1985, S. 15-28.

Schmitz, J., Die Fundamentalthologie im 20. Jahrhundert, in: Vorgrimler, H./Gucht, R. v. d. (Hg.), Bilanz der Theologie im 20. Jahrhundert II, Freiburg i. Br. 1969, S. 197-245.

Schmitz, J., Offenbarung, Düsseldorf 1988 (= Leitfaden Theologie 19).

Schmitz, R. M., Aufbruch zum Geheimnis der Kirche Jesu Christi. Aspekte der katholischen Ekklesiologie des deutschen Sprachraumes von 1918 bis 1943, St. Ottilien 1991 (= Münchner Theologische Studien, II. Systematische Abteilung 46).

Schneiders, S. M., Does the Bible Have a Postmodern Message, in: Burnham, F. B. (Hg.), Postmodern Theology. Christian Faith in a Pluralist World, New York/San Francisco 1989, S. 56-73.

Schönborn, Ch., Vorwort, in: Schönborn, Ch./Görres. A./Spaemann, R., Zur kirchlichen Erbsündenlehre. Stellungnahmen zu einer brennenden Frage, Freiburg 1991, S. 7-10.

Schönborn, Ch./Görres. A./Spaemann, R., Zur kirchlichen Erbsündenlehre. Stellungnahmen zu einer brennenden Frage, Freiburg 1991.

Schorr, A., Die Verhaltenstherapie. Ihre Geschichte von den Anfängen bis zur Gegenwart, Weinheim/Basel 1984.

Schubert, O., Faith and Freedom. Toward a Theology of Liberation, Nashville 1979.

Schütz, Ch., Praktisches Lexikon der Spiritualiät, Freiburg/Basel/Wien 1988.

Schütz, P., Das Mysterium der Geschichte. Von der Anwesenheit des Heilenden in der Zeit, Sonderausgabe Gesammelte Werke Bd. II, Hamburg 1975.

Schütz, P., Evangelium. Sprache und Wirklichkeit der Bibel in der Gegenwart, Gesammelte Werke Bd. I, Hamburg 1966.

Schütz, P., Freiheit - Hoffnung - Prophetie. Von der Gegenwärtigkeit des Zukünftigen, Gesammelte Werke Bd. III, Hamburg 1974.

Searle, J. R., Reiterating the Differences. A Reply to Derrida, in: Glyph. The Johns Hopkins Textual Studies, Nr. 1, Baltimore 1977, S. 199.

Seckler, M., Aufklärung und Offenbarung, in: Böckle, F. u.a. (Hg.), Christlicher Glaube in moderner Gesellschaft, Bd. 21, Freiburg/Basel/Wien 1980, S. 5-78.

Seckler, M., Der Begriff der Offenbarung, in: Handbuch der Fundamentaltheologie Bd. 2: Traktat Offenbarung, hg. v. W. Kern/H. J. Pottmeyer/M. Seckler, Freiburg/Basel/Wien 1985, S. 60-83.

Seckler, M., Die Aufklärung - eine Herausforderung für das Christentum als Offenbarungsreligion, in: ThQ 159 (1979), S. 82-92.

Seckler, M., Ein Tübinger Entwurf. Johann Sebastian Drey und die Theologie, in: Seckler, M., Im Spannungsfeld von Wissenschaft und Kirche. Theologie als schöpferische Auslegung der Wirklichkeit, Freiburg i. Br. 1980, S. 178-198.

Seckler, M., Im Spannungsfeld von Wissenschaft und Kirche. Theologie als schöpferische Auslegung der Wirklichkeit, Freiburg i. Br. 1980.

Seckler, M./Kessler, M., Die Kritik der Offenbarung, in: Handbuch der Fundamentaltheologie Bd. 2: Traktat Offenbarung, hg. von W. Kern/H. J. Pottmeyer/M. Seckler, Freiburg/Basel/Wien 1985, S. 29-59.

Sedlmayr, H., Verlust der Mitte. Die bildende Kunst des 19. und 20. Jahrhunderts als Symptom und Symbol der Zeit, Frankfurt a. M./Berlin 1966.

Seiterich, E., Wege der Glaubensbegründung nach der sogenannten Immanenzapologetik, Freiburg i. Br. 1938 (= Freiburger Theologische Studien 49).

Seubold, G., Heideggers Analyse der neuzeitlichen Technik, Freiburg/München 1986.

Sloterdijk, P., Nach der Geschichte, in: Welsch, W. (Hg.), Wege aus der Moderne. Schlüsseltexte der Postmoderne-Diskussion, S. 262-273.

Spaemann, R., Über einige Schwierigkeiten in der Erbsündenlehre, in: Ch. Schönborn/A. Görres/R. Spaemann, Zur kirchlichen Erbsündenlehre. Stellungnahmen zu einer brennenden Frage, Freiburg 1991, S. 37-66.

Sperber, D., Über Symbolik, aus dem Französischen von E. Moldenhauer, Frankfurt a. M. 1975.

Stalder, R., Grundlinien der Theologie Schleiermachers. I. Zur Fundamentaltheologie, Wiesbaden 1969.

Steck, P., Merkmalscluster bei Mordhandlungen. Ergebnisse einer clusteranalytischen Studien, in: Monatsschrift für Kriminologie und Strafrechtsreform, 73 (1990), S. 384-398.

Steggin, O., Erfahrung und Realismus bei Teresa v. Avila und Johannes v. Kreuz, Düsseldorf 1976.

Stierles, K., Die Friedensfeier - Sprache und Fest im revolutionären und nachrevolutionären Frankreich und bei Hölderlin, in: Das Fest, hg. von W. Haug u. R. Warning, München 1989, S. 481-525 (= Poetik und Hermeneutik 14).

Stipelman, S., Coping with Cults. Hewish Education Council of Montreal 1982.

Stirnimann, H., Erwägungen zur Fundamentaltheologie. Problematik, Grundfragen, Konzepte, in: FZPhTh 24 (1977), S. 291-365.

Strich, F., Die Mythologie in der deutschen Literatur von Klopstock bis Wagner, 2 Bde., Halle an der Saale 1910, Neudruck Tübingen 1970.

Sunnus, S. H., Die Wurzeln des modernen Menschenbildes bei J. G. Herder, Nürnberg 1971.

Taylor, M. C., ERRING. A postmodern A/theology, Chicago/London 1987.

Teatre/SIGNS/Performance, in: Hassan, I./Hassan, S. (Hg.), Innovation/ Renovation. New Perspectives on the Humanities, Madison (WI) 1983, S. 213-217.

Tenbruck, F. H., Die unbewältigten Sozialwissenschaften oder die Abschaffung des Menschen, Graz/Wien/Köln 1984 (= Herkunft und Zukunft 2).

Thils, G., Les Notes de l'Eglise dans l'apologétique catholique dépuis la réforme, Gemblox 1937.

Thomas Aquinas, Operia omnia. Iussu Leonis XIII. P. M. edita, Romae 1882ff.

Thouzellier, C., Livre des deux principes, Paris 1973.

Timmerberg, H., Die Gegenwelt. Der lange Abschied der Aussteiger, in: Merian Extra (Hauptstadt Berlin) - das Monatsheft der Städte und Landschaften, 44. Jhg. (1991), S. 42-51.

Toulmin, St., Human Understanding. The Collective Use and Evolution of Concepts, Princeton 1972; dt.: Menschliches Erkennen, Bd. I: Kritik der kollektiven Vernunft, Frankfurt a. M. 1978.

Tournemines, R.-J. de, Projet d'un ouvrage sur l'origine des fables, in: Mémoires pour l'Histoire des Sciences et des beaux Arts, Nov.-Déc. 1702 u. Jan.-Fév. 1703, S. 1-22.

Trapp, W., Vorgeschichte und Ursprung der liturgischen Bewegung vorwiegend in Hinsicht auf das deutsche Sprachgebiet, Regensburg 1940 (Nachdruck Münster 1979).

Treusch-Dieter, G., Religionskrieg der Vernunft. Ruin und Restauration der "Aufklärung", in: Ästhetik und Kommunikation, H. 60, 16 (1985), S. 66-82.

Trütsch, J., Der Glaube, in: MySal I (1965), S. 791-903.

Vattimo, G., Jenseits vom Subjekt. Nietzsche, Heidegger und die Hermeneutik, Graz/Wien 1986.

Vattimo, G., La fine della modernità, Mailand 1985.

Vattimo, G., Le futur passé, in: Lettre Internationale, Nr. 9 (1986), S. 50-52.

Vattimo, G., Nihilismus und Postmoderne in der Philosophie, in Welsch, W. (Hg.), Wege aus der Moderne. Schlüsseltexte der Postmoderne-Diskussion, Weinheim 1988, S. 233-246.

Vondung, K., Inversion der Geschichte. Zur Struktur des apokalyptischen Geschichtsdenkens, in: D. Kamper/Ch. Wulf (Hg.), Das Heilige. Seine Spur in der Moderne, Frankfurt a. M. 1987, S. 600-623.

Wagner, F., Der Gedanke der Persönlichkeit Gottes bei Fichte und Hegel, Gütersloh 1971.

Wagner, H., Einführung in die Fundamentaltheologie, Darmstadt 1981.

Wagner, J., Artikel "Liturgische Bewegung", in: LThK2 VI, Sp. 1097-1099

Waldenfels, B., In den Netzen der Lebenswelt, Frankfurt a. M. 1985.

Waldenfels, B., Ordnung im Zwielicht, Frankfurt a. M. 1987.

Waldenfels, B., Phänomenologie in Frankreich, Frankfurt a. M. 1983.

Watzal, L., Das Politische bei Romano Guardini, Starnberg 1987.

Weber, M., Soziologie - Universalgeschichtliche Analysen - Politik, mit einer Einl. von E. Baumgarten hg. u. erläut. v. J. Winckelmann, Stuttgart ^{5}1973.

Weber, M., Vom inneren Beruf zur Wissenschaft, in: Weber, M. Soziologie - Universalgeschichtliche Analysen - Politik, mit einer Einl. von E. Baumgarten hg. u. erläut. von J. Winckelmann, Stuttgart ^{5}1973, S. 311-339.

Weber, M., Zwischen zwei Gesetzen, in: Gesammelte Politische Schriften, Tübingen ^{4}1980, S. 142-145.

Weizsäcker, C. F. von, Die Wissenschaft ist noch nicht erwachsen, in: Die Zeit, Nr. 42, 10. Okt. 1980.

Wellmer, A., Ethik und Dialog. Elemente des moralischen Urteils bei Kant und in der Diskursethik, Frankfurt a. M. 1986.

Wellmer, A., Kunst und industrielle Produktion. Zur Dialektik von Moderne und Postmoderne, in: Welsch, W. (Hg.), Wege aus der Moderne. Schlüsseltexte der Postmoderne-Diskussion, Weinheim 1988, S. 247-261.

Wellmer, A., Zur Dialektik von Moderne und Postmoderne, in: Welsch, W. (Hg.), Wege aus der Moderne. Schlüsseltexte der Postmoderne-Diskussion, Weinheim 1988, S. 247-261.

Wellmer, A., Zur Dialektik von Moderne und Postmoderne. Vernunftkritik nach Adorno, Frankfurt a. M. 1985.

Welsch, W. (Hg.), Wege aus der Moderne. Schlüsseltexte der Postmoderne-Diskussion, Weinheim 1988.

Welsch, W., Einleitung, in: Welsch, W., (Hg.), Wege aus der Moderne, Schlüsseltexte zur Postmoderne-Diskussion, Weinheim 1988, S. 1-43.

Welsch, W., Unsere postmoderne Moderne, 3., durchges. Aufl., Weinheim 1991.

West, C., Dispensing with Metaphysics in Religious Thought, in: Religion an Intellectual Life 3/3 (Spring 186), S. 82.

West, C., Frederick Jameson's Marxist Hermeneutics, in: Arag, J. (Hg.), Postmodernism, Marxism and Politics, Minneapolis 1986, S. 177-200.

West, C., in: Art Papers 10/1 (Jan./Febr. 1986), S. 54.

West, C., Prophesy Deliverance! An Afro-American Revolutionary Christianity, Philadelphia 1982.

West, C., The Historicist Turn in Philosophy of Religion, in: Rouner, L. S. (Hg.), Knowing Religiously, Notre Dame (Ind.) 1985, S. 36-51.

Whitehead, A. N., Religion in the Making, 1926 (dt.: Wie entsteht Religion?, Frankfurt a. M. 1985).

Widerspruch. Münchner Zeitschrift für Philosophie, Nr. 12: Wiederkehr des Mythos, 6 (1986).

Wilde, A., Horizons of Assent: Modernism, Postmodernism, and the Ironic Imagination, Baltimore (MD) 1981.

Wittgenstein, L., Tractatus logico-philosophicus. Tagebücher 1914-1916. Philosophische Untersuchungen, Werkausgabe Bd. 1, Frankfurt a. M. 1984.

Zirker, H., Religionskritik, Düsseldorf ^{2}1988 (= Leitfaden Theologie 5).

Zur Lippe, R., Naturbeherrschung am Menschen, 2 Bde., Frankfurt a. M. 1974.

Zum Autor:

Univ.-Prof.(em.) Dr. Dr. theol. habil. Lic.psych. Erwin Möde war von1998-2019 Ordinarius für Christliche Spiritualität/Homiletik und zudem von 2011-2019 kommissarischer Lehrstuhlinhabe für Pastoraltheologie/Pastoralpsychologie an der Kath. Universität Eichstätt-Ingolstadt.

Er wurde 1993 mit der nunmehr in 3.Auflage vorliegenden fundamentaltheologischen Studie an der Theologischen Fakultät der Universität Regensburg habilitiert und mit der Lehrbefugnis für das Fach „Fundamentaltheologie" versehen. Er wirkte zunächst als Privatdozent.

Geboren wurde Erwin Möde 1954 in Landshut/Bayern. Nach Gymnasialabitur und Militärdienst studierte er kath. Theologie und Diplom-Psychologie (mit Zusatzausbildung in Klinischer Psychologie/Psychotherapie) in Regensburg , München und Rom. Seit 1982 ist er Priester der Diözese Regensburg. Parallel und ergänzend zur Hochschultätigkeit folgte ein jahrzehntelanges Engagement in Seelsorge, Psychotherapie und forensischer Psychodiagnostik sowie im Bayerischen Beamtenbund (Ehrenvorsitzender im BBB). Erwin Möde ist Mitglied mehrerer Netzwerke (z.B. Caritas, Cusanuswerk...) und Berufsverbände (z. DHV; BDP; BBB; APA ...) sowie (seit 1993) ordentliches Mitglied der „Europäischen Akademi für Wissenschaften und Künste" in Salzburg.

Sein Forschungsinteresse zentriert sich interdisziplinär auf christlich-anthropologische Zugänge zu Kernthemen der Persönlichkeitsbildung, der Psychotherapie/Diagnostik, der Jüdisch- Christlichen Spiritualität und Bibelhermeneutik. Erwin Möde ist Autor von weit über hundert Artikeln, von über vierzig Sammelbänden und Monographien sowie fortlaufenden journalistischen Beiträgen. Seit Jahrzehnten ist er psychologisch-gutachterlich tätig.

Die Neuauflage dieser Habilitationsschrift versteht sich als Handreichung für einen Diskursbeitrag zu dem international sich verstärkendem Wissenschaftsinteresse am Thema „Offenbarung". Eine postmoderne Neuverbindung von phänomenologischer Philosophie mit innovativer Theologie beginnt sich abzuzeichnen, zu der diese Studie ihren Beitrag anbietet.

Eichstätt, zum Neujahr 2026

Prof. Dr. Dr. Erwin Möde